PONS

Bildwörterbuch
Rumänisch
Deutsch

PONS GmbH
Stuttgart

INHALT

CUPRINS

14

MENSCHEN
OAMENI

36

ZU HAUSE
ACASĂ

66

ESSEN UND TRINKEN
MÂNCARE ȘI BĂUTURĂ

104

UNTERWEGS
LA DRUM

130

IN DER STADT
ÎN ORAȘ

152

BILDUNG UND BERUF
EDUCAȚIE ȘI PROFESIE

176

KOMMUNIKATION
COMUNICAȚIE

192

SPORT UND FITNESS
SPORT ȘI FITNESS

224

FREIZEIT
TIMP LIBER

250

KÖRPER UND GESUNDHEIT
CORP ȘI SĂNĂTATE

280

NOTFÄLLE
URGENȚE

290

ERDE UND NATUR
PĂMÂNT ȘI NATURĂ

334

ZAHLEN UND MASSE
NUMERE ȘI MĂSURI

346

DIE WICHTIGSTEN SÄTZE
CELE MAI IMPORTANTE FRAZE
DIE VERBEN
VERBELE

394

INDEX
INDEX

MENSCHEN - OAMENI 14

DIE FAMILIE - FAMILIA 16
Der Stammbaum - Arborele genealogic 16

BEZIEHUNGEN - RELAȚII 18
Familie und Lebensphasen - Familie și etape ale vieții 18
Begrüßen und verabschieden - Salutul 19

EREIGNISSE IM LEBEN - EVENIMENTE DIN VIAȚĂ 20
Feste - Sărbători 20
Wendepunkte - Momente de răscruce 21

MENSCHEN BESCHREIBEN - DESCRIEREA PERSOANELOR 22
Das Gesicht - Fața 22
Das Haar - Părul 23
Die äußere Erscheinung - Aspectul exterior 24
Gefühle und Persönlichkeit - Sentimente și personalitate 25

DIE KLEIDUNG - ÎMBRĂCĂMINTEA 27
Babysachen - Trusou pentru bebeluș 27
Unisex-Kleidung - Îmbrăcăminte unisex 28
Herrenkleidung - Îmbrăcăminte pentru bărbați 29
Damenkleidung - Îmbrăcăminte de damă 30
Accessoires - Accesorii 32
Schuhe und Lederwaren - Încălțăminte și marochinărie 33

DIE KÖRPERPFLEGE - ÎNGRIJIREA CORPULUI 34

SCHMINKSACHEN - PRODUSE DE MACHIAJ 35

ZU HAUSE - ACASĂ 36

DIE WOHNUNG - LOCUINȚA 38

DAS HAUS - CASA 40
Der Eingang - Intrarea 41
Das Wohnzimmer - Camera de zi 42
Das Esszimmer - Sufrageria 43
Die Küche - Bucătăria 44
Küchengeräte - Aparate de bucătărie 45
Koch- und Backutensilien - Ustensile de gătit și de copt 46
Das Schlafzimmer - Dormitorul 49
Das Kinderzimmer - Camera copiilor 50
Das Jugendzimmer - Camera pentru tineret 51
Das Arbeitszimmer - Camera de lucru 52
Das Badezimmer - Baia 53
Sanitäre Anlagen - Instalații sanitare 54
Im Badezimmer - În baie 55
Die Waschküche - Spălătoria 56
Reinigungsartikel - Produse de curățat 57
Die Heimwerkstatt - Atelierul 58
Renovieren - Renovare 61
Strom und Heizung - Curent și încălzire 62

DER GARTEN - GRĂDINA 63
Gartengeräte - Unelte de grădinărit 64
Die Gartenarbeit - Grădinăritul 65

ESSEN UND TRINKEN - MÂNCARE ȘI BĂUTURĂ 66

TIERISCHE PRODUKTE - PRODUSE ANIMALE 68
Fleisch - Carne 68
Geflügel - Pasăre 69
Fisch - Pește 70
Meeresfrüchte - Fructe de mare 71
Milchprodukte und Eier - Lactate și ouă 72

GEMÜSE - LEGUME 74
Wurzelgemüse - Legume rădăcinoase 75
Blattgemüse - Legume cu frunze 76
Fruchtgemüse - Legume-fruct 77
Hülsenfrüchte - Leguminoase 78

OBST - FRUCTE 79
Beeren und Steinobst - Fructe de pădure și fructe cu sâmbure 79
Exotische Früchte - Fructe exotice 80
Zitrusfrüchte und Melonen - Citrice și pepeni 81
Nüsse und Trockenobst - Nuci și fructe uscate 82

KRÄUTER UND GEWÜRZE - IERBURI AROMATICE ȘI MIRODENII 83
Kräuter - Ierburi aromatice 83
Gewürze - Mirodenii 84
Würzmittel und Soßen - Arome și sosuri 85

GETREIDE UND MEHL - CEREALE ȘI FĂINĂ 86
Brot - Pâine 88
Brotaufstriche - Alimente de uns pe pâine 89
Kuchen und Gebäck - Prăjitură și produse de patiserie 90

***DESSERTS UND SÜSSSPEISEN* - DESERTURI ȘI DULCIURI** 91

***GETRÄNKE* - BĂUTURI** 92
Erfrischungsgetränke - Băuturi răcoritoare 92
Heißgetränke - Băuturi calde 93
Alkoholische Getränke - Băuturi alcoolice 94

***KOCHEN* - GĂTIT** 95
Zubereitung - Preparare 95

***GERICHTE UND MAHLZEITEN* - MÂNCĂRURI ȘI MESE** 96
Das Frühstück - Micul dejun 96
Snacks und Knabbereien - Gustări și snack-uri 98
Das Fastfood - Fast - food 99
Hauptmahlzeit - Masă principală 100
Im Restaurant - La restaurant 101
Geschirr und Besteck - Veselă și tacâmuri 102

***DIE ERNÄHRUNG* - ALIMENTAȚIA** 103

***UNTERWEGS* - LA DRUM** 104

***STRASSEN UND VERKEHR* - DRUMURI ȘI TRAFIC** 106
Verkehrsschilder - Indicatoare rutiere 108

***DAS AUTO* - MAȘINA** 109
Autotypen - Tipuri de mașini 109
Das Auto - Außenansicht - Mașina - Exteriorul mașinii 110
Das Auto - Innenausstattung - Mașina - Interiorul mașinii 112
Die Tankstelle - Benzinăria 113

***DER BUS* - AUTOBUZUL** 115

***DAS MOTORRAD* - MOTOCICLETA** 116

***DAS FAHRRAD* - BICICLETA** 118

***DAS LASTKRAFTFAHRZEUG* - CAMIONUL** 120

***WEITERE FAHRZEUGE* - ALTE VEHICULE** 121

***DER ZUG* - TRENUL** 122
Am Bahnhof - La gară 123

***DAS FLUGZEUG* - AVIONUL** 124
Im Flugzeug - În avion 125
Am Flughafen - La aeroport 126

***DAS SCHIFF* - VAPORUL** 128
Der Hafen - Portul 129

***IN DER STADT* - ÎN ORAȘ** 130

***DIE INNENSTADT* - CENTRUL ORAȘULUI** 132
Gebäude in der Innenstadt - Clădiri în centrul orașului 134
Auf der Straße - Pe stradă 135
Das Hotel - Hotelul 136
Die Bank - Banca 138

***EINKAUFEN* - LA CUMPĂRĂTURI** 140
Läden und Geschäfte - Magazine și prăvălii 140
Das Einkaufszentrum - Centrul comercial 142
Das Kaufhaus - Magazinul universal 143
Der Supermarkt - Supermagazinul 144
Der Kiosk - Chioșcul 146

***CAFÉS UND BARS* - CAFENELE ȘI BARURI** 147

***SEHENSWÜRDIGKEITEN* - OBIECTIVE TURISTICE** 148

***DIE ARCHITEKTUR* - ARHITECTURA** 149

***PARK UND SPIELPLATZ* - PARC ȘI LOC DE JOACĂ** 150

***BILDUNG UND BERUF* - EDUCAȚIE ȘI PROFESIE** 152

***DIE SCHULE* - ȘCOALA** 154
Das Klassenzimmer - Sala de clasă 155
Die Schulfächer - Materiile școlare 156
Im Labor - În laborator 158
In der Pause - În pauză 160
Die Sporthalle - Sala de sport 161

***DIE UNIVERSITÄT* - UNIVERSITATEA** 162

***DIE ARBEITSWELT* - CÂMPUL MUNCII** 165
Die Bewerbung - Candidatura pentru un loc de muncă 165
Berufe - Profesii 166
Das Organigramm - Organigrama 170

***DAS BÜRO* - BIROUL** 172
Büromöbel - Mobilier de birou 172
Der Bürobedarf - Accesorii de birou 173
Der Besprechungsraum - Sala de conferință 174
Der Büroalltag - La birou 175

KOMMUNIKATION - COMUNICAȚIE 176

DER COMPUTER - CALCULATORUL 178
Der Desktop-Computer - Calculatorul (de birou) 178
Hardware und Zubehör - Hardware și accesorii 179
Am Computer arbeiten - Lucrul la calculator 180
Das Internet - Internetul 182
Mobile Endgeräte - Echipamente mobile 183

DAS TELEFON - TELEFONUL 184

DIE MEDIEN - MASS-MEDIA 185
Das Fernsehen - Televiziunea 185
Das Radio - Radioul 187
Die Printmedien - Mediile tipărite 188

DIE POST - POȘTA 190

SPORT UND FITNESS - SPORT ȘI FITNESS 192

BALLSPORTARTEN - SPORTURI CU MINGEA 194
Der Fußball - Fotbalul 194
Der Handball - Handbalul 197
Der Volleyball - Voleiul 198
Der Basketball - Baschetul 199

WEITERE BALLSPORTARTEN - ALTE SPORTURI CU MINGEA 200

BALLSPORTARTEN MIT SCHLÄGERN - SPORTURI CU MINGI ȘI RACHETE 201
Das Badminton - Badmintonul 201
Das Tennis - Tenisul 202
Das Tischtennis - Tenisul de masă 203

DAS GOLF - GOLFUL 204

DIE LEICHTATHLETIK - ATLETISMUL 206

DAS TURNEN - GIMNASTICA 207

DER WASSERSPORT - SPORTURILE ACVATICE 208
Das Schwimmen - Înotul 208
Das Segeln - Sportul cu vele 210
Das Tauchen - Scufundarea 211
Das Surfen - Surfingul 212

DER KAMPFSPORT - SPORTUL DE CONTACT 213

DER REITSPORT - ECHITAȚIA 214

DAS ANGELN - PESCUITUL 216

DER WINTERSPORT - SPORTURILE DE IARNĂ 218

SONSTIGE SPORTARTEN - ALTE SPORTURI 220

DIE FITNESS - FITNESSUL 222

FREIZEIT - TIMP LIBER 224

DAS THEATER - TEATRUL 226

DIE MUSIK - MUZICA 228
Das Orchester - Orchestra 228
Die Musikinstrumente - Instrumentele muzicale 229
Das Konzert - Concertul 232
Musik hören - Ascultând muzică 233

HOBBYS - HOBBYURI 234
Kunst und Basteln - Artă și lucru manual 235
Nähen und Stricken - Cusut și tricotat 238
Das Kino - Cinematograful 241
Fotografieren - Fotografie 242
Spiele - Jocuri 244

FERIEN - VACANȚĂ 246
Am Strand - Pe plajă 246
Das Zelten - Campingul 248

KÖRPER UND GESUNDHEIT - CORP ȘI SĂNĂTATE 250

DER KÖRPER - CORPUL 252
Die Hand und der Fuß - Mâna si piciorul 254
Der Kopf - Capul 255
Die Muskeln - Mușchii 256
Das Skelett - Scheletul 257
Die inneren Organe - Organele interne 258
Die Körpersysteme - Sistemele fiziologice 259
Die Geschlechtsorgane - Organele genitale 260

SCHWANGERSCHAFT UND GEBURT - SARCINĂ ȘI NAȘTERE 262

DER ARZTBESUCH - LA MEDIC 264

SYMPTOME UND KRANKHEITEN - SIMPTOME ȘI BOLI 265

BEHINDERUNGEN - HANDICAPURI 268

VERLETZUNGEN - LEZIUNI 269

BEIM ZAHNARZT - LA STOMATOLOG 270

BEIM AUGENOPTIKER - LA OFTALMOLOG 272

IM KRANKENHAUS - LA SPITAL 273
- *Die Chirurgie* - Chirurgia 274
- *Die Unfallstation* - Secția de urgențe 275

DIE APOTHEKE - FARMACIA 276

DIE ALTERNATIVMEDIZIN - MEDICINA ALTERNATIVĂ 278

WELLNESS - WELLNESS 279

NOTFÄLLE - URGENȚE 280

ERSTE HILFE - PRIMUL AJUTOR 282

DIE POLIZEI - POLIȚIA 284

DIE FEUERWEHR - POMPIERII 286

IN DEN BERGEN - ÎN MUNȚI 287

DAS MEER - MAREA 288

WEITERE NOTSITUATIONEN - ALTE SITUAȚII DE URGENȚĂ 289

ERDE UND NATUR - PĂMÂNT ȘI NATURĂ 290

DER WELTRAUM - UNIVERSUL 292

DIE ERDE - PĂMÂNTUL 295

DIE WELTKARTE - MAPAMONDUL 296

UN-MITGLIEDSSTAATEN - STATE MEMBRE ALE ONU 299
- *Europa* - Europa 299
- *Nord- und Mittelamerika* - America de Nord și Centrală 302
- *Südamerika* - America de Sud 303
- *Afrika* - Africa 304
- *Asien* - Asia 307
- *Ozeanien* - Oceania 310
- *Internationale Organisationen* - Organizații internaționale 311

DAS WETTER - VREMEA 312
- *Naturkatastrophen* - Catastrofe naturale 314

DIE LANDSCHAFT - PEISAJUL 315

STEINE UND MINERALIEN - PIETRE ȘI MINEREURI 317
- *Edel- und Halbedelsteine* - Pietre prețioase și semiprețioase 318

PFLANZEN - PLANTE 319
- *Bäume* - Copaci 319
- *Wildpflanzen* - Plante sălbatice 320
- *Zierblumen* - Flori ornamentale 321
- *Gartenpflanzen* - Plante de grădină 323

TIERE - ANIMALE 324
- *Säugetiere* - Mamifere 324
- *Vögel* - Păsări 328
- *Reptilien und Amphibien* - Reptile și amfibii 330
- *Fische* - Pești 331
- *Insekten und Spinnen* - Insecte și păianjeni 332

ZAHLEN UND MASSE - NUMERE ȘI MĂSURI 334

DIE ZAHLEN - NUMERELE 336
- *Die Kardinalzahlen* - Numerele cardinale 336
- *Die Ordinalzahlen* - Numerele ordinale 337
- *Die Bruchzahlen* - Fracțiile 338
- *Weitere Zahlwörter* - Alte numerale 339

DIE ZEIT - TIMPUL 340
- *Die Uhrzeit* - Ora 340
- *Tag und Nacht* - Zi și noapte 342
- *Der Kalender* - Calendarul 343

MASSE - MĂSURI 344

DAS GEWICHT - GREUTATEA 345

DIE WÄHRUNG - VALUTA 345

DIE WICHTIGSTEN SÄTZE - CELE MAI IMPORTANTE FRAZE 346

DIE VERBEN - VERBELE 351

INDEX DEUTSCH - INDICE GERMANĂ 394

INDEX RUMÄNISCH - INDICE ROMÂNĂ 417

LEICHTER LERNEN MIT BILDERN – WARUM IST DAS SO?

Liebe Leserin, lieber Leser,

wie wichtig die Bedeutung von Bildern ist, wenn es um das Merken von Begriffen geht, wissen wir seit Jahren aus der Lernpsychologie. Kennen Sie das? Wenn Sie ein Bild zu einem Wort sehen, bleibt das Wort viel schneller im Gedächtnis haften, als wenn es nur geschrieben dasteht. Und wenn es darum geht, in einer fremden Sprache Wortschatz nicht nur nachzuschlagen, sondern auch zu verstehen und ihn sich zu merken, unterstützen die Bilder Sie dabei, sich die Wörter schneller und besser einzuprägen. Das hat ganz einfache Gründe:

→ ***Bilder wirken schneller und direkter als reiner Text**. Schon als kleine Kinder denken wir in Bildern und können sie ganz intuitiv entschlüsseln, interpretieren und aufnehmen. Sind Bilder mit Wörtern verknüpft, bilden sie eine Einheit, die unser Gehirn mit hoher Effizienz verarbeitet und abspeichert.*

→ ***Bilder erleichtern und unterstützen das Verständnis.** Sie vermitteln Zusammenhänge und liefern uns deutlich mehr Informationen als nur Text alleine.*

→ ***Bilder sind emotional.** Sie wecken unser Interesse, steigern unsere Motivation und bleiben besser im Gedächtnis haften als einzelne Wörter.*

→ ***Bilder machen Freude.** Wo viel Text abschreckt, sorgen Bilder dafür, dass uns das Lernen Spaß macht, und wir bleiben länger bei der Sache.*

Gesehen, verstanden und schon gemerkt – so leicht kann das visuelle Lernen sein. Überzeugen Sie sich selbst!

Ihre

PONS-Redaktion

ÎNVĂȚARE MAI UȘOARĂ CU AJUTORUL IMAGINILOR - CUM SE EXPLICĂ?

Dragă cititoare, drag cititor,

importanța imaginilor pentru memorarea cuvintelor noi e cunoscută deja de multă vreme în psihologia învățării. Vă sună familiar? Dacă vedeți o imagine împreună cu un cuvânt, îl memorați cu mult mai repede decât dacă ați vedea doar varianta scrisă. Și dacă nu vă mulțumiți doar să consultați un dicționar, ci doriți să înțelegeți și să țineți minte o expresie, imaginile vă vor ajuta să învățați mai repede și mai bine. Motivele sunt simple:

→ **Imaginile au un efect mai rapid și mai direct decât un simplu text.** De mici copii gândim în imagini și reușim să le descifrăm, să le interpretăm și să le asimilăm în mod intuitiv. O imagine atașată unui cuvânt formează cu acesta o unitate, pe care creierul nostru este capabil să o prelucreze și să o memoreze cu un mai mare grad de eficiență.

→ **Imaginile facilitează și sprijină înțelegerea.** Ele ne dezvăluie conexiuni și furnizează în mod cert mai multe informații decât un simplu text.

→ **Imaginile ne stimulează la nivel emoțional.** Ne trezesc interesul, ne sporesc motivația și ne rămân mai bine întipărite în memorie față de un text scris.

→ **Imaginile ne fac plăcere.** Acolo unde un text prea lung ne descurajează, imaginile fac ca învățarea să devină plăcută și ne menține interesul un timp mai îndelungat.

Vedeți, înțelegeți și memorați îndată - atât de ușoară poate fi învățarea vizuală. Convingeți-vă și dumneavoastră!

Redacția PONS

SO ARBEITEN SIE EFFIZIENT MIT DEM BILDWÖRTERBUCH

die Erdbeere
căpşună f
[kəp'ʃu·nə]

die Himbeere
zmeură f
['zme·u·rə]

die Brombeere
mură f
['mu·rə]

die Heidelbeere
afină f
[a·'fi·nə]

Ganz gleich, ob Sie erst anfangen, eine Fremdsprache zu erlernen, oder ob Sie bereits über gute Sprachkenntnisse verfügen: Dieses Wörterbuch ist Ihr idealer Begleiter. Für jede Sprache decken rund 8.000 Begriffe alle Bereiche des Alltags ab und die Kombination von Wort und Bild ermöglicht Ihnen, Wörter schnell nachzuschlagen, zu übersetzen und sich mühelos einzuprägen. Hier die wichtigsten Tipps, wie Sie den größten Nutzen aus diesem Wörterbuch ziehen:

Indiferent că ați început de curând să învățați o limbă străină sau dețineți deja cunoştințe aprofundate: acest dicționar este însoțitorul ideal. Pentru fiecare limbă există aproximativ 8000 de cuvinte, care acoperă toate domeniile vieții cotidiene, iar asocierea cuvânt-imagine vă ajută să găsiți repede un anume termen, să îl traduceți şi să îl memorați cu uşurință. Iată câteva sfaturi pentru o eficiență maximă în folosirea acestui dicționar:

1. Wörter im Zusammenhang lernen

Wörter werden schneller gemerkt, wenn man sie im Kontext lernt. Aus diesem Grund ist dieses Wörterbuch nach Themenfeldern aus dem Alltagsleben gegliedert. Ganz gleich, in welches Thema Sie eintauchen - ob Einkaufen, Kleidung, Lebensmittel oder Familie - betrachten Sie beim Lernen das Thema als Ganzes und versuchen Sie, möglichst viele Wörter aus dem Themenbereich aufzunehmen. Sie werden erstaunt sein, wie viel Wortschatz Sie sich in kürzester Zeit merken können.

1. Învățați cuvintele în contextul din care provin

Cuvintele se învață mai repede în context. Din acest motiv acest dicționar este împărțit în secțiuni tematice ale vieții cotidiene. Indiferent de tema căreia vreți să vă dedicați - că e vorba de cumpărături, îmbrăcăminte, alimente sau familie - pentru a învăța cuvintele noi, vă recomandăm să priviți tema ca pe un întreg şi să încercați să asimilați un număr cât mai mare de cuvinte legate de această temă. Veți fi surprins(ă) cât de mult se va îmbogăți vocabularul dumneavoastră în scurt timp.

CUM SE FOLOSEȘTE ÎN MOD EFICIENT DICȚIONARUL ILUSTRAT

Herzlichen Glückwunsch!	**Felicitări!** [fe·li·ʧi'tərʲ]
Alles Gute zum Geburtstag!	**La mulți ani!** [la mulʦʲ anʲ]
Wie viel Uhr ist es?	**Cât este ceasul?** [kit 'jes·te 'ʧe̯a·sul]
Es ist zwei Uhr.	**Este ora două.** ['jes·te 'o·ra 'do·wə]
Guten Appetit!	**Poftă bună!** ['pof·tə 'bu·nə]
Zum Wohl!	**Sănătate!** [sə·nə'ta·te]
①	②

2. Die wichtigsten Schlüsselsätze auf einen Blick

Ob in der Fremdsprache nach der Uhrzeit fragen, oder zum Geburtstag gratulieren: In den 13 thematisch sortierten Kapiteln finden Sie neben der reinen Wort-Bild-Zuordnung die wichtigsten Sätze für die häufigsten Situationen ①. Prägen Sie sich diese Schlüsselsätze gut ein und schon haben Sie den Grundstein für eine erfolgreiche Kommunikation gelegt.

2. Frazele cele mai importante dintr-o privire

Fie că doriți să întrebați cât e ceasul sau că doriți să felicitați pe cineva de ziua de naștere: în cele treisprezece capitole împărțite tematic găsiți alături de asocierea cuvânt-imagine, fraze utile pentru cele mai frecvente situații ①. Întipăriți-vă bine în memorie aceste fraze și iată că dispuneți de o bază solidă pentru a comunica cu succes.

3. Richtig aussprechen

Damit Sie jedes Wort richtig aussprechen, haben wir allen Wörtern und Sätzen eine Lautschrift beigefügt ②. Eine Übersicht über die verwendeten phonetischen Zeichen finden Sie bequem auf der letzten Seite des Buches.

3. Pronunția corectă

Pentru ca dumneavoastră să puteți pronunța corect, am atașat fiecărui cuvânt și fiecărei fraze transcrierea fonetică ②. Pe ultima pagină a dicționarului veți găsi un indice al simbolurilor fonetice folosite.

INDEX DEUTSCH - **INDICE GERMANĂ** **394**

INDEX RUMÄNISCH - **INDICE ROMÂNĂ** **417**

③

glutenfrei
fără gluten
[ˈfə·rə gluˈten]

laktosefrei
fără lactoză
[ˈfə·rə lakˈto·zə]

④

4. Schnell übersetzen

Wenn es einfach schnell gehen muss, schlagen Sie im Anhang im Stichwortverzeichnis die richtige Übersetzung nach ③. Dort ist jedes Stichwort in Deutsch und Rumänisch in alphabetischer Reihenfolge aufgeführt und im Nu gefunden.

4. Traducere rapidă

Când vă grăbiți, ajunge să consultați indicele din anexă pentru a găsi traducerea exactă ③. Indicele cuprinde toate cuvintele în limbile germană și română, sortate în ordine alfabetică, lucru care permite o consultare rapidă.

5. Für den Notfall

Bilder sind eine universelle Sprache, die von allen Kulturen verstanden wird. Sollten Ihnen doch mal die Worte fehlen, zeigen Sie einfach auf das entsprechende Bild ④. Ob im Hotel, Restaurant oder auf der Straße - so können Sie sich überall auf der Welt ganz ohne Sprache verständigen.

5. În caz de urgență

Limbajul imaginilor este universal, înțeles de toate popoarele. Dacă vi se întâmplă să rămâneți fără cuvinte, indicați pur și simplu imaginea potrivită ④. La hotel, la restaurant sau pe stradă - veți putea să comunicați oriunde în lume și fără să cunoașteți limba locului.

6. Noch mehr Sprache

Für die ersten Schritte in der fremden Sprache liefern Ihnen die Extras im Anhang des Bildwörterbuchs praktische Unterstützung: Mit den wichtigsten Sätzen auf Deutsch und auf Rumänisch sind Sie für den gelungenen Einstieg in die Fremdsprache gewappnet. Und wenn es darum geht, eigene Sätze zu bilden, hilft Ihnen unsere ausführliche Verbliste, wo Sie auch abstrakte Verben, die sich nicht abbilden lassen, nachschlagen und übersetzen können.

6. Material lingvistic suplimentar

Extrasul anexat al dicționarului ilustrat reprezintă un sprijin practic pentru primii pași în învățarea unei limbi străine: cu cele mai importante propoziții în limba germană și în limba română sunteți pregătiți pentru un început reușit în învățarea limbii străine. Iar atunci când doriți să construiți singur propoziții, vă ajută lista noastră elaborată de verbe, unde puteți căuta și traduce și verbe abstracte, cărora nu li se pot asocia imagini exemplificative.

die Bankkauffrau
funcționară bancară f
[funk·tsi·o'na·rə ban'ka·rə]

der Lehrer
profesor m
[pro'fe·sor]

die Ingenieurin
ingineră f
[in·ʤi'ne·rə]

der Kellner
chelnăr m
['kel·ner]

Das sollten Sie noch wissen

Die Stichwörter in diesem Wörterbuch stehen immer in der Einzahl, es sei denn sie werden in der Regel nur in der Pluralform verwendet.
Die rumänischen Substantive sind mit einer Genusangabe versehen: m = Maskulinum, f = Femininum, n = Neutrum.

Ce mai trebuie știut

Cuvintele conținute în acest dicționar sunt la singular, exceptând situațiile în care de obicei se folosește doar forma de plural.
Genurile substantivelor în limba română sunt indicate după cum urmează: m = masculin, f = feminin, n = neutru.

Es war uns wichtig, bei Funktions- und Berufsbezeichnungen Männer und Frauen gleichermaßen und gleichberechtigt zu berücksichtigen. Da wir aber aus Platzgründen nicht immer beide Geschlechter gleichzeitig abbilden können, haben wir uns immer für eines entscheiden müssen. Dabei orientiert sich das Geschlecht des Wortes immer am Geschlecht der abgebildeten Figur.

În cazul denumirilor de funcții și profesii am considerat important să includem deopotrivă forme masculine și feminine. Neputând din lipsă de spațiu să ilustrăm mereu exemple pentru ambele sexe, am fost constrânși să ne decidem în favoarea unei singure variante. În aceste cazuri traducerea corespunde sexului persoanei reprezentate în imagine.

MENSCHEN
OAMENI

DIE FAMILIE – FAMILIA

Der Stammbaum – Arborele genealogic

der Schwiegervater
socru m
[ˈso·kru]

die Schwiegermutter
soacră f
[ˈso̯a·krə]

die Schwägerin
cumnată f
[kumˈna·tə]

der Schwager
cumnat m
[kumˈnat]

der Ehemann
soț m
[sots]

die Ehefrau
soție f
[soˈtsi·e]

der Schwiegersohn
ginere m
[ˈʤi·ne·re]

die Tochter
fiică f
[ˈfi·i·kə]

der Sohn
fiu m
[fiw]

der Enkel
nepot m
[neˈpot]

die Enkelin
nepoată f
[neˈpo̯a·tə]

DIE FAMILIE - FAMILIA

Der Stammbaum - Arborele genealogic

der Großvater
bunic m
[buˈnik]

die Großmutter
bunică f
[buˈni·kə]

die Mutter
mamă f
[ˈma·mə]

der Vater
tată m
[ˈta·tə]

die Tante
mătușă f
[məˈtu·ʃə]

der Onkel
unchi m
[unkʲ]

die Schwester
soră f
[ˈso·rə]

der Bruder
frate m
[ˈfra·te]

die Cousine
verișoară f
[ve·riˈʃo̯a·rə]

die Nichte
nepoată f
[neˈpo̯a·tə]

der Neffe
nepot m
[neˈpot]

der/die Verwandte	**rudă** f [ˈru·də]
die Großeltern	**bunici** m [buˈniʧʲ]
die Eltern	**părinți** m [pəˈrintsʲ]
das Ehepaar	**soți** pl [sotsʲ]
der Vorfahre	**strămoș** m [strəˈmoʃ]
ledig	**necăsătorit** [ne·kə·sə·toˈrit]
verheiratet	**căsătorit** [kə·sə·toˈrit]
geschieden	**divorțat** [di·vorˈtsat]
verlobt	**logodit** [lo·goˈdit]
verwitwet	**văduv** [ˈvə·duv]
verwandt	**înrudit** [ɨn·ruˈdit]

BEZIEHUNGEN – RELAȚII

Familie und Lebensphasen – Familie și etape ale vieții

das Baby
bebeluș m
[be·beˈluʃ]

das Kind
copil m
[koˈpil]

Herr ...
domnul...
[ˈdom·nul]

der Mann
bărbat m
[bərˈbat]

die Jugendliche
adolescentă f
[a·do·lesˈtʃen·tə]

die Zwillinge
gemene f
[ˈdʒe·me·ne]

die Frau
femeie f
[feˈme·je]

Frau ...
doamna...
[ˈdo̯am·na]

der/die Bekannte
cunoscut/-ă m/f
[ku·nosˈkut/-ə]

der Junge
băiat m
[bəˈjat]

das Mädchen
fată f
[ˈfa·tə]

die Freunde
prieteni m
[priˈe·tenʲ]

das Paar
pereche f
[peˈre·ke]

die Freundin
prietenă f
[priˈe·te·nə]

der Freund
prieten m
[priˈe·ten]

der Erwachsene	**adult** m [aˈdult]
die Geschwister	**frați** m [fratsʲ]
der Patenonkel	**naș** m [naʃ]
die Patentante	**nașă** f [ˈna·ʃə]
der Stiefvater	**tată vitreg** m [ˈta·tə ˈvi·treg]
die Stiefmutter	**mamă vitregă** f [ˈma·mə ˈvit·tre·gə]
der Stiefbruder	**frate vitreg** m [ˈfra·te ˈvi·treg]
die Stiefschwester	**soră vitregă** f [ˈso·rə ˈvit·tre·gə]
der Nachbar	**vecin** m [veˈtʃin]
die Nachbarin	**vecină** f [veˈtʃi·nə]

BEZIEHUNGEN – RELAȚII

Begrüßen und verabschieden – Salutul

jemanden vorstellen
a prezenta pe cineva
[a pre·zen'ta pe ʧi·ne'va]

jemanden begrüßen
a saluta pe cineva
[a sa·lu'ta pe ʧi·ne'va]

sich die Hand geben
a da mâna
[a da 'mɨ·na]

sich verbeugen
a face o plecăciune
[a 'fa·ʧe o ple·kə'ʧju·ne]

sich umarmen
a se îmbrățișa
[a se ɨm·brə·tsi'ʃa]

lachen
a râde
[a 'rɨ·de]

weinen
a plânge
[a 'plɨn·ʤe]

sich verabschieden
a saluta
[a sa·lu'ta]

einen Knicks machen
a face o reverență
[a 'fa·ʧe o re·ve'ren·tsə]

winken
a face cu mâna
[a 'fa·ʧe ku 'mɨ·na]

jemandem einen Kuss geben
a săruta pe cineva
[a sə·ru'ta pe ʧi·ne'va]

jemanden anrufen
a suna pe cineva
[a su'na pe ʧi·ne'va]

Hallo!	**Salut!** [sa'lut]
Guten Tag!	**Bună ziua!** ['bu·nə 'zi·wa]
Guten Morgen!	**Bună dimineața!** ['bu·nə di·mi'ne̯a·tsa]
Guten Abend!	**Bună seara!** ['bu·nə 'se̯a·ra]
Wie heißt du?	**Cum te numești?** [kum te nu'meʃtʲ]
Wie heißen Sie?	**Cum vă numiți?** [kum və nu'mitsʲ]
Ich heiße …	**Mă numesc…** [mə nu'mesk]
Herzlich willkommen!	**Bine ai venit!** ['bi·ne aj ve'nit]
Tschüss!	**Pa!** [pa]
Auf Wiedersehen!	**La revedere!** [la re·ve'de·re]

das kleine Geschenk
mic cadou n
[mik ka'dow]

EREIGNISSE IM LEBEN – EVENIMENTE DIN VIAȚĂ

Feste – Sărbători

die Hochzeit
nuntă f
[ˈnun·tə]

der Geburtstag
ziuă de naștere f
[ˈzi·wə de ˈnaʃ·te·re]

das Weihnachten
Crăciun n
[krəˈtʃjun]

der Valentinstag
Ziua Îndrăgostiților f
[ˈzi·wa ɨn·drə·gosˈti·tsi·lor]

das Thanksgiving
Ziua Recunoștinței f
[ˈzi·wa re·ku·noʃˈtin·tsej]

das Halloween
Halloween n
[he·loˈwin]

der/das Silvester
Ajunul Anului Nou n
[aˈju·nul ˈa·nu·luj now]

das Ostern
Paște m
[ˈpaʃ·te]

die Hanukkah
Hanuca f
[haˈnu·ka]

das Wesakfest
sărbătoarea Vesak f
[sər·bəˈto̯a·re̯a ˈve·sak]

das Ramadanfest
sărbătoarea de încheiere a Ramadanului f
[sər·bəˈto̯a·re̯a de ɨn·keˈje·re a ra·maˈda·nu·luj]

das chinesische Neujahr
Anul Nou Chinezesc m
[ˈa·nul now ki·neˈzesk]

der Karneval
carnaval n
[kar·naˈval]

das Diwalifest	**sărbătoarea Diwali** f [sər·bəˈto̯a·re̯a di·o̯a·li]
das Passah	**Paștele evreiesc** m [ˈpaʃ·te·le e·vreˈjesk]
die Feier	**sărbătoare** f [sər·bəˈto̯a·re]
der Hochzeitstag	**aniversarea căsătoriei** f [a·ni·verˈsa·re̯a kə·sə·toˈri·ej]
der Feiertag	**sărbătoare legală** f [sər·bəˈto̯a·re leˈga·lə]
der Muttertag	**ziua mamei** f [ˈzi·wa ˈma·mej]
der Vatertag	**ziua tatălui** f [ˈzi·wa ˈta·tə·luj]
die Taufe	**botez** n [boˈtez]
Herzlichen Glückwunsch!	**Felicitări!** [fe·li·tʃiˈtərʲ]
Alles Gute zum Geburtstag!	**La mulți ani!** [la multsʲ anʲ]

EREIGNISSE IM LEBEN – EVENIMENTE DIN VIAȚĂ

Wendepunkte – Momente de răscruce

die Geburt
naștere f
[ˈnaʃ·te·re]

der Kindergarten
grădiniță f
[grə·diˈni·tsə]

die Einschulung
prima zi de școală f
[ˈpri·ma zi de ʃko̯a·lə]

der Schulabschlussball
banchet de absolvire (a școlii) n
[ban·ket de ab·solˈvi·re (a ʃko·lij)]

der Studienabschluss
absolvire a studiului f
[ab·solˈvi·re a ˈstu·dju·luj]

der Berufseinstieg
încadrare în câmpul muncii f [ɨn·kaˈdra·re ɨn ˈkɨm·pul ˈmun·tʃij]

sich verlieben
a se îndrăgosti
[a se ɨn·drə·gosˈti]

sich verloben
a se logodi
[a se lo·goˈdi]

heiraten
a se căsători
[a se kə·sə·toˈri]

die Schwangerschaft
sarcină f
[ˈsar·tʃi·nə]

umziehen
a se muta
[a se muˈta]

in Rente gehen
a se pensiona
[a se pen·si·oˈna]

die Beerdigung
înmormântare f
[ɨn·mor·mɨnˈta·re]

volljährig werden	**a deveni major** [a de·veˈni maˈʒor]
jemandem einen Heiratsantrag machen	**a cere pe cineva în căsătorie** [a ˈtʃe·re pe tʃi·neˈva ɨn kə·sə·toˈri·e]
das Brautkleid	**rochie de mireasă** f [ˈro·ki·e de miˈre̯a·sə]
die Braut	**mireasă** f [miˈre̯a·sə]
der Bräutigam	**mire** m [ˈmi·re]
eine Familie gründen	**a întemeia o familie** [a ɨn·te·meˈja o faˈmi·li·e]
die Scheidung	**divorț** n [diˈvorts]
sich scheiden lassen	**a divorța** [a di·vorˈtsa]
sterben	**a muri** [a muˈri]

MENSCHEN BESCHREIBEN – DESCRIEREA PERSOANELOR

Das Gesicht – Fața

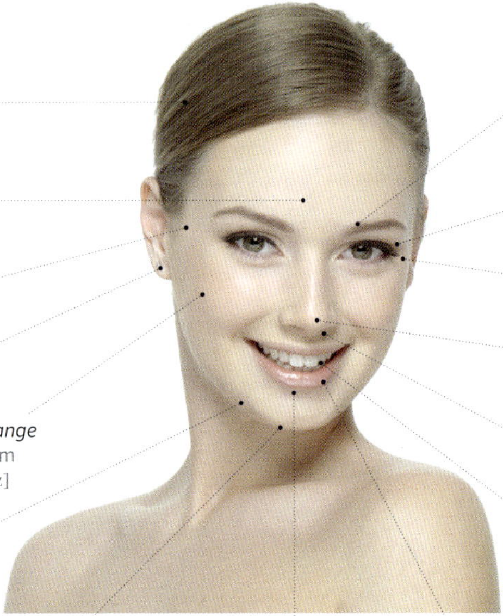

das Haar
păr m
[pər]

die Augenbraue
sprânceană f
[sprɨnˈtʃe̯a·nə]

die Stirn
frunte f
[ˈfrun·te]

die Wimper
geană f
[ˈdʒe̯a·nə]

die Schläfe
tâmplă f
[ˈtɨm·plə]

das Auge
ochi m
[ok^j]

die Nase
nas n
[nas]

das Ohr
ureche f
[uˈre·ke]

die Wange
obraz m
[oˈbraz]

das Nasenloch
nară f
[ˈna·rə]

der Unterkiefer
mandibulă f
[manˈdi·bu·lə]

der Zahn
dinte m
[ˈdin·te]

das Kinn
bărbie f
[bərˈbi·e]

der Mund
gură f
[ˈgu·rə]

die Lippe
buză f
[ˈbu·zə]

eine Grimasse schneiden
a se strâmba
[a se strɨmˈba]

die Haut	**piele** f [ˈpje·le]
die Falte	**rid** n [rid]
das Muttermal	**aluniță** f [a·luˈni·tsə]
das Grübchen	**gropiță** f [groˈpi·tsə]
die Sommersprossen	**pistrui** m [pisˈtruj]
die Pore	**por** m [por]
der Pickel	**coș** n [koʃ]

MENSCHEN BESCHREIBEN – DESCRIEREA PERSOANELOR

Das Haar – Părul

rothaarig
roşcat
[roʃˈkat]

gewellt
ondulat
[on·duˈlat]

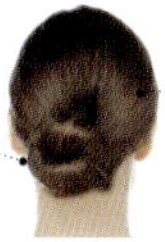

der Dutt
coc n
[kok]

brünett
brunet
[bruˈnet]

der Kurzhaarschnitt
frizură scurtă f
[friˈzu·rə ˈskur·tə]

grau meliert
grizonant
[gri·zoˈnant]

die Perücke
perucă f
[peˈru·kə]

der Stufenschnitt
frizură în scări f
[friˈzu·rə ɨn ˈskəri]

der Pony
breton n
[breˈton]

die Strähnchen
şuviţe f
[ʃuˈvi·tse]

die Bobfrisur
frizură bob f
[friˈzu·rə bob]

glatt
lins
[lins]

blond
blond
[blond]

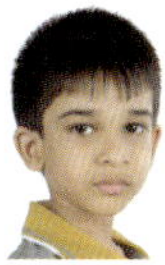

dunkel
de culoare închisă
[de kuˈlo̯a·re ɨnˈki·sə]

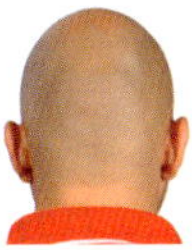

die Glatze
chelie f
[keˈli·e]

der Pferdeschwanz
coadă de cal f
[ˈko̯a·də de kal]

lockig
creţ
[krets]

der Zopf
coadă împletită f
[ˈko̯a·də ɨm·pleˈti·tə]

MENSCHEN BESCHREIBEN – DESCRIEREA PERSOANELOR

Die äußere Erscheinung – Aspectul exterior

der Bart
barbă f
[ˈbar·bə]

der Schnurrbart
mustață f
[musˈta·tsə]

jung
tânăr
[ˈtɨ·nər]

alt
bătrână f
[bəˈtrɨ·nə]

muskulös
musculos
[mus·kuˈlos]

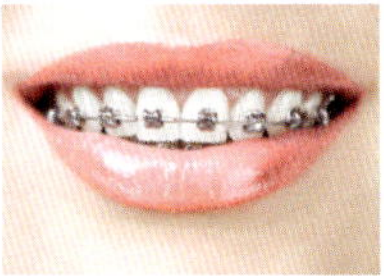

die Zahnspange
aparat dentar n
[a·paˈrat denˈtar]

blass
palid
[ˈpa·lid]

sonnengebräunt
bronzată
[bronˈza·tə]

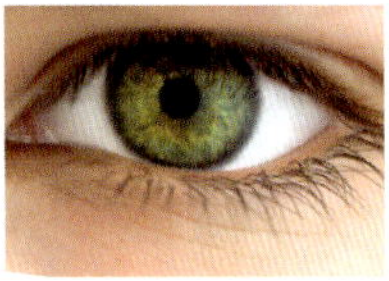

die grünen Augen
ochi verzi m
[okʲ verzʲ]

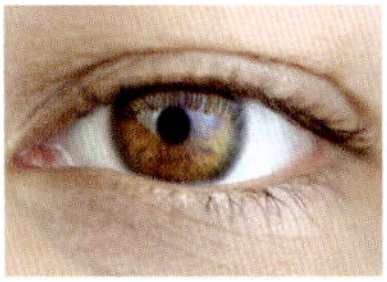

die braunen Augen
ochi căprui m
[okʲ kəˈpruj]

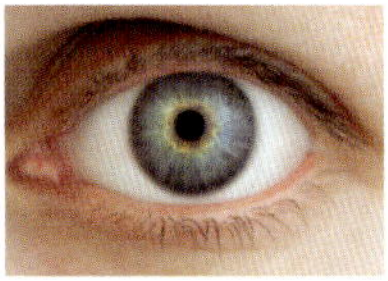

die grauen Augen
ochi gri m
[okʲ gri]

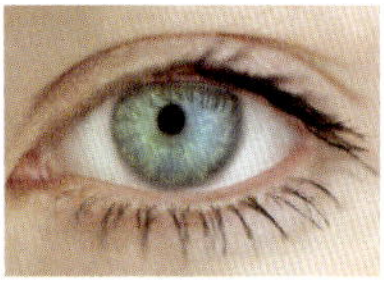

die blauen Augen
ochi albaștri m
[okʲ alˈbaʃ·tri]

attraktiv	**atrăgător** [a·trə·gəˈtor]
hübsch	**drăguț** [drəˈguts]
hässlich	**urât** [uˈrɨt]
schön	**frumos** [fruˈmos]
jemanden nach dem Äußeren beurteilen	**a judeca pe cineva după aparență** [a ʒu·deˈka pe ʧi·neˈva ˈdu·pə a·paˈren·tsə]
schlank	**slab** [slab]
dick	**gras** [gras]
groß	**mare** [ˈma·re]
klein	**mic** [mik]
die Narbe	**cicatrice** f [ʧi·kaˈtri·ʧe]

MENSCHEN BESCHREIBEN – DESCRIEREA PERSOANELOR

Gefühle und Persönlichkeit – Sentimente și personalitate

glücklich
fericită
[fe·ri·ˈtʃi·tə]

stolz
mândri
[ˈmɨn·drʲ]

überrascht
surprins
[surˈprins]

aufgeregt
agitat
[a·dʒiˈtat]

verlegen
jenată
[ʒeˈna·tə]

verwirrt
confuză
[konˈfu·zə]

schüchtern
timid
[tiˈmid]

nachdenklich
gânditor
[gɨn·diˈtor]

neugierig
curios
[ku·riˈos]

niedlich
drăgălaș
[drə·gəˈlaʃ]

verliebt
îndrăgostiți
[ɨn·drə·gosˈtitsʲ]

selbstbewusst
sigur de sine
[ˈsi·gur de ˈsi·ne]

offen	**deschis** [desˈkis]
tolerant	**tolerant** [to·leˈrant]
geduldig	**răbdător** [rəb·dəˈtor]
freundlich	**prietenos** [pri·e·teˈnos]
sympathisch	**simpatic** [simˈpa·tik]
nett	**drăguț** [drə·guts]
lächeln	**a zâmbi** [a zɨmˈbi]
Ich bin verärgert/froh/traurig.	**Sunt supărat/bucuros/trist.** [sunt su·pəˈrat/bu·kuˈros/trist]

MENSCHEN BESCHREIBEN – DESCRIEREA PERSOANELOR

Gefühle und Persönlichkeit – Sentimente și personalitate

traurig
trist
[trist]

gestresst
stresat
[stre'sat]

verärgert
supărat
[su·pə'rat]

wütend
furioasă
[fu·ri'o̯a·sə]

eifersüchtig
geloasă
[ʤe'lo̯a·sə]

verängstigt
speriată
[spe·ri'a·tə]

nervös
încordată
[ɨn·kor'da·tə]

müde
obosit
[o·bo'sit]

angeekelt
scârbit
[skɨr'bit]

dickköpfig
încăpățânat
[ɨn·kə·pə·tsɨ'nat]

gelangweilt
plictisită
[plik·ti'si·tə]

sauer
înfuriat
[ɨn·fu·ri'at]

die Stirn runzeln	**a se încrunta** [a se ɨn·krun'ta]
bestürzt	**consternat** [kon·ster'nat]
unsympathisch	**antipatic** [an·ti'pa·tik]
verzweifelt	**disperat** [di·spe'rat]
neidisch	**invidios** [in·vi·di'os]
ungeduldig	**nerăbdător** [ne·rəb·də'tor]
arrogant	**arogant** [a·ro'gant]
intolerant	**intolerant** [in·to·le'rant]
sensibel	**sensibil** [sen'si·bil]

DIE KLEIDUNG - ÎMBRĂCĂMINTEA

Babysachen - Trusou pentru bebeluș

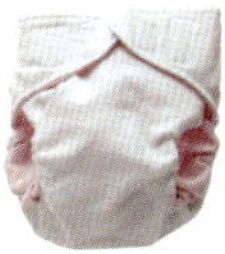

die Stoffwindel
scutec de stofă n
[ˈsku·tek de ˈsto·fə]

die Wegwerfwindel
scutec de unică folosință n [ˈsku·tek de ˈu·ni·kə fo·loˈsin·tsə]

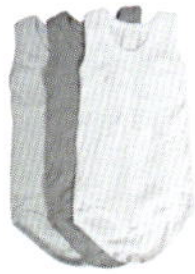

der Body
body n
[ˈbo·di]

der Schneeanzug
combinezon pentru zăpadă n [kom·bi·neˈzon ˈpen·tru zəˈpa·də]

der Babyschlafsack
săculeț de dormit m
[sə·kuˈlets de dorˈmit]

die Rassel
jucărie zornăitoare f
[ʒukəˈrie zor·nəjˈto̯a·re]

der Strampler
salopetă pentru bebeluș f
[sa·loˈpe·tə ˈpen·tru be·beˈluʃ]

der Babyfäustling
mănușă f
[məˈnu·ʃə]

die Mütze
căciuliță f
[kə·ʧjuˈli·tsə]

das Babyschühchen
papucel m
[pa·puˈʧel]

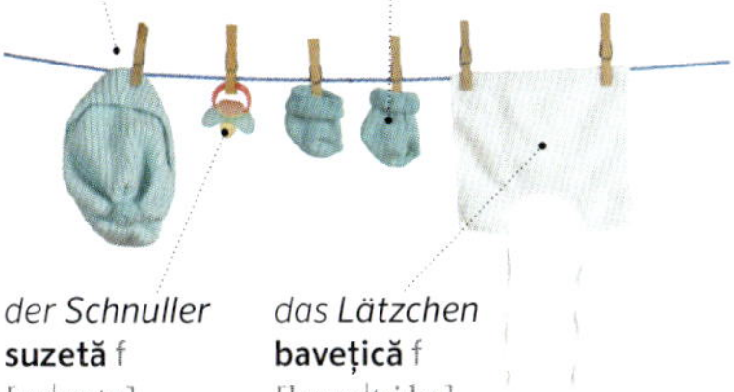

der Schnuller
suzetă f
[suˈze·tə]

das Lätzchen
bavețică f
[ba·veˈtsi·kə]

der Sonnenhut
pălărioară de soare f
[pə·lə·riˈo̯a·rə de ˈso̯a·re]

das Söckchen
șosetuță f
[ʃo·seˈtu·tsə]

das Latzhöschen
salopetă f
[sa·loˈpe·tə]

die Babydecke
păturică pentru bebeluș f
[pə·tuˈri·kə ˈpen·tru be·beˈluʃ]

das Babyfläschchen	**biberon** n [bi·beˈron]
die Biobaumwolle	**bumbac organic** n [bumˈbak orˈga·nik]
aus Kunstfaser	**din fibre sintetice** [din ˈfi·bre sinˈte·ti·ʧe]

DIE KLEIDUNG – ÎMBRĂCĂMINTEA

Unisex-Kleidung – Îmbrăcăminte unisex

der Trainingsanzug
trening n
[ˈtre·ning]

der Kapuzenpullover
bluză de trening cu glugă f
[ˈblu·zə de ˈtre·ning ku ˈglu·gə]

der Turnschuh
pantof de sport m
[panˈtof de sport]

der Schlafanzug
pijama f
[pi·ʒaˈma]

der Hausschuh
papuc de casă m
[paˈpuk de ˈka·sə]

der Bademantel
halat de baie n
[haˈlat de ˈba·je]

der Wintermantel
palton n
[palˈton]

die Regenjacke
jachetă impermeabilă f
[ʒaˈke·tə im·per·meˈa·bi·lə]

die Schneehose
pantalon de schi m
[pan·taˈlon de ski]

Könnte ich das mal anprobieren?	**Aș putea să probez asta?** [aʃ puˈtʲa sə proˈbez ˈas·ta]
Haben Sie das auch eine Nummer größer/kleiner?	**Aveți o mărime mai mare/mică?** [aˈvetsi o məˈri·me maj ˈma·re/ˈmi·kə]
eng/weit	**strâmt/larg** [strimt/larg]
kurz/lang	**scurt/lung** [skurt/lung]
klein/groß	**mic/mare** [mik/ˈma·re]
Das passt gut, ich nehme es.	**Se potrivește. Îl/o cumpăr.** [se po·triˈveʃ·te il/o ˈkum·pər]
mit kurzen/langen Ärmeln	**cu mânecă scurtă/lungă** [ku miˈne·kə ˈskur·tə/ˈlun·gə]
der Knopf	**nasture** m [ˈnas·tu·re]
der Druckknopf	**capsă** f [ˈkap·sə]
das Knopfloch	**butonieră** f [bu·to·niˈe·rə]

DIE KLEIDUNG - ÎMBRĂCĂMINTEA

Herrenkleidung - Îmbrăcăminte pentru bărbați

das T-Shirt
tricou n
[triˈkow]

das Polohemd
tricou cu guler n
[triˈkow ku ˈgu·ler]

der Rollkragenpullover
pulover pe gât n
[puˈlo·vər pe gɨt]

die Weste
vestă f
[ˈves·tə]

der Pullunder
vestă fără nasturi f
[ˈves·tə ˈfə·rə ˈnas·tu·rʲ]

die Fliege
papion n
[pa·piˈon]

der Anzug
costum n
[kosˈtum]

der Kragen
guler n
[ˈgu·ler]

die Krawatte
cravată f
[kraˈva·tə]

das Hemd
cămașă f
[kəˈma·ʃə]

der/das Sakko
sacou n
[saˈkow]

die Hose
pantalon m
[pan·taˈlon]

die kurze Hose
pantalon scurt m
[pan·taˈlon skurt]

die Boxershorts
boxeri m
[boˈkserʲ]

die Unterhose
chilot m
[kiˈlot]

die Badehose
costum de baie n
[kosˈtum de ˈba·je]

DIE KLEIDUNG – ÎMBRĂCĂMINTEA

Damenkleidung – Îmbrăcăminte de damă

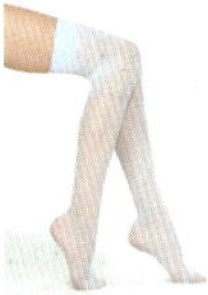

der Strumpf
ciorap m
[ʧjoˈrap]

die Strumpfhose
dres n
[dres]

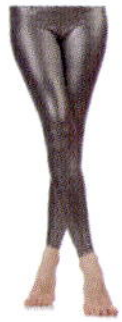

die Leggings
colanți m
[koˈlantsʲ]

der Slip
chilot m
[kiˈlot]

der Bikini
bikini m
[biˈki·ni]

der Badeanzug
costum de baie (întreg) n
[kosˈtum de ˈba·je (ɨnˈtreg)]

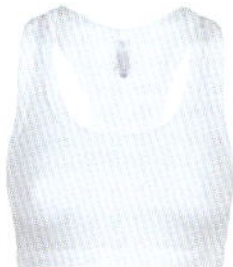

der Sport-BH
sutien pentru sport n
[su·tiˈen ˈpen·tru sport]

der Büstenhalter/der BH
sutien n
[su·tiˈen]

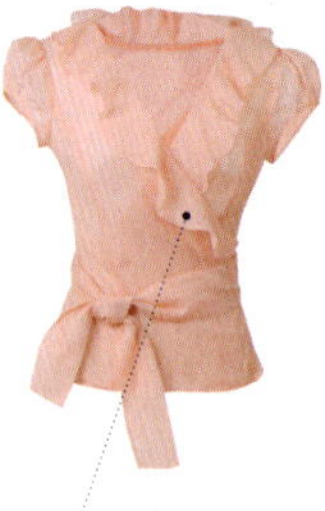

die Rüsche
volan n
[voˈlan]

die Umstandsmode	**modă pentru femei însărcinate** f [ˈmo·də ˈpen·tru feˈmej ɨn·sər·ʧiˈna·te]
die Naht	**cusătură** f [ku·səˈtu·rə]
der Ärmel	**mânecă** f [ˈmɨ·ne·kə]
der Saum	**tiv** n [tiv]
die Seide	**mătase** f [məˈta·se]
die Spitze	**dantelă** f [danˈte·lə]
die Größe	**mărime** f [məˈri·me]
der Ausschnitt	**decolteu** n [de·kolˈtew]
trägerlos	**fără bretele** [ˈfə·rə breˈte·le]
tailliert	**cambrat pe talie** [kamˈbrat pe ˈta·li·e]
leger	**lejer** [leˈʒer]
schick	**șic** [ʃik]
bequem	**comod** [koˈmod]
mit Stretchanteil	**supraelastic** [su·pra·eˈlas·tik]
modisch	**la modă** [la ˈmo·də]

DIE KLEIDUNG - ÎMBRĂCĂMINTEA

Damenkleidung - Îmbrăcăminte de damă

die Schleife
fundă f
[ˈfun·də]

das Kleid
rochie f
[ˈro·ki·e]

das Trägertop
bluză cu bretele f
[ˈblu·zə ku breˈte·le]

die Bluse
bluză f
[ˈblu·zə]

das Schulterpolster
perniță pentru umeri f
[perˈni·tsə ˈpen·tru ˈu·merʲ]

der Blazer
blazer n
[ˈblej·zər]

das Oberteil
bluză f
[ˈblu·zə]

die Jeans
jeans m
[ʤins]

die Stiefelette
botină f
[boˈti·nə]

die Strickjacke
jachetă (tricotată) f
[ʒaˈke·tə (tri·koˈta·tə)]

der Rock
fustă f
[ˈfus·tə]

die Shorts
pantalon scurt m
[pan·taˈlon skurt]

die Röhrenhose
pantalon aderent m
[pan·taˈlon a·deˈrent]

die Schlaghose
pantalon trapez m
[pan·taˈlon traˈpez]

die leicht ausgestellte Hose
pantalon ușor evazat m
[pan·taˈlon uˈʃor e·vaˈzat]

DIE KLEIDUNG - ÎMBRĂCĂMINTEA

Accessoires - Accesorii

der Sonnenhut
pălărie de soare f
[pə·lə'ri·e de 'so̯a·re]

der Hut
pălărie f
[pə·lə'ri·e]

die Brille
ochelari m
[o·ke'larʲ]

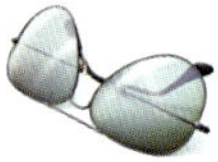

die Sonnenbrille
ochelari de soare m
[o·ke'larʲ de 'so̯a·re]

der Rucksack
rucsac n
['ruk·sak]

die Krawattennadel
ac de cravată n
[ak de kra'va·tə]

der Regenschirm
umbrelă f
[um'bre·lə]

die Uhr
ceas n
[ʧe̯as]

die Hosenträger
bretele f
[bre'te·le]

der Ring
inel n
[i'nel]

der Handschuh
mănușă f
[mə'nu·ʃə]

die Mütze
căciulă f
[kə'ʧju·lə]

der Schal
fular n
[fu'lar]

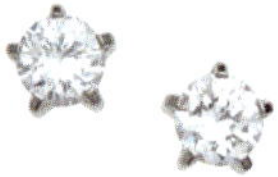

der Ohrring
cercel m
[ʧer'ʧel]

die Halskette
lănțișor n
[lən·tsi'ʃor]

der Manschettenknopf
buton m
[bu'ton]

der Reißverschluss	**fermoar** n [fer'mo̯ar]
der Klettverschluss	**închidere cu scai** f [ɨn'ki·de·re ku skaj]
die Handytasche	**husă pentru telefon celular** f ['hu·sə 'pen·tru te·le'fon ʧe·lu'lar]
die Reisetasche	**geantă de voiaj** f ['ʤe̯an·tə de vo'jaʒ]
der Koffer	**geamantan** n [ʤe̯a·man'tan]

DIE KLEIDUNG – ÎMBRĂCĂMINTEA

Schuhe und Lederwaren – Încălțăminte și marochinărie

der Pumps
pantof cu toc m
[pan'tof ku tok]

die Sandale
sanda f
[san'da]

der Ballerina
balerin m
[ba·le'rin]

der Gummistiefel
cizmă de cauciuc f
['ʧiz·mə de ka·u'ʧjuk]

der Flip-Flop®
șlap m
[ʃlap]

der hohe Stiefel
cizmă înaltă f
['ʧiz·mə ɨ'nal·tə]

die Handtasche
poșetă f
[po'ʃe·tə]

das Portemonnaie
portmoneu n
[port·mo'new]

die Brieftasche
portofel n
[por·to'fel]

die Aktentasche
geantă diplomat f
['ʤe̯an·tə di·plo'mat]

der Gürtel
curea f
[ku're̯a]

die Lederjacke
geacă de piele f
['ʤe̯a·kə de 'pje·le]

der Schnürschuh
pantof cu șiret m
[pan'tof ku ʃi'ret]

der Wanderstiefel
bocanc m
[bo'kank]

die Socke
șosetă f
[ʃo'se·tə]

der Schnürsenkel	**șiret** n [ʃi'ret]
die Gürtelschlaufe	**gaică** f ['gaj·kə]
der Keilabsatz	**talpă ortopedică** f ['tal·pə or·to'pe·di·kə]
der Absatz	**toc** n [tok]
die Sohle	**talpă** f ['tal·pə]
der Riemen	**curelușă** f [ku·re'lu·ʃə]
die Schnalle	**cataramă** f [ka·ta'ra·mə]

die Trekkingsandale
sanda de drumeție f
[san'da de dru·me'tsi·e]

der Turnschuh
pantof de sport m
[pan'tof de sport]

DIE KÖRPERPFLEGE – ÎNGRIJIREA CORPULUI

die Zahnpasta
pastă de dinți f
[ˈpas·tə de dintsʲ]

das Parfüm
parfum n
[parˈfum]

das Deo
deodorant n
[de·o·doˈrant]

die Gesichtscreme
cremă de față f
[ˈkre·mə de ˈfa·tsə]

der Kamm
pieptăn m
[ˈpjep·tən]

das Duschgel
gel de duș n
[ʤel de duʃ]

das Shampoo
șampon n
[ʃamˈpon]

die Spülung
balsam de păr n
[balˈsam de pər]

die Seife
săpun n
[səˈpun]

die Haarbürste
perie de păr f
[ˈpe·ri·e de pər]

die Sonnencreme
cremă de soare f
[ˈkre·mə de ˈso̯a·re]

der Kulturbeutel
neseser n
[ne·seˈser]

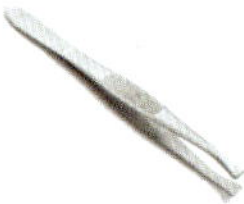

die Pinzette
pensetă f
[penˈse·tə]

die Nagelschere
forfecuță de unghii f
[for·feˈku·tsə de ˈun·gij]

die Nagelfeile
pilă de unghii f
[ˈpi·lə de un·gij]

die Haarspange
agrafă f
[aˈgra·fə]

die Feuchtigkeitscreme	**cremă hidratantă** f [ˈkre·mə hi·draˈtan·tə]
sich die Augenbrauen zupfen	**a se pensa** [a se penˈsa]
die Enthaarung	**depilare** f [de·piˈla·re]
der Nagellackentferner	**dizolvant pentru lac de unghii** n [di·zolˈvant ˈpen·tru lak de ungij]
das Haarprodukt	**produs pentru păr** n [proˈdus ˈpen·tru pər]
sich die Haare föhnen	**a-și usca părul cu uscătorul** [aʃʲ usˈka ˈpər·ul ku us·kəˈto·rul]
sich die Haare glätten	**a-și întinde părul** [aʃʲ ɨnˈtin·de ˈpər·ul]
der/das Haargummi	**elastic pentru păr** n [eˈlas·tik de pər]

SCHMINKSACHEN – PRODUSE DE MACHIAJ

die Grundierung
fond de ten n
[fond de ten]

der Lippenstift
ruj n
[ruʒ]

die Abdeckcreme
corector n
[ko·rek'tor]

die Wimperntusche
rimel n
[ri'mel]

der Spiegel
oglindă f
[o'glin·də]

die Farbpalette
trusă de farduri f
[tru'sə de 'far·durʲ]

der Lidschatten
fard de pleoape n
[fard de 'pleo̯a·pe]

die Puderdose
cutiuță de pudră f
[ku·ti'u·tsə de 'pu·drə]

der Nagellack
lac de unghii n
[lak de ungij]

der Bronzer
pudră bronzantă f
['pu·drə bron'zan·tə]

das Rouge
fard de obraz n
[fard de o'braz]

der Pinsel	**pensulă** f ['pen·su·lə]
der Kajalstift	**creion dermatograf** n [kre'jon der·ma·to'graf]
der/das Lipgloss	**luciu de buze** n ['lu·tʃju de 'bu·ze]
die Wimpernzange	**cleşte pentru gene** m ['kleʃ·te 'pen·tru 'dʒe·ne]

ZU HAUSE

ACASĂ

DIE WOHNUNG – LOCUINȚA

der Hausschlüssel
cheie de la casă f
[ˈke·je de la ˈka·sə]

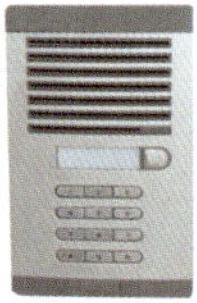

die Sprechanlage
interfon n
[in·terˈfon]

die Hausnummer
număr (al casei) n
[ˈnu·mər (al ˈka·sej)]

die Türklingel
sonerie f
[so·neˈri·e]

das Türschloss
broască f
[ˈbro̯as·kə]

der Fußabtreter
preș n
[preʃ]

der Briefkasten
cutie poștală f
[kuˈti·e poʃˈta·lə]

das Einfamilienhaus
casă unifamilială f
[ˈka·sə u·ni·fa·miˈlja·lə]

das Doppelhaus
casă bifamilială f
[ˈka·sə bi·fa·miˈlja·lə]

das Reihenhaus
casă semi-izolată f
[ˈka·sə ˈse·mi i·zoˈla·tə]

das Mehrfamilienhaus
casă multifamilială f
[ˈka·sə mul·ti·fa·miˈlja·lə]

der Bungalow
bungalou n
[bun·gaˈlow]

der Schirmständer
suport de umbrele n
[suˈport de umˈbre·le]

die Eigentumswohnung	**locuință proprietate personală** f [lo·kuˈin·tsə pro·pri·eˈta·te per·soˈna·lə]
die Mietwohnung	**locuință în chirie** f [lo·kuˈin·tsə in kiˈri·e]
der Hof	**curte** f [ˈkur·te]
das Eigentum	**proprietate** f [pro·pri·eˈta·te]
das Grundstück	**teren** n [teˈren]
der Umbau	**restructurare** f [re·struk·tuˈra·re]
der Anbau	**construcție adițională** f [konˈstruk·tsi·e a·di·tsi·oˈna·lə]
zu verkaufen	**de vânzare** [de vinˈza·re]

DIE WOHNUNG – LOCUINȚA

der Dachboden
pod n
[pod]

der Keller
pivniță f
[ˈpiv·ni·tsə]

der Flur
coridor n
[ko·riˈdor]

der Aufzug
ascensor n
[as·tʃenˈsor]

der Grundriss
planul terenului n
[ˈpla·nul teˈre·nu·luj]

die Garage
garaj n
[gaˈraʒ]

der Carport
parcare acopertită f
[parˈka·re a·ko·peˈri·tə]

der Altbau
construcție veche f
[konˈstruk·tsi·e ˈve·ke]

der Hausmeister
administrator m
[ad·mi·nisˈtra·tor]

die Wendeltreppe
scară în spirală f
[ˈska·rə ɨn spiˈra·lə]

der Rauchmelder
detector de fum n
[de·tekˈtor de fum]

das Treppenhaus
casa scărilor f
[ˈka·sa ˈskə·ri·lor]

mieten	**a închiria** [a ɨn·ki·riˈa]
die Miete	**chirie** f [kiˈri·je]
vermieten	**a închiria** [a ɨn·ki·riˈa]
der Vermieter	**proprietar** m [pro·pri·eˈtar]
die Vermieterin	**proprietară** f [pro·pri·eˈta·rə]
der Mieter	**chiriaș** m [ki·riˈaʃ]
die Mieterin	**chiriașă** f [ki·riˈa·ʃə]
die Kaution	**depozit** n [deˈpo·zit]

der Mietvertrag
contract de închiriere n
[konˈtrakt de ɨn·ki·riˈe·re]

DAS HAUS – CASA

das Dachfenster
fereastră în acoperiș f
[feˈre̯as·trə ɨn a·ko·peˈriʃ]

der Schornstein
horn n
[horn]

die Dachrinne
streașină f
[ˈstre̯a·ʃi·nə]

der Dachziegel
țiglă f
[ˈʦi·glə]

die Dachgaube
lucarnă f
[luˈkar·nə]

der erste Stock
etajul întâi n
[eˈtaʒul ɨnˈtɨj]

das Dach
acoperiș n
[a·ko·peˈriʃ]

der Balkon
balcon n
[balˈkon]

die Türschwelle
prag n
[prag]

die Haustür
ușă de la intrare f
[ˈu·ʃə de la inˈtra·re]

das Fenster
fereastră f
[feˈre̯as·trə]

das Erdgeschoss
parter n
[parˈter]

die Terrasse
terasă f
[teˈra·sə]

das Einzelhaus	**casă izolată** f [ˈka·sə i·zoˈla·tə]
der Neubau	**construcție nouă** f [konˈstruk·ʦi·e ˈno·wə]
die Dreizimmerwohnung	**apartament cu trei camere** n [a·par·taˈment ku trej ˈka·me·re]
möbliert	**mobilat** [mo·biˈlat]
das Stockwerk	**etaj** n [eˈtaʒ]
der Eigentümer	**proprietar** m [pro·pri·eˈtar]
die Eigentümerin	**proprietară** f [pro·pri·eˈta·rə]
eine Hypothek aufnehmen	**a ipoteca** [a i·po·teˈka]

DAS HAUS – CASA

Der Eingang – Intrarea

die Diele
antreu n
[anˈtrew]

der Spiegel
oglindă f
[oˈglin·də]

der Sessel
fotoliu n
[foˈto·lju]

der Ablagetisch
măsuță f
[məˈsu·tsə]

die Wohnungstür
ușă de la intrare f
[ˈu·ʃə de la inˈtra·re]

der Garderoben-ständer
cuier n
[kuˈjer]

der Schirmständer
suport de umbrele n
[suˈport de umˈbre·le]

das Treppengeländer
balustradă f
[ba·luˈstra·də]

die Treppe
scară f
[ˈska·rə]

der Treppenabsatz
palier n
[pa·liˈer]

die Treppenstufe
treaptă f
[ˈtre̯ap·tə]

das Schlüsselbrett
portchei n
[portˈkej]

der Kleiderhaken
cârlig n
[kɨrˈlig]

der Kleiderbügel
umeraș n
[u·meˈraʃ]

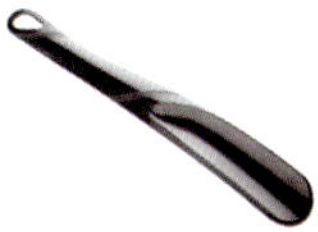

der Schuhlöffel
încălțător n
[ɨn·kəl·tsəˈtor]

DAS HAUS - CASA

Das Wohnzimmer - Camera de zi

der Spiegel
oglindă f [o'glin·də]

der Ventilator
ventilator n [ven·ti·la'tor]

der Bilderrahmen
ramă f ['ra·mə]

der Vorhang
draperie f [dra·pe'ri·e]

die Decke
tavan n [ta'van]

das Gemälde
tablou n [ta'blow]

das Sofa
canapea f
[ka·na'pe̯a]

die Lampe
lampă f
['lam·pə]

das Sofakissen
pernă de pe canapea f
['per·nə de pe ka·na'pe̯a]

der Beistellschrank
dulăpior n
[du·lə'pjor]

der Kaminsims
poliță deasupra căminului f
['po·li·tsə de̯a'su·pra kə'mi·nu·luj]

der gepolsterte Hocker
scaun tapițat n
['ska·un ta·pi'tsat]

der Teppichboden
mochetă f
[mo'ke·tə]

der Kamin
cămin n
[kə'min]

der Sessel
fotoliu n
[fo'to·lju]

der Couchtisch
măsuță f
[mə'su·tsə]

die Schlafcouch
canapea extensibilă f
[ka·na'pe̯a eks·ten'si·bi·lə]

die Vitrine
vitrină f
[vi'tri·nə]

die Fernsehbank
suport TV n
[su'port te've]

das Bücherregal
raft n
[raft]

DAS HAUS – CASA

Das Esszimmer – Sufrageria

das Rollo
stor n
[stor]

der Kronleuchter
candelabru n
[kan·deˈla·bru]

die Vitrine
vitrină f
[viˈtri·nə]

die Zimmerpflanze
plantă de interior f
[ˈplan·tə de in·te·riˈor]

das Fensterbrett
pervaz n
[perˈvaz]

der Tischläufer
milieu n
[mi·liˈew]

die Kerze
lumânare f
[lu·mɨˈna·re]

der Stuhl
scaun n
[ˈska·un]

der Esstisch
masă f
[ˈma·sə]

die Tischdekoration
ornament n
[or·naˈment]

der Holzboden
podea din lemn f
[poˈde̯a din lemn]

die Blumenvase
vază f
[ˈva·zə]

die Anrichte
servantă f
[serˈvan·tə]

die Wanduhr
ceas de perete n
[ʧe̯as de peˈre·te]

der Hochstuhl
scaun înalt (pentru bebeluș) n
[ˈska·un ɨˈnalt (ˈpen·tru be·beˈluʃ)]

DAS HAUS – CASA

Die Küche – Bucătăria

die Einbauküche
bucătărie echipată f
[bu·kə·tə'ri·e e·ki'pa·tə]

die Einbauleuchte
spot incastrabil n
[spot in·ka'stra·bil]

die Dunstabzugshaube
hotă f
['ho·tə]

die Arbeitsplatte
blat de lucru n
[blat de 'lu·kru]

der Hängeschrank
dulap suspendat n
[du'lap sus·pen'dat]

der Backofenschalter
întrerupător pentru cuptor n
[ɨn·tre·ru·pə'tor 'pen·tru kup'tor]

der Herd
plită f
['pli·tə]

der Backofen
cuptor n
[kup'tor]

das Spülbecken
chiuvetă f
[kju've·tə]

der Küchenhocker
scaun de bar n
['ska·un de bar]

die Schublade
sertar n
[ser'tar]

der Kühlschrank
frigider n
[fri·ʤi'der]

die Frühstückstheke
bar n
[bar]

die Spülmaschine
mașină de spălat vase f
[ma'ʃi·nə de spə'lat 'va·se]

der Gefrierschrank
congelator n
[kon·ʤe·la'tor]

das Geschirrtuch
șervet de bucătărie n
[ʃer'vet de bu·kə·tə'ri·e]

der Mülleimer	**coș de gunoi** n [koʃ de gu'noj]
die Mülltrennung	**sortare a deșeurilor** f [sor'ta·re a de'ʃe·u·ri·lor]
die Verpackung	**ambalaj** n [am·ba'laʒ]
das Altglas	**sticlă veche** f ['sti·klə 've·ke]
den Ofen vorheizen	**a preîncălzi cuptorul** [a pre·ɨn·kəl'zi kup'to·rul]
die Spülmaschine laufen lassen	**a da drumul la mașina de spălat vase** [a da 'dru·mul la ma'ʃi·na de spə'lat 'va·se]
das Geschirr abtropfen lassen	**a lăsa vasele la scurs** [a lə'sa 'va·se·le la skurs]

DAS HAUS – CASA

Küchengeräte – Aparate de bucătărie

der Pürierstab
mixer vertical n
[ˈmi·ksər ver·tiˈkal]

der Mixer
mixer de legume și fructe n [ˈmi·ksər de leˈgu·me ʃi ˈfruk·te]

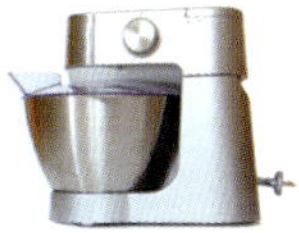

die Küchenmaschine
robot de bucătărie m
[roˈbot de bu·kə·təˈri·e]

die Mikrowelle
cuptor cu microunde n
[kupˈtor ku mi·kroˈun·de]

das Handrührgerät
mixer n
[ˈmi·ksər]

der Wasserkocher
fierbător de apă n
[fjer·bəˈtor de ˈa·pə]

das Waffeleisen
aparat pentru preparat gofre n [a·paˈrat ˈpen·tru pre·paˈrat ˈgo·fre]

der Elektrogrill
grătar electric n
[grəˈtar eˈlek·trik]

der Toaster
prăjitor de pâine n
[prə·jiˈtor de ˈpɨj·ne]

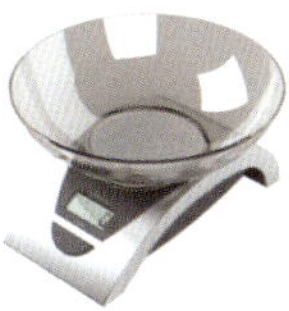

die Küchenwaage
cântar de bucătărie n
[kɨnˈtar de bu·kə·təˈri·e]

der Schnellkochtopf
oală sub presiune f
[ˈo̯a·lə sub pre·siˈu·ne]

der Sandwichgrill
aparat pentru sandvișuri calde n [a·paˈrat ˈpen·tru ˈsand·vi·ʃuri ˈkal·de]

die Kaffeemaschine
mașină de cafea f
[maˈʃi·nə de kaˈfe̯a]

der Dampfgarer
aparat de gătit cu aburi n
[a·paˈrat de gəˈtit ku ˈa·burʲ]

der Raclettegrill
plită electrică pentru raclette f [ˈpli·tə eˈlek·tri·kə ˈpen·tru raˈklet]

der Reiskocher
fierbător de orez n
[fjer·bəˈtor de oˈrez]

DAS HAUS - CASA

Koch- und Backutensilien - Ustensile de gătit și de copt

der Küchenwecker
cronometru de bucătărie n
[kro·noˈme·tru de bu·kə·təˈri·e]

das Ausstechförmchen
formă pentru decupat aluat f [ˈfor·mə ˈpen·tru de·kuˈpat a·luˈat]

das Küchenpapier
hârtie de bucătărie f
[hɨrˈti·e de bu·kə·təˈri·e]

die Schürze
șorț n
[ʃorts]

das Muffinförmchen
formă pentru muffin f
[ˈfor·mə ˈpen·tru ˈma·fin]

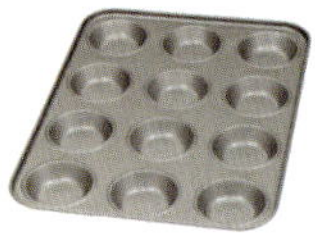

die Törtchenform
formă pentru brioșe f
[ˈfor·mə ˈpen·tru briˈo·ʃe]

die Springform
formă pentru tort detașbilă f
[ˈfor·mə ˈpen·tru tort de·taˈʃa·bi·lə]

das Backblech
tavă de copt f
[ˈta·və de kopt]

der Messerschärfer
ascuțitor de cuțite n
[as·ku·tsiˈtor de kuˈtsi·te]

das Teigrad
tăietor pentru aluat n
[tə·jeˈtor ˈpen·tru a·luˈat]

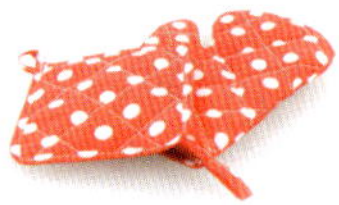

der Topfhandschuh
mănușă termoprotectoare f [məˈnu·ʃə ter·mo·pro·tekˈto̯a·re]

das Tablett
tavă f
[ˈta·və]

die Sanduhr
clepsidră f
[klepˈsi·drə]

das Kuchengitter	**grătar pentru prăjituri** n [grəˈtar ˈpen·tru prə·ʒiˈturʲ]
der Spritzbeutel	**cornet pentru ornat** n [korˈnet ˈpen·tru orˈnat]
das Backpapier	**hârtie de copt** f [hɨrˈti·e de kopt]
die Frischhaltefolie	**folie alimentară** f [ˈfo·li·e a·li·menˈta·rə]
der Putzlappen	**cârpă** f [ˈkɨr·pə]
die Alufolie	**folie de aluminiu** f [ˈfo·li·e de a·luˈmi·nju]
der Gefrierbeutel	**pungă pentru congelare** f [ˈpun·gə ˈpen·tru kon·ʤeˈla·re]
die Rührschüssel	**bol** n [bol]

DAS HAUS - CASA

Koch- und Backutensilien - Ustensile de gătit și de copt

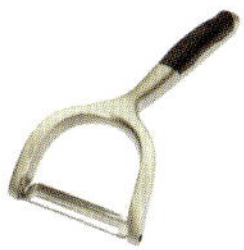

der Schäler
cuțit de curățat legume n
[ku'tsit de ku·rə'tsat le'gu·me]

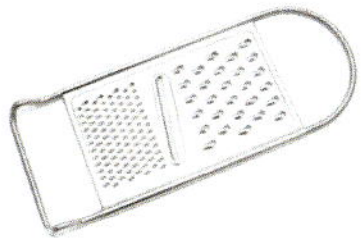

die Reibe
răzătoare f
[rə·zə'to̯a·re]

das Hackmesser
satâr n
[sa'tɨr]

das Küchenmesser
cuțit de bucătărie n
[ku'tsit de bu·kə·tə'ri·e]

das Küchensieb
sită f
['si·tə]

das Abtropfsieb
strecurătoare f
[stre·ku·rə'to̯a·re]

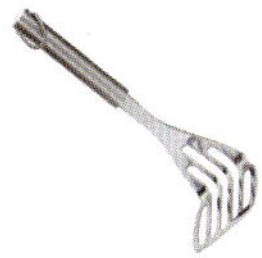

der Kartoffelstampfer
zdrobitor de cartofi n
[zdro·bi'tor de kar'tofʲ]

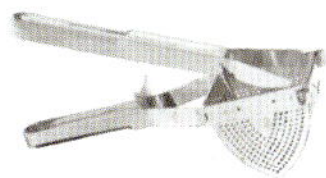

die Knoblauchpresse
presă de usturoi f
['pre·sə de us·tu'roj]

die Schöpfkelle
polonic n
[po·lo'nik]

der Schneebesen
tel n
[tel]

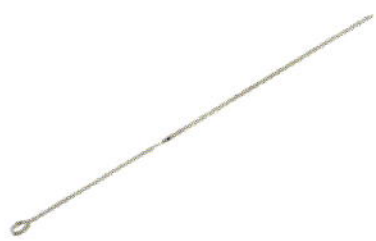

der Spieß
țepușă f
[tse'pu·ʃə]

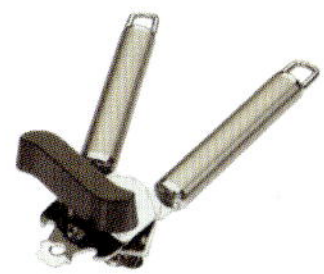

der Dosenöffner
deschizător de conserve n
[des·ki·zə'tor de kon'ser·ve]

der Mörser	**mojar** n [mo'ʒar]
der Stößel	**pisălog** n [pi·sə'log]
der Messerblock	**suport de cuțite** n [su'port de ku'tsi·te]
der Fleischklopfer	**ciocan pentru carne** n [tʃjo'kan 'pen·tru 'kar·ne]
der Eierschneider	**dispozitiv de tăiat ouă** n [dis·po·zi'tiv de tə'jat 'o·wə]
der Eisportionierer	**cleşte pentru înghețată** m ['kleʃ·te 'pen·tru ɨn·ge'tsa·tə]
die Thermoskanne®	**cană termos** f ['ka·nə 'ter·mos]
der Spüllappen	**lavetă** f [la've·tə]

das Schneidebrett
tocător n
[to·kə'tor]

DAS HAUS – CASA

Koch- und Backutensilien – Ustensile de gătit și de copt

der Korkenzieher
tirbușon n
[tir·bu'ʃon]

der Backpinsel
pensulă de patiserie f
['pen·su·lə de pa·ti·se'ri·e]

das Nudelholz
sucitor n
[su·ʧi'tor]

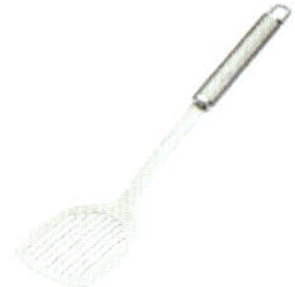

der Pfannenwender
paletă f
[pa'le·tə]

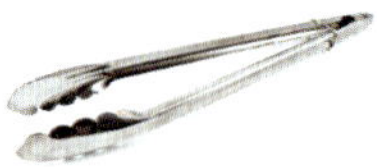

die Küchenzange
cleşte de bucătărie m
['kleʃ·te de bu·kə·tə'ri·e]

der Teigschaber
spatulă f
[spa'tu·lə]

der Servierlöffel
lingură pentru sos f
['lin·gu·rə 'pen·tru sos]

der Kochlöffel
lingură de lemn f
['lin·gu·rə de lemn]

die Bratpfanne
tigaie f
[ti'ga·je]

der Wok
tigaie wok f
[ti'ga·je vok]

der Kochtopf
oală f
['o̯a·lə]

der Schmortopf
oală de lut f
['o̯a·lə de lut]

das Auflaufförmchen
vase pentru copt n
['va·se 'pen·tru kopt]

die Bratengabel	**furculiță pentru friptură** f [fur·ku'li·tsə 'pen·tru frip'tu·rə]
der Untersetzer	**suport** n [su'port]
die Grillpfanne	**tigaie pentru grătar** f [ti'ga·je 'pen·tru grə'tar]
der Messbecher	**cană gradată** f ['ka·nə gra'da·tə]
der Trichter	**pâlnie** f ['pɨl·ni·e]
der Messlöffel	**lingură gradată** f ['lin·gu·rə gra'da·tə]
der Abtropfständer	**scurgător de vase** n [skur·gə'tor de 'va·se]
der Flaschenöffner	**deschizător de sticle** n [des·ki·zə'tor de 'sti·kle]

DAS HAUS – CASA

Das Schlafzimmer – Dormitorul

der Bettbezug
așternut n
[aʃ·terˈnut]

die Bettdecke
pătură f
[ˈpə·tu·rə]

das Kopfteil
tăblie a patului f
[təˈbli·e a ˈpa·tu·luj]

das Doppelbett
pat dublu n
[pat ˈdu·blu]

das Kopfkissen
pernă f
[ˈper·nə]

der Kissenbezug
față de pernă f
[ˈfa·tsə de ˈper·nə]

die Nachttischlampe
veioză f
[veˈjo·zə]

die Kommode
comodă f
[koˈmo·də]

das Bettgestell
pat n
[pat]

das Laken
cearșaf n
[tʃe̯arˈʃaf]

der Teppich
covor n
[koˈvor]

der Hocker
taburet n
[ta·buˈret]

die Matratze
saltea f
[salˈte̯a]

der Nachttisch
noptieră f
[nop·tiˈe·rə]

der Kleiderschrank	**șifonier** n [ʃi·fo·niˈer]
der Wecker	**ceas deșteptător** n [tʃe̯as deʃ·tep·təˈtor]
den Wecker stellen	**a fixa alarma** [a fiˈksa aˈlar·ma]
die Wärmflasche	**termofor** n [ter·moˈfor]
die Heizdecke	**pătură electrică** f [ˈpə·tu·rə eˈlek·tri·kə]
die Tagesdecke	**cuvertură** f [ku·verˈtu·rə]
die Schlafbrille	**ochelari de somn** m [o·keˈlarʲ de somn]
das Zimmer mit Bad	**cameră cu baie** f [ˈka·me·rə ku ˈba·je]

DAS HAUS - CASA

Das Kinderzimmer - Camera copiilor

der Ball
minge f
[ˈmin·ʤe]

die Puppe
păpușă f
[pəˈpu·ʃə]

die Wickeltasche
geantă de scutece f
[ˈʤe̯an·tə de ˈsku·te·ʧe]

der Kinderwagen
cărucior n
[kə·ruˈʧjor]

das Babyfon®
emițător de supra-veghere n [e·mi·tsəˈtor de su·pra·veˈge·re]

der Laufstall
țarc n
[tsark]

das Gitterbettchen
pătuț n
[pəˈtuts]

die Flauschdecke
păturică flaușată f
[pə·tuˈri·kə flawˈʃa·tə]

das Mobile
jucărie mobilă f
[ʒu·kəˈri·e moˈbi·lə]

der Gitterstab
bară f
[ˈba·rə]

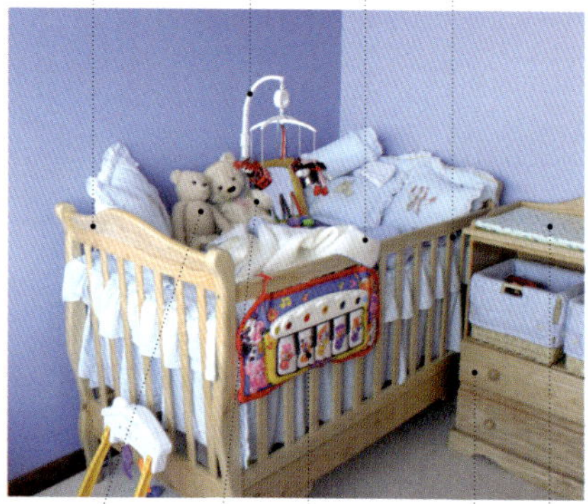

der Teddy
ursuleț de pluș m
[ur·suˈlets de pluʃ]

der Wickeltisch
masă de înfășat f
[ˈma·sə de ɨn·fəˈʃat]

das Kuscheltier
jucărie de pluș f
[ʒu·kəˈri·e de pluʃ]

das Spielzeug
jucărie f
[ʒu·kəˈri·e]

die Wickelauflage
saltea de înfășat f
[salˈte̯a de ɨn·fəˈʃat]

das Töpfchen
oliță de noapte f
[oˈli·tsə de ˈno̯ap·te]

die Babytragetasche
portbebe n
[port·beˈbe]

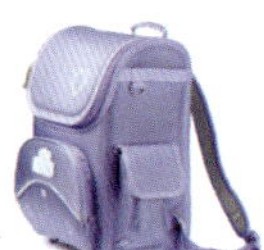

der Schulranzen
ghiozdan n
[gjozˈdan]

das Bauklötzchen
cub n
[kub]

DAS HAUS – CASA

Das Jugendzimmer – Camera pentru tineret

das Einzelbett
pat simplu n
[pat 'sim·plu]

die Hängelampe
lustră f
['lus·trə]

der Schreibtisch
birou n
[bi'row]

das Bücherregal
raft n
[raft]

die Schreibtischlampe
lampă de birou f
['lam·pə de bi'row]

der Stuhl
scaun n
['ska·un]

der Teppichboden
mochetă f
[mo'ke·tə]

die Fensterbank
pervaz n
[per'vaz]

die Schublade
sertar n
[ser'tar]

das Etagenbett	**pat supraetajat** n [pat su·pra·e·ta'ʒat]
schlafen	**a dormi** [a dor'mi]
schnarchen	**a sforăi** [a sfo·rə'i]
aufwachen	**a se trezi** [a se tre'zi]
aufstehen	**a se scula** [a se sku'la]
der Albtraum	**coşmar** n [koʃ'mar]
träumen	**a visa** [a vi'sa]

einschlafen	**a adormi** [a a·dor'mi]
tief schlafen	**a dormi adânc** [a dor'mi a'dɨnk]
ausschlafen	**a dormi pe săturate** [a dor'mi pe sə·tu'ra·te]
wach sein	**a fi treaz** [a fi tre̯az]
das Bett machen	**a face patul** [a 'fa·ʧe 'pa·tul]
ins Bett gehen	**a se culca** [a se kul'ka]
das Zimmer aufräumen	**a ordona camera** [a or·do'na 'ka·me·ra]

DAS HAUS – CASA

Das Arbeitszimmer – Camera de lucru

der Bilderrahmen
ramă f
[ˈra·mə]

die Verandatür
ușa de la verandă f
[uʃa de la veˈran·də]

der Bücherschrank
bibliotecă f
[bi·bli·oˈte·kə]

die Zimmerpflanze
plantă de interior f
[ˈplan·tə de in·te·riˈor]

das Foto
fotografie f
[fo·to·graˈfi·e]

das Tageslicht
lumina zilei f
[luˈmi·na ˈzi·lej]

der/das Laptop
laptop n
[ˈlep·top]

die Rückenlehne
spătar n
[spəˈtar]

der Sessel
fotoliu n
[foˈto·lju]

der Schreibtisch
birou n
[biˈrow]

der Rollcontainer
dulăpior pe role n
[du·ləˈpjor pe ˈro·le]

der Drehstuhl
scaun rotativ n
[ˈska·un ro·taˈtiv]

die Armlehne
cotieră f
[ko·tiˈe·rə]

die Unterlage	**document** n [do·kuˈment]
die Steuererklärung	**declarație fiscală** f [de·klaˈra·tsi·e fisˈka·lə]
arbeiten	**a lucra** [a luˈkra]
sich konzentrieren	**a se concentra** [a se kon·ʧenˈtra]
die Überstunde	**oră suplimentară** f [ˈo·rə su·pli·menˈta·rə]
von zu Hause arbeiten	**a lucra de acasă** [a luˈkra de aˈka·sə]
eine Pause machen	**a face o pauză** [a ˈfa·ʧe o ˈpa·u·zə]
selbstständig sein	**a fi liber profesionist** [a fi ˈli·ber pro·fe·si·oˈnist]

DAS HAUS – CASA

Das Badezimmer – Baia

der Spiegel
oglindă f
[oˈglin·də]

das Waschbecken
chiuvetă f
[kjuˈve·tə]

der Seifenspender
dozator de săpun n
[do·zaˈtor de səˈpun]

der Waschbecken-unterschrank
dulăpior n
[du·ləˈpjor]

die Duschkabine
cabină de duș f
[kaˈbi·nə de duʃ]

die Dusche
duș n [duʃ]

der Handtuchhalter
suport pentru prosoape n [suˈport ˈpen·tru proˈso̯a·pe]

das Handtuch
prosop n [proˈsop]

der Wasserhahn
robinet n [ro·biˈnet]

die Badewanne
vană f [ˈva·nə]

die Toilette
toaletă f
[to·aˈle·tə]

die Toilettenspülung
sistem de tragere a apei n
[sisˈtem de ˈtra·ʤe·re a ˈa·pej]

der Spülkasten
rezervor de apă n
[re·zerˈvor de ˈa·pə]

auf die Toilette gehen
a merge la toaletă
[a ˈmer·ʤe la to·aˈle·tə]

der Toilettendeckel
capac de toaletă n
[kaˈpak de to·aˈle·tə]

die Toilettenbrille
colac de toaletă m
[koˈlak de to·aˈle·tə]

die Kloschüssel
vas de W.C. n
[vas de veˈʧe]

die Klobürste
perie de W.C. f
[ˈpe·ri·e de veˈʧe]

das Toilettenpapier
hârtie igienică f
[hɨrˈti·e i·ʤiˈe·ni·kə]

der Raumduft
odorizant pentru cameră n [o·do·riˈzant ˈpen·tru ˈka·me·rə]

der Klostein
odorizant pentru W.C. n
[o·do·riˈzant ˈpen·tru veˈʧe]

DAS HAUS – CASA

Sanitäre Anlagen – Instalații sanitare

der Elektroboiler
boiler electric n
[ˈboj·lər eˈlek·trik]

der Behälter
recipient n
[re·tʃi·piˈent]

das Thermostat
termostat n
[ter·moˈstat]

der Warmwasser-ablauf
conductă de ieșire pentru apa caldă f
[konˈduk·tə de jeˈʃi·re ˈpen·tru ˈa·pə ˈkal·də]

der Kaltwasserzulauf
conductă de alimentare cu apă rece f
[konˈduk·tə de a·li·menˈta·re ku ˈa·pə ˈre·tʃe]

das Gas-Wandheizgerät
centrală termică de perete pe gaz f
[tʃenˈtra·lə ˈter·mi·kə de peˈre·te pe gaz]

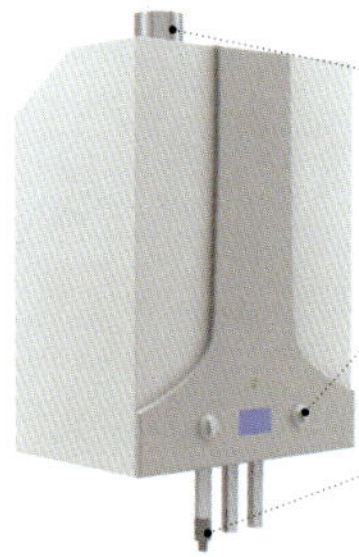

das Sicherheitsventil
supapă de siguranță f
[suˈpa·pə de si·guˈran·tsə]

der Regler
regulator n
[re·gu·laˈtor]

der Überlauf
țeavă de scurgere f
[ˈtsea·və de ˈskur·dʒe·re]

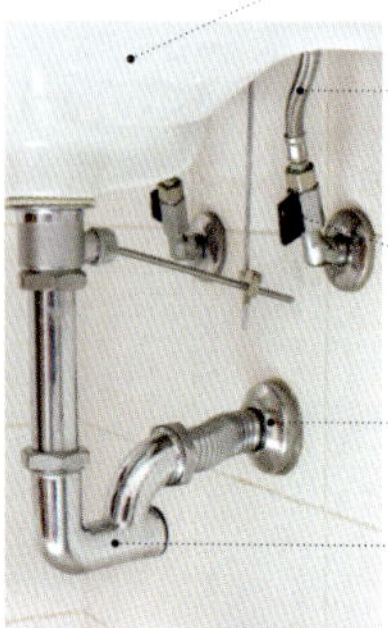

das Waschbecken
chiuvetă f
[kjuˈve·tə]

die Zuleitung
conductă de alimentare f
[konˈduk·tə de a·li·menˈta·re]

der Absperrhahn
robinet de siguranță n
[ro·biˈnet de si·guˈran·tsə]

der Abfluss
conductă de scurgere f
[konˈduk·tə de ˈskur·dʒe·re]

der Siphon
sifon n
[siˈfon]

der Spülkasten
rezervor n
[re·zerˈvor]

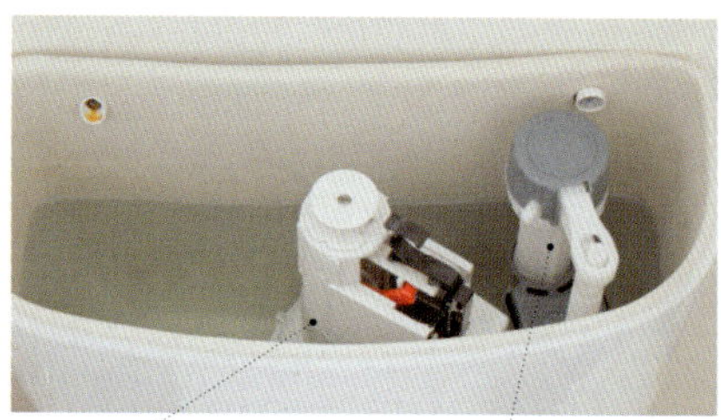

die Heberglocke
flotor n
[floˈtor]

der Überlauf
valvă de scurgere f
[ˈval·və de ˈskur·dʒe·re]

DAS HAUS – CASA

Im Badezimmer – În baie

das Wattepad
dischetă cosmetică f
[disˈke·tə kosˈme·ti·kə]

der Duschschwamm
burete de duș m
[buˈre·te de duʃ]

der Lockenstab
ondulator n
[on·du·laˈtor]

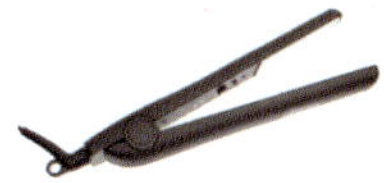

das Glätteisen
placă de întins părul f
[ˈpla·kə de ɨnˈtins ˈpə·rul]

der Rasierapparat
aparat electric de ras n
[a·paˈrat eˈlek·trik de ras]

das Schwammtuch
lavetă de burete f
[laˈve·tə de buˈre·te]

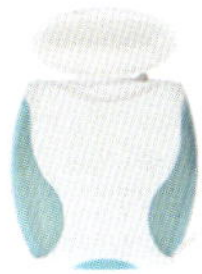

die Zahnseide
ață dentară f
[ˈa·tsə denˈta·rə]

die Zahnbürste
periuță de dinți f
[pe·riˈu·tsə de dintsʲ]

das Taschentuch
batistă f
[baˈtis·tə]

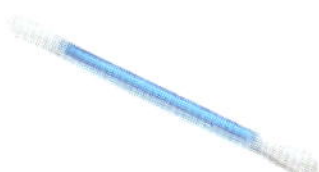

das Wattestäbchen
bețișor de urechi n
[be·tsiˈʃor de uˈre·kʲ]

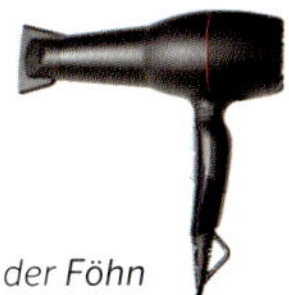

der Föhn
uscător de păr n
[us·kəˈtor de pər]

der Rasierschaum
spumă de ras f
[ˈspu·mə de ras]

der Rasierer
aparat de ras n
[a·paˈrat de ras]

der Waschlappen	**prosopel pentru spălat** n [pro·soˈpel ˈpen·tru spəˈlat]
das Mundwasser	**apă de gură** f [ˈa·pə de ˈgu·rə]
sich rasieren	**a se rade** [a se ˈra·de]
sich frisch machen	**a se împrospăta** [a se ɨm·pros·pəˈta]
sich schminken	**a se machia** [a se maˈki·a]
sich die Zähne putzen	**a se spăla pe dinți** [a se spəˈla pe dintsʲ]
das Rasierwasser	**loțiune după ras** f [lo·tsiˈu·ne ˈdu·pə ras]
der Duschkopf	**pară de duș** f [ˈpa·rə de duʃ]
der Duschvorhang	**perdea de duș** f [perˈdea de duʃ]
die Bademattе	**covoraș de baie** n [ko·voˈraʃ de ˈba·je]
sich waschen	**a se spăla** [a se spəˈla]
baden	**a face baie** [a ˈfa·tʃe ˈba·je]
den Hahn auf-/zudrehen	**a deschide/închide robinetul** [a desˈki·de/ɨnˈki·de ro·biˈne·tul]
duschen	**a face duș** [a ˈfa·tʃe duʃ]

DAS HAUS – CASA

Die Waschküche – Spălătoria

der Wäschekorb
coș de rufe n
[koʃ de ˈru·fe]

die zusammengelegte Wäsche
rufe împăturate f
[ˈru·fe ɨm·pə·tuˈra·te]

die Waschmaschine
mașină de spălat f
[maˈʃi·nə de spəˈlat]

die Waschmittelkammer
sertar pentru detergent n
[serˈtar ˈpen·tru de·terˈʤent]

der Frontlader
mașină de spălat cu încărcare frontală f
[maˈʃi·nə de spəˈlat ku ɨn·kərˈka·re fronˈta·lə]

die Wäscheleine
sfoară de întins rufe f
[ˈsfo̯a·rə de ɨnˈtins ˈru·fe]

die Wäscheklammer
cârlig de rufe n
[kɨrˈlig de ˈru·fe]

der Fleckenentferner
soluție de scos pete f
[soˈlu·tsi·e de skos ˈpe·te]

der Weichspüler
balsam pentru rufe n
[balˈsam ˈpen·tru ˈru·fe]

das Bleichmittel
înălbitor m
[ɨ·nəl·biˈtor]

das Waschpulver
detergent de rufe m
[de·terˈʤent de ˈru·fe]

das Bügeleisen
fier de călcat n
[fjer de kəlˈkat]

das Bügelbrett
masă de călcat f
[ˈma·sə de kəlˈkat]

die Waschmaschine füllen	**a încărca mașina de spălat** [a ɨn·kərˈka maˈʃi·na de spəˈlat]
die Wäsche waschen	**a spăla rufe** [a spəˈla ˈru·fe]
die Wäsche schleudern	**a centrifuga rufe** [a ʧen·tri·fuˈga ˈru·fe]
der Wäscheständer	**uscător de rufe** n [us·kəˈtor de ˈru·fe]
der Wäschetrockner	**mașină de uscat rufe** f [maˈʃi·nə de usˈkat ˈru·fe]
der Schmutzwäschekorb	**coș de rufe murdare** n [koʃ de ˈru·fe murˈda·re]
die Wäsche zum Trocknen aufhängen	**a întinde rufele la uscat** [a ɨnˈtin·de ˈru·fe·le la usˈkat]
bügeln	**a călca** [a kəlˈka]

DAS HAUS – CASA

Reinigungsartikel – Produse de curățat

das Reinigungsmittel
detergent m
[de·ter'ʤent]

das Spülmittel
detergent de vase m
[de·ter'ʤent de 'va·se]

die Bürste
perie de W.C. f
['pe·ri·e de ve'ʧe]

die Sprühflasche
pulverizator n
[pul·ve·ri·za'tor]

der Gummiwischer
racletă de cauciuc f
[ra'kle·tə de ka·u'ʧjuk]

die Kehrschaufel
făraș n
[fə'raʃ]

der Handfeger
perie f
['pe·ri·e]

der Wischmopp
mop n
[mop]

der Schwamm
burete m
[bu're·te]

der Gummihandschuh
mănușă de cauciuc f
[mə'nu·ʃə de ka·u'ʧjuk]

der Eimer
găleată f
[gə'lea·tə]

der WC-Reiniger
detergent pentru W.C. m
[de·ter'ʤent 'pen·tru ve'ʧe]

schrubben	**a freca cu peria** [a fre'ka ku 'pe·ri·a]
fegen	**a mătura** [a mə·tu'ra]
polieren	**a lustrui** [a lus·tru'i]
putzen	**a curăța** [a ku'rə·tsa]
abwischen	**a șterge** [a 'ʃter·ʤe]
der Staubsauger	**aspirator** n [as·pi·ra'tor]
Staub saugen	**a aspira** [a as·pi'ra]
der Staubwedel	**pămătuf de praf** n [pə·mə'tuf de praf]

die Wurzelbürste
perie de rădăcini f
['pe·ri·e de rə·də'ʧinʲ]

DAS HAUS – CASA

Die Heimwerkstatt – Atelierul

die Handsäge
fierăstrău de mână n
[fje·rəsˈtrəw de ˈmɨ·nə]

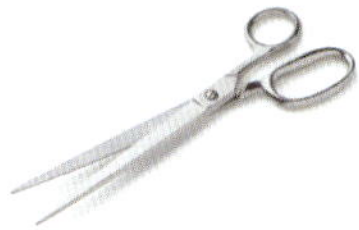

die Schere
foarfecă f
[ˈfo̯ar·fe·kə]

die Schraube
șurub n
[ʃuˈrub]

die Mutter
piuliță f
[pi·uˈli·tsə]

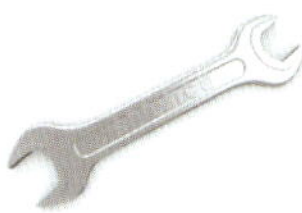

der Schrauben-schlüssel
cheie fixă f
[ˈke·je ˈfi·ksə]

der Holzhammer
ciocan de lemn n
[ʧjoˈkan de lemn]

die Rohrzange
cheie mops f
[ˈke·je mops]

das Maßband
ruletă f
[ruˈle·tə]

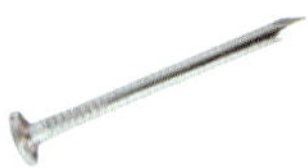

der Nagel
cui n
[kuj]

der Hammer
ciocan n
[ʧjoˈkan]

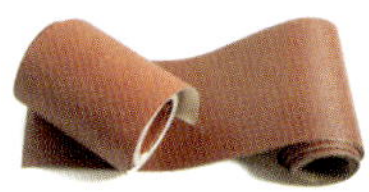

das Schleifpapier
șmirghel n
[ˈʃmir·gel]

die Wasserwaage
nivelă f
[niˈve·lə]

die Kombizange
clește patent m
[ˈkleʃ·te paˈtent]

der Schraubenzieher
șurubelniță f
[ʃu·ruˈbel·ni·tsə]

die Bügelsäge
bomfaier n
[bomˈfa·jer]

das Teppichmesser
cutter n
[ˈka·tər]

DAS HAUS – CASA

Die Heimwerkstatt – Atelierul

der Akkubohrer
mașină de găurit cu acumulator f
[ma'ʃi·nə de gə·u'rit ku a·ku·mu·la'tor]

der Akku
acumulator n
[a·ku·mu·la'tor]

der Bohrer
burghiu n
[bur'giw]

der Elektrobohrer
mașină electrică de găurit f
[ma'ʃi·nə e'lek·tri·kə de gə·u'rit]

das Stemmeisen	**daltă** f ['dal·tə]
die Nietenzange	**cleşte pentru nituit** m ['kleʃ·te 'pen·tru ni·tu'it]
der Seiten-schneider	**cleşte de tăiat sârmă** m ['kleʃ·te de tə'jat 'sir·mə]
das Sägeblatt	**lamă de fierăstrău** f ['la·mə de fje·rəs'trəw]
schrauben	**a înşuruba** [a in·ʃu·ru'ba]
löten	**a lipi cu cositor** [a li'pi ku ko·si'tor]
messen	**a măsura** [a mə·su'ra]
sägen	**a tăia cu fierăstrăul** [a tə'ja ku fje·rəs'trə·ul]
schneiden	**a tăia** [a tə'ja]
bohren	**a găuri** [a gə·u'ri]
hämmern	**a bate cu ciocanul** [a 'ba·te ku ʧjo'ka·nul]
feilen	**a pili** [a pi'li]
ausstemmen	**a scobi** [a sko'bi]
nieten	**a nitui** [a ni·tu'i]
streichen	**a vopsi** [a vop'si]
hobeln	**a rindelui** [a rin·de·lu'i]

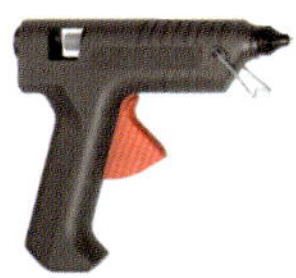

die Klebepistole
pistol de lipit n
[pis'tol de li'pit]

die Stichsäge
fierăstrău electric n
[fje·rəs'trəw e'lek·trik]

der Bandschleifer
mașină de șlefuit f
[ma'ʃi·nə de ʃle·fu'it]

die Kreissäge
fierăstrău circular n
[fje·rəs'trəw ʧir·ku'lar]

DAS HAUS – CASA

Die Heimwerkstatt – Atelierul

der Müllbeutel
sac de gunoi m
[sak de guˈnoj]

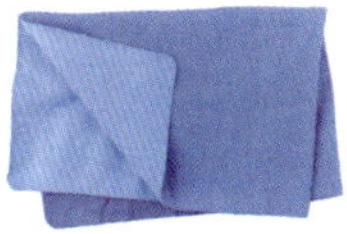

das Mikrofasertuch
cârpă de microfibră f
[ˈkɨr·pə de mi·kroˈfi·brə]

der Dichtstoff
pastă de sigilat f
[ˈpas·tə de si·ʤiˈlat]

die Kartuschenpistole
pistol pentru tuburi n
[pisˈtol ˈpen·tru ˈtu·burʲ]

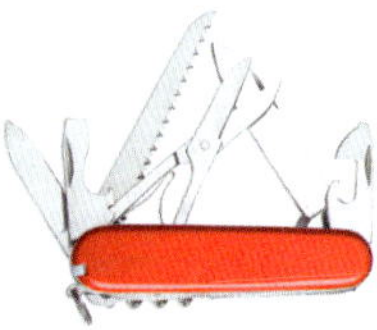

das Taschenmesser
briceag n
[briˈʧe̯ag]

der Werkzeugkasten
trusă de scule f
[ˈtru·sə de ˈsku·le]

die Werkbank
banc de lucru n
[bank de ˈlu·kru]

der Inbusschlüssel
cheie imbus f
[ˈke·je ˈim·bus]

der Besen
mătură f
[ˈmə·tu·rə]

die Schutzbrille
ochelari de protecție m
[o·keˈlarʲ de proˈtek·tsi·e]

der Lötkolben
ciocan electric de lipit n
[ʧoˈkan eˈlek·trik de liˈpit]

das Lötzinn
cositor n
[ko·siˈtor]

das Sperrholz	**placaj** n [plaˈkaʒ]
die Spanplatte	**placă aglomerată** f [ˈpla·kə a·glo·meˈra·tə]
der Lack	**lac** n [lak]
das Metall	**metal** n [meˈtal]
der rostfreie Stahl	**oțel inoxidabil** n [oˈtsel i·no·ksiˈda·bil]
der Kunststoff	**plastic** n [ˈplas·tik]
der Draht	**sârmă** f [ˈsɨr·mə]
das Holzbrett	**scândură** f [ˈskɨn·du·rə]

DAS HAUS – CASA

Renovieren – Renovare

der Acryllack
lac acrilic n
[lak aˈkri·lik]

der Flachpinsel
pensulă lată f
[ˈpen·su·lə ˈla·tə]

die Farbwanne
tavă pentru vopsea f
[ˈta·və ˈpen·tru vopˈse̯a]

das Verdünnungsmittel
diluant m
[di·luˈant]

der/die Spachtel
șpaclu n
[ˈʃpa·klu]

der Farbroller
rolă pentru vopsit f
[ˈro·lə ˈpen·tru vopˈsit]

der Handwerker
meseriaș m
[me·seˈri·aʃ]

die Leiter
scară f
[ˈska·rə]

die Latzhose
salopetă f
[sa·loˈpe·tə]

die Farbdose
cutie de vopsea f
[kuˈti·e de vopˈse̯a]

tapezieren
a tapeta
[a ta·peˈta]

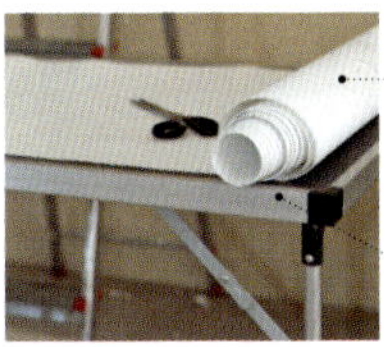

die Tapetenrolle
rolă de tapet f
[ˈro·lə de taˈpet]

der Tapeziertisch
masă de încleiat f
[ˈma·sə de ɨn·kleˈjat]

die Farbe
vopsea f
[vopˈse̯a]

das Abdeckband
bandă adezivă de hârtie f
[ˈban·də a·deˈzi·və de hɨrˈti·e]

kacheln	**a faianța** [a fa·janˈtsa]
verputzen	**a tencui** [a ten·kuˈi]
spachteln	**a astupa** [a as·tuˈpa]
die Tapete entfernen	**a dezlipi tapetul** [a dez·liˈpi taˈpe·tul]
die Abdeckfolie	**folie protectoare** f [ˈfo·li·e pro·tekˈto̯a·re]
die Spachtelmasse	**mastic** n [masˈtik]
das Lösungsmittel	**dizolvant** m [di·zolˈvant]
das Versiegelungsmittel	**soluție de etanșare** f [soˈlu·tsi·e de e·tanˈʃa·re]

das Farbmuster
paletă de culori f
[paˈle·tə de kuˈlorʲ]

DAS HAUS - CASA

Strom und Heizung - Curent și încălzire

der Stromzähler
contor de curent electric n
[kon'tor de ku'rent e'lek·trik]

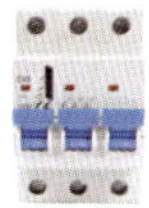

die Sicherung
siguranță f
[si·gu'ran·tsə]

der Heizkörper
calorifer n
[ka·lo·ri'fer]

der Kaminofen
șemineu n
[ʃe·mi'neu]

der Stecker
ștecăr n
['ʃte·kər]

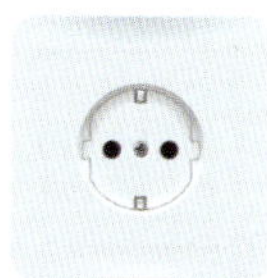

die Steckdose
priză f
['pri·zə]

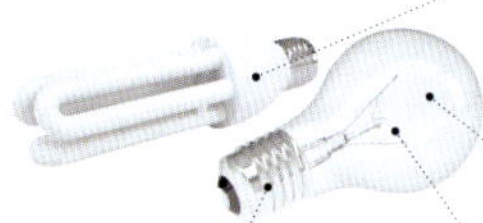

die Energiesparlampe
bec economic n
[bek e·ko'no·mik]

die Glühbirne
bec n
[bek]

der Lampensockel
soclul becului n
['so·klul 'be·ku·luj]

der Glühfaden
filament n
[fi·la'ment]

das Verlängerungskabel
prelungitor n
[pre·lun·ʤi'tor]

der Schalter
întrerupător n
[ɨn·tre·ru·pə'tor]

die Mehrfachsteckdose
priză multiplă f
['pri·zə mul'ti·plə]

der Luftkanal	**canal de aerisire** n [ka'nal de a·e·ri'si·re]
die Heizung anschalten/ausschalten	**a porni/opri încălzirea** [a por'ni/o'pri ɨn·kəl'zi·rea]
die erneuerbare Energie	**energie din surse regenerabile** f [e·ner'ʤi·e din 'sur·se re·ʤe·ne'ra·bi·le]
das Stromnetz	**rețea electrică** f [re'tsea e'lek·tri·kə]
die Stromstärke	**intensitatea curentului** f [in·ten·si'ta·tea ku'ren·tu·luj]
die Spannung	**tensiune** f [ten·si'u·ne]
die Solarheizung	**încălzire solară** f [ɨn·kəl'zi·re so'la·rə]
die Zentralheizung	**încălzire centrală** f [ɨn·kəl'zi·re ʧen'tra·lə]
die Fußbodenheizung	**încălzire prin pardoseală** f [ɨn·kəl'zi·re prin par·do'sea·lə]
der Sicherungskasten	**tablou de siguranțe** n [ta'blow de si·gu'ran·tse]
die Leitung	**cablu** n ['ka·blu]
das Ampere	**amper** m [am'per]
das Watt	**watt** m [wat]
das Volt	**volt** m [volt]
der Adapter	**adaptor** n [a·dap'tor]
die Erdung	**împământare** f [ɨm·pə·mɨn'ta·re]

DER GARTEN - GRĂDINA

die Terrasse
terasă f
[teˈra·sə]

der Gartenteich
iaz de gădină n
[jaz de grəˈdi·nə]

der Gartenweg
alee f
[aˈle·e]

der Gemüsegarten
grădină de zarzavat f
[grəˈdi·nə de zar·zaˈvat]

die Küchenkräuter
ierburi aromatice culinare f [ˈjer·burʲ a·roˈma·ti·ʧe ku·liˈna·re]

das Gewächshaus
seră f
[ˈse·rə]

das Gartenhaus
căsuță de grădină f
[kəˈsu·tsə de grəˈdi·nə]

das Blumenbeet
strat de flori n
[strat de florʲ]

die Gartenbank
bancă f
[ˈban·kə]

die Gartenmöbel
mobilier de grădină n
[mo·bi·liˈer de grəˈdi·nə]

die Gartenmauer
zid n
[zid]

der Dachgarten
grădină pe acoperiș f
[grəˈdi·nə pe a·ko·peˈriʃ]

der Komposter
compostieră f
[kom·pos·tiˈe·rə]

der Steingarten
grădină cu pietriș f
[grəˈdi·nə ku pjeˈtriʃ]

der Gartenzaun
gard n
[gard]

die Hecke
gard viu n
[gard viw]

DER GARTEN – GRĂDINA

Gartengeräte – Unelte de grădinărit

die Rosenschere
foarfecă pentru trandafiri f
[ˈfo̯ar·fe·kə ˈpen·tru tran·daˈfirʲ]

der Gartenschlauch
furtun de stropit n
[furˈtun de stroˈpit]

die Topfpflanze
plantă în ghiveci f
[ˈplan·tə ɨn giˈvet͡ʃʲ]

der Handrechen
greblă de mână f
[ˈgre·blə de ˈmɨ·nə]

die Blumenkelle
mistrie de grădinărit f
[misˈtri·e de grə·di·nəˈrit]

der Laubrechen
greblă pentru frunze f
[ˈgre·blə ˈpen·tru ˈfrun·ze]

der Spaten
cazma f
[kazˈma]

die Gießkanne
stropitoare f
[stro·piˈto̯a·re]

der Gartenhandschuh
mănușă de grădinărit f
[məˈnu·ʃə de grə·di·nəˈrit]

der Rasenmäher
mașină de tuns iarba f
[maˈʃi·nə de tuns ˈjar·ba]

der Rasentrimmer
motocositoare f
[mo·to·ko·siˈto̯a·re]

der Rechen
greblă f
[ˈgre·blə]

die Mistgabel
furcă f
[ˈfur·kə]

die Schubkarre
roabă f
[ˈro̯a·bə]

die Heckenschere
foarfecă de tuns gard viu f [ˈfo̯ar·fe·kə de tuns gard viw]

die Hacke
sapă f
[ˈsa·pə]

der Rasensprenger
irigator pentru gazon n
[i·ri·gaˈtor ˈpen·tru gaˈzon]

DER GARTEN – GRĂDINA

Die Gartenarbeit – Grădinăritul

Rollrasen verlegen
a monta gazonul rulat
[a monˈta gaˈzo·nul ruˈlat]

den Rasen sprengen
a iriga gazonul
[a i·riˈga gaˈzo·nul]

das Laub rechen
a grebla frunze
[a greˈbla ˈfrun·ze]

pflanzen
a planta
[a planˈta]

stutzen
a tunde
[a ˈtun·de]

den Rasen mähen
a tunde gazonul
[a ˈtun·de gaˈzo·nul]

Unkraut jäten
a smulge buruiană
[a ˈsmul·ʤe bu·ruˈja·nə]

umgraben
a săpa
[a səˈpa]

zurückschneiden
a tăia
[a təˈja]

pflücken
a culege
[a ku·ˈle·ʤe]

säen
a sădi
[a səˈdi]

spritzen
a stropi
[a stroˈpi]

düngen	**a fertiliza** [a fer·ti·liˈza]
ernten	**a recolta** [a re·kolˈta]
züchten	**a cultiva** [a kul·tiˈva]
vermehren	**a înmulți** [a ɨn·mulˈʦi]
gießen	**a uda** [a uˈda]
der Sämling	**răsad** n [rəˈsad]
der Dünger	**îngrășământ** n [ɨn·grə·ʃəˈmɨnt]
der Unkrautvernichter	**erbicid** n [er·biˈʧid]

eintopfen
a planta în ghiveci
[a planˈta ɨn giˈveʧʲ]

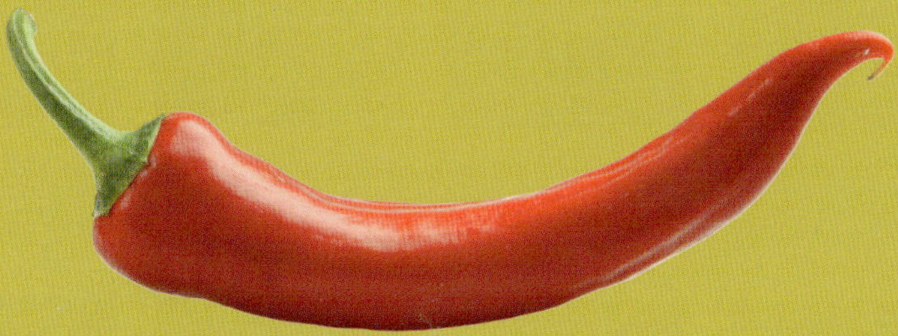

ESSEN UND TRINKEN

MÂNCARE ȘI BĂUTURĂ

TIERISCHE PRODUKTE – PRODUSE ANIMALE

Fleisch – Carne

das Lammfleisch
carne de miel f
[ˈkar·ne de mjel]

das Rindfleisch
carne de vită f
[ˈkar·ne de ˈvi·tə]

das Steak
mușchi m
[muʃkʲ]

das Schweinefleisch
carne de porc f
[ˈkar·ne de pork]

das Filet
file n
[fiˈle]

das Kalbfleisch
carne de vițel f
[ˈkar·ne de viˈtsel]

die Keule
pulpă f
[ˈpul·pə]

das Kotelett
cotlet n
[koˈtlet]

die Leber
ficat m
[fiˈkat]

die Niere
rinichi m
[riˈnikʲ]

das Kaninchen
iepure (de casă) m
[ˈje·pu·re (de ˈka·sə)]

der Schinken
șuncă f
[ˈʃun·kə]

das Hackfleisch
carne tocată f
[ˈkar·ne toˈka·tə]

die Wurst
cârnat m
[kɨrˈnat]

der Aufschnitt
mezeluri pl
[meˈze·lurʲ]

die Salami
salam n
[saˈlam]

TIERISCHE PRODUKTE – PRODUSE ANIMALE

Geflügel – Pasăre

das Hähnchen
pui m
[puj]

die Brust
piept n
[pjept]

der Schenkel
pulpă f
[ˈpul·pə]

der Flügel
aripă f
[ˈa·ri·pə]

die Hähnchenkeule
copan de pui n
[koˈpan de puj]

die Ente
rață f
[ˈra·tsə]

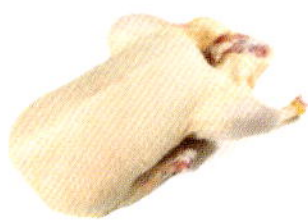

das Entenfleisch
carne de rață f
[ˈkar·ne de ˈra·tsə]

die Gans
gâscă f
[ˈgɨs·kə]

das Gänsefleisch
carne de gâscă f
[ˈkar·ne de ˈgɨs·kə]

die Wachtel
prepeliță f
[ˈpre·pe·li·tsə]

das Wachtelfleisch
carne de prepeliță f
[ˈkar·ne de ˈpre·pe·li·tsə]

die Pute
curcan m
[kurˈkan]

das Putenfleisch
carne de curcan f
[ˈkar·ne de kurˈkan]

das Bioprodukt	**produs ecologic** n	[proˈdus e·koˈlo·ʤik]
die Innereien	**măruntaie** n	[mə·runˈta·je]
mariniert	**marinat**	[ma·riˈnat]
geräuchert	**afumat**	[a·fuˈmat]
gepökelt	**sărat**	[səˈrat]
braten	**a frige**	[a ˈfri·ʤe]
schmoren	**a fierbe înăbușit**	[a ˈfjer·be ɨ·nə·buˈʃit]
grillen	**a frige la grătar**	[a ˈfri·ʤe la grəˈtar]

aus Freilandhaltung
crescut în aer liber
[kresˈkut ɨn ˈa·jer ˈli·ber]

TIERISCHE PRODUKTE – PRODUSE ANIMALE

Fisch – Pește

die Forelle
păstrăv m
[ˈpəs·trəv]

der Karpfen
crap m
[krap]

der Zander
șalău m
[ʃaˈləw]

der Seeteufel
pește pescar m
[ˈpeʃ·te pesˈkar]

die Makrele
macrou n
[maˈkrow]

die Seezunge
limbă de mare f
[ˈlim·bə de ˈma·re]

die Sardine
sardină f
[sarˈdi·nə]

die Scholle
cambulă f
[ˈkam·bu·lə]

der Aal
anghilă f
[anˈgi·lə]

der Thunfisch
ton m
[ton]

der Kabeljau
merluciu m
[merˈlu·ʧju]

der Seebarsch
lup de mare m
[lup de ˈma·re]

der Lachs
somon m
[soˈmon]

der Heilbutt
cambulă uriașă f
[ˈkam·bu·lə u·riˈa·ʃə]

der Fischrogen
icre pl
[ˈi·kre]

das Fischsteak
felie de pește f
[feˈli·e de ˈpeʃ·te]

TIERISCHE PRODUKTE – PRODUSE ANIMALE

Meeresfrüchte – Fructe de mare

die Garnele
crevetă f
[kreˈve·tə]

der Hummer
homar m
[hoˈmar]

der Krebs
crab m
[krab]

der Flusskrebs
rac m
[rak]

die Miesmuschel
midie f
[ˈmi·di·e]

die Kammmuschel
scoică-pieptene f
[ˈskoj·kə ˈpjep·te·ne]

die Venusmuschel
scoică veneridae f
[ˈskoj·kə ve·neˈri·de]

die Herzmuschel
moluscă f
[moˈlus·kə]

die Auster
stridie f
[ˈstri·di·e]

der Tintenfisch
calamar m
[ka·laˈmar]

der Krake
caracatiță f
[ka·raˈka·ti·tsə]

der Räucherfisch
pește afumat m
[ˈpeʃ·te a·fuˈmat]

das Filet	**file** n [fiˈle]
geräuchert	**afumat** [a·fuˈmat]
einen Fisch entgräten	**a dezosa un pește** [a de·zoˈsa un ˈpeʃ·te]
die Gräte	**os de pește** n [os de ˈpeʃ·te]
die Schuppe	**solz** m [solz]
abschuppen	**a curăța de solzi** [a ku·rəˈtsa de solzʲ]
tiefgefroren	**congelat** [kon·ʤeˈlat]
frisch	**proaspăt** [ˈpro̯as·pət]

der Dosenfisch
pește în conservă m
[ˈpeʃ·te ɨn konˈser·və]

TIERISCHE PRODUKTE – PRODUSE ANIMALE

Milchprodukte und Eier – Lactate și ouă

die Sahne
frișcă f
[ˈfriʃ·kə]

die Milch
lapte n
[ˈlap·te]

der Hüttenkäse
brânză dulce f
[ˈbrɨn·zə ˈdul·tʃe]

der Ziegenkäse
brânză de capră f
[ˈbrɨn·zə de ˈka·prə]

der Quark
brânză de vaci f
[ˈbrɨn·zə de vatʃʲ]

der Joghurt
iaurt n
[jaˈurt]

der Brie
brânză Brie f
[ˈbrɨn·zə bri]

der Gorgonzola
brânză Gorgonzola f
[ˈbrɨn·zə gor·gonˈtso·la]

der Feta
brânză feta f
[ˈbrɨn·zə ˈfe·ta]

das Hühnerei
ou de găină n
[ow de gəˈi·nə]

die Eierschale
coajă de ou f
[ˈko̯a·ʒə de ow]

das Eiweiß
albuș de ou n
[alˈbuʃ de ow]

das Eigelb
gălbenuș de ou n
[gəl·beˈnuʃ de ow]

das Wachtelei
ou de prepeliță n
[ow de ˈpre·pe·li·tsə]

das Gänseei
ou de gâscă n
[ow de ˈgɨs·kə]

TIERISCHE PRODUKTE – PRODUSE ANIMALE

Milchprodukte und Eier – Lactate și ouă

der Eierkarton
cofraj de ouă n
[koˈfraʒ de ˈo·wə]

die Butter
unt n
[unt]

der Parmesan
brânză Parmezan f
[ˈbrɨn·zə par·meˈzan]

der Emmentaler
brânză Emmental f
[ˈbrɨn·zə ˈe·men·tal]

der Cheddar
brânză Cheddar f
[ˈbrɨn·zə ˈtʃe·dar]

der Raclettekäse
brânză pentru raclette f
[ˈbrɨn·zə ˈpen·tru raˈklet]

der Camembert
brânză Camembert f
[ˈbrɨn·zə ka·memˈbert]

der Gouda
brânză Gouda f
[ˈbrɨn·zə ˈgaw·da]

der Mozzarella
brânză Mozzarella f
[ˈbrɨn·zə mo·tsaˈre·la]

der geriebene Käse
brânză rasă f
[ˈbrɨn·zə ˈra·sə]

die Buttermilch
lapte bătut n
[ˈlap·te bəˈtut]

der Frischkäse
brânză proaspătă f
[ˈbrɨn·zə ˈpro̯as·pə·tə]

die Kuhmilch	**lapte de vacă** n [ˈlap·te de ˈva·kə]
die Ziegenmilch	**lapte de capră** n [ˈlap·te de ˈka·prə]
die laktosefreie Milch	**lapte fără lactoză** n [ˈlap·te ˈfə·rə lakˈto·zə]
die Sojamilch	**lapte de soia** n [ˈlap·te de ˈso·ja]
homogenisiert	**omogenizat** [o·mo·dʒe·niˈzat]
pasteurisiert	**pasteurizat** [pas·te·u·riˈzat]
fettarm	**degresat** [de·greˈsat]
die Vollmilch	**lapte integral** n [ˈlap·te in·teˈgral]

die Kondensmilch
lapte condensat n
[ˈlap·te kon·denˈsat]

GEMÜSE – LEGUME

die/der Trüffel
trufă f
[ˈtru·fə]

der Champignon
șampinion m
[ˈʃam·pi·njon]

der Steinpilz
hrib m
[hrib]

der Pfifferling
gălbior m
[gəl·biˈor]

der Spargel
sparanghel m
[spaˈran·gel]

der Kohlrabi
gulie f
[guˈli·e]

der Rhabarber
rubarbă f
[ruˈbar·bə]

der Mangold
frunză de gulie f
[ˈfrun·zə de guˈli·e]

der Fenchel
fenicul m
[feˈni·kul]

der/die Stangensellerie
tulpină de țelină f
[tulˈpi·nə de ˈtse·li·nə]

die Artischocke
anghinare f
[an·giˈna·re]

die Kresse
creson n
[kreˈson]

die Brunnenkresse
năsturel m
[nəs·tuˈrel]

das Blatt	**frunză** f [ˈfrun·zə]
der Strunk	**tulpină** f [tulˈpi·nə]
das Röschen	**buchețel** n [bu·keˈtsel]
das Herz	**inimă** f [ˈi·ni·mə]
die Spitze	**vârf** n [vɨrf]
das gedämpfte Gemüse	**legume la aburi** pl [leˈgu·me la ˈa·burʲ]
aus biologischem Anbau	**de cultură biologică** [de kulˈtu·rə bi·oˈlo·ʤi·kə]
aus heimischer Produktion	**din producție locală** [din proˈduk·tsi·e loˈka·lə]

GEMÜSE – LEGUME

Wurzelgemüse – Legume rădăcinoase

die Süßkartoffel
cartof dulce m
[karˈtof ˈdul·tʃe]

die Karotte
morcov m
[ˈmor·kov]

die Kartoffel
cartof m
[karˈtof]

die Schalotte
hașmă f
[ˈhaʃ·mə]

die rote Zwiebel
ceapă roșie f
[ˈtʃe̯a·pə ˈro·ʃi·e]

die Pastinake
păstârnac m
[pəs·tɨrˈnak]

der Knoblauch
usturoi m
[us·tuˈroj]

die Rübe
sfeclă f
[ˈsfe·klə]

die Zwiebel
ceapă f
[ˈtʃe̯a·pə]

das Radieschen
ridiche f
[riˈdi·ke]

die Frühlingszwiebel
ceapă verde f
[ˈtʃe̯a·pə ˈver·de]

die Rote Bete
sfeclă roșie f
[ˈsfe·klə ˈro·ʃi·e]

die Knoblauchzehe	**cățel de usturoi** m [kəˈtsel de us·tuˈroj]
die Knoblauchknolle	**căpățână de usturoi** f [kə·pəˈtsi·nə de us·tuˈroj]
die Wurzel	**rădăcină** f [rə·dəˈtʃi·nə]
bitter	**amar** [aˈmar]
roh	**crud** [krud]
scharf	**picant** [piˈkant]
mehligkochend	**făinos la fiert** [fə·iˈnos la fjert]
festkochend	**nefăinos la fiert** [ne·fə·iˈnos la fjert]

der Lauch
praz m
[praz]

GEMÜSE – LEGUME

Blattgemüse – Legume cu frunze

der Brokkoli
broccoli m
[ˈbro·ko·li]

der Rotkohl
varză roșie f
[ˈvar·zə ˈro·ʃi·e]

der Wirsing
varză creață f
[ˈvar·zə ˈkre̯a·tsə]

der Rosenkohl
varză de Bruxelles f
[ˈvar·zə de bryˈsel]

der Blumenkohl
conopidă f
[ko·noˈpi·də]

der Weißkohl
varză albă f
[ˈvar·zə ˈal·bə]

der Kopfsalat
salată f
[saˈla·tə]

der Eisbergsalat
salată iceberg f
[saˈla·tə ˈajs·berg]

der Römersalat
lăptucă romană f
[ləpˈtu·kə roˈma·nə]

der/die Chicorée
andivă f
[anˈdi·və]

der Feldsalat
fetică f
[feˈti·kə]

der Spinat
spanac n
[spaˈnak]

der Rucola
rucolă f
[ruˈko·lə]

der Endiviensalat
cicoare de grădină f
[ʧiˈko̯a·re de grəˈdi·nə]

GEMÜSE – LEGUME

Fruchtgemüse – Legume-fruct

der/die Paprika
ardei m
[arˈdej]

die Zucchini
dovlecel m
[do·vleˈʧel]

die Aubergine
vânătă f
[ˈvɨ·nə·tə]

die Tomate
roșie f
[ˈro·ʃi·e]

die Kirschtomate
roșie cherry f
[ˈro·ʃi·e ˈʧe·ri]

die Olive
măslină f
[məsˈli·nə]

die Okraschote
bamă f
[ˈba·mə]

die Chilischote
ardei iute m
[arˈdej ˈju·te]

die Avocado
avocado n
[a·voˈka·do]

die Gurke
castravete m
[kas·traˈve·te]

der Kürbis
dovleac m
[doˈvle̯ak]

der Butternusskürbis
dovleac tămâios m
[doˈvle̯ak tə·mɨˈjos]

schälen	**a descoji** [a des·koˈʒi]
schneiden	**a tăia** [a təˈja]
roh	**crud** [krud]
gekocht	**gătit** [gəˈtit]
gegart	**fiert** [fjert]
das Püree	**piure** n [pjuˈre]
püriert	**pasat** [paˈsat]
braten	**a frige** [a ˈfri·ʤe]

der Mais
porumb m
[poˈrumb]

GEMÜSE – LEGUME

Hülsenfrüchte – Leguminoase

die grüne Linse
linte verde f
[ˈlin·te ˈver·de]

die Ackerbohne
fasole albă f
[faˈso·le ˈal·bə]

die schwarze Bohne
fasole neagră f
[faˈso·le ˈne̯a·grə]

die Gartenerbse
mazăre f
[ˈma·zə·re]

die Kichererbse
năut m
[nəˈut]

die rote Linse
linte roșie f
[ˈlin·te ˈro·ʃi·e]

die grüne Bohne
fasole verde f
[faˈso·le ˈver·de]

die Zuckererbse
păstaie de mazăre f
[pəsˈta·je de ˈma·zə·re]

die Kidneybohne
fasole roșie f
[faˈso·le ˈro·ʃi·e]

die Limabohne
fasole Lima f
[faˈso·le ˈli·ma]

die Tellerlinse
linte maro f
[ˈlin·te maˈro]

die Hülse	**păstaie** f [pəsˈta·je]
der Kern	**sâmbure** m [ˈsim·bu·re]
die Schote	**teacă** f [ˈte̯a·kə]
der Samen	**sământă** f [səˈmin·tsə]
die Sojasprossen	**germeni de soia** m [ˈʤer·menʲ de ˈso·ja]
die Sojabohne	**bob de soia** n [bob de ˈso·ja]
die Mungobohne	**fasole mung** f [faˈso·le mung]
die Schwarzaugenbohne	**fasole ochi-negri** f [faˈso·le okʲ ˈne·gri]

OBST – FRUCTE

Beeren und Steinobst – Fructe de pădure și fructe cu sâmbure

die Erdbeere
căpșună f
[kəpˈʃu·nə]

die Himbeere
zmeură f
[ˈzme·u·rə]

die Brombeere
mură f
[ˈmu·rə]

die Heidelbeere
afină f
[a·ˈfi·nə]

die roten Johannisbeeren
coacăze roșii f
[ˈko̯a·kə·ze ˈro·ʃij]

die schwarzen Johannisbeeren
coacăze negre f
[ˈko̯a·kə·ze ˈne·gre]

die Weintraube
strugure m
[ˈstru·gu·re]

die Stachelbeere
agrișă f
[aˈgri·ʃə]

die Preiselbeere
merișor n
[me·riˈʃor]

die Kirsche
cireașă f
[ʧiˈre̯a·ʃə]

die Holunderbeere
fruct de soc n
[frukt de sok]

der Pfirsich
piersică f
[ˈpjer·si·kə]

die Nektarine
nectarină f
[nek·taˈri·nə]

die Pflaume
prună f
[ˈpru·nə]

die Aprikose
caisă f
[kaˈi·sə]

der Apfel
măr n
[mər]

die Birne
pară f
[ˈpa·rə]

die Quitte
gutuie f
[guˈtu·je]

OBST – FRUCTE

Exotische Früchte – Fructe exotice

die Feige
smochină f
[smoˈki·nə]

die Birnenmelone
pepino m
[peˈpi·no]

die Physalis
physalis n
[fiˈsa·lis]

die Litschi
litchi n
[ˈli·tʃi]

die Sternfrucht
carambolă f
[ka·ramˈbo·lə]

die Ananasguave
acca sellowiana f
[ˈa·ka se·lo·viˈa·na]

die Papaya
papaia f
[paˈpa·ja]

die Cherimoya
cherimoya f
[tʃe·riˈmo·ja]

die Passionsfrucht
fructul pasiunii n
[ˈfruk·tul pa·siˈu·nij]

die Mangostanfrucht
mangustan n
[man·guˈstan]

der Granatapfel
rodie f
[ˈro·di·e]

die Kiwano
kiwano n
[kiˈva·no]

die Rambutan
rambutan n
[ˈram·bu·tan]

die Pitahaya
fructul dragonului n
[ˈfruk·tul draˈgo·nu·luj]

die Ananas
ananas m
[a·naˈnas]

die Guave
guava f
[ˈgwa·va]

die Banane
banană f
[baˈna·nə]

die Kiwi
kiwi n
[ˈki·vi]

die Mango
mango n
[ˈman·go]

die Kokosnuss
nucă de cocos f
[ˈnu·kə de ˈko·kos]

OBST – FRUCTE

Zitrusfrüchte und Melonen – Citrice și pepeni

die Orange
portocală f
[por·toˈka·lə]

die Limette
lămâie verde f
[ləˈmɨ·je ˈver·de]

geschält
cojit
[koˈʒit]

die Clementine
clementină f
[kle·menˈti·nə]

die Grapefruit
grepfrut n
[ˈgrep·frut]

die Zitrone
lămâie f
[ləˈmɨ·je]

der Schnitz
felie f
[feˈli·e]

die Schale
coajă f
[ˈko̯a·ʒə]

die Zuckermelone
pepene galben cantalup m
[ˈpe·pe·ne ˈgal·ben kan·taˈlup]

die Honigmelone
pepene galben m
[ˈpe·pe·ne ˈgal·ben]

die Wassermelone
pepene roșu m
[ˈpe·pe·ne ˈro·ʃu]

die Blutorange
portocală roșie f
[por·toˈka·lə ˈro·ʃi·e]

kernlos	**fără sâmburi** [ˈfə·rə ˈsɨm·burʲ]
saftig	**zemos** [zeˈmos]
knackig	**crocant** [kroˈkant]
das Kerngehäuse	**cotor** n [koˈtor]
sauer	**acru** [ˈa·kru]
reif	**copt** [kopt]
frisch	**proaspăt** [ˈpro̯as·pət]
faulig	**putred** [ˈpu·tred]

die Kumquat
kumquat n
[kumˈkwat]

OBST – FRUCTE

Nüsse und Trockenobst – Nuci și fructe uscate

der Cashewkern
nucă de caju f
[ˈnu·kə de kaˈʒu]

die Mandel
migdală f
[migˈda·lə]

die Kastanie
castană f
[kasˈta·nə]

die Walnuss
nucă f
[ˈnu·kə]

die Haselnuss
alună f
[aˈlu·nə]

die Erdnuss
arahidă f
[a·raˈhi·də]

die Pekannuss
nucă pecan f
[ˈnu·kə peˈkan]

die Macadamianuss
nucă macadamia f
[ˈnu·kə ma·kaˈda·mja]

der Pinienkern
sămânță de pin f
[səˈmɨn·tsə de pin]

die Rosine
stafidă f
[staˈfi·də]

die Sultanine
stafidă de Smirna f
[staˈfi·də de ˈsmir·na]

die Backpflaume
prună uscată f
[ˈpru·nə usˈka·tə]

die Dattel
curmală f
[kurˈma·lə]

die Paranuss	**nucă de Brazilia** f [ˈnu·kə de braˈzi·li·a]
die Pistazie	**fistic** n [fisˈtik]
geröstet	**prăjit** [prəˈʒit]
gesalzen	**sărat** [səˈrat]
das Studentenfutter	**amestec de nuci și fructe uscate** n [aˈmes·tek de ˈnu·tʃi ʃi ˈfruk·te usˈka·te]
der Nussknacker	**spărgător de nuci** n [spər·gəˈtor de ˈnu·tʃi]
die Nussschale	**coajă de nucă** f [ˈko̯a·ʒə de ˈnu·kə]
eine Nuss knacken	**a sparge o nucă** [a ˈspar·dʒe o ˈnu·kə]

KRÄUTER UND GEWÜRZE – IERBURI AROMATICE ȘI MIRODENII

Kräuter – Ierburi aromatice

der Lavendel
lavandă f
[laˈvan·də]

der Estragon
tarhon m
[tarˈhon]

der Oregano
oregano m
[o·reˈga·no]

das/der Liebstöckel
leuștean m
[le·uʃˈt̯ean]

der Salbei
salvie f
[ˈsal·vi·e]

die Minze
mentă f
[ˈmen·tə]

der Majoran
maghiran m
[ma·giˈran]

der Rosmarin
rozmarin m
[roz·maˈrin]

das Basilikum
busuioc m
[bu·suˈjok]

die Petersilie
pătrunjel m
[pə·trunˈʒel]

der Thymian
cimbrișor m
[ʧim·briˈʃor]

der Koriander
coriandru m
[ko·riˈan·dru]

der Schnittlauch
arpagic n
[ar·paˈʤik]

der Fenchel
fenicul m
[feˈni·kul]

der Dill
mărar m
[məˈrar]

die Zitronenmelisse
roiniță f
[ˈroj·ni·tsə]

KRÄUTER UND GEWÜRZE – IERBURI AROMATICE ȘI MIRODENII

Gewürze – Mirodenii

der Sternanis
anason m
[a·na'son]

das Lorbeerblatt
frunză de dafin f
['frun·zə de 'da·fin]

der Koriander
coriandru m
[ko·ri'an·dru]

die Zimtrinde
scorțișoară f
[skor·tsi'ʃo̯a·rə]

die Kurkuma
curcuma f
[kur'ku·ma]

das Currypulver
praf de curry n
[praf de 'ka·ri]

der Paprika
paprică f
[pa'pri·kə]

der Pfeffer
piper m
[pi'per]

die Muskatnuss
nucșoară f
[nuk'ʃo̯a·rə]

der/das Kardamom
cardamom m
[kar·da'mom]

die Nelken
cuișoare n
[ku·i'ʃo̯a·re]

der Ingwer
ghimbir m
[gim'bir]

die Chiliflocken
ardei iute tocat m
[ar'dej 'ju·te to'kat]

die Chilischote
ardei iute m
[ar'dej 'ju·te]

der Fenchel
fenicul m
[fe'ni·kul]

das Garam masala
garam masala n
[ga'ram ma'sa·la]

KRÄUTER UND GEWÜRZE – IERBURI AROMATICE ȘI MIRODENII

Würzmittel und Soßen – Arome și sosuri

der Essig
oțet n
[oˈʦet]

das Olivenöl
ulei de măsline n
[uˈlej de məsˈli·ne]

der Pfeffer
piper m
[piˈper]

das Salz
sare f
[ˈsa·re]

die Pfeffermühle
râșniță f
[ˈrɨʃ·ni·ʦə]

die Salsa
sos n
[sos]

der/das Ketchup
ketchup n
[ˈke·ʧap]

der Senf
muștar n
[muʃˈtar]

die Mayonnaise
maioneză f
[ma·joˈne·zə]

zerstoßen	**a pisa** [a piˈsa]
gemahlen	**măcinat** [mə·ʧiˈnat]
geraspelt	**ras** [ras]
der Salzstreuer	**solniță** f [ˈsol·ni·ʦə]
die Salatsoße	**dressing** n [ˈdre·sing]
würzen	**a condimenta** [a kon·di·menˈta]
anmachen	**a aromatiza** [a a·ro·ma·tiˈza]
marinieren	**a marina** [a ma·riˈna]

die Sojasoße
sos de soia n
[sos de ˈso·ia]

GETREIDE UND MEHL – CEREALE ȘI FĂINĂ

der Dinkel
alac n
[aˈlak]

die Kürbiskerne
semințe de dovleac f
[seˈmin·tse de doˈvle̯ak]

die Sonnenblumen-kerne
semințe de floarea-soarelui f [seˈmin·tse de ˈflo̯a·re̯a ˈso̯a·re·luj]

die Quinoa
quinoa f
[kiˈno·a]

der Wildreis
orez sălbatic m
[oˈrez səlˈba·tik]

der Hafer
ovăz m
[oˈvəz]

die Gerste
orz m
[orz]

der Naturreis
orez brun m
[oˈrez brun]

der Mais
porumb m
[poˈrumb]

die Hirse
mei m
[mej]

der Weizen
grâu m
[grɨw]

der/das Couscous
cușcuș n
[kuʃˈkuʃ]

der Buchweizen
hrișcă f
[ˈhriʃ·kə]

der Basmatireis
orez basmati m
[oˈrez basˈma·ti]

der Bulgur
bulgur n
[bulˈgur]

der Reis
orez m
[oˈrez]

GETREIDE UND MEHL – CEREALE ȘI FĂINĂ

die Penne
penne f
[ˈpe·ne]

die Tagliatelle
tăiței lați m
[tə·iˈtsej latsʲ]

die Spaghetti
spaghete f
[spaˈge·te]

die Ravioli
ravioli m
[ra·viˈo·li]

die Fusilli
spirale f
[spiˈra·le]

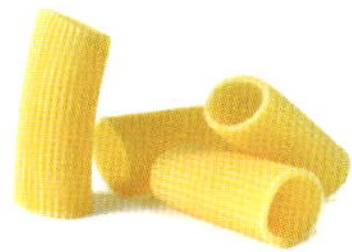

die Rigatoni
rigatoni m
[ri·gaˈto·ni]

die Tortellini
tortellini m
[tor·teˈli·ni]

das Weizenmehl
făină de grâu f
[fəˈi·nə de grɨw]

das Maismehl
făină de porumb f
[fəˈi·nə de poˈrumb]

die Hefe
drojdie f
[ˈdroʒ·di·e]

der Teig
aluat n
[a·luˈat]

das Backpulver	**praf de copt** n [praf de kopt]
das glutenfreie Mehl	**făină fără gluten** f [fəˈi·nə ˈfə·rə gluˈten]
das Roggenmehl	**făină de secară** f [fəˈi·nə de seˈka·rə]
das Vollkornmehl	**făină integrală** f [fəˈi·nə in·teˈgra·lə]
sieben	**a cerne** [a ˈtʃer·ne]
kneten	**a frământa** [a frə·mɨnˈta]
verrühren	**a amesteca** [a a·mes·teˈka]
backen	**a coace** [a ˈko̯a·tʃe]

die Reisnudeln
tăiței de orez m
[tə·iˈtsej de oˈrez]

GETREIDE UND MEHL – CEREALE ȘI FĂINĂ

Brot – Pâine

die Brezel
covrig m
[koˈvrig]

das Croissant
corn n
[korn]

das/die Baguette
baghetă f
[baˈge·tə]

das Schwarzbrot
pâine neagră f
[ˈpɨj·ne ˈne̯a·grə]

das Weißbrot
pâine albă f
[ˈpɨj·ne ˈal·bə]

das Vollkornbrot
pâine integrală f
[ˈpɨj·ne in·teˈgra·lə]

das Mehrkornbrot
pâine multicereale f
[ˈpɨj·ne mul·ti·ʧe·reˈa·le]

das Graubrot
pâine de grâu și secară f
[ˈpɨj·ne de grɨw ʃi de seˈka·rə]

das Fladenbrot
lipie f
[liˈpi·e]

die Tortilla
lipie mexicană f
[liˈpi·e me·ksiˈka·nə]

das Toastbrot
pâine toast f
[ˈpɨj·ne tost]

das Sauerteigbrot
pâine dospită f
[ˈpɨj·ne dosˈpi·tə]

das Brötchen
chiflă f
[ˈki·flə]

der Bagel
colăcel m
[ko·ləˈʧel]

das belegte Brötchen
tartină f
[tarˈti·nə]

das Knäckebrot
pâine crocantă f
[ˈpɨj·ne kroˈkan·tə]

GETREIDE UND MEHL – CEREALE ȘI FĂINĂ

Brotaufstriche – Alimente de uns pe pâine

das Glas
borcan n
[borˈkan]

der Honig
miere f
[ˈmje·re]

der Waldhonig
miere de pădure f
[ˈmje·re de pəˈdu·re]

der flüssige Honig
miere fluidă f
[ˈmje·re fluˈi·də]

der Zitronenaufstrich
gem de lămâie n
[ʤem de ləˈmɨ·je]

die Konfitüre
dulceață f
[dulˈʧe̯a·tsə]

die Marmelade
marmeladă f
[mar·meˈla·də]

der Ahornsirup
sirop de arțar n
[siˈrop de arˈtsar]

die Erdnussbutter
unt de arahide n
[unt de a·raˈhi·de]

der Schokoladenaufstrich
cremă de ciocolată f
[ˈkre·mə de ʧjo·koˈla·tə]

die Margarine
margarină f
[mar·gaˈri·nə]

der Laib
pâine întreagă f
[ˈpɨj·ne ɨnˈtre̯a·gə]

die Scheibe
felie f
[feˈli·e]

das Paniermehl
pesmet m
[pesˈmet]

das Sandwich
sandviș n
[ˈsand·viʃ]

GETREIDE UND MEHL – CEREALE ȘI FĂINĂ

Kuchen und Gebäck – Prăjitură și produse de patiserie

der Käsekuchen
tartă cu brânză de vaci f
[ˈtar·tə ku ˈbrɨn·zə de ˈva·tʃʲ]

die Schokoladentorte
tort de ciocolată n
[tort de tʃjo·koˈla·tə]

der Muffin
muffin n
[ˈma·fin]

die Makrone
pricomigdală f
[pri·ko·migˈda·lə]

der Lebkuchen
turtă dulce f
[ˈtur·tə ˈdul·tʃe]

das Biskuit
pișcot n
[piʃˈkot]

der Berliner
gogoașă f
[goˈgoa·ʃə]

der Gugelhupf
prăjitură gugelhupf f
[prə·ʒiˈtu·rə ˈgu·gəl·hupf]

die Obsttorte
tartă cu fructe f
[ˈtar·tə ku ˈfruk·te]

die Schwarzwälder Kirschtorte
tort Pădurea Neagră n
[tort pəˈdu·rea ˈnea·grə]

der Zwetschgenkuchen
plăcintă cu prune f
[pləˈtʃin·tə ku ˈpru·ne]

die Linzer Torte
tartă Linzer f
[ˈtar·tə ˈlin·tsər]

das Marmeladentörtchen
tartă cu marmeladă f
[ˈtar·tə ku mar·meˈla·də]

der Zuckerguss	**glazură** f [glaˈzu·rə]
das Marzipan	**marțipan** n [mar·tsiˈpan]
der Geburtstagskuchen	**tort aniversar** n [tort ani·verˈsar]
die Geburtstagskerze	**lumânare aniversară** f [lu·mɨˈna·re ani·verˈsa·rə]
die Kuchendekoration	**ornament pentru tort** n [or·naˈment ˈpen·tru tort]
das Gebäck	**produs de patiserie** n [proˈdus de pa·ti·seˈri·e]
das Eclair	**ecler** n [eˈkler]
das Baiser	**bezea** f [beˈzea]

DESSERTS UND SÜSSSPEISEN – DESERTURI ȘI DULCIURI

der Apfelstrudel
ștrudel cu mere n
[ˈʃtru·del ku ˈme·re]

das Tiramisu
tiramisu n
[ti·ra·miˈsu]

die Eiscreme
înghețată f
[ɨn·geˈtsa·tə]

die Eiskugel
bilă de înghețată f
[ˈbi·lə de ɨn·geˈtsa·tə]

die Eiswaffel
cornet de înghețată n
[korˈnet de ɨn·geˈtsa·tə]

der Pfannkuchen
clătită americană f
[kləˈti·tə a·me·riˈka·nə]

die Crêpe
clătită f
[kləˈti·tə]

der Eisbecher
cupă de înghețată f
[ˈku·pə de ɨn·geˈtsa·tə]

der Karamellpudding
budincă de caramel f
[buˈdin·kə de ka·raˈmel]

die Mousse
mousse n
[mus]

die Schlagsahne
frișcă f
[ˈfriʃ·kə]

die Crème brûlée
crème brûlée f
[krem bryˈle]

die Panna cotta
panna cotta f
[ˈpa·na ˈko·ta]

der Wackelpudding
jeleu n
[ʒeˈlew]

der Obstsalat
salată de fructe f
[saˈla·tə de ˈfruk·te]

GETRÄNKE – BĂUTURI

Erfrischungsgetränke – Băuturi răcoritoare

das Wasser
apă f
[ˈa·pə]

das Tonicwater
apă tonică f
[ˈa·pə ˈto·ni·kə]

der Orangensaft
suc de portocale n
[suk de por·toˈka·le]

der Tomatensaft
suc de roșii n
[suk de ˈro·ʃij]

das alkoholfreie Bier
bere fără alcool f
[ˈbe·re ˈfə·rə al·koˈol]

der Karottensaft
suc de morcovi n
[suk de ˈmor·kovʲ]

die/das Cola
cola f
[ˈko·la]

die Limonade
limonadă f
[li·moˈna·də]

der Eiskaffee
cafea frappe f
[kaˈfe̯a fraˈpe]

die Eisschokolade
ciocolată cu înghețată f
[ʧjo·koˈla·tə ku ɨn·geˈtsa·tə]

der Eistee
ceai cu gheață n
[ʧe̯aj ku ˈge̯a·tsə]

die Apfelschorle
suc de mere cu apă n
[suk de ˈme·re ku ˈa·pə]

der Milchshake
cocteil cu lapte n
[ˈkok·tejl ku ˈlap·te]

die Saftpresse	**storcător** n [stor·kəˈtor]
der frisch gepresste Grapefruitsaft	**suc de grepfrut proaspăt stors** n [suk de ˈgrep·frut ˈpro̯as·pət stors]
das Tafelwasser	**apă minerală** f [ˈa·pə mi·neˈra·lə]
das Leitungswasser	**apă de la robinet** f [ˈa·pə de la ro·biˈnet]
das Mineralwasser mit Kohlensäure	**apă minerală carbogazoasă** f [ˈa·pə mi·neˈra·lə kar·bo·gaˈzo̯a·sə]
das stille Mineralwasser	**apă plată** f [ˈa·pə ˈpla·tə]
der Apfelsaft	**suc de mere** n [suk de ˈme·re]

GETRÄNKE – BĂUTURI

Heißgetränke – Băuturi calde

der Espresso
espresso n
[es'pre·so]

die Kaffeebohnen
boabe de cafea f
['bo̯a·be de ka'fe̯a]

der Amaretto
biscuit amaretto m
[bis·ku'it a·ma're·to]

der Kaffee zum Mitnehmen
cafea to go f
[ka'fe̯a tu gəw]

der Deckel
capac n
[ka'pak]

der Becher
pahar n
[pa'har]

der Milchschaum
spumă de lapte f
['spu·mə de 'lap·te]

der Teebeutel
pliculeț cu ceai n
[pli·ku'lets ku ʧe̯aj]

die Teeblätter
frunze de ceai f
['frun·ze de ʧe̯aj]

die Teekanne
ceainic n
['ʧe̯aj·nik]

der Schwarztee
ceai negru n
[ʧe̯aj 'ne·gru]

der/die Latte macchiato
latte macchiato n
['la·te ma'kja·to]

der Kaffee
cafea f
[ka'fe̯a]

der Cappuccino
cappuccino n
[ka·pu'ʧi·no]

der Milchkaffee
cafea cu lapte f
[ka'fe̯a ku 'lap·te]

der Minztee
ceai de mentă n
[ʧe̯aj de 'men·tə]

der Kamillentee
ceai de mușețel n
[ʧe̯aj de mu·ʃe'tsel]

der Kräutertee
ceai de plante n
[ʧe̯aj de 'plan·te]

der Glühwein
vin fiert n
[vin fjert]

GETRÄNKE – BĂUTURI

Alkoholische Getränke – Băuturi alcoolice

der Cocktail
cocteil n
[ˈkok·tejl]

die Sangria
sangria f
[sanˈgri·a]

mit Eis
cu gheață
[ku ˈge̯a·tsə]

der Whisky
whisky n
[ˈwi·ski]

der Gin Tonic
gin tonic n
[ʤin ˈto·nik]

der Rum
rom n
[rom]

das Bier
bere f
[ˈbe·re]

das Pils
pils n
[pils]

das dunkle Bier
bere brună f
[ˈbe·re ˈbru·nə]

der Wodka
votcă f
[ˈvot·kə]

der Roséwein
vin roze n
[vin roˈze]

der Weißwein
vin alb n
[vin alb]

der Rotwein
vin roșu n
[vin ˈro·ʃu]

der Sekt
vin spumant n
[vin spuˈmant]

der Tequila
tequila f
[teˈki·la]

der Weinbrand	**coniac** n [ko·niˈak]
der Schnaps	**țuică** f [ˈtsuj·kə]
der Sherry	**sherry** n [ˈʃe·ri]
der Likör	**lichior** n [liˈkjor]
der Cidre	**cidru** n [ˈʧi·dru]
die Weinschorle	**șpriț** n [ʃprits]
das Hefeweizen	**bere din grâu** f [ˈbe·re din griw]
der Champagner	**șampanie** f [ʃamˈpa·ni·e]

KOCHEN – GĂTIT

Zubereitung – Preparare

schälen
a descoji
[a des·koˈʒi]

schneiden
a tăia
[a təˈja]

schlagen
a mixa
[a miˈksa]

reiben
a rade
[a ˈra·de]

zerstoßen
a pisa
[a piˈsa]

glasieren
a glazura
[a gla·zuˈra]

sieben
a cerne
[a ˈʧer·ne]

stampfen
a zdrobi
[a zdroˈbi]

klopfen
a bate
[a ˈba·te]

ausrollen
a întinde
[a ɨnˈtin·de]

salzen
a săra
[a səˈra]

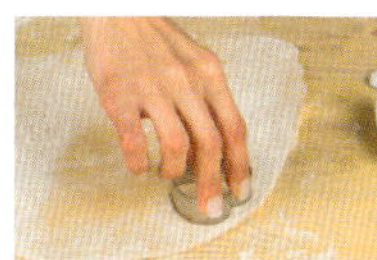

ausstechen
a decupa aluat
[a de·kuˈpa a·luˈat]

rösten	**a rumeni** [a ru·meˈni]
kochen	**a fierbe** [a ˈfjer·be]
köcheln lassen	**a fierbe la foc mic** [a ˈfjer·be la fok mik]
grillen	**a frige la grătar** [a ˈfri·ʤe la grəˈtar]
anbraten	**a căli** [a kəˈli]
braten	**a frige** [a ˈfri·ʤe]
frittieren	**a prăji** [a prəˈʒi]
pochieren	**a fierbe în apă cu sare** [a ˈfjer·be ɨn ˈa·pə ku ˈsa·re]

streuen
a presăra
[a pre·səˈra]

GERICHTE UND MAHLZEITEN – MÂNCĂRURI ȘI MESE

Das Frühstück – Micul dejun

das Brot
pâine f
[ˈpɨj·ne]

der Orangensaft
suc de portocale n
[suk de por·toˈka·le]

das Brötchen
chiflă f
[ˈki·flə]

die Milch
lapte n
[ˈlap·te]

der Käse
brânză f
[ˈbrɨn·zə]

die Marmelade
marmeladă f
[mar·meˈla·də]

der Cappuccino
cappuccino n
[ka·puˈtʃi·no]

das gekochte Ei
ou fiert n
[ow fjert]

das Müsli
müsli n
[ˈmy·sli]

die Melone
pepene galben m
[ˈpe·pe·ne ˈgal·ben]

der Schinken
șuncă f
[ˈʃun·kə]

die Butter
unt n
[unt]

die Frühstücksflocken
cereale f
[tʃe·reˈa·le]

das Croissant
corn n
[korn]

die Cornflakes
fulgi de porumb m
[fuldʒʲ de poˈrumb]

der Früchtejoghurt
iaurt cu fructe n
[jaˈurt ku ˈfruk·te]

das frische Obst
fruct proaspăt n
[frukt ˈpro̯as·pət]

der Müsliriegel
baton de müsli n
[baˈton de ˈmy·sli]

die Weizenkeime
germeni de grâu m
[ˈdʒer·menʲ de grɨw]

GERICHTE UND MAHLZEITEN – MÂNCĂRURI ȘI MESE

Das Frühstück – Micul dejun

das Toastbrot
pâine toast f
[ˈpij·ne tost]

die gegrillte Tomate
roșie la grătar f
[ˈro·ʃi·e la grəˈtar]

die gebackenen Bohnen
fasole scăzută f
[faˈso·le skəˈzu·tə]

die Rösti
triunghiuri de cartofi rași și prăjiți n
[triˈun·gjurʲ de karˈtofʲ raʃʲ ʃi prəˈʒitsʲ]

die Blutwurst
sângerete m
[sɨn·ʤeˈre·te]

der Speck
bacon n
[ˈbej·kən]

die Pilze
ciuperci f
[ʧjuˈperʧʲ]

die Wurst
cârnat m
[kɨrˈnat]

das Spiegelei
ou ochi n
[ow okʲ]

das Rührei
scrob n
[skrob]

das Omelett
omletă f
[omˈle·tə]

armer Ritter
frigănea f
[fri·gəˈne̯a]

die Waffel
gofră f
[ˈgo·frə]

der Pfannkuchen
clătită americană f
[kləˈti·tə a·me·riˈka·nə]

der Haferbrei
ovăz cu lapte n
[oˈvəz ku ˈlap·te]

der Fruchtshake
shake de fructe n
[ʃejk de ˈfruk·te]

die heiße Schokolade
ciocolată caldă f
[ʧjo·koˈla·tə ˈkal·də]

GERICHTE UND MAHLZEITEN – MÂNCĂRURI ȘI MESE

Snacks und Knabbereien – Gustări și snack-uri

die Chips
chipsuri n
[ˈtʃip·surʲ]

die Salzbrezel
covrig cu sare m
[koˈvrig ku ˈsa·re]

das Popcorn
floricele de porumb pl
[flo·riˈtʃe·le de poˈrumb]

der/das Bonbon
bomboană f
[bomˈbo̯a·nə]

das Gummibärchen
ursuleț de jeleu m
[ur·suˈlets de ʒeˈlew]

die Lakritze
jeleu de lemn dulce n
[ʒeˈlew de lemn ˈdul·tʃe]

der/das Kaugummi
gumă de mestecat f
[ˈgu·mə de mes·teˈkat]

der Lutscher
bomboană pe băț f
[bomˈbo̯a·nə pe bəts]

die weiße Schokolade
ciocolată albă f
[tʃjo·koˈla·tə ˈal·bə]

der Schokoriegel
baton de ciocolată n
[baˈton de tʃjo·koˈla·tə]

die Zartbitter-schokolade
ciocolată amăruie f
[tʃjo·koˈla·tə a·mə·ru·je]

die Milchschokolade
ciocolată cu lapte f
[tʃjo·koˈla·tə ku ˈlap·te]

der Eislutscher
înghețată pe băț f
[ɨn·geˈtsa·tə pe bəts]

der Frozen Yogurt
iaurt înghețat n
[jaˈurt ɨn·geˈtsat]

der Keks
biscuit m
[bis·kuˈit]

die Praline
pralină f
[praˈli·nə]

GERICHTE UND MAHLZEITEN – MÂNCĂRURI ȘI MESE

Das Fastfood – Fast food

das Stück Pizza
bucată de pizza f
[buˈka·tə de ˈpi·tsa]

die Pizza
pizza f
[ˈpi·tsa]

der Hamburger
hamburger m
[ˈham·bur·ger]

die Pommes frites
cartofi prăjiți m
[karˈtofʲ prəˈʒitsʲ]

die Tortilla-Chips
tortilla-chips n
[torˈti·ja tʃips]

der Taco
taco m
[ˈta·ko]

die gebratenen Nudeln
tăiței prăjiți m
[tə·iˈtsej prəˈʒitsʲ]

das Sushi
sushi n
[ˈsu·ʃi]

der/das Hot Dog
hot dog m
[hot dog]

der Döner
chebap n
[keˈbap]

der Wrap
wrap n
[rep]

der Fisch mit Pommes
pește cu cartofi prăjiți m
[ˈpes·te ku karˈtofʲ prəˈʒitsʲ]

Ich würde gerne etwas zum Mitnehmen bestellen.	**Aș dori să comand ceva la pachet.** [aʃ dori sə koˈmand tʃeˈva la paˈket]
Eine Portion Pommes rot-weiß, bitte.	**O porție de cartofi prăjiți cu ketchup și maioneză, vă rog.** [o ˈpor·tsi·e de karˈtofʲ prəˈʒitsʲ ku ˈke·tʃap ʃi ma·joˈne·zə və rog]
klein/mittelgroß/groß	**mic / mediu / mare** [mik / ˈme·dju / ˈma·re]
süß	**dulce** [ˈdul·tʃe]
salzig	**sărat** [səˈrat]
der Lieferservice	**serviciu de livrare** n [serˈvi·tʃju de liˈvra·re]
bestellen	**a comanda** [a ko·manˈda]
liefern	**a livra** [a liˈvra]

das Nugget
nugget m
[ˈna·git]

GERICHTE UND MAHLZEITEN – MÂNCĂRURI ȘI MESE

Hauptmahlzeit – Masă principală

die Suppe
ciorbă f
[ˈt͡ʃjo̯r·bə]

die Frikadelle
chiftea f
[kifˈte̯a]

das Steak
grătar n
[grəˈtar]

der Beilagensalat
salată f
[saˈla·tə]

die Kartoffelspalten
sferturi de cartofi n
[ˈsfer·turʲ de karˈtofʲ]

die Lasagne
lasagne f
[laˈza·nje]

die Spaghetti Bolognese
spaghete bolognese f
[spaˈge·te bo·loˈnje·ze]

das Brathähnchen
pui la rotisor m
[puj la ro·tiˈsor]

das panierte Schnitzel
șnițel n
[ˈʃni·tsel]

die Bratkartoffeln
cartofi la cuptor m
[karˈtofʲ la kupˈtor]

der Eintopf
iahnie f
[jahˈni·e]

der Auflauf
graten n
[graˈten]

die Pastete
pateu n
[paˈtew]

die Quiche
tartă lorenă f
[ˈtar·tə loˈre·nə]

das Curry
curry n
[ˈka·ri]

GERICHTE UND MAHLZEITEN – MÂNCĂRURI ȘI MESE

Im Restaurant – La restaurant

① *der Gast*
client m
[kliˈent]

② *der Kellner*
chelner m
[ˈkel·ner]

③ *der Tisch für zwei Personen*
masă pentru două persoane f
[ˈma·sə ˈpen·tru ˈdo·wə perˈso̯a·ne]

④ *das Rotweinglas*
pahar de vin roșu n
[paˈhar de vin ˈro·ʃu]

⑤ *die Speisekarte*
meniu n
[meˈniw]

⑥ *die Bestellung*
comandă f
[koˈman·də]

die Vorspeise
antreu n
[anˈtrew]

der Nachtisch
desert n
[deˈsert]

die Beilage
garnitură f
[gar·niˈtu·rə]

das Hauptgericht
fel principal n
[fel prin·ʧiˈpal]

die Suppe
supă f
[ˈsu·pə]

der Aperitif
aperitiv n
[a·pe·riˈtiv]

der/das Sorbet
sorbet n
[sorˈbet]

der Salat
salată f
[saˈla·tə]

der Käseteller
farfurie cu brânzeturi f
[far·fuˈri·e ku brinˈze·turʲ]

der Kaffee
cafea f
[kaˈfe̯a]

der Likör
lichior n
[liˈkjor]

das Käsemesser
cuțit de brânză n
[kuˈtsit de ˈbrin·zə]

das Stäbchen
bețigașe chinezești n
[be·tsiˈga·ʃe ki·neˈzeʃtʲ]

GERICHTE UND MAHLZEITEN – MÂNCĂRURI ȘI MESE

Geschirr und Besteck – Veselă și tacâmuri

die Serviette
șervet n
[ʃer'vet]

der Brotteller
farfurie pentru pâine f
[far·fu'ri·e 'pen·tru 'pij·ne]

die Gabel
furculiță f
[fur·ku'li·tsə]

die Tischdecke
față de masă f
['fa·tsə de 'ma·sə]

der Essteller
farfurie f
[far·fu'ri·e]

das Wasserglas
pahar de apă n
[pa'har de 'a·pə]

das Weinglas
pahar de vin n
[pa'har de vin]

der Dessertlöffel
linguriță pentru desert f
[lin·gu'ri·tsə 'pen·tru de'sert]

der Suppenlöffel
lingură de supă f
['lin·gu·rə de 'su·pə]

das Messer
cuțit n
[ku'tsit]

die Schüssel
castron n
[kas'tron]

die Karaffe
carafă f
[ka'ra·fə]

das Steakmesser
cuțit pentru grătar n
[ku'tsit 'pen·tru grə'tar]

der Zahnstocher
scobitoare f
[sko·bi'to̯a·re]

Könnten Sie uns bitte die Weinkarte bringen?	**Puteți să ne aduceți lista de vinuri, vă rog?** [pu'tetsʲ sə ne a'du·tʃetsʲ 'lis·ta de vi'nurʲ və rog]
Guten Appetit!	**Poftă bună!** ['pof·tə 'bu·nə]
Zum Wohl!	**Sănătate!** [sə·nə'ta·te]
Als Vorspeise/Hauptgericht/Nachtisch nehme ich ...	**Ca aperitiv/fel principal/desert iau ...** [ka a·pe·ri'tiv/fel prin·tʃi'pal/de'sert jaw]
die Spezialitäten	**specialități** f [spe·tʃi·a·li'tətsʲ]
Ich hätte gerne die Rechnung, bitte.	**Aș dori nota de plată, vă rog.** [aʃ dori 'no·ta de 'pla·tə və rog]
die Bezahlung	**plată** f ['pla·tə]
das Trinkgeld	**bacșiș** n [bak'ʃiʃ]

DIE ERNÄHRUNG – ALIMENTAȚIA

das Fett
grăsime f
[grə'si·me]

der Zucker
zahăr n
['za·hər]

das Kohlenhydrat
glucidă f
[glu'tʃi·də]

das Eiweiß
proteină f
[pro·te'i·nə]

ohne Eier
fără ouă
['fə·rə 'o·wə]

zuckerfrei
fără zahăr
['fə·rə 'za·hər]

glutenfrei
fără gluten
['fə·rə glu'ten]

laktosefrei
fără lactoză
['fə·rə lak'to·zə]

die Ballaststoffe
fibră f
['fi·brə]

das Cholesterin
colesterol m
[ko·les·te'rol]

vegetarisch
vegetarian
[ve·dʒe·ta·ri'an]

vegan
vegan
[ve'gan]

die Lebensmittelintoleranz	**intoleranță alimentară** f [in·to·le'ran·tsə a·li·men'ta·rə]
die Fruktose	**fructoză** f [fruk'to·zə]
die Glukose	**glucoză** f [glu'ko·zə]
das Natrium	**sodiu** n ['so·dju]
die Kalorien	**calorie** f [ka·lo'ri·e]
der Geschmacksverstärker	**aditiv alimentar** m [a·di'tiv a·li·men'tar]
die gesunde Ernährung	**alimentație sănătoasă** f [a·li·men'ta·tsi·e sə·nə'to̯a·sə]
fasten	**a posti** [a pos'ti]

die Diät
dietă f
[di'e·tə]

UNTERWEGS
LA DRUM

STRASSEN UND VERKEHR – DRUMURI ȘI TRAFIC

① *die Straßenlaterne*
stâlp de iluminat m
[stɨlp de i·lu·miˈnat]

② *die Einbahnstraße*
stradă cu sens unic f
[ˈstra·də ku sens ˈu·nik]

③ *die Fußgängerampel*
semafor pietonal n
[se·maˈfor pje·toˈnal]

④ *der Bürgersteig*
trotuar n
[troˈtwar]

⑤ *der Bordstein*
bordură f
[borˈdu·rə]

⑥ *die Ampel*
semafor n
[se·maˈfor]

⑦ *das geparkte Auto*
mașină parcată f
[maˈʃi·nə parˈka·tə]

⑧ *die Fahrspur*
bandă f
[ˈban·də]

⑨ *die Straßen-markierung*
marcaj rutier n
[marˈkaʒ ru·tiˈer]

⑩ *der Rinnstein*
rigolă f
[riˈgo·lə]

der Tunnel
tunel n
[tuˈnel]

der Parkschein-automat
parcometru n
[par·koˈme·tru]

der Fahrradweg
pistă pentru biciclete f
[ˈpis·tə ˈpen·tru bi·ʧiˈkle·te]

der Behinderten-parkplatz
parcare pentru persoane cu handicap f
[parˈka·re ˈpen·tru perˈso̯a·ne ku han·diˈkap]

die Brücke
pod n
[pod]

der Kreisverkehr
sens giratoriu n
[sens ʤi·raˈto·rju]

der Zebrastreifen
trecere de pietoni f
[ˈtre·ʧe·re de pi·eˈtonʲ]

die Notrufsäule
telefon de urgență n
[te·leˈfon de urˈʤen·tsə]

das Autobahnkreuz
încrucișare de autostrăzi f
[ɨn·kru·ʧi'ʃa·re de a·u·tos'trəzʲ]

STRASSEN UND VERKEHR – DRUMURI ȘI TRAFIC

die Autobahn
autostradă f
[a·u·tos'tra·də]

der Berufsverkehr
trafic la ore de vârf n
[tra'fik la 'o·re de vɨrf]

① *der Mittelstreifen*
parapet despărțitor m
[pa·ra'pet des·pər·tsi'tor]

② *die Überholspur*
bandă de depășire f
['ban·də de de·pə'ʃi·re]

③ *die Überführung*
viaduct n
[vi·a'dukt]

④ *die Kurve*
curbă f
['kur·bə]

⑤ *die Unterführung*
pasaj subteran n
[pa'saʒ sub·te'ran]

⑥ *die Einfahrt*
intrare (pe autostradă) f
[in'tra·re (pe a·u·tos'tra·də)]

⑦ *die Ausfahrt*
ieșire (de pe autostradă) f
[je'ʃi·re (de pe a·u·tos'tra·də)]

der Verkehrspolizist
agent de circulație m
[a'ʤent de ʧir·ku'la·tsi·e]

der Strafzettel
amendă f
[a'men·də]

die Mautstelle
gheretă pentru plata taxei de drum f
[ge're·tə 'pen·tru 'pla·ta 'ta·ksej de drum]

abschleppen
a remorca
[a re·mor'ka]

die Kreuzung	**intersecție** f [in·ter'sek·tsi·e]
die Vorfahrt	**prioritate** f [pri·o·ri'ta·te]
die Geschwindigkeitsüberschreitung	**depășire de viteză** f [de·pə'ʃi·re de vi'te·zə]
anhalten	**a opri** [a o'pri]
der Standstreifen	**bandă de urgență** f ['ban·də de ur'ʤen·tsə]
die Raststätte	**loc de popas** n [lok de po'pas]
die Entfernungstafel	**indicator de distanță** n [in·di·ka'tor de dis'tan·tsə]
rückwärtsfahren	**a merge în marșarier** [a 'mer·ʤe ɨn mar·ʃa·ri'er]

der Stau
ambuteiaj n
[am·bu·te'jaʒ]

STRASSEN UND VERKEHR – DRUMURI ȘI TRAFIC

Verkehrsschilder – Indicatoare rutiere

Einfahrt verboten
accesul interzis
[akˈʧe·sul in·terˈzis]

das Halteverbot
oprirea interzisă f
[oˈpri·re̯a in·terˈzi·sə]

die Baustelle
drum în lucru n
[drum ɨn ˈlu·kru]

der Tunnel
tunel n
[tuˈnel]

das Parkverbot
parcarea interzisă f
[parˈka·re̯a in·terˈzi·sə]

der Stau
ambuteiaj n
[am·bu·teˈjaʒ]

das Gefälle
coborâre periculoasă f
[ko·boˈrɨ·re pe·ri·kuˈlo̯a·sə]

der Kreisverkehr
sens giratoriu n
[sens ʤi·raˈto·rju]

die Geschwindigkeits-begrenzung
limitare de viteză f
[li·miˈta·re de viˈte·zə]

Vorfahrt gewähren!
Cedează trecerea!
[ʧeˈde̯a·zə ˈtre·ʧe·re̯a]

die Einbahnstraße
stradă cu sens unic f
[ˈstra·də ku sens ˈu·nik]

der Gegenverkehr
circulație în ambele sensuri f
[ʧir·kuˈla·ʦi·e ɨn ˈam·be·le ˈsen·surʲ]

Einbiegen nach rechts verboten
interzis a vira la dreapta
[in·terˈzis a viˈra la ˈdre̯ap·ta]

Einbiegen nach links verboten
interzis a vira la stânga
[in·terˈzis a viˈra la ˈstɨn·ga]

Wenden verboten
întoarcerea interzisă
[ɨnˈto̯ar·ʧe·re̯a in·terˈzi·sə]

die Schnee- oder Eisglätte
drum alunecos - polei, gheață, zăpadă n
[drum a·lu·neˈkos poˈlej ˈge̯a·ʦə zəˈpa·də]

DAS AUTO – MAȘINA

Autotypen – Tipuri de mașini

die Stretchlimousine
limuzină f
[li·muˈzi·nə]

das Cabrio
mașină decapotabilă f
[maˈʃi·nə de·ka·poˈta·bi·lə]

die Fließhecklimousine
berlină cu două volume f
[berˈli·nə ku ˈdo·wə voˈlu·me]

der Sportwagen
mașină sport f
[maˈʃi·nə sport]

der Kleinstwagen
minimașină f
[mi·ni·maˈʃi·nə]

der Kleinwagen
mașină mică f
[maˈʃi·nə ˈmi·kə]

der Oldtimer
mașină de epocă f
[maˈʃi·nə de ˈe·po·kə]

die Limousine
berlină f
[berˈli·nə]

der Kombiwagen
mașină break f
[maˈʃi·nə brek]

der Pick-up
Pick-up n
[pik ap]

der Kleintransporter
microbuz n
[mi·kroˈbuz]

die Klimaanlage	**climatizare** f [kli·ma·tiˈza·re]
die Sitzheizung	**încălzire pentru scaun auto** f [ɨn·kəlˈzi·re ˈpen·tru ˈska·un aˈu·to]
die Automatikschaltung	**schimbător de viteză automat** n [skim·bəˈtor de viˈte·zə a·u·toˈmat]
die Handschaltung	**schimbător de viteză manual** n [skim·bəˈtor de viˈte·zə ma·nuˈal]
die Zündung	**aprindere** f [aˈprin·de·re]
zweitürig	**cu două uși** [ku ˈdo·wə uʃʲ]
dreitürig	**cu trei uși** [ku trej uʃʲ]
viertürig	**cu patru uși** [ku ˈpa·tru uʃʲ]

der Geländewagen
mașină de teren f
[maˈʃi·nə de teˈren]

DAS AUTO – MAȘINA

Das Auto – Außenansicht – Mașina – Exteriorul mașinii

die Beifahrerseite
parte a copilotului f
[ˈpar·te a ko·piˈlo·tu·luj]

das Dach
plafon n
[plaˈfon]

die Windschutzscheibe
parbriz n
[parˈbriz]

die Fahrerseite
parte a șoferului f
[ˈpar·te a ʃoˈfe·ru·luj]

die Begrenzungsleuchte
lampă de poziție f
[ˈlam·pə de poˈzi·tsi·e]

der Rückspiegel
oglindă retrovizoare f
[oˈglin·də re·tro·viˈzo̯a·re]

die Blinkleuchte
lumină de semnalizare f
[luˈmi·nə de sem·na·liˈza·re]

das Rad
roată f
[ˈro̯a·tə]

der Scheibenwischer
ștergător de parbriz n
[ʃter·gəˈtor de parˈbriz]

der Kühlergrill
mască de radiator f
[ˈmas·kə de ra·di·aˈtor]

die Stoßstange
bară de protecție f
[ˈba·rə de proˈtek·tsi·e]

das Nummernschild
plăcuță de înmatriculare f
[pləˈku·tsə de ɨn·ma·tri·kuˈla·re]

das Markenemblem
emblemă a mărcii f
[emˈble·mə a ˈmər·tʃij]

der Nebelscheinwerfer
far de ceață n
[far de ˈtʃe̯a·tsə]

das Reifenprofil
profil al cauciucului n
[proˈfil al ka·uˈtʃju·ku·luj]

der Ölmessstab	**joјă** f [ˈʒo·ʒə]
der Luftfilter	**filtru de aer** n [ˈfil·tru de ˈa·jer]
der Bremsflüssigkeitsbehälter	**rezervor pentru lichid de frână** n [re·zerˈvor ˈpen·tru liˈkid de ˈfrɨ·nə]
die Antenne	**antenă** f [anˈte·nə]
die Radaufhängung	**suspensie a roții** f [susˈpen·si·e a ˈro·tsij]
das Abblendlicht	**fază de întâlnire** f [ˈfa·zə de ɨn·tɨlˈni·re]
das Fernlicht	**fază de drum** f [ˈfa·zə de drum]

DAS AUTO - MAȘINA

Das Auto - Außenansicht - Mașina - Exteriorul mașinii

① *der Seitenspiegel*
oglindă laterală f
[o'glin·də la·te'ra·lə]

② *die B-Säule*
stâlpul B m
['stil·pul be]

③ *der Kofferraum*
portbagaj n
[port·ba'gaʒ]

④ *die Heckscheibe*
lunetă f
[lu'ne·tə]

⑤ *die Motorhaube*
capotă f
[ka'po·tə]

⑥ *das Seitenfenster*
geam lateral n
[ʤe̯am la·te'ral]

⑦ *die Autotür*
portieră f
[por·ti'e·rə]

⑧ *die Radkappe*
capac de roată n
[ka'pak de 'ro̯a·tə]

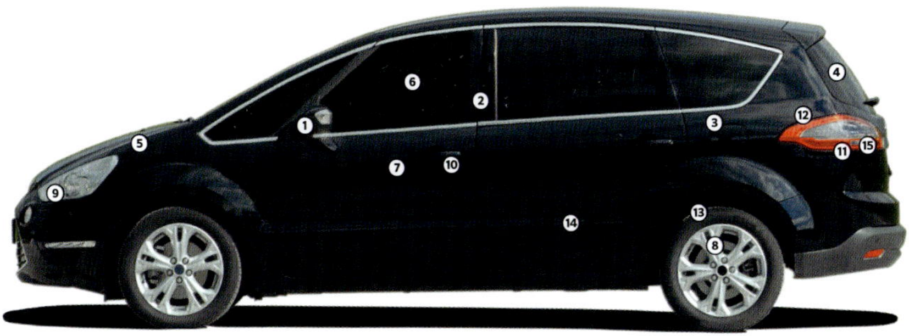

⑨ *der Scheinwerfer*
far n
[far]

⑩ *der Türgriff*
mâner n
[mɨ'ner]

⑪ *die Bremsleuchte*
lumină de frână f
[lu'mi·nə de 'frɨ·nə]

⑫ *die Rückleuchte*
stop n
[stop]

⑬ *der Reifen*
cauciuc n
[ka·u'ʧjuk]

⑭ *die Seitenschutzleiste*
bară de protecție laterală f
['ba·rə de pro'tek·tsi·e la·te'ra·lə]

⑮ *der Rückfahrscheinwerfer*
lumină de marșarier f
[lu'mi·nə de mar·ʃa·ri'er]

der Motor	**motor** n [mo'tor]
der Benzintank	**rezervor de benzină** n [re·zer'vor de ben'zi·nə]
das Getriebe	**cutie de viteză** n [ku'ti·e de vi'te·zə]
der Kühler	**radiator** n [ra·di·a'tor]
der Ventilator	**ventilator** n [ven·ti·la'tor]
die Batterie	**baterie** f [ba·te'ri·e]
der Auspufftopf	**tobă de eșapament** f ['to·bə de e·ʃa·pa'ment]
das Auspuffrohr	**țeavă de eșapament** f ['tse̯a·və de e·ʃa·pa'ment]

die Felge
jantă f
['ʒan·tə]

DAS AUTO - MAȘINA

Das Auto - Innenausstattung - Mașina - Interiorul mașinii

① *der Seitenspiegel*
oglindă laterală f
[o'glin·də la·te'ra·lə]

② *das Lenkrad*
volan n
[vo'lan]

③ *das Armaturenbrett*
tablou de bord n
[ta'blow de bord]

④ *der Türöffner*
mâner de deschidere a portierei n [mɨ'ner de des'ki·de·re a por·ti'e·rej]

⑤ *der Fahrersitz*
scaun al șoferului n
['ska·un al ʃo'fe·ru·luj]

⑥ *die Mittelkonsole*
consolă centrală f
[kon'so·lə tʃen'tra·lə]

⑦ *die Handbremse*
frână de mână f
['frɨ·nə de 'mɨ·nə]

⑧ *der Heizungsregler*
regulator de temperatură n [re·gu·la'tor de tem·pe·ra'tu·rə]

⑨ *das Handschuhfach*
torpedou n
[tor·pe'dow]

⑩ *der Schalthebel*
schimbător de viteză n
[skim·bə'tor de vi'te·zə]

⑪ *der Beifahrersitz*
scaun al copilotului n
['ska·un al ko·pi'lo·tu·luj]

der Warnblinkschalter
buton de avarii n
[bu'ton de a'va·rij]

die Stereoanlage
sistem stereo n
[sis'tem 'ste·reo]

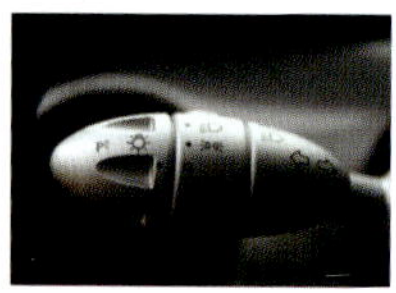

der Blinkerhebel
manetă pentru semnalizare f
[ma'ne·tə 'pen·tru sem·na·li'za·re]

der Zigaretten-anzünder
brichetă f
[bri'ke·tə]

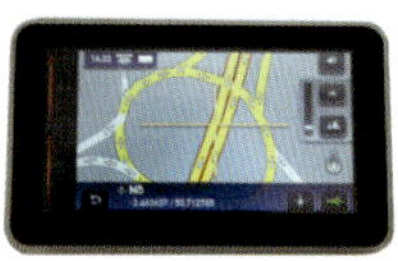

das Navigationsgerät
aparat de navigație n
[a·pa'rat de na·vi'ga·tsi·e]

die Fußstütze	**suport pentru picioare** n [su'port 'pen·tru pi'tʃjo̯a·re]
das Kupplungspedal	**pedală de ambreiaj** f [pe'da·lə de am·bre'jaʒ]
das Bremspedal	**pedală de frână** f [pe'da·lə de 'frɨ·nə]
das Gaspedal	**pedală de accelerație** f [pe'da·lə de ak·tʃe·le'ra·tsi·e]
der Sicherheitsgurt	**centură de siguranță** f [tʃen'tu·rə de si·gu'ran·tsə]
die Kopfstütze	**tetieră** f [te·ti'e·rə]
der Airbag	**airbag** n ['er·beg]
die Hupe	**claxon** n [kla'kson]

DAS AUTO – MAȘINA

Die Tankstelle – Benzinăria

die Preisanzeige
afișaj al prețului n
[a·fi'ʃaʒ al 'pre·tsu·luj]

die Literanzeige
afișaj al litrilor n
[a·fi'ʃaʒ al 'li·tri·lor]

der Feuerlöscher
extinctor n
[eks·tink'tor]

die Zapfsäule
pompă f
['pom·pə]

das Reifenfüllgerät
compresor n
[kom·pre'sor]

das Rauchverbot
interdicție de fumat f
[in·ter'dik·tsi·e de fu'mat]

das Benzin
benzină f
[ben'zi·nə]

der Diesel
motorină f
[mo·to'ri·nə]

bleifrei
fără plumb
['fə·rə plumb]

verbleit
cu plumb
[ku plumb]

der Zapfschlauch
furtun de alimentare n
[fur'tun de a·li·men'ta·re]

die Zapfpistole
pistol de alimentare n
[pis'tol de a·li·men'ta·re]

der Tankdeckel
capac pentru rezervor n
[ka'pak 'pen·tru re·zer'vor]

der Wagenheber
cric n
[krik]

(das) Öl wechseln	**a schimba uleiul** [a skim'ba u'le·jul]
der Reifendruck	**presiune a anvelopelor** f [pre·si'u·ne a an·ve'lo·pe·lor]
der Keilriemen	**curea de transmisie trapezoidală** f [ku'rea de trans'mi·si·e tra·pe·zo·i'da·lə]
die Lichtmaschine	**alternator** n [al·ter·na'tor]
der Sommerreifen	**anvelopă de vară** f [an·ve'lo·pə de 'va·rə]
der Winterreifen	**anvelopă de iarnă** f [an·ve'lo·pə de 'jar·nə]
der Allwetterreifen	**anvelopă universală** f [an·ve'lo·pə u·ni·ver'sa·lə]
die Schneekette	**lanț antiderapant** n [lants an·ti·de·ra'pant]

tanken
a alimenta cu combustibil
[a a·li·me'ta ku kom·bus'ti·bil]

DAS AUTO – MAȘINA

Die Tankstelle – Benzinăria

① *die Tankanzeige*
indicator al nivelului de carburant n
[in·di·ka'tor al ni've·lu·luj de kar·bu'rant]

② *die Tankleuchte*
lumină de control pentru rezervor f
[lu'mi·nə de kon'trol 'pen·tru re·zer'vor]

③ *der/das Tachometer*
tahometru n [ta·ho'me·tru]

④ *die Geschwindigkeit*
viteză f [vi'te·zə]

⑤ *der Kilometerstand*
kilometraj n [ki·lo·me'traʒ]

⑥ *der Drehzahlmesser*
turometru n
[tu·ro'me·tru]

⑦ *die Kühlmitteltemperaturanzeige*
afișaj al temperaturii lichidului din radiator n
[a·fi'ʃaʒ al tem·pe·ra'tu·rij li'ki·du·luj din ra·di·a'tor]

den Reifen wechseln
a schimba un cauciuc
[a skim'ba un ka·u'tʃjuk]

der Radmutternschlüssel
manivelă f
[ma·ni've·lə]

das Reserverad
roată de rezervă f
['ro̯a·tə de re'zer·və]

die Reifenpanne
pană de cauciuc f
['pa·nə de ka·u'tʃjuk]

der Verkehrsunfall	**accident de circulație** n [ak·tʃi'dent de tʃir·ku'la·tsi·e]
Ich habe eine Panne.	**Eu am o pană.** [jeu am o 'pa·nə]
Könnten Sie bitte den Pannendienst anrufen?	**Ați putea să sunați la asistența rutieră, vă rog?** [atsʲ 'pu·te̯a sə su'natsʲ la a·sis'ten·tsa ru·ti'e·rə və rog]
Der Motor springt nicht an.	**Nu pornește motorul.** [nu por'neʃ·te mo'to·rul]
das Starthilfekabel	**cablu de alimentare** n ['ka·blu de a·li·men'ta·re]
Könnten Sie mir Starthilfe geben?	**Ați putea să-mi dați curent?** [atsʲ 'pu·te̯a səmʲ datsʲ ku'rent]
der Ersatzreifen	**roată de rezervă** f ['ro̯a·tə de re'zer·və]
Könnten Sie mir beim Reifenwechseln helfen?	**Ați putea să mă ajutați să schimb cauciucul?** [atsʲ 'pu·te̯a sə mə a·ʒu'tatsʲ sə skimb ka·u'tʃju·kul]

DER BUS – AUTOBUZUL

der Doppeldecker
autobuz supraetajat n
[a·u·to'buz su·pra·e·ta'ʒat]

die Liniennummer
numărul rutei n
['nu·mə·rul 'ru·tej]

das Fahrziel
destinație f
[des·ti'na·tsi·e]

der Reisebus
autocar n
[a·u·to'kar]

die Automatiktür
ușă automată f
['u·ʃə a·u·to'ma·tə]

der Gepäckraum
compartiment de bagaje n
[kom·par·ti'ment de ba'ga·ʒe]

die Bushaltestelle
stație de autobuz f
['sta·tsi·e de a·u·to'buz]

der Fahrplan
orar n
[o'rar]

das Wartehäuschen
refugiu n
[re'fu·ʤju]

der Schulbus
autobuz școlar n
[a·u·to'buz ʃko'lar]

der Halteknopf
buton de solicitare a opririi în stație n
[bu'ton de so·li·ʧi'ta·re a o'pri·rij ɨn 'sta·tsi·e]

der Niederflurbus	**autobuz cu podeaua la nivelul trotuarului** n [a·u·to'buz ku po'dea·wa la ni've·lul tro'twa·ru·luj]
der Busbahnhof	**autogară** f [a·u·to'ga·rə]
der Linienbus	**cursă** f ['kur·sə]
die Monatskarte	**abonament lunar** n [a·bo·na'ment lu'nar]
der Fahrpreis	**preț al biletului** n [prets al bi'le·tu·luj]
die Fahrkarte	**bilet de călătorie** n [bi'let de kə·lə·to'ri·e]
der Fahrkartenautomat	**automat de bilete** n [a·u·to'mat de bi'le·te]

die Halteschlaufe
mâner n
[mɨ'ner]

DAS MOTORRAD – MOTOCICLETA

die Rennmaschine
motocicletă de curse f
[mo·to·ʧi'kle·tə de 'kur·se]

das Cockpit
bord n
[bord]

der Kupplungshebel
ambreiaj n
[am·bre'jaʒ]

der Lenkergriff
ghidon n
[gi'don]

der Fahrersitz
șa anterioară f
[ʃa an·te·ri'o̯a·rə]

der Rückspiegel
oglindă retrovizoare f
[o'glin·də re·tro·vi'zo̯a·re]

der Soziussitz
șa posterioară f
[ʃa pos·te·ri'o̯a·rə]

das Schutzblech
apărătoare de noroi f
[a·pə·rə'to̯a·re de no'roj]

der Seitenständer
suport articulat lateral n
[su'port ar·ti·ku'lat la·te'ral]

die Fußraste
suport pentru picioare n
[su'port 'pen·tru pi'ʧo̯a·re]

die Rückleuchte
stop n
[stop]

das Getriebe
cutie de viteză f
[ku'ti·e de vi'te·zə]

der Fußschalthebel
pedală a schimbătorului de viteză f [pe'da·lə a skim·bə'to·ru·luj de vi'te·zə]

die Radaufhängung
suspensie a roții f
[sus'pen·si·e a 'ro·tsij]

der Motorroller
scuter n
['sku·ter]

das Quad
ATV n
[a te ve]

das Geländemotorrad
motocicletă de cros f
[mo·to·ʧi'kle·tə de kros]

der Chopper
motocicletă chopper f
[mo·to·ʧi'kle·tə 'ʧo·pər]

DAS MOTORRAD – MOTOCICLETA

der Motorradhelm
cască f
[ˈkas·kə]

die Lederjacke
geacă de piele f
[ˈʤe̯a·kə de ˈpje·le]

die Motorradkombi
costum de motociclist n
[kosˈtum de mo·to·ʧiˈklist]

der Lederhandschuh
mănușă de piele f
[məˈnu·ʃə de ˈpje·le]

das Visier
vizieră f
[vi·ziˈe·rə]

der Lufteinlass
orificiu de ventilare n
[o·riˈfi·ʧju de ven·tiˈla·re]

der Reflektorstreifen
bandă reflectorizantă f
[ˈban·də re·flek·to·riˈzan·tə]

der/das Tachometer
tahometru n
[ta·hoˈme·tru]

der Lenker
ghidon n
[giˈdon]

der Tankdeckel
capac de rezervor n
[kaˈpak de re·zerˈvor]

der Benzintank
rezervor de benzină n
[re·zerˈvor de benˈzi·nə]

der Blinker
semnalizator de direcție n
[sem·na·li·zaˈtor de diˈrek·tsi·e]

der Bremshebel für die Vorderradbremse
levier al frânei din față n
[le·viˈer al ˈfri·nej din ˈfa·tsə]

der Gasdrehgriff
manșon de comandă pentru accelerație n
[manˈʃon de koˈman·də ˈpen·tru ak·ʧe·leˈra·tsi·e]

das Motorradgespann
motocicletă cu ataș f
[mo·to·ʧiˈkle·tə ku aˈtaʃ]

der Tourer
motocicletă touring f
[mo·to·ʧiˈkle·tə ˈtu·ring]

der Beiwagen
ataș n
[aˈtaʃ]

DAS FAHRRAD – BICICLETA

die Felgenbremse
frână f
[ˈfrɨ·nə]

der Sattel
șa f
[ʃa]

die Sattelstütze
ax port-șa n
[aks port ʃa]

der Lenker
ghidon n
[giˈdon]

der Fahrradkorb
coș n
[koʃ]

der Gepäckträger
portbagaj n
[port·baˈgaʒ]

die Gabel
furcă f
[ˈfur·kə]

das Hinterrad
roată din spate f
[ˈro̯a·tə din ˈspa·te]

der Reifen
cauciuc n
[ka·uˈtʃjuk]

die Felge
jantă f
[ˈʒan·tə]

das Vorderrad
roată din față f
[ˈro̯a·tə din ˈfa·tsə]

die Speiche
spiță f
[ˈspi·tsə]

der Reflektor
catadioptru n
[ka·ta·diˈop·tru]

der Kettenschutz
apărătoare pentru lanț f
[a·pə·rəˈto̯a·re ˈpen·tru lants]

die Kette
lanț n
[lants]

das Pedal
pedală f
[peˈda·lə]

das Zahnrad
roată dințată f
[ˈro̯a·tə dinˈtsa·tə]

das Schutzblech
apărătoare de noroi f
[a·pə·rəˈto̯a·re de noˈroj]

der Schalthebel	**schimbător de viteză** n [skim·bəˈtor de viˈte·zə]
der Bremshebel	**levier al frânei** n [le·viˈer al ˈfrɨ·nej]
die Luftpumpe	**pompă** f [ˈpom·pə]
der Fahrradhelm	**cască pentru bicicletă** f [ˈkas·kə ˈpen·tru bi·tʃiˈkle·tə]
der Dynamo	**dinam** n [diˈnam]
in die Pedale treten	**a pedala** [a pe·daˈla]
bremsen	**a frâna** [a frɨˈna]
in einen höheren/niedrigeren Gang schalten	**a schimba într-o viteză mai mare/mică** [a skimˈba ˈɨn·tro viˈte·zə maj ˈma·re/ˈmi·kə]
Radfahren lernen	**a învăța să mergi cu bicicleta** [a ɨn·vəˈtsa sə merdʒʲ ku bi·tʃiˈkle·ta]
einen Fahrradschlauch flicken	**a petici o cameră de bicicletă** [a pe·tiˈtʃi o ˈka·me·rə de bi·tʃiˈkle·tə]

DAS FAHRRAD – BICICLETA

der Kindersitz
scaun pentru copil n
[ˈska·un ˈpen·tru koˈpil]

das Einrad
monociclu n
[mo·noˈʧi·klu]

das Tandem
tandem n
[tanˈdem]

das BMX-Rad
bicicletă de sărituri f
[bi·ʧiˈkle·tə de sə·riˈtu·rʲ]

das Rennrad
bicicletă de ciclism f
[bi·ʧiˈkle·tə de ʧiˈklism]

das Tourenfahrrad
bicicletă de cicloturism f
[bi·ʧiˈkle·tə de ʧi·klo·tuˈrism]

das Mountainbike
bicicletă de teren f
[bi·ʧiˈkle·tə de teˈren]

das Elektrofahrrad
bicicletă electrică f
[bi·ʧiˈkle·tə eˈlek·tri·kə]

das Liegerad
bicicletă orizontală f
[bi·ʧiˈkle·tə o·ri·zonˈta·lə]

das Dreirad
tricicletă f
[tri·ʧiˈkle·tə]

das Fahrradschloss
lacăt pentru bicicletă n
[ˈla·kət ˈpen·tru bi·ʧiˈkle·tə]

das Flickzeug
trusă pentru reparat pene de cauciuc f
[ˈtru·sə ˈpen·tru re·paˈrat ˈpe·ne de ka·uˈʧjuk]

das Leihfahrrad
bicicletă de închiriat f
[bi·ʧiˈkle·tə de ɨn·ki·riˈat]

der Kinderanhänger
remorcă de bicicletă pentru copii f [reˈmor·kə de bi·ʧiˈkle·tə ˈpen·tru koˈpij]

die Satteltasche
geantă dublă pentru bicicletă f [ˈʤe̯an·tə ˈdu·blə ˈpen·tru bi·ʧiˈkle·tə]

der Fahrradständer
rastel pentru biciclete n
[rasˈtel ˈpen·tru bi·ʧiˈkle·te]

DAS LASTKRAFTFAHRZEUG – CAMIONUL

der Sattelschlepper
tractor rutier n
[trak'tor ru·ti'er]

die Kühlerhaube
capotă f
[ka'po·tə]

der Kühlergrill
mască de radiator f
['mas·kə de ra·di·a'tor]

der Scheinwerfer
far n
[far]

das Auspuffrohr
țeavă de eșapament f
['tse̯a·və de e·ʃa·pa'ment]

die Schlafkabine
cabină de dormit f
[ka'bi·nə de dor'mit]

das Lufthorn
claxon n
[kla'kson]

der Stauraum
spațiu de dpozitare n
['spa·tsju de de·po·zi'ta·re]

der Stoßfänger
bară de protecție f
['ba·rə de pro'tek·tsi·e]

die Windschutzscheibe
parbriz n
[par'briz]

die Trittstufe
scară f
['ska·rə]

der Kraftstofftank
rezervor de combustibil n
[re·zer'vor de kom·bus'ti·bil]

der Autotransporter
transportor auto cu platformă n
[trans·por'tor a'u·to ku plat'for·mə]

die Schneefräse
autofreză de deszăpezire f
[a·u·to'fre·zə de des·zə·pe'zi·re]

die Straßenkehrmaschine
mașină de măturat strada f
[ma'ʃi·nə de mə·tu'rat 'stra·da]

der Müllwagen
mașină de gunoi f
[ma'ʃi·nə de gu'noj]

der Tankwagen
cisternă f
[tʃis'ter·nə]

der Sattelzug
autotren articulat n
[a·u·to'tren ar·ti·ku'lat]

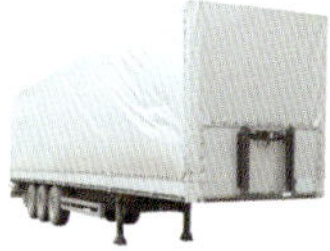

der Auflieger
semiremorcă f
[se·mi·re'mor·kə]

der Flachbettauflieger
trailer n
['traj·ler]

WEITERE FAHRZEUGE – ALTE VEHICULE

der Bagger
excavator n
[eks·ka·vaˈtor]

der Radlader
tractor cu încărcător frontal n [trakˈtor ku ɨn·kər·kəˈtor fronˈtal]

der Betonmischer
autobetonieră f
[a·u·to·be·to·niˈe·rə]

der Kipper
autobasculantă f
[a·u·to·bas·kuˈlan·tə]

der Wohnwagen
rulotă f
[ruˈlo·tə]

das Wohnmobil
autorulotă f
[a·u·to·ruˈlo·tə]

der Gabelstapler
motostivuitor n
[mo·to·sti·vu·iˈtor]

das Feuerwehrfahrzeug
mașină de pompieri f
[maˈʃi·nə de pom·piˈerʲ]

der Anhänger
remorcă f
[reˈmor·kə]

der Traktor
tractor n
[trakˈtor]

der Polizeiwagen
mașină de poliție f
[maˈʃi·nə de poˈli·tsi·e]

das Taxi
taxi n
[taˈksi]

der Abschleppwagen
platformă auto de depanare f [platˈfor·mə aˈu·to de de·paˈna·re]

der Fahrzeugkran
automacara f
[a·u·to·ma·kaˈra]

der Taxistand
stație de taxiuri f
[ˈsta·tsi·e de taˈksi·urʲ]

ein Taxi herbeiwinken
a face semn la un taxi
[a ˈfa·ʧe semn la un taˈksi]

DER ZUG – TRENUL

der Zug
tren n
[tren]

der Führerstand
cabină a mecanicului de locomotivă f
[ka'bi·nə a me'ka·ni·ku·luj de lo·ko·mo'ti·və]

die Schiene
șină f
['ʃi·nə]

der Waggon
vagon n
[va'gon]

das Kleinabteil
compartiment n
[kom·par·ti'ment]

die Gepäckablage
spațiu pentru bagaje n
['spa·tsju 'pen·tru ba'ga·ʒe]

die Armlehne
cotieră f
[ko·ti'e·rə]

der Sitz
loc n
[lok]

die Kopflehne
tetieră f
[te·ti'e·rə]

der Güterzug
tren de marfă n
[tren de 'mar·fə]

die Straßenbahn
tramvai n
[tram'vaj]

die U-Bahn
metrou n
[me'trow]

die Einschienenbahn
tren monoșină n
[tren mo·no'ʃi·nə]

die Dampflok
locomotivă cu aburi f
[lo·ko·mo'ti·və ku 'a·bur^j]

der Hochgeschwindigkeitszug	**tren de mare viteză** n [tren de 'ma·re vi'te·zə]
das Großraumabteil	**vagon necompartimentat** n [va'gon ne·kom·par·ti·men'tat]
die Oberleitung	**linie electrică** f ['li·ni·e e'lek·tri·kə]
die erste Klasse	**clasă întâi** f ['kla·sa ɨn'tɨj]
die zweite Klasse	**clasă a doua** f ['kla·sa a 'do·wa]
der Klapptisch	**măsuță rabatabilă** f [mə'su·tsə ra·ba'ta·bi·lə]
der Triebwagen	**(tren) automotor** n [(tren) a·u·to·mo'tor]
die Sitzplatzreservierung	**rezervare de loc** f [re·zer'va·re de lok]

DER ZUG – TRENUL

Am Bahnhof – La gară

der Bahnsteig
peron n
[peˈron]

einsteigen
a urca
[a urˈka]

aussteigen
a coborî
[a ko·boˈrɨ]

das Geländer
balustradă f
[ba·luˈstra·də]

die Gleisnummer
numărul liniei n
[ˈnu·mə·rul ˈli·ni·ej]

der Wegweiser
indicator n
[in·di·kaˈtor]

der Reisende
călător m
[kə·ləˈtor]

die Rolltreppe
scară rulantă f
[ˈska·rə ruˈlan·tə]

die Bahnhofshalle
holul gării n
[ˈho·lul ˈgə·rij]

der Fahrkartenschalter
ghișeu de bilete n
[giˈʃew de biˈle·te]

der Fahrkarten-automat
automat de bilete n
[a·u·toˈmat de biˈle·te]

die Schaffnerin
controloare f
[kon·troˈlo̯a·re]

die Verspätung	**întârziere** f [ɨn·tɨr·ziˈe·re]
pünktlich	**punctual** [punk·tuˈal]
umsteigen	**a schimba** [a skimˈba]
das Schienennetz	**rețea feroviară** f [reˈtse̯a fe·ro·viˈa·rə]
Eine einfache Fahrt nach ..., bitte.	**Un bilet simplu spre ..., vă rog.** [un biˈlet ˈsim·plu spre… və rog]
hin und zurück	**dus-întors** [dus ɨnˈtors]
Ist dieser Platz noch frei?	**E liber locul acesta?** [je ˈli·ber ˈlo·kul aˈtʃes·ta]

der Kofferkuli
cărucior de bagaje n
[kə·ruˈtʃjor de baˈga·ʒe]

DAS FLUGZEUG – AVIONUL

das Verkehrsflugzeug
avion de pasageri n
[a·vi'on de pa·sa'ʤerʲ]

das Fenster
hublou n
[hu'blow]

der Rumpf
fuzelaj n
[fu·ze'laʒ]

der Bug
bot n
[bot]

das Heck
coadă a avionului f
['ko̯a·də a a·vi'o·nu·luj]

die Tragfläche
aripă f
['a·ri·pə]

die Flugzeugtür
ușă de acces f
['u·ʃə de ak'ʧes]

das Seitenleitwerk
ampenaj vertical n
[am·pe'naj ver·ti'kal]

der Gepäckraum
cală de bagaje f
['ka·lə de ba'ga·ʒe]

das Fahrwerk
tren de aterizare principal n
[tren de a·te·ri'za·re prin·ʧi'pal]

das Cockpit
cabină de pilotaj f
[ka'bi·nə de pi·lo'taʒ]

das Höhenleitwerk
ampenaj orizontal n
[am·pe'naj o·ri·zon'tal]

das Querruder
flaps n
[flaps]

das Triebwerk
motor propulsor n
[mo'tor pro·pul'sor]

das Bugfahrwerk
tren de aterizare anterior n
[tren de a·te·ri'za·re an·te·ri'or]

der Windsack
mânecă de vânt f
['mɨ·ne·kə de vɨnt]

Ihr Flug ist jetzt zum Einsteigen bereit.	**Zborul dumneavoastră e pregătit pentru îmbarcare.** ['zbo·rul dum·ne̯a'vo̯a·strə e pre·gə'tit 'pen·tru ɨm·bar'ka·re]
die Fluggesellschaft	**companie aeriană** f [kom·pa'ni·e a·e·ri'a·nə]
der Flugsicherungsdienst	**control al traficului aerian** n [kon'trol al 'tra·fi·ku·luj a·e·ri'an]
der Pilot	**pilot** m [pi'lot]
die Pilotin	**pilot** m [pi'lot]
die erste Klasse	**clasă întâi** f ['kla·sə ɨn'tɨj]
die Businessklasse	**clasă business** f ['kla·sə 'biz·nis]
die Economyklasse	**clasă economică** f ['kla·sə e·ko'no·mi·kə]

DAS FLUGZEUG – AVIONUL

Im Flugzeug – În avion

die Sicherheitsanweisung
instrucțiune de siguranță f
[in·struk·tsiˈu·ne de si·guˈran·tsə]

die Flugbegleiterin
însoțitoare de bord f
[in·so·tsiˈto̯a·re de bord]

der Sitzplatz
loc n
[lok]

das Gepäckfach
compartiment de bagaje n
[kom·par·tiˈment de baˈga·ʒe]

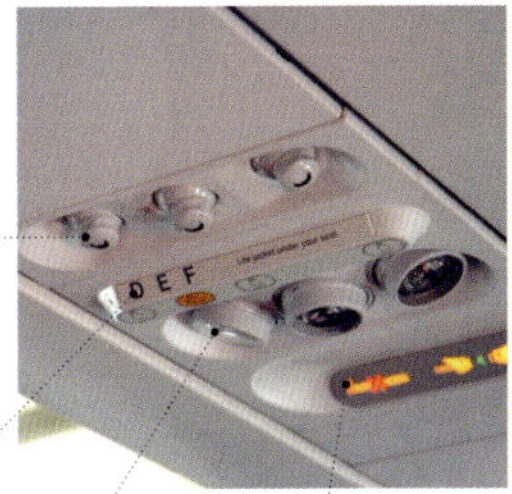

die Luftdüse
duză de ventilație f
[ˈdu·zə de ven·tiˈla·tsi·e]

die Sitznummer
număr de loc n
[ˈnu·mər de lok]

der Nichtraucherflug
zbor pentru nefumători n
[zbor ˈpen·tru ne·fu·məˈtorʲ]

die Leselampe
lampă de lectură f
[ˈlam·pə de lekˈtu·rə]

das Handgepäck
bagaj de mână n
[baˈgaʒ de ˈmɨ·nə]

der Gang
culoar n
[kuˈlo̯ar]

der Notausgang
ieșire de urgență f
[jeˈʃi·re de urˈʤen·tsə]

der Sitzabstand
spațiu dintre scaune n
[ˈspa·tsju ˈdin·tre skaˈu·ne]

die Sitzreihe	**rând** n [rɨnd]
der Sicherheitsgurt	**centură de siguranță** f [ʧenˈtu·rə de si·guˈran·tsə]
sich anschnallen	**a-și pune centura de siguranță** [aʃʲ ˈpu·ne ʧenˈtu·ra de si·guˈran·tsə]
die Start- und Landebahn	**pistă de decolare și aterizare** f [ˈpis·tə de de·koˈla·re ʃi a·te·riˈza·re]
fliegen	**a zbura** [a zbuˈra]
starten	**a decola** [a de·koˈla]
landen	**a ateriza** [a a·te·riˈza]
die Turbulenzen	**turbulență** f [tur·buˈlen·tsə]
die Notlandung	**aterizare de urgență** f [a·te·riˈza·re de urˈʤen·tsə]
die Sauerstoffmaske	**mască de oxigen** f [ˈmas·kə de o·ksiˈʤen]

der Bildschirm für das Bordprogramm
monitor pentru programul de bord n
[mo·niˈtor ˈpen·tru proˈgra·mul de bord]

DAS FLUGZEUG – AVIONUL

Am Flughafen – La aeroport

der Check-in-Automat
automat pentru check-in n
[a·u·toˈmat ˈpen·tru ʧek in]

der Check-in-Schalter
ghișeu de check-in n
[giˈʃew de ʧek in]

die Bordkarte
tichet de îmbarcare n
[tiˈket de ɨm·barˈka·re]

der Reisepass
pașaport n
[pa·ʃaˈport]

die Ankunft
sosire f
[soˈsi·re]

der Abflug
plecare f
[pleˈka·re]

das Terminal
terminal n
[ter·miˈnal]

der Zoll
vamă f
[ˈva·mə]

die Sicherheits-kontrolle
control de securitate n
[konˈtrol de se·ku·riˈta·te]

die Ticketkontrolle
control de bilet n
[konˈtrol de biˈlet]

der Duty-free-Laden
magazin duty-free n
[ma·gaˈzin ˈdju·ti fri]

die Fluggasttreppe
scară pentru pasageri f
[ˈska·rə ˈpen·tru pa·saˈʤerʲ]

der Flugsteig
poartă f
[ˈpo̯ar·tə]

die Fluggastbrücke
tunel de îmbarcare și debarcare n [tuˈnel de ɨm·barˈka·re ʃi de·barˈka·re]

der Kontrollturm
turn de control n
[turn de konˈtrol]

der Fluglotse
controlor de trafic aerian m
[kon·troˈlor de ˈtra·fik a·e·riˈan]

DAS FLUGZEUG – AVIONUL

Am Flughafen – La aeroport

① *die Anzeigetafel*
tabelă (electronică) de informație f
[taˈbe·lə (e·lekˈtro·ni·kə) de in·forˈma·tsi·e]

② *das Reiseziel*
destinație f
[des·tiˈna·tsi·e]

der Langstreckenflug
zbor lung-curier n
[zbor lung ku·riˈer]

der Auslandsflug
zbor extern n
[zbor eksˈtern]

der Inlandsflug
zbor intern n
[zbor inˈtern]

der Rollkoffer
geamantan cu roți n
[ʤe̯a·manˈtan ku rotsʲ]

das Übergepäck
excedent de bagaj n
[eks·ʧeˈdent de baˈgaʒ]

das Gepäckband
bandă transportoare pentru bagaje f
[ˈban·də trans·porˈto̯a·re ˈpen·tru baˈga·ʒe]

der Fahrsteig
covor rulant n
[koˈvor ruˈlant]

die Zwischenlandung	**escală** f [esˈka·lə]
einen Flug buchen	**a rezerva un zbor** [a re·zerˈva un zbor]
der/das Online-Check-in	**check-in online** n [ʧek in onˈlajn]
die Buchungsnummer	**număr de rezervare** n [ˈnu·mər de re·zerˈva·re]
das Visum	**viză** f [ˈvi·zə]
die Gepäckkontrolle	**control de bagaj** n [konˈtrol de baˈgaʒ]
der Währungsumtausch	**schimb valutar** n [skimb va·luˈtar]

der Rucksack
rucsac n
[ˈruk·sak]

DAS SCHIFF – VAPORUL

das Kreuzfahrtschiff
navă de croazieră f
[ˈna·və de kroa·ziˈe·rə]

die Radarantenne
antenă radar f
[anˈte·nə ˈra·dar]

das Deck
punte f
[ˈpun·te]

die Kabine
cabină f
[kaˈbi·nə]

der Schornstein
coş n
[koʃ]

die Funkantenne
antenă radio f
[anˈte·nə ˈra·di·o]

die Backbordseite
babord n
[baˈbord]

der Rumpf
cocă f
[ˈko·kə]

das Bullauge
hublou n
[huˈblow]

die Steuerbordseite
tribord n
[triˈbord]

der Bug
proră f
[ˈpro·rə]

das Rettungsboot
barcă de salvare f
[ˈbar·kə de salˈva·re]

der Bugwulst
etravă bulb f
[eˈtra·və bulb]

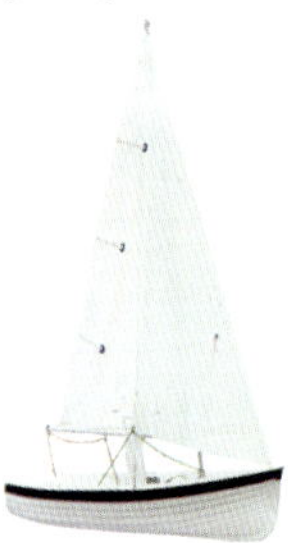

das Segelboot
barcă cu vele f
[ˈbar·kə ku ˈve·le]

die Motorjacht
iaht n
[jaht]

das Motorboot
barcă cu motor f
[ˈbar·kə ku moˈtor]

der Katamaran
catamaran n
[ka·ta·maˈran]

DAS SCHIFF – VAPORUL

Der Hafen – Portul

der Containerhafen
terminal de containere n
[ter·mi'nal de kon'taj·ne·re]

das Containerlager
depozit de containere n
[de'po·zit de kon'taj·ne·re]

die Fracht
încărcătură f
[ɨn·kər·kə'tu·rə]

der Kai
chei n
[kjej]

der Kran
macara f
[ma·ka'ra]

das Containerschiff
navă port-container f
['na·və port kon'taj·ner]

der Leuchtturm
far n
[far]

die Vertäuung
amarare f
[a·ma'ra·re]

der Poller
bolard m
[bo'lard]

die Boje
geamandură f
[ʤe̯a·man'du·rə]

den Anker werfen/lichten	**a coborâ/ridica ancora** [a ko·bo'rɨ/ri·di'ka 'an·ko·ra]
die Küstenwache	**gardă de coastă** f ['gar·də de ko̯as·tə]
anlegen	**a ancora** [a an·ko'ra]
auslaufen	**a ieși în larg** [a je'ʃi ɨn larg]
an Bord gehen	**a se îmbarca** [a se ɨm·bar'ka]
von Bord gehen	**a debarca** [a de·bar'ka]
der Landungssteg	**ponton** n [pon'ton]
das U-Boot	**submarin** n [sub·ma'rin]

die Fähre
feribot n
[fe·ri'bot]

IN DER STADT

ÎN ORAȘ

DIE INNENSTADT – CENTRUL ORAȘULUI

die Vorstadt
suburbie f
[sub·ur'bi·e]

die Brücke
pod n
[pod]

der Fluss
râu n
[rɨw]

die Straße
stradă f
['stra·də]

das Geschäftsviertel
zonă comercială f
['zo·nə ko·mer·tʃi'a·lə]

der Fernsehturm
turn de televiziune n
[turn de te·le·vi·zi'u·ne]

der Wohnblock
bloc n
[blok]

der Dom
dom n
[dom]

der Gehweg
trotuar n
[tro'twar]

die Altstadt
orașul vechi n
[o'ra·ʃul vek']

der Turm
turn n
[turn]

die Straßenbeleuchtung
iluminare stradală f
[i·lu·mi'na·re stra'da·lə]

die Seitenstraße
stradă laterală f
['stra·də la·te'ra·lə]

der Boulevard
bulevard n
[bu·le'vard]

die Treppe
scări pl
[skər']

die Gasse
străduță f
[strə'du·tsə]

DIE INNENSTADT – CENTRUL ORAȘULUI

der Park
parc n
[park]

der Kanal
canal n
[kaˈnal]

das Ausgehviertel
zonă de localuri și divertisment f
[ˈzo·nə de loˈka·lurʲ ʃi di·ver·tisˈment]

der Platz
piață f
[ˈpja·tsə]

das Einkaufsviertel
zonă comercială f
[ˈzo·nə ko·mer·tʃiˈa·lə]

das Industriegebiet
zonă industrială f
[ˈzo·nə in·dus·triˈa·lə]

das Wohngebiet
zonă rezidențială f
[ˈzo·nə re·zi·den·tsiˈa·lə]

das Rathaus
primărie f
[pri·məˈri·e]

die Universität
universitate f
[u·ni·ver·siˈta·te]

die Schule
școală f
[ˈʃko̯a·lə]

die Post
poștă f
[ˈpoʃ·tə]

die Feuerwache
remiză de pompieri f
[reˈmi·zə de pom·piˈerʲ]

die Polizeiwache
sediu al poliției n
[ˈse·dju al poˈli·tsi·ej]

das Krankenhaus
spital n
[spiˈtal]

die Bibliothek
bibliotecă f
[bi·bli·oˈte·kə]

das Gerichtsgebäude
judecătorie f
[ʒu·de·kə·toˈri·e]

DIE INNENSTADT – CENTRUL ORAȘULUI

Gebäude in der Innenstadt – Clădiri în centrul orașului

der Wolkenkratzer
zgârie-nori m
[ˈzgɨ·ri·e norʲ]

die Burg
cetate f
[ʧeˈta·te]

das Schloss
castel n
[kasˈtel]

die Kirche
biserică f
[biˈse·ri·kə]

die Moschee
moschee f
[mosˈke·e]

die Synagoge
sinagogă f
[si·naˈgo·gə]

der Tempel
templu n
[ˈtem·plu]

die Ruine
ruină f
[ruˈi·nə]

das Bürogebäude
clădire de birouri f
[kləˈdi·re de biˈro·urʲ]

das Theater
teatru n
[ˈte̯a·tru]

das Kino
cinematograf n
[ʧi·ne·ma·toˈgraf]

die Fabrik
fabrică f
[ˈfa·bri·kə]

die Botschaft
ambasadă f
[am·baˈsa·də]

das Opernhaus
clădire a operei f
[kləˈdi·re a ˈo·pe·rej]

das Museum
muzeu n
[muˈzeu]

die Kunsthalle
galerie de artă f
[ga·leˈri·e de ˈar·tə]

DIE INNENSTADT – CENTRUL ORAȘULUI

Auf der Straße – Pe stradă

die Straßenlaterne
stâlp de iluminat m
[stɨlp de i·lu·miˈnat]

die Fußgängerampel
semafor pietonal n
[se·maˈfor pje·toˈnal]

die Ampel
semafor n
[se·maˈfor]

das Denkmal
monument n
[mo·nuˈment]

der Abfalleimer
coș de gunoi n
[koʃ de guˈnoj]

der Kanaldeckel
capac de canal n
[kaˈpak de kaˈnal]

der Hydrant
hidrant n
[hiˈdrant]

der Friedhof
cimitir n
[ʧi·miˈtir]

die Bushaltestelle
stație de autobuz f
[ˈsta·tsi·e de a·u·toˈbuz]

der Kiosk
chioșc n
[kjoʃk]

die Tiefgarage
parcare subterană f
[parˈka·re sub·teˈra·nə]

die Fußgängerzone
zonă pietonală f
[ˈzo·nə pje·toˈna·lə]

Entschuldigen Sie, wie komme ich nach ...?	**Mă scuzați, cum ajung la...?** [mə skuˈzatsʲ kum aˈʒung la…]
Könnten Sie mir bitte sagen, wo ... ist?	**Puteți să îmi spuneți, vă rog, unde e...?** [puˈtetsʲ sə imʲ ˈspu·netsʲ və rog ˈun·de e…]
Könnten Sie mir das bitte auf der Karte zeigen?	**Puteți să îmi arătați, vă rog, asta pe hartă?** [puˈtetsʲ sə imʲ a·rəˈtatsʲ və rog ˈas·ta pe ˈhar·tə]
an der Ecke	**la colț** [la kolts]
rechts/links abbiegen	**a o lua la dreapta/stânga** [a o lwa la ˈdreap·ta/ˈstɨn·ga]
auf der rechten/linken Seite	**pe partea dreaptă/stângă** [pe ˈpar·tea ˈdreap·tə/ˈstɨn·gə]
(schräg) gegenüber	**peste drum (în linie diagonală)** [ˈpes·te drum (ɨn ˈli·ni·e di·a·goˈna·lə)]
in der Nähe (von)	**în apropiere (de)** [ɨn a·pro·piˈe·re (de)]

DIE INNENSTADT – CENTRUL ORAȘULUI

Das Hotel – Hotelul

die Rezeption
recepție f
[re'tʃep·tsi·e]

die Empfangsdame
recepționeră f
[re·tʃep·tsi·o'ne·rə]

die Schlüsselkarte
cartelă de acces f
[kar'te·lə de ak'tʃes]

die Klingel
clopoțel m
[klo·po'tsel]

die Lobby
lobby n
['lo·bi]

die Bar
bar n
[bar]

das Restaurant
restaurant n
[res·taw'rant]

die Hotelanlage
complex hotelier n
[kom'pleks ho·te·li'er]

das Doppelzimmer
cameră dublă f
['ka·me·rə 'du·blə]

das Zweibettzimmer
cameră cu două paturi f
['ka·me·rə ku 'do·wə 'pa·turʲ]

das Einzelzimmer
cameră simplă f
['ka·me·rə 'sim·plə]

der Fitnessraum
sală de fitness f
['sa·lə de 'fit·nes]

der Pool
piscină f
[pis'tʃi·nə]

Ich habe ein Zimmer unter dem Namen ... gebucht.	**Am rezervat o cameră pe numele ...** [am re·zer'vat o 'ka·me·rə pe 'nu·me·le]
Was kostet das Zimmer, bitte?	**Îmi spuneți, vă rog, cât costă camera?** [ɨmʲ 'spu·netsʲ və rog kɨt 'kos·tə 'ka·me·ra]
Ich hätte gerne ein Doppelzimmer für eine Nacht.	**Aș dori o cameră dublă pentru o noapte.** [aʃ do'ri o 'ka·me·rə 'du·blə 'pen·tru o 'no̯ap·te]
Haben Sie ein Zimmer frei?	**Aveți o cameră liberă?** [a'vetsʲ o 'ka·me·rə 'li·be·rə]

DIE INNENSTADT – CENTRUL ORAȘULUI

Das Hotel – Hotelul

der/die Concierge
angajat/angajată al/a hotelului m/f
[an·ga'ʒat/an·ga'ʒa·tə al/a ho'te·lu·luj]

der Kofferwagen
cărucior pentru bagaje n
[kə·ru'tʃjor 'pen·tru ba'ga·ʒe]

der Türanhänger „Bitte nicht stören“
semn „Nu deranjați!” n
[semn nu de·ran'ʒatsʲ]

die Gepäckablage
suport pentru bagaje n
[su'port 'pen·tru ba'ga·ʒe]

der Zimmerservice
room service n
[rum 'ser·vis]

das Zimmermädchen
cameristă f
[ka·me'ris·tə]

die Suite
apartament n
[a·par·ta'ment]

die Toilettenartikel
articole de toaletă n
[ar'ti·ko·le de to·a'le·tə]

die Minibar
minibar n
[mi·ni'bar]

die Zimmernummer
număr al camerei n
['nu·mər al 'ka·me·rej]

das Frühstücksbuffet
mic-dejun cu bufet suedez n
[mik de'ʒun ku bu'fet su·e'dez]

das Drei-/Vier-Sterne-Hotel	**hotel de trei/patru stele** n [ho'tel de trej/'pa·tru 'ste·le]
das Familienzimmer	**cameră de familie** f ['ka·me·rə de fa'mi·li·e]
ein-/auschecken	**a face check-in/out** [a 'fa·tʃe tʃek in/awt]
die Halbpension	**demipensiune** f [de·mi·pen'sju·ne]
die Vollpension	**pensiune completă** f [pen'sju·ne kom'ple·tə]
das Zimmer mit Frühstück	**cameră cu mic-dejun** f ['ka·me·rə ku mik de'ʒun]
das Zustellbett	**pat adițional** n [pat a·di·tsjo'nal]
der Weckanruf	**apel de trezire** n [a'pel de tre'zi·re]

der Tresor
seif n
[se'if]

DIE INNENSTADT – CENTRUL ORAȘULUI

Die Bank – Banca

das Chipkartenterminal
cititor de card cu chip n
[ʧi·tiˈtor de kard ku ʧip]

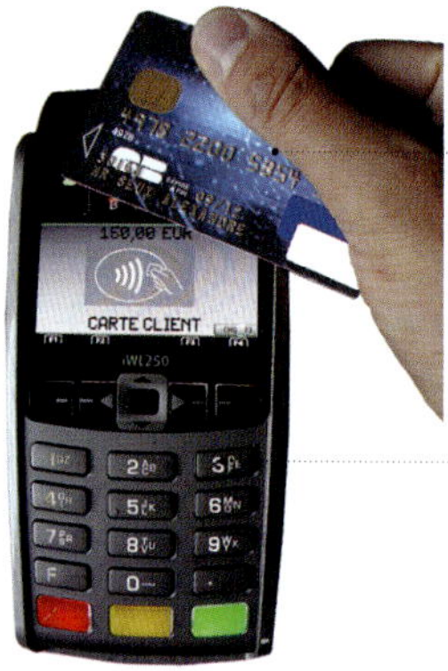

die EC-Karte
card de debit n
[kard de ˈde·bit]

das Tastenfeld
tastatură numerică f
[tas·taˈtu·rə nuˈme·ri·kə]

der Schalter
ghișeu n
[giˈʃew]

die Kassiererin
casieră f
[ka·siˈe·rə]

das Onlinebanking
tranzacție online f
[tranˈzak·tsi·e onˈlajn]

der Geldautomat
bancomat n
[ban·koˈmat]

Geld abheben
a ridica bani
[a ri·diˈka banʲ]

Geld einzahlen
a depune bani
[a deˈpu·ne banʲ]

einen Scheck ausstellen
a scrie un cec
[a ˈskri·e un ʧek]

die Kontoüberziehung	**descoperire de cont** f [des·ko·peˈri·re de kont]
das Girokonto	**cont curent** n [kont kuˈrent]
das Sparkonto	**cont de economii** n [kont de e·ko·noˈmij]
die PIN-Nummer	**cod PIN** n [kod pin]
der Zinssatz	**dobândă** f [doˈbin·də]
das Darlehen	**împrumut** n [ɨm·pruˈmut]
die Hypothek	**ipotecă** f [i·poˈte·kə]
die Kontonummer	**număr de cont** n [ˈnu·mər de kont]

DIE INNENSTADT – CENTRUL ORAȘULUI

Die Bank – Banca

der Geldschein
bancnotă f
[bankˈno·tə]

die Münze
monedă f
[moˈne·də]

die Währung
valută f
[vaˈlu·tə]

das Wertpapier
hârtie de valoare f
[hɨrˈti·e de vaˈlo̯a·re]

der Wechselkurs
curs valutar n
[kurs va·luˈtar]

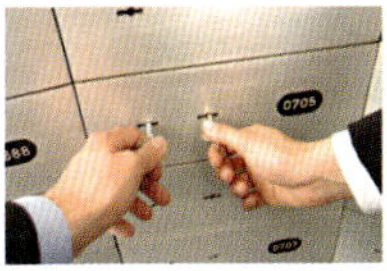

das Bankschließfach
casetă de valori f
[kaˈse·tə de vaˈlorʲ]

der Tresor
seif n
[seˈif]

die Kreditkarte
card de credit n
[kard de ˈkre·dit]

die Börse
bursă f
[ˈbur·sə]

der Börsenkurs
curs bursier n
[kurs bur·siˈer]

der Finanzberater
consultant financiar m
[kon·sulˈtant fi·nan·ʧiˈar]

die Rechnung
factură f
[fakˈtu·rə]

Könnten Sie mir das bitte wechseln?	**Puteți sa-mi schimbați asta, vă rog?** [puˈtetsʲ səmʲ skimˈbatsʲ ˈas·ta və rog]
Wie ist der aktuelle Wechselkurs?	**Care este cursul valutar actual?** [ˈka·re ˈjes·te ˈkur·sul va·luˈtar ak·tuˈal]
Ich möchte gerne ein Konto eröffnen.	**Aș dori să deschid un cont.** [aʃ doˈri sə desˈkid un kont]
der Betrag	**sumă** f [ˈsu·mə]
der Reisescheck	**cec de călătorie** n [ʧek de kə·lə·toˈri·e]
das Eigenkapital	**capital propriu** n [ka·piˈtal ˈpro·prju]
die Provision	**comision** n [ko·miˈsjon]
die Wechselstube	**casă de schimb valutar** f [ˈka·sə de skimb va·luˈtar]

der Überweisungs-schein
ordin de plată n
[ˈor·din de ˈpla·tə]

EINKAUFEN – LA CUMPĂRĂTURI

Läden und Geschäfte – Magazine și prăvălii

der Markt
piață f
[ˈpja·tsə]

der Marktstand
tarabă f
[taˈra·bə]

das Schaufenster
vitrină f
[viˈtri·nə]

die Tierhandlung
magazin de animale de companie n [ma·gaˈzin de a·niˈma·le de kom·paˈni·e]

der Gemüseladen
aprozar n
[a·proˈzar]

die Metzgerei
măcelărie f
[mə·tʃe·ləˈri·e]

die Bäckerei
brutărie f
[bru·təˈri·e]

die Konditorei
cofetărie f
[ko·fe·təˈri·e]

der Supermarkt
supermagazin n
[su·per·ma·gaˈzin]

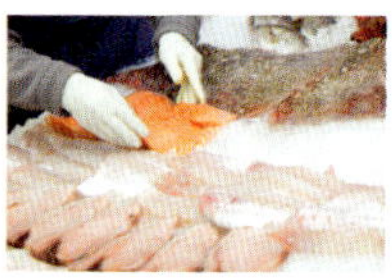

das Fischgeschäft
pescărie f
[pes·kəˈri·e]

die Weinhandlung
vinărie f
[vi·nəˈri·e]

der Blumenladen
florărie f
[flo·rəˈri·e]

das Lebensmittelgeschäft
magazin alimentar n
[ma·gaˈzin a·li·menˈtar]

der Bioladen
magazin de produse ecologice n
[ma·gaˈzin de proˈdu·se e·koˈlo·dʒi·tʃe]

das Schreibwarengeschäft
magazin de papetărie n
[ma·gaˈzin de pa·pe·təˈri·e]

der Tante-Emma-Laden
magazin de cartier n
[ma·gaˈzin de kar·tiˈer]

EINKAUFEN – LA CUMPĂRĂTURI

Läden und Geschäfte – Magazine și prăvălii

der Buchladen
librărie f
[li·brəˈri·e]

die Drogerie
drogherie f
[dro·geˈri·e]

die Boutique
butic n
[buˈtik]

der Antiquitätenladen
magazin de antichități n
[ma·gaˈzin de an·ti·kiˈtətsʲ]

der Spielzeugladen
magazin de jucării n
[ma·gaˈzin de ʒu·kəˈrij]

das Juweliergeschäft
bijuterie f
[bi·ʒu·teˈri·e]

das Möbelgeschäft
magazin de mobilă n
[ma·gaˈzin de moˈbi·lə]

der Elektrofachmarkt
magazin de electronice și electrocasnice n
[ma·gaˈzin de e·lekˈtro·ni·ʧe ʃi e·lek·troˈkas·ni·ʧe]

das Schuhgeschäft
magazin de încălțăminte n
[ma·gaˈzin de ɨn·kəl·tsəˈmin·te]

der Friseursalon
salon de coafură n
[saˈlon de ko̯aˈfu·rə]

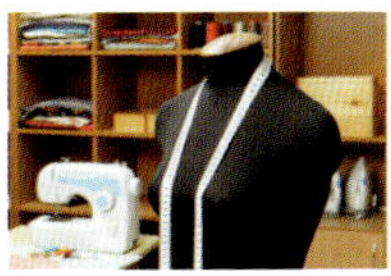

die Schneiderei
croitorie f
[kro·i·toˈri·e]

die Parfümerie
parfumerie f
[par·fu·meˈri·e]

der Baumarkt
magazin de materiale de construcție n
[ma·gaˈzin de ma·te·riˈa·le de konˈstruk·tsi·e]

der Geschenkeladen
magazin de cadouri n
[ma·gaˈzin de kaˈdo·urʲ]

die Apotheke
farmacie f
[far·maˈʧi·e]

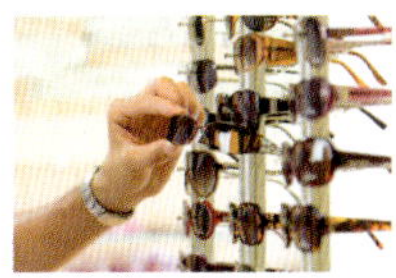

der Optiker
magazin de optică n
[ma·gaˈzin de ˈop·ti·kə]

EINKAUFEN – LA CUMPĂRĂTURI

Das Einkaufszentrum – Centrul comercial

der Lichthof
atrium n
[ˈa·tri·um]

die zweite Etage
al doilea etaj n
[al ˈdoj·le̯a eˈtaʒ]

die erste Etage
primul etaj n
[ˈpri·mul eˈtaʒ]

das Geschäft
magazin n
[ma·gaˈzin]

die Rolltreppe
scară rulantă f
[ˈska·rə ruˈlan·tə]

das Erdgeschoss
parter n
[parˈter]

die Verkäuferin
vânzătoare f
[vɨn·zəˈto̯a·re]

der Food Court
food court n
[fud kort]

die Umkleidekabine
cabină de probă f
[kaˈbi·nə de ˈpro·bə]

der Parkplatz
parcare f
[parˈka·re]

der Wickelraum
cabină de schimbat scutecul f
[kaˈbi·nə de skimˈbat ˈsku·te·kul]

der Kundendienst	**serviciu de asistență pentru clienți** n [serˈvi·t͡ʃju de a·sisˈten·t͡sə ˈpen·tru kliˈentsʲ]
Könnten Sie mir bitte ... zeigen?	**Ați putea să-mi arătați..., vă rog?** [atsʲ ˈpu·te̯a səmʲ a·rəˈtatsʲ··· və rog]
Wie viel kostet es?	**Cât costă?** [kɨt ˈkos·tə]
Kann ich das bitte umtauschen?	**Pot să schimb asta, vă rog?** [pot sə skimb ˈas·ta və rog]
Könnten Sie das bitte als Geschenk einpacken?	**Puteți să-mi ambalați asta sub formă de cadou, vă rog?** [puˈte·tsʲ səmʲ am·baˈlatsʲ ˈas·ta sub ˈfor·mə de kaˈdow və rog]
der Ausverkauf	**vânzare pentru lichidare de stoc** f [vɨnˈza·re ˈpen·tru li·kiˈda·re de stok]

EINKAUFEN – LA CUMPĂRĂTURI

Das Kaufhaus – Magazinul universal

die Schaufensterpuppe
manechin n
[ma·neˈkin]

die Einkaufstüte
pungă de cumpărături f
[ˈpun·gə de kum·pə·rəˈturʲ]

die Taschenabteilung
raion de genți n
[raˈjon de ʤentsʲ]

der Imbissbereich
zonă restaurant f
[ˈzo·nə res·tawˈrant]

die Sportabteilung
raion de sport n
[raˈjon de sport]

die Kurzwaren
mercerie f
[mer·ʧeˈri·e]

die Unterwäsche
lenjerie intimă f
[len·ʒeˈri·e ˈin·ti·mə]

die Kosmetikabteilung
raion de cosmetice n
[raˈjon de kosˈme·ti·ʧe]

die Herrenabteilung
raion pentru bărbați n
[raˈjon ˈpen·tru bərˈbatsʲ]

die Damenabteilung
raion pentru femei n
[raˈjon ˈpen·tru feˈmej]

die Kinderabteilung
raion pentru copii n
[raˈjon ˈpen·tru koˈpij]

die Schuhabteilung
raion de încălțăminte n
[raˈjon de ɨn·kəl·tsəˈmin·te]

die Lebensmittel-abteilung
raion de alimente n
[raˈjon de a·liˈmen·te]

die Multimedia-Abteilung
raion de aparatură multimedia n
[raˈjon de a·pa·raˈtu·rə mul·tiˈme·di·a]

die Heimtextilien-abteilung
raion de textile n
[raˈjon de teksˈti·le]

die Schreibwaren-abteilung
raion de papetărie n
[raˈjon de pa·pe·təˈri·e]

EINKAUFEN – LA CUMPĂRĂTURI

Der Supermarkt – Supermagazinul

der Kassierer
casier m
[ka·siˈer]

die Kundin
clientă f
[kliˈen·tə]

die Ware
marfă f
[ˈmar·fə]

das Warentransportband
bandă rulantă f
[ˈban·də ruˈlan·tə]

das Warenregal
raft n
[raft]

der Einkaufswagen
cărucior n
[kə·ruˈʧjor]

die Kasse
casă f
[ˈka·sə]

der Scanner
scanner n
[ˈske·ner]

die Käsetheke
galantar cu brânzeturi n
[ga·lanˈtar ku brɨnˈze·turʲ]

die Fleischtheke
galantar cu produse din carne n [ga·lanˈtar ku proˈdu·se din ˈkar·ne]

die Einkaufsliste
listă de cumpărături f
[ˈlis·tə de kum·pə·rəˈturʲ]

der Gang
culoar n
[kuˈlo̯ar]

der Einkaufskorb
coș n
[koʃ]

der Strichcode
cod de bare n
[kod de ˈba·re]

das Sonderangebot
ofertă promoțională f
[oˈfer·tə pro·mo·tsjoˈna·lə]

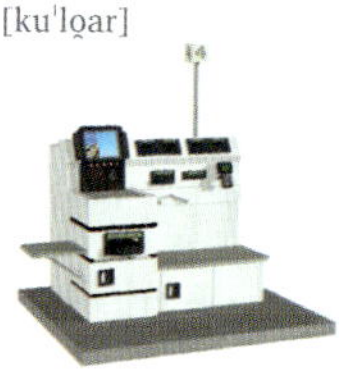

die Selbstbedienungskasse
casă de marcat cu autotaxare f [ˈka·sə de marˈkat ku a·u·to·taˈksa·re]

EINKAUFEN – LA CUMPĂRĂTURI

Der Supermarkt – Supermagazinul

das Kühlregal
vitrină frigorifică f
[viˈtri·nə fri·goˈri·fi·kə]

die Milchprodukte
produse lactate n
[proˈdu·se lakˈta·te]

die Tiefkühlkost
produse congelate n
[proˈdu·se kon·ʤeˈla·te]

das Obst und Gemüse
fructe și legume n / f
[ˈfruk·te ʃi leˈgu·me]

das Fleisch und Geflügel
carne și pasăre f
[ˈkar·ne ʃi ˈpa·sə·re]

die Konserven
conserve f
[konˈser·ve]

die Feinkost
delicatesă f
[de·li·kaˈte·sə]

der Kassenzettel
bon fiscal n
[bon fisˈkal]

die Babyartikel
articole pentru bebeluș n
[arˈti·ko·le ˈpen·tru be·beˈluʃ]

die Frühstücksflocken
cereale f
[ʧe·reˈa·le]

die Backwaren
produse de panificație n
[proˈdu·se de pa·ni·fi·kaˈtsi·e]

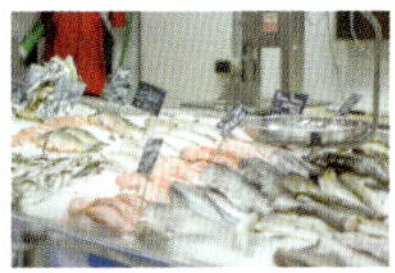

die Fischtheke
galantar cu pește n
[ga·lanˈtar ku ˈpeʃ·te]

die Getränke	**băuturi** f [bə·uˈturʲ]
die Süßigkeiten	**dulciuri** n [ˈdul·ʧurʲ]
das Tierfutter	**mâncare pentru animale** f [mɨnˈka·re ˈpen·tru a·niˈma·le]
die Bioprodukte	**produse ecologice** n [proˈdu·se e·koˈlo·ʤi·ʧe]
bezahlen	**a plăti** [a pləˈti]
das Kleingeld	**bani mărunți** m [banʲ məˈruntsʲ]
der Preis	**preț** n [prets]
das Preisschild	**etichetă de preț** f [e·tiˈke·tə de prets]

die Reinigungsmittel
produse de curățat n
[proˈdu·se de ku·rəˈtsat]

EINKAUFEN – LA CUMPĂRĂTURI

Der Kiosk – Chioșcul

die Zeitung
ziar n
[zi'ar]

die Zeitschrift
revistă f
[re'vis·tə]

das Notizbuch
carnețel n
[kar·ne'tsel]

der/das Comic
revistă de benzi desenate f
[re'vis·tə de benzʲ de·se'na·te]

das Zeitschriftenregal
stand de reviste n
[stand de re'vis·te]

die Grußkarte
felicitare f
[fe·li·tʃi'ta·re]

der Lottoschein
bilet de loterie n
[bi'let de lo·te'ri·e]

das Buch
carte f
['kar·te]

der/das Kaugummi
gumă de mestecat f
['gu·mə de mes·te'kat]

der/das Pfefferminzbonbon
bomboană de mentă f
[bom'bo̯a·nə de 'men·tə]

der Schokoriegel
baton de ciocolată n
[ba'ton de tʃjo·ko'la·tə]

der Tabak
tutun n
[tu'tun]

die Zigarette
țigară f
[tsi'ga·rə]

die Pfeife
pipă f
['pi·pə]

das Feuerzeug
brichetă f
[bri'ke·tə]

die Zigarre
trabuc n
[tra'buk]

CAFÉS UND BARS – CAFENELE ȘI BARURI

das Straßencafé
cafenea în aer liber f
[ka·fe'ne̯a in 'a·jer 'li·ber]

die Sonnenterrasse
terasă la soare f
[te'ra·sə la 'so̯a·re]

die Theke
bar n
[bar]

die Kaffeemaschine
mașină de cafea f
[ma'ʃi·nə de ka'fe̯a]

das Tablett
tavă f
['ta·və]

der Zapfhahn
robinet de bere n
[ro·bi'net de 'be·re]

der Barkeeper
barman m
['bar·man]

der Barista
barista m
[ba'ris·ta]

der Barhocker
scaun de bar n
['ska·un de bar]

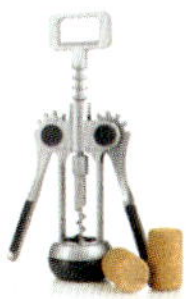

der Korkenzieher
tirbușon n
[tir·bu'ʃon]

der Cocktailshaker
shaker pentru cocteil n
['ʃej·kər 'pen·tru 'kok·tejl]

der Weinkühler
frapieră f
[fra·pi'e·rə]

etwas auf Rechnung setzen	**a pune ceva pe factură**	[a 'pu·ne ʧe'va pe fak'tu·rə]
die Rechnung übernehmen	**a prelua costul consumației**	[a pre·lu'a 'kos·tul kon·su'ma·tsi·ej]
sich auf einen Kaffee treffen	**a se întâlni la o cafea**	[a se in·tɨl'ni la o ka'fe̯a]
Wo sind bitte die Toiletten?	**Mă scuzați, unde e toaleta?**	[mə sku'zatsʲ 'un·de e to·a'le·ta]
Ich hätte gern ...	**Aș dori...**	[aʃ do'ri]
Bitte ein Glas ...	**Un pahar de ..., vă rog.**	[un pa'har de ··· və rog]
Bitte eine Tasse ...	**O ceașcă de ..., vă rog.**	[o 'ʧe̯aʃ·kə de ··· və rog]
Das Gleiche noch einmal.	**Încă o dată același lucru.**	['in·kə o 'da·tə a'ʧe·laʃʲ 'lu·kru]

der Aschenbecher
scrumieră f
[skru·mi'e·rə]

SEHENSWÜRDIGKEITEN – OBIECTIVE TURISTICE

der Stadtplan
hartă a orașului f
[ˈhar·tə a oˈra·ʃu·luj]

die Touristen-information
birou de informații turistice n [biˈrow de in·forˈma·tsij tuˈris·ti·ʧe]

der Reiseführer
ghid turistic n
[gid tuˈris·tik]

das Souvenir
suvenir n
[su·veˈnir]

die Stadtbesichtigung
vizitare a orașului f
[vi·ziˈta·re a oˈra·ʃu·luj]

die Stadtrundfahrt
vizitare a orașului din autocar f [vi·ziˈta·re a oˈra·ʃu·luj din a·u·toˈkar]

die Flussfahrt
plimbare pe râu f
[plimˈba·re pe rɨw]

das Aquarium
acvariu n
[akˈva·rju]

die Aussichtsplattform
belvedere f
[bel·veˈde·re]

die Ausstellung
expoziție f
[eks·poˈzi·tsi·e]

der Straßenmusiker
muzicant ambulant m
[mu·ziˈkant am·buˈlant]

der Straßenkünstler
artist ambulant m
[arˈtist am·buˈlant]

die Warteschlange
rând n
[rɨnd]

der Fremdenführer	**ghid turistic** m [gid tuˈris·tik]
die Fremdenführerin	**ghid turistic** m [gid tuˈris·tik]
der Ausflug	**excursie** f [eksˈkur·si·e]
die Öffnungszeiten	**program de lucru** n [proˈgram de ˈlu·kru]
geöffnet	**deschis** [desˈkis]
geschlossen	**închis** [inˈkis]
das Eintrittsgeld	**taxă de intrare** f [ˈta·ksə de inˈtra·re]
die Ermäßigung	**reducere de preț** f [reˈdu·ʧe·re de prets]

DIE ARCHITEKTUR – ARHITECTURA

klassizistisch
clasicistic
[kla·si'tʃis·tik]

gotisch
gotic
['go·tik]

barock
baroc
[ba'rok]

romanisch
romanic
[ro'ma·nik]

die Renaissance
renaştere f
[re'naʃ·te·re]

der/das Art déco
art deco f
[art de'ko]

der Jugendstil
art nouveau f
[art nu'vo]

das Rokoko
rococo n
[ro·ko'ko]

das Bauhaus
Bauhaus n
['baw·haws]

die Säule
coloană f
[ko'lo̯a·nə]

der Bogen
arc n
[ark]

die Kuppel
cupolă f
[ku'po·lə]

die Fassade	**faţadă** f [fa'tsa·də]
der Flügel	**aripă** f ['a·ri·pə]
das Gewölbe	**boltă** f ['bol·tə]
das Grabmal	**mormânt** n [mor'mɨnt]
der Innenhof	**curte interioară** f ['kur·te in·te·ri'o̯a·rə]
die Stadtmauer	**zid al oraşului** n [zid al o'ra·ʃu·luj]
die Katakomben	**catacombe** f [ka·ta'kom·be]
die Gedenkstätte	**monument comemorativ** n [mo·nu'ment ko·me·mo·ra'tiv]

das Wahrzeichen
simbol n
[sim'bol]

PARK UND SPIELPLATZ – PARC ȘI LOC DE JOACĂ

der Kurpark
parc n
[park]

① *der Pavillon*
pavilion n
[pa·vi·liˈon]

② *der Fußweg*
alee f
[aˈle·e]

③ *die Liegewiese*
peluză f
[peˈlu·zə]

die Gartenanlage
complex de grădini n
[komˈpleks de grəˈdinʲ]

④ *der Brunnen*
fântână f
[fînˈtî·nə]

⑤ *die Parkbank*
bancă f
[ˈban·kə]

der botanische Garten
grădină botanică f
[grəˈdi·nə boˈta·ni·kə]

der Schlosspark
parc al unui castel n
[park al ˈu·nuj kasˈtel]

der Landschaftspark
parc peisagistic n
[park pe·i·saˈʤis·tik]

der See
lac n
[lak]

der Nationalpark
parc național n
[park na·tsi·oˈnal]

der Bergpark
parc montan n
[park monˈtan]

der Zoo
grădină zoologică f
[grəˈdi·nə zo·oˈlo·ʤi·kə]

der Wildpark
parc cu animale sălbatice n
[park ku a·niˈma·le səlˈba·ti·ʧe]

PARK UND SPIELPLATZ – PARC ȘI LOC DE JOACĂ

der Spielplatz
loc de joacă n
[lok de ˈʒo̯a·kə]

① *das Klettergerüst*
structură pentru cățărat f
[strukˈtu·rə ˈpen·tru kə·tsəˈrat]

② *die Rutsche*
tobogan n
[to·boˈgan]

③ *die Schaukel*
leagăn n
[ˈle̯a·gən]

④ *die Wippe*
balansoar n
[ba·lanˈso̯ar]

der Sandkasten
groapă de nisip f
[ˈgro̯a·pə de niˈsip]

das Hangelgerüst
structură suspendată pentru cățărat f
[strukˈtu·rə sus·penˈda·tə ˈpen·tru kə·tsəˈrat]

der Irrgarten
labirint n
[la·biˈrint]

der Vergnügungspark
parc de distracție n
[park de disˈtrak·tsi·e]

der Grillplatz
loc de făcut grătar n
[lok de fəˈkut grəˈtar]

das Picknick
picnic n
[ˈpik·nik]

spazieren gehen
a se plimba
[a se plimˈba]

das Slacklining
slacklining n
[ˈslek·laj·ning]

joggen
a face jogging
[a ˈfa·tʃe ˈʤo·ging]

das Planschbecken
bazin de adâncime redusă n [baˈzin de a·dînˈtʃi·me reˈdu·sə]

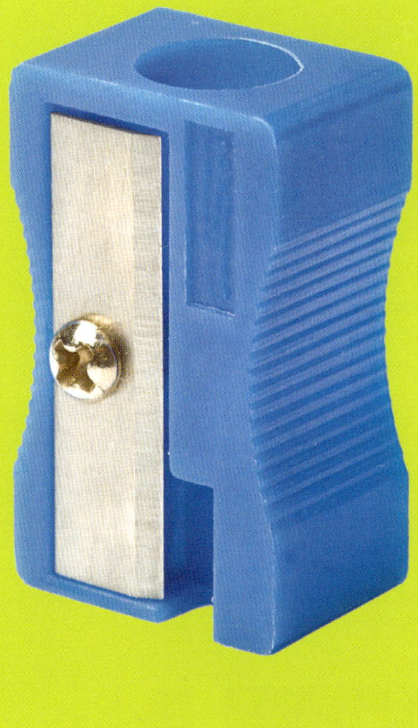

BILDUNG UND BERUF

EDUCAȚIE ȘI PROFESIE

DIE SCHULE – ȘCOALA

der Kindergarten
grădiniță f
[grə·diˈni·tsə]

die Vorschule
clasă pregătitoare f
[ˈkla·sə pre·gə·tiˈto̯a·re]

die Grundschule
școală primară f
[ˈʃko̯a·lə priˈma·rə]

die weiterführende Schule
școală medie f
[ˈʃko̯a·lə ˈme·di·e]

das Gymnasium
liceu n
[liˈtʃew]

die Klasse
clasă f
[ˈkla·sə]

die Prüfung
examen n
[eˈgza·men]

die Aula
aulă f
[ˈa·u·lə]

der Computerraum
cabinet de informatică n
[ka·biˈnet de in·forˈma·ti·kə]

die Schulleiterin
directoare f
[di·rekˈto̯a·re]

die Lehrerin
învățătoare f
[ɨn·və·tsəˈto̯a·re]

der Sportplatz
teren de sport n
[teˈren de sport]

die Schuluniform
uniformă școlară f
[u·niˈfor·mə ʃkoˈla·rə]

der Aufsatz	**compunere** f [komˈpu·ne·re]
die Klassenarbeit	**teză** f [ˈte·zə]
die Note	**notă** f [ˈno·tə]
seinen/ihren Abschluss machen	**a absolvi** [a ab·solˈvi]
der mittlere Schulabschluss	**absolvire a școlii medii** f [ab·solˈvi·re a ˈʃko·lij ˈme·dij]
die Privatschule	**școală privată** f [ˈʃko̯a·lə priˈva·tə]
das Abitur	**bacalaureat** n [ba·ka·la·u·reˈat]
das Internat	**internat** n [in·terˈnat]

DIE SCHULE – ȘCOALA

Das Klassenzimmer – Sala de clasă

das Lehrerpult
catedră f
[ka'te·drə]

die Tafel
tablă f
['ta·blə]

der Schüler
elev m
[e'lev]

die Schülerin
elevă f
[e'le·və]

der Winkelmesser
raportor n
[ra·por'tor]

der Bleistift
creion n
[kre'jon]

das Schulheft
caiet n
[ka'jet]

das Federmäppchen
penar n
[pe'nar]

das Zeichendreieck
echer n
[e'ker]

das Lineal
riglă f
['ri·glə]

die Schultasche	**ghiozdan** n [gjoz'dan]
das Wörterbuch	**dicționar** n [dik·tsi·o'nar]
die Nachhilfe	**meditație** f [me·di'ta·tsi·e]
die Kreide	**cretă** f ['kre·tə]
das Schulbuch	**manual** n [ma·nu'al]
der Füller	**stilou** n [sti'low]
die Tintenpatrone	**patron de cerneală** n [pa'tron de ʧer'ne̯a·lə]
der Marker	**marker** n ['mar·kər]

der Taschenrechner
calculator n
[kal·ku·la'tor]

DIE SCHULE – ȘCOALA

Die Schulfächer – Materiile școlare

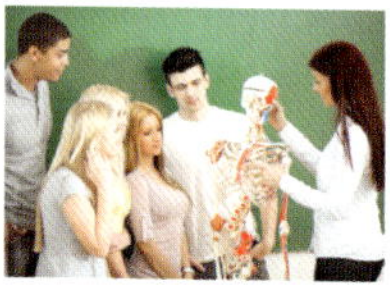

die Biologie
biologie f
[bi·o·lo·ˈʤi·e]

die Mathematik
matematică f
[ma·te·ˈma·ti·kə]

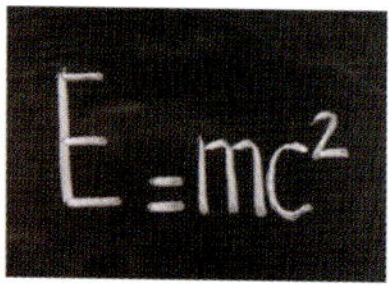

die Physik
fizică f
[ˈfi·zi·kə]

die Chemie
chimie f
[ki·ˈmi·e]

der Religionsunterricht
religie f
[re·ˈli·ʤi·e]

der Ethikunterricht
etică f
[ˈe·ti·kə]

die Kunst
arte f
[ˈar·te]

die Erdkunde
geografie f
[ʤe·o·gra·ˈfi·e]

die Fremdsprachen
limbi străine f
[limbʲ strə·ˈi·ne]

die Geschichte
istorie f
[is·ˈto·ri·e]

der Sport
educație fizică f
[e·du·ˈka·tsi·e ˈfi·zi·kə]

die Musik
muzică f
[ˈmu·zi·kə]

das Drama
teatru n
[ˈte̯a·tru]

die Informatik
informatică f
[in·for·ˈma·ti·kə]

der Werkunterricht
oră de atelier f
[ˈo·rə de a·te·li·ˈer]

die Gemeinschaftskunde
educație civică f
[e·du·ˈka·tsi·e ˈʧi·vi·kə]

DIE SCHULE – ȘCOALA

Die Schulfächer – Materiile școlare

das Technische Zeichnen
desen tehnic n
[deˈsen ˈteh·nik]

die Hauswirtschaft
curs de gospodărie n
[kurs de gos·po·dəˈri·e]

schreiben
a scrie
[a ˈskri·e]

rechnen
a calcula
[a kal·kuˈla]

buchstabieren
a spune pe litere
[a ˈspu·ne pe ˈli·te·re]

lesen
a citi
[a tʃiˈti]

sich melden
a ridica mâna
[a ri·diˈka ˈmɨ·na]

die Klassenfahrt
excursie f
[eksˈkur·si·e]

der Stundenplan
orar n
[oˈrar]

der Abschlussball
banchet de absolvire (a școlii) n [banˈket de ab·solˈvi·re (a ˈʃko·lij)]

die Hausaufgabe
temă pentru acasă f
[ˈte·mə ˈpen·tru aˈka·sə]

das Sportfest
festivitate sportivă f
[fes·ti·viˈta·te sporˈti·və]

zeichnen	**a desena** [a de·seˈna]
zählen	**a număra** [a nu·məˈra]
die Übung	**exercițiu** n [e·gzerˈtʃi·tsju]
der Elternabend	**ședință cu părinții** f [ʃeˈdin·tsə ku pəˈrin·tsij]
das Zeugnis	**listă a mediilor** f [ˈlis·tə a ˈme·di·i·lor]
der Schüleraustausch	**schimb de experiență** n [skimb de eks·pe·riˈen·tsə]
der Lehrplan	**programă școlară** f [proˈgra·mə ʃkoˈla·rə]
das Schulfach	**materie școlară** f [maˈte·ri·e ʃkoˈla·rə]

die Ferien
vacanță f
[vaˈkan·tsə]

DIE SCHULE – ȘCOALA

Im Labor – În laborator

der Versuch
experiment n
[eks·pe·ri'ment]

die Schutzbrille
ochelari de protecție m
[o·ke'lar^j de pro'tek·tsi·e]

der Kittel
halat n
[ha'lat]

das Reagenzglas
eprubetă f
[e·pru'be·tə]

der Chemikalienhandschuh
mănușă de protecție f
[mə'nu·ʃə de pro'tek·tsi·e]

die Laborausrüstung
aparatură de laborator f
[a·pa·ra'tu·rə de la·bo·ra'tor]

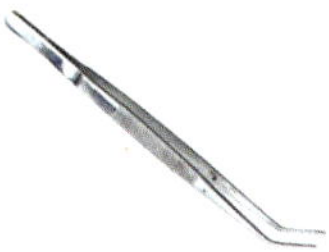

die Pinzette
pensetă f
[pen'se·tə]

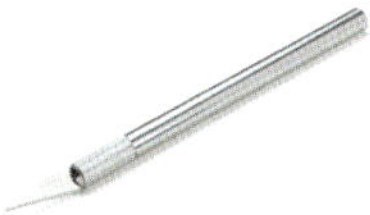

das Skalpell
bisturiu n
[bis·tu'riw]

die Lupe
lupă f
['lu·pə]

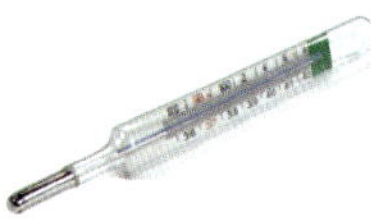

das Thermometer
termometru n
[ter·mo'me·tru]

die Laborwaage
balanță de laborator f
[ba'lan·tsə de la·bo·ra'tor]

die Stoppuhr
cronometru n
[kro·no'me·tru]

der Magnet
magnet m
[mag'net]

die Batterie
baterie f
[ba·te'ri·e]

DIE SCHULE – ȘCOALA

Im Labor – În laborator

das Mikroskop
microscop n
[mi·kroˈskop]

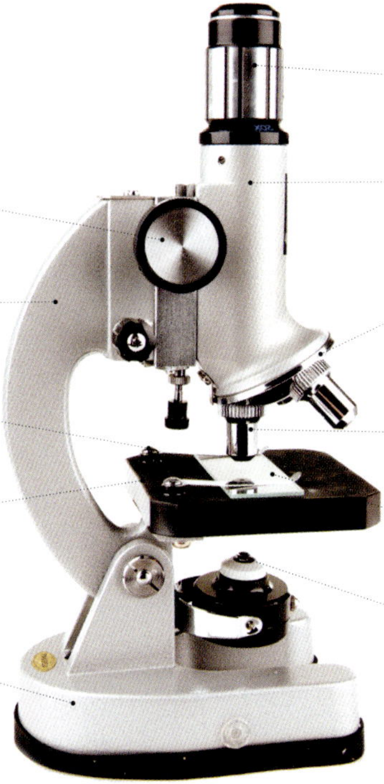

das Okular
ocular n
[o·kuˈlar]

das Einstellrad
roată de focalizare f
[ˈro̯a·tə de fo·ka·liˈza·re]

der Tubus
tub n
[tub]

das Stativ
stativ n
[staˈtiv]

der Objektivrevolver
adaptor rotativ n
[a·dapˈtor ro·taˈtiv]

die Objektklemme
clamă de poziționare f
[ˈkla·mə de po·zi·tsi·oˈna·re]

das Objektiv
obiectiv n
[o·bi·ekˈtiv]

der Objekttisch
platformă f
[platˈfor·mə]

der Objektträger
lamă port-obiect f
[ˈla·mə port oˈbjekt]

der Fuß
bază f
[ˈba·zə]

die Lampe
iluminator n
[i·lu·mi·naˈtor]

die Pipette
pipetă f
[piˈpe·tə]

die Petrischale
placă Petri f
[ˈpla·kə ˈpe·tri]

das Drahtnetz
sită metalică f
[ˈsi·tə meˈta·li·kə]

der Dreifuß
trepied n
[tre·piˈed]

der Bunsenbrenner
bec de gaz Bunsen n
[bek de gaz ˈbun·sen]

DIE SCHULE – ȘCOALA

In der Pause – În pauză

die Mittagspause
pauză de prânz f
[ˈpa·u·zə de prɨnz]

das Tablett
tavă f
[ˈta·və]

die Butterbrotdose
cutie pentru sandviș f
[kuˈti·e ˈpen·tru ˈsand·viʃ]

das Pausenbrot
sandviș n
[ˈsand·viʃ]

die Schulglocke
clopoțel m
[klo·poˈtsel]

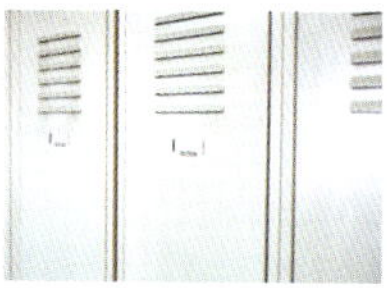

der Spind
dulap n
[duˈlap]

die Pause
pauză f
[ˈpa·u·zə]

der Schulhof
curte a școlii f
[ˈkur·te a ˈʃko·lij]

Himmel und Hölle spielen
a juca pară
[a ʒuˈka ˈpa·rə]

der Speisesaal
sală de mese f
[ˈsa·lə de ˈme·se]

das Lunchpaket
prânz la pachet n
[prɨnz la paˈket]

die Essensausgabe
distribuire a mâncării f
[dis·tri·buˈi·re a mɨnˈkə·rij]

DIE SCHULE – ȘCOALA

Die Sporthalle – Sala de sport

der Volleyball
minge de volei f
[ˈmin·ʤe de ˈvo·lej]

der Basketball
minge de baschet f
[ˈmin·ʤe de ˈbas·ket]

der Handball
minge de handbal f
[ˈmin·ʤe de ˈhand·bal]

der Fußball
minge de fotbal f
[ˈmin·ʤe de ˈfot·bal]

der Baseball
minge de baseball f
[ˈmin·ʤe de ˈbejs·bol]

der Federball
fluturaș de badminton m
[flu·tuˈraʃ de ˈbed·min·ton]

der Tennisball
minge de tenis f
[ˈmin·ʤe de ˈte·nis]

der Football
minge de fotbal american f
[ˈmin·ʤe de ˈfot·bal a·me·riˈkan]

der Puck
puc n
[puk]

der Basketballkorb
coș de baschet n
[koʃ de ˈbas·ket]

die Sprossenwand
spalier n
[spa·liˈer]

das Korbbrett
panou n
[paˈnow]

die Strickleiter
scară de frânghie f
[ˈska·rə de frɨnˈgi·e]

das Trampolin
trambulină f
[tram·buˈli·nə]

die Ringe
inele n
[ˈi·ne·le]

das Springseil
coardă f
[ˈko̯ar·də]

DIE UNIVERSITÄT – UNIVERSITATEA

der Campus
campus n
[ˈkam·pus]

der Hörsaal
aulă f
[ˈa·u·lə]

die Politikwissenschaft
științe politice f
[ʃtiˈin·tse poˈli·ti·tʃe]

die Kunstgeschichte
istoria artei f
[isˈto·ri·a ˈar·tej]

die Rechtswissenschaft
drept n
[drept]

die Betriebswirtschaftslehre
gestiunea afacerilor f
[dʒes·tiˈu·ne̯a aˈfa·tʃe·ri·lor]

die Geisteswissenschaften
științe umaniste f
[ʃtiˈin·tse u·maˈnis·te]

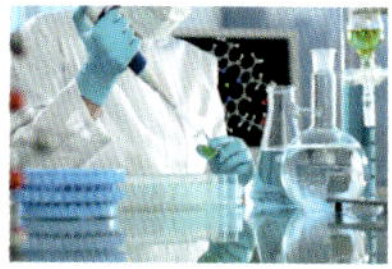

die Naturwissenschaften
științe naturale f
[ʃtiˈin·tse na·tuˈra·le]

das Ingenieurwesen
inginerie f
[in·dʒi·neˈri·e]

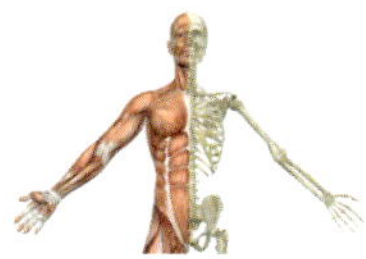

die Medizin
medicină f
[me·diˈtʃi·nə]

die Pädagogik
pedagogie f
[pe·da·goˈdʒi·e]

der Professor
profesor m
[proˈfe·sor]

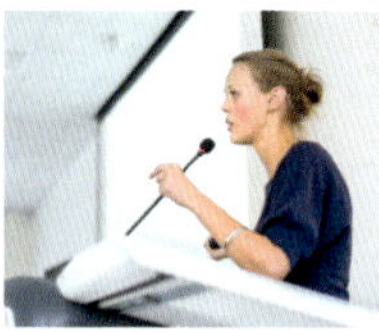

die Dozentin
docent m
[doˈtʃent]

das Diplom	**licență** f [liˈtʃen·tsə]
der Bachelor	**bachelor** n [ˈbe·tʃe·lər]
der Master	**masterat** n [mas·teˈrat]
die Dissertation	**disertație** f [di·serˈta·tsi·e]
die Promotion	**doctorat** n [dok·toˈrat]
die Habilitation	**abilitare** f [a·bi·liˈta·re]
die Forschung	**cercetare** f [tʃer·tʃeˈta·re]
das Forschungsinstitut	**institut de cercetare** n [in·stiˈtut de tʃer·tʃeˈta·re]

DIE UNIVERSITÄT – UNIVERSITATEA

ein Referat halten
a ține un referat
[a ˈtsi·ne un re·feˈrat]

das Seminar
seminar n
[se·miˈnar]

die Vorlesung
curs n
[kurs]

die Klausur
examen n
[eˈgza·men]

der Lesesaal
sală de lectură f
[ˈsa·lə de lekˈtu·rə]

die Ausleihe
împrumut n
[ɨm·pruˈmut]

das Bücherregal
raft de cărți n
[raft de kərtsʲ]

die mündliche Prüfung
examen oral n
[eˈgza·men oˈral]

sein Studium abschließen
a-și încheia studiul
[aʃʲ ɨn·keˈja ˈstu·di·ul]

das Studenten-wohnheim
cămin studențesc n
[kəˈmin stu·denˈtsesk]

die Mensa
cantină f
[kanˈti·nə]

die Bibliothek
bibliotecă f
[bi·bli·oˈte·kə]

der Student
student m
[stuˈdent]

der Bibliothekar	**bibliotecar** m [bi·bli·o·teˈkar]
die Bibliothekarin	**bibliotecară** f [bi·bli·o·teˈka·rə]
der Bibliotheksausweis	**legitimație de bibliotecă** f [le·ʤi·tiˈma·tsi·e de bi·bli·oˈte·kə]
ausleihen	**a împrumuta** [a ɨm·pru·muˈta]
verlängern	**a prelungi** [a pre·lunˈʤi]
vorbestellen	**a rezerva** [a re·zerˈva]
das Rückgabedatum	**dată de returnare** f [ˈda·tə de re·turˈna·re]
das Periodikum	**publicație periodică** f [pu·bliˈka·tsi·e pe·riˈo·di·kə]

DIE UNIVERSITÄT – UNIVERSITATEA

die Lerngruppe
grup de studiu n
[grup de ˈstu·dju]

lernen
a învăța
[a ɨn·vəˈtsa]

das Praxissemester
semestru de practică obligatorie n [seˈmes·tru de ˈprak·ti·kə o·bli·gaˈto·ri·e]

das Praktikum
practică f
[ˈprak·ti·kə]

das Volontariat
voluntariat n
[vo·lun·ta·riˈat]

das freie Jahr
an sabatic m
[an saˈba·tik]

jobben
a lucra (ocazional)
[a luˈkra (o·ka·zi·oˈnal)]

das schwarze Brett
afișier n
[a·fi·ʃiˈer]

die Ausbildung
formare profesională f
[forˈma·re pro·fe·si·oˈna·lə]

die Berufsfachschule
școală profesională f
[ˈʃko̯a·lə pro·fe·si·oˈna·lə]

die Kunsthochschule
Academia de Arte Frumoase f
[a·ka·deˈmi·a de ˈar·te fruˈmo̯a·se]

die Musikhochschule
Conservator n
[kon·ser·vaˈtor]

die Akademie für darstellende Künste
Academia de Teatru și Film f
[a·ka·deˈmi·a de ˈte̯a·tru ʃi film]

der Studentenausweis	**legitimație de student** f [le·ʤi·tiˈma·tsi·e de stuˈdent]
der Kurs	**curs** n [kurs]
das Semester	**semestru** n [seˈmes·tru]
die Semesterferien	**vacanță intersemestrială** f [vaˈkan·tsə in·ter·se·mes·triˈa·lə]
der Fachbereich	**departament/secție** n/f [de·par·taˈment/ˈsek·tsi·e]
die Hausarbeit	**lucrare** f [luˈkra·re]
der Hochschulabschluss	**licență** f [liˈʧen·tsə]
das Stipendium	**bursă de studiu** f [ˈbur·sə de ˈstu·dju]

DIE ARBEITSWELT – CÂMPUL MUNCII

Die Bewerbung – Candidatura pentru un loc de muncă

das Bewerbungsgespräch
interviu n
[in·ter'viw]

die Personalreferentin
referentă la departamentul de resurse umane f
[re·fe'ren·tə la de·par·ta'men·tul de re'sur·se u'ma·ne]

der Lebenslauf
curriculum vitae n
[ku'ri·ku·lum 'vi·te]

die Bewerbungsunterlagen
dosar pentru concurs n
[do'sar 'pen·tru kon'kurs]

die Bewerberin
candidată f
[kan·di'da·tə]

die Stellenanzeige
anunț pentru loc de muncă n [a'nunts 'pen·tru lok de 'mun·kə]

die Zeitarbeit
angajare temporară f
[an·ga'ʒa·re tem·po'ra·rə]

die Festanstellung
angajare permanentă m
[an·ga'ʒa·re per·ma'nen·tə]

die Karriere
carieră f
[ka·ri'e·rə]

sich um eine Stelle bewerben	**a candida pentru un loc de muncă** [a kan·di'da 'pen·tru un lok de 'mun·kə]
die Arbeitsbedingungen	**condiții de muncă** f [kon'di·tsij de 'mun·kə]
die Schichtarbeit	**muncă în schimburi** f ['mun·kə ɨn 'skim·bur']
die Teilzeit	**timp parțial** n [timp par·tsi'al]
die Vollzeit	**normă întreagă** f ['nor·mə ɨn'trea·gə]
die Qualifikation	**calificare** f [ka·li·fi'ka·re]
die Berufserfahrung	**experiență profesională** f [eks·pe·ri'en·tsə pro·fe·si·o'na·lə]

jemanden einstellen
a angaja pe cineva
[a an·ga'ʒa pe tʃi·ne'va]

DIE ARBEITSWELT – CÂMPUL MUNCII

Berufe – Profesii

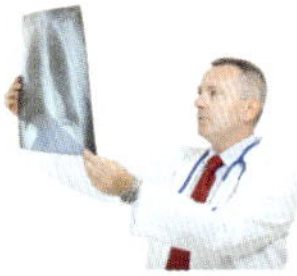

der Arzt
medic m
[ˈme·dik]

der Chirurg
chirurg m
[kiˈrurg]

der Krankenpfleger
asistent m
[a·sisˈtent]

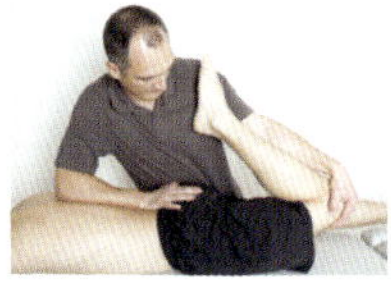

der Physiotherapeut
fizioterapeut m
[fi·zjo·te·ra·peˈut]

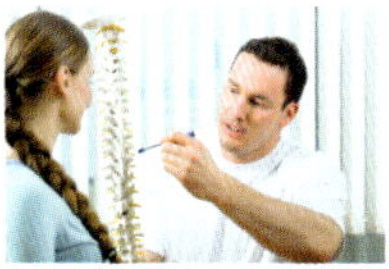

der Orthopäde
ortoped m
[or·toˈped]

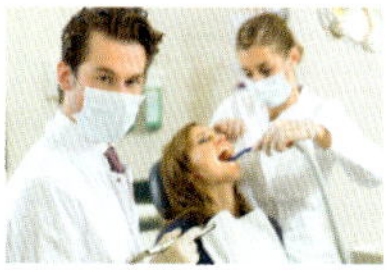

der Zahnarzt
dentist m
[denˈtist]

die Psychologin
psihologă f
[psi·hoˈlo·gə]

die Apothekerin
farmacistă f
[far·maˈʧis·tə]

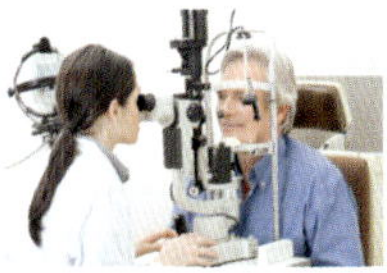

die Optikerin
opticiană f
[op·ti·ʧiˈa·nə]

der Tierarzt
veterinar m
[ve·te·riˈnar]

die Empfangsdame
recepționeră f
[re·ʧep·tsi·oˈne·rə]

der Rechtsanwalt
avocat m
[a·voˈkat]

die Richterin
judecătoare f
[ʒu·de·kəˈtoa·re]

der Wirtschaftsprüfer
revizor contabil m
[reˈvi·zor konˈta·bil]

die Unternehmens-beraterin
consultant de afaceri m
[kon·sulˈtant de aˈfa·ʧerʲ]

der Informatiker
informatician m
[in·for·ma·ti·ʧiˈan]

DIE ARBEITSWELT - CÂMPUL MUNCII

Berufe - Profesii

der Architekt
arhitect m
[ar·hiˈtekt]

die Ingenieurin
ingineră f
[in·ʤiˈne·rə]

der Schreiner
tâmplar m
[tɨmˈplar]

der Elektriker
electrician m
[e·lek·tri·ʧiˈan]

der Klempner
instalator m
[in·sta·laˈtor]

der Dachdecker
țiglar m
[tsiˈglar]

der Maler
zugrav m
[zuˈgrav]

der Müllmann
gunoier m
[gu·noˈjer]

die Kfz-Mechanikerin
mecanic auto m
[meˈka·nik aˈu·to]

der Landwirt
agricultor m
[a·gri·kulˈtor]

die Soldatin
soldat m
[solˈdat]

die Briefträgerin
poștăriță f
[poʃ·təˈri·tsə]

der Bauarbeiter
constructor m
[konˈstruk·tor]

der Gebäudereiniger
îngrijitor m
[ɨn·gri·ʒiˈtor]

der Landschafts-gärtner
peisagist m
[pe·i·saˈʤist]

der Fischer
pescar m
[pesˈkar]

DIE ARBEITSWELT – CÂMPUL MUNCII

Berufe – Profesii

der Pilot
pilot m
[piˈlot]

die Flugbegleiterin
însoțitoare de bord f
[ɨn·so·tsiˈto̯a·re de bord]

der Koch
bucătar m
[bu·kəˈtar]

der Kellner
chelnăr m
[ˈkel·ner]

der Bäcker
brutar m
[bruˈtar]

die Metzgerin
măcelar m
[mə·tʃeˈlar]

der Verkäufer
vânzător m
[vɨn·zəˈtor]

die Friseurin
coafeză f
[ko·aˈfe·zə]

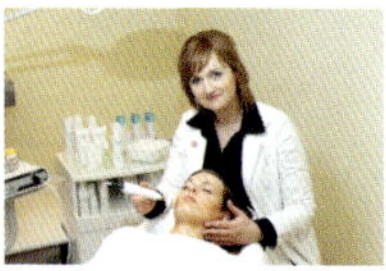

die Kosmetikerin
cosmeticiană f
[kos·me·ti·tʃiˈa·nə]

der Gärtner
grădinar m
[grə·diˈnar]

die Immobilien-maklerin
agentă imobiliară f
[aˈdʒen·tə i·mo·biˈlja·rə]

die Bürokauffrau
secretară f
[se·kreˈta·rə]

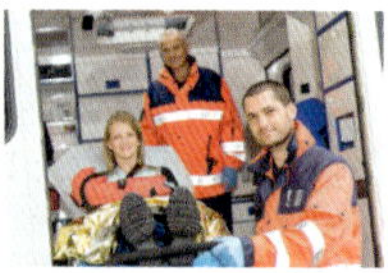

der Sanitäter
infirmier m
[in·fir·miˈer]

der Busfahrer
șofer de autobuz m
[ʃoˈfer de a·u·toˈbuz]

der Taxifahrer
taximetrist m
[ta·ksi·meˈtrist]

der Paketzusteller
curier m
[ku·riˈer]

DIE ARBEITSWELT – CÂMPUL MUNCII

Berufe – Profesii

die Journalistin
jurnalistă f
[ʒur·naˈlis·tə]

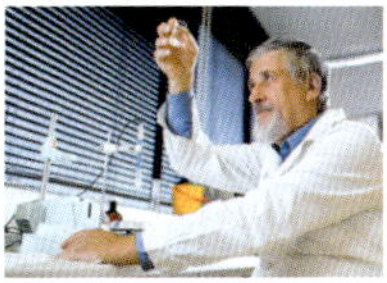

der Wissenschaftler
om de știință m
[om de ʃtiˈin·tsə]

die Grafikerin
graficiană f
[gra·fi·tʃiˈa·nə]

der Profisportler
sportiv profesionist m
[sporˈtiv pro·fe·si·oˈnist]

die Moderatorin
moderatoare f
[mo·de·raˈto̯a·re]

die Schauspielerin
actriță f
[akˈtri·tsə]

die Sängerin
cântăreață f
[kɨn·təˈre̯a·tsə]

der Tänzer
balerin m
[ba·leˈrin]

die Kunstmalerin
pictoriță f
[ˈpik·to·ri·tsə]

der Fotograf
fotograf m
[fo·toˈgraf]

die Musikerin
muziciană f
[mu·zi·tʃiˈa·nə]

die Schneiderin
croitoreasă f
[kro·i·toˈre̯a·sə]

der Bildhauer
sculptor m
[ˈskulp·tor]

die Bankkauffrau
funcționară bancară f
[funk·tsi·oˈna·rə banˈka·rə]

der Bibliothekar
bibliotecar m
[bi·bli·o·teˈkar]

der Lehrer
profesor m
[proˈfe·sor]

DIE ARBEITSWELT – CÂMPUL MUNCII

Das Organigramm – Organigrama

das Sekretariat
secretariat n
[se·kre·ta·ri'at]

der kaufmännische Bereich
sector comercial n
[sek'tor ko·mer·tʃi'al]

die kaufmännische Leitung
director comercial m
[di'rek·tor ko·mer·tʃi'al]

die IT-Leitung
director al departamentului de informatică m
[di'rek·tor al de·par·ta'men·tu·luj de in·for'ma·ti·kə]

die Buchhaltung
contabilitate f [kon·ta·bi·li'ta·te]

das Controlling
controlling n [kon'tro·ling]

das sekundäre Geschäftsfeld
segment de afaceri secundar n
[seg'ment de a'fa·tʃerʲ se·kun'dar]

die Geschäftsführung
conducere f
[kon'du·tʃe·re]

das primäre Geschäftsfeld
segment de afaceri primar n
[seg'ment de a'fa·tʃerʲ pri'mar]

die Geschäftsführung
conducere f
[kon'du·tʃe·re]

das Team
echipă f [e'ki·pə]

die Teamleitung
coordonator de echipă m
[ko·or·do·na'tor de e'ki·pə]

der Angestellte
angajat m [an·ga'ʒat]

die Zweigstelle
filială f
[fi·li'a·lə]

der Manager
manager m
['me·ne·dʒer]

die Aktiengesellschaft (AG)	**societate pe acțiuni (S.A.)** f [so·tʃi·e'ta·te pe ak·tsi'unʲ (se a)]
der Aktionär/die Aktionärin	**acționar** m [ak·tsi·o'nar]/**acționară** f [ak·tsi·o'na·rə]
die Gesellschaft mit beschränkter Haftung (GmbH)	**societate cu răspundere limitată (S.R.L.)** f [so·tʃi·e'ta·te ku rəs'pun·de·re li·mi'ta·tə (se re le)]
die GmbH & Co. KG	**societate în comandită având o societate cu răspundere limitată drept comanditat** f [so·tʃi·e'ta·te in ko·man'di·tə a'vind o so·tʃi·e'ta·te ku rəs'pun·de·re li·mi'ta·tə drept ko·man·di'tat]
die Kommanditgesellschaft (KG)	**societate în comandită** f [so·tʃi·e'ta·te in ko·man'di·tə]
die offene Handelsgesellschaft (OHG)	**societate comercială (S.C.)** f [so·tʃi·e'ta·te ko·mer·tʃi'a·lə (se tʃe)]
der Konzern	**concern** n [kon'tʃern]

der Vorstand
consiliu de conducere n
[kon'si·lju de kon'du·tʃe·re]

der Gesellschafter
asociat m
[a·so·tʃi'at]

die Geschäftsführung
conducere f
[kon'du·tʃe·re]

die stellvertretende Geschäftsführung
director adjunct m
[di'rek·tor ad'ʒunkt]

der Prokurist
procurator m
[pro·ku·ra'tor]

die Personalabteilung
departament de resurse umane n
[de·par·ta'ment de re'sur·se u'ma·ne]

die Personalleitung
director al departamentului de resurse umane m
[di'rek·tor al de·par·ta'men·tu·luj de re'sur·se u'ma·ne]

die Rechtsabteilung
departament juridic n
[de·par·ta'ment ʒu'ri·dik]

die Marketingabteilung
departament de marketing n
[de·par·ta'ment de 'mar·ke·ting]

die Marketingleitung
director al departamentului de marketing m
[di'rek·tor al de·par·ta'men·tu·luj de 'mar·ke·ting]

die PR-Abteilung
departament de relații publice n
[de·par·ta'ment de re'la·tsij 'pu·bli·tʃe]

die Produktion
departament de producție n
[de·par·ta'ment de pro'duk·tsi·e]

die Produktionsleitung
director al departamentului de producție m
[di'rek·tor al de·par·ta'men·tu·luj de pro'duk·tsi·e]

der Betriebsrat
consiliu al întreprinderii n
[kon'si·lju al ɨn·tre'prin·de·rij]

der Vertrieb
departament de vânzare n
[de·par·ta'ment de vɨn'za·re]

die Vertriebsleitung
director al departamentului de vânzare m
[di'rek·tor al de·par·ta'men·tu·luj de vɨn'za·re]

das Key-Account-Management
key-account-management n
[ki ə'kawnt 'me·nedʒ·ment]

der Außendienst
serviciu extern n
[ser'vi·tʃju eks'tern]

der Innendienst
serviciu intern n
[ser'vi·tʃju in'tern]

der Kundendienst
serviciu de relații cu clienții n
[ser'vi·tʃju de re'la·tsij ku kli'en·tsij]

die Kundenakquise
achiziție de noi clienți f
[a·ki'zi·tsi·e de noj kli'entsʲ]

DAS BÜRO – BIROUL

Büromöbel – Mobilier de birou

der Arbeitsplatz
spațiu de lucru n
[ˈspa·tsju de ˈlu·kru]

die Ablage
tavă pentru documente f
[ˈta·və ˈpen·tru do·kuˈmen·te]

die Schublade
sertar n
[serˈtar]

die Büromöbel
mobilier de birou n
[mo·bi·liˈer de biˈrow]

der Schreibtisch
birou n
[biˈrow]

die Schreibunterlage
mapă pentru birou f
[ˈma·pə de biˈrow]

der Bürostuhl
scaun de birou n
[ˈska·un de biˈrow]

der Safe
seif n
[seˈif]

der Aktenschrank
fișet n
[fiˈʃet]

der Wasserspender
dozator de apă n
[do·zaˈtor de ˈa·pə]

die Schreibtischlampe
lampă de birou f
[ˈlam·pə de biˈrow]

die Pinnwand
panou de plută n
[paˈnow de ˈplu·tə]

der Papierkorb
coș de gunoi n
[koʃ de guˈnoj]

der Terminkalender	**agendă personală** f [aˈdʒen·də per·soˈna·lə]
die Akte	**document** n [do·kuˈment]
der Aktenvernichter	**distrugător de documente** n [dis·tru·gəˈtor de do·kuˈmen·te]
das Postfach	**căsuță poștală** f [kəˈsu·tsə poʃˈta·lə]
der Termin	**întâlnire/programare** f [ɨn·tɨlˈni·re/pro·graˈma·re]
die Hauspost	**poștă internă** f [ˈpoʃ·tə inˈter·nə]
die Ablage für Eingänge	**tavă port-corespondență** f [ˈta·və port ko·res·ponˈden·tsə]
die Teeküche	**bucătărie** f [bu·kə·təˈri·e]

DAS BÜRO – BIROUL

Der Bürobedarf – Accesorii de birou

die Schere
foarfecă f
[ˈfo̯ar·fe·kə]

der Textmarker
marker n
[ˈmar·kər]

der Stiftehalter
suport de creioane n
[suˈport de kreˈjo̯a·ne]

das Notizbuch
blocnotes n
[blokˈno·tes]

die Haftnotiz
notiță autoadezivă f
[noˈti·tsə a·u·to·a·deˈzi·və]

der Haftstreifen
semn de carte autoadeziv n
[semn de ˈkar·te a·u·to·a·deˈziv]

der Bleistift
creion n
[kreˈjon]

der Bleistiftspitzer
ascuțitoare f
[as·ku·tsiˈto̯a·re]

der Radiergummi
gumă de șters f
[ˈgu·mə de ʃters]

der Kugelschreiber
pix n
[piks]

die Büroklammer
agrafă f
[aˈgra·fə]

die Reißzwecke
piuneze f
[pi·uˈne·ze]

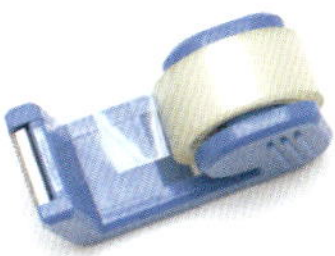

der Tesafilm®
scotch® n
[skotʃ]

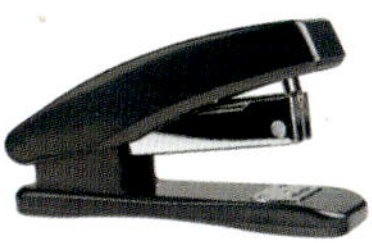

der Tacker
capsator n
[kap·saˈtor]

der Locher
perforator n
[per·fo·raˈtor]

das Hängeregister
dosar suspendat n
[doˈsar sus·penˈdat]

der Briefumschlag
plic n
[plik]

das Tipp-Ex®
bandă corectoare f
[ˈban·də ko·rekˈto̯a·re]

der Ordner
biblioraft n
[bi·bli·oˈraft]

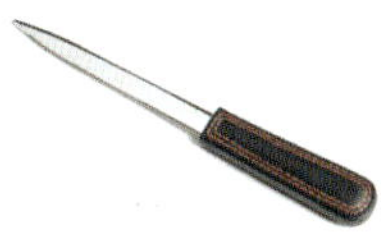

der Brieföffner
deschizător de scrisori n
[des·ki·zəˈtor de skriˈsorʲ]

DAS BÜRO – BIROUL

Der Besprechungsraum – Sala de conferință

die Sitzung
ședință f
[ʃeˈdin·tsə]

der Teamleiter
coordonator de echipă m
[ko·or·do·naˈtor de eˈki·pə]

der Teilnehmer
participant m
[par·ti·tʃiˈpant]

die Tagesordnung
ordine de zi f
[ˈor·di·ne de zi]

protokollieren
a scrie un protocol
[a ˈskri·e un pro·toˈkol]

der Besprechungstisch
masă de conferință f
[ˈma·sə de kon·feˈrin·tsə]

die Präsentation
prezentare f
[pre·zenˈta·re]

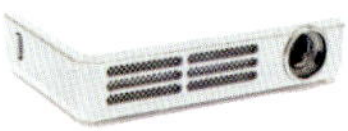

der Beamer
videoproiector n
[vi·de·o·pro·jekˈtor]

das Balkendiagramm
grafic tip coloană n
[ˈgra·fik tip koˈlo̯a·nə]

das Tortendiagramm
grafic cu structură radială n
[ˈgra·fik ku strukˈtu·rə ra·diˈa·lə]

die Folie
folie de prezentare f
[ˈfo·li·e de pre·zenˈta·re]

organisieren	**a organiza** [a or·ga·niˈza]
die Besprechung	**ședință** f [ʃeˈdin·tsə]
der Bericht	**raport** n [raˈport]
das Protokoll	**protocol** n [pro·toˈkol]
der Vertrag	**contract** n [konˈtrakt]
der Geschäftsmann	**om de afaceri** m [om de aˈfa·tʃerʲ]
die Geschäftsfrau	**femeie de afaceri** f [feˈme·je de aˈfa·tʃerʲ]
die Geschäftsreise	**călătorie de afaceri** f [kə·lə·toˈri·e de aˈfa·tʃerʲ]

DAS BÜRO – BIROUL

Der Büroalltag – La birou

der Arbeitgeber
angajator m
[an·ga·ʒa'tor]

① *die Assistentin*
asistentă f
[a·sis'ten·tə]

② *der Kollege*
coleg m
[ko'leg]

③ *der Arbeitnehmer*
angajat m
[an·ga'ʒat]

④ *die Kollegin*
colegă f
[ko'le·gə]

⑤ *die Managerin*
manager m
['me·ne·ʤer]

⑥ *der Chef*
șef m
[ʃef]

die Visitenkarte
carte de vizită f
['kar·te de 'vi·zi·tə]

entlassen werden
a fi demisionat
[a fi de·mi·sjo'nat]

das Personal
personal n
[per·so'nal]

die Elternzeit
concediu parental n
[kon'ʧe·dju pa·ren'tal]

die Vertretung	**suplinire** f [su·pli'ni·re]
der Jahresurlaub	**concediu anual** n [kon'ʧe·dju a·nu'al]
das Gehalt	**salariu** n [sa'la·rju]
die Beförderung	**promovare** f [pro·mo'va·re]
jemandem kündigen	**a demite pe cineva** [a de'mi·te pe ʧi·ne'va]
seine Stelle kündigen	**a demisiona** [a de·mi·si·o'na]
verdienen	**a câștiga** [a kiʃ·ti'ga]
in Rente gehen	**a se pensiona** [a se pen·si·o'na]

der Mutterschafts-urlaub
concediu de materni-tate n [kon'ʧe·dju de ma·ter·ni'ta·te]

KOMMUNI-KATION

COMUNICAȚIE

DER COMPUTER – CALCULATORUL

Der Desktop-Computer – Calculatorul (de birou)

der Desktop-Computer
calculator (de birou) n
[kal·ku·laˈtor (de biˈrow)]

der Ein/Aus-Schalter
buton de pornire/oprire n
[buˈton de porˈni·re/oˈpri·re]

die USB-Schnittstelle
port USB n
[port u·seˈbe]

das CD/DVD-Laufwerk
unitate CD/DVD f
[u·niˈta·te siˈdi/di·viˈdi]

das Computergehäuse
carcasă f
[karˈka·sə]

die Tastatur
tastatură f
[tas·taˈtu·rə]

der Bildschirm
monitor n
[mo·niˈtor]

die Maus
maus n
[maws]

das Scrollrad
rotiță de derulare f
[roˈti·tsə de de·ruˈla·re]

die Tastatur
tastatură f
[tas·taˈtu·rə]

die Escapetaste
tastă escape f
[ˈtas·tə isˈkejp]

die Tabulatortaste
tastă tabulator f
[ˈtas·tə ta·bu·laˈtor]

die Feststelltaste
tastă caps lock f
[ˈtas·tə keps lok]

die Rücklöschtaste
tastă backspace f
[ˈtas·tə ˈbek·spejs]

die Eingabetaste
tastă enter f
[ˈtas·tə ˈen·tər]

die Umschalttaste
tastă shift f
[ˈtas·tə ʃift]

die Steuerungstaste
tastă control f
[ˈtas·tə konˈtrol]

die Leertaste
tastă spațiu f
[ˈtas·tə ˈspa·tsju]

DER COMPUTER - CALCULATORUL

Hardware und Zubehör - Hardware și accesorii

der Lautsprecher
boxă f
[ˈbo·ksə]

der/das Laptop
laptop n
[ˈlep·top]

das Stromkabel
cablu de alimentare n
[ˈka·blu de a·li·menˈta·re]

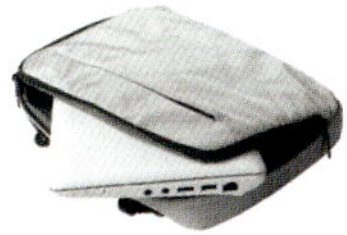

die Laptoptasche
husă pentru laptop f
[ˈhu·sə ˈpen·tru ˈlep·top]

der Prozessor
procesor n
[pro·ʧeˈsor]

die (externe) Festplatte
hard disk (extern) n
[hard disk (eksˈtern)]

der Arbeitsspeicher
memorie RAM f
[meˈmo·ri·e ram]

die Webcam
cameră web f
[ˈka·me·rə web]

die CD-ROM
CD-ROM n
[si·diˈrom]

der USB-Stick
stick de memorie USB n
[stik de meˈmo·ri·e u·seˈbe]

der Scanner
scaner n
[ˈska·ner]

der Tintenstrahldrucker
imprimantă cu jet de cerneală f
[im·priˈman·tə ku ʒet de ʧerˈne̯a·lə]

der Laserdrucker
imprimantă laser f
[im·priˈman·tə ˈla·ser]

die Tintenpatrone
cartuș de cerneală n
[karˈtuʃ de ʧerˈne̯a·lə]

die Tonerkartusche
cartuș de toner n
[karˈtuʃ de ˈto·nər]

das Mauspad
covoraș pentru maus n
[ko·voˈraʃ ˈpen·tru maws]

DER COMPUTER – CALCULATORUL

Am Computer arbeiten – Lucrul la calculator

tippen
a tasta
[a tas'ta]

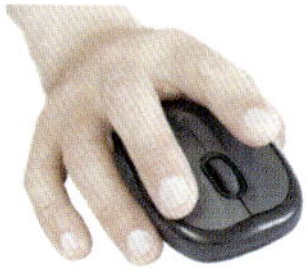

klicken
a da clic
[a da klik]

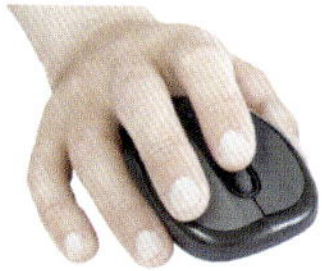

scrollen
a derula
[a de·ru'la]

ausschneiden
a decupa
[a de·ku'pa]

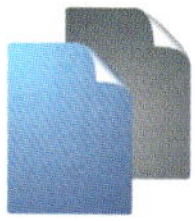

kopieren
a copia
[a ko·pi'a]

einfügen
a lipi
[a li'pi]

eine Datei ausdrucken
a tipări un fișier
[a ti·pə'ri un fi·ʃi'er]

speichern
a salva
[a sal'va]

eine Datei öffnen
a deschide un fișier
[a des'ki·de un fi·ʃi'er]

löschen
a șterge
[a 'ʃter·ʤe]

der Ordner
folder n
['fol·dər]

der Papierkorb
coș de gunoi n
[koʃ de gu'noj]

suchen
a căuta
[a kə·u'ta]

eingeben	**a introduce** [a in·tro'du·ʧe]
eine Datei verschieben	**a muta un fișier** [a mu'ta un fi·ʃi'er]
eine Sicherungskopie erstellen	**a face o copie de siguranță** [a 'fa·ʧe o 'ko·pi·e de si·gu'ran·tsə]
markieren	**a selecta** [a se·lek'ta]
sich einloggen	**a se înregistra** [a se in·re·ʤis'tra]
sich ausloggen	**a se deconecta** [a se de·ko·nek'ta]
der Neustart	**repornire** f [re·por'ni·re]
(die) Bytes	**byte** m [bajt]

DER COMPUTER – CALCULATORUL

Am Computer arbeiten – Lucrul la calculator

rückgängig machen
a anula
[a a·nu'la]

wiederherstellen
a restaura
[a res·ta·u'ra]

die Einstellungen
setări f
[se'tərʲ]

die Schriftart
font n
[font]

die Fehlermeldung
mesaj de eroare n
[me'saʒ de e'ro̯a·re]

der Mauszeiger
cursor n
[kur'sor]

die Sanduhr
clepsidră f
[klep'si·drə]

der Lautstärkeregler
regulator de volum n
[re·gu·la'tor de vo'lum]

ein Fenster minimieren
a reduce o fereastră
[a re'du·tʃe o fe're̯as·trə]

eine CD/DVD auswerfen
a ejecta un CD/DVD
[a e·ʒek'ta un si'di/di·vi'di]

den Rechner hochfahren
a porni calculatorul
[a por'ni kal·ku·la'to·rul]

den Rechner herunterfahren
a închide calculatorul
[a ɨn'ki·de kal·ku·la'to·rul]

die Datei	**fișier** n [fi·ʃi'er]
das Programm	**program** n [pro'gram]
der Scrollbalken	**bară de derulare** f ['ba·rə de de·ru'la·re]
ein Programm installieren	**a instala un program** [a in·sta'la un pro'gram]
ein Programm deinstallieren	**a dezinstala un program** [a dez·in·sta'la un pro'gram]
das Betriebssystem	**sistem de operare** n [sis'tem de o·pe'ra·re]
die Taskleiste	**bară de activități** f ['ba·rə de ak·ti·vi'tətsʲ]
der Fortschrittsbalken	**bară de progres** f ['ba·rə de pro'gres]

das Fenster
fereastră f
[fe're̯as·trə]

DER COMPUTER – CALCULATORUL

Das Internet – Internetul

das WLAN
rețea wireless f
[re'tse̯a 'wa·jer·les]

der Router
router n
['ru·ter]

das LAN-Kabel
cablu de rețea n
['ka·blu de re'tse̯a]

der Browser
program de navigare pe internet n [pro'gram de na·vi'ga·re pe in·ter'net]

das Lesezeichen
semn de carte n
[semn de 'kar·te]

der Download
descărcare f
[des·kər'ka·re]

die Nachricht
mesaj n
[me'saʒ]

die Social Media
rețea de socializare f
[re'tse̯a de so·ʧi·a·li'za·re]

der Online-Einkauf
cumpărare online f
[kum·pə'ra·re on'lajn]

die Verschlüsselung
criptare f
[krip'ta·re]

die E-Mail-Adresse
adresă de e-mail f
[a'dre·sə de 'i·mejl]

der Anhang
atașament n
[a·ta·ʃa'ment]

eine Mail weiterleiten
a redirecționa un e-mail
[a re·di·rek·tsi·o'na un 'i·mejl]

senden	**a trimite** [a tri'mi·te]
empfangen	**a primi** [a pri'mi]
das Benutzerkonto	**cont de utilizator** n [kont de u·ti·li·za'tor]
der Posteingang	**mesaje primite** pl [me'sa·ʒe pri'mi·te]
der Postausgang	**mesaje trimise** pl [me'sa·ʒe tri'mi·se]
die Abwesenheitsnotiz	**notificare de absență** f [no·ti·fi'ka·re de ab'sen·tsə]
die Spammail	**mesaj spam** n [me'saʒ spam]
im Internet surfen	**a naviga pe internet** [a na·vi'ga pe in·ter'net]

DER COMPUTER – CALCULATORUL

Mobile Endgeräte – Echipamente mobile

der Tablet-Computer
tabletă f
[ta'ble·tə]

der E-Book-Reader
cititor de cărți electronice n
[tʃi·ti'tor de 'kərts' e·lek'tro·ni·tʃe]

der MP3-Player
MP3 player n
[em·pe'trej 'ple·jər]

das Bluetooth®-Headset
cască Bluetooth® f
['kas·kə 'blu:tu:θ]

die App
aplicație f
[a·pli'ka·tsi·e]

die SIM-Karte
cartelă SIM f
[kar'te·lə sim]

die Handytasche
husă pentru telefon mobil f ['hu·sə 'pen·tru te·le'fon mo'bil]

das Handy
telefon mobil n
[te·le'fon mo'bil]

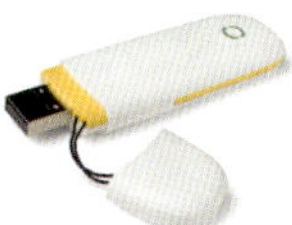

der Surfstick
modem extern n
['mo·dem eks'tern]

wischen
a glisa cu degetul
[a gli'sa ku 'de·dʒe·tul]

die SMS
mesaj/SMS n
[me'saʒ/ se·me'se]

das Smartphone
smartphone n
['smart·fon]

der Touchscreen
ecran tactil n
[e'kran tak'til]

der Datenspeicher	**mediu de stocare a datelor** n ['me·dju de sto'ka·re a 'da·te·lor]
die Software	**software** n ['soft·wer]
das Funkloch	**zonă fără semnal** f ['zo·nə 'fə·rə sem'nal]
die Flatrate	**serviciu nelimitat** n [ser'vi·tʃju ne·li·mi'tat]
die Prepaidkarte	**cartelă preplătită** f [kar'te·lə pre·plə'ti·tə]
das Guthaben	**credit** n ['kre·dit]
der Klingelton	**sunet de apel** n ['su·net de a'pel]
der Akku	**acumulator** n [a·ku·mu·la'tor]

DAS TELEFON – TELEFONUL

das Display
ecran n
[e'kran]

das Telefonbuch
carte de telefon f
['kar·te de te·le'fon]

der Anrufbeantworter
robot telefonic m
[ro'bot te·le'fo·nik]

das Tastenfeld
tastatură f
[tas·ta'tu·rə]

der Telefonhörer
receptor de telefon n
[re·tʃep'tor de te·le'fon]

das Kabel
cablu n
['ka·blu]

das schnurlose Telefon
telefon fără fir n
[te·le'fon 'fə·rə fir]

der Hörer
receptor n
[re·tʃep'tor]

abheben
a răspunde
[a rəs'pun·de]

auflegen
a închide
[a ɨn'ki·de]

die Basisstation
stație f
['sta·tsi·e]

der Kopfhörer
cască f
['kas·kə]

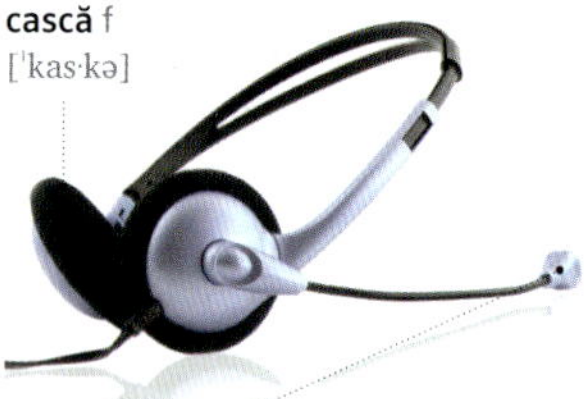

das Mikrofon
microfon n
[mi·kro'fon]

das Faxgerät
fax n
[faks]

jemanden anrufen	**a suna pe cineva** [a su'na pe tʃi·ne'va]
wählen	**a forma (un număr)** [a for'ma (un 'nu·mər)]
klingeln	**a suna** [a su'na]
Ich möchte bitte ... sprechen.	**Aș dori să vorbesc cu...** [aʃ do'ri sə vor'besk ku...]
Entschuldigung, ich habe mich verwählt.	**Mă scuzați, am greșit numărul.** [mə sku'zatsʲ am gre'ʃit 'nu·mə·rul]
Ich stelle Sie durch.	**Vă fac legătura.** [və fak le·gə'tu·ra]
Bitte hinterlassen Sie eine Nachricht nach dem Signalton.	**Vă rugăm să lăsați un mesaj după semnalul sonor.** [və ru'gəm sə lə'satsʲ un me'saʒ 'du·pə sem'na·lul so'nor]
Können Sie mich bitte zurückrufen?	**Ați putea, vă rog, să mă sunați înapoi?** [atsʲ pu'tea və rog sə mə su'natsʲ ɨ·na'poj]

DIE MEDIEN – MASS-MEDIA

Das Fernsehen – Televiziunea

die Fernbedienung
telecomandă f
[te·le·ko'man·də]

die Lautstärke
volum al sonorului n
[vo'lum al so'no·ru·luj]

stumm schalten
a opri sunetul
[a o'pri 'su·ne·tul]

zurückspulen
a derula înapoi
[a de·ru'la ɨ·na'poj]

abspielen
a rula
[a ru'la]

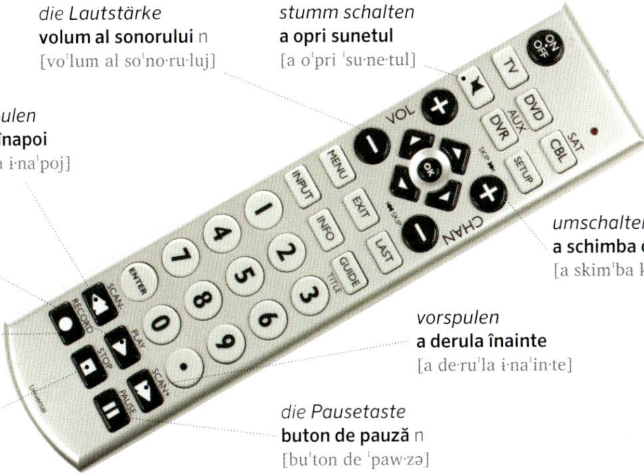

umschalten
a schimba canalul
[a skim'ba ka'na·lul]

aufnehmen
a înregistra
[a ɨn·re·ʤis'tra]

vorspulen
a derula înainte
[a de·ru'la ɨ·na'in·te]

die Stopptaste
buton de stop n
[bu'ton de stop]

die Pausetaste
buton de pauză n
[bu'ton de 'paw·zə]

der DVD-Player
DVD-player n
[di·vi'di 'ple·jər]

das Videospiel
joc video n
[ʒok 'vi·de·o]

der Fernseher
televizor n
[te·le·vi'zor]

der Digitalempfänger
receptor digital n
[re·ʧep'tor di·ʤi'tal]

die DVD
DVD n
[di·vi'di]

das Kabelfernsehen	**televiziune prin cablu** f [te·le·vi·zi'u·ne prin 'ka·blu]
das Free-TV	**programe TV gratuite** pl [pro'gra·me te've gra·tu'i·te]
das Bezahlfernsehen	**programe TV cu plată** pl [pro'gra·me te've ku 'pla·tə]
fernsehen	**a se uita la televizor** [a se uj'ta la te·le·vi'zor]
die Fernsehserie	**serial** n [se·ri'al]
zappen	**a schimba programele** [a skim'ba pro'gra·me·le]
die Folge	**episod** n [e·pi'sod]
der Raumklang	**sunet ambiental** n ['su·net am·bi·en'tal]

die Satellitenschüssel
antenă de satelit f
[an'te·nə de sa·te'lit]

DIE MEDIEN - MASS-MEDIA

Das Fernsehen - Televiziunea

das Set
studio n
[stu·di'o]

der Teleprompter®
teleprompter® n
[te·le'promp·ter]

die Nachrichtensprecherin
prezentatoare de știri f
[pre·zen·ta'to̯a·re de ʃtir^j]

die Nachrichten
știri f
[ʃtir^j]

das Interview
interviu n
[in·ter'viw]

der Interviewpartner
intervievat m
[in·ter·vje'vat]

die Reporterin
reporteră f
[re'por·te·rə]

das Mikrofon
microfon n
[mi·kro'fon]

die Szene
scenă f
['stʃe·nə]

der Schauspieler
actor m
[ak'tor]

die Klappe
clachetă f
[kla'ke·tə]

die Livesendung
emisiune în direct f
[e·mi·si'u·ne ɨn di'rekt]

das Publikum
public n
['pu·blik]

der Dokumentarfilm	**film documentar** n [film do·ku·men'tar]
die Talkshow	**talkshow** n ['tok·ʃow]
die Reportage	**reportaj** n [re·por'taʒ]
die Quizshow	**emisiune-concurs cu întrebări din diverse domenii** f [e·mi·si'u·ne kon'kurs ku ɨn·tre'bər^j din di'ver·se do'me·nij]
der/die Moderator/-in	**moderator/-oare** m/f [mo·de·ra'tor/-o̯a·re]
der Teilnehmer	**participant** m [par·ti·tʃi'pant]
die Teilnehmerin	**participantă** f [par·ti·tʃi'pan·tə]

DIE MEDIEN - MASS-MEDIA

Das Radio - Radioul

der DJ
DJ m
[diˈʤej]

die Tonaufnahme
înregistrare audio f
[ɨn·re·ʤisˈtra·re aˈu·di·o]

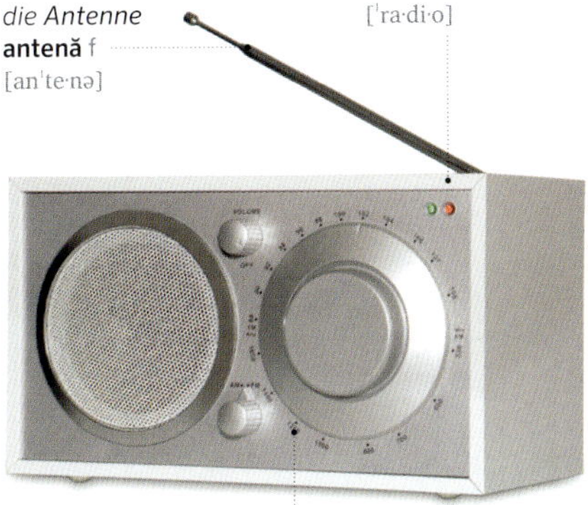

das Radio
radio n
[ˈra·di·o]

die Antenne
antenă f
[anˈte·nə]

die Frequenz
frecvență f
[frekˈven·ʦə]

der Radiosender
post de radio n
[post de ˈra·di·o]

der Wetterbericht
buletin meteorologic n
[bu·leˈtin me·te·o·roˈlo·ʤik]

die Verkehrsnachrichten
buletin rutier n
[bu·leˈtin ru·tiˈer]

die Hitparade
top muzical n
[top mu·ziˈkal]

das Hörspiel
teatru radiofonic n
[ˈte̯a·tru ra·di·oˈfo·nik]

die Liveaufzeichnung
înregistrare a unui eveniment în direct f
[ɨn·re·ʤisˈtra·re a ˈu·nuj e·ve·niˈment ɨn diˈrekt]

die Sendung	**transmisiune** f [tran·smi·siˈu·ne]
der Berichterstatter	**corespondent** m [ko·res·ponˈdent]
die Berichterstatterin	**corespondentă** f [ko·res·ponˈden·tə]
die Erkennungsmelodie	**temă muzicală** f [ˈte·mə mu·ziˈka·lə]
der Werbespot	**spot publicitar** n [spot pu·bli·ʧiˈtar]
senden	**a transmite** [a transˈmi·te]
die Langwelle	**unde lungi** f [ˈun·de lunʤʲ]
die Kurzwelle	**unde scurte** f [ˈun·de ˈskur·te]

DIE MEDIEN – MASS-MEDIA

Die Printmedien – Mediile tipărite

die Zeitung
ziar n
[zi'ar]

das Tabloidformat
format de tabloid n
[for'mat de ta·blo'id]

das Bild
imagine f
[i'ma·dʒi·ne]

der Artikel
articol n
[ar'ti·kol]

die Titelseite
prima pagină f
['pri·ma 'pa·dʒi·nə]

die Schlagzeile
titlu n
['ti·tlu]

der Vorspann
preambul n
[pre·am'bul]

die Zeitungsspalte
coloană f
[ko'lo̯a·nə]

die großformatige Zeitung
ziar în format mare n
[zi'ar ɨn for'mat 'ma·re]

der Stellenmarkt
cereri și oferte de angajare pl
['tʃe·rerʲ ʃi o'fer·te de an·ga'ʒa·re]

der Werbeprospekt
prospect n
[pros'pekt]

die Anzeige
anunț n
[a'nunts]

das Abonnement
abonament n
[a·bo·na'ment]

der Leitartikel	**articol de fond** n [ar'ti·kol de fond]
die Todesanzeige	**necrolog** n [ne·kro'log]
die Qualitätszeitung	**ziar de calitate** n [zi'ar de ka·li'ta·te]
die Boulevardzeitung	**ziar de scandal** n [zi'ar de skan'dal]
die Wochenzeitung	**săptămânal** n [səp·tə·mɨ'nal]
die Tageszeitung	**cotidian** n [ko·ti·di'an]
die Kolumne	**rubrică** f ['ru·bri·kə]
die Beilage	**supliment** n [su·pli'ment]

DIE MEDIEN – MASS-MEDIA

Die Printmedien – Mediile tipărite

das gebundene Buch
carte cartonată f
[ˈkar·te kar·toˈna·tə]

der Einband
copertă f
[koˈper·tə]

der Buchdeckel
copertă anterioară f
[koˈper·tə an·te·ri̯ˈo̯a·rə]

der Buchrücken
cotor n
[koˈtor]

der Schutzumschlag
supracopertă f
[su·pra·koˈper·tə]

das Taschenbuch
carte necartonată f
[ˈkar·te ne·kar·toˈna·tə]

die Seite
pagină f
[ˈpa·ʤi·nə]

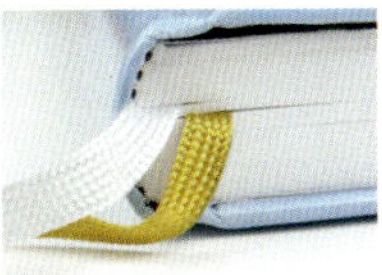

das Lesebändchen
semn de carte n
[semn de ˈkar·te]

in einem Buch blättern
a răsfoi o carte
[a rəs·foˈi o ˈkar·te]

das Sachbuch
carte de non-ficțiune f
[ˈkar·te de non·fik·tsiˈu·ne]

der Roman
roman n
[roˈman]

die Seitenzahl	**număr al paginii** n [ˈnu·mər al ˈpa·ʤi·nij]
der Index	**index** n [ˈin·deks]
eine Seite überfliegen	**a citi pe diagonală o pagină** [a ˈʧi·ti pe di·a·goˈna·lə o ˈpa·ʤi·nə]
das Kinderbuch	**carte pentru copii** f [ˈkar·te ˈpen·tru koˈpij]
die Erzählliteratur	**ficțiune** f [fik·tsiˈu·ne]
die Sachliteratur	**non-ficțiune** f [non·fik·tsiˈu·ne]
das Inhaltsverzeichnis	**cuprins** n [kuˈprins]
das Kapitel	**capitol** n [kaˈpi·tol]

der Bildband
volum ilustrat n
[voˈlum i·lusˈtrat]

DIE POST – POȘTA

der Briefumschlag
plic n
[plik]

die Briefmarke
timbru n
[ˈtim·bru]

der Empfänger
destinatar m
[des·ti·naˈtar]

die Adresse
adresă f
[aˈdre·sə]

der Absender
expeditor m
[eks·pe·diˈtor]

die Postleitzahl
cod poștal n
[kod poʃˈtal]

der Poststempel
ștampilă poștală f
[ʃtamˈpi·lə poʃˈta·lə]

das Postfach
căsuță poștală f
[kəˈsu·tsə poʃˈta·lə]

die Postkarte
vedere f
[veˈde·re]

die Empfangsbestätigung unterschreiben
a semna confirmarea de primire
[a semˈna kon·firˈma·re̯a de priˈmi·re]

der Briefkasten
cutie poștală f
[kuˈti·e poʃˈta·lə]

einen Brief einwerfen
a pune o scrisoare la poștă
[a ˈpu·ne o skriˈso̯a·re la ˈpoʃ·tə]

das Paket
colet n
[koˈlet]

der Brief	**scrisoare** f [skriˈso̯a·re]
der Eilbrief	**scrisoare cu expediere rapidă** f [skriˈso̯a·re ku eks·pe·diˈe·re raˈpi·də]
portofrei	**fără taxă de expediere** [ˈfə·rə ˈta·ksə de eks·pe·diˈe·re]
einen Brief erhalten	**a primi o scrisoare** [a priˈmi o skriˈso̯a·re]
einen Brief beantworten	**a răspunde la o scrisoare** [a rəsˈpun·de la o skriˈso̯a·re]
jemandem einen Brief schicken	**a trimite cuiva o scrisoare** [a triˈmi·te kujˈva o skriˈso̯a·re]
das Einschreiben	**scrisoare recomandată** f [skriˈso̯a·re re·ko·manˈda·tə]

DIE POST – POȘTA

das Klebeband
bandă adezivă f
[ˈban·də a·deˈzi·və]

die Styroporflocken
fulgi de polistiren m
[fulʤʲ de po·li·stiˈren]

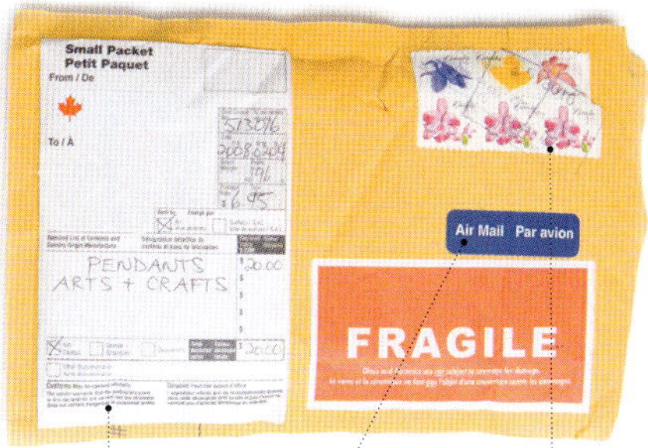

das Päckchen
pachet n
[paˈket]

per Luftpost
par avion
[par a·viˈon]

das Porto
porto n
[ˈpor·to]

zerbrechlich
fragil
[fraˈʤil]

vor Nässe schützen
a proteja de umiditate
[a pro·teˈʒa de u·mi·diˈta·te]

oben
în sus
[ɨn sus]

die Zustellung
livrare f
[liˈvra·re]

liefern	**a livra** [a liˈvra]
die Leerungszeiten	**orar de ridicare a corespondenței** n [oˈrar de ri·diˈka·re a ko·res·ponˈden·ʦej]
versandkostenfrei	**cu expediere gratuită** [ku eks·pe·diˈe·re gra·tuˈi·tə]
das Gewicht	**greutate** f [gre·uˈta·te]
die Waage	**cântar** n [kɨnˈtar]
der Hausbriefkasten	**cutie poștală** f [kuˈti·e poʃˈta·lə]
Nicht knicken!	**Nu îndoiți!** [nu ɨn·doˈiʦʲ]

der Kurierdienst
curier m
[ku·riˈer]

SPORT UND FITNESS

SPORT ȘI FITNESS

BALLSPORTARTEN – SPORTURI CU MINGEA

Der Fußball – Fotbalul

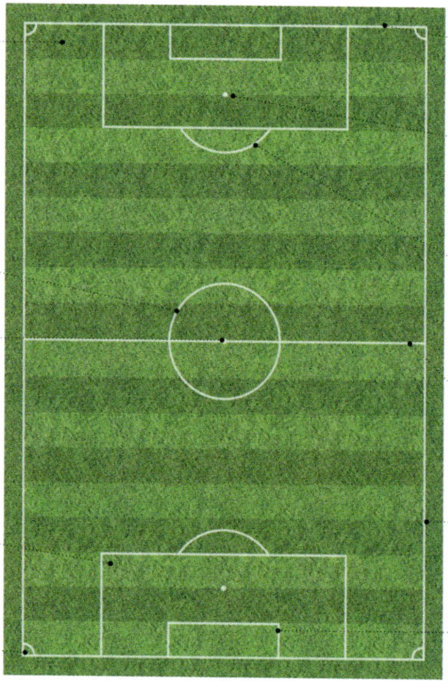

das Spielfeld
teren de joc n
[teˈren de ʒok]

der Mittelkreis
cerc central n
[ʧerk ʧenˈtral]

der Anstoßpunkt
punct din centrul terenului n
[punkt din ˈʧen·trul teˈre·nu·luj]

der Strafraum
suprafață de pedeapsă f
[su·praˈfa·tsə de peˈde̯ap·sə]

der Eckbogen
arc de colț n
[ark de kolts]

die Torlinie
linie a porții f
[ˈli·ni·e a ˈpor·tsij]

der Elfmeterpunkt
punct de la unsprezece metri n [punkt de la ˈun·spre·ze·ʧe ˈme·tri]

der Teilkreis am Strafraum
arc al suprafeței de pedeapsă n [ark al su·praˈfe·tsej de peˈde̯ap·sə]

die Mittellinie
linie centrală f
[ˈli·ni·e ʧenˈtra·lə]

die Seitenlinie
linie laterală f
[ˈli·ni·e la·teˈra·lə]

der Torraum
suprafață de poartă f
[su·praˈfa·tsə de ˈpo̯ar·tə]

das Stadion
stadion n
[sta·diˈon]

die Zuschauertribüne
tribună f
[triˈbu·nə]

die Zuschauer
spectatori m
[spek·taˈtorʲ]

der Platzverweis
eliminare f
[e·li·miˈna·re]

die rote Karte
cartonaș roșu n
[kar·toˈnaʃ ˈro·ʃu]

der Schiedsrichter
arbitru m
[arˈbi·tru]

BALLSPORTARTEN – SPORTURI CU MINGEA

Der Fußball – Fotbalul

die Mannschaftsaufstellung
schemă de joc f
[ˈske·mə de ʒok]

der Mittelstürmer
atacant central m
[a·taˈkant ʧenˈtral]

der Libero
libero m
[ˈli·be·ro]

der Innenverteidiger
apărător central m
[a·pə·rəˈtor ʧenˈtral]

der Torwart
portar m
[porˈtar]

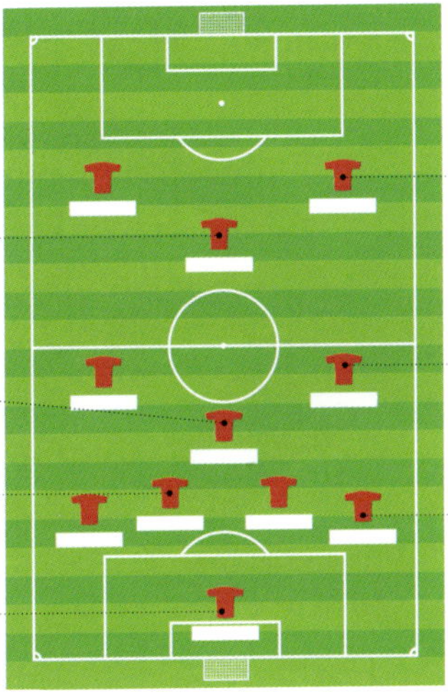

der Außenstürmer
atacant lateral m
[a·taˈkant la·teˈral]

der Mittelfeldspieler
mijlocaș m
[miʒ·loˈkaʃ]

der Außenverteidiger
apărător lateral m
[a·pə·rəˈtor la·teˈral]

angreifen
a ataca
[a a·taˈka]

der Eckstoß
corner n
[ˈkor·ner]

der Freistoß
lovitură liberă f
[lo·viˈtu·rə ˈli·be·rə]

der Einwurf
repunere în joc f
[reˈpu·ne·re ɨn ʒok]

die Liga	**ligă** f [ˈli·gə]
die erste Liga	**liga întâi** f [ˈli·ga ɨnˈtɨj]
die Meisterschaft	**campionat** n [kam·pi·oˈnat]
der Pokal	**cupă** f [ˈku·pə]
die gelbe Karte	**cartonaș galben** n [kar·toˈnaʃ ˈgal·ben]
einen Spieler sperren	**a suspenda un jucător** [a sus·penˈda un ʒu·kəˈtor]
das Foul	**fault** n [ˈfa·ult]
die Verteidigung	**apărare** f [a·pəˈra·re]

das Tor
gol n
[gol]

BALLSPORTARTEN – SPORTURI CU MINGEA

Der Fußball – Fotbalul

der Fußball
minge de fotbal f
[ˈmin·ʤe de ˈfot·bal]

der Fußballschuh
gheată f
[ˈge̯a·tə]

der Stollen
crampon n
[kramˈpon]

das Trikot
tricou n
[triˈkow]

die Hose
șort n
[ʃort]

der Schienbeinschoner
apărătoare pentru tibie f
[a·pə·rəˈto̯a·re ˈpen·tru ˈti·bi·e]

der Stutzen
jambieră f
[ʒam·biˈe·rə]

den Ball halten
a prinde mingea
[a ˈprin·de ˈmin·ʤe̯a]

das Tornetz
plasă a porții f
[ˈpla·sə a ˈpor·tsij]

der Torpfosten
stâlp al porții m
[stɨlp al ˈpor·tsij]

der Torwarthandschuh
mănușă de portar f
[məˈnu·ʃə de porˈtar]

schießen
a trage un șut
[a ˈtra·ʤe un ʃut]

die Querlatte	**bară transversală** f [ˈba·rə trans·ver'sa·lə]
die Halbzeit	**repriză** f [reˈpri·zə]
das Unentschieden	**egal** n [eˈgal]
die Verlängerung	**prelungire** f [pre·lunˈʤi·re]
der Elfmeter	**lovitură de la unsprezece metri** f [lo·viˈtu·rə de la ˈun·spre·ze·ʧe ˈme·tri]
das Abseits	**ofsaid** n [ˈof·sajd]
köpfen	**a lovi cu capul** [a loˈvi ku ˈka·pul]
kicken	**a șuta** [a ʃuˈta]

BALLSPORTARTEN – SPORTURI CU MINGEA

Der Handball – Handbalul

der Ersatzspieler
jucător de rezervă m
[ʒu·kə'tor de re'zer·və]

die Auswechselbank
bancă de rezerve f
['ban·kə de re'zer·ve]

die Torraumlinie
linie a spațiului de poartă f
['li·ni·e a 'spa·tsju·luj de 'po̯ar·tə]

der Zeitnehmer
cronometror m
[kro·no·me'tror]

der Torraum
spațiu de poartă n
['spa·tsju de 'po̯ar·tə]

die Auswechsellinie
linie de schimb f
['li·ni·e de skimb]

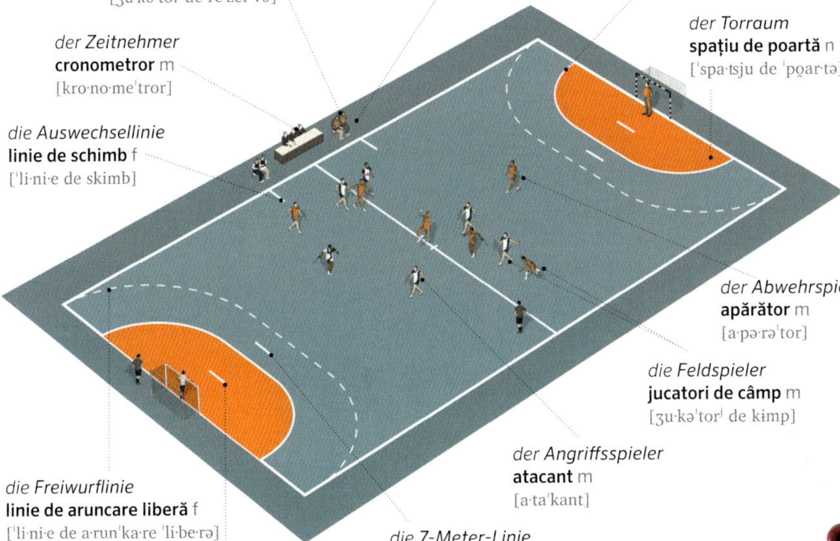

der Abwehrspieler
apărător m
[a·pə·rə'tor]

die Feldspieler
jucatori de câmp m
[ʒu·kə'tor^j de kɨmp]

der Angriffsspieler
atacant m
[a·ta'kant]

die Freiwurflinie
linie de aruncare liberă f
['li·ni·e de a·run'ka·re 'li·be·rə]

die 7-Meter-Linie
linie de șapte metri f
['li·ni·e de 'ʃap·te 'me·tri]

die Torwartgrenzlinie
linie de restricție a portarului f
['li·ni·e de res'trik·tsi·e a por'ta·ru·luj]

der Sprungwurf
aruncare din săritură f
[a·run'ka·re din sə·ri'tu·rə]

der linke Flügel	**aripă stângă** f ['a·ri·pə 'stin·gə]
der rechte Flügel	**aripă dreaptă** f ['a·ri·pə 'dre̯ap·tə]
der Schlagwurf	**aruncare din sprijin pe sol** f [a·run'ka·re din 'spri·ʒin pe sol]
die Zeitstrafe	**eliminare temporară** f [e·li·mi'na·re tem·po'ra·rə]
die Disqualifikation	**descalificare** f [des·ka·li·fi'ka·re]
die Auszeit	**eliminare definitivă** f [e·li·mi'na·re de·fi·ni'ti·və]
die Verwarnung	**avertisment** n [a·ver·tis'ment]
der Siebenmeter	**aruncare de la șapte metri** f [a·run'ka·re de la 'ʃap·te 'me·tri]

BALLSPORTARTEN – SPORTURI CU MINGEA

Der Volleyball – Voleiul

die Angriffszone
zonă de atac f
[ˈzo·nə de aˈtak]

der Außenangreifer
atacant lateral m
[a·taˈkant la·teˈral]

der Mittelangreifer
atacant central m
[a·taˈkant ʧenˈtral]

die Verteidigungszone
zonă de apărare f
[ˈzo·nə de a·pəˈra·re]

die Netzkante
margine a fileului f
[ˈmar·ʤi·ne a fiˈle·u·lui]

das Netz
fileu n
[fiˈlew]

die Angriffslinie
linie de atac f
[ˈli·ni·e de aˈtak]

der Freiraum
zonă liberă f
[ˈzo·nə ˈli·be·rə]

der Libero
libero m
[ˈli·be·ro]

die Grundlinie
linie de fund f
[ˈli·ni·e de fund]

der Abwehrspieler
apărător m
[a·pə·rəˈtor]

die Seitenlinie
linie laterală f
[ˈli·ni·e la·teˈra·lə]

der Linienrichter
asistent de linie m
[a·sisˈtent de ˈli·ni·e]

die Reservebank
bancă de rezerve f
[ˈban·kə de reˈzer·ve]

der Beachvolleyball
volei pe plajă n
[ˈvo·lej pe ˈpla·ʒə]

schmettern
a lovi cu putere
[a loˈvi ku puˈte·re]

blocken
a bloca
[a bloˈka]

der Aufschlag
serviciu n
[serˈvi·ʧju]

baggern
a lovi cu antebrațul
[a loˈvi ku an·teˈbra·tsul]

pritschen
a ridica
[a ri·diˈka]

die Hechtabwehr
lovitură de apărare din plonjon f
[lo·viˈtu·rə de a·pəˈra·re din plonˈʒon]

BALLSPORTARTEN – SPORTURI CU MINGEA

Der Basketball – Baschetul

die Seitenlinie
linie laterală f
[ˈli·ni·e la·teˈra·lə]

die Drei-Punkte-Linie
linie a coșului de trei puncte f [ˈli·ni·e a ˈko·ʃu·luj de trej ˈpunk·te]

die begrenzte Zone
zonă de restricție f
[ˈzo·nə de resˈtrik·tsi·e]

die Grundlinie
linie de fund f
[ˈli·ni·e de fund]

im Aus sein
a fi în afara terenului de joc
[a fi ɨn aˈfa·ra teˈre·nu·luj de ʒok]

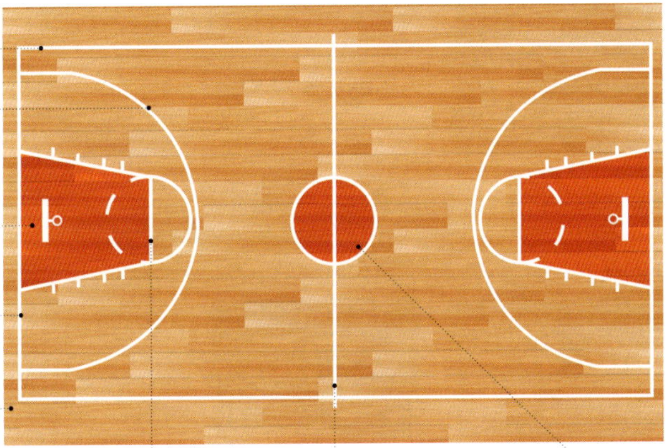

die Freiwurflinie
linie de aruncare liberă f
[ˈli·ni·e de a·runˈka·re ˈli·be·rə]

die Mittellinie
linie de centru f
[ˈli·ni·e de ˈʧen·tru]

der Mittelkreis
cerc central n
[ʧerk ʧenˈtral]

der Dunk
(slam) dunk n
[(slem) dank]

das Korbbrett
panou n
[paˈnow]

der Korbring
inel n
[iˈnel]

das Netz
plasă f
[ˈpla·sə]

der Korb
coș n
[koʃ]

der Korbleger	**tap-in** n [tep in]
das Doppeldribbling	**dublu dribling** n [ˈdu·blu ˈdrib·ling]
der Rebound	**ricoșeu** n [ri·koˈʃew]
der Sprungball	**angajare între doi** f [an·gaˈʒa·re ˈɨn·tre doj]
fangen	**a prinde** [a ˈprin·de]
werfen	**a arunca** [a a·runˈka]
zielen	**a ochi** [a oˈki]
decken	**a marca** [a marˈka]

WEITERE BALLSPORTARTEN – ALTE SPORTURI CU MINGEA

das Hockey
hochei n
[ˈho·kej]

das Eishockey
hochei pe gheață n
[ˈho·kej pe ˈge̯a·tsə]

der Hockeyschläger
crosă f
[ˈkro·sə]

der Puck
puc n
[puk]

der Softball
softball n
[ˈsoft·bol]

der Baseball
baseball n
[ˈbejs·bol]

der Baseballschläger
bâtă de baseball f
[ˈbɨ·tə de ˈbejs·bol]

der Baseballhandschuh
mănușă de baseball f
[məˈnu·ʃə de ˈbejs·bol]

der American Football
fotbal american n
[ˈfot·bal a·me·riˈkan]

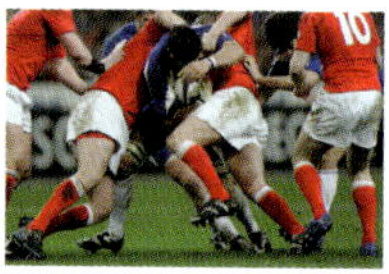

das Rugby
rugby n
[ˈrag·bi]

das Kricket
crichet n
[ˈkri·ket]

das Schlagholz
bâtă f
[ˈbɨ·tə]

die Trillerpfeife
fluier n
[ˈflu·jer]

die Mannschaft	**echipă** f [eˈki·pə]
der Sieger	**câștigător** m [kɨʃ·ti·gəˈtor]
der Verlierer	**învins** m [ɨnˈvins]
der Weltmeister	**campion mondial** m [kam·piˈon mon·diˈal]
das Turnier	**competiție** f [kom·peˈti·tsi·e]
der Spielstand	**scor** n [skor]
der Trainer	**antrenor** m [an·treˈnor]
die Trainerin	**antrenoare** f [an·treˈno̯a·re]
die Anzeigetafel	**tabelă de marcaj** f [taˈbe·lə de marˈkaʒ]

BALLSPORTARTEN MIT SCHLÄGERN – SPORTURI CU MINGI ȘI RACHETE

Das Badminton – Badmintonul

der Badmintonplatz
teren de badminton n
[te'ren de 'bed·min·ton]

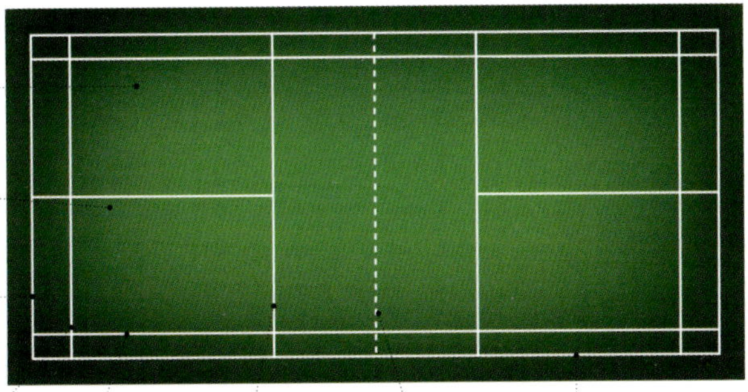

das linke Aufschlagfeld
careu de serviciu stâng n
[ka'rew de ser'vi·tʃju sting]

das rechte Aufschlagfeld
careu de serviciu drept n
[ka'rew de ser'vi·tʃju drept]

die hintere Aufschlaglinie Einzel
linie de serviciu lung pentru simplu f
['li·ni·e de ser'vi·tʃju lung 'pen·tru 'sim·plu]

die hintere Aufschlaglinie Doppel
linie de serviciu lung pentru dublu f
['li·ni·e de ser'vi·tʃju lung 'pen·tru 'du·blu]

die Seitenlinie Einzel
linie laterală pentru simplu f
['li·ni·e la·te'ra·lə 'pen·tru 'sim·plu]

die vordere Aufschlaglinie
linie de serviciu scurt f
['li·ni·e de ser'vi·tʃju skurt]

die Mittellinie
linie centrală f
['li·ni·e tʃen'tra·lə]

die Seitenlinie Doppel
linie laterală pentru dublu f
['li·ni·e la·te'ra·lə 'pen·tru 'du·blu]

das Squash
squash n
[skwoʃ]

der Racquetball
racquetball n
['re·kit·bol]

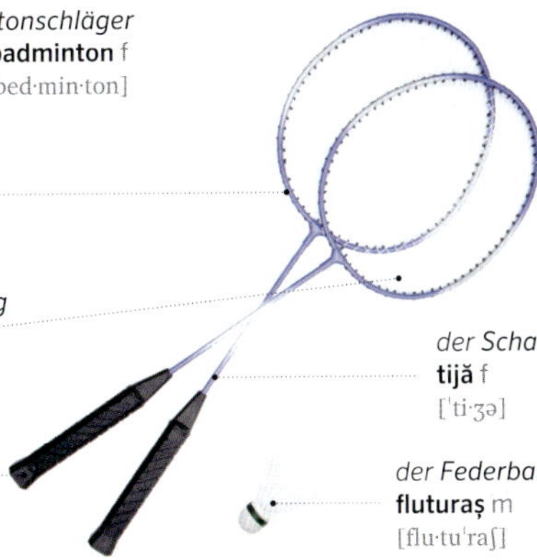

der Badmintonschläger
rachetă de badminton f
[ra'ke·tə de 'bed·min·ton]

der Rahmen
ramă f
['ra·mə]

die Bespannung
cordaj n
[kor'daʒ]

der Griff
mâner n
[mɨ'ner]

der Schaft
tijă f
['ti·ʒə]

der Federball
fluturaș m
[flu·tu'raʃ]

BALLSPORTARTEN MIT SCHLÄGERN – SPORTURI CU MINGI ȘI RACHETE

Das Tennis – Tenisul

der Balljunge
copil de mingi m
[ko'pil de minʤʲ]

die Grundlinie
linie de fund f
['li·ni·e de fund]

die Aufschlaglinie
linie de serviciu f
['li·ni·e de ser'vi·ʧju]

das Halbfeld
jumătate de teren f
[ʒu·mə'ta·te de te'ren]

die Seitenlinie für das Einzelspiel
linie laterală pentru simplu f
['li·ni·e la·te'ra·lə 'pen·tru 'sim·plu]

die Seitenlinie für das Doppelspiel
linie laterală pentru dublu f
['li·ni·e la·te'ra·lə 'pen·tru 'du·blu]

die Aufschlagmittellinie
linie mediană de serviciu f
['li·ni·e me·di'a·nə de ser'vi·ʧju]

das Netz
fileu n
[fi'lew]

der Tennisball
minge de tenis f
['min·ʤe de 'te·nis]

der Tennisschläger
rachetă de tenis f
[ra'ke·tə de 'te·nis]

die Vorhand
lovitură de dreapta f
[lo·vi'tu·rə de 'dre̯ap·ta]

die Rückhand	**rever** n [re'ver]
das Einzel	**joc simplu** n [ʒok 'sim·plu]
das Doppel	**joc dublu** n [ʒok 'du·blu]
der/das Tiebreak	**tie-break** n ['taj·brek]
der Einstand	**egalitate** f [e·ga·li'ta·te]
der Fehler	**greșeală** f [gre'ʃe̯a·lə]
das Ass	**ace** n [ejs]
der Satz	**set** n [set]
der Schiedsrichter	**arbitru** m [ar'bi·tru]
die Schiedsrichterin	**arbitră** f [ar'bi·trə]
der Linienrichter	**arbitru de linie** m [ar'bi·tru de 'li·ni·e]
die Linienrichterin	**arbitră de linie** f [ar'bi·trə de 'li·ni·e]

BALLSPORTARTEN MIT SCHLÄGERN – SPORTURI CU MINGI ȘI RACHETE

Das Tischtennis – Tenisul de masă

der Tischtennistisch
masă de tenis f
[ˈma·sə de ˈte·nis]

die Netzoberkante
margine superioară a fileului f [ˈmar·ʤi·ne su·pe·riˈo̯a·rə a fiˈle·u·luj]

der Netzhalter
stâlp m
[stɨlp]

die Seitenlinie
margine f
[ˈmar·ʤi·ne]

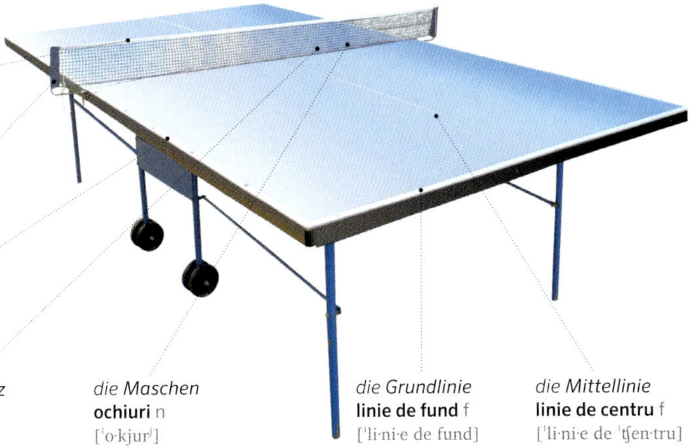

das Netz
fileu n
[fiˈlew]

die Maschen
ochiuri n
[ˈo·kjurʲ]

die Grundlinie
linie de fund f
[ˈli·ni·e de fund]

die Mittellinie
linie de centru f
[ˈli·ni·e de ˈʧen·tru]

der Tischtennisschläger
paletă de tenis de masă f
[paˈle·tə de ˈte·nis de ˈma·sə]

die Schlagfläche
față f
[ˈfa·tsə]

der Belag
strat de cauciuc n
[strat de ka·uˈʧjuk]

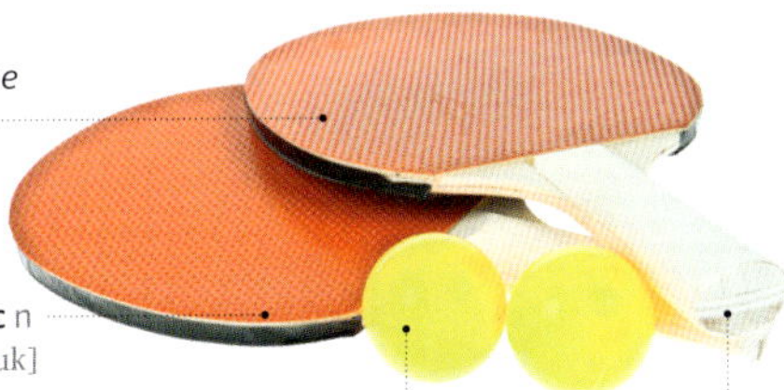

der Tischtennisball
minge de tenis de masă f
[ˈmin·ʤe de ˈte·nis de ˈma·sə]

der Griff
mâner n
[mɨˈner]

der Penholdergriff
priză asiatică f
[ˈpri·zə a·siˈa·ti·kə]

der Shakehandgriff
priză europeană f
[ˈpri·zə e·u·roˈpe̯a·nə]

DAS GOLF – GOLFUL

der Golfplatz
teren de golf n
[teˈren de golf]

das Wasserhindernis
obstacol cu apă n
[obˈsta·kol ku ˈa·pə]

der Bunker
groapă cu nisip f
[ˈgro̯a·pə ku niˈsip]

das Fairway
zonă de joc f
[ˈzo·nə de ʒok]

das Rough
zonă cu acces dificil f
[ˈzo·nə ku akˈtʃes di·fiˈtʃil]

der Abschlag
zonă de start f
[ˈzo·nə de start]

die Haltung
poziție f
[poˈzi·tsi·e]

das Tee
tee n
[ti]

der Golfball
minge de golf f
[ˈmin·dʒe de golf]

einlochen
a introduce în gaură
[a in·troˈdu·tʃe ɨn ˈga·u·rə]

die Fahne
steag n
[ste̯ag]

das Loch
gaură f
[ˈga·u·rə]

das Grün
zonă verde f
[ˈzo·nə ˈver·de]

DAS GOLF – GOLFUL

die Golfschläger
crose de golf f
[ˈkro·se de golf]

das Holz
crosă wood f
[ˈkro·sə wud]

das Eisen
crosă iron f
[ˈkro·sə ˈaj·rən]

der Wedge
crosă sand wedge f
[ˈkro·sə send wedʒ]

der Putter
crosă putter f
[ˈkro·sə ˈpu·tər]

die Golftasche
sac de crose m
[sak de ˈkro·se]

driven
a lovi la mare distanță
[a loˈvi la ˈma·re disˈtan·tsə]

der Golfspieler
jucător de golf m
[ʒu·kəˈtor de golf]

der Caddie
caddie m
[ˈke·di]

der Golftrolley
cărucior de golf n
[kə·ruˈtʃjor de golf]

der Durchschwung
balans pe spate n
[baˈlans pe ˈspa·te]

schwingen	**a (se) balansa** [a (se) ba·lanˈsa]
chippen	**a lovi la mică distanță** [a loˈvi la ˈmi·kə disˈtan·tsə]
den Ball vom Abschlag spielen	**a efectua lovitura de start** [a e·fek·tuˈa lo·viˈtu·ra de start]
das Par	**par** n [par]
das Birdie	**birdie** n [ˈbər·di]
das Bogey	**bogey** n [ˈbəw·gi]
das Handicap	**handicap** n [han·diˈkap]
das Hole-in-one	**hole-in-one** n [həwl in wan]

das Golfcart
golf cart n
[golf kart]

DIE LEICHTATHLETIK – ATLETISMUL

die Sprunggrube
groapă cu nisip f
[ˈgro̯a·pə ku niˈsip]

der Weit- und Dreisprung
săritură în lungime și triplu salt f
[sə·riˈtu·rə ɨn lunˈdʒi·me ʃi ˈtri·plu salt]

die Anlaufbahn
pistă de elan f
[ˈpis·tə de eˈlan]

das Schutznetz
plasă de protecție f
[ˈpla·sə de proˈtek·tsi·e]

die Bahn
culoar n
[kuˈlo̯ar]

die Aschenbahn
pistă cu zgură f
[ˈpis·tə ku ˈzgu·rə]

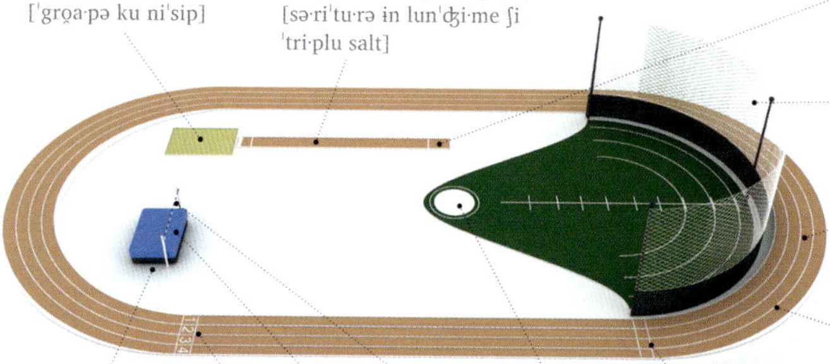

der Hochsprung
săritură în înălțime f
[sə·riˈtu·rə ɨn ɨ·nəlˈtsi·me]

die Latte
bară f
[ˈba·rə]

die Ziellinie
linie de sosire f
[ˈli·ni·e de soˈsi·re]

der Diskus- und Hammerwurf
aruncare a discului și a ciocanului f
[a·runˈka·re a ˈdis·ku·luj ʃi a tʃjoˈka·nu·luj]

die Startlinie
linie de plecare f
[ˈli·ni·e de pleˈka·re]

die Matte
saltea f
[salˈte̯a]

der Wurfkreis
cerc de aruncare n
[tʃerk de a·runˈka·re]

der Sprint
sprint n
[sprint]

der Startblock
blocstart n
[ˈblok·start]

der Hürdenlauf
alergare cu obstacole f
[a·lerˈga·re ku obˈsta·ko·le]

die Hürde
obstacol n
[obˈsta·kol]

der Stabhochsprung
săritură cu prăjina f
[sə·riˈtu·rə ku prəˈʒi·na]

der Staffellauf	**ștafetă** f [ʃtaˈfe·tə]
der Stab	**baston** n [basˈton]
einen Rekord brechen	**a bate un record** [a ˈba·te un reˈkord]
der Marathon	**maraton** n [ma·raˈton]
der Speerwurf	**aruncare a suliței** f [a·runˈka·re a ˈsu·li·tsej]
die persönliche Bestleistung	**record personal** n [reˈkord per·soˈnal]
die Stoppuhr	**cronometru** n [kro·noˈme·tru]
die Startpistole	**pistol pentru dat startul** n [pisˈtol ˈpen·tru dat ˈstar·tul]

DAS TURNEN – GIMNASTICA

der Sprungtisch
masă de sărituri f
['ma·sə de sə·ri'turʲ]

der Handstand
stând în mâini n
[stɨnd ɨn 'mɨj·nʲ]

der/das Spagat
şpagat n
[ʃpa'gat]

das Reck
bară fixă f
['ba·rə 'fi·ksə]

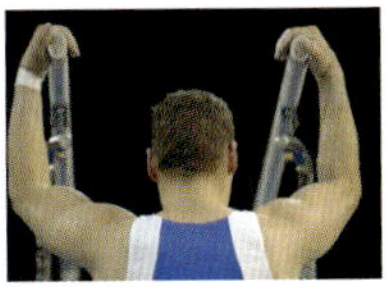

der Barren
paralele f
[pa·ra'le·le]

das Pauschenpferd
cal cu mânere m
[kal ku mɨ'ne·re]

die Ringe
inele n
[i'ne·le]

der Schwebebalken
bârnă f
['bɨr·nə]

das Bodenturnen
sol n
[sol]

der Stufenbarren
paralele inegale f
[pa·ra'le·le in·e'ga·le]

der Turnanzug
costum de gimnastică n
[kos'tum de ʤim'nas·ti·kə]

die Turnhalle
sală de sport f
['sa·lə de sport]

die Turnerin
gimnastă f
[ʤim'nas·tə]

die Magnesia
pudră de talc f
['pu·drə de talk]

das Gold	**aur** n ['a·ur]
das Silber	**argint** n [ar'ʤint]
die Bronze	**bronz** n [bronz]
die Medaille	**medalie** f [me'da·li·e]
der Wettkampf	**competiţie** f [kom·pe'ti·tsi·e]
der Salto	**salt** n [salt]
der Aufgang	**urcare** f [ur'ka·re]
der Abgang	**coborâre** f [ko·bo'rɨ·re]

DER WASSERSPORT – SPORTURILE ACVATICE

Das Schwimmen – Înotul

das Wettkampfbecken
bazin olimpic n
[ba'zin o'lim·pik]

① *der Wendehinweis für Rückenschwimmer*
stegulețe de avertizare pentru înot pe spate n
[ste·gu'le·tse de a·ver·ti'za·re 'pen·tru ɨ'not pe 'spa·te]

② *die Bahn*
culoar n
[ku'lo̯ar]

③ *das Ziel*
(perete de) sosire (m) f
[(pe're·te de) so'si·re]

④ *die Linie*
linie f
['li·ni·e]

⑤ *das Wasser*
apă f
['a·pə]

⑥ *der Startblock*
blocstart n
['blok·start]

⑦ *die Schwimmleine*
separator de culoar n
[se·pa·ra'tor de ku'lo̯ar]

die Wende
întoarcere f
[ɨn'to̯ar·tʃe·re]

der Armzug
mișcare a brațului f
[miʃ'ka·re a 'bra·tsu·luj]

das Rückenschwimmen
înot pe spate n
[ɨ'not pe 'spa·te]

das Brustschwimmen
înot stil bras n
[ɨ'not stil bras]

kraulen
înot stil craul n
[ɨ'not stil krawl]

das Schmetterlingsschwimmen
înot stil fluture n
[ɨ'not stil 'flu·tu·re]

der Startsprung
săritură de start f
[sə·ri'tu·rə de start]

der Fehlstart
start greșit n
[start gre'ʃit]

DER WASSERSPORT – SPORTURILE ACVATICE

Das Schwimmen – Înotul

der Wasserball
polo pe apă n
[ˈpo·lo pe ˈa·pə]

springen
a sări
[a səˈri]

das Kunstspringen
sărituri în apă f
[sə·riˈturʲ in ˈa·pə]

das Synchronschwimmen
înot sincron n
[ɨˈnot sinˈkron]

der Schwimmflügel
aripioară de înot f
[a·riˈpjo̯a·rə de ɨˈnot]

der Schwimmring
colac n
[koˈlak]

das Schwimmerbecken
bazin de înotători n
[baˈzin de ɨ·no·təˈtorʲ]

das Nichtschwimmer-becken
bazin de neînotători n
[baˈzin de ne·ɨ·no·təˈtorʲ]

die Schwimmweste
vestă de salvare f
[ˈves·tə de salˈva·re]

die Schwimmnudel
baghetă de înot f
[baˈge·tə de ɨˈnot]

die Schwimmerin
înotătoare f
[ɨ·no·təˈto̯a·re]

die Badekappe
cască f
[ˈkas·kə]

der Schwimmanzug
costum de baie n
[kosˈtum de ˈba·je]

die Schwimmbrille
ochelari de înot m
[o·keˈlarʲ de ɨˈnot]

schwimmen	**a înota** [a ɨ·noˈta]
das Sprungbrett	**trambulină** f [tram·buˈli·nə]
der Sprungturm	**turn de sărituri** n [turn de sə·riˈturʲ]
das Schwimmbrett	**plută** f [ˈplu·tə]
plantschen	**a se bălăci** [a se bə·ləˈtʃi]
der Bademeister	**supraveghetor** m [su·pra·ve·geˈtor]
die Bademeisterin	**supraveghetoare** f [su·pra·ve·geˈto̯a·re]
der Wasserpark	**parc acvatic** n [park akˈva·tik]

DER WASSERSPORT – SPORTURILE ACVATICE

Das Segeln – Sportul cu vele

der Mast
catarg n
[ka'targ]

die Takelage
tachelaj n
[ta·ke'laʒ]

das Großsegel
velă randă f
['ve·lə 'ran·də]

die Fock
velă foc f
['ve·lə fok]

der Bug
proră f
['pro·rə]

der Rumpf
cocă f
['ko·kə]

das Heck
pupă f
['pu·pə]

der Rettungsring
colac de salvare n
[ko'lak de sal'va·re]

die Leuchtrakete
rachetă de semnalizare f
[ra'ke·tə de sem·na li'za·re]

der Segler
velist m
[ve'list]

der Baum
chilă f
['ki·lə]

das Cockpit
cockpit n
['kok·pit]

die Pinne
eche f
['e·ke]

der Seegang	**mișcare a valurilor** f [miʃ'ka·re a 'va·lu·ri·lor]
der Wind	**vânt** n [vɨnt]
die Meeresströmung	**curent marin** m [ku'rent ma'rin]
der Anker	**ancoră** f ['an·ko·rə]
die Crew	**echipaj** n [e·ki'paj]
das Ruder	**vâslă** f ['vɨs·lə]
kentern	**a se răsturna** [a se rəs·tur'na]
kreuzen	**a volta** [a vol'ta]
der Jachthafen	**port pentru iahturi** n [port 'pen·tru 'jah·turʲ]
das Rettungsboot	**barcă de salvare** f ['bar·kə de sal'va·re]
der Katamaran	**catamaran** n [ka·ta·ma'ran]

DER WASSERSPORT – SPORTURILE ACVATICE

Das Tauchen – Scufundarea

der Tauchanzug
costum de scufundare n
[kosˈtum de sku·funˈda·re]

die Druckluftflasche
butelie de aer comprimat f
[bu·teˈli·e de aˈjer kom·priˈmat]

der Lungenautomat
regulator n
[re·gu·laˈtor]

die Taschenlampe
lanternă f
[lanˈter·nə]

der Tiefenmesser
profundimetru n
[pro·fun·diˈme·tru]

die Schwimmflosse
labă de înot f
[ˈla·bə de ɨˈnot]

der Tauchstiefel
cizmă de scufundare f
[ˈʧiz·mə de sku·funˈda·re]

der Schnorchel
tub de respirat n
[tub de res·piˈrat]

die Tauchmaske
mască de scufundare f
[ˈmas·kə de sku·funˈda·re]

das Finimeter
manometru submersibil n
[ma·noˈme·tru sub·merˈsi·bil]

der/das Kajak
caiac n
[kaˈjak]

das Doppelpaddel
padelă dublă f
[paˈde·lə ˈdu·blə]

der Kanadier
canoe f
[kaˈno·e]

das Stechpaddel
pagaie f
[paˈga·je]

der Sitz
banc n
[bank]

der Vordersteven
etravă f
[eˈtra·və]

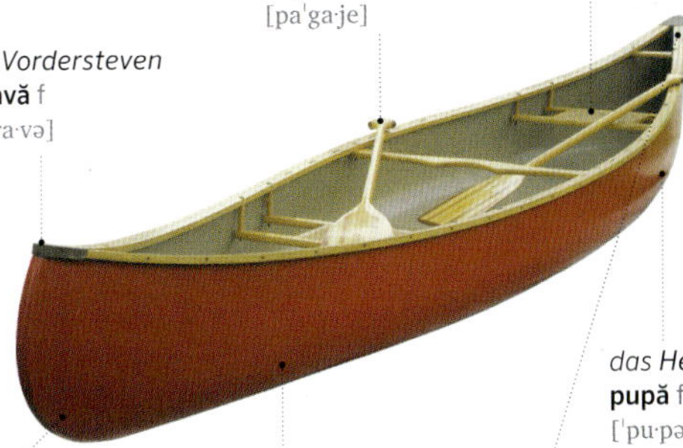

das Heck
pupă f
[ˈpu·pə]

der Bug
provă f
[ˈpro·və]

der Bootsrumpf
cocă f
[ˈko·kə]

der Achtersteven
etambou n
[e·tamˈbow]

DER WASSERSPORT – SPORTURILE ACVATICE

Das Surfen – Surfingul

surfen
a practica surfing
[a prak·ti·ˈka ˈsər·fing]

das Surfbrett
placă de surf f
[ˈpla·kə de sərf]

der Surfer
surfer m
[ˈsər·fər]

die Welle
val n
[val]

das Windsurfen
windsurfing n
[ˈwind·sər·fing]

das Schothorn
colțul de scotă n
[ˈkol·tsul de ˈsko·tə]

der Mast
catarg n
[kaˈtarg]

das Segel
velă f
[ˈve·lə]

der Windsurfer
windsurfer m
[ˈwind·sər·fər]

das Paddelbrett
paddleboard n
[ˈpe·dəl·bord]

das Kitesurfen
kiteboarding n
[ˈkajt·bor·ding]

das Bodyboarden
bodyboarding n
[ˈbo·di·bor·ding]

das Wakeboarden
wakeboarding n
[ˈwejk·bor·ding]

der Jetski®
jet-ski n
[ˈdʒet·ski]

das Wasserski
schi nautic n
[ski naˈu·tik]

das Rudern
canotaj n
[ka·noˈtaj]

das Rafting
rafting n
[ˈraf·ting]

DER KAMPFSPORT – SPORTUL DE CONTACT

das Karate
karate n
[ka'ra·te]

das Aikido
aikido n
[aj'ki·do]

das Kendo
kendo m
['ken·do]

das Taekwondo
taekwondo n
[te·kwan'do]

der schwarze Gürtel
centură neagră f
[ʧen'tu·rə 'ne̯a·grə]

das Judo
judo n
['ʤu·do]

das Kung-Fu
kung-fu n
[kung'fu]

das Kickboxen
kickboxing n
['kik·bo·ksing]

das Ringen
lupte f
['lup·te]

das Boxen
box n
[boks]

der Sandsack
sac de box m
[sak de boks]

der Boxball
pară de box f
['pa·rə de boks]

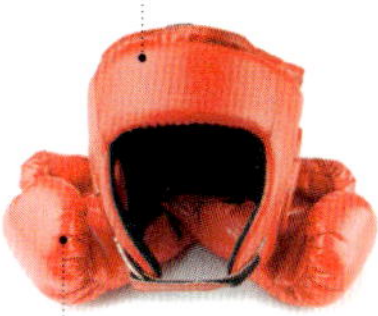

der Kopfschutz
cască f
['kas·kə]

der Boxhandschuh
mănușă de box f
[mə'nu·ʃə de boks]

der Mundschutz	**gutieră** f [gu·ti'e·rə]
das Sparring	**sparring** n ['spa·ring]
der Knock-out	**knockout** n ['nok·awt]
die Selbstverteidigung	**autoapărare** f [a·u·to·a·pə'ra·re]
das Tai-Chi	**tai chi** n [taj ʧi]
das Jiu-Jitsu	**jiu-jitsu** n [ʒju'ʒi·tsu]
die Capoeira	**capoeira** n [ka·po'ej·ra]
das Wing Chun	**wing chun** n [wing ʧun]

DER REITSPORT – ECHITAȚIA

DER REITSPORT – ECHITAȚIA

das Pferderennen
cursă de cai f
[ˈkur·sə de kaj]

das Rennpferd
cal de cursă m
[kal de ˈkur·sə]

der Jockey
jocheu m
[ʒoˈkew]

das Dressurreiten
dresaj n
[dreˈsaʒ]

der Ausritt
plimbare călare f
[plimˈba·re kəˈla·re]

der Trabrennsport
cursă de trap (cu atelaj) f
[ˈkur·sə de trap (ku a·teˈlaʒ)]

das Jagdrennen
cursă cu obstacole f
[ˈkur·sə ku obˈsta·ko·le]

ohne Sattel reiten
a călări fără șa
[a kə·ləˈri ˈfə·rə ʃa]

der Stall
grajd n
[graʒd]

der/das Rodeo
rodeo n
[roˈde·o]

das Polo
polo n
[ˈpo·lo]

das Springreiten
cursă cu sărituri peste obstacole f [ˈkur·sə ku sə·riˈturʲ ˈpes·te obˈsta·ko·le]

das Hufeisen	**potcoavă** f [potˈko̯a·və]
die Reitgerte	**cravașă** f [kraˈva·ʃə]
die Koppel	**padoc** n [paˈdok]
der Kanter	**galop mic** n [gaˈlop mik]
der Galopp	**galop** n [gaˈlop]
der Schritt	**pas** m [pas]
das Trabrennen	**cursă de trap (cu atelaj)** f [ˈkur·sə de trap (ku a·teˈlaʒ)]
das Flachrennen	**cursă pe pistă netedă** f [ˈkur·sə pe ˈpis·tə ˈne·te·də]

der Pferdepfleger
îngrijitor de cai m
[ɨn·gri·ʒiˈtor de kaj]

DAS ANGELN – PESCUITUL

der Angler
pescar m
[pes'kar]

die Angel
undiță f
['un·di·tsə]

die Angelrute
lansetă f
[lan'se·tə]

die Anglerweste
vestă de pescar f
['ves·tə de pes'kar]

einen Fisch fangen
a pescui
[a pes·ku'i]

der Unterfangkescher
minciog n
[min'tʃjog]

der Watstiefel
cizmă de pescar f
['tʃiz·mə de pes'kar]

die Spule
bobină f
[bo'bi·nə]

die Angelrolle
mulinetă f
[mu·li'ne·tə]

die Kurbel
manivelă f
[ma·ni've·lə]

die Angelausrüstung
echipament de pescuit n
[e·ki·pa'ment de pes·ku'it]

die Angelschnur
fir de pescuit n
[fir de pes·ku'it]

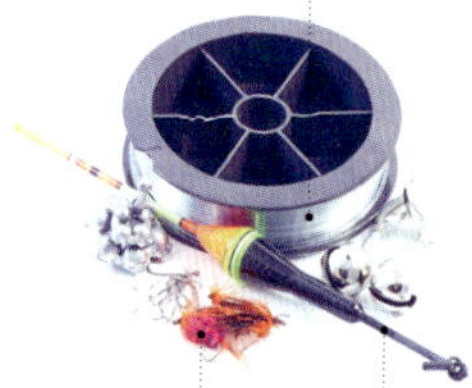

die Kunstfliege
muscă artificială f
['mus·kə ar·ti·fi·tʃi'a·lə]

die Pose
plută f
['plu·tə]

der Angelhaken
cârlig de pescuit n
[kɨr'lig de pes·ku'it]

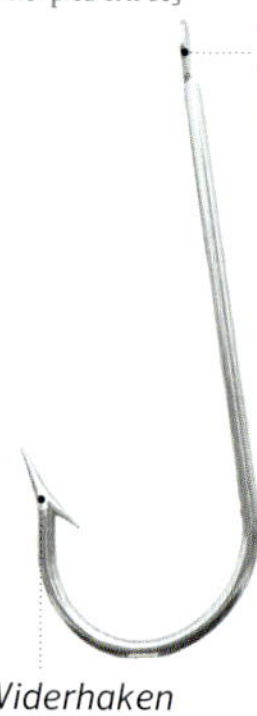

die Öse
ochet m
[o'ket]

der Widerhaken
spin m
[spin]

DAS ANGELN – PESCUITUL

das Brandungsangeln
pescuit la malul mării n
[pes·kuˈit la ˈma·lul ˈmə·rij]

mit dem Netz fangen
a pescui cu plasa
[a pes·kuˈi ku ˈpla·sa]

das Hochseeangeln
pescuit maritim cu undița n
[pes·kuˈit maˈri·tim ku ˈun·di·tsa]

das Süßwasserangeln
pescuit în apă dulce n
[pes·kuˈit ɨn ˈa·pə ˈdul·ʧe]

das Speerfischen
pescuit cu sulița n
[pes·kuˈit ku ˈsu·li·tsa]

einholen
a scoate din apă
[a ˈsko̯a·te din ˈa·pə]

das Fliegenfischen
pescuit la muscă n
[pes·kuˈit la ˈmus·kə]

fangen
a prinde
[a ˈprin·de]

freilassen
a elibera
[a e·li·beˈra]

der Köder
momeală f
[moˈme̯a·lə]

der Fang
captură f
[kapˈtu·rə]

die Hummerfalle
capcană pentru homari f
[kapˈka·nə ˈpen·tru hoˈmarʲ]

der Angelschein	**permis de pescuit** n [perˈmis de pes·kuˈit]
anbeißen	**a mușca** [a muʃˈka]
der Fischkorb	**coș de pescuit** n [koʃ de pes·kuˈit]
der Erdspeer	**suport pentru undiță** n [suˈport ˈpen·tru ˈun·di·tsə]
der Wobbler	**nălucă** f [nəˈlu·kə]
die Harpune	**harpon** n [ˈhar·pon]
die Angel auswerfen	**a lansa** [a lanˈsa]
einen Fisch einholen	**a scoate peștele din apă** [a ˈsko̯a·te ˈpeʃ·te·le din ˈa·pə]

der Spinnerkasten
cutie pentru accesorii f
[kuˈti·e ˈpen·tru ak·ʧeˈso·rij]

DER WINTERSPORT – SPORTURILE DE IARNĂ

der Sturzhelm
cască f
[ˈkas·kə]

der Pulverschnee
zăpadă afânată f
[zəˈpa·də a·fiˈna·tə]

der Stockteller
rozetă f
[roˈze·tə]

der Skistock
băț n
[bəts]

die Seilbahn
telecabină f
[te·le·kaˈbi·nə]

die Spitze
vârf n
[vɨrf]

der Ski
schi n
[ski]

der Skistiefel
clăpar m
[kləˈpar]

der Skianzug
costum de schi n
[kosˈtum de ski]

die Skipiste
pârtie de schi f
[ˈpɨr·ti·e de ski]

die Kante
cant n
[kant]

der Skiläufer
schior m
[skiˈor]

der Slalom
slalom n
[ˈsla·lom]

der Abfahrtslauf
coborâre f
[ko·boˈrɨ·re]

das Skispringen
sărituri cu schiurile f
[sə·riˈturʲ ku ˈski·u·ri·le]

abseits der Piste
în afara pârtiei
[ɨn aˈfa·ra ˈpɨr·ti·ej]

der Skihang
pantă f
[ˈpan·tə]

das Biathlon
biatlon n
[bi·aˈtlon]

der Langlauf
schi fond n
[ski fond]

die Langlaufloipe
pârtie pentru schi fond f
[ˈpɨr·ti·e ˈpen·tru ski fond]

DER WINTERSPORT – SPORTURILE DE IARNĂ

die Skibrille
ochelari de schi m
[o·ke'lar^j de ski]

der Snowboardfahrer
snowboarder m
['snow·bor·dər]

das Snowboard
snowboard n
['snow·bord]

die Bindung
legătură f
[le·gə'tu·rə]

die Halfpipe
halfpipe n
['haf·pajp]

das Rail
rail n
[rejl]

Schlitten fahren
a merge cu sania
[a 'mer·ʤe ku 'sa·ni·a]

das Rennrodeln
competiție de sanie f
[kom·pe'ti·tsi·e de 'sa·ni·e]

der Bobsport
bob n
[bob]

das Curling
curling n
['kər·ling]

Schlittschuh laufen
a patina pe gheață
[a pa·ti'na pe 'ge̯a·tsə]

der Eisschnelllauf
patinaj viteză n
[pa·ti'naʒ vi'te·zə]

das Skifahren	**schi** n [ski]
das Snowboarding	**snowboarding** n ['snow·bor·ding]
der Winter-Fünfkampf	**pentatlon de iarnă** n [pen·ta'tlon de 'jar·nə]
der Freistil	**stil liber** n [stil 'li·ber]
das Schneeschuhwandern	**drumeție cu rachete de zăpadă** f [dru·me'tsi·e ku ra'ke·te de zə'pa·də]
das Hundeschlittenfahren	**plimbare cu sania trasă de câini** f [plim'ba·re ku 'sa·ni·a 'tra·sə de kijn^j]
das Après-Ski	**après-ski** n [a'pre ski]
die Skihütte	**cabană** f [ka'ba·nə]

der Eiskunstlauf
patinaj artistic n
[pa·ti'naʒ ar'tis·tik]

SONSTIGE SPORTARTEN – ALTE SPORTURI

das Klettern
cățărare f
[kə·tsə'ra·re]

das Wandern
drumeție f
[dru·me'tsi·e]

der Radsport
ciclism n
[tʃi'klism]

das Mountainbiken
mountainbiking n
['mawn·tin·baj·king]

das Abseilen
coborâre în rapel f
[ko·bo'rɨ·re ɨn ra'pel]

das Bungeespringen
bungee jumping n
['ban·dʒi 'dʒam·ping]

das Drachenfliegen
deltaplanism n
[del·ta·pla'nism]

das Fallschirmspringen
parașutism n
[pa·ra·ʃu'tism]

das Rallyefahren
cursă de raliu f
['kur·sə de ra'liw]

die Formel 1®
Formula 1® f
[for'mu·la 'u·nu]

das Motocross
motocros n
[mo·to'kros]

das Motorradrennen
cursă de motociclete f
['kur·sə de mo·to·tʃi'kle·te]

das Skateboardfahren
skateboard n
['skejt·bord]

das Longboardfahren
longboard n
['long·bord]

das Inlineskaten
patinaj pe role n
[pa·ti'naʒ pe 'ro·le]

das Offroadfahren
cursă pe teren accidentat f
['kur·sə pe te'ren ak·tʃi·den'tat]

SONSTIGE SPORTARTEN – ALTE SPORTURI

das Fechten
scrimă f
[skri'mə]

das Bowling
bowling n
['bow·ling]

das Bogenschießen
tir cu arcul n
[tir ku 'ar·kul]

die Jagd
vânătoare f
[vɨ·nə'to̯a·re]

das Darts
darts n
[darts]

das Poolbillard
biliard n
[bi·li'ard]

das Snooker
snooker n
['snu·kər]

das Lacrosse
lacrosse n
[la'kros]

die rhythmische Sportgymnastik
gimnastică ritmică f
[ʤim'nas·ti·kə 'rit·mi·kə]

das Frisbee®
frisbee® n
['fris·bi]

das Triathlon
triatlon n
[tri·a'tlon]

der Australian Football
fotbal australian n
['fot·bal a·us·tra·li'an]

die/das Boule
bocce n
['bo·ʧe]

das Ballett
balet n
[ba'let]

das Krocket
crochet n
[kro'ket]

der/das Parkour
parkour n
[par'kur]

DIE FITNESS – FITNESSUL

das Fitnessstudio
sală de fitness f
[ˈsa·lə de ˈfit·nes]

die Langhantel
halteră f
[halˈte·rə]

die Gewichtsscheibe
greutate f
[gre·uˈta·te]

die Bank
bancă orizontală f
[ˈban·kə o·ri·zonˈta·lə]

das Krafttraining
antrenament de forță n
[an·tre·naˈment de ˈfor·tsə]

die Bizepsübung
exercițiu pentru biceps n
[e·kserˈtʃi·tsju ˈpen·tru ˈbi·tʃeps]

die Kurzhantel
ganteră f
[ganˈte·rə]

das Bankdrücken
împingere de la piept din poziția culcat f
[ɨmˈpin·ʤe·re de la pjept din poˈzi·tsi·a kulˈkat]

trainieren
a se antrena
[a se an·treˈna]

das Ergometer
bicicletă ergometrică f
[bi·tʃiˈkle·tə er·goˈme·tri·kə]

der Crosstrainer
crosstrainer n
[ˈkros·trej·nər]

der Fitnessball
minge de gimnastică f
[ˈmin·ʤe de ʤimˈnas·ti·kə]

die Matte
saltea f
[salˈte̯a]

das Laufband
bandă de alergare f
[ˈban·də de a·lerˈga·re]

das Rudergerät
aparat de vâslit n
[a·paˈrat de vɨsˈlit]

DIE FITNESS – FITNESSUL

der Ausfallschritt
fandare f
[fan'da·re]

die Rumpfbeuge
aplecare de trunchi f
[a·ple'ka·re de trunkʲ]

der Liegestütz
flotare f
[flo'ta·re]

der Sit-up
sit-up n
['sit·ap]

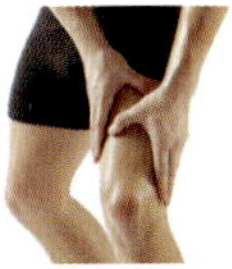

der Muskelkater
febră musculară f
['fe·brə mus·ku'la·rə]

der Klimmzug
tracțiune la bară fixă f
[trak·tsi'u·ne la 'ba·rə 'fi·ksə]

die Kniebeuge
genuflexiune f
[ʤe·nu·fle·ksi'u·ne]

das Pilates
Pilates n
[pi'la·tes]

das Spinning®
spinning® n
['spi·ning]

die Pulsuhr
ceas cu cardio-frecvențiometru n
[ʧe̯as ku kar·djo·frek·ven·tsjo'me·tru]

das Aerobic
aerobic n
[a·e'ro·bik]

das Steppbrett
stepper n
['ste·pər]

der Turnschuh
pantof de sport m
[pan'tof de sport]

sich aufwärmen	**a se încălzi** [a se in·kəl'zi]
sich abkühlen	**a face efort moderat după antrenament** [a 'fa·ʧe e'fort mo·de'rat 'du·pə an·tre·na'ment]
das Zirkeltraining	**antrenament în circuit** n [an·tre·na'ment in ʧir·ku'it]
die Umkleidekabine	**vestiar** n [ves·ti'ar]
die Dehnung	**întindere** f [in'tin·de·re]
Kalorien verbrennen	**a arde calorii** [a 'ar·de ka·lo'rij]

FREIZEIT

TIMP LIBER

DAS THEATER – TEATRUL

① *der Balkon*
balcon n
[balˈkon]

② *der zweite Rang*
balcon superior n
[balˈkon su·pe·riˈor]

③ *die Loge*
lojă f
[ˈlo·ʒə]

④ *der erste Rang*
mezanin n
[me·zaˈnin]

⑤ *die Sitzreihe*
rând n
[rɨnd]

⑥ *die Kulisse*
culisă f
[kuˈli·sə]

⑦ *die Bühne*
scenă f
[ˈstʃe·nə]

⑧ *das Foyer*
foaier n
[fo̯aˈjer]

⑨ *das Parkett*
stal n
[stal]

⑩ *der Sitzplatz*
loc n
[lok]

⑪ *der Vorhang*
cortină f
[korˈti·nə]

das Varieté
spectacol de varietăți n
[spekˈta·kol de va·ri·eˈtətsʲ]

das Freilufttheater
teatru în aer liber n
[ˈte̯a·tru ɨn aˈjer ˈli·ber]

das Ballett
balet n
[baˈlet]

die Aufführung
spectacol n
[spekˈta·kol]

der Zauberkünstler
iluzionist m
[i·lu·zi·oˈnist]

der Komiker
comediant m
[ko·me·diˈant]

die Tragödie
tragedie f
[tra·dʒeˈdi·e]

die Komödie
comedie f
[ko·meˈdi·e]

DAS THEATER - TEATRUL

das Theaterstück
piesă de teatru f
[ˈpje·sə de ˈte̯a·tru]

① *das Bühnenbild*
decor n
[deˈkor]

② *die Besetzung*
distribuție f
[dis·triˈbu·tsi·e]

③ *das Theaterkostüm*
costum n
[kosˈtum]

④ *der Applaus*
aplauze pl [aˈpla·u·ze]

⑤ *das Publikum*
public n [ˈpu·blik]

die Probe
repetiție f
[re·peˈti·tsi·e]

⑥ *der Schauspieler*
actor m
[akˈtor]

⑦ *die Schauspielerin*
actriță f
[akˈtri·tsə]

⑧ *der Regisseur*
regizor m
[reˈdʒi·zor]

die Premiere	**premieră** f [pre·miˈe·rə]
die Pause	**pauză** f [ˈpa·u·zə]
das Programm	**program** n [proˈgram]
die Generalprobe	**repetiție generală** f [re·peˈti·tsi·e dʒe·neˈra·lə]
der Platzanweiser	**plasator** m [pla·saˈtor]
die Platzanweiserin	**plasatoare** f [pla·saˈto̯a·re]
die Theaterkasse	**casă de bilete** f [ˈka·sə de biˈle·te]
die Eintrittskarte	**bilet de intrare** n [biˈlet de inˈtra·re]

die Künstlergarderobe
cabină de machiaj f
[kaˈbi·nə de ma·kiˈaʒ]

DIE MUSIK – MUZICA

Das Orchester – Orchestra

das Sinfonieorchester
orchestră simfonică f
[or'kes·trə sim'fo·ni·kə]

der Gong
gong n
[gong]

die kleine Trommel
tobă mică f
['to·bə 'mi·kə]

die große Trommel
tobă mare f
['to·bə 'ma·re]

die Pauke
timpan n
[tim'pan]

das Xylophon
xilofon n
[ksi·lo'fon]

die Röhrenglocken
clopote tubulare n
['klo·po·te tu·bu'la·re]

das Dirigentenpult
pupitru al dirijorului n
[pu'pi·tru al di·ri'ʒo·ru·luj]

der Notenständer
stativ pentru partitură n
[sta'tiv 'pen·tru par·ti'tu·rə]

der Dirigent
dirijor m
[di·ri'ʒor]

der Taktstock
baghetă f
[ba'ge·tə]

die Solistin
solistă f
[so'lis·tə]

die Opernsängerin
cântăreață de operă f
[kɨn·tə'rea·tsə de 'o·pe·rə]

die Noten
partitură f
[par·ti'tu·rə]

die Ouvertüre	**uvertură** f [u·ver'tu·rə]
das Quartett	**cvartet** n [kvar'tet]
die Sonate	**sonată** f [so'na·tə]
die Tonhöhe	**înălțime a sunetului** f [ɨ·nəl'tsi·me a 'su·ne·tu·luj]
ein Instrument stimmen	**a acorda un instrument** [a a·kor'da un in·stru'ment]
der Orchestergraben	**fosă a orchestrei** f ['fo·sə a or'kes·trej]
der Chor	**cor** n [kor]
die Oper	**operă** f ['o·pe·rə]

DIE MUSIK – MUZICA

Die Musikinstrumente – Instrumentele muzicale

das Cello
violoncel n
[vi·o·lonˈtʃel]

der Bogen
arcuş n
[arˈkuʃ]

die Geige
vioară f
[viˈo̯a·rə]

die akustische Gitarre
chitară acustică f
[kiˈta·rə aˈkus·ti·kə]

die Harfe
harpă f
[ˈhar·pə]

die elektrische Gitarre
chitară electrică f
[kiˈta·rə eˈlek·tri·kə]

die Bassgitarre
chitară bas f
[kiˈta·rə bas]

die Tuba
tubă f
[ˈtu·bə]

die Posaune
trombon n
[tromˈbon]

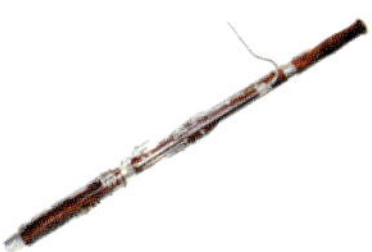

das Fagott
fagot n
[faˈgot]

die Oboe
oboi n
[oˈboj]

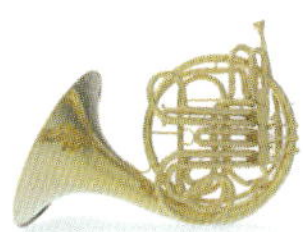

das Horn
corn n
[korn]

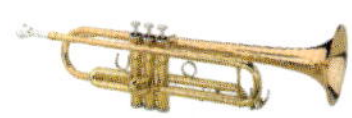

die Trompete
trompetă f
[tromˈpe·tə]

die Pikkoloflöte
piculină f
[pi·kuˈli·nə]

das Saxofon
saxofon n
[sa·ksoˈfon]

die Klarinette
clarinet n
[kla·riˈnet]

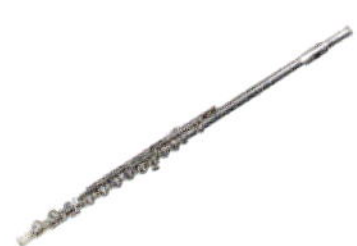

die Querflöte
flaut n
[ˈfla·ut]

DIE MUSIK – MUZICA

Die Musikinstrumente – Instrumentele muzicale

das Tamburin
tamburină f
[tam·bu'ri·nə]

das Becken
cimbal n
[ʧim'bal]

die/das Hi-Hat
cinel n
[ʧi'nel]

das Schlagzeug
baterie f
[ba·te'ri·e]

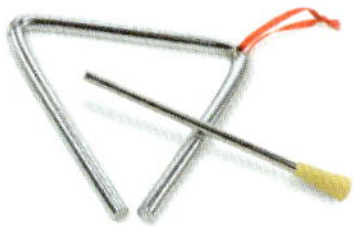

die/der/das Triangel
trianglu n
[tri'an·glu]

die Rassel
maracas n
[ma·ra'kas]

die Bongos
(tobe) bongo (f) n
[('to·be) 'bon·go]

die Kesselpauke
timpan n
[tim'pan]

die Kastagnetten
castaniete f
[kas·ta·ni'e·te]

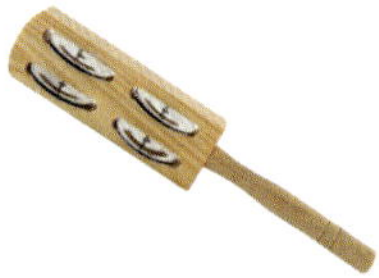

die Schellenrassel
zurgălăi pl
[zur·gə'ləj]

die Panflöte
nai n
[naj]

der Schlagzeugstock
băț n
[bəts]

die Mundharmonika
muzicuță f
[mu·zi'ku·tsə]

der Dudelsack
cimpoi n
[ʧim'poj]

das Akkordeon
acordeon n
[a·kor·de'on]

der Flügel
pian cu coadă n
[pi'an ku 'ko̯a·də]

DIE MUSIK – MUZICA

die Notation
notație f
[no'ta·tsi·e]

der Violinschlüssel
cheie sol f
['ke·je sol]

die Notenlinie
portativ n
[por·ta'tiv]

der Bassschlüssel
cheie fa f
['ke·je fa]

das Vorzeichen
accident muzical n
[ak·ʧi'dent mu·zi'kal]

die Taktangabe
metru muzical m
['me·tru mu·zi'kal]

die Note
notă f
['no·tə]

das Kreuz
diez m
[di'ez]

der Taktstrich
bară de măsură f
['ba·rə de mə'su·rə]

die klassische Musik
muzică clasică f
['mu·zi·kə 'kla·si·kə]

das Heavy Metal
heavy metal n
['he·vi 'me·təl]

der Rap
rap n
[rep]

der Hip-Hop
hip-hop n
['hip·hop]

der Reggae	**reggae** n ['re·ge]
die Popmusik	**muzică pop** f ['mu·zi·kə pop]
die Countrymusik	**muzică country** f ['mu·zi·kə 'kan·tri]
die Indie-Musik	**muzică indie** f ['mu·zi·kə 'in·di]
der Blues	**blues** n [bluz]
der/das Techno	**tehno** n ['teh·no]
der Soul	**soul** n [səwl]
die Disko	**discotecă** f [dis·ko'te·kə]

der Jazz
jazz n
[ʤaz/ʤez]

der Rock
rock n
[rok]

DIE MUSIK – MUZICA

Das Konzert – Concertul

das Rockkonzert
concert rock n
[kon'tʃert rok]

① *der Scheinwerfer*
reflector n
[re·flek'tor]

② *das Mikrofon*
microfon n
[mi·kro'fon]

③ *die Band*
formație f
[for'ma·tsi·e]

④ *der Bassist*
basist m
[ba'sist]

⑤ *der Verstärker*
amplificator n
[am·pli·fi·ka'tor]

⑥ *der Gitarrist*
chitarist m
[ki·ta'rist]

⑦ *der Schlagzeuger*
baterist m
[ba·te'rist]

⑧ *der Frontmann*
solist m
[so'list]

die Konzerthalle
sală de concert f
['sa·lə de kon'tʃert]

die Fans
fani pl
[fanʲ]

das Musikfestival
festival de muzică n
[fes·ti'val de 'mu·zi·kə]

der DJ
DJ m
[di'dʒej]

das Mischpult
pupitru de mixaj n
[pu'pi·tru de mi'ksaʒ]

singen	**a cânta** [a kin'ta]
mitsingen	**a cânta împreună cu cineva** [a kin'ta im·pre'u·nə ku tʃi·ne'va]
pfeifen	**a fluiera** [a flu'je·ra]
die Zugabe	**bis** n [bis]
das Crowdsurfing	**plonjare în public** f [plon'ʒa·re in 'pu·blik]
der/das Rave	**rave** n [rejv]
das Lied	**cântec** n ['kin·tek]
der Liedtext	**text** n [tekst]

DIE MUSIK - MUZICA

Musik hören - Ascultând muzică

die Stereoanlage
combină muzicală f
[kom'bi·nə mu·zi'ka·lə]

der MP3-Player
MP3 player n
[em·pe'trej 'ple·jər]

der CD-Spieler
CD player n
[si'di 'ple·jər]

der Lautstärkeregler
regulator de volum n
[re·gu·la'tor de vo'lum]

die Lautsprecherbox
difuzor n
[di·fu'zor]

die Schallplatte
disc n
[disk]

der Plattenspieler
pick-up n
['pik·ap]

die USB-Schnittstelle
port USB n
[port u·se'be]

das Radio
radio n
['ra·di·o]

das Gesangstück	**piesă vocală** f ['pje·sə vo'ka·lə]
die Komposition	**compoziție** f [kom·po'zi·tsi·e]
das Instrumentalstück	**piesă instrumentală** f ['pje·sə in·stru·men'ta·lə]
akustisch	**acustic** [a'kus·tik]
der Refrain	**refren** n [re'fren]
die Melodie	**melodie** f [me·lo'di·e]
der Beat	**beat** n [bit]
die Kassette	**casetă** f [ka'se·tə]

der Kopfhörer
cască f
['kas·kə]

HOBBYS - HOBBYURI

gravieren
a grava
[a graˈva]

schnitzen
a sculpta
[a skulpˈta]

Briefmarken sammeln
a colecționa timbre
[a ko·lek·tsi·oˈna ˈtim·bre]

die Modelleisenbahn
trenuleț electric n
[tre·nuˈlets eˈlek·trik]

modellieren
a modela
[a mo·deˈla]

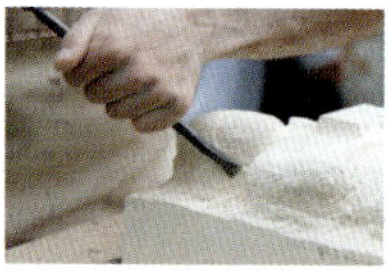

die Bildhauerei
sculptură f
[skulpˈtu·rə]

töpfern
a olări
[a o·ləˈri]

Mosaik legen
a crea un mozaic
[a kreˈa un mo·zaˈik]

der Modellbau
modelism n
[mo·deˈlism]

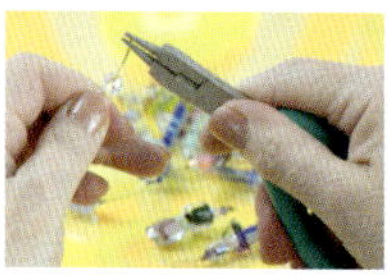

Schmuck herstellen
a crea bijuterii
[a kreˈa bi·ʒu·teˈrij]

lesen
a citi
[a tʃiˈti]

kochen
a găti
[a gəˈti]

gärtnern
a grădinări
[a grə·di·nəˈri]

das Origami	**origami** f [o·riˈga·mi]
das Pappmaschee	**papier mâché** n [paˈpje maˈʃe]
das Scrapbooking	**scrapbooking** n [ˈskrep·bu·king]
Möbel restaurieren	**a restaura mobilier** [a res·tawˈra mo·bi·liˈer]
im Chor singen	**a cânta în cor** [a ˈkɨn·ta ɨn kor]
Filme drehen	**a turna filme** [a turˈna ˈfil·me]
Vögel beobachten	**a observa păsări** [a ob·serˈva ˈpə·sərʲ]
das kreative Schreiben	**scriere creativă** f [ˈskri·e·re kre·aˈti·və]

HOBBYS – HOBBYURI

Kunst und Basteln – Artă și lucru manual

der Buntstift
creion colorat n
[kreˈjon ko·loˈrat]

die Wasserfarbe
acuarelă f
[a·kwaˈre·lə]

der Wachsmalstift
culoare de ceară f
[kuˈlo̯a·re de ˈtʃe̯a·rə]

die Lackfarbe
vopsea f
[vopˈse̯a]

die Ölkreide
pastel de ulei n
[pasˈtel de uˈlej]

die Kreide
cretă f
[ˈkre·tə]

die Ölfarbe
culoare de ulei f
[kuˈlo̯a·re de uˈlej]

die Acrylfarbe
culoare acrilică f
[kuˈlo̯a·re aˈkri·li·kə]

die Pastellkreide
pastel n
[pasˈtel]

der Filzstift
cariocă f
[ka·riˈo·kə]

die Tusche
tuș n
[tuʃ]

die Zeichenkohle
cărbune m
[kərˈbu·ne]

die Gouache
guașă f
[ˈgwa·ʃə]

der Klebstoff
lipici n
[liˈpitʃ]

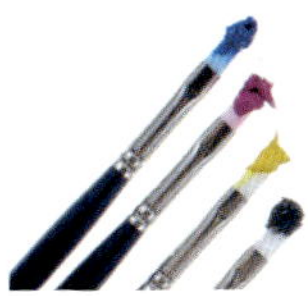

der Pinsel
pensulă f
[ˈpen·su·lə]

die Palette
paletă f
[paˈle·tə]

HOBBYS – HOBBYURI

Kunst und Basteln – Artă și lucru manual

die Aquarellmalerei
pictură în acuarelă f
[pik'tu·rə ɨn a·kwa're·lə]

die Ölmalerei
pictură în ulei f
[pik'tu·rə ɨn u'lej]

die Collage
colaj n
[ko'laʒ]

die Wandmalerei
pictură murală f
[pik'tu·rə mu'ra·lə]

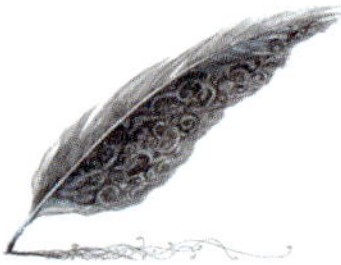

die Tuschezeichnung
desen în tuș n
[de'sen ɨn tuʃ]

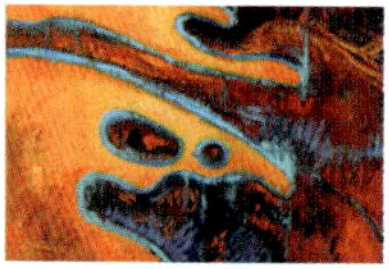

die abstrakte Malerei
pictură abstractă f
[pik'tu·rə ab'strak·tə]

die Landschaftsmalerei
peisaj n
[pe·i'saʒ]

die Porträtmalerei
portret n
[por'tret]

die Bleistiftzeichnung
desen în creion n
[de'sen ɨn kre'jon]

das Stillleben
natură moartă f
[na'tu·rə 'mo̯ar·tə]

das Graffiti
graffiti n
[gra'fi·ti]

der Siebdruck
serigrafie f
[se·ri·gra'fi·e]

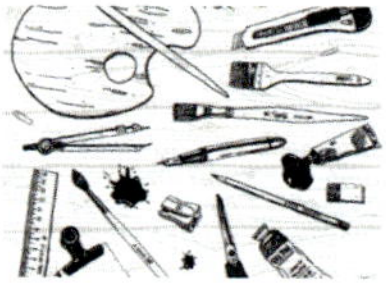

die Skizze
schiță f
['ski·tsə]

die Aktmalerei
nud n
[nud]

die Leinwand
pânză f
['pɨn·zə]

der Karton
carton n
[kar'ton]

HOBBYS – HOBBYURI

Kunst und Basteln – Artă și lucru manual

die Farbe
culoare f
[kuˈlo̯a·re]

das Schwarz
negru n [ˈne·gru]

das Schwarzbraun
maro închis n [maˈro ɨnˈkis]

das Hellbraun
maro deschis n [maˈro desˈkis]

das Smaragdgrün
verde smarald n [ˈver·de smaˈrald]

das Gelbgrün
verde gălbui n [ˈver·de gəlˈbuj]

das Blau
albastru n [alˈbas·tru]

das Violett
violet n [vi·oˈlet]

das Blutrot
roșu-sângeriu n [ˈro·ʃu sɨn·dʒeˈriw]

das Rosa
roz n [roz]

das Gelborange
galben-portocaliu n [ˈgal·ben por·to·kaˈliw]

das Orange
portocaliu n [por·to·kaˈliw]

das Hellgelb
galben deschis n [ˈgal·ben desˈkis]

das Grau
gri n [gri]

das Braun
maro n [maˈro]

das Olivgrün
verde măsliniu n [ˈver·de məs·liˈniw]

das Grün
verde n [ˈver·de]

das Cyan
cyan n [tʃiˈan]

das Dunkelblau
albastru închis n [alˈbas·tru ɨnˈkis]

das Lila
mov n [mov]

das Pink
fucsia n [ˈfuk·si·a]

das Rot
roșu n [ˈro·ʃu]

das Ocker
ocru n [ˈo·kru]

das Gelb
galben n [ˈgal·ben]

das Weiß
alb n [alb]

HOBBYS – HOBBYURI

Nähen und Stricken – Cusut și tricotat

der Kopf
cap n
[kap]

der Fadenhebel
graifer n
[ˈgraj·fer]

die Fadenführung
ghidaj al firului n
[giˈdaʒ al ˈfi·ru·luj]

der Garnrollenstift
tijă pentru papiotă f
[ˈti·ʒə ˈpen·tru pa·piˈo·tə]

die Nähmaschine
mașină de cusut f
[maˈʃi·nə de kuˈsut]

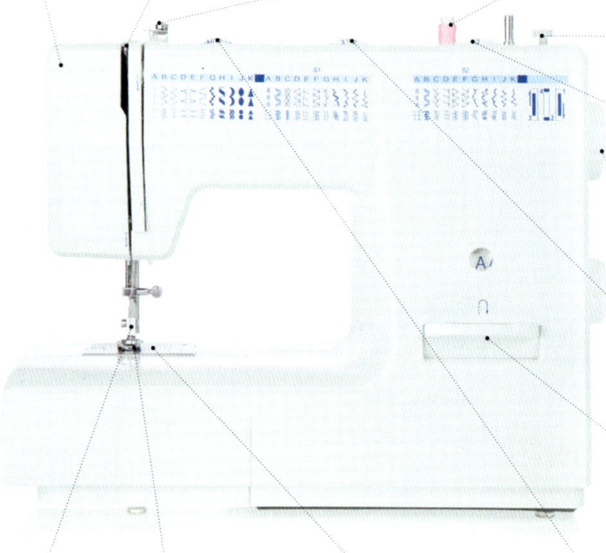

der Spuler
bobinator n
[bo·bi·naˈtor]

der Stichbreitenwähler
selector pentru lățimea de coasere n
[se·lekˈtor ˈpen·tru ləˈtsi·mea de ˈkoa·se·re]

das Handrad
roată volantă f
[ˈroa·tə voˈlan·tə]

der Stichwähler
selector pentru modul de coasere n
[se·lekˈtor ˈpen·tru ˈmo·dul de ˈkoa·se·re]

die Rückwärtsnähtaste
buton pentru coasere înapoi n
[buˈton ˈpen·tru ˈkoa·se·re ɨ·naˈpoj]

die Nadel
ac n
[ak]

der Nähfuß
picior de coasere n
[piˈtʃjor de ˈkoa·se·re]

die Stichplatte
placă de coasere f
[ˈpla·kə de ˈkoa·se·re]

der Nähfußdruckregler
buton pentru reglarea presiunii piciorului de coasere n [buˈton ˈpen·tru reˈgla·rea pre·siˈu·nij piˈtʃjo·ru·luj de ˈkoa·se·re]

die Overlock
mașină de surfilat f
[maˈʃi·nə de sur·fiˈlat]

das Maßband
centimetru n
[tʃen·tiˈme·tru]

die Spule
mosor f
[moˈsor]

das Nähgarn
ață de cusut f
[ˈa·tsə de kuˈsut]

HOBBYS – HOBBYURI

Nähen und Stricken – Cusut și tricotat

die Schneiderpuppe
manechin n
[ma·ne'kin]

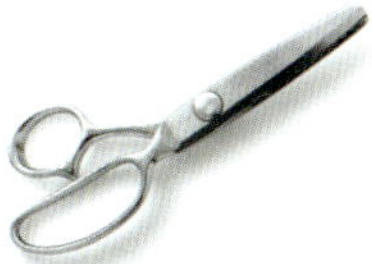

die Schere
foarfecă f
['fo̯ar·fe·kə]

das Nähkästchen
cutie cu accesorii pentru cusut f
[ku'ti·e ku ak·tʃe'so·rij 'pen·tru ku'sut]

das Nadelkissen
perniță pentru ace f
[per'ni·tsə 'pen·tru 'a·tʃe]

das Schnittmuster
tipar n
[ti'par]

die Nähnadel
ac de cusut n
[ak de ku'sut]

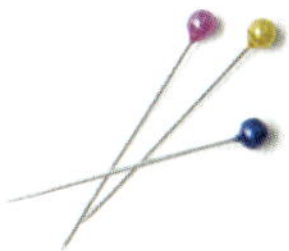

die Stecknadel
ac cu gămălie n
[ak ku gə·mə'li·e]

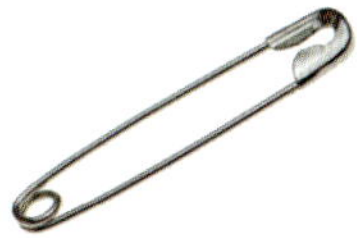

die Sicherheitsnadel
ac de siguranță n
[ak de si·gu'ran·tsə]

der Stoff
stofă f
['sto·fə]

der Knopf
nasture m
['nas·tu·re]

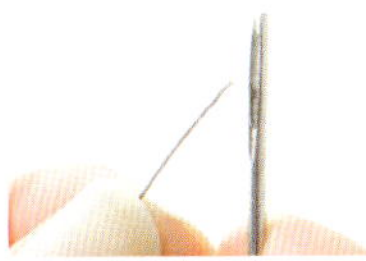

einen Faden einfädeln
a băga ață în ac
[a bə'ga 'a·tsə ɨn ak]

der Einfädler
dispozitiv pentru a băga ața în ac n
[dis·po·zi'tiv 'pen·tru a bə'ga 'a·tsa ɨn ak]

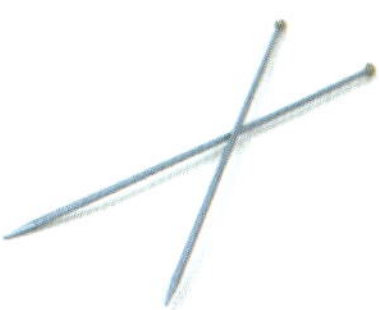

die Stricknadel
andrea f
[an'dre̯a]

die Wolle
lână f
['lɨ·nə]

der Fingerhut
degetar n
[de·dʒe'tar]

der Nahtauftrenner
ac de descusut n
[ak de des·ku'sut]

HOBBYS – HOBBYURI

Nähen und Stricken – Cusut și tricotat

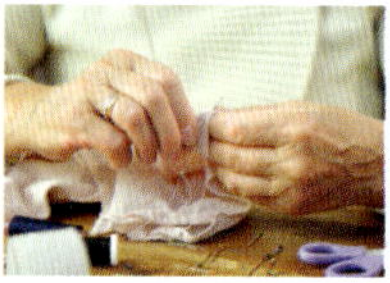

nähen
a coase
[a ˈko̯a·se]

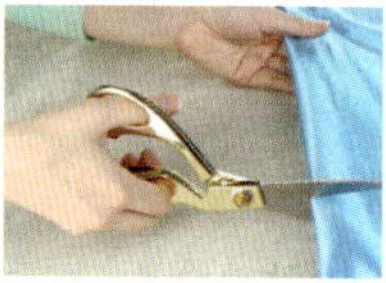

schneiden
a tăia
[a təˈja]

das Patchwork
patchwork f
[ˈpetʃ·wərk]

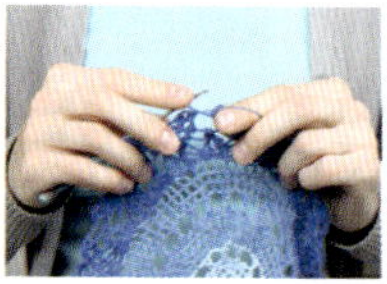

häkeln
a croșeta
[a kro·ʃeˈta]

der Kreuzstich
cruciuliță f
[kru·tʃjuˈli·tsə]

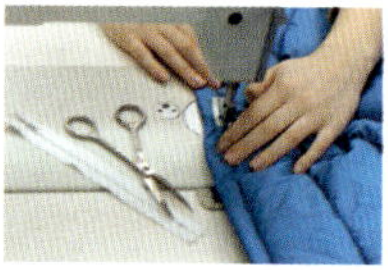

wattieren
a matlasa
[a mat·laˈsa]

stricken
a tricota
[a tri·koˈta]

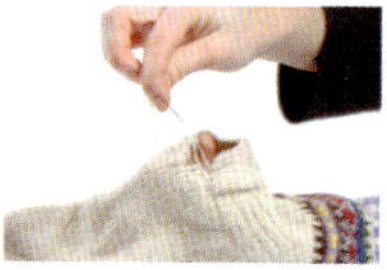

stopfen
a cârpi
[a kɨrˈpi]

weben
a țese
[a ˈtse·se]

Spitze klöppeln
a împleti dantelă
[a ɨm·pleˈti danˈte·lə]

einen Teppich knüpfen
a țese un covor
[a ˈtse·se un koˈvor]

der Reißverschluss
fermoar n
[ferˈmo̯ar]

auftrennen
a descoase
[a desˈko̯a·se]

sticken	**a broda** [a broˈda]
das Leinen	**in** n [in]
die Seide	**mătase** f [məˈta·se]
das Nylon®	**nailon** n [ˈnaj·lon]
die Baumwolle	**bumbac** n [bumˈbak]
der Polyester	**poliester** n [po·li·esˈter]
der Stich	**împunsătură** f [ɨm·pun·səˈtu·rə]
heften	**a însăila** [a ɨn·sə·iˈla]

HOBBYS – HOBBYURI

Das Kino – Cinematograful

der Kinosaal
sală de cinematograf f
[ˈsa·lə de tʃi·ne·ma·toˈgraf]

① *die Kinoleinwand*
ecran n
[eˈkran]

② *die Sitzreihe*
rând n
[rɨnd]

die Snackbar
bar n
[bar]

das Getränk
băutură f
[bə·uˈtu·rə]

das Popcorn
floricele de porumb pl
[flo·riˈtʃe·le de poˈrumb]

die Kinokasse
casă de bilete f
[ˈka·sə de biˈle·te]

die Komödie
comedie f
[ko·meˈdi·e]

der Horrorfilm
film de groază n
[film de ˈgro̯a·zə]

der Liebesfilm
film de dragoste n
[film de ˈdra·gos·te]

der Zeichentrickfilm	**desen animat** n [deˈsen a·niˈmat]
der Western	**western** n [ˈwes·tərn]
die Voraufführung	**avanpremieră** f [a·van·pre·miˈe·rə]
das Filmplakat	**afiș** n [aˈfiʃ]
die Premiere	**premieră** f [pre·miˈe·rə]
der Thriller	**thriller** n [ˈtri·lər]
der Sciencefictionfilm	**film științifico-fantastic** n [film ʃti·inˈtsi·fi·ko fanˈtas·tik]
jugendfrei	**permis minorilor** [perˈmis miˈno·ri·lor]

der 3D-Film
film 3D n
[film trej de]

HOBBYS – HOBBYURI

Fotografieren – Fotografie

die Programmwählscheibe
selector de program n
[se·lek'tor de pro'gram]

die Spiegelreflexkamera
aparat de fotografiat SLR n
[a·pa'rat de fo·to·gra·fi'at se·le're]

der Blitzschuh
patină pentru bliț f
[pa'ti·nə 'pen·tru blits]

der (ausklappbare) Blitz
bliț (integrat) n
[blits (in·te'grat)]

der/das Zoom
zoom n
[zum]

das Objektiv
obiectiv n
[o·bi·ek'tiv]

der Auslöser
declanșator n
[de·klan·ʃa'tor]

das Kameragehäuse
corp al aparatului n
[korp al a·pa'ra·tu·luj]

der Blendenregler
regulator al diafragmei n
[re·gu·la'tor al di·a'frag·mej]

das Selbstauslöser-Lichtsignal
semnal luminos pentru declanșarea automată n
[sem'nal lu·mi'nos 'pen·tru de·klan'ʃa·rea a·u·to'ma·tə]

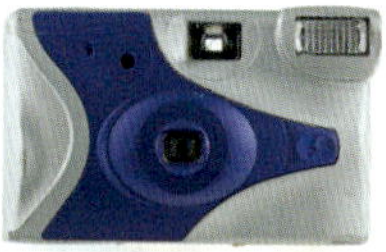

die Einwegkamera
aparat de fotografiat de unică folosință n
[a·pa'rat de fo·to·gra·fi'at de 'u·ni·kə fo·lo'sin·tsə]

die Sofortbildkamera
aparat de fotografiat polaroid n
[a·pa'rat de fo·to·gra·fi'at po·la·ro'id]

die Analogkamera
aparat de fotografiat analog n
[a·pa'rat de fo·to·gra·fi'at a·na'log]

die Digitalkamera
aparat de fotografiat digital n
[a·pa'rat de fo·to·gra·fi'at di·ʤi'tal]

das Stativ
trepied n
[tre·pi'ed]

der Aufsteckblitz
bliț extern n
[blits eks'tern]

der Filter
filtru n
['fil·tru]

der Objektivdeckel
capac pentru obiectiv n
[ka'pak 'pen·tru o·bi·ek'tiv]

HOBBYS – HOBBYURI

Fotografieren – Fotografie

der Film
film n
[film]

das Fotostudio
studio foto n
[stuˈdjo ˈfo·to]

ein Foto machen
a face o fotografie
[a ˈfa·tʃe o fo·to·graˈfi·e]

die Bildbearbeitung
prelucrare a fotografiei f
[pre·luˈkra·re a fo·to·graˈfi·ej]

die Compact-Flash-Karte
card de memorie compact flash n
[kard de meˈmo·ri·e ˈkom·pakt fleʃ]

sich fotografieren lassen
a se lăsa fotografiată
[a se ləˈsa fo·to·gra·fiˈa·tə]

die Kameratasche
husă pentru aparat foto f
[ˈhu·sə ˈpen·tru a·paˈrat ˈfo·to]

die Dunkelkammer
cameră obscură f
[ˈka·me·rə obsˈku·rə]

die Speicherkarte
card de memorie n
[kard de meˈmo·ri·e]

unscharf
defocalizat
[de·fo·ka·liˈzat]

überbelichtet
supraexpus
[su·pra·eksˈpus]

unterbelichtet
subexpus
[sub·eksˈpus]

das Hochformat	**format înalt** n [forˈmat ɨˈnalt]
das Querformat	**format lat** n [forˈmat lat]
die Vergrößerung	**mărire** f [məˈri·re]
der Rote-Augen-Effekt	**efect de ochi roșii** n [eˈfekt de okʲ ˈro·ʃij]
matt	**mat** [mat]
glänzend	**lucios** [luˈtʃjos]
das Fotoalbum	**album pentru fotografii** n [alˈbum ˈpen·tru fo·to·graˈfij]
das Negativ	**negativ** n [ne·gaˈtiv]

der digitale Bilderrahmen
ramă de fotografie digitală f [ˈra·mə de fo·to·graˈfi·e di·dʒiˈta·lə]

HOBBYS – HOBBYURI

Spiele – Jocuri

die Spielkarte
carte de joc f
[ˈkar·te de ʒok]

das Karo
caro n
[kaˈro]

das Pik
pică f
[ˈpi·kə]

das Herz
cupă f
[ˈku·pə]

das Kreuz
treflă f
[ˈtre·flə]

das Ass
as m
[as]

der Joker
joker m
[ˈʤo·kər]

der König
rege m
[ˈre·ʤe]

die Dame
damă f
[ˈda·mə]

der Bube
valet m
[vaˈlet]

die Karten mischen
a amesteca cărțile
[a a·mes·teˈka ˈkər·tsi·le]

geben
a împărți
[a ɨm·pərˈtsi]

das Blatt
mână f
[ˈmɨ·nə]

Poker spielen
a juca pocher
[a ʒuˈka ˈpo·kər]

der Dominostein
piatră de domino f
[ˈpja·trə de do·miˈno]

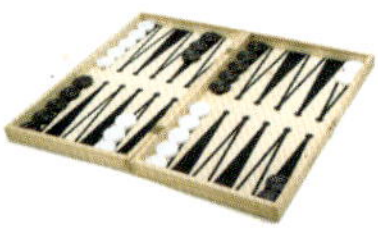

das Backgammon
table pl
[ˈta·ble]

das Damespiel
dame pl
[ˈda·me]

das Puzzle
puzzle n
[ˈpa·zəl]

HOBBYS – HOBBYURI

Spiele – Jocuri

das Schach
șah n
[ʃah]

der König
rege m
[ˈre·ʤe]

die Dame
regină f
[reˈʤi·nə]

der Läufer
nebun m
[neˈbun]

der Springer
cal m
[kal]

der Turm
turn n
[turn]

der Bauer
pion m
[piˈon]

das weiße Feld
câmp alb n
[kɨmp alb]

das Schachbrett
tablă de șah f
[ˈta·blə de ʃah]

das schwarze Feld
câmp negru n
[kɨmp ˈne·gru]

der Zug
mutare f
[muˈta·re]

das Brettspiel
joc de masă n
[ʒok de ˈma·sə]

das Monopoly®
Monopoly® n
[moˈno·po·li]

das Mensch ärgere dich nicht®
Nu te supăra frate
[nu te su·pəˈra ˈfra·te]

würfeln	**a da cu zarul** [a da ku ˈza·rul]
mogeln	**a trișa** [a ˈtri·ʃa]
das Glück	**noroc** n [noˈrok]
das Pech	**ghinion** n [gi·niˈon]
Wer ist dran?	**Cine urmează?** [ˈʧi·ne urˈmea·zə]
Du bist dran.	**E rândul tău.** [e ˈrɨn·dul təw]
gewinnen	**a câștiga** [a kiʃ·tiˈga]
verlieren	**a pierde** [a ˈpjer·de]

das Jenga®
joc Jenga® n
[ʒok ˈʤen·ga]

der Würfel
zar n
[zar]

FERIEN – VACANȚĂ

Am Strand – Pe plajă

der Strand
plajă f
[ˈpla·ʒə]

die Stranddüne
dună f
[ˈdu·nə]

der Sonnenuntergang
apus de soare n
[aˈpus de ˈso̯a·re]

das Meer
mare f
[ˈma·re]

der Strandkorb
fotoliu de plajă cu acoperiș și laturi închise n
[foˈto·lju de ˈpla·ʒə ku a·ko·peˈriʃ ʃi ˈla·turʲ ɨnˈki·se]

der Sand
nisip n [niˈsip]

die Küste
coastă f
[ˈko̯as·tə]

die Strandpromenade
promenadă pe plajă f
[pro·meˈna·də pe ˈpla·ʒə]

der Liegestuhl
șezlong n
[ʃezˈlong]

der Wasserball
minge de plajă f
[ˈmin·ʤe de ˈpla·ʒə]

das Strandtuch
prosop de plajă n
[proˈsop de ˈpla·ʒə]

die Kinderschaufel
lopățică f
[lo·pəˈtsi·kə]

der Flip-Flop®
șlap m
[ʃlap]

der Eimer
găletușă f
[gə·leˈtu·ʃə]

FERIEN - VACANȚĂ

Am Strand - Pe plajă

der Sonnenschirm
umbrelă de soare f
[um'bre·lə de 'so̯a·re]

der Steinstrand
plajă cu piatră f
['pla·ʒə ku 'pja·trə]

die Strandmuschel
cort de plajă n
[kort de 'pla·ʒə]

die Sandburg
castel din nisip n
[kas'tel de ni'sip]

der Seetang
algă f
['al·gə]

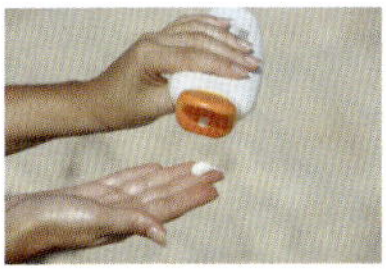

die Sonnencreme
cremă de protecție solară f
['kre·mə de pro'tek·tsi·e so'la·rə]

das Strandresort
complex turistic pe litoral n
[kom'pleks tu'ris·tik pe li·to'ral]

der Steg
punte f
['pun·te]

das Kreuzworträtsel
cuvinte încrucișate n
[ku'vin·te ɨn·kru·ʧi'ʃa·te]

das Sudoku
sudoku n
[su'do·ku]

das Strandhäuschen
căsuță f
[kə'su·tsə]

die Strandbar
bar pe plajă n
[bar pe 'pla·ʒə]

die Ebbe	**reflux** n [re'fluks]
die Flut	**flux** n [fluks]
die Strömung	**curent** m [ku'rent]
der FKK-Strand	**plajă de nudiști** f ['pla·ʒə de nu'diʃtʲ]
das Strandgut	**relicve aduse de mare la țărm** pl [re'lik·ve a'du·se de 'ma·re la tsərm]
schnorcheln	**snorkeling** n ['snor·kə·ling]
der Sonnenbrand	**arsură solară** f [ar'su·rə so'la·rə]
die Brandung	**val spart la țărm** n [val spart la tsərm]

sich sonnen
a sta la plajă
[a sta la 'pla·ʒə]

FERIEN – VACANȚĂ

Das Zelten – Campingul

das Wohnmobil
autorulotă f
[a·u·to·ru'lo·tə]

der Wohnwagen
rulotă f
[ru'lo·tə]

der Campingbus
microbuz de camping n
[mi·kro'buz de 'kem·ping]

das Indianerzelt
wigwam n
['wig·wom]

der Campingstuhl
scaun pliant n
['ska·un pli'ant]

der Gasbrenner
lampă cu gaz pentru gătit f
['lam·pə ku gaz 'pen·tru gə'tit]

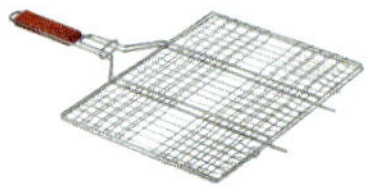

der Grillrost
grătar n
[grə'tar]

die Lagerfeuerstelle
loc amenajat pentru foc de tabără n [lok a·me·na'ʒat 'pen·tru fok de 'ta·bə·rə]

der Campingplatz
teren de camping n
[te'ren de 'kem·ping]

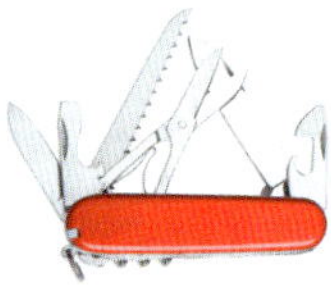

das Taschenmesser
briceag n
[bri'tʃeag]

die Hängematte
hamac n
[ha'mak]

das Zelt
cort n
[kort]

der Zeltplatz
loc de camping n
[lok de 'kem·ping]

die Gasflasche	**butelie de gaz** f [bu·te'li·e de gaz]
die Stirnlampe	**lanternă de frunte** f [lan'ter·nə de 'frun·te]
der Stromanschluss	**sursă de curent electric** f ['sur·sə de ku'rent e'lek·trik]
die Duschen und Toiletten	**dușuri și toalete** n|f ['du·ʃurʲ ʃi to·a'le·te]
der Feueranzünder	**brichetă de rumeguș** f [bri'ke·tə de ru·me'guʃ]
die Holzkohle	**cărbune** m [kər'bu·ne]
der/das Insektenspray	**spray anti-insecte** n [sprej 'an·ti in'sek·te]

FERIEN – VACANȚĂ

Das Zelten – Campingul

der Schlafsack
sac de dormit m
[sak de dorˈmit]

das Außenzelt
folie exterioară f
[ˈfo·li·e eks·te·riˈo̯a·rə]

das Innenzelt
folie interioară f
[ˈfo·li·e in·te·riˈo̯a·rə]

der Zelteingang
intrare în cort f
[inˈtra·re in kort]

die Zeltstange
segment pentru cort n
[segˈment ˈpen·tru kort]

der Zeltboden
folie de sol f
[ˈfo·li·e de sol]

der Reißverschluss
fermoar n
[ferˈmo̯ar]

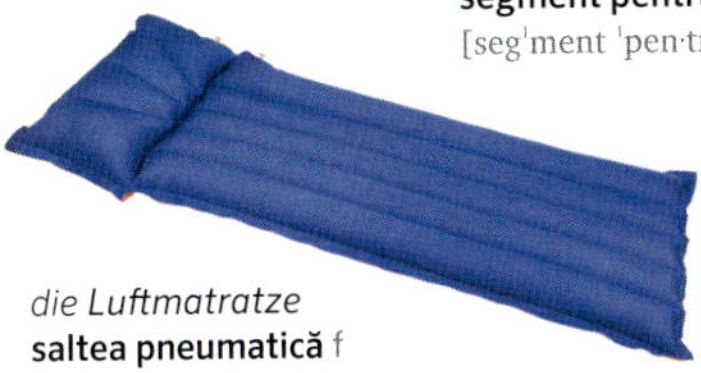

die Luftmatratze
saltea pneumatică f
[salˈte̯a pne·uˈma·ti·kə]

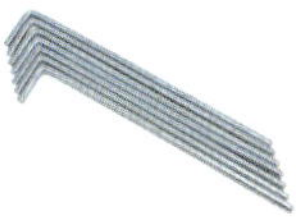

der Hering
cui de ancorat cortul n
[kuj de an·koˈrat ˈkor·tul]

die Taschenlampe
lanternă f
[lanˈter·nə]

der Rucksack
rucsac n
[ˈruk·sak]

die Isomatte
saltea izopren f
[salˈte̯a i·zoˈpren]

der Trekkingstock
băț de drumeție n
[bəts de dru·meˈtsi·e]

der Wanderschuh
bocanc pentru drumeție m
[boˈkank ˈpen·tru dru·meˈtsi·e]

die Petroleumlampe	**lampă de petrol** f	[ˈlam·pə de peˈtrol]
die Luftpumpe	**pompă de aer** f	[ˈpom·pə de ˈa·jer]
die Campingtoilette	**toaletă de camping** f	[to·aˈle·tə de ˈkem·ping]
die Entsorgungsstation	**zonă de sortare a deșeurilor** f	[ˈzo·nə de sorˈta·re a deˈʃe·u·ri·lor]
die Regenhaut®	**pelerină de ploaie** f	[pe·leˈri·nə de ˈplo̯a·je]
die Thermowäsche	**lenjerie de corp termică** f	[len·ʒeˈri·e de korp ˈter·mi·kə]
das Moskitonetz	**plasă împotriva țânțarilor** f	[ˈpla·sə im·poˈtri·va tsinˈtsa·ri·lor]
ein Zelt aufschlagen	**a monta un cort**	[a monˈta un kort]
Kann ich hier mein Zelt aufschlagen?	**Pot să îmi montez cortul aici?**	[pot sə imʲ monˈtez ˈkor·tul aˈitʃʲ]

der Wasserkanister
canistră de apă f
[kaˈnis·trə de ˈa·pə]

KÖRPER UND GESUNDHEIT

CORP ȘI SĂNĂTATE

DER KÖRPER – CORPUL

der Mann
bărbat m
[bərˈbat]

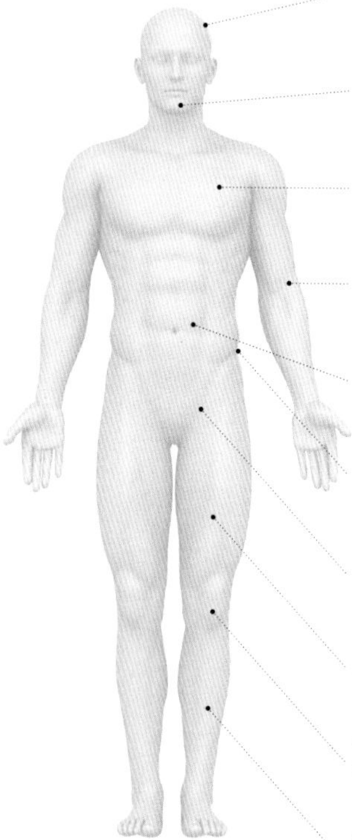

der Kopf
cap n
[kap]

das Kinn
bărbie f
[bərˈbi·e]

der Brustkorb
torace n
[toˈra·ʧe]

der Arm
braț n
[brats]

der Bauch
burtă f
[ˈbur·tə]

die Hüfte
șold n
[ʃold]

die Leiste
zonă inghinală f
[ˈzo·nə in·giˈna·lə]

der Oberschenkel
coapsă f
[ˈko̯ap·sə]

das Knie
genunchi m
[ʤeˈnunkʲ]

das Schienbein
tibie f
[ˈti·bi·e]

die Frau
femeie f
[feˈme·je]

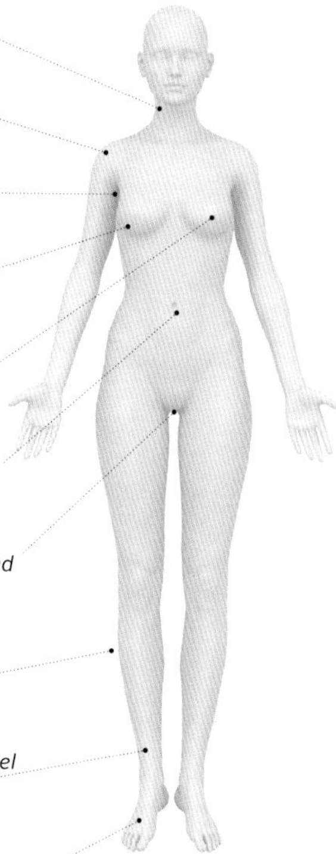

der Hals
gât n
[gɨt]

die Schulter
umăr m
[ˈu·mər]

die Achselhöhle
axilă f
[aˈksi·lə]

die Brust
piept n
[pjept]

die Brustwarze
sfârc n
[sfɨrk]

der Bauchnabel
buric n
[buˈrik]

die Schamgegend
zonă pubiană f
[ˈzo·nə pu·biˈa·nə]

das Bein
picior n
[piˈʧjor]

der Unterschenkel
gambă f
[ˈgam·bə]

der Fuß
labă a piciorului f
[ˈla·bə a piˈʧjo·ru·luj]

DER KÖRPER – CORPUL

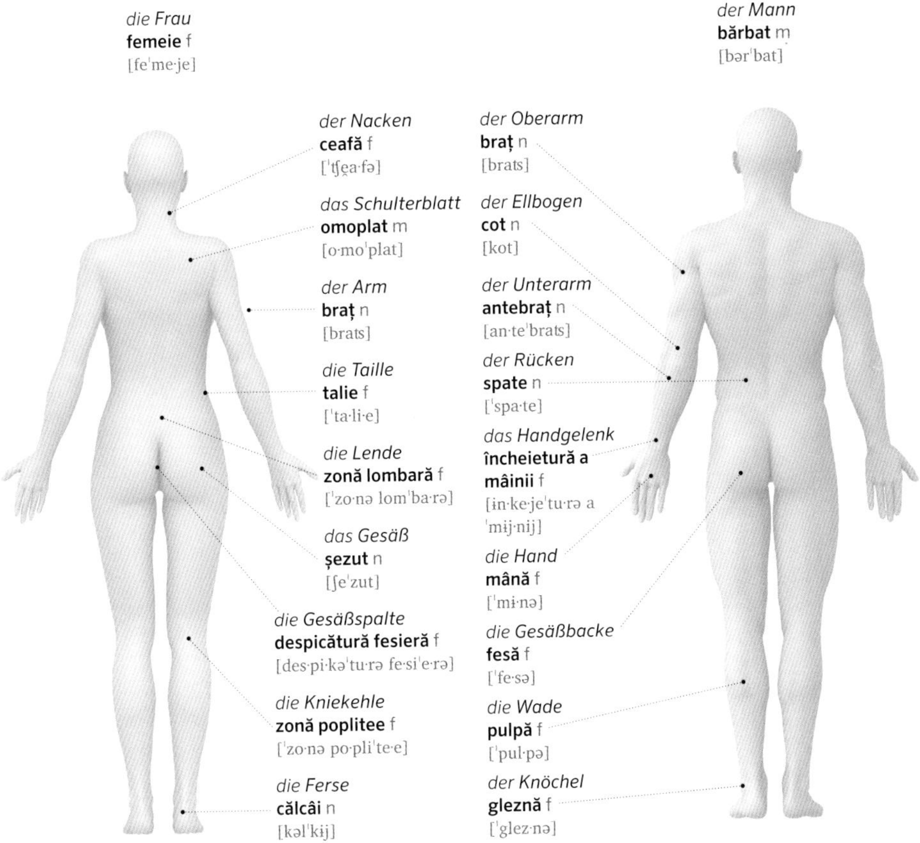

DER KÖRPER – CORPUL

Die Hand und der Fuß – Mâna si piciorul

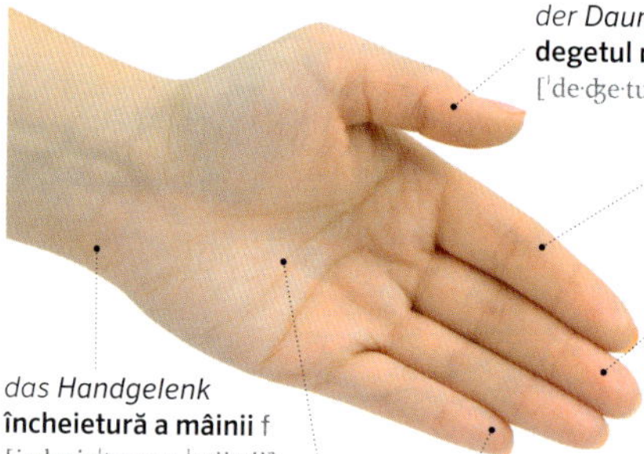

der Daumen
degetul mare n
[ˈde·ʤe·tul ˈma·re]

der Zeigefinger
arătător n
[a·rə·təˈtor]

der Mittelfinger
deget mijlociu n
[ˈde·ʤet miʒ·loˈʧiw]

der Fingernagel
unghie f
[ˈun·gi·e]

die Nagelhaut
cuticulă f
[kuˈti·ku·lə]

das Handgelenk
încheietură a mâinii f
[ɨn·ke·jeˈtu·rə a ˈmɨj·nij]

die Handfläche
palmă f
[ˈpal·mə]

die Fingerkuppe
buric al degetului n
[buˈrik al ˈde·ʤe·tu·luj]

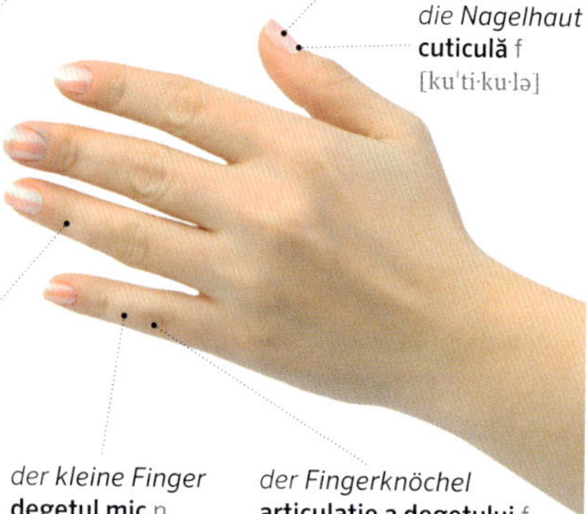

der Ringfinger
inelar n
[i·neˈlar]

der kleine Finger
degetul mic n
[ˈde·ʤe·tul mik]

der Fingerknöchel
articulație a degetului f
[ar·ti·kuˈla·tsi·e a ˈde·ʤe·tu·luj]

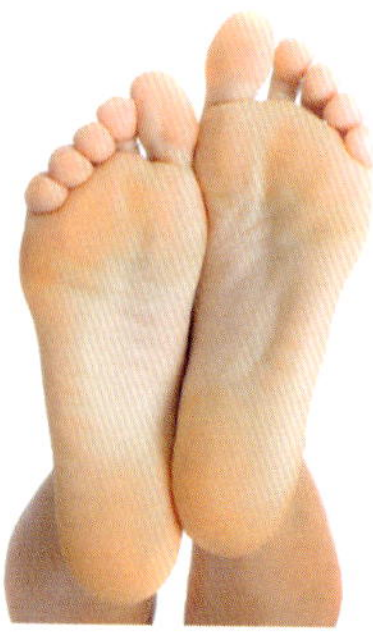

die Fußsohle
talpă f
[ˈtal·pə]

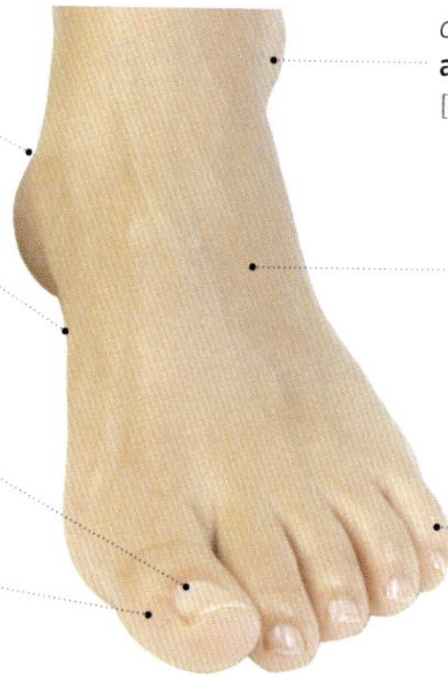

die Ferse
călcâi n
[kəlˈkɨj]

das Fußgelenk
articulație a piciorului f
[ar·ti·kuˈla·tsi·e a piˈʧjo·ru·luj]

das Fußgewölbe
boltă plantară f
[ˈbol·tə planˈta·rə]

der Fußrücken
căpută f
[kəˈpu·tə]

der Zehennagel
unghie f
[ˈun·gi·e]

der große Zeh
degetul mare de la picior n
[ˈde·ʤe·tul ˈma·re de la piˈʧjor]

der kleine Zeh
degetul mic de la picior n
[ˈde·ʤe·tul mik de la piˈʧjor]

DER KÖRPER – CORPUL

Der Kopf – Capul

das Gehirn
creier n
[ˈkre·jer]

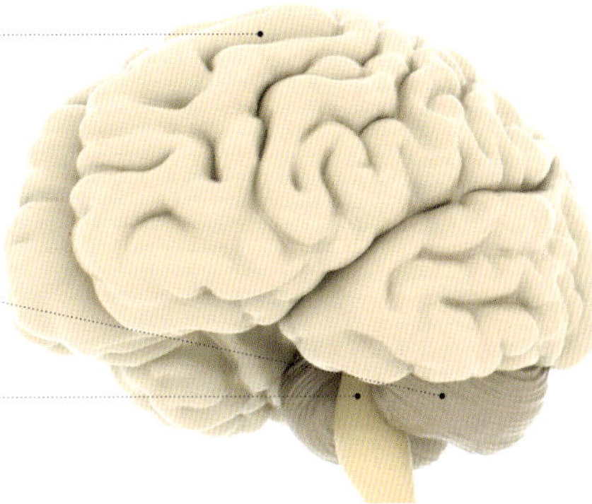

das Großhirn
creierul mare n
[ˈkre·je·rul ˈma·re]

das Kleinhirn
cerebel n
[tʃe·re·ˈbel]

der Hirnstamm
trunchi cerebral n
[trunkʲ tʃe·re·ˈbral]

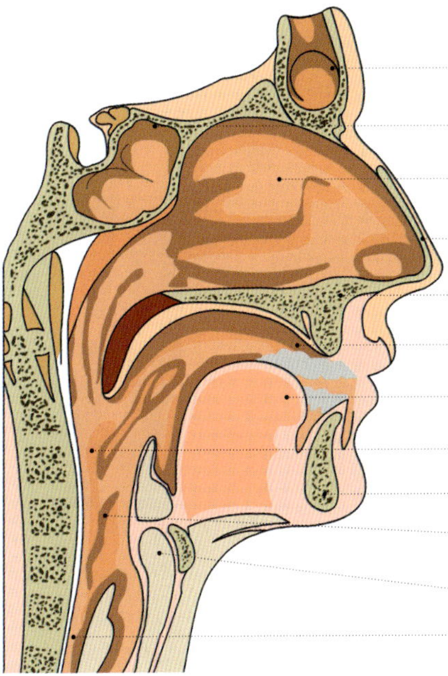

die Stirnhöhle
sinus frontal n
[ˈsi·nus fron·ˈtal]

die Keilbeinhöhle
sinus sfenoidal n
[ˈsi·nus sfe·no·i·ˈdal]

die Nasenhöhle
cavitate nazală f
[ka·vi·ˈta·te na·ˈza·lə]

das Nasenbein
os nazal n
[os na·ˈzal]

der Oberkiefer
maxilar n
[ma·ksi·ˈlar]

der Gaumen
palat n
[pa·ˈlat]

die Zunge
limbă f
[ˈlim·bə]

der Rachen
faringe n
[fa·ˈrin·dʒe]

der Unterkiefer
mandibulă f
[man·ˈdi·bu·lə]

die Kehle
gât n
[gɨt]

der Kehlkopf
laringe n
[la·ˈrin·dʒe]

die Speiseröhre
esofag n
[e·so·ˈfag]

DER KÖRPER – CORPUL

Die Muskeln – Muşchii

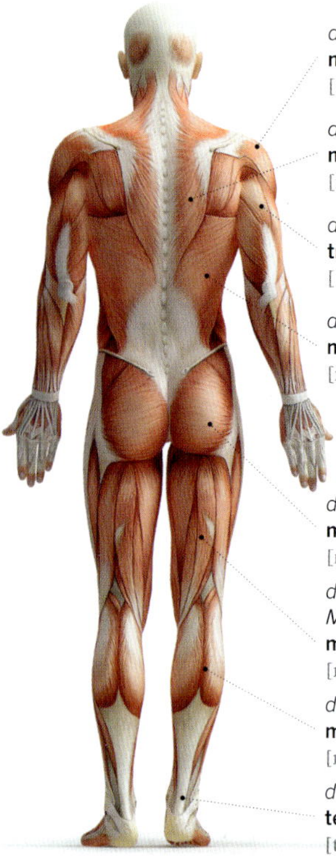

der Deltamuskel
muşchi deltoid m
[muʃkʲ del·toˈid]

der Kapuzenmuskel
muşchi trapez m
[muʃkʲ traˈpez]

der Trizeps
triceps m
[ˈtri·ʧeps]

der Rückenmuskel
muşchi marele dorsal m
[muʃkʲ ˈma·re·le dorˈsal]

der Gesäßmuskel
muşchi fesier m
[muʃkʲ fe·siˈer]

die ischiocruralen Muskeln
muşchi ischiocrural m
[muʃkʲ is·ki·o·kruˈral]

der Wadenmuskel
muşchi gastrocnemian m
[muʃkʲ ga·stro·kne·miˈan]

die Achillessehne
tendon al lui Ahile n
[tenˈdon al luj aˈhi·le]

der Stirnmuskel
muşchi frontal m
[muʃkʲ fronˈtal]

der Brustmuskel
muşchi pectoral m
[muʃkʲ pek·toˈral]

der Bizeps
biceps m
[ˈbi·ʧeps]

der Bauchmuskel
muşchi abdominal m
[muʃkʲ ab·do·miˈnal]

der Oberschenkelmuskel
muşchi cvadriceps femural m
[muʃkʲ kva·driˈʧeps fe·muˈral]

der vordere Schienbeinmuskel
muşchi tibial anterior m
[muʃkʲ ti·biˈal an·te·riˈor]

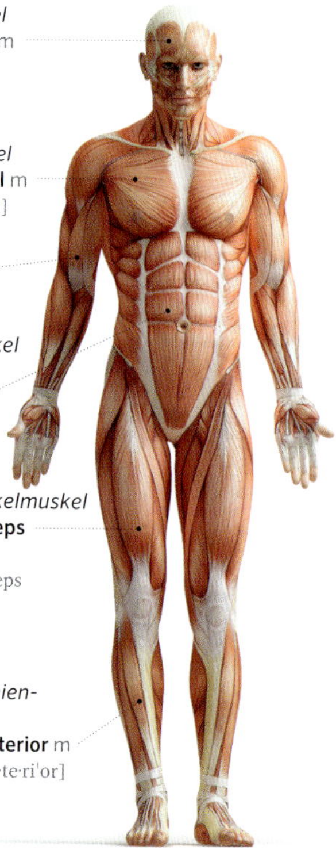

DER KÖRPER – CORPUL

Das Skelett – Scheletul

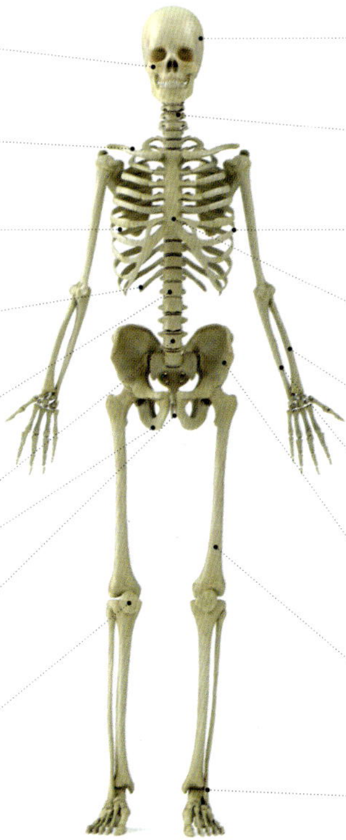

das Jochbein
os zigomatic n
[os zi·goˈma·tik]

das Schlüsselbein
claviculă f
[klaˈvi·ku·lə]

der Brustkorb
cavitate toracică f
[ka·viˈta·te toˈra·ʧi·kə]

die freie Rippe
coastă flotantă f
[ˈko̯as·tə floˈtan·tə]

die Wirbelsäule
coloană vertebrală f
[koˈlo̯a·nə ver·teˈbra·lə]

der Lendenwirbel
vertebră lombară f
[verˈte·brə lomˈba·rə]

das Sitzbein
ischion n
[is·kiˈon]

das Steißbein
coccis n
[ˈkok·ʧis]

die Kniescheibe
rotulă f
[roˈtu·lə]

der Schädel
craniu n
[ˈkra·nju]

der Halswirbel
vertebră cervicală f
[verˈte·brə ʧer·viˈka·lə]

die Rippe
coastă f
[ˈko̯as·tə]

das Brustbein
stern n
[stern]

die Speiche
radius n
[ˈra·di·us]

die Elle
cubitus n
[ˈku·bi·tus]

das Becken
bazin n
[baˈzin]

der Oberschenkelknochen
femur n
[feˈmur]

das Fersenbein
calcaneu n
[kal·kaˈnew]

DER KÖRPER – CORPUL

Die inneren Organe – Organele interne

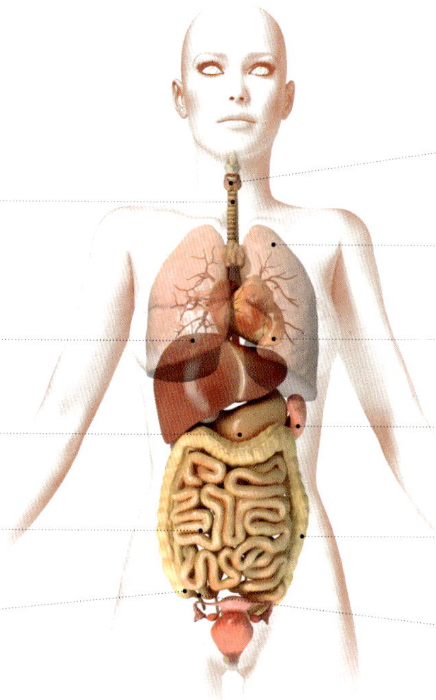

die Niere	**rinichi** m [riˈnikʲ]
die Bauchspeicheldrüse	**pancreas** n [pan·kreˈas]
der Zwölffingerdarm	**duoden** n [du·oˈden]
die Gallenblase	**vezică biliară** f [veˈzi·kə bi·liˈa·rə]
das Zwerchfell	**diafragmă** f [di·aˈfrag·mə]
das Gewebe	**țesut** n [tseˈsut]
die Sehne	**tendon** n [tenˈdon]
die Drüse	**glandă** f [ˈglan·də]
der Knorpel	**cartilaj** n [kar·tiˈlaʒ]

DER KÖRPER – CORPUL

Die Körpersysteme – Sistemele fiziologice

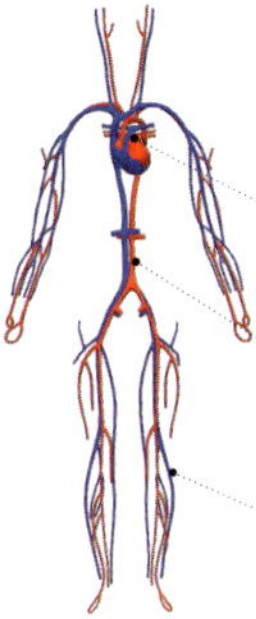

das Herz-Kreislauf-System
sistem cardiovascular n
[sisˈtem kar·di·o·vas·kuˈlar]

das Herz
inimă f
[ˈi·ni·mə]

die Arterie
arteră f
[arˈte·rə]

die Vene
venă f
[ˈve·nə]

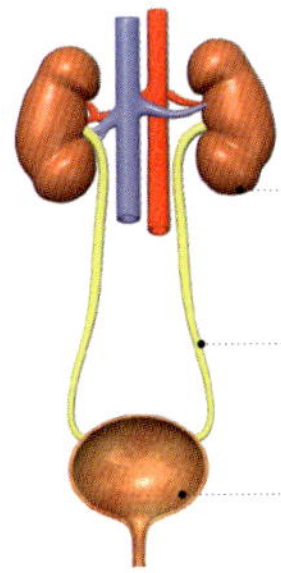

das Harnsystem
sistem urinar n
[sisˈtem u·riˈnar]

die Niere
rinichi m
[riˈnikʲ]

der Harnleiter
ureter n
[u·reˈter]

die Harnblase
vezică urinară f
[veˈzi·kə u·riˈna·rə]

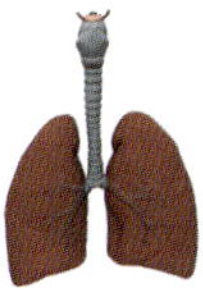

das Atmungssystem
sistem respirator n
[sisˈtem res·pi·raˈtor]

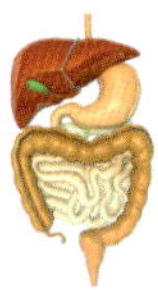

das Verdauungssystem
sistem digestiv n
[sisˈtem di·ʤesˈtiv]

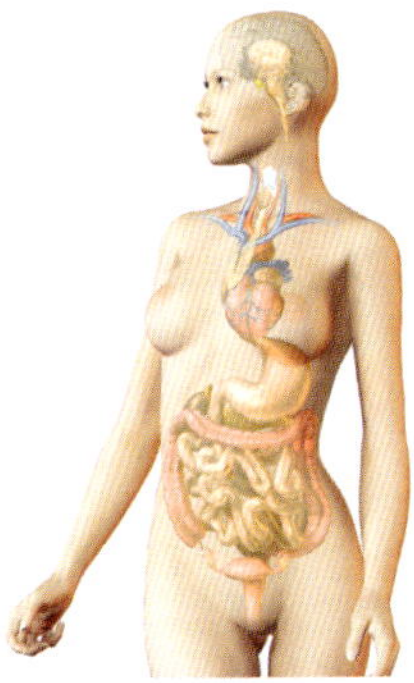

das endokrine System
sistem endocrin n
[sisˈtem en·doˈkrin]

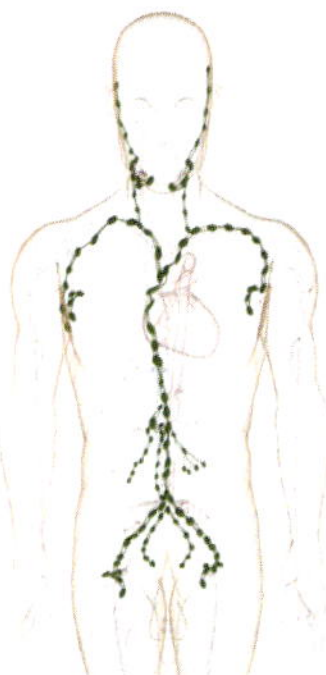

das lymphatische System
sistem limfatic n
[sisˈtem limˈfa·tik]

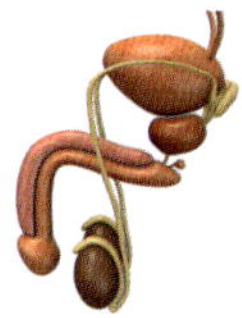

das männliche Fortpflanzungssystem
sistem reproductiv masculin n
[sisˈtem re·pro·dukˈtiv mas·kuˈlin]

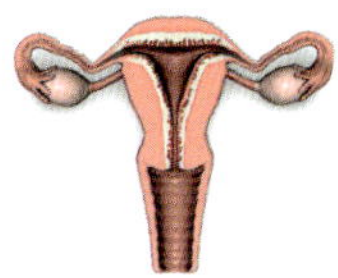

das weibliche Fortpflanzungssystem
sistem reproductiv feminin n
[sisˈtem re·pro·dukˈtiv fe·miˈnin]

das Nervensystem	**sistem nervos** n [sisˈtem nerˈvos]
der Blutkreislauf	**circuit sanguin** n [ʧir·kuˈit san·guˈin]
der Tastsinn	**simț tactil** n [simʦ takˈtil]
der Sehsinn	**simț al văzului** n [simʦ al ˈvə·zu·luj]
der Hörsinn	**simț al auzului** n [simʦ al aˈu·zu·luj]
der Geruchssinn	**simț olfactiv** n [simʦ ol·fakˈtiv]
der Geschmackssinn	**simț al gustului** n [simʦ al ˈgus·tu·luj]
der Gleichgewichtssinn	**simț al echilibrului** n [simʦ al e·kiˈli·bru·luj]

DER KÖRPER – CORPUL

Die Geschlechtsorgane – Organele genitale

die männlichen Geschlechtsorgane
organ genital masculin n
[or'gan ʤe·ni'tal mas·ku'lin]

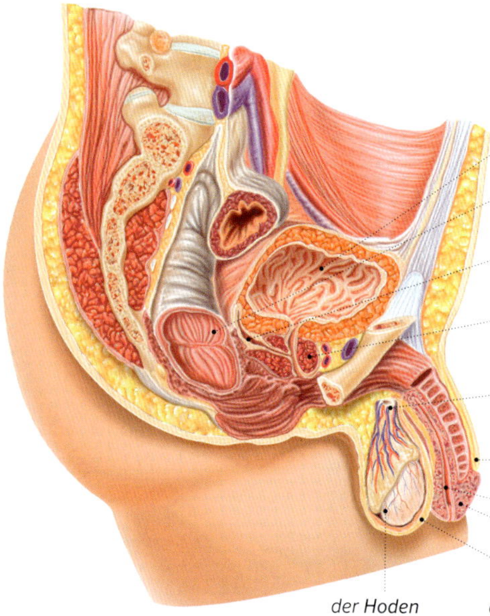

die Erektion	**erecţie** f [e'rek·tsi·e]
die Vorhaut	**prepuţ** n [pre'puts]
die Beschneidung	**circumcizie** f [ʧir·kum'ʧi·zi·e]
der Samenerguss	**ejaculare** f [e·ʒa·ku'la·re]
potent/impotent	**potent/impotent** [po'tent/im·po'tent]
das Hormon	**hormon** m [hor'mon]
der Geschlechtsverkehr	**contact sexual** n [kon'takt se·ksu'al]
die Geschlechtskrankheit	**boală venerică** f ['bo̯a·lə ve'ne·ri·kə]

DER KÖRPER – CORPUL

Die Geschlechtsorgane – Organele genitale

die weiblichen Geschlechtsorgane
organ genital feminin n
[or'gan ʤe·ni'tal fe·mi'nin]

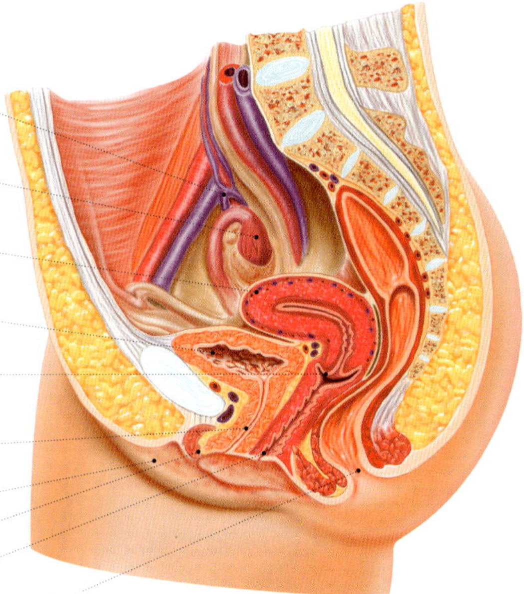

der Eileiter
trompă uterină f
['trom·pə u·te'ri·nə]

der Eierstock
ovar n
[o'var]

die Gebärmutter
uter n
['u·ter]

die Harnblase
vezică urinară f
[ve'zi·kə u·ri'na·rə]

der Gebärmutterhals
col uterin n
[kol u·te'rin]

die Harnröhre
uretră f
[u're·trə]

die Schamlippe
labie f
['la·bi·e]

die Klitoris
clitoris n
['kli·to·ris]

die Scheide
vagin n
[va'ʤin]

der Anus
anus n
['a·nus]

die Spirale	**sterilet** n [ste·ri'let]
das Pessar	**pesar** n [pe'sar]
das Diaphragma	**diafragmă** f [di·a'frag·mə]
die Empfängnisverhütung	**contracepție** f [kon·tra'ʧep·tsi·e]
der Eisprung	**ovulație** f [o·vu'la·tsi·e]
die Menstruation	**menstruație** f [men·stru'a·tsi·e]
unfruchtbar/fruchtbar	**steril/fertil** [ste'ril/fer'til]
der Schwangerschaftsabbruch	**avort** n [a'vort]

das Kondom
prezervativ n
[pre·zer·va'tiv]

die Pille
pilulă anticoncepțională f
[pi'lu·lə an·ti·kon·ʧep·tsi·o'na·lə]

SCHWANGERSCHAFT UND GEBURT – SARCINĂ ŞI NAŞTERE

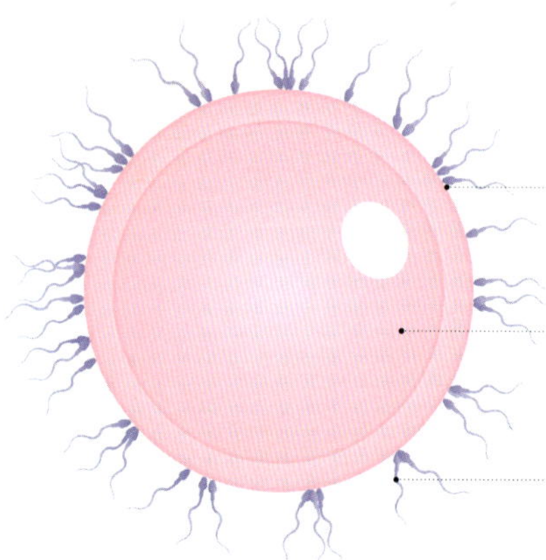

die Empfängnis
concepţie f
[kon'ʧep·tsi·e]

die Befruchtung
fecundaţie f
[fe·kun'da·tsi·e]

die Eizelle
ovul n
[o'vul]

das Spermium
spermatozoid m
[sper·ma·to·zo'id]

die Ultraschall-aufnahme
ecografie f
[e·ko·gra'fi·e]

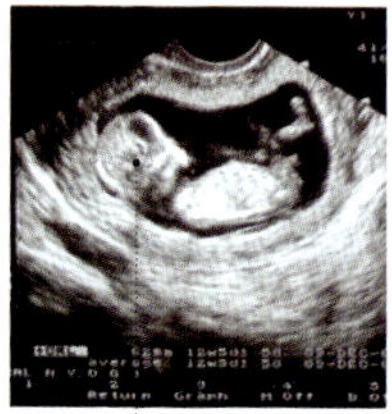

der/das Embryo
embrion m
[em·bri'on]

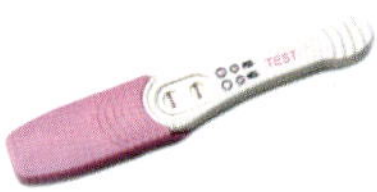

der Schwangerschafts-test
test de sarcină n
[test de 'sar·ʧi·nə]

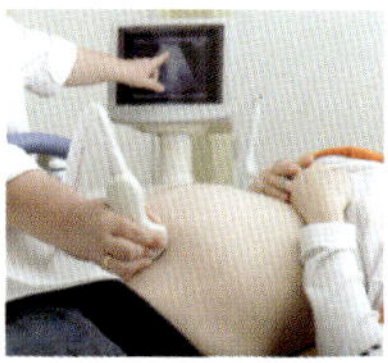

die Ultraschall-untersuchung
examen ecografic n
[e'gza·men e·ko'gra·fik]

die Hebamme
moaşă f
['mo̯a·ʃə]

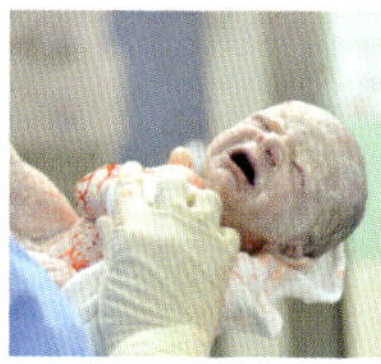

die Geburt
naştere f
['naʃ·te·re]

schwanger	**însărcinată** [ɨn·sər·ʧi'na·tə]
die Wehen	**contracţii** f [kon'trak·tsij]
die Geburt einleiten	**a induce naşterea** [a in'du·ʧe 'naʃ·te·re̯a]
pressen	**a presa** [a pre'sa]
die Nabelschnur	**cordon ombilical** n [kor'don om·bi·li'kal]
die Plazenta	**placentă** f [pla'ʧen·tə]
das Fruchtwasser	**lichid amniotic** n [li'kid am·ni'o·tik]
die Fruchtblase	**sac amniotic** m [sak am·ni'o·tik]

SCHWANGERSCHAFT UND GEBURT – SARCINĂ ȘI NAȘTERE

das Fläschchen
sticlă f
[ˈsti·klə]

der Messlöffel
măsură f
[məˈsu·rə]

das Milchpulver
lapte praf n
[ˈlap·te praf]

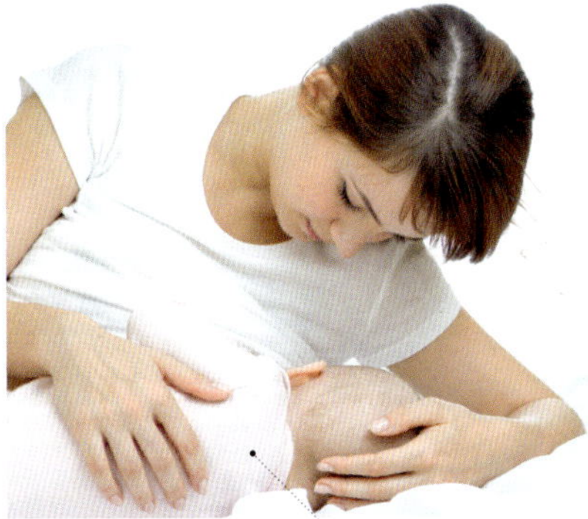

stillen
a alăpta
[a a·ləpˈta]

der Säugling
sugar m
[suˈgar]

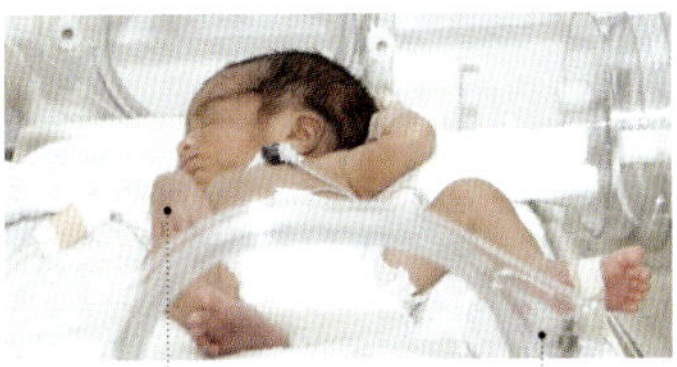

das Frühchen
copil prematur m
[koˈpil pre·maˈtur]

der Brutkasten
incubator n
[in·ku·baˈtor]

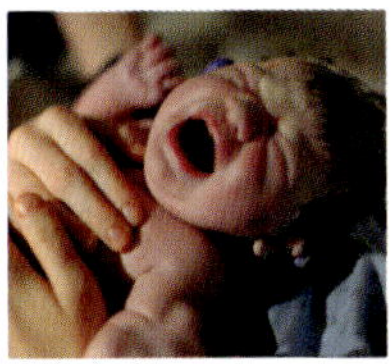

das Neugeborene
nou născut m
[now nəsˈkut]

die Milchpumpe
pompă de sân f
[ˈpom·pə de sɨn]

der Kreißsaal	**sală de naștere** f [ˈsa·lə de ˈnaʃ·te·re]
der Kaiserschnitt	**cezariană** f [ʧe·za·riˈa·nə]
die Frühgeburt	**naștere prematură** f [ˈnaʃ·te·re pre·maˈtu·rə]
die Fehlgeburt	**avort** n [aˈvort]
die eineiigen Zwillinge	**gemeni monozigoți** m [ˈʤe·meni mo·no·ziˈgoʦʲ]
die zweieiigen Zwillinge	**gemeni dizigoți** m [ˈʤe·meni di·ziˈgoʦʲ]
das Geburtsgewicht	**greutate la naștere** f [gre·uˈta·te la ˈnaʃ·te·re]
die Impfung	**vaccin** n [vakˈʧin]

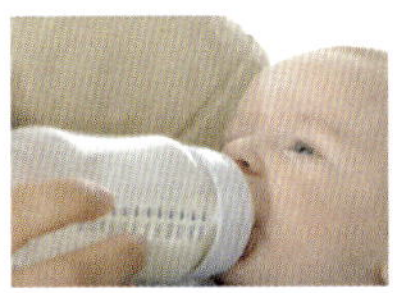

mit der Flasche füttern
a hrăni cu sticla
[a hrəˈni ku ˈsti·kla]

DER ARZTBESUCH – LA MEDIC

den Blutdruck messen
a măsura tensiunea
[a mə·suˈra ten·siˈu·ne̯a]

das Wartezimmer
sală de așteptare f
[ˈsa·lə de aʃ·tepˈta·re]

das Rezept
rețetă f
[reˈtse·tə]

die Ärztin
doctoriță f
[dok·toˈri·tsə]

die Patientin
pacientă f
[pa·tʃiˈen·tə]

die Manschette
manșetă f
[manˈʃe·tə]

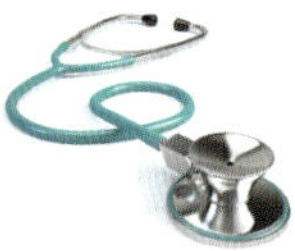

das Stethoskop
stetoscop n
[ste·tosˈkop]

das Sprechzimmer
cabinet n
[ka·biˈnet]

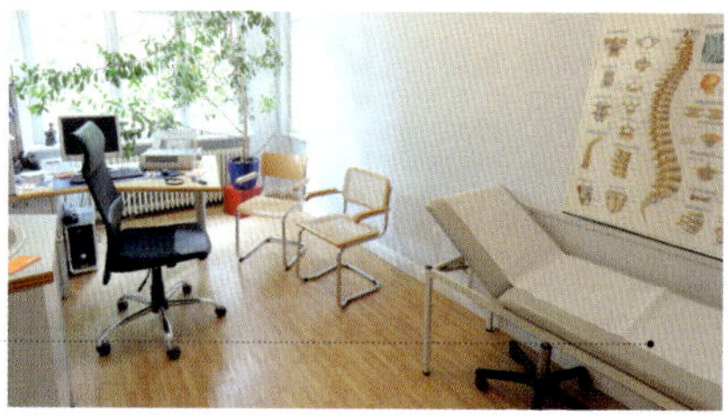

die Untersuchungsliege
pat de examinare n
[pat de e·gza·miˈna·re]

das Blutdruckmessgerät
tensiometru n
[ten·si·oˈme·tru]

die Sprechstunde	**program** n [proˈgram]
jemandem Blut abnehmen	**a recolta cuiva sânge** [a re·kolˈta kujˈva ˈsin·dʒe]
der Termin	**programare** f [pro·graˈma·re]
die Behandlung	**tratament** n [tra·taˈment]
die Diagnose	**diagnoză** f [di·agˈno·zə]
die Überweisung	**bilet de trimitere** n [biˈlet de triˈmi·te·re]
die Ergebnisse	**rezultate** n [re·zulˈta·te]
die Krankenkasse	**casă de asigurări** f [ˈka·sə de a·si·guˈrərʲ]

SYMPTOME UND KRANKHEITEN – SIMPTOME ȘI BOLI

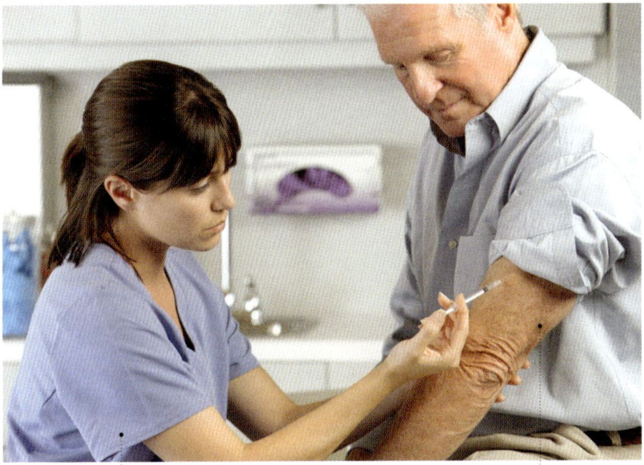

jemandem eine Spritze geben
a face cuiva o injecție
[a ˈfa·tʃe kujˈva o inˈʒek·tsi·e]

eine Spritze bekommen
a primi o injecție
[a priˈmi o inˈʒek·tsi·e]

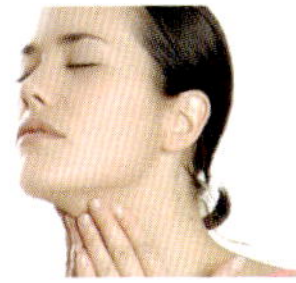

die Halsschmerzen
durere de gât f
[duˈre·re de gɨt]

die Kopfschmerzen
durere de cap f
[duˈre·re de kap]

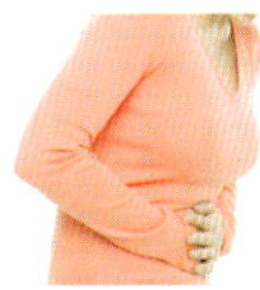

die Magenschmerzen
durere de stomac f
[duˈre·re de stoˈmak]

die Zahnschmerzen
durere de dinți f
[duˈre·re de dintsʲ]

das Virus	**virus** m [ˈvi·rus]
der Infekt	**infecție** f [inˈfek·tsi·e]
die Allergie	**alergie** f [a·lerˈdʒi·e]
der Hautausschlag	**erupție** f [eˈrup·tsi·e]
das Ekzem	**eczemă** f [ekˈze·mə]
die Migräne	**migrenă** f [miˈgre·nə]
das Nasenbluten	**sângerare nazală** f [sin·dʒeˈra·re naˈza·lə]
die Bindehautentzündung	**conjunctivită** f [kon·junk·tiˈvi·tə]
die Mittelohrentzündung	**otită** f [oˈti·tə]
der Durchfall	**diaree** f [di·aˈre·e]
die Darmgrippe	**gastroenterită** f [gas·tro·en·teˈri·tə]
der Schwindel	**amețeală** f [a·meˈtse̯a·lə]
die Übelkeit	**greață** f [ˈgre̯a·tsə]
der Krampf	**crampă** f [ˈkram·pə]
die Bronchitis	**bronșită** f [bronˈʃi·tə]
die Blasenentzündung	**cistită** f [tʃisˈti·tə]

SYMPTOME UND KRANKHEITEN – SIMPTOME ȘI BOLI

krank
bolnav
[bolˈnav]

der Schnupfen
riniță f
[riˈni·tə]

der Husten
tuse f
[ˈtu·se]

gesund
sănătos
[sə·nəˈtos]

die Erkältung
răceală f
[rəˈtʃe̯a·lə]

die Grippe
gripă f
[ˈgri·pə]

das Niesen
strănut n
[strəˈnut]

das Fieber
febră f
[ˈfe·brə]

der Heuschnupfen
febră a fânului f
[ˈfe·brə a ˈfɨ·nu·luj]

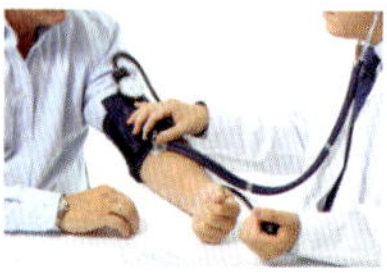

der hohe/niedrige Blutdruck
hipertensiune/hipotensiune f
[hi·per·ten·siˈu·ne/hi·po·ten·siˈu·ne]

die Entzündung	**inflamație** f [in·flaˈma·tsi·e]
die Gürtelrose	**zona zoster** f [ˈzo·na ˈzo·ster]
die Mangelerscheinung	**deficiență** f [de·fi·tʃiˈen·tsə]
die Blutvergiftung	**septicemie** f [sep·ti·tʃeˈmi·e]
die Schuppenflechte	**psoriazis** n [pso·riˈa·zis]
die Kinderkrankheit	**boală a copilăriei** f [ˈbo̯a·lə a ko·pi·ləˈri·ej]
die Röteln	**rubeolă** f [ru·beˈo·lə]
der/das Scharlach	**scarlatină** f [skar·laˈti·nə]
die Windpocken	**varicelă** f [va·riˈtʃe·lə]
der Mumps	**oreion** n [o·reˈjon]
der Keuchhusten	**tuse convulsivă** f [ˈtu·se kon·vulˈsi·və]
die Masern	**rujeolă** f [ru·ʒeˈo·lə]
die Kinderlähmung	**poliomielită** f [po·li·o·mi·eˈli·tə]
der Wundstarrkrampf	**tetanos** n [teˈta·nos]
die Tuberkulose	**tuberculoză** f [tu·ber·kuˈlo·zə]
die Rachitis	**rahitism** n [ra·hiˈtism]
die Hirnhautentzündung	**meningită** f [me·ninˈdʒi·tə]
die Diphtherie	**difterie** f [dif·teˈri·e]
die Tollwut	**rabie** f [ˈra·bi·e]

SYMPTOME UND KRANKHEITEN – SIMPTOME ȘI BOLI

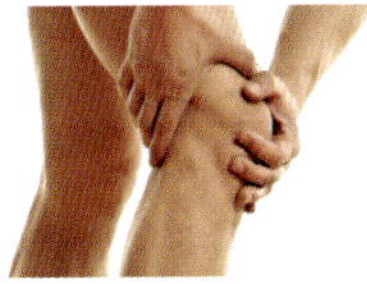

das Rheuma
reumatism n
[re·u·maˈtism]

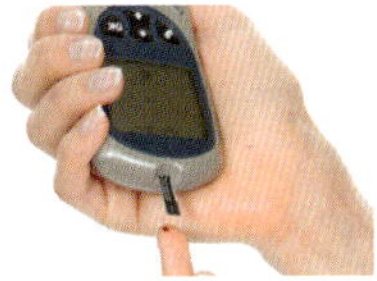

der Diabetes
diabet n
[di·aˈbet]

das Asthma
astm n
[astm]

der Inhalator
inhalator n
[in·ha·laˈtor]

die Schlafstörung
insomnie f
[in·somˈni·e]

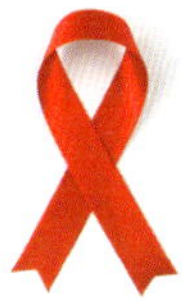

das Aids
sida f
[ˈsi·da]

die Atemnot	**dispnee** f [disˈpne·e]
der Alzheimer	**(morb al lui) Alzheimer** n [(morb al luj) ˈalts·haj·mər]
die Demenz	**demență** f [deˈmen·tsə]
die Parkinsonkrankheit	**(morb al lui) Parkinson** n [(morb al luj) ˈpar·kin·son]
der Krebs	**cancer** n [ˈkan·ʧer]
das Geschwür	**ulcer** n [ˈul·ʧer]
die Schilddrüsenkrankheit	**(morb al lui) Basedow** n [(morb al luj) ˈba·ze·dov]
der Herzinfarkt	**infarct** n [inˈfarkt]
der Schlaganfall	**accident vascular cerebral** n [ak·ʧiˈdent vas·kuˈlar ʧe·reˈbral]
HIV-positiv/negativ	**seropozitiv/seronegativ** [se·ro·po·ziˈtiv/se·ro·ne·gaˈtiv]
die multiple Sklerose	**scleroză multiplă** f [skleˈro·zə mulˈti·plə]
die Epilepsie	**epilepsie** f [e·pi·lepˈsi·e]
die Depression	**depresie** f [deˈpre·si·e]
die Essstörung	**tulburare alimentară** f [tul·buˈra·re a·li·menˈta·rə]
die Sucht	**dependență** f [de·penˈden·tsə]

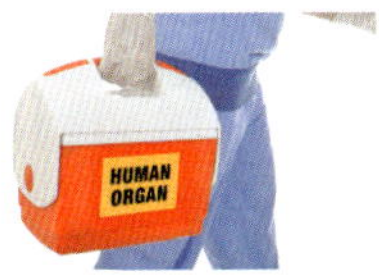

die Transplantation
transplant n
[tranˈsplant]

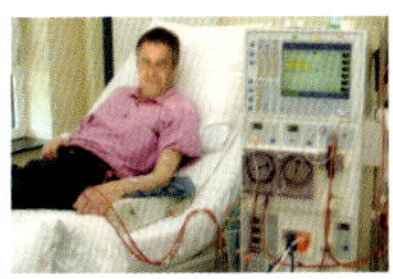

die Dialyse
dializă f
[di·aˈli·zə]

BEHINDERUNGEN - HANDICAPURI

der Blindenhund
câine ghid pentru nevăzători m
[ˈkɨj·ne gid ˈpen·tru ne·və·zəˈtorʲ]

der Blindenstock
baston pentru nevăzători n
[basˈton ˈpen·tru ne·və·zəˈtorʲ]

der Rollstuhl
scaun cu rotile n
[ˈska·un ku roˈti·le]

der Schiebegriff
mâner de împingere n
[mɨˈner de ɨmˈpin·ʤe·re]

die Armlehne
cotieră f
[ko·tiˈe·rə]

der Greifreifen
inel de antrenare n
[iˈnel de an·treˈna·re]

die Fußstütze
suport pentru picioare n
[suˈport ˈpen·tru piˈʧjo̯a·re]

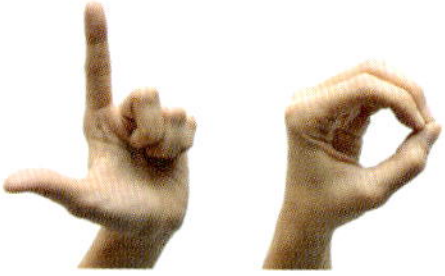

die Gebärdensprache
limbaj al semnelor n
[limˈbaʒ al ˈsem·ne·lor]

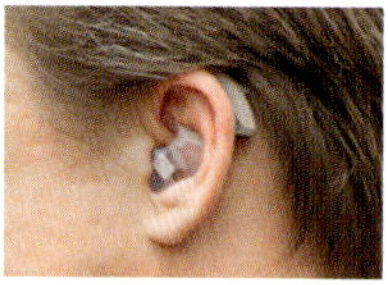

das Hörgerät
aparat auditiv n
[a·paˈrat a·u·diˈtiv]

der Rollator
cadru de mers n
[ˈka·dru de mers]

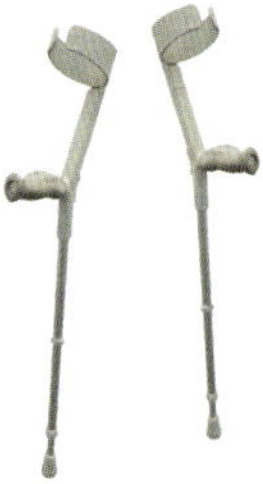

die Krücke
cârjă f
[ˈkɨr·ʒə]

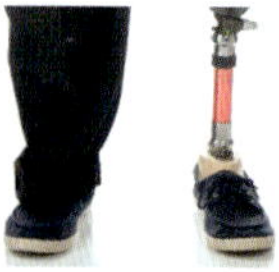

die Prothese
proteză f
[proˈte·zə]

gelähmt	**paralizat** [pa·ra·liˈzat]
die spastische Lähmung	**paralizie spastică** f [pa·ra·liˈzi·e ˈspas·ti·kə]
hinken	**a șchiopăta** [a ʃkjo·pəˈta]
blind	**orb** [orb]
schwerhörig	**cu deficiență de auz** [ku de·fi·ʧiˈen·ʦə de aˈuz]
gehörlos	**surd** [surd]
behindert	**handicapat** [han·di·kaˈpat]
schwerbehindert	**invalid** [in·vaˈlid]

VERLETZUNGEN – LEZIUNI

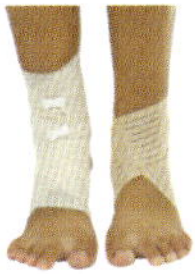

die Verstauchung
entorsă f
[en'tor·sə]

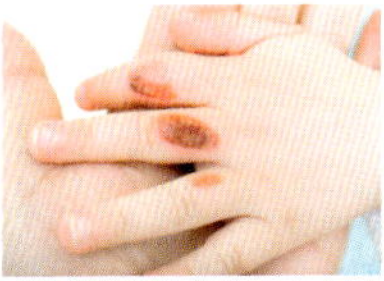

die Verbrennung
arsură f
[ar'su·rə]

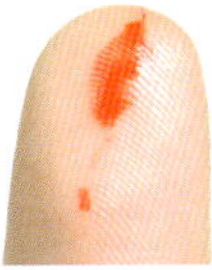

die Schnittwunde
tăietură f
[tə·je'tu·rə]

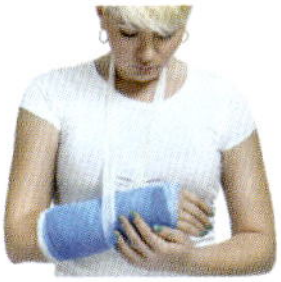

der Knochenbruch
fractură f
[frak'tu·rə]

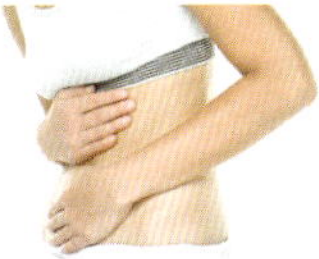

die Vergiftung
intoxicație f
[in·to·ksi'ka·tsi·e]

der Insektenstich
înțepătură de insectă f
[in·tse·pə'tu·rə de in'sek·tə]

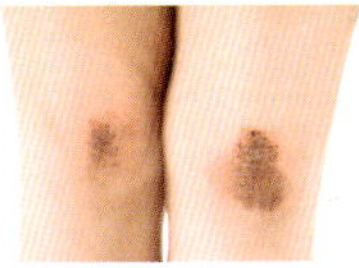

die Schürfwunde
julitură f
[ʒu·li'tu·rə]

in Ohnmacht fallen
a leșina
[a le·ʃi'na]

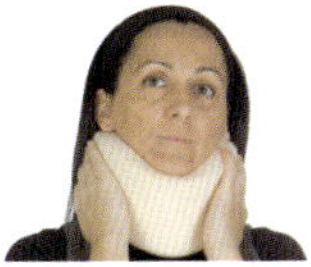

das Schleudertrauma
traumatism cervical n
[tra·u·ma'tism ʧer·vi'kal]

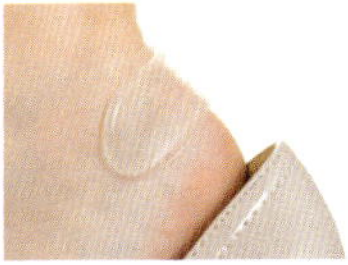

die Blase
bășică f
[bə'ʃi·kə]

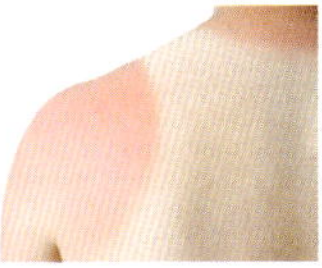

der Sonnenbrand
arsură solară f
[ar'su·rə so'la·rə]

der Bandscheiben-vorfall
hernie de disc f
[her'ni·e de disk]

die Wunde	**rană** f ['ra·nə]
die Brandwunde	**arsură** f [ar'su·rə]
das Blut	**sânge** n ['sin·ʤe]
bluten	**a sângera** [a sin·ʤe'ra]
die Blutung	**hemoragie** f [he·mo·ra'ʤi·e]
die Gehirnerschütterung	**comoție cerebrală** f [ko'mo·tsi·e ʧe·re'bra·lə]
sich den Arm/einen Wirbel ausrenken	**a-și disloca brațul/o vertebră** [aʃʲ dis·lo'ka'bra·tsul/o ver'te·brə]
sich den Fuß verstauchen/brechen	**a-și scrânti/a-și fractura piciorul** [aʃʲ skrin'ti/aʃʲ frak·tu'ra pi'ʧjo·rul]

der elektrische Schlag
șoc electric n
[ʃok e'lek·trik]

BEIM ZAHNARZT – LA STOMATOLOG

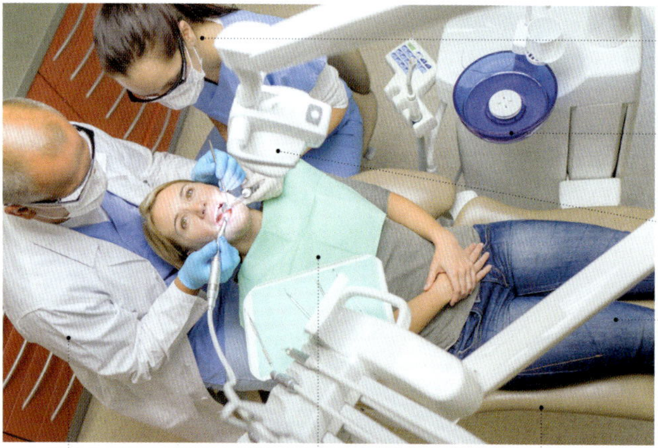

die Zahnarzthelferin
asistentă dentară f
[a·sis'ten·tə den'ta·rə]

das Mundspülbecken
scuipătoare f
[skuj·pə'to̯a·re]

die Behandlungslampe
lampă stomatologică f
['lam·pə sto·ma·to'lo·ʤi·kə]

die Patientin
pacientă f
[pa·tʃi'en·tə]

der Zahnarzt
stomatolog m
[sto·ma·to'log]

der Patientenumhang
bavetă pentru pacient f
[ba've·tə 'pen·tru pa·tʃi'ent]

der Zahnarztstuhl
scaun stomatologic n
['ska·un sto·ma·to'lo·ʤik]

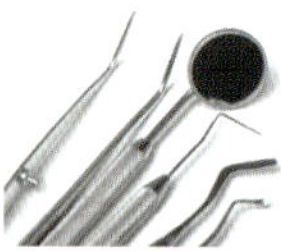

das Zahnarztbesteck
instrumentar stomatologic n
[in·stru·men'tar sto·ma·to'lo·ʤik]

der Mundschutz
mască f
['mas·kə]

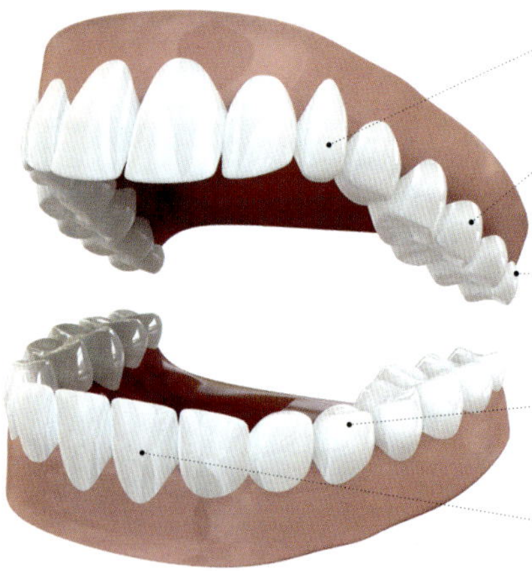

der Eckzahn
canin m
[ka'nin]

der hintere Backenzahn
molar m
[mo'lar]

der Weisheitszahn
măsea de minte f
[mə'se̯a de 'min·te]

der vordere Backenzahn
premolar m
[pre·mo'lar]

der Schneidezahn
incisiv m
[in·tʃi'siv]

BEIM ZAHNARZT – LA STOMATOLOG

der Zahn
dinte m
[ˈdin·te]

der Zahnschmelz
smalț dentar n
[smalʦ denˈtar]

das Zahnfleisch
gingie f
[ʤinˈʤi·e]

die Zahnwurzel
rădăcină a dintelui f
[rə·dəˈʧi·nə a ˈdin·te·luj]

der Nerv
nerv m
[nerv]

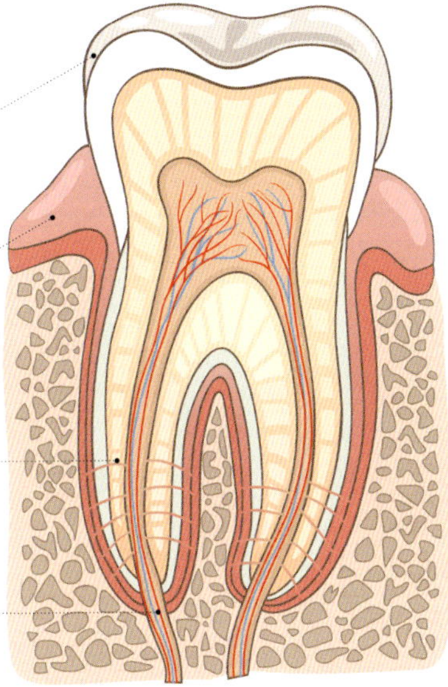

die Zahnprothese
proteză dentară f
[proˈte·zə denˈta·rə]

die Knirscherschiene
gutieră împotriva bruxismului f
[gu·tiˈe·rə ɨm·poˈtri·va bruˈksis·mu·luj]

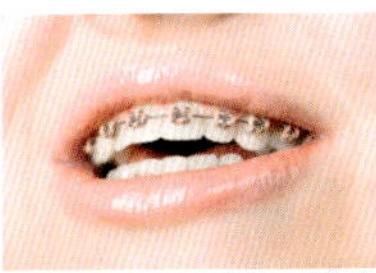

die Zahnspange
aparat dentar n
[a·paˈrat denˈtar]

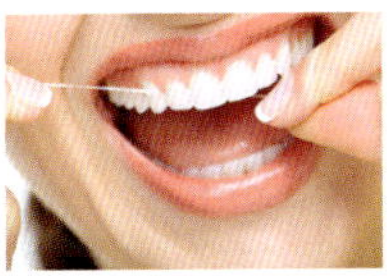

mit Zahnseide reinigen
a curăța cu ață dentară
[a kuˈrə·tsa ku ˈa·tsə denˈta·rə]

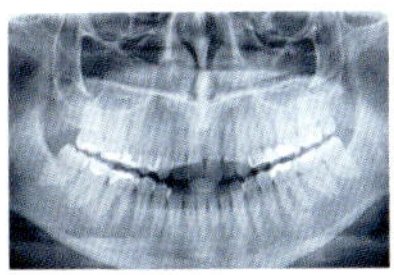

die Röntgenaufnahme
radiografie f
[ra·di·o·graˈfi·e]

die Krone
coroană f
[koˈro̯a·nə]

das Implantat	**implant** n [imˈplant]
einen Zahn ziehen	**a extrage un dinte** [a eksˈtra·ʤe un ˈdin·te]
die örtliche Betäubung	**anestezie locală** f [a·nes·teˈzi·e loˈka·lə]
die Mundhygiene	**igienă bucală** f [i·ʤiˈe·nə buˈka·lə]
der Zahnbelag	**tartru** n [ˈtar·tru]
die Karies	**carie** f [ˈka·ri·e]
die Zahnfüllung	**plombă** f [ˈplom·bə]
die Wurzelbehandlung	**tratament de canal** n [tra·taˈment de kaˈnal]

das Mundwasser
apă de gură f
[ˈa·pə de ˈgu·rə]

BEIM AUGENOPTIKER – LA OFTALMOLOG

das Auge
ochi m
[okʲ]

die Pupille
pupilă f
[puˈpi·lə]

der Sehnerv
nerv optic m
[nerv ˈop·tik]

die Linse
cristalin n
[kris·taˈlin]

die Hornhaut
cornee f
[korˈne·e]

die Netzhaut
retină f
[reˈti·nə]

die Iris
iris n
[ˈi·ris]

die Brille
ochelari pl
[o·keˈlarʲ]

das Brillengestell
ramă f
[ˈra·mə]

das Brillenglas
lentilă f
[lenˈti·lə]

der Kontaktlinsenbehälter
recipient pentru lentile de contact n
[re·ʧi·piˈent ˈpen·tru lenˈti·le de konˈtakt]

die Kontaktlinse
lentilă de contact f
[lenˈti·lə de konˈtakt]

die Optikerin
opticiană f
[op·ti·ʧiˈa·nə]

der Sehtest
examen oftalmologic n
[eˈgza·men of·tal·moˈlo·ʤik]

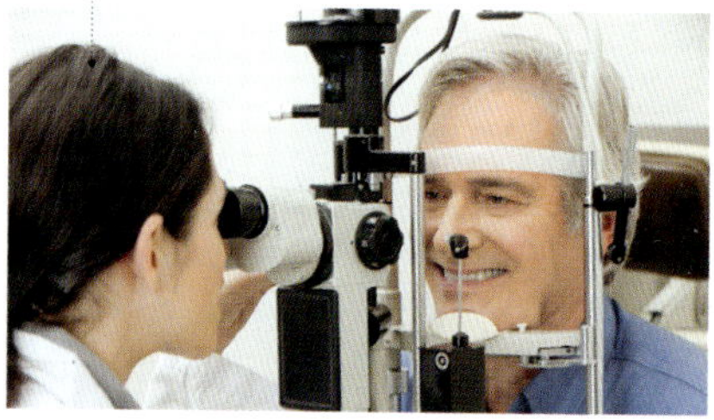

das Brillenputztuch	**cârpă de curățat ochelarii** f [ˈkɨr·pə de kuˈrə·tsat o·keˈla·rij]
die Augentropfen	**picături de ochi** f [pi·kəˈturʲ de okʲ]
die Lesebrille	**ochelari de citit** pl [o·keˈlarʲ de ʧiˈtit]
weitsichtig	**hipermetrop** [hi·per·meˈtrop]
kurzsichtig	**miop** [miˈop]
die Gleitsichtbrille	**ochelari bifocali** pl [o·keˈlarʲ bi·foˈkalʲ]
der graue Star	**cataractă** f [ka·taˈrak·tə]
der grüne Star	**glaucom** n [glawˈkom]

IM KRANKENHAUS – LA SPITAL

das Krankenzimmer
salon n
[sa'lon]

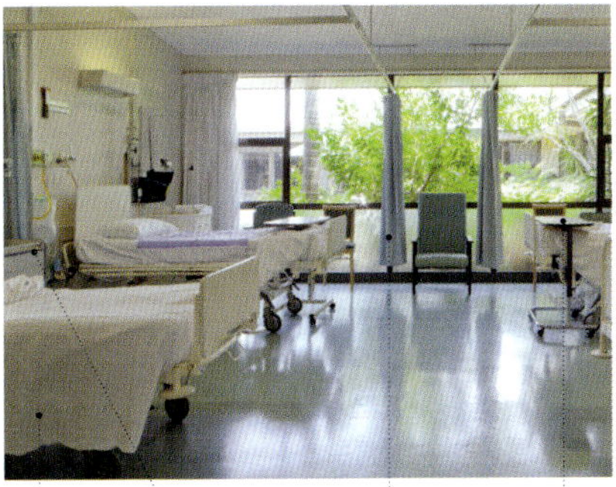

der Nachttisch
noptieră f
[nop·ti'e·rə]

der Krankentisch
masă de spital f
['ma·sə de spi'tal]

das Krankenhausbett
pat de spital n
[pat de spi'tal]

der Trennvorhang
perdea separatoare f
[per'dea se·pa·ra'toa·re]

das Einzelzimmer
salon cu un pat n
[sa'lon ku un pat]

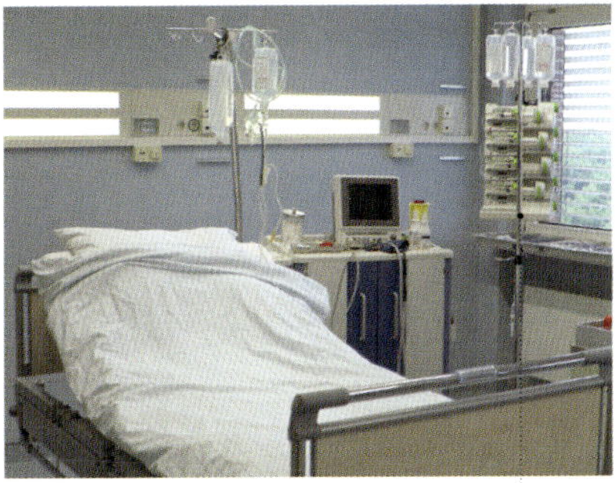

der Infusionsständer
stativ pentru perfuzii n
[sta'tiv 'pen·tru per'fu·zij]

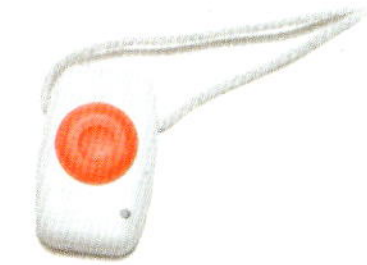

der Notrufknopf
buton de urgență n
[bu'ton de ur'ʤen·tsə]

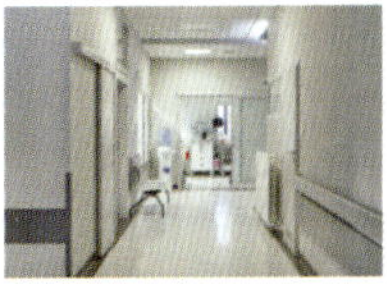

die Station
secție f
['sek·tsi·e]

aufgenommen werden	**a se interna** [a se in·ter'na]
entlassen werden	**a se externa** [a se eks·ter'na]
der ambulante Patient	**pacient ambulatoriu** m [pa·ʧi'ent am·bu·la'to·rju]
der stationäre Patient	**pacient internat** m [pa·ʧi'ent in·ter'nat]
die Besuchszeiten	**ore de vizită** f ['o·re de 'vi·zi·tə]
die Kinderstation	**pediatrie** f [pe·di·a'tri·e]
die Neurologie	**neurologie** f [ne·u·ro·lo'ʤi·e]
die Onkologie	**oncologie** f [on·ko·lo'ʤi·e]
die Orthopädie	**ortopedie** f [or·to·pe'di·e]
die Kardiologie	**cardiologie** f [kar·di·o·lo'ʤi·e]
die Gastroenterologie	**gastroenterologie** f [gas·tro·en·te·ro·lo'ʤi·e]
die Gynäkologie	**ginecologie** f [ʤi·ne·ko·lo'ʤi·e]
die Abteilung für Hals-Nasen-Ohrenheilkunde	**otorinolaringologie** f [o·to·ri·no·la·rin·go·lo'ʤi·e]
die Quarantäne	**carantină** f [ka·ran'ti·nə]

IM KRANKENHAUS – LA SPITAL

Die Chirurgie – Chirurgia

die Operation
operație f
[o·pe'ra·tsi·e]

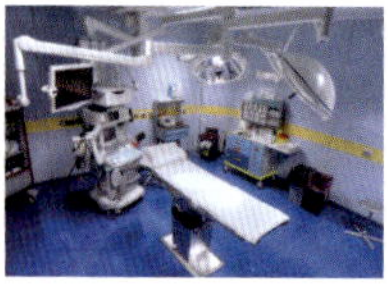

der Operationssaal
sală de operație f
['sa·lə de o·pe'ra·tsi·e]

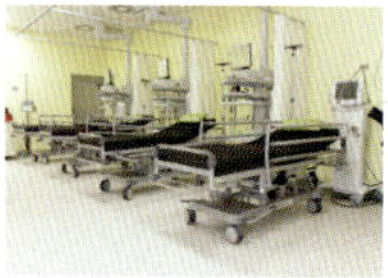

der Aufwachraum
sală de recuperare f
['sa·lə de re·ku·pe'ra·re]

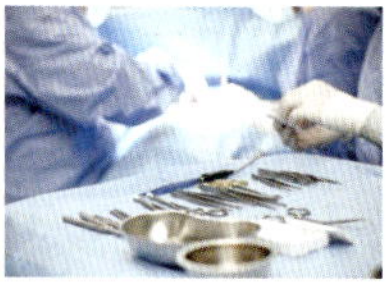

das Operationsbesteck
instrumentar chirurgical n
[in·stru·men'tar ki·rur·ʤi'kal]

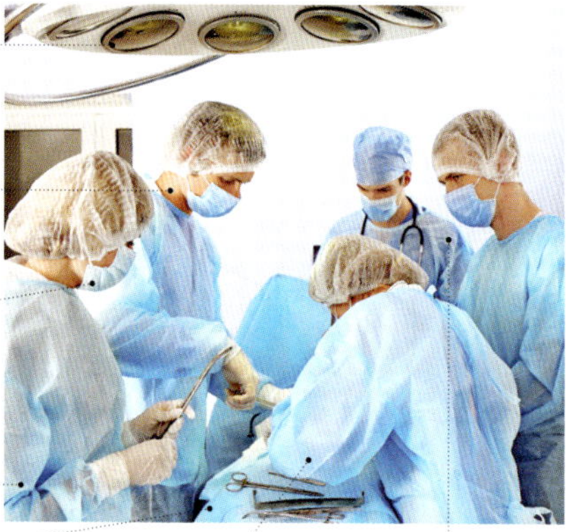

die Operationsleuchte
lampă chirurgicală f
['lam·pə ki·rur·ʤi'ka·lə]

der Chirurg
chirurg m
[ki'rurg]

der Mundschutz
mască f
['mas·kə]

die OP-Schwester
asistentă de chirurgie f
[a·sis'ten·tə de ki·rur'ʤi·e]

der Operationstisch
masă de operație f
['ma·sə de o·pe'ra·tsi·e]

der OP-Mantel
halat chirurgical n
[ha'lat ki·rur·ʤi'kal]

der Anästhesist
anestezist m
[a·nes·te'zist]

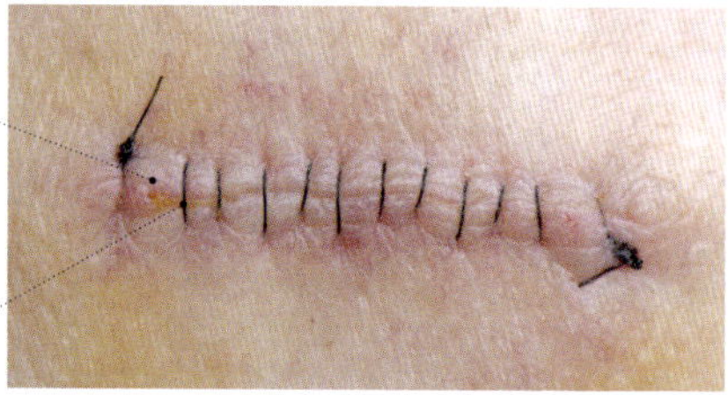

die Narbe
cicatrice f
[ʧi·ka'tri·ʧe]

die Fäden
fire pentru sutură n
['fi·re 'pen·tru su'tu·rə]

die Lokalanästhesie	**anestezie locală** f [a·nes·te'zi·e lo'ka·lə]
die Vollnarkose	**anestezie generală** f [a·nes·te'zi·e ʤe·ne'ra·lə]
die Rehabilitation	**recuperare** f [re·ku·pe'ra·re]
die medizinische Nachversorgung	**tratament postoperatoriu** n [tra·ta'ment pos·to·pe·ra'to·rju]
die Bettruhe	**repaus la pat** n [re'pa·us la pat]
die Genesung	**însănătoșire** f [ɨn·sə·nə·to'ʃi·re]
tot	**decedat** [de·ʧe'dat]
der Tod	**deces** n [de'ʧes]

IM KRANKENHAUS – LA SPITAL

Die Unfallstation – Secția de urgențe

die Intensivstation
secție de terapie intensivă f
[ˈsek·tsi·e de te·raˈpi·e in·tenˈsi·və]

die Notaufnahme
secție de urgențe f
[ˈsek·tsi·e de urˈʤen·tse]

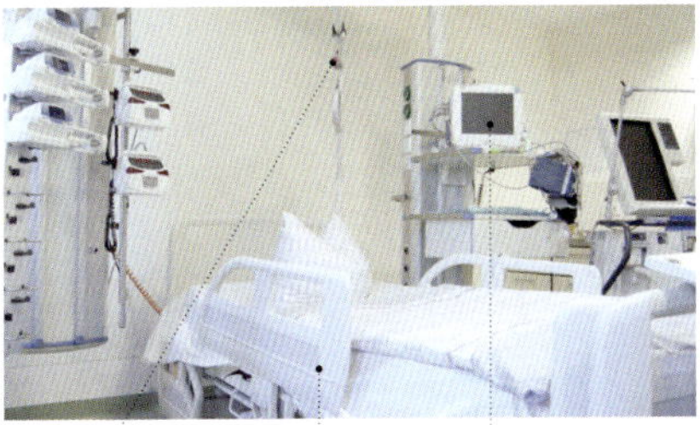

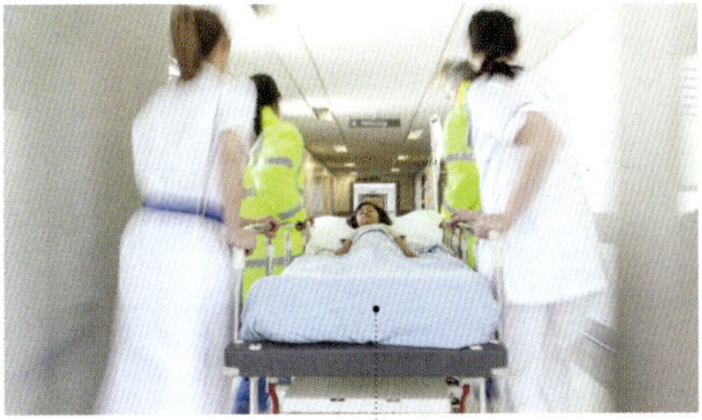

der Rufknopf
buton de urgență n
[buˈton de urˈʤen·tsə]

der Herzmonitor
aparat de monitorizare cardiacă n [a·paˈrat de mo·ni·to·riˈza·re kar·diˈa·kə]

die Fahrtrage
targă mobilă f
[ˈtar·gə moˈbi·lə]

das Krankenhausbett
pat de spital n [pat de spiˈtal]

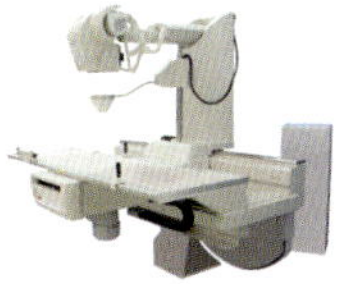

das Röntgengerät
aparat radiologic n
[a·paˈrat ra di·oˈlo·ʤik]

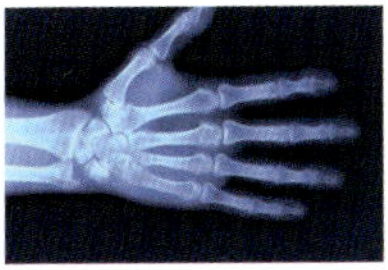

das Röntgenbild
radiografie f
[ra·di·o·graˈfi·e]

der Warteraum
sală de așteptare f
[ˈsa·lə de aʃ·tepˈta·re]

die Oberärztin
medic șef m
[ˈme·dik ʃef]

die Computertomografie	**tomografie computerizată** f [to·mo·graˈfi·e kom·pju·te·riˈza·tə]
die Strahlung	**radiație** f [ra·diˈa·tsi·e]
eine Diagnose stellen	**a pune un diagnostic** [a ˈpu·ne un di·agˈnos·tik]
bewusstlos	**inconștient** [in·kon·ʃtiˈent]
die Beatmung	**ventilare (artificială)** f [ven·tiˈla·re (ar·ti·fi·ʧiˈa·lə)]
wieder zu Bewusstsein kommen	**a-și reveni (din inconștiență)** [aʃˈ re·veˈni (din in·kon·ʃtiˈen·tsə)]
wieder gesund werden	**a se însănătoși** [a se in·sə·nə·toˈʃi]

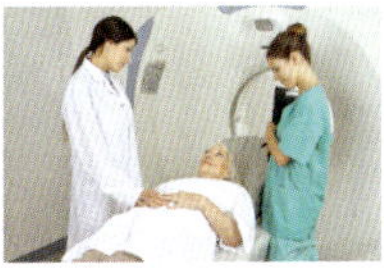

die Kernspintomografie
tomografie cu rezonanță magnetică f
[to·mo·graˈfi·e ku re·zoˈnan·tsə magˈne·ti·kə]

DIE APOTHEKE – FARMACIA

das Medikament
medicament n
[me·di·ka'ment]

die Kapsel
capsulă f
[kap'su·lə]

der Hustensaft
sirop de tuse n
[si'rop de 'tu·se]

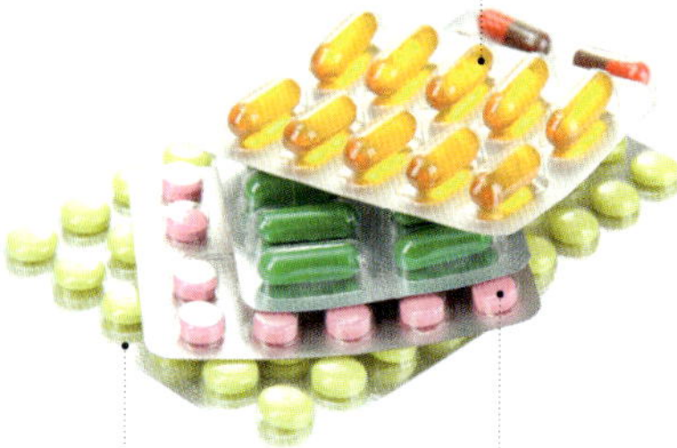

die Sichtverpackung
blister n
['blis·tər]

die Tablette
tabletă f
[ta'ble·tə]

die Dosierung
dozare f
[do'za·re]

der Messbecher
măsură dozatoare f
[mə'su·rə do·za'to̯a·re]

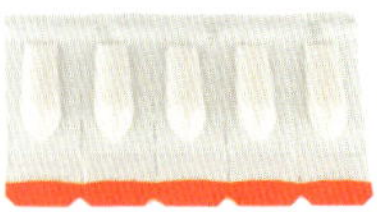

das Zäpfchen
supozitor n
[su·po·zi'tor]

die Salbe
alifie f
[a·li'fi·e]

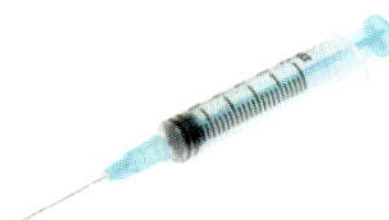

die Spritze
seringă f
[se'rin·gə]

die Apothekerin
farmacistă f
[far·ma'tʃis·tə]

die Tropfen
picături f
[pi·kə'turʲ]

der/das Spray
spray n
[sprej]

die Vitamintablette
vitamină tabletă f
[vi·ta'mi·nə ta'ble·tə]

die Brausetablette
tabletă efervescentă f
[ta'ble·tə e·fer·ves'tʃen·tə]

DIE APOTHEKE – FARMACIA

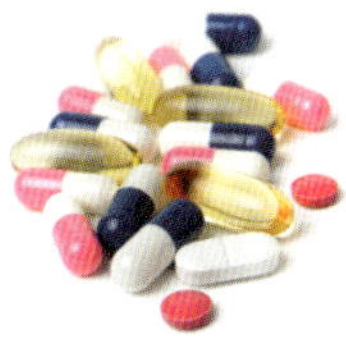

das Nahrungsergänzungsmittel
supliment alimentar n
[su·pli'ment a·li·men'tar]

das Sonnenschutzmittel
cremă de protecție solară f ['kre·mə de pro'tek·tsi·e so'la·rə]

der/das Mückenspray
spray anti-insecte n
[sprej an·ti·in'sek·te]

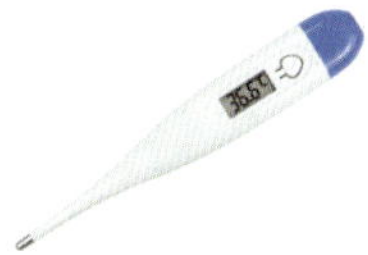

das/der Fieberthermometer
termometru n
[ter·mo'me·tru]

die Nagelfeile
pilă f
['pi·lə]

der Tampon
tampon intern n
['tam·pon in'tern]

die Slipeinlage
absorbant zilnic n
[ab·sor'bant 'zil·nik]

das Feuchttuch
șervețel umed n
[ʃer·ve'tsel 'u·med]

der Lippenpflegestift
ir de buze n
[ir de 'bu·ze]

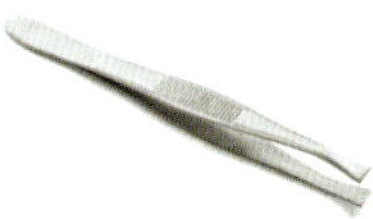

die Pinzette
pensetă f
[pen'se·tə]

das Deodorant
deodorant n
[de·o·do'rant]

das/der Hustenbonbon
bomboană de tuse f
[bom'bo̯a·nə de 'tu·se]

das Symptom	**simptom** n [simp'tom]
die Nebenwirkung	**efect secundar** n [e'fekt se·kun'dar]
der Beipackzettel	**prospect** n [pro'spekt]
die Hautpflege	**îngrijire a pielii** f [in·gri'ʒi·re a 'pje·lij]
das Schmerzmittel	**analgezic** n [a·nal'ʤe·zik]
das Beruhigungsmittel	**calmant** n [kal'mant]
die Schlaftablette	**somnifer** n [som·ni'fer]
das Verfallsdatum	**dată a expirării** f ['da·tə a eks·pi'rə·rij]

der Ohrstöpsel
dop de urechi n
[dop de u'rekʲ]

DIE ALTERNATIVMEDIZIN – MEDICINA ALTERNATIVĂ

die Meditation
meditație f
[me·di'ta·tsi·e]

das Yoga
yoga f
['jo·ga]

das Tai-Chi
tai-chi n
[taj'tʃi]

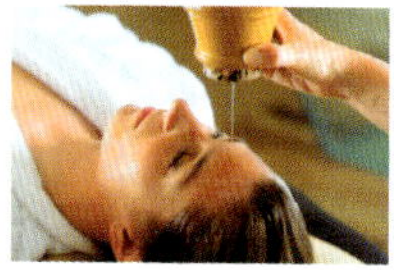

das Ayurveda
ayurveda f
[a·jur've·da]

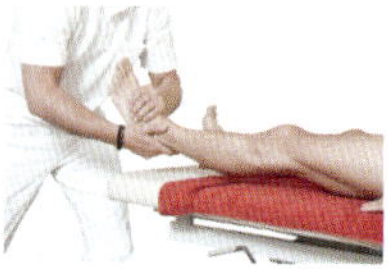

die Osteopathie
osteopatie f
[os·te·o·pa'ti·e]

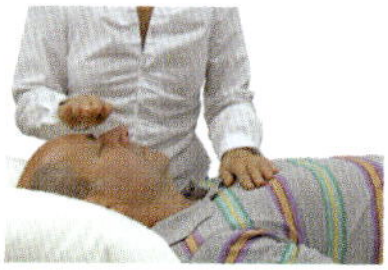

das Reiki
reiki n
['rej·ki]

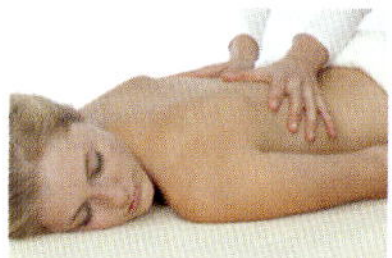

die Massage
masaj n
[ma'saʒ]

die Hypnose
hipnoză f
[hip'no·zə]

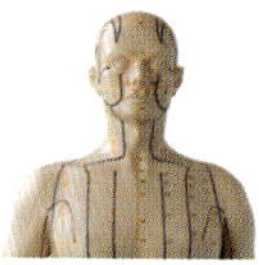

die traditionelle chinesische Medizin
medicină tradițională chineză f
[me·di'tʃi·nə tra·di·tsi·o'na·lə ki'ne·zə]

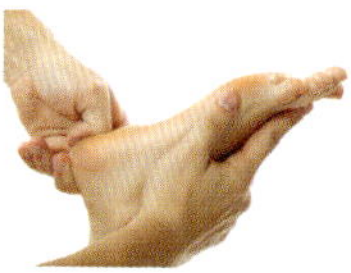

die Fußreflexzonen-massage
reflexologie plantară f
[re·fle·kso·lo'dʒi·e plan'ta·rə]

das homöopathische Heilmittel
tratament homeopatic n
[tra·ta'ment ho·me·o'pa·tik]

die Kräuterheilkunde
medicină pe bază de plante f
[me·di'tʃi·nə pe 'ba·zə de 'plan·te]

die Akupunktur
acupunctură f
[a·ku·punk'tu·rə]

die Kur	**cură** f ['ku·rə]
die Palliativmedizin	**medicină paliativă** f [me·di'tʃi·nə pa·li·a'ti·və]
die Entspannung	**relaxare** f [re·la'ksa·re]
die Entgiftung	**dezintoxicare** f [dez·in·to·ksi'ka·re]
die Entziehungskur	**cură de dezintoxicare** f ['ku·rə de dez·in·to·ksi'ka·re]
einen Entzug machen	**a face o cură de dezintoxicare** [a 'fa·tʃe o 'ku·rə de dez·in·to·ksi'ka·re]
die Therapie	**terapie** f [te·ra'pi·e]
die Lichttherapie	**fototerapie** f [fo·to·te·ra'pi·e]

WELLNESS – WELLNESS

die Gesichtsbehandlung
tratament facial n
[tra·ta'ment fa·ʧi'al]

die Kosmetikerin
cosmeticiană f
[kos·me·ti·ʧi'a·nə]

die Gesichtsmaske
mască facială f
['mas·kə fa·ʧi'a·lə]

die Sauna
saună f
['sa·u·nə]

der Ofen
sobă f
['so·bə]

die Bank
bancă f
['ban·kə]

der Kopfkeil
tetieră f
[te·ti'e·rə]

der Aufgusskübel
ciubăr pentru saună n
[ʧju'bər 'pen·tru 'sa·u·nə]

der Ruheraum
cameră de repaus f
['ka·me·rə de re'pa·us]

das Mineralbad
baie termală f
['ba·je ter'ma·lə]

die Maniküre
manichiură f
[ma·ni'kju·rə]

die Pediküre
pedichiură f
[pe·di'kju·rə]

die Wachsenthaarung	**depilare cu ceară** f [de·pi'la·re ku 'ʧe̯a·rə]
das Dampfbad	**baie de aburi** f ['ba·je de 'a·burʲ]
der Aufguss	**stropire a pietrelor încinse (în saună)** f [stro'pi·re a 'pje·tre·lor in'ʧin·se (in 'sa·u·nə)]
das Peeling	**peeling** n ['pi·ling]
reinigen	**a curăța** [a ku'rə·tsa]
Ich habe empfindliche/ trockene Haut.	**Am pielea sensibilă/uscată.** [am 'pje·le̯a sen'si·bi·lə/us'ka·tə]
Ich habe fettige/normale Haut.	**Am pielea grasă/normală.** [am 'pje·le̯a 'gra·sə/nor'ma·lə]

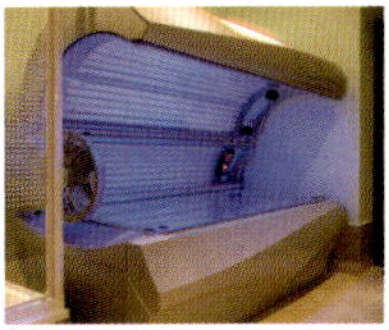

das Solarium
solariu n
[so'la·rju]

NOTFÄLLE

URGENȚE

ERSTE HILFE – PRIMUL AJUTOR

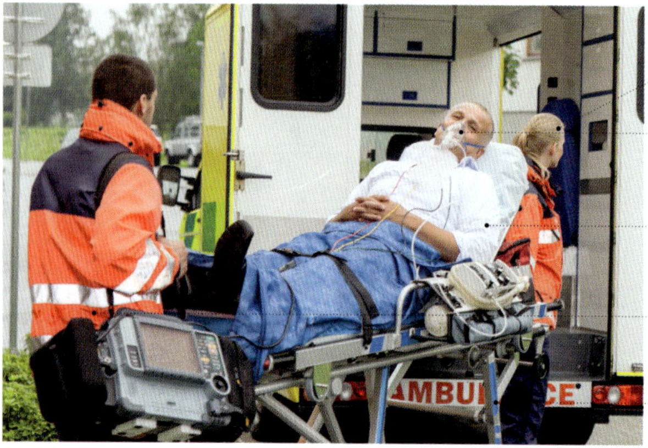

der Rettungswagen
ambulanță f
[am·bu'lan·tsə]

die Sanitäterin
asistentă sanitară f
[a·sis'ten·tə sa·ni'ta·rə]

die Sauerstoffmaske
mască de oxigen f
['mas·kə de o·ksi'ʤen]

das Unfallopfer
victimă a accidentului f
['vik·ti·mə a ak·ʧi'den·tu·luj]

der Sanitäter
asistent sanitar m
[a·sis'tent sa·ni'tar]

die Trage
targă f
['tar·gə]

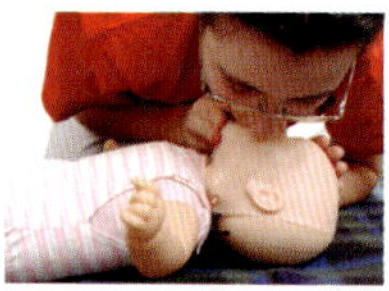

die Mund-zu-Mund-Beatmung
respirație gură la gură f
[res·pi'ra·tsi·e 'gu·rə la 'gu·rə]

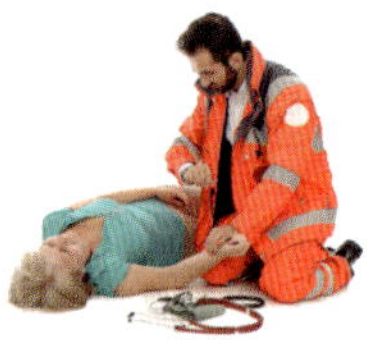

die Pulsmessung
măsurare a pulsului f
[mə·su'ra·re a 'pul·su·luj]

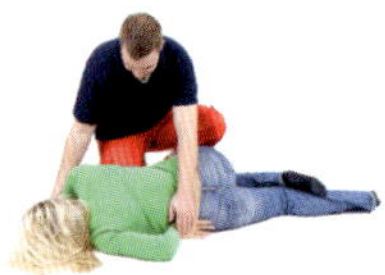

die stabile Seitenlage
poziție de recuperare f
[po'zi·tsi·e de re·ku·pe'ra·re]

der Unfallort
loc al accidentului n
[lok al ak·ʧi'den·tu·luj]

der Rettungsdienst
serviciu medical de urgență n [ser'vi·ʧju me·di'kal de ur'ʤen·tsə]

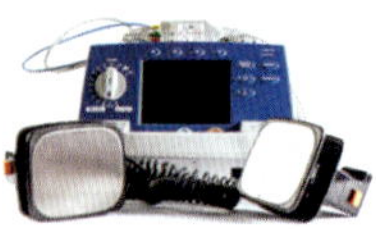

der Defibrillator
defibrilator n
[de·fi·bri·la'tor]

der Unfall	**accident** n [ak·ʧi'dent]
die Wiederbelebung	**reanimare** f [re·a·ni'ma·re]
die Herzdruckmassage	**masaj cardiac** n [ma'saʒ kar·di'ak]
der Puls	**puls** n [puls]
bewusstlos	**inconștient** [in·kon·ʃti'ent]
erste Hilfe leisten	**a da primul ajutor** [a da 'pri·mul a·ʒu'tor]
der Notarzt	**doctor de urgență** m ['dok·tor de ur'ʤen·tsə]
die Notärztin	**doctoriță de urgență** f [dok·to'ri·tsə de ur'ʤen·tsə]

ERSTE HILFE - PRIMUL AJUTOR

das Verbandszeug
material de pansat n
[ma·te·ri'al de pan'sat]

der Verband
fașă f
['fa·ʃə]

das Leukoplast®
leucoplast n
[le·u·ko'plast]

das Pflaster
plasture m
['plas·tu·re]

die Verbandschere
foarfecă f
['fo̯ar·fe·kə]

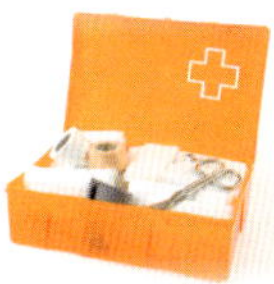

der Erste-Hilfe-Kasten
trusă de prim ajutor f
['tru·sə de prim a·ʒu'tor]

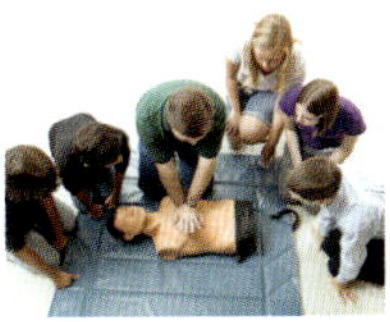

der Erste-Hilfe-Kurs
curs de prim ajutor n
[kurs de prim a·ʒu'tor]

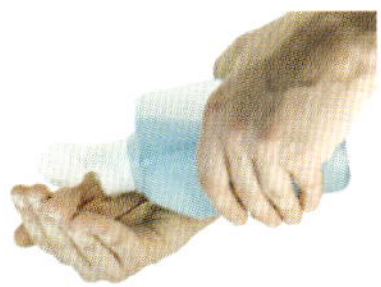

das Desinfektions-mittel
dezinfectant n
[de·zin·fek'tant]

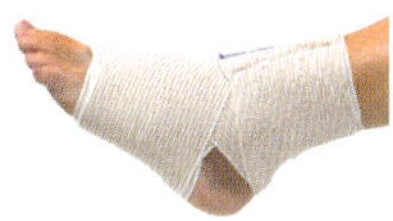

die Bandage
bandaj n
[ban'daʒ]

steril	**steril** [ste'ril]
überleben	**a supraviețui** [a su·pra·vje·tsu'i]
traumatisiert	**traumatizat** [traw·ma·ti'zat]
unter Schock stehen	**a fi în stare de șoc** [a fi ɨn 'sta·re de ʃok]
der Schock	**șoc** n [ʃok]
die Blutspende	**donare de sânge** f [do'na·re de 'sɨn·ʤe]
die Organspende	**donare de organe** f [do'na·re de or'ga·ne]
das Adrenalin	**adrenalină** f [a·dre·na'li·nə]

die Mullbinde
tifon n
[ti'fon]

DIE POLIZEI – POLIȚIA

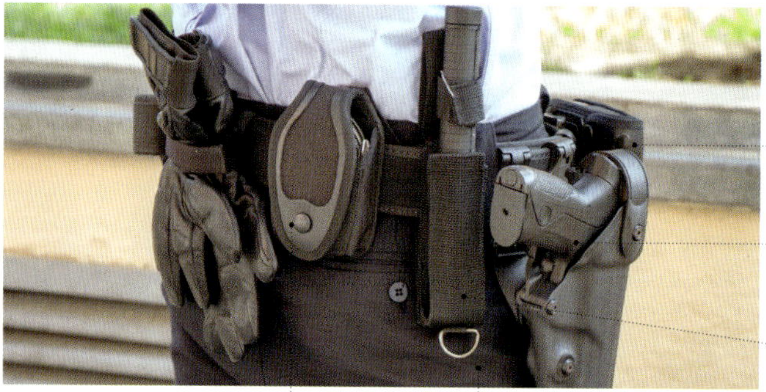

der Dienstgürtel
centură tactică f
[tʃen'tu·rə 'tak·ti·kə]

das Handfunkgerät
stație de emisie-recepție f
['sta·tsi·e de e'mi·si·e re'tʃep·tsi·e]

die Pistole
pistol n
[pis'tol]

der Schlagstock
baston n
[bas'ton]

die Handschellen
cătușe f
[kə'tu·ʃe]

die Uniform
uniformă f
[u·ni'for·mə]

der Fingerabdruck
amprentă digitală f
[am'pren·tə di·dʒi'ta·lə]

der Tatort
locul faptei n
['lo·kul 'fap·tej]

die Polizistin
polițistă f
[po·li'tsis·tə]

der Polizist
polițist m
[po·li'tsist]

das Polizeiabzeichen
insignă de polițist f
[in'sig·nə de po·li'tsist]

der Zeuge	**martor** m ['mar·tor]
die Zeugin	**martoră** f ['mar·to·rə]
der Verbrecher	**infractor** n [in·frak'tor]
die Verbrecherin	**infractoare** f [in·frak'to̯a·re]
der Kriminalbeamte	**polițist criminalist** m [po·li'tsist kri·mi·na'list]
die Kriminalbeamtin	**polițistă criminalistă** f [po·li'tsis·tə kri·mi·na'lis·tə]
der/die Verdächtige	**suspect/suspectă** m/f [su'pekt/sus'pek·tə]
die Ermittlung	**anchetă** f [an'ke·tə]

DIE POLIZEI – POLIȚIA

das Polizeiauto
mașină de poliție f
[maˈʃi·nə de poˈli·tsi·e]

die Lichtleiste
rampă luminoasă cu girofar f
[ˈram·pə lu·miˈn̯oa·sə ku ʤi·roˈfar]

das Martinshorn
sirenă f
[siˈre·nə]

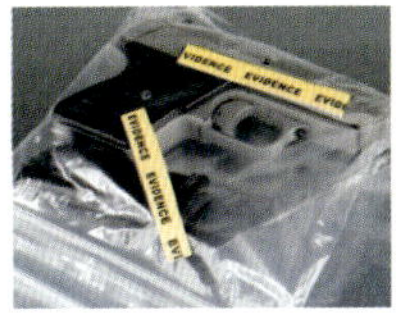

das Beweisstück
probă f
[ˈpro·bə]

das Gefängnis
închisoare f
[ɨn·kiˈso̯a·re]

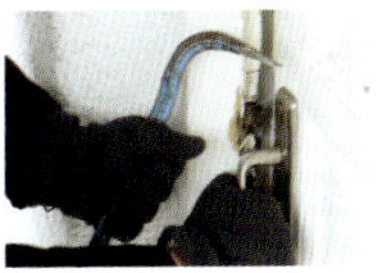

der Einbruch
efracție f
[eˈfrak·tsi·e]

der Diebstahl
furt n
[furt]

die Festnahme
arestare f
[a·reˈsta·re]

die Gewalt
violență f
[vi·oˈlen·tsə]

der Raubüberfall
tâlhărie f
[tɨl·həˈri·e]

der Taschendiebstahl
furt din buzunare n
[furt din bu·zuˈna·re]

die Entführung
răpire f
[rəˈpi·re]

die Polizeiabsperrung
bandă de delimitare f
[ˈban·də de de·li·miˈta re]

die Straftat	**infracțiune** f [in·frakˈtsju·ne]
die Körperverletzung	**vătămare corporală** f [və·təˈma·re kor·poˈra·lə]
die Vergewaltigung	**viol** n [viˈol]
der Mord	**crimă** f [ˈkri·mə]
der Überfall	**atac** n [aˈtak]
fliehen	**a fugi** [a fuˈʤi]
belästigen	**a molesta** [a mo·lesˈta]
die Schuld	**vină** f [ˈvi·nə]

DIE FEUERWEHR – POMPIERII

der Feuerlöscher
extinctor n
[eks·tinkˈtor]

der Hydrant
hidrant n
[hiˈdrant]

der Feuerwehrmann
pompier m
[pom·piˈer]

das Visier
vizieră f
[vi·ziˈe·rə]

der Feuerwehrhelm
cască de pompier f
[ˈkas·kə de pom·piˈer]

die Feuerwehrschutzjacke
jachetă de protecție f
[ʒaˈke·tə de proˈtek·tsi·e]

der Reflexstreifen
bandă reflectorizantă f
[ˈban·də re·flek·to·riˈzan·tə]

der Feuerwehrschlauch
furtun n
[furˈtun]

die Brandbekämpfung
combatere a incen-diului f
[komˈba·te·re a inˈtʃen·dju·luj]

der Notausgang
ieșire de urgență f
[jeˈʃi·re de urˈdʒen·tsə]

die Feuerwache
stație de pompieri f
[ˈsta·tsi·e de pom·piˈerʲ]

das Löschfahrzeug
autospecială de pompieri f
[a·u·to·spe·tʃiˈa·lə de pom·piˈerʲ]

die Axt
topor n
[toˈpor]

der Rauchmelder
detector de fum n
[de·tekˈtor de fum]

IN DEN BERGEN – ÎN MUNȚI

der Helm
cască f
[ˈkas·kə]

der Karabiner
carabină f
[ka·raˈbi·nə]

das Seil
coardă f
[ˈko̯ar·də]

die Bergwacht
salvamont n
[sal·vaˈmont]

der Rettungseinsatz
operațiune de salvare f
[o·pe·raˈtsju·ne de salˈva·re]

die Einsatzkraft
membru al echipei de salvare m
[ˈmem·bru al eˈki·pej de salˈva·re]

der Rettungsschlitten
sanie de salvare f
[ˈsa·ni·e de salˈva·re]

das Schneemobil
snowmobil n
[ˈsnow·mo·bil]

das Fangnetz
plasă de protecție f
[ˈpla·sə de proˈtek·tsi·e]

die Lawine
avalanșă f
[a·vaˈlan·ʃə]

das LVS-Gerät
detector de victime în avalanșă n [de·tekˈtor de ˈvik·ti·me ɨn a·vaˈlan·ʃə]

der Rettungshund
câine de salvare m
[ˈkɨj·ne de salˈva·re]

der Rettungshub-schrauber
elicopter de salvare n
[e·li·kopˈter de salˈva·re]

der Lawinenschutz
protecție împotriva avalanșelor f
[proˈtek·tsi·e ɨm·poˈtri·va a·vaˈlan·ʃe·lor]

das Lawinenwarn-schild
semn de avertizare în zonă de avalanșe n
[semn de a·ver·tiˈza·re ɨn ˈzo·nə de a·vaˈlan·ʃe]

DAS MEER – MAREA

die Schwimmweste
vestă de salvare f
[ˈves·tə de salˈva·re]

der Rettungsring
colac de salvare n
[koˈlak de salˈva·re]

der Sammelpunkt
spațiu de adunare n
[ˈspa·tsju de a·duˈna·re]

der Sturm
furtună f
[furˈtu·nə]

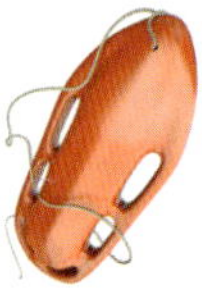

die Rettungsboje
plută de salvare f
[ˈplu·tə de salˈva·re]

der Rettungsschwimmer
salvamar m
[sal·vaˈmar]

der Wachturm
turn de control n
[turn de konˈtrol]

der Tsunami
tsunami n
[tsuˈna·mi]

das Küstenwachboot
barcă a pazei de coastă f
[ˈbar·kə a ˈpa·zej de ˈko̯as·tə]

das Rettungsboot
barcă de salvare f
[ˈbar·kə de salˈva·re]

kentern
a se răsturna
[a se rəs·turˈna]

der Schiffbruch
naufragiu n
[na·uˈfra·dʒju]

der/die Vermisste	**dispărut/dispărută** m/f [dis·pəˈrut/dis·pəˈru·tə]
das Rettungstau	**frânghie de salvare** f [frinˈgi·e de salˈva·re]
die Wetterbedingungen	**condiții meteorologice** f [konˈdi·tsij me·te·o·roˈlo·dʒi·tʃe]
der Seewetterbericht	**prognoză meteo marină** f [progˈno·zə ˈme·te·o maˈri·nə]
die Suche	**căutare** f [kə·uˈta·re]
ertrinken	**a se îneca** [a se ɨ·neˈka]
die Havarie	**avarie** f [aˈva·ri·e]
in Seenot geraten	**a fi în pericol de naufragiu** [a fi ɨn peˈri·kol de na·uˈfra·dʒju]

WEITERE NOTSITUATIONEN – ALTE SITUAȚII DE URGENȚĂ

die Explosion
explozie f
[eksˈplo·zi·e]

die Epidemie
epidemie f
[e·pi·deˈmi·e]

die Evakuierung
evacuare f
[e·va·kuˈa·re]

der Bombenalarm
alarmă cu bombă f
[aˈlar·mə ku ˈbom·bə]

die nukleare Katastrophe
catastrofă nucleară f
[ka·tasˈtro·fə nu·kleˈa·rə]

die Notlandung
aterizare de urgență f
[a·te·riˈza·re de urˈʤen·tsə]

der Terrorangriff
atac terorist n
[aˈtak te·roˈrist]

retten
a salva
[a salˈva]

die Notrufnummer
număr de urgență n
[ˈnu·mər de urˈʤen·tsə]

die Überwachungskamera
cameră video de supraveghere f
[ˈka·me·rə ˈvi·de·o de su·pra·veˈge·re]

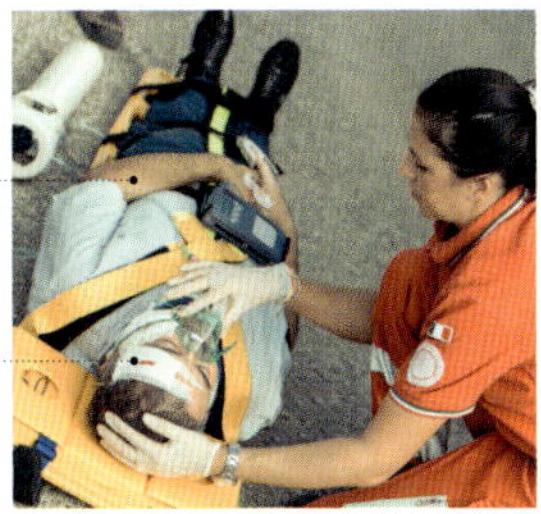

der Verletzte
rănit m
[rəˈnit]

die Verletzung
rană f
[ˈra·nə]

der/die Vermisste	**dispărut/dispărută** m/f [dis·pəˈrut/dis·pəˈru·tə]
die Suchmannschaft	**echipă de salvare** f [eˈki·pə de salˈva·re]
die Gefahr	**pericol** n [peˈri·kol]
Hilfe!	**Ajutor!** [a·ʒuˈtor]
Es ist ein Unfall passiert!	**A avut loc un accident!** [a aˈvut lok un ak·ʧiˈdent]
Rufen Sie einen Rettungswagen!	**Sunați la ambulanță!** [suˈnatsʲ la am·buˈlan·tsə]
Rufen Sie die Polizei!	**Sunați la poliție!** [suˈnatsʲ la poˈli·tsi·e]
Rufen Sie die Feuerwehr!	**Sunați la pompieri!** [suˈnatsʲ la pom·piˈerʲ]

Achtung, Gefahr!
Atenție, pericol!
[aˈten·tsi·e peˈri·kol]

ERDE UND NATUR

PĂMÂNT ȘI NATURĂ

DER WELTRAUM – UNIVERSUL

das Sonnensystem
sistem solar n
[sisˈtem soˈlar]

① *die Sonne*
Soare m
[ˈso̯a·re]

② *der Merkur*
Mercur m
[merˈkur]

③ *die Venus*
Venus f
[ˈve·nus]

④ *die Erde*
Pământ n
[pəˈmɨnt]

⑤ *der Mars*
Marte m
[ˈmar·te]

die Mondphasen
faze ale lunii f
[ˈfa·ze ˈa·le ˈlu·nij]

⑤ *die Mondsichel*
seceră a lunii f
[ˈse·ʧe·rə a ˈlu·nij]

① *der zunehmende Mond*
lună în creștere f
[ˈlu·nə ɨn ˈkreʃ·te·re]

② *der Halbmond*
semilună f
[se·miˈlu·nə]

③ *der Vollmond*
lună plină f
[ˈlu·nə ˈpli·nə]

④ *der abnehmende Mond*
lună în descreștere f
[ˈlu·nə ɨn desˈkreʃ·te·re]

DER WELTRAUM - UNIVERSUL

⑥ *der Jupiter*
Jupiter m
[ˈʒu·pi·ter]

⑦ *der Saturn*
Saturn m
[saˈturn]

⑧ *der Uranus*
Uranus m
[uˈra·nus]

⑨ *der Neptun*
Neptun m
[nepˈtun]

das Raumschiff
navetă spațială f
[naˈve·tə spa·tsiˈa·lə]

① *der Außentank*
rezervor extern n
[re·zerˈvor eksˈtern]

② *der Booster*
rachetă acceleratoare f
[raˈke·tə ak·tʃe·le·raˈto̯a·re]

③ *der Orbiter*
orbiter n
[orˈbi·ter]

DER WELTRAUM – UNIVERSUL

die Sonnenfinsternis
eclipsă de soare f
[e'klip·sə de 'so̯a·re]

die Galaxie
galaxie f
[ga·la'ksi·e]

die Milchstraße
Calea Lactee f
['ka·le̯a lak'te·e]

der Komet
cometă f
[ko'me·tə]

der Asteroid
asteroid m
[a·ste·ro'id]

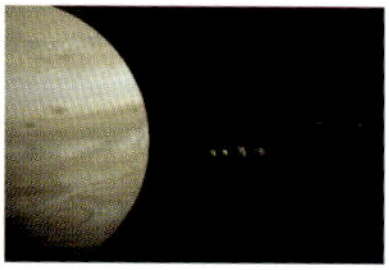

der Planet
planetă f
[pla'ne·tə]

der Meteor
meteorit m
[me·te·o'rit]

das Universum
univers n
[u·ni'vers]

der Astronaut
astronaut m
[a·stro·na'ut]

der Satellit
satelit m
[sa·te'lit]

die Sternwarte
observator astronomic n
[ob·ser·va'tor a·stro'no·mik]

das Radioteleskop
radiotelescop n
[ra·di·o·te·les'kop]

der Nebel
nebuloasă f
[ne·bu'lo̯a·sə]

das schwarze Loch	**gaură neagră** f ['ga·u·rə 'ne̯a·grə]
die Schwerkraft	**forță de gravitație** f ['for·tsə de gra·vi'ta·tsi·e]
die Umlaufbahn	**orbită** f [or'bi·tə]
das Lichtjahr	**an-lumină** m [an lu'mi·nə]
der Urknall	**Big Bang** n [big beng]
der Stern	**astru** m ['as·tru]
die Raumstation	**stație spațială** f ['sta·tsi·e spa·tsi'a·lə]
die Astronomie	**astronomie** f [a·stro·no'mi·e]

DIE ERDE – PĂMÂNTUL

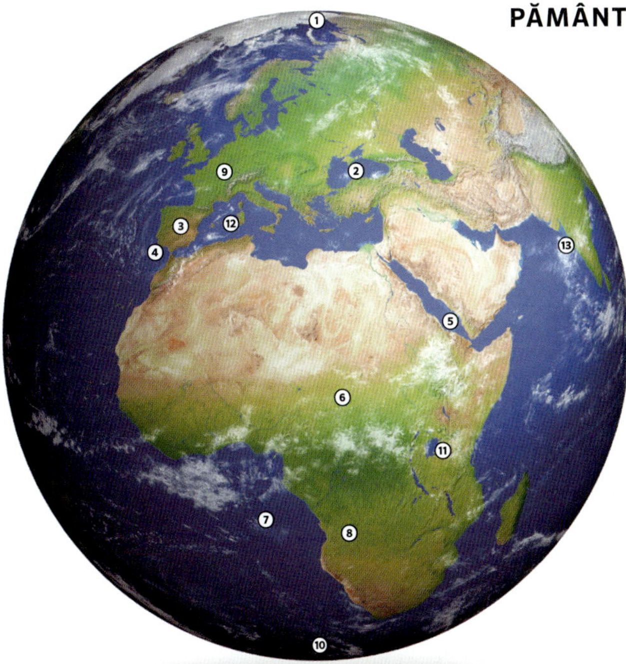

① *der Nordpol*
Polul Nord m
[ˈpo·lul nord]

② *das Binnenmeer*
mare interioară f
[ˈma·re in·te·riˈo̯a·rə]

③ *die Halbinsel*
peninsulă f
[peˈnin·su·lə]

④ *die Meerenge*
strâmtoare f
[strimˈto̯a·re]

⑤ *der Golf*
golf n
[golf]

⑥ *der Kontinent*
continent n
[kon·tiˈnent]

⑦ *das Meer*
mare f
[ˈma·re]

⑧ *das Land*
uscat n
[usˈkat]

⑨ *die Gebirgskette*
lanț muntos n
[lants munˈtos]

⑩ *der Südpol*
Polul Sud m
[ˈpo·lul sud]

⑪ *der See*
lac n
[lak]

⑫ *die Insel*
insulă f
[ˈin·su·lə]

⑬ *die Bucht*
golf mic n
[golf mik]

die Atmosphäre	**atmosferă** f [at·mosˈfe·rə]
der Erdmantel	**manta** f [manˈta]
die Erdkruste	**scoarță** f [ˈsko̯ar·tsə]
der innere Erdkern	**nucleu intern** n [nuˈklew inˈtern]
der äußere Erdkern	**nucleu extern** n [nuˈklew eksˈtern]
die Platte	**placă** f [ˈpla·kə]
das Grundgestein	**strat bazaltic** n [strat baˈzal·tik]
die Erde	**pământ** n [pəˈmɨnt]

DIE WELTKARTE – MAPAMONDUL

① *das Nordpolarmeer*
Oceanul Arctic n
[oˈtʃe̯a·nul ˈark·tik]

⑥ *der Pazifische Ozean*
Oceanul Pacific n
[oˈtʃe̯a·nul paˈtʃi·fik]

⑦ *der Atlantische Ozean*
Oceanul Atlantic n
[oˈtʃe̯a·nul aˈtlan·tik]

⑧ *der Indische Ozean*
Oceanul Indian n
[oˈtʃe̯a·nul in·diˈan]

⑨ *das Arabische Meer*
Marea Arabiei f
[ˈma·re̯a aˈra·bi·ej]

⑩ *das Karibische Meer*
Marea Caraibilor f
[ˈma·re̯a ka·raˈi·bi·lor]

⑪ *das Mittelmeer*
Marea Mediterană f
[ˈma·re̯a me·di·teˈra·nə]

⑫ *die Nordsee*
Marea Nordului f
[ˈma·re̯a ˈnor·du·luj]

⑬ *die Ostsee*
Marea Baltică f
[ˈma·re̯a ˈbal·ti·kə]

⑭ *das Kaspische Meer*
Marea Caspică f
[ˈma·re̯a ˈkas·pi·kə]

⑮ *das Schwarze Meer*
Marea Neagră f
[ˈma·re̯a ˈne̯a·grə]

⑯ *der Ärmelkanal*
Canalul Mânecii n
[kaˈna·lul ˈmi·ne·tʃij]

⑰ *das Rote Meer*
Marea Roșie f
[ˈma·re̯a ˈro·ʃi·e]

⑱ *das Südpolarmeer*
Oceanul Antarctic n
[oˈtʃe̯a·nul anˈtark·tik]

② *der Himalaja*
Munții Himalaya m
[ˈmun·tsij hi·maˈla·ja]

③ *die Alpen*
Munții Alpi m
[ˈmun·tsij alpʲ]

④ *die Anden*
Munții Anzi m
[ˈmun·tsij anzʲ]

⑤ *die Rocky Mountains*
Munții Stâncoși m
[ˈmun·tsij stɨnˈkoʃʲ]

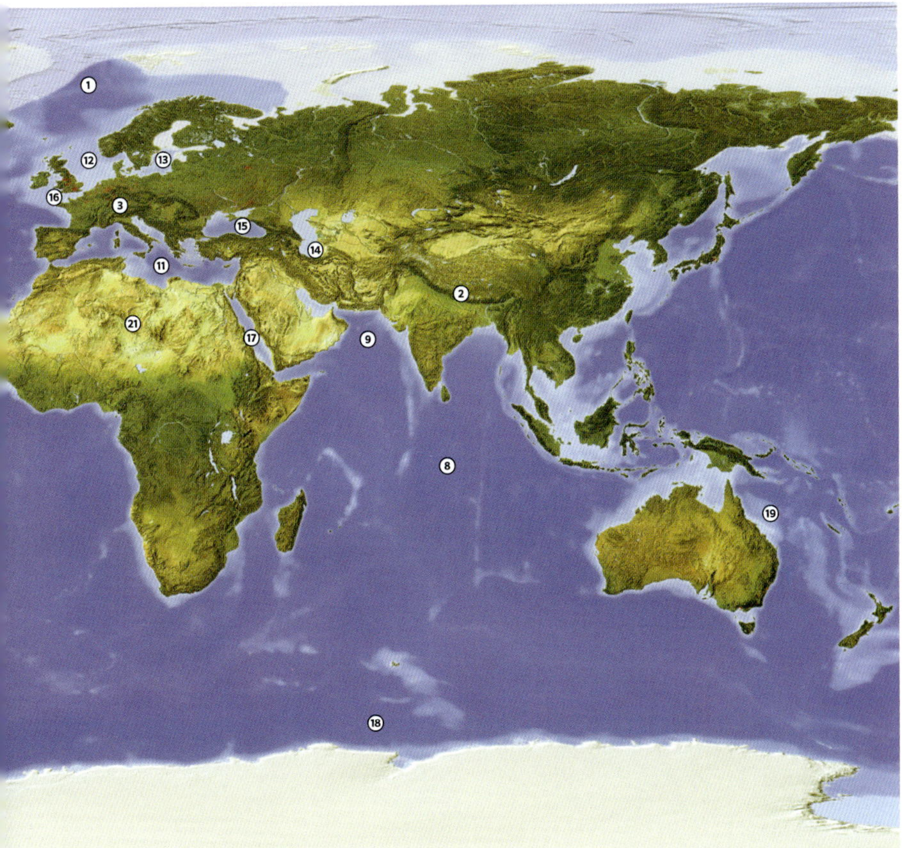

⑲ *das Great Barrier Reef*
Marea Barieră de Corali f
[ˈma·re̯a ba·riˈe·rə de koˈralʲ]

⑳ *Amazonien*
Amazonia
[a·maˈzo·ni·a]

㉑ *die Sahara*
Deșertul Sahara n
[deˈʃer·tul saˈha·ra]

DIE WELTKARTE – MAPAMONDUL

die Nordhalbkugel
emisfera nordică f
[e·misˈfe·ra ˈnor·di·kə]

die Arktis
Arctica f
[ˈark·ti·ka]

der nördliche Wendekreis
Tropicul Racului n
[ˈtro·pi·kul ˈra·ku·luj]

die westliche Hemisphäre
emisfera vestică f
[e·misˈfe·ra ˈves·ti·kə]

die östliche Hemisphäre
emisfera estică f
[e·misˈfe·ra ˈes·ti·kə]

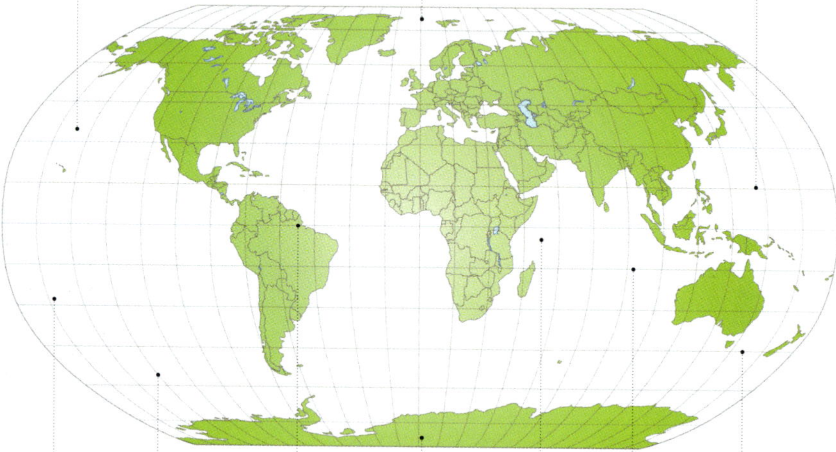

die geografische Länge
longitudine f
[lon·ʤiˈtu·di·ne]

die Antarktis
Antarctica f
[anˈtark·ti·ka]

die geografische Breite
latitudine f
[la·tiˈtu·di·ne]

die Südhalbkugel
emisfera sudică f
[e·misˈfe·ra ˈsu·di·kə]

der Äquator
ecuator n
[e·ku·aˈtor]

die Tropen
tropice n
[ˈtro·pi·ʧe]

der südliche Wendekreis
Tropicul Capricornului n
[ˈtro·pi·kul ka·priˈkor·nu·luj]

der nördliche Polarkreis	**Cercul Polar de Nord** n [ˈʧer·kul poˈlar de nord]
der südliche Polarkreis	**Cercul Polar de Sud** n [ˈʧer·kul poˈlar de sud]
das Land	**țară** f [ˈtsa·rə]
der Staat	**stat** n [stat]
die Nation	**națiune** f [na·tsiˈu·ne]
das Territorium	**teritoriu** n [te·riˈto·rju]

das Fürstentum	**principat** n [prin·ʧiˈpat]
das Königreich	**regat** n [reˈgat]
die Republik	**republică** f [reˈpu·bli·kə]
die Kolonie	**colonie** f [ko·loˈni·e]
die Provinz	**provincie** f [proˈvin·ʧi·e]
die Zone	**zonă** f [ˈzo·nə]
die Region	**regiune** f [re·ʤiˈu·ne]
die Hauptstadt	**capitală** f [ka·piˈta·lə]

UN-MITGLIEDSSTAATEN – STATE MEMBRE ALE ONU

Europa – Europa

Albanien
Albania
[alˈba·ni·a]

Andorra
Andora
[anˈdo·ra]

Belgien
Belgia
[ˈbel·ʤi·a]

Bosnien und Herzegowina
Bosnia şi Herţegovina
[ˈbos·ni·a ʃi her·tse·goˈvi·na]

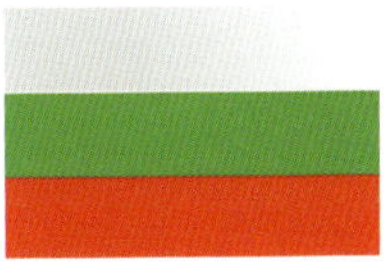

Bulgarien
Bulgaria
[bulˈga·ri·a]

Dänemark
Danemarca
[da·neˈmar·ka]

Deutschland
Germania
[ʤerˈma·ni·a]

die ehemalige jugoslawische Republik Mazedonien
fosta republică iugoslavă Macedonia
[ˈfos·ta reˈpu·bli·kə ju·goˈsla·və ma·ʧeˈdo·ni·a]

Estland
Estonia
[esˈto·ni·a]

Finnland
Finlanda
[finˈlan·da]

Frankreich
Franţa
[ˈfran·tsa]

Griechenland
Grecia
[ˈgre·ʧi·a]

Irland
Irlanda
[irˈlan·da]

Island
Islanda
[isˈlan·da]

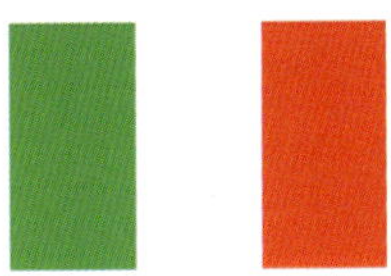

Italien
Italia
[iˈta·li·a]

Kroatien
Croaţia
[kroˈa·tsi·a]

UN-MITGLIEDSSTAATEN – STATE MEMBRE ALE ONU

Europa – Europa

Lettland
Letonia
[leˈto·ni·a]

Liechtenstein
Lichtenstein
[ˈlih·tən·ʃtajn]

Litauen
Lituania
[li·tuˈa·ni·a]

Luxemburg
Luxemburg
[ˈlu·ksem·burg]

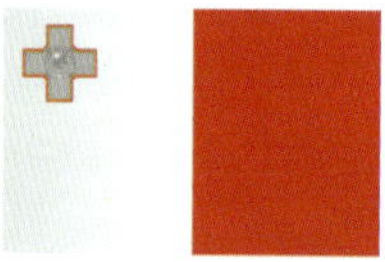

Malta
Malta
[ˈmal·ta]

Moldawien
Republica Moldova
[reˈpu·bli·ka molˈdo·va]

Monaco
Monaco
[moˈna·ko]

Montenegro
Muntenegru
[mun·teˈne·gru]

die Niederlande
Olanda
[oˈlan·da]

Norwegen
Norvegia
[norˈve·ʤi·a]

Österreich
Austria
[aˈus·tri·a]

Polen
Polonia
[poˈlo·ni·a]

Portugal
Portugalia
[por·tuˈga·li·a]

Rumänien
România
[ro·mɨˈni·a]

Russland
Rusia
[ˈru·si·a]

San Marino
San Marino
[san maˈri·no]

UN-MITGLIEDSSTAATEN – STATE MEMBRE ALE ONU

Europa – Europa

Schweden
Suedia
[su'e·di·a]

die Schweiz
Elveția
[el've·tsi·a]

Serbien
Serbia
['ser·bi·a]

die Slowakei
Slovacia
[slo'va·ʧi·a]

Slowenien
Slovenia
[slo've·ni·a]

Spanien
Spania
['spa·ni·a]

Tschechien
Republica Cehă
[re'pu·bli·ka 'ʧe·hə]

die Ukraine
Ucraina
[u·kra'i·na]

Ungarn
Ungaria
[un'ga·ri·a]

das Vereinigte Königreich
Regatul Unit al Marii Britanii
[re'ga·tul u'nit al 'ma·rij bri'ta·nij]

Weißrussland
Belarus
[be·la'rus]

Zypern
Cipru
['ʧi·pru]

Nord- und Mittelamerika – America de Nord și Centrală

Antigua und Barbuda
Antigua și Barbuda
[an'ti·gu·a ʃi bar'bu·da]

die Bahamas
Bahamas
[ba'ha·mas]

Barbados
Barbados
[bar·ba'dos]

Belize
Belize
[be'li·ze]

UN-MITGLIEDSSTAATEN – STATE MEMBRE ALE ONU

Nord- und Mittelamerika – America de Nord și Centrală

Costa Rica
Costa Rica
[ˈkos·ta ˈri·ka]

Dominica
Dominica
[do·miˈni·ka]

die Dominikanische Republik
Republica Dominicană
[reˈpu·bli·ka do·mi·niˈka·nə]

El Salvador
El Salvador
[el sal·vaˈdor]

Grenada
Grenada
[greˈna·da]

Guatemala
Guatemala
[gwa·teˈma·la]

Haiti
Haiti
[haˈi·ti]

Honduras
Honduras
[honˈdu·ras]

Jamaika
Jamaica
[ʒaˈmaj·ka]

Kanada
Canada
[kaˈna·da]

Kuba
Cuba
[ˈku·ba]

Mexiko
Mexic
[ˈme·ksik]

Nicaragua
Nicaragua
[ni·kaˈra·gwa]

Panama
Panama
[pa·naˈma]

St. Kitts und Nevis
Sf. Kitts și Nevis
[ˈsfin·tul kits ʃi ˈne·vis]

St. Lucia
Santa Lucia
[ˈsan·ta luˈtʃi·a]

UN-MITGLIEDSSTAATEN – STATE MEMBRE ALE ONU

Nord- und Mittelamerika – America de Nord și Centrală

St. Vincent und die Grenadinen
Sf. Vincențiu și Grenadinele
[ˈsfin·tul vinˈtʃen·tsju ʃi gre·naˈdi·ne·le]

Trinidad und Tobago
Trinidad și Tobago
[tri·niˈdad ʃi toˈba·go]

die Vereinigten Staaten
Statele Unite ale Americii
[ˈsta·te·le uˈni·te ˈa·le aˈme·ri·tʃij]

Südamerika – America de Sud

Argentinien
Argentina
[ar·dʒenˈti·na]

Bolivien
Bolivia
[boˈli·vi·a]

Brasilien
Brazilia
[braˈzi·li·a]

Chile
Chile
[ˈtʃi·le]

Ecuador
Ecuador
[e·kwaˈdor]

Guyana
Guyana
[guˈja·na]

Kolumbien
Columbia
[koˈlum·bi·a]

Paraguay
Paraguay
[pa·raˈgwaj]

Peru
Peru
[peˈru]

Suriname
Surinam
[su·riˈnam]

Uruguay
Uruguay
[u·ruˈgwaj]

Venezuela
Venezuela
[ve·ne·zuˈe·la]

UN-MITGLIEDSSTAATEN – STATE MEMBRE ALE ONU

Afrika – Africa

Ägypten
Egipt
[eˈʤipt]

Algerien
Algeria
[alˈʤe·ri·a]

Angola
Angola
[anˈgo·la]

Äquatorialguinea
Guineea Ecuatorială
[gu·iˈne·e̯a e·ku·a·to·riˈa·lə]

Äthiopien
Etiopia
[e·tiˈo·pi·a]

Benin
Benin
[beˈnin]

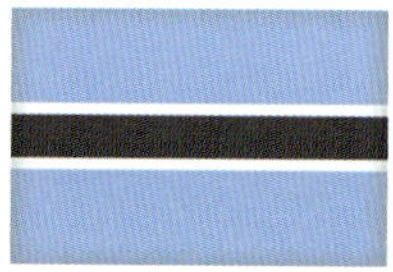

Botswana
Botswana
[boˈtswa·na]

Burkina Faso
Burkina Faso
[ˈbur·ki·na ˈfa·so]

Burundi
Burundi
[buˈrun·di]

die Demokratische Republik Kongo
Republica Democratică Congo
[reˈpu·bli·ka de·moˈkra·ti·kə ˈkon·go]

Dschibuti
Djibouti
[ʤiˈbu·ti]

die Elfenbeinküste
Coasta de Fildeș
[ˈko̯as·ta de ˈfil·deʃ]

Eritrea
Eritreea
[e·riˈtre·e̯a]

Gabun
Gabon
[gaˈbon]

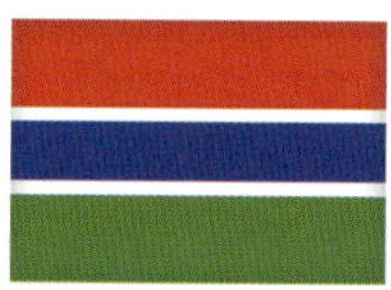

Gambia
Gambia
[ˈgam·bi·a]

Ghana
Ghana
[ˈga·na]

UN-MITGLIEDSSTAATEN – STATE MEMBRE ALE ONU

Afrika – Africa

Guinea
Guineea
[gu·iˈne·e̹a]

Guinea-Bissau
Guineea Bissau
[gu·iˈne·e̹a biˈsaw]

Kamerun
Camerun
[ka·meˈrun]

Kap Verde
Republica Capul Verde
[reˈpu·bli·ka ˈka·pul ˈver·de]

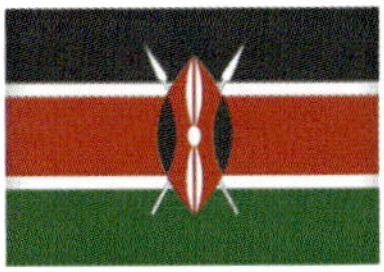

Kenia
Kenya
[ˈke·ni·a]

die Komoren
Comore
[koˈmo·re]

Lesotho
Lesotho
[leˈso·to]

Liberia
Liberia
[liˈbe·ri·a]

Libyen
Libia
[ˈli·bi·a]

Madagaskar
Madagascar
[ma·da·gasˈkar]

Malawi
Malawi
[maˈla·wi]

Mali
Mali
[ˈma·li]

Mauretanien
Mauritania
[ma·u·riˈta·ni·a]

Mauritius
Mauriţius
[ma·uˈri·tsi·us]

Marokko
Maroc
[maˈrok]

Mosambik
Mozambic
[mo·zamˈbik]

UN-MITGLIEDSSTAATEN – STATE MEMBRE ALE ONU

Afrika – Africa

Namibia
Namibia
[naˈmi·bi·a]

(der) Niger
Niger
[niˈʤer]

Nigeria
Nigeria
[niˈʤe·ri·a]

die Republik Kongo
Republica Congo
[reˈpu·bli·ka ˈkon·go]

Ruanda
Rwanda
[ruˈan·da]

Sambia
Zambia
[ˈzam·bi·a]

São Tomé und Príncipe
São Tomé și Príncipe
[saw toˈme ʃi ˈprin·ʧi·pe]

(der) Senegal
Senegal
[se·neˈgal]

die Seychellen
Seychelles
[sejˈʃelz]

Sierra Leone
Sierra Leone
[siˈe·ra leˈo·ne]

Simbabwe
Zimbabwe
[zimˈba·bwe]

Somalia
Somalia
[soˈma·li·a]

Südafrika
Africa de Sud
[ˈa·fri·ka de sud]

der Sudan
Sudan
[suˈdan]

der Südsudan
Sudanul de Sud
[suˈda·nul de sud]

Swasiland
Swaziland
[ˈswa·zi·land]

UN-MITGLIEDSSTAATEN – STATE MEMBRE ALE ONU

Afrika – Africa

Tansania
Tanzania
[tanˈza·ni·a]

Togo
Togo
[ˈto·go]

der Tschad
Ciad
[ʧad]

Tunesien
Tunisia
[tuˈni·si·a]

Uganda
Uganda
[uˈgan·da]

die Zentralafrikanische Republik
Republica Centrafricană
[reˈpu·bli·ka ʧen·tra·friˈka·nə]

Asien – Asia

Afghanistan
Afganistan
[af·ga·nisˈtan]

Armenien
Armenia
[arˈme·ni·a]

Aserbaidschan
Azerbaidjan
[a·zer·bajˈʤan]

Bahrain
Bahrain
[bahˈrajn]

Bangladesch
Bangladesh
[ban·glaˈdeʃ]

Bhutan
Bhutan
[buˈtan]

Brunei
Brunei
[bruˈnej]

China
China
[ˈki·na]

UN-MITGLIEDSSTAATEN – STATE MEMBRE ALE ONU

Asien – Asia

Georgien
Georgia
[ˈʤe̯or·ʤi·a]

Indien
India
[ˈin·di·a]

Indonesien
Indonezia
[in·doˈne·zi·a]

(der) Irak
Irak
[iˈrak]

(der) Iran
Iran
[iˈran]

Israel
Israel
[is·raˈel]

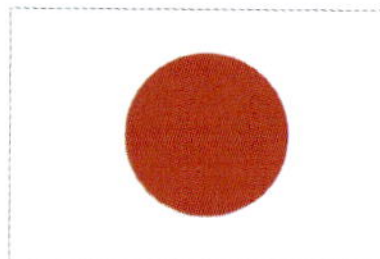

Japan
Japonia
[ʒaˈpo·ni·a]

(der) Jemen
Yemen
[ˈje·men]

Jordanien
Iordania
[jorˈda·ni·a]

Kambodscha
Cambodgia
[kamˈbo·ʤi·a]

Kasachstan
Kazahstan
[ka·zahsˈtan]

Kirgisistan
Kârgâzstan
[kɨr·gɨzˈstan]

Kuwait
Kuweit
[kuˈvejt]

Laos
Laos
[ˈla·os]

(der) Libanon
Liban
[liˈban]

Katar
Qatar
[kaˈtar]

UN-MITGLIEDSSTAATEN – STATE MEMBRE ALE ONU

Asien – Asia

Malaysia
Malaysia
[maˈlaj·si·a]

die Malediven
Maldive
[malˈdi·ve]

die Mongolei
Mongolia
[monˈgo·li·a]

Myanmar
Myanmar
[mi·anˈmar]

Nepal
Nepal
[neˈpal]

Nordkorea
Coreea de Nord
[koˈre·e̯a de nord]

Oman
Oman
[oˈman]

Osttimor
Timorul de Est
[tiˈmo·rul de est]

Pakistan
Pakistan
[pa·kisˈtan]

die Philippinen
Filipine
[fi·liˈpi·ne]

Saudi-Arabien
Arabia Saudită
[aˈra·bi·a sa·uˈdi·tə]

Singapur
Singapore
[sin·gaˈpo·re]

Sri Lanka
Sri Lanka
[sri ˈlan·ka]

Südkorea
Coreea de Sud
[koˈre·e̯a de sud]

Syrien
Siria
[ˈsi·ri·a]

Tadschikistan
Tadjkistan
[ta·ʤi·kisˈtan]

UN-MITGLIEDSSTAATEN – STATE MEMBRE ALE ONU

Asien – Asia

Thailand
Thailanda
[tajˈlan·da]

die Türkei
Turcia
[ˈtur·tʃi·a]

Turkmenistan
Turkmenistan
[turk·me·nisˈtan]

Usbekistan
Uzbekistan
[uz·be·kisˈtan]

die Vereinigten Arabischen Emirate
Emiratele Arabe Unite
[e·miˈra·te·le aˈra·be uˈni·te]

Vietnam
Vietnam
[vi·etˈnam]

Ozeanien – Oceania

Australien
Australia
[a·usˈtra·li·a]

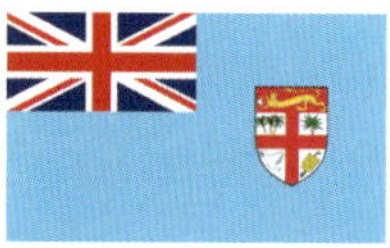

Fidschi
Fiji
[ˈfi·dʒi]

Kiribati
Kiribati
[ki·riˈba·ti]

die Marshallinseln
Insulele Marshall
[ˈin·su·le·le ˈmar·ʃal]

Mikronesien
Micronezia
[mi·kroˈne·zi·ja]

Nauru
Nauru
[naˈu·ru]

Neuseeland
Noua Zeelandă
[ˈno·wa ze·eˈlan·də]

Palau
Palau
[paˈlaw]

UN-MITGLIEDSSTAATEN – STATE MEMBRE ALE ONU

Ozeanien – Oceania

Papua-Neuguinea
Papua Noua Guinee
[ˈpa·pu·a ˈno·wa gu·iˈne·e]

die Salomonen
Insulele Solomon
[ˈin·su·le·le ˈso·lo·mon]

Samoa
Samoa
[saˈmo·a]

Tonga
Tonga
[ˈton·ga]

Tuvalu
Tuvalu
[tuˈva·lu]

Vanuatu
Vanuatu
[va·nuˈa·tu]

Internationale Organisationen – Organizații internaționale

die Europäische Union (EU)
Uniunea Europeană (UE)
[u·niˈu·ne̯a e·u·roˈpe̯a·nə (u e)]

die Vereinten Nationen (UN)
Organizația Națiunilor Unite (ONU)
[or·ga·niˈza·tsi·a na·tsiˈu·ni·lor uˈni·te (ˈo·nu)]

die Organisation des Nordatlantikvertrags (NATO)
Organizația Tratatului Atlanticului de Nord (NATO)
[or·ga·niˈza·tsi·a traˈta·tu·luj aˈtlan·ti·ku·luj de nord (ˈna·to)]

die Afrikanische Union
Uniunea Africană
[u·niˈu·ne̯a a·friˈka·nə]

die Arabische Liga
Liga Statelor Arabe
[ˈli·ga ˈsta·te·lor aˈra·be]

die UNESCO
UNESCO
[uˈnes·ko]

das Commonwealth
Comunitatea Națiunilor
[ko·mu·niˈta·te̯a na·tsiˈu·ni·lor]

DAS WETTER – VREMEA

sonnig
însorit
[ɨn·so'rit]

wolkig
noros
[no'ros]

neblig
cețos
[ʧe'tsos]

windig
cu vânt
[ku vɨnt]

heiß
foarte cald
['fo̯ar·te kald]

warm
cald
[kald]

kalt
frig
[frig]

bedeckt
acoperit
[a·ko·pe'rit]

vereist
înghețat
[ɨn·ge'tsat]

verschneit
înzăpezit
[ɨn·zə·pe'zit]

regnerisch
ploios
[plo'jos]

stürmisch
furtunos
[fur·tu'nos]

feucht
umed
['u·med]

die Temperatur	**temperatură** f [tem·pe·ra'tu·rə]
der Grad	**grad** n [grad]
Celsius	**Celsius** ['ʧel·si·us]
Fahrenheit	**Fahrenheit** ['fa·rən·hajt]
die Wettervorhersage	**previziune meteorologică** f [pre·vi·zi'u·ne me·te·o·ro'lo·ʤi·kə]
Wie ist das Wetter?	**Cum e vremea?** [kum e 'vre·me̯a]
Es ist schön/trüb/nasskalt.	**E frumos/posomorât/rece și umed.** [je fru'mos/po·so·mo'rɨt/'re·ʧe ʃi 'u·med]
Es regnet/schneit.	**Plouă/ninge.** ['plo·wə/'nin·ʤe]

DAS WETTER – VREMEA

der Regen
ploaie f
[ˈplo̯a·je]

der Regenbogen
curcubeu n
[kur·kuˈbew]

der Sonnenschein
soare m
[ˈso̯a·re]

der Wind
vânt n
[vɨnt]

das Gewitter
furtună f
[furˈtu·nə]

der Donner
tunet n
[ˈtu·net]

der Blitz
fulger n
[ˈful·ʤer]

der Hagel
grindină f
[ˈgrin·di·nə]

der Raureif
promoroacă f
[pro·moˈro̯a·kə]

der Schnee
zăpadă f
[zəˈpa·də]

der Frost
ger n
[ʤer]

das Eis
gheață f
[ˈge̯a·tsə]

die Brise	**briză** f [ˈbri·zə]
die Windgeschwindigkeit	**viteză a vântului** f [viˈte·zə a ˈvɨn·tu·luj]
der Pollenflug	**invazie de polen** f [inˈva·zi·e de poˈlen]
die UV-Strahlen	**raze ultraviolete** f [ˈra·ze ul·tra·vi·oˈle·te]
der Ozon	**ozon** n [oˈzon]
die Ozonschicht	**strat de ozon** n [strat de oˈzon]
die Stratosphäre	**stratosferă** f [stra·tosˈfe·rə]
die Troposphäre	**troposferă** f [tro·posˈfe·rə]

der Smog
smog n
[smog]

DAS WETTER – VREMEA

Naturkatastrophen – Catastrofe naturale

die Dürre
secetă f
['se·ʧe·tə]

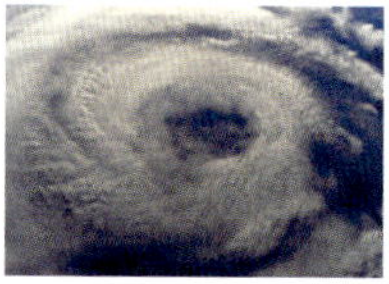

der Hurrikan
uragan n
[u·ra'gan]

der Tornado
tornadă f
[tor'na·də]

der Monsun
muson m
[mu'son]

die Überschwemmung
inundație f
[i·nun'da·tsi·e]

das Erdbeben
cutremur n
[ku'tre·mur]

der Vulkanausbruch
erupție vulcanică f
[e'rup·tsi·e vul'ka·ni·kə]

der Tsunami
tsunami n
[tsu'na·mi]

der Erdrutsch
alunecare de teren f
[a·lu·ne'ka·re de te'ren]

der Waldbrand
incendiu de pădure n
[in'ʧen·dju de pə'du·re]

die Hitzewelle
val de căldură n
[val de kəl'du·rə]

der Sturm
furtună f
[fur'tu·nə]

die Lawine
avalanșă f
[a·va'lan·ʃə]

der Schneesturm
furtună de zăpadă f
[fur'tu·nə de zə'pa·də]

der (tropische) Wirbelsturm
ciclon (tropical) n
[ʧi'klon (tro·pi'kal)]

die Pandemie
pandemie f
[pan·de'mi·e]

DIE LANDSCHAFT – PEISAJUL

der Berg
munte m
[ˈmun·te]

der Gipfel
vârf n
[vɨrf]

das Gebirge
lanț muntos n
[lants munˈtos]

der Wald
pădure f
[pəˈdu·re]

der Berghang
povârniș n
[po·vɨrˈniʃ]

der See
lac n
[lak]

der Felsen
stâncă f
[ˈstɨn·kə]

das Tal
vale f
[ˈva·le]

der Fluss
râu n
[rɨw]

die Flussmündung
gură de vărsare f
[ˈgu·rə de vərˈsa·re]

die Höhle
peșteră f
[ˈpeʃ·te·rə]

die Klippe
stâncă f
[ˈstɨn·kə]

die Küste
coastă f
[ˈko̯as·tə]

der Gletscher
ghețar m
[geˈtsar]

der Wasserfall
cascadă f
[kasˈka·də]

DIE LANDSCHAFT – PEISAJUL

das Plateau
platou n
[plaˈtow]

der Hügel
deal n
[de̯al]

die Ebene
câmpie f
[kɨmˈpi·e]

die Schlucht
defileu n
[de·fiˈlew]

die Wüste
deșert n
[deˈʃert]

die Wiese
pajiște f
[ˈpa·ʒiʃ·te]

das Feuchtgebiet
zonă mlăștinoasă f
[ˈzo·nə mləʃ·tiˈno̯a·sə]

die Heide
șes n
[ʃes]

das Grasland
fâneață f
[fiˈne̯a·tsə]

der Geysir
gheizer n
[ˈgej·zer]

die Thermalquelle
izvor termal n
[izˈvor terˈmal]

der Vulkan
vulcan m
[vulˈkan]

die Bucht
golf mic n
[golf mik]

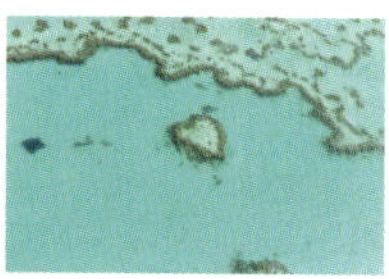

das Korallenriff
recif de corali n
[reˈʧif de koˈralʲ]

die Insel
insulă f
[ˈin·su·lə]

der Gebirgsbach
pârâu de munte n
[pɨˈrɨw de ˈmun·te]

STEINE UND MINERALIEN – PIETRE ȘI MINEREURI

das Eisenerz
minereu de fier n
[mi·neˈrew de fjer]

der Sandstein
gresie f
[ˈgre·si·e]

der Asphalt
asfalt n
[asˈfalt]

der Granit
granit n
[graˈnit]

der Kalkstein
calcar n
[ˈkal·kar]

die Kreide
cretă f
[ˈkre·tə]

die Kohle
cărbune m
[kərˈbu·ne]

der Schiefer
ardezie f
[arˈde·zi·e]

der Marmor
marmură f
[ˈmar·mu·rə]

der Schwefel
sulf n
[sulf]

der Grafit
grafit n
[graˈfit]

das Gold
aur n
[ˈa·ur]

das Silber
argint n
[arˈʤint]

das Kupfer
cupru n
[ˈku·pru]

das Quecksilber
mercur n
[merˈkur]

der Bauxit
bauxită f
[ba·uˈksi·tə]

STEINE UND MINERALIEN – PIETRE ȘI MINEREURI

Edel- und Halbedelsteine – Pietre prețioase și semiprețioase

der Rubin
rubin n
[ruˈbin]

der Aquamarin
acvamarin n
[ak·va·maˈrin]

der Jade
jad n
[ʒad]

der Smaragd
smarald n
[smaˈrald]

der Saphir
safir n
[saˈfir]

der Amethyst
ametist n
[a·meˈtist]

der Quarz
cuarț n
[kwarts]

der Diamant
diamant n
[di·aˈmant]

der Turmalin
turmalină f
[tur·maˈli·nə]

der Topas
topaz n
[toˈpaz]

der Granat
granat n
[graˈnat]

das/der Tigerauge
ochi de tigru m
[okʲ de ˈti·gru]

der Opal
opal n
[oˈpal]

der Bernstein
chihlimbar n
[ki·hlimˈbar]

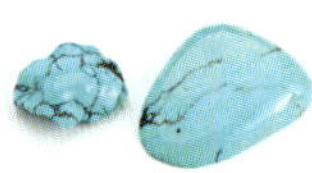

der Türkis
turcoaz n
[turˈko̯az]

der Rosenquarz
cuarț roz n
[kwarts roz]

der Onyx
onix n
[ˈo·niks]

die Perle
perlă f
[ˈper·lə]

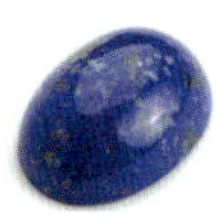

der Lapislazuli
lazurit n
[la·zuˈrit]

der Citrin
citrin n
[ʧiˈtrin]

PFLANZEN – PLANTE

Bäume – Copaci

die Eiche
stejar m
[steˈʒar]

das Laub
frunziș n
[frunˈziʃ]

der Ast
creangă f
[ˈkre̯an·gə]

der Stamm
trunchi n
[trunkʲ]

die Wurzel
rădăcină f
[rə·dəˈtʃi·nə]

die Krone
coroană f
[koˈro̯a·nə]

das Blatt
frunză f
[ˈfrun·zə]

die Borke
scoarță f
[ˈsko̯ar·tsə]

die Seitenwurzel
rădăcină laterală f
[rə·dəˈtʃi·nə la·teˈra·lə]

die Pfahlwurzel
rădăcină pivotantă f
[rə·dəˈtʃi·nə pi·voˈtan·tə]

die Weide
salcie f
[ˈsal·tʃi·e]

die Esche
frasin m
[ˈfra·sin]

die Buche
fag m
[fag]

die Ulme
ulm m
[ulm]

die Birke	**mesteacăn** m [mesˈte̯a·kən]
der Ahorn	**arțar** m [arˈtsar]
die Linde	**tei** m [tej]
die Tanne	**brad** m [brad]
die Fichte	**molid** m [moˈlid]
der Nadelbaum	**conifer** n [ko·niˈfer]
der Laubbaum	**foios** n [foˈjos]
der immergrüne Baum	**copac sempervirescent** m [koˈpak sem·per·vi·resˈtʃent]

der Eukalyptus
eucalipt m
[e·u·kaˈlipt]

PFLANZEN – PLANTE

Wildpflanzen – Plante sălbatice

die Flechte
lichen m
[liˈken]

das Moos
mușchi m
[muʃkʲ]

die Distel
ciulin m
[ʧjuˈlin]

der Pilz
ciupercă f
[ʧjuˈper·kə]

die Brennnessel
urzică f
[urˈzi·kə]

der Fingerhut
degețel roșu m
[de·ʤeˈtsel ˈro·ʃu]

der Bärenklau
brânca ursului f
[ˈbrɨn·ka ˈur·su·luj]

der Löwenzahn
păpădie f
[pə·pəˈdi·e]

das Gänseblümchen
bănuț m
[bəˈnuts]

das Heidekraut
erica f
[ˈe·ri·ka]

das Hasenglöckchen
clopoțel m
[klo·poˈtsel]

der Klee
trifoi m
[triˈfoj]

die Kamille
mușețel m
[mu·ʃeˈtsel]

das Maiglöckchen
lăcrimioară f
[lə·kriˈmjo̯a·rə]

die Pusteblume
păpădie cu puf f
[pə·pəˈdi·e ku puf]

die Butterblume
piciorul cocoșului n
[piˈʧjo·rul koˈko·ʃu·luj]

PFLANZEN – PLANTE

Zierblumen – Flori ornamentale

die Rose
trandafir m
[tran·da'fir]

das Blütenblatt
petală f
[pe'ta·lə]

die Blüte
floare f
['flo̯a·re]

der Stängel
tijă f
['ti·ʒə]

der Stiel
tulpină f
[tul'pi·nə]

die Knospe
boboc m
[bo'bok]

der Dorn
spin m
[spin]

das Blatt
frunză f
['frun·zə]

das Schneeglöckchen
ghiocel m
[gi·o'tʃel]

der Krokus
brândușă f
[brɨn'du·ʃə]

die Seerose
nufăr m
['nu·fər]

der Lavendel
levănțică f
[le·vən'tsi·kə]

der Flieder	**liliac** m [li·li'ak]
der/das Rhododendron	**rododendron** m [ro·do'den·dron]
blühen	**a înflori** [a ɨn·flo'ri]
duften	**a mirosi** [a mi·ro'si]
verwelken	**a se veșteji** [a se veʃ·te'ʒi]
keimen	**a încolți** [a ɨn·kol'tsi]
die Frühlingsblume	**floare de primăvară** f ['flo̯a·re de 'pri·mə·va·rə]
der Nachtblüher	**floare nocturnă** f ['flo̯a·re nok'tur·nə]

die Petunie
petunie f
[pe'tu·ni·e]

PFLANZEN – PLANTE

Zierblumen – Flori ornamentale

die Nelke
garoafă f
[gaˈro̯a·fə]

die Primel
primulă f
[ˈpri·mu·lə]

die Gerbera
gerbera f
[ˈʤer·be·ra]

die Tulpe
lalea f
[laˈle̯a]

die Narzisse
narcisă f
[narˈʧi·sə]

die Iris
iris m
[ˈi·ris]

die Chrysantheme
crizantemă f
[kri·zanˈte·mə]

die Hyazinthe
zambilă f
[zamˈbi·lə]

die Ringelblume
gălbenea f
[gəl·beˈne̯a]

das Stiefmütterchen
panseluță f
[pan·seˈlu·tsə]

die Orchidee
orhidee f
[or·hiˈde·e]

der Rosenstrauch
tufă de trandafiri f
[ˈtu·fə de tran·daˈfirʲ]

die Lilie
crin m
[krin]

die Sonnenblume
floarea-soarelui f
[ˈflo̯a·re̯a ˈso̯a·re·luj]

die Geranie
mușcată f
[muʃˈka·tə]

die Hortensie
hortensie f
[horˈten·si·e]

PFLANZEN – PLANTE

Gartenpflanzen – Plante de grădină

der/das Efeu
iederă f
[ˈje·de·rə]

der Obstbaum
pom fructifer m
[pom fruk·ti·ˈfer]

die Baumblüte
floare f
[ˈfl̯oa·re]

der Trieb
vlăstar n
[vləsˈtar]

der Formschnitt
modelarea creşterii arbuştilor f [mo·de·ˈla·re̯a ˈkreʃ·te·rij ar·ˈbuʃ·ti·lor]

das Unkraut
buruiană f
[bu·ru·ˈja·nə]

blühen
a înflori
[a ɨn·flo·ˈri]

verwelken
a se ofili
[a se o·fi·ˈli]

die Palme
palmier m
[pal·mi·ˈer]

der Rasen
gazon n
[ga·ˈzon]

die Blumenwiese
poiană cu flori f
[po·ˈja·nə ku florʲ]

die Mohnblume
mac m
[mak]

die Kletterpflanze
plantă căţărătoare f
[ˈplan·tə kə·tsə·rə·ˈto̯a·re]

einjährig
anuală
[a·nu·ˈa·lə]

zweijährig
bienală
[bi·e·ˈna·lə]

mehrjährig
perenă
[pe·ˈre·nə]

TIERE – ANIMALE

Säugetiere – Mamifere

die Ratte
șobolan m
[ʃo·boˈlan]

der Maulwurf
cârtiță f
[ˈkɨr·ti·tsə]

die Katze
pisică f
[piˈsi·kə]

der Hund
câine m
[ˈkɨj·ne]

das Kaninchen
iepure de casă m
[ˈje·pu·re de ˈka·sə]

das Meerschweinchen
porcușor de Guineea m
[por·kuˈʃor de gu·iˈne·e̯a]

die Maus
șoarece m
[ˈʃo̯a·re·tʃe]

der Hamster
hârciog m
[hɨrˈtʃjog]

die Fledermaus
liliac m
[li·liˈak]

das Eichhörnchen
veveriță f
[ˈve·ve·ri·tsə]

der Igel
arici m
[aˈritʃʲ]

das Frettchen
dihor m
[diˈhor]

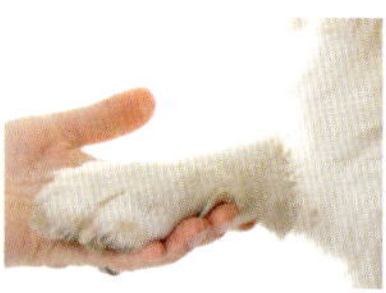

die Pfote
labă f
[ˈla·bə]

das Schnurrhaar	**fir al mustății** n [fir al musˈtə·tsij]
das Fell	**blană** f [ˈbla·nə]
das Maul	**bot** n [bot]
der Schwanz	**coadă** f [ˈko̯a·də]
das Horn	**corn** n [korn]
die Kralle	**gheară** f [ˈge̯a·rə]
die Tatze	**labă** f [ˈla·bə]
der Huf	**copită** f [koˈpi·tə]

TIERE – ANIMALE

Säugetiere – Mamifere

der Gepard
ghepard m
[geˈpard]

der Puma
pumă f
[ˈpu·mə]

der Wolf
lup m
[lup]

der Waschbär
raton m
[raˈton]

das Stinktier
sconcs m
[skonks]

das Erdmännchen
suricat m
[su·riˈkat]

der Leopard
leopard m
[le·oˈpard]

der Dachs
bursuc m
[burˈsuk]

der Fuchs
vulpe f
[ˈvul·pe]

der Jaguar
jaguar m
[ʒa·guˈar]

der Löwe
leu m
[lew]

der Tiger
tigru m
[ˈti·gru]

der Bär
urs m
[urs]

der Eisbär
urs polar m
[urs poˈlar]

der Koala
koala f
[koˈa·la]

der Pandabär
panda m
[ˈpan·da]

TIERE – ANIMALE

Säugetiere – Mamifere

das Schwein
porc m
[pork]

die Ziege
capră f
[ˈka·prə]

das Pferd
cal m
[kal]

die Giraffe
girafă f
[ʤiˈra·fə]

das Schaf
oaie f
[ˈo̯a·je]

das Lama
lamă f
[ˈla·mə]

der Esel
măgar m
[məˈgar]

das Reh
căprioară f
[kə·priˈo̯a·rə]

das Rentier
ren m
[ren]

das Kamel
cămilă f
[kəˈmi·lə]

die Kuh
vacă f
[ˈva·kə]

der Stier
taur m
[ˈta·ur]

das Nilpferd
hipopotam m
[hi·po·poˈtam]

das Nashorn
rinocer m
[ri·noˈʧer]

der Elefant
elefant m
[e·leˈfant]

das Zebra
zebră f
[ˈze·brə]

TIERE - ANIMALE

Säugetiere - Mamifere

das Walross
morsă f
[ˈmor·sə]

der Seelöwe
leu de mare m
[lew de ˈma·re]

der Seehund
focă f
[ˈfo·kə]

der Delfin
delfin m
[delˈfin]

der Schwertwal
orcă f
[ˈor·kə]

der Otter
vidră f
[ˈvi·drə]

die Biberratte
nutrie f
[ˈnu·tri·e]

der Gorilla
gorilă f
[goˈri·lə]

der Orang-Utan
urangutan m
[u·ran·guˈtan]

der Gibbon
gibon m
[ʤiˈbon]

der Pavian
babuin m
[ba·buˈin]

der Schimpanse
cimpanzeu m
[ʧim·panˈzew]

das Faultier
leneș m
[ˈle·neʃ]

der Ameisenbär
furnicar m
[fur·niˈkar]

das Känguru
cangur m
[ˈkan·gur]

das Jungtier
pui m
[puj]

TIERE – ANIMALE

Vögel – Păsări

der Specht
ciocănitoare f
[ʧjo·kə·ni'to̯a·re]

der Spatz
vrabie f
['vra·bi·e]

der Kolibri
colibri m
[ko·li'bri]

der Tukan
tucan m
[tu'kan]

das Rotkehlchen
măcăleandru m
[mə·kə'le̯an·dru]

die Schwalbe
rândunică f
[rɨn·du'ni·kə]

der Habicht
uliu m
['u·lju]

die Taube
porumbel m
[po·rum'bel]

der Rabe
corb m
[korb]

die Krähe
cioară f
['ʧjo̯a·rə]

der Fink
cinteză f
['ʧin·te·zə]

die Möwe
pescăruș m
[pes·kə'ruʃ]

der Kanarienvogel
canar m
[ka'nar]

der Schnabel	**cioc** n [ʧjok]
das Küken	**pui** m [puj]
der Flügel	**aripă** f ['a·ri·pə]
die Kralle	**gheară** f ['ge̯a·rə]
die Feder	**pană** f ['pa·nə]
das Federkleid	**penaj** n [pe'naʒ]
zwitschern	**a ciripi** [a ʧi·ri'pi]
flattern	**a bate din aripi** [a 'ba·te din 'a·ripʲ]

TIERE – ANIMALE

Vögel – Păsări

der Storch
barză f
[ˈbar·zə]

der Flamingo
flamingo m
[flaˈmin·go]

der Strauß
struț m
[struts]

der Adler
vultur m
[ˈvul·tur]

der Pinguin
pinguin m
[pin·guˈin]

der Kakadu
cacadu m
[ka·kaˈdu]

der Papagei
papagal m
[pa·paˈgal]

die Eule
bufniță f
[ˈbuf·ni·tsə]

der Truthahn
curcan m
[kurˈkan]

der Schwan
lebădă f
[ˈle·bə·də]

die Gans
gâscă f
[ˈgis·kə]

die Ente
rață f
[ˈra·tsə]

der Hahn
cocoș m
[koˈkoʃ]

das Huhn
găină f
[gəˈi·nə]

die Wachtel
prepeliță f
[ˈpre·pe·li·tsə]

der Pfau
păun m
[pəˈun]

TIERE – ANIMALE

Reptilien und Amphibien – Reptile și amfibii

die Schlange
șarpe m
[ˈʃar·pe]

das Krokodil
crocodil m
[kro·koˈdil]

der Alligator
aligator m
[a·li·gaˈtor]

die Eidechse
șopârlă f
[ʃoˈpɨr·lə]

das Chamäleon
cameleon m
[ka·me·leˈon]

der Leguan
iguană f
[iˈgwa·nə]

die Schildkröte
broască țestoasă f
[ˈbro̯as·kə tsesˈtoa·sə]

die Wasserschildkröte
broască țestoasă de apă f
[ˈbro̯as·kə tsesˈtoa·sə de ˈa·pə]

der Frosch
broască f
[ˈbro̯as·kə]

die Kröte
broască râioasă f
[ˈbro̯as·kə rɨˈjo̯a·sə]

die Kaulquappe
mormoloc m
[mor·moˈlok]

der Salamander
salamandră f
[sa·laˈman·drə]

der Gecko
gecko m
[ˈʤe·ko]

der Panzer	**carapace** f [ka·raˈpa·ʧe]
die Schuppen	**solzi** m [solzʲ]
das Gift	**venin** n [veˈnin]
der Giftzahn	**dinte veninos** m [ˈdin·te ve·niˈnos]
das wechselwarme Tier	**animal cu sânge rece** n [a·niˈmal ku ˈsɨn·ʤe ˈre·ʧe]
kriechen	**a se târî** [a se tɨˈrɨ]
zischen	**a șuiera** [a ʃu·jeˈra]
quaken	**a orăcăi** [a o·rə·kəˈi]

TIERE – ANIMALE

Fische – Pești

der Kugelfisch
pește balon m
[ˈpeʃ·te baˈlon]

der Hornhecht
zărgan m
[zərˈgan]

der Piranha
piranha m
[piˈra·nja]

der Fliegende Fisch
pește zburător m
[ˈpeʃ·te zbu·rəˈtor]

der Fächerfisch
pește evantai m
[ˈpeʃ·te e·vanˈtaj]

der Rochen
pisică de mare f
[piˈsi·kə de ˈma·re]

der Weiße Hai
rechin alb m
[reˈkin alb]

der Tigerhai
rechin tigru m
[reˈkin ˈti·gru]

der Goldfisch
caras auriu m
[kaˈras a·uˈriw]

der Koi
crap koi m
[krap koj]

der Aal
anghilă f
[anˈgi·lə]

der Wels
somn m
[somn]

der Fischschwarm	**banc de pește** n [bank de ˈpeʃ·te]
die Flosse	**aripioară** f [a·riˈpjo̯a·rə]
die Kiemen	**branhie** f [ˈbran·hi·e]
das Tiefseetier	**animal marin de adâncime** n [a·niˈmal maˈrin de a·dinˈʧi·me]
der Rogen	**icre** pl [ˈi·kre]
der Süßwasserfisch	**pește de apă dulce** m [ˈpeʃ·te de ˈa·pə ˈdul·ʧe]
der Seefisch	**pește de mare** m [ˈpeʃ·te de ˈma·re]
das Aquarium	**acvariu** n [akˈva·rju]

das Seepferdchen
cal de mare m
[kal de ˈma·re]

TIERE – ANIMALE

Insekten und Spinnen – Insecte și păianjeni

der Schmetterling
fluture m
[ˈflu·tu·re]

die Raupe
omidă f
[oˈmi·də]

die Puppe
crisalidă f
[kri·saˈli·də]

der Nachtfalter
fluture de noapte m
[ˈflu·tu·re de ˈno̯ap·te]

die Biene
albină f
[alˈbi·nə]

die Hummel
bondar m
[bonˈdar]

die Wespe
viespe f
[ˈvjes·pe]

die Hornisse
gărgăun m
[gər·gəˈun]

die Fliege
muscă f
[ˈmus·kə]

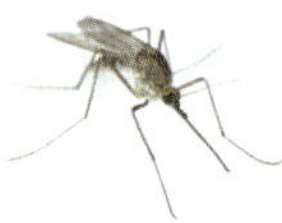

die Stechmücke
țânțar m
[tsɨnˈtsar]

die Zikade
cicadă f
[tʃiˈka·də]

der Maikäfer
cărăbuș m
[kə·rəˈbuʃ]

die Libelle
libelulă f
[li·beˈlu·lə]

die Gottesanbeterin
călugăriță f
[kəˈlu·gə·ri·tsə]

die Heuschrecke
lăcustă f
[ləˈkus·tə]

die Grille
greier m
[ˈgre·jer]

TIERE – ANIMALE

Insekten und Spinnen – Insecte și păianjeni

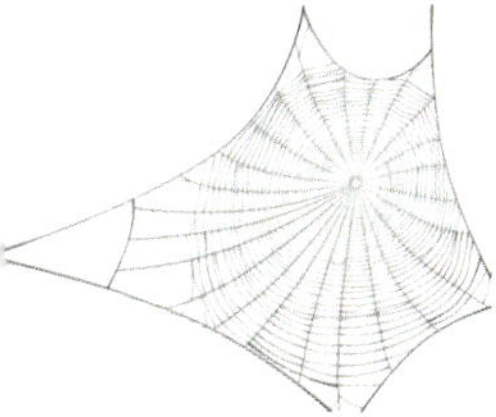

das Spinnennetz
pânză de păianjen f
[ˈpɨn·zə de pəˈjan·ʒen]

die Spinne
păianjen m
[pəˈjan·ʒen]

der Floh
purice m
[ˈpu·ri·ʧe]

die Assel
izopod m
[i·zoˈpod]

die Stinkwanze
ploșniță de câmp f
[ˈploʃ·ni·tsə de kɨmp]

der Marienkäfer
buburuză f
[bu·buˈru·zə]

die Schabe
gândac de bucătărie m
[gɨnˈdak de bu·kə·təˈri·e]

der Wasserläufer
păianjen de apă m
[pəˈjan·ʒen de ˈa·pə]

der Hundertfüßer
chilopod m
[ki·loˈpod]

die Nacktschnecke
limax m
[ˈli·maks]

die Schnecke
melc m
[melk]

der Wurm
vierme m
[ˈvjer·me]

die Termite
termită f
[terˈmi·tə]

die Ameise
furnică f
[furˈni·kə]

die Zecke
căpușă f
[kəˈpu·ʃə]

der Skorpion
scorpion m
[skor·piˈon]

ZAHLEN UND MASSE

NUMERE ȘI MĂSURI

DIE ZAHLEN – NUMERELE

Die Kardinalzahlen – Numerele cardinale

null
zero
[ˈze·ro]

eins
unu
[ˈu·nu]

zwei
doi
[doj]

drei
trei
[trej]

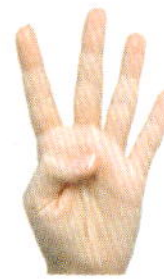

vier
patru
[ˈpa·tru]

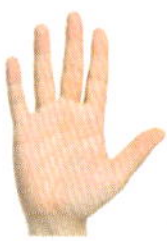

fünf
cinci
[ʧinʧʲ]

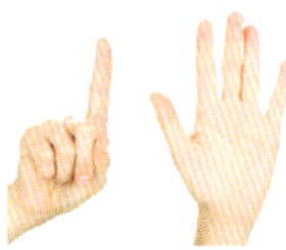

sechs
șase
[ˈʃa·se]

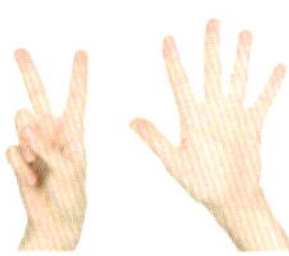

sieben
șapte
[ˈʃap·te]

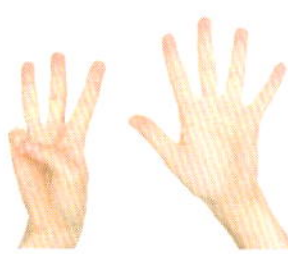

acht
opt
[opt]

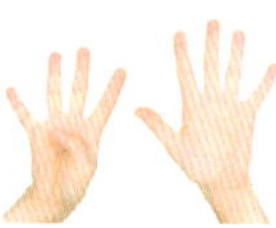

neun
nouă
[ˈno·wə]

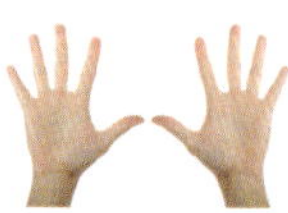

zehn
zece
[ˈze·ʧe]

elf	**unsprezece** [ˈun·spre·ze·ʧe]
zwölf	**doisprezece** [ˈdoj·spre·ze·ʧe]
dreizehn	**treisprezece** [ˈtrej·spre·ze·ʧe]
vierzehn	**paisprezece** [ˈpaj·spre·ze·ʧe]
fünfzehn	**cincisprezece** [ˈʧinʧʲ·spre·ze·ʧe]
sechzehn	**șaisprezece** [ˈʃaj·spre·ze·ʧe]
siebzehn	**șaptesprezece** [ˈʃap·te·spre·ze·ʧe]
achtzehn	**optsprezece** [ˈopt·spre·ze·ʧe]
neunzehn	**nouăsprezece** [ˈno·wəs·pre·ze·ʧe]
zwanzig	**douăzeci** [do·wəˈzeʧʲ]
einundzwanzig	**douăzeci și unu** [do·wəˈzeʧʲ ʃi ˈu·nu]
zweiundzwanzig	**douăzeci și doi** [do·wəˈzeʧʲ ʃi doj]
dreiundzwanzig	**douăzeci și trei** [do·wəˈzeʧʲ ʃi trej]
dreißig	**treizeci** [trejˈzeʧʲ]
vierzig	**patruzeci** [pa·truˈzeʧʲ]
fünfzig	**cincizeci** [ʧinʧʲˈzeʧʲ]
sechzig	**șaizeci** [ʃajˈzeʧʲ]
siebzig	**șaptezeci** [ʃap·teˈzeʧʲ]
achtzig	**optzeci** [optˈzeʧʲ]
neunzig	**nouăzeci** [no·wəˈzeʧʲ]
hundert	**o sută** [o ˈsu·tə]

DIE ZAHLEN – NUMERELE

zweihundertzweiundzwanzig	**două sute douăzeci și doi** [ˈdo·wə ˈsu·te do·wəˈzetʃʲ ʃi doj]
tausend	**o mie** [o ˈmi·e]
zehntausend	**zece mii** [ˈze·tʃe mij]
zwanzigtausend	**douăzeci de mii** [do·wəˈzetʃʲ de mij]
fünfzigtausend	**cincizeci de mii** [tʃintʃʲˈzetʃʲ de mij]
fünfundfünfzigtausend	**cinzeci și cinci de mii** [tʃintʃʲˈzetʃʲ ʃi tʃintʃʲ de mij]
hunderttausend	**o sută de mii** [o ˈsu·tə de mij]
eine Million	**un milion** [un mi·liˈon]
eine Milliarde	**un miliard** [un mi·liˈard]
eine Billion	**un bilion** [un bi·liˈon]

Die Ordinalzahlen – Numerele ordinale

erste(r, s)	**prima/primul** [ˈpri·ma/ˈpri·mul]
zweite(r, s)	**a doua/al doilea** [a ˈdo·wa/al ˈdoj·le̯a]
dritte(r, s)	**a treia/al treilea** [a ˈtre·ja/al ˈtrej·le̯a]
vierte(r, s)	**a patra/al patrulea** [a ˈpa·tra/al ˈpa·tru·le̯a]
fünfte(r, s)	**a cincea/al cincilea** [a ˈtʃin·tʃe̯a/al ˈtʃin·tʃi·le̯a]
sechste(r, s)	**a șasea/al șaselea** [a ˈʃa·se̯a/al ˈʃa·se·le̯a]
siebte(r, s)	**a șaptea/al șaptelea** [a ˈʃap·te̯a/al ˈʃap·te·le̯a]
achte(r, s)	**a opta/al optulea** [a ˈop·ta/al ˈop·tu·le̯a]
neunte(r, s)	**a noua/al nouălea** [a ˈno·wa/al ˈno·wə·le̯a]
zehnte(r, s)	**a zecea/al zecelea** [a ˈze·tʃe̯a/al ˈze·tʃe·le̯a]
elfte(r, s)	**a unsprezecea/al unsprezecelea** [a ˈun·spre·ze·tʃe̯a/al ˈun·spre·ze·tʃe·le̯a]
zwölfte(r, s)	**a douăsprezecea/al douăsprezecelea** [a ˈdo·wəs·pre·ze·tʃe̯a/al ˈdoj·spre·ze·tʃe·le̯a]
dreizehnte(r, s)	**a treisprezecea/al treisprezecelea** [a ˈtrejs·pre·ze·tʃe̯a/al ˈtrejs·pre·ze·tʃe·le̯a]
vierzehnte(r, s)	**a paisprezecea/al paisprezecelea** [a ˈpajs·pre·ze·tʃe̯a/al ˈpajs·pre·ze·tʃe·le̯a]
fünfzehnte(r, s)	**a cincisprezecea/al cincisprezecelea** [a ˈtʃintʃʲ·spre·ze·tʃe̯a/al ˈtʃintʃʲ·spre·ze·tʃe·le̯a]
sechzehnte(r, s)	**a șaisprezecea/al șaisprezecelea** [a ˈʃajs·pre·ze·tʃe̯a/al ˈʃajs·pre·ze·tʃe·le̯a]
siebzehnte(r, s)	**a șaptesprezecea/al șaptesprezecelea** [a ˈʃap·tes·pre·ze·tʃe̯a/al ˈʃap·tes·pre·ze·tʃe·le̯a]
achtzehnte(r, s)	**a optsprezecea/al optsprezecelea** [a ˈopt·spre·ze·tʃe̯a/al ˈopt·spre·ze·tʃe·le̯a]
neunzehnte(r, s)	**a nouăsprezecea/al nouăsprezecelea** [a ˈno·wəs·pre·ze·tʃe̯a/al ˈno·wəs·pre·ze·tʃe·le̯a]
zwanzigste(r, s)	**a douăzecea/al douăzecilea** [a do·wəˈze·tʃe̯a/al do·wəˈze·tʃi·le̯a]
einundzwanzigste(r, s)	**a douăzeci și una/al douăzeci și unulea** [a do·wəˈzetʃʲ ʃi ˈu·na/al do·wəˈzetʃʲ ʃi ˈu·nu·le̯a]
zweiundzwanzigste(r, s)	**a douăzeci și doua/al douăzeci și doilea** [a do·wəˈzetʃʲ ʃi ˈdo·wa/al do·wəˈzetʃʲ ʃi ˈdoj·le̯a]

DIE ZAHLEN – NUMERELE

dreißigste(r, s)	**a treizecea/al treizecilea** [a trejˈze·tʃe̯a/al trejˈze·tʃi·le̯a]
vierzigste(r, s)	**a patruzecea/al patruzecilea** [a pa·truˈze·tʃe̯a/al pa·truˈze·tʃi·le̯a]
fünfzigste(r, s)	**a cincizecea/al cincizecilea** [a tʃintʃʲˈze·tʃe̯a/al tʃintʃʲˈze·tʃi·le̯a]
sechzigste(r, s)	**a șaizecea/al șaizecilea** [a ʃajˈze·tʃe̯a/al ʃajˈze·tʃi·le̯a]
siebzigste(r, s)	**a șaptezecea/al șaptezecilea** [a ʃap·teˈze·tʃe̯a/al ʃap·teˈze·tʃi·le̯a]
achtzigste(r, s)	**a optzecea/al optzecilea** [a optˈze·tʃe̯a/al optˈze·tʃi·le̯a]
neunzigste(r, s)	**a nouăzecea/al nouăzecilea** [a no·wəˈze·tʃe̯a/al no·wəˈze·tʃi·le̯a]
hundertste(r, s)	**a o suta/al o sutelea** [a o ˈsu·ta/al o ˈsu·te·le̯a]
zweihunderterste(r, s)	**a două suta/al două sutelea** [a ˈdo·wə ˈsu·ta/al ˈdo·wə ˈsu·te·le̯a]
zweihundertfünfund-zwanzigste(r, s)	**a două sute douăzeci și cincea/al două sute douăzeci și cincilea** [a ˈdo·wə ˈsu·te do·wəˈzetʃʲ ʃi ˈtʃin·tʃe̯a/al ˈdo·wə ˈsu·te do·wəˈzetʃʲ ʃi ˈtʃin·tʃi·le̯a]
dreihundertste(r, s)	**a trei suta/al trei sutelea** [a trej ˈsu·ta/al trej ˈsu·te·le̯a]
tausendste(r, s)	**a (o) mia/al o mielea** [a (o) ˈmi·a/al o ˈmi·e·le̯a]
zehntausendste(r, s)	**a zece mia/al zece miilea** [a ˈze·tʃe ˈmi·a/al ˈze·tʃe ˈmi·i·le̯a]
millionste(r, s)	**a milioana/al (un) milionulea** [a mi·liˈo̯a·na/al (un) mi·liˈo·nu·le̯a]
zehnmillionste(r, s)	**a zece milioana/al zece milioanelea** [a ˈze·tʃe mi·liˈo̯a·na/al ˈze·tʃe mi·liˈo̯a·ne·le̯a]
vorletzte(r, s)	**penultima/penultimul** [penˈul·ti·ma/penˈul·ti·mul]
letzte(r, s)	**ultima/ultimul** [ˈul·ti·ma/ˈul·ti·mul]

Die Bruchzahlen – Fracțiile

ein halber/ein halbes/eine halbe	**o jumătate** [o ʒu·məˈta·te]
ein Drittel	**o treime** [o treˈi·me]
ein Viertel	**o pătrime** [o pəˈtri·me]
ein Fünftel	**o cincime** [o tʃinˈtʃi·me]
ein Achtel	**o optime** [o opˈti·me]
drei Viertel	**trei pătrimi** [trej pəˈtrimʲ]
zwei Fünftel	**două cincimi** [ˈdo·wə tʃinˈtʃimʲ]
siebeneinhalb	**șapte și jumătate** [ˈʃap·te ʃi ʒu·məˈta·te]
zwei Siebzehntel	**două șaptesprezecimi** [ˈdo·wə ʃap·te·spre·zeˈtʃimʲ]
fünf und drei Achtel	**cinci și trei optimi** [tʃintʃʲ ʃi trej opˈtimʲ]

DIE ZEIT – TIMPUL

Der Kalender – Calendarul

der Sonntag **duminică** f [du'mi·ni·kə]

der Dienstag **marți** f [marts^j]

der Donnerstag **joi** f [ʒoj]

der Monat **lună** f ['lu·nə]

der Montag **luni** f [lun^j]

der Mittwoch **miercuri** f ['mjer·kur^j]

der Freitag **vineri** f ['vi·ner^j]

der Samstag **sâmbătă** f ['sɨm·bə·tə]

der Wochentag **zi a săptămânii** f [zi a səp·tə'mɨ·nij]

die Woche **săptămână** f [səp·tə'mɨ·nə]

der Tag **zi** f [zi]

das Wochenende **sfârșit de săptămână** n [sfɨr'ʃit de səp·tə'mɨ·nə]

das Datum **dată** f ['da·tə]

das Jahr **an** m [an]

der Januar	**ianuarie** m [ja·nu'a·ri·e]
der Februar	**februarie** m [fe·bru'a·ri·e]
der März	**martie** m ['mar·ti·e]
der April	**aprilie** m [a'pri·li·e]
der Mai	**mai** m [maj]
der Juni	**iunie** m ['ju·ni·e]

der Juli	**iulie** m ['ju·li·e]
der August	**august** m ['aw·gust]
der September	**septembrie** m [sep'tem·bri·e]
der Oktober	**octombrie** m [ok'tom·bri·e]
der November	**noiembrie** m [no'jem·bri·e]
der Dezember	**decembrie** m [de'ʧem·bri·e]

MASSE – MĂSURI

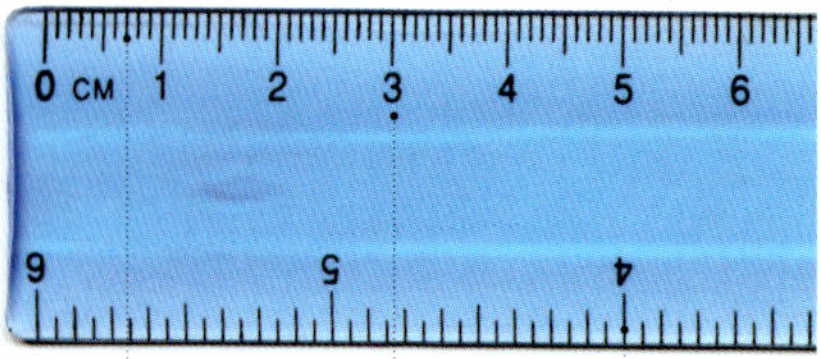

der/das Millimeter
milimetru m
[mi·liˈme·tru]

der Zoll
țol m
[tsol]

der/das Zentimeter
centimetru m
[tʃen·tiˈme·tru]

der/das Liter
litru m
[ˈli·tru]

der/das Milliliter
mililitru m
[mi·liˈli·tru]

die Unze
uncie f
[ˈun·tʃi·e]

das Pint
pintă f
[ˈpin·tə]

der Kilometer
kilometru m
[ki·loˈme·tru]

die Meile
milă f
[ˈmi·lə]

das Yard
iard m
[jard]

der Acre/Morgen
acru m
[ˈa·kru]

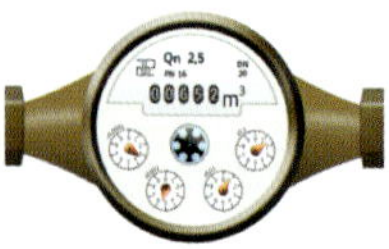

der/das Kubikmeter
metru cub m
[ˈme·tru kub]

der Fuß	**picior** n [piˈtʃjor]
der/das Meter	**metru** m [ˈme·tru]
der/das Quadratmeter	**metru pătrat** m [ˈme·tru pəˈtrat]
der Quadratfuß	**picior pătrat** n [piˈtʃjor pəˈtrat]
der/das Hektar	**hectar** n [hekˈtar]
die Tasse	**ceașcă** f [ˈtʃe̯aʃ·kə]
der Esslöffel	**lingură (de supă)** f [ˈlin·gu·rə (de ˈsu·pə)]
der Teelöffel	**linguriță (de ceai)** f [lin·guˈri·tsə (de tʃe̯aj)]

DAS GEWICHT – GREUTATEA

die Tonne
tonă f
[ˈto·nə]

das Kilogramm
kilogram n
[ki·loˈgram]

das Gramm
gram n
[gram]

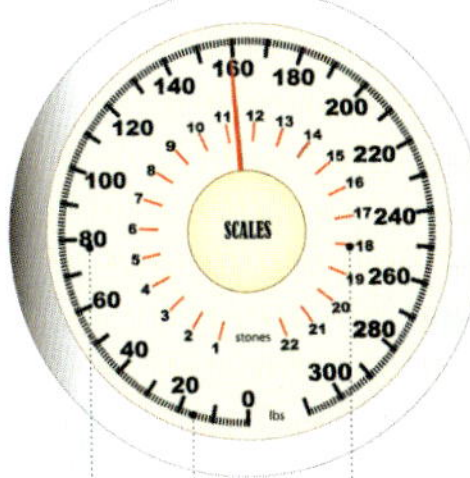

das Pfund
livră f
[ˈli·vrə]

die Unze
uncie f
[ˈun·tʃi·e]

das Stone
(= 6,35 kg)
stone m
[stown]

DIE WÄHRUNG – VALUTA

$

der Dollar
dolar m
[doˈlar]

£

das Pfund
liră sterlină f
[ˈli·rə sterˈli·nə]

€

der Euro
euro m
[ˈe·u·ro]

¥

der Yen
yen m
[jen]

der Baht	**baht** m	[baht]
die Rupie	**rupie** f	[ˈru·pi·e]
der Dinar	**dinar** m	[diˈnar]
der Franc	**franc** m	[frank]
der Schweizer Franken	**franc elvețian** m	[frank el·ve·tsiˈan]
die Krone	**coroană** f	[koˈro̯a·nə]

der Rand	**rand** m	[rand]
der Peso	**pesos** m	[ˈpe·sos]
der Real	**real** m	[reˈal]
der Yuan	**yuan** m	[juˈan]
die Lira	**liră** f	[ˈli·rə]
der Rubel	**rublă** f	[ˈru·blə]

DIE WICHTIGSTEN SÄTZE – CELE MAI IMPORTANTE FRAZE

DIE VERBEN – VERBELE

INDEX – INDEX

DIE WICHTIGSTEN SÄTZE – CELE MAI IMPORTANTE FRAZE

Mit diesen nützlichen Wörtern und Sätzen drücken Sie sich in den wichtigsten und häufigsten Situationen mit Sicherheit aus.

IM GESPRÄCH – CONVERSAȚIE

BEGRÜẞEN UND VERABSCHIEDEN – SALUTUL

Guten Tag!	Bună ziua! [ˈbu·nə ˈzi·wa]
Guten Abend!	Bună seara! [ˈbu·nə ˈse̯a·ra]
Hallo!	Salut! [saˈlut]
Auf Wiedersehen!	La revedere! [la re·veˈde·re]
Tschüss!	Pa! [pa]

HÖFLICHKEIT – POLITEȚE

bitte	vă/te rog [və/te rog]
danke	mulțumesc [mul·tsuˈmesk]
bitte schön	cu plăcere [ku pləˈtʃe·re]
Ja, bitte.	Da, vă rog. [da və rog]
Nein, danke.	Nu, mulțumesc. [nu mul·tsuˈmesk]
Keine Ursache!	N-aveți/N-ai pentru ce! [ˈna·vetsʲ/naj ˈpen·tru tʃe]
Entschuldigung!	Scuze! [ˈsku·ze]
Entschuldigen Sie, ...	Scuzați ... [skuˈzatsʲ ...]
Das tut mir leid.	Îmi pare rău. [ɨmʲ ˈpa·re rəw]
Wie geht's?	Cum vă/îți merge? [kum və/ɨtsʲ ˈmer·dʒe]
Danke, gut. Und Ihnen/dir?	Mulțumesc, bine. Și dumneavoastră/ție? [mul·tsuˈmesk ˈbi·ne ʃi dum·ne̯aˈvo̯as·trə/ˈtsi·e]

KOMMUNIKATION – COMUNICARE

Wie bitte?	Poftim? [pofˈtim]
Ich verstehe.	Înțeleg. [ɨn·tseˈleg]
Ich verstehe nicht.	Nu înțeleg. [nu ɨn·tseˈleg]
Könnten Sie das bitte wiederholen?	Ați putea repeta, vă rog? [atsʲ puˈte̯a re·peˈta və rog]
Könnten Sie bitte langsamer sprechen?	Ați putea vorbi mai rar, vă rog? [atsʲ puˈte̯a vorˈbi maj rar və rog]
Könnten Sie das bitte aufschreiben?	Ați putea să scrieți asta, vă rog? [atsʲ puˈte̯a sə ˈscri·etsʲ ˈa·sta və rog]
Was bedeutet ...?	Ce înseamnă ...? [tʃe ˈɨn·se̯am·nə ...]

SICH VORSTELLEN – PREZENTARE

Wie heißt du?	Cum te numești? [kum te nuˈmeʃtʲ]
Wie heißen Sie?	Cum vă numiți? [kum və nuˈmitsʲ]
Ich heiße ...	Mă numesc ... [mə nuˈmesk ...]
Woher kommen Sie?	De unde veniți? [de ˈun·de veˈnitsʲ]
Woher kommst du?	De unde vii? [de ˈun·de vij]
Ich komme aus ...	Vin din ... [vin din ...]

Das ist mein Mann.	Acesta este soțul meu. [aˈʧes·ta ˈjes·te ˈso·tsul mew]
Das ist meine Frau.	Aceasta este soția mea. [aˈʧe̯as·ta ˈjes·te soˈtsi·a me̯a]
Das ist mein Partner.	Acesta este partenerul meu. [aˈʧes·ta ˈjes·te par·teˈne·rul mew]
Das ist meine Partnerin.	Aceasta este partenera mea. [aˈʧe̯as·ta ˈjes·te par·teˈne·ra me̯a]
Das ist mein Sohn.	Acesta este fiul meu. [aˈʧes·ta ˈjes·te ˈfi·ul mew]
Das ist meine Tochter.	Aceasta este fiica mea. [aˈʧe̯as·ta ˈjes·te ˈfi·i·ka me̯a]
Hier ist meine E-Mail-Adresse.	Aceasta este adresa mea de e-mail. [aˈʧe̯as·ta ˈjes·te aˈdre·sa me̯a de ˈi·mejl]
Hier ist meine Telefonnummer.	Acesta este numărul meu de telefon. [aˈʧes·ta ˈjes·te ˈnu·mə·rul mew de te·leˈfon]

BEIM TELEFONIEREN – LA TELEFON

Ich hätte gern eine SIM-Karte, bitte.	Aș dori o cartelă SIM, vă rog. [aʃ doˈri o karˈte·lə sim və rog]
Mein Akku ist leer.	Bateria mea e descărcată. [ba·teˈri·a me̯a ˈje des·kərˈka·tə]
Hier spricht …	Sunt … [sunt …]
Mit wem spreche ich bitte?	Cu cine vorbesc, vă rog? [ku ˈʧi·ne vorˈbesk və rog]
Kann ich bitte Herrn/Frau … sprechen?	Pot să vorbesc cu domnul/doamna … vă rog? [pot sə vorˈbesk ku ˈdom·nul/ˈdo̯am·na … və rog]
Tut mir leid, er/sie ist nicht da.	Îmi pare rău, nu este aici. [imʲ ˈpa·re rəw, nu ˈjes·te aˈiʧʲ]
Kann er/sie Sie zurückrufen?	Vă poate suna înapoi? [və ˈpo̯a·te suˈna i·naˈpoj]

UNTERWEGS – LA DRUM

TOILETTE UND BAD – TOALETĂ ȘI BAIE

Wo ist bitte die Toilette?	Unde e toaleta, vă rog? [ˈun·de je to̯aˈle·ta və rog]
Damen	femei [feˈmej]
Herren	bărbați [bərˈbatsʲ]
die Damentoilette	toaletă pentru femei [to̯aˈle·tə ˈpen·tru feˈmej]
die Herrentoilette	toaletă pentru bărbați [to̯aˈle·tə ˈpen·tru bərˈbatsʲ]

BAHN – TREN

Wann fährt der nächste Zug ab?	Când pleacă următorul tren? [kɨnd ˈple̯a·kə ur·məˈto·rul tren]
Wo muss ich umsteigen?	Unde trebuie să schimb? [ˈun·de ˈtre·bu·je sə skimb]
Von welchem Gleis fährt der Zug nach …?	De la ce linie pleacă trenul spre …? [de la ʧe ˈli·ni·e ˈple̯a·kə ˈtre·nul spre …]
Ist dieser Platz noch frei?	E liber locul acesta? [je ˈli·ber ˈlo·kul aˈʧes·ta]
Hält dieser Zug in …?	Trenul acesta oprește în …? [ˈtre·nul aˈʧes·ta oˈpreʃ·te ɨn …]

BUS – AUTOBUZ

Welche Linie fährt nach …?	Ce număr merge spre …? [ʧe ˈnu·mər ˈmer·ʤe spre …]
Welche Linie fährt zum Bahnhof?	Ce număr merge spre gară? [ʧe ˈnu·mər ˈmer·ʤe spre ˈga·rə]

Wann fährt der nächste Bus nach ...?	Când pleacă următorul autobuz spre ...? [kɨnd ˈpleḁ·kə ur·məˈto·rul a·u·toˈbuz spre ...]
Wo muss ich aussteigen?	Unde trebuie să cobor? [ˈun·de ˈtre·bu·je sə koˈbor]
Wie viele Haltestellen sind es?	Câte stații sunt până acolo? [ˈkɨ·te ˈsta·tsij sunt ˈpɨ·nə aˈko·lo]
Fährt dieser Bus nach ...?	Autobuzul acesta merge la ...? [a·u·toˈbu·zul aˈtʃes·ta ˈmer·dʒe la...]

AUTO – MAȘINĂ

der Führerschein	permis de conducere [perˈmis de konˈdu·tʃe·re]
Entschuldigen Sie bitte, wie komme ich nach ...?	Scuzați, vă rog, cum ajung la ...? [skuˈzatsʲ və rog kum aˈʒung la ...]
Entschuldigen Sie bitte, wo ist ...?	Scuzați, vă rog, unde e ...? [skuˈzatsʲ və rog ˈun·de je ...]
Wie weit ist es?	Cât de departe e? [kɨt de deˈpar·te je]

BEIM ARZT – LA DOCTOR

Ich bin krankenversichert.	Sunt asigurat/asigurată. [sunt a·si·guˈrat/a·si·guˈra·tə]
Ich möchte von einer Ärztin behandelt werden, bitte.	Aș dori să fiu tratată de o doctoriță. [aʃ doˈri sə fiw traˈta·tə de o dok·toˈri·tsə]
Es tut hier weh.	Aici doare. [aˈitʃʲ ˈdo̯a·re]
Ich bin ohnmächtig geworden.	Am leșinat. [am le·ʃiˈnat]
Ich habe mich erbrochen.	Am vomat. [am voˈmat]
Ich habe Herzbeschwerden.	Am probleme cu inima. [am proˈble·me ku ˈi·ni·ma]
Ich habe Atembeschwerden.	Am probleme cu respirația. [am proˈble·me ku res·piˈra·tsi·a]
Ich habe Zahnschmerzen.	Am dureri de dinți. [am duˈrerʲ de dintsʲ]
Ich habe eine Füllung verloren.	Mi-a căzut o plombă. [mja kəˈzut o ˈplom·bə]
Ich bin allergisch gegen Antibiotika.	Sunt alergic/alergică la antibiotice. [sunt aˈler·dʒik/aˈler·dʒi·kə la an·ti·biˈo·ti·tʃe]
Ich bin allergisch gegen Bienen.	Sunt alergic/alergică la înțepături de albine. [sunt aˈler·dʒik/aˈler·dʒi·kə la ɨn·tse·pəˈtu·rʲ de alˈbi·ne]
Ich bin allergisch gegen Pollen.	Sunt alergic/alergică la polen. [sunt aˈler·dʒik/aˈler·dʒi·kə la poˈlen]
Ich bin Diabetiker/Diabetikerin.	Sunt diabetic/diabetică. [sunt di·aˈbe·tik/di·aˈbe·ti·kə]
Ist es ansteckend?	E molipsitor? [je mo·lip·siˈtor]
Ich brauche ein Rezept für ...	Am nevoie de o rețetă pentru ... [am neˈvo·je de o reˈtse·tə ˈpen·tru ...]
Ich nehme Medikamente gegen ...	Iau medicamente împotriva ... [jaw me·di·kaˈmen·te ɨm·poˈtri·va ...]

DIE VERBEN – VERBELE

Wenn es darum geht, eigene Sätze zu bilden, hilft Ihnen unsere ausführliche Verbliste, wo Sie auch abstrakte Verben, die sich nicht abbilden lassen, nachschlagen und übersetzen können.

A

abbeißen	a mușca [a muʃˈka]
abbiegen	a îndoi [a in·doˈi]
abbringen	a abate [a aˈba·te]
abfahren	a pleca [a pleˈka]
abfärben	a se decolora [a se de·ko·loˈra]
abfinden	a se acomoda [a se a·ko·moˈda]
abfragen	a examina [a e·gza·miˈna]
abführen	a seduce [a seˈdu·tʃe]
abfüllen	a umple [a ˈump·le]
abgeben	a da [a ˈda]
abgewöhnen	a dezvăța [a dez·vəˈtsa]
abgrenzen	a se distanța [a se dis·tanˈtsa]
abhaken	a debifa [a de·biˈfa]
abhalten	a opri [a oˈpri]
abhärten	a căli [a kəˈli]
abhauen	a o șterge [a o ˈʃter·ʤe]
abheben	a ridica [a ri·diˈka]
abholen	a aduna [a a·duˈna]
abklären	a clarifica [a kla·ri·fiˈka]
abklingen	a reduce [a reˈdu·tʃe]
abkochen	a găti [a gəˈti]
abkühlen	a se răci [a se rəˈtʃi]
abkürzen	a abrevia [a a·bre·viˈa]
abladen	a descărca [a des·kərˈka]
ablaufen	a expira [a eks·piˈra]
ablecken	a linge [a ˈlin·ʤe]
ablegen	a pune jos [a ˈpu·ne ˈʒos]
ablehnen	a respinge [a resˈpin·ʤe]
ablenken	a distrage [a disˈtra·ʤe]
abmagern	a slăbi [a sləˈbi]
abmalen	a picta [a pikˈta]
abmelden	a anula [a a·nuˈla]
abmessen	a măsura [a mə·suˈra]
abnehmen	a da jos [a ˈda ˈʒos]
abnutzen	a se uza [a se uˈza]
abonnieren	a se abona [a se a·boˈna]
abprallen	a ricoșa [a ri·koˈʃa]
abputzen	a curăța [a ku·rəˈtsa]
abraten	a sfătui pe cineva să nu facă ceva [a sfə·tuˈi pe tʃi·neˈva ˈsə nu ˈfa·kə tʃeˈva]
abräumen	a evacua [a e·va·kuˈa]
abreagieren	a se liniști [a se li·niʃˈti]
abrechnen	a scădea [a skəˈdea]
abregen	a se calma [a se kalˈma]
abreisen	a pleca [a pleˈka]
abreißen	a rupe [a ˈru·pe]
abrunden	a rotunji [a ro·tunˈʒi]
abrutschen	a aluneca [a alu·neˈka]
absagen	a anula [a a·nuˈla]
abschaffen	a desființa [a des·fijnˈtsa]
abschalten	a opri [a oˈpri]
abschätzen	a evalua [a e·va·luˈa]

abschauen	a copia [a ko·pi'a]
abschicken	a expedia [a eks·pe·di'a]
abschleppen	a tracta [a tra'kta]
abschließen	a încuia [a ɨn·ku'ja]
abschminken	a se demachia [a se de·ma'kja]
abschneiden	a tăia [a tə'ja]
abschreiben	a copia [a ko·pi'a]
abschwächen	a atenua [a a·te·nu'a]
abschweifen	a se abate [a se a'ba·te]
abschwellen	a descrește [a des'kre·ʃte]
absehen	a prevedea [a pre·ve'dea]
absenden	a trimite [a tri·mi'te]
absetzen	a da jos [a da 'ʒos]
absichern	a asigura [a a·si·gu'ra]
absinken	a coborî [a ko·bo'rɨ]
abspeichern	a salva [a sal'va]
abspielen	a reda [a re'da]
abspringen	a sări [a sə'ri]
abspülen	a spăla vase [a spə'la 'va·se]
abstammen	a proveni [a pro·ve'ni]
abstehen	a ieși în afară [a je'ʃi ɨn a'fa·rə]
abstellen	a pune jos [a 'pu·ne 'ʒos]
absterben	a muri [a mu'ri]
abstimmen	a vota [a vo'ta]
abstoßen	a respinge [a res'pin·ʤe]
abstreiten	a nega [a ne'ga]
abstumpfen	a se toci [a se to'ʧi]
abstürzen	a se prăbuși [a se prə·bu'ʃi]
abstützen	a susține [a sus'ʦi·ne]
absuchen	a căuta [a kə·u'ta]
abtreiben	a avorta [a a·vor'ta]
abtrocknen	a usca [a us'ka]
abtropfen	a picura [a pi·ku'ra]
abverlangen	a cere [a 'ʧe·re]
abwägen	a cântări [a kɨn·tə'ri]
abwarten	a aștepta [a aʃ·tep'ta]
abwaschen	a spăla vase [a spə'la 'va·se]
abwechseln	a se schimba [a se skim'ba]
abwehren	a para o lovitură [a pa'ra o lo·vi'tu·rə]
abweichen	a devia [a de·vi'a]
abweisen	a respinge [a res'pin·ʤe]
abwerten	a se devaloriza [a se de·va·lo·ri'za]
abwischen	a șterge [a 'ʃter·ʤe]
abzahlen	a plăti [a plə'ti]
abziehen	a trage [a 'tra·ʤe]
achten	a respecta [a res·pek'ta]
ächzen	a ofta [a of'ta]
addieren	a aduna [a a·du'na]
adoptieren	a adopta [a a·dop'ta]
adressieren	a se adresa [a se a·dre'sa]
agieren	a acționa [a ak·ʦjo'na]
ähneln	a semăna [a se·mə'na]
ahnen	a suspecta [a sus·pek'ta]
aktivieren	a activa [a ak·ti'va]
aktualisieren	a actualiza [a ak·tua·li'za]
akzeptieren	a accepta [a ak·ʧep'ta]
alarmieren	a alarma [a a·lar'ma]
amputieren	a amputa [a am·pu'ta]

amüsieren	a se amuza [a se a·mu'za]
analysieren	a analiza [a a·na·li'za]
anbauen	a cultiva [a kul·ti'va]
anbeten	a adora [a a·do'ra]
anbiedern	a se da bine pe lângă [a se da 'bi·ne pe 'lin·gə]
anbieten	a oferi [a o·fe'ri]
anblicken	a privi [a pri'vi]
anbrüllen	a țipa la [a tsi'pa la]
andauern	a continua [a kon·ti'nua]
ändern	a modifica [a mo·di·fi'ka]
andeuten	a sugera [a su·ʤe'ra]
androhen	a amenința [a a·me·nin'tsa]
aneignen	a-și însuși ['a-ʃʲ in·su'ʃi]
anekeln	a dezgusta [a dez·gus'ta]
anerkennen	a recunoaște [a re·ku'noaʃ·te]
anfangen	a începe [a in'ʧe·pe]
anfassen	a prinde [a 'prin·de]
anfertigen	a produce [a pro'du·ʧe]
anfeuern	a aprinde [a a'prin·de]
anflehen	a implora [a im·plo'ra]
anfordern	a solicita [a so·li·ʧi'ta]
anfreunden	a se împrieteni [a se im·pri·e·te'ni]
anfühlen	a simți [a sim'tsi]
anführen	a conduce [a kon'du·ʧe]
angeben	a indica [a in·di'ka]
angehören	a aparține [a a·par'tsi·ne]
angeln	a pescui [a pes·ku'i]
angewöhnen	a se obișnui [a se o·biʃ·nu'i]
angleichen	a adapta [a a·da'pta]
angreifen	a ataca [a a·ta'ka]
ängstigen	a speria [a spe·ri'a]
angucken	a privi la [a pri'vi la]
anhaben	a purta [a pur'ta]
anhalten	a opri [a o'pri]
anhängen	a atașa [a a·ta'ʃa]
anhimmeln	a idolatriza [a i·do·la·tri'za]
anhören	a asculta [a as·kul'ta]
anklagen	a acuza [a a·ku'za]
ankleben	a lipi [a li'pi]
anklicken	a da clic [a da 'klik]
anklopfen	a ciocăni [a ʧjo·kə'ni]
anknüpfen	a lega [a le'ga]
ankommen	a sosi [a so'si]
ankreuzen	a însemna cu o cruce [a in·sem'na ku o 'kru·ʧe]
ankündigen	a anunța [a a·nun'tsa]
anlächeln	a zâmbi [a zim'bi]
anlachen	a râde la [a 'ri·de la]
anlehnen	a sprijini [a spri·ʒi'ni]
anleiten	a instrui [a in·stru'i]
anlocken	a atrage [a a'tra·ʤe]
anlügen	a minți [a min'tsi]
anmachen	a aprinde [a a'prin·de]
anmaßen	a-și aroga [a-ʃʲ a·ro'ga]
anmelden	a anunța [a a·nun'tsa]
anmerken	a nota [a no'ta]
annähern	a apropia [a a·pro·pi'a]
annehmen	a presupune [a pre·su'pu·ne]
annullieren	a anula [a a·nu'la]

anordnen	a dispune	[a dis'pu·ne]
anpacken	a aborda	[a a·bor'da]
anpassen	a adapta	[a a·dap'ta]
anpflanzen	a cultiva	[a kul·ti'va]
anprobieren	a proba	[a pro'ba]
anreden	a se adresa	[a se a·dre'sa]
anrufen	a suna	[a su'na]
ansagen	a anunța	[a a·nun'tsa]
ansammeln	a aduna	[a a·du'na]
anschalten	a conecta	[a ko·nek'ta]
anschauen	a privi la	[a pri'vi la]
anschieben	a împinge	[a ɨm'pin·ʤe]
anschleichen	a strecura	[a stre·ku'ra]
anschließen	a lega	[a le'ga]
anschmiegen	a cuibări	[a kuj·bə'ri]
anschnallen	a lega centura	[a le'ga ʧen'tu·ra]
anschnauzen	a se răsti	[a se rəs'ti]
anschreien	a urla	[a ur'la]
anschuldigen	a învinui	[a ɨn·vi·nu'i]
anschweigen	a nu spune nimic	[a nu 'spu·ne ni'mik]
anschwellen	a se umfla	[a se um'fla]
anschwindeln	a păcăli	[a pə·kə'li]
ansehen	a se uita la	[a se uj'ta la]
anspannen	a întinde	[a ɨn'tin·de]
anspielen	a face aluzie	[a 'fa·ʧe a'lu·zi·e]
anspitzen	a ascuți	[a as·ku'tsi]
anspornen	a încuraja	[a ɨn·ku·ra'ʒa]
ansprechen	a se adresa	[a se a·dre'sa]
anspringen	a porni	[a por'ni]
anspucken	a scuipa	[a skuj'pa]
anstarren	a se holba	[a se hol'ba]
anstecken	a infecta	[a in·fek'ta]
anstehen	a aștepta la coadă	[a aʃ·tep'ta la 'ko̯a·də]
ansteigen	a se urca	[a se ur'ka]
anstellen	a se așeza la coadă	[a se aʃe'za la 'ko̯a·də]
anstimmen	a începe să cânte	[a ɨn'ʧe·pe sə 'kɨn·te]
anstoßen	a lovi	[a lo'vi]
anstrahlen	a iradia	[a i·ra·di'a]
anstreben	a aspira la	[a as·pi'ra la]
anstreichen	a vopsi	[a vop'si]
anstrengen	a face un efort	[a 'fa·ʧe un e'fort]
antreffen	a întâlni	[a ɨn·tɨl'ni]
antreiben	a stimula	[a sti·mu'la]
antreten	a începe	[a ɨn'ʧe·pe]
antun	a pricinui	[a pri·ʧi·nu'i]
antworten	a răspunde	[a rəs'pun·de]
anvertrauen	a încredința	[a ɨn·kre·din'tsa]
anweisen	a însărcina	[a ɨn·sər·ʧi'na]
anwenden	a folosi	[a fo·lo'si]
anwidern	a dezgusta	[a dez·gus'ta]
anzeigen	a indica	[a in·di'ka]
anziehen	a îmbrăca	[a ɨm·brə'·ka]
anzünden	a aprinde	[a a'prin·de]
anzweifeln	a se întreba	[a se ɨn·tre'ba]
applaudieren	a aplauda	[á a·pla·u'da]
arbeiten	a munci	[a mun'ʧi]

ärgern	a se supăra	[a se su·pəˈra]
atmen	a respira	[a res·piˈra]
aufarbeiten	a reaprecia	[a re·a·pre·ʧiˈa]
aufatmen	a răsufla ușurat	[a rə·suˈfla u·ʃuˈrat]
aufbauen	a construi	[a kon·struˈi]
aufbewahren	a păstra	[a pəsˈtra]
aufblasen	a umfla cu aer	[a umˈfla ku ˈa·er]
aufbleiben	a sta treaz	[a ˈsta ˈtre̯az]
aufbrauchen	a consuma	[a kon·suˈma]
aufbrausen	a izbucni	[a iz·bukˈni]
aufbrechen	a porni la drum	[a porˈni la ˈdrum]
aufbringen	a invoca	[a in·voˈka]
aufdecken	a descoperi	[a des·ko·peˈri]
aufdrängen	a impune	[a imˈpu·ne]
aufdrehen	a deschide	[a desˈki·de]
aufeinanderfolgen	a se succeda	[a se suk·ʧeˈda]
aufessen	a mânca tot	[a mɨnˈka tot]
auffallen	a frapa	[a fraˈpa]
auffangen	a prinde	[a ˈprin·de]
auffassen	a înțelege	[a ɨn·tseˈle·ʤe]
auffordern	a întreba	[a ɨn·treˈba]
aufführen	a juca pe scenă	[a ˈʒu·ka pe ˈsʧe·nə]
aufgeben	a renunța	[a re·nunˈtsa]
aufgreifen	a apuca	[a a·puˈka]
aufhaben	a fi deschis	[a fi desˈkis]
aufhalten	a stopa	[a stoˈpa]
aufhängen	a agăța	[a a·gəˈtsa]
aufheben	a ridica	[a ri·diˈka]
aufhetzen	a incita	[a in·ʧiˈta]
aufholen	a recupera	[a re·ku·peˈra]
aufhören	a înceta	[a ɨn·ʧeˈta]
aufkleben	a lipi pe	[a liˈpi pe]
aufladen	a încărca	[a ɨn·kərˈka]
auflassen	a lăsa deschis	[a ləˈsa desˈkis]
auflauern	a pândi	[a pɨnˈdi]
aufleben	a însuflețі	[a ɨn·suf·leˈtsi]
auflehnen	a se revolta	[a se re·volˈta]
auflockern	a destinde	[a desˈtin·de]
auflösen	a dizolva	[a di·zolˈva]
aufmachen	a deschide	[a desˈki·de]
aufmuntern	a încuraja	[a ɨn·ku·raˈʒa]
aufnehmen	a înregistra	[a ɨn·re·ʤisˈtra]
aufpassen	a fi atent	[a fi aˈtent]
aufplatzen	a plesni	[a plesˈni]
aufpumpen	a umfla	[a umˈfla]
aufraffen	a-și aduna puterile	[a-ʃʲ a·duˈna puˈte·ri·le]
aufräumen	a face ordine	[a ˈfa·ʧe ˈor·di·ne]
aufrechterhalten	a menține	[a menˈtsi·ne]
aufregen	a enerva	[a e·nerˈva]
aufrunden	a rotunji în plus	[a ro·tunˈʒi ɨn plus]
aufsammeln	a aduna	[a a·duˈna]
aufschieben	a amâna	[a a·mɨˈna]
aufschließen	a descuia	[a des·kuˈja]
aufschreiben	a nota	[a noˈta]

aufspringen	a sări în sus	[a sə'ri ɨn sus]
aufstacheln	a incita	[a in·tʃi'ta]
aufstehen	a se ridica	[a se ri·di'ka]
aufstellen	a așeza vertical	[a a·ʃe'za ver·ti'kal]
aufstützen	a sprijini	[a spri·ʒi'ni]
aufsuchen	a vizita	[a vi·zi'ta]
auftauchen	a apărea	[a a·pə'rea]
aufteilen	a împărți	[a ɨm·pər'tsi]
auftragen	a aplica	[a a·pli'ka]
auftreiben	a răscoli	[a rəs·ko'li]
auftreten	a se întâmpla	[a se ɨn·tɨm'pla]
aufwachen	a se trezi	[a se tre'zi]
aufwachsen	a crește	[a 'kreʃ·te]
aufwärmen	a reîncălzi	[a re·ɨn·kəl'zi]
aufwecken	a trezi din somn	[a tre'zi din somn]
aufweichen	a înmuia	[a ɨn·mu'ja]
aufweisen	a arăta	[a a·rə'ta]
aufwischen	a șterge	[a ʃter·dʒe]
aufwühlen	a răvăși	[a rə·və'ʃi]
aufzählen	a lista	[a lis'ta]
aufzeichnen	a înregistra	[a ɨn·re·dʒis'tra]
aufzeigen	a arăta	[a a·rə'ta]
aufzwingen	a forța	[a for'tsa]
ausarbeiten	a elabora	[a e·la·bo'ra]
ausatmen	a expira	[a eks·pi'ra]
ausbessern	a corecta	[a ko·rek'ta]
ausbleiben	a absenta	[a ab·sen'ta]
ausbrechen	a evada	[a e·va'da]
ausbreiten	a întinde	[a ɨn'tin·de]
ausdehnen	a extinde	[a eks'tin·de]
ausdenken	a inventa	[a in·ven'ta]
auseinander-brechen	a se rupe în două	[a se 'ru·pe ɨn 'do·wə]
ausfallen	a suspenda	[a sus·pen'da]
ausfragen	a chestiona	[a kes·tjo'na]
ausfüllen	a umple	[a 'um·ple]
ausgeben	a cheltui	[a kel·tu'i]
ausgehen	a ieși	[a je'ʃi]
ausgleichen	a compensa	[a kom·pen'sa]
aushaben	a termina de citit	[a ter·mi'na de tʃi'tit]
aushalten	a răbda	[a rəb'da]
aushelfen	a ajuta	[a a·ʒu'ta]
auskennen	a se pricepe	[a se pri'tʃe·pe]
auskommen	a se descurca	[a se des·kur'ka]
auslachen	a râde de cineva	[a 'rɨ·de de tʃi·ne'va]
auslaufen	a curge	[a 'kur·dʒe]
ausleeren	a goli	[a go'li]
ausleihen	a împrumuta	[a ɨm·pru·mu'ta]
ausloggen	a se deconecta	[a se de·ko·nek'ta]
auslösen	a declanșa	[a de·klan'ʃa]
ausmachen	a stinge	[a 'stin·dʒe]
ausmalen	a-și imagina	[a-ʃʲ i·ma·dʒi'na]
ausmessen	a măsura	[a mə·su'ra]
ausnutzen	a profita de	[a pro·fi'ta de]
auspacken	a despacheta	[a des·pa·ke'ta]
ausplaudern	a divulga	[a di·vul'ga]
auspressen	a stoarce	[a 'stoar·tʃe]

ausprobieren	a proba [a pro'ba]
ausrasten	a-și pierde cumpătul [a-ʃʲ 'pjer·de 'kum·pə·tul]
ausrauben	a jefui [a ʒe·fu'i]
ausrechnen	a calcula [a kal·ku'la]
ausreden	a termina de vorbit [a ter·mi'na de vor'bit]
ausreichen	a ajunge [a a'ʒun·ʤe]
ausreisen	a pleca în străinătate [a ple'ka ɨn strə·i·nə'ta·te]
ausrichten	a transmite [a trans'mi·te]
ausruhen	a se odihni [a se o·dih'ni]
ausrutschen	a aluneca [a a·lu·ne'ka]
ausschalten	a deconecta [a de·ko·nek'ta]
ausscheiden	a abandona [a a·ban·do'na]
ausschimpfen	a mustra [a mus'tra]
ausschlafen	a dormi îndeajuns [a dor'mi ɨn·de̯a'ʒuns]
ausschließen	a exclude [a eks'klu·de]
ausschneiden	a decupa [a de·ku'pa]
aussehen	a arăta [a a·rə'ta]
äußern	a declara [a de·kla'ra]
aussetzen	a opri [a o'pri]
aussprechen	a pronunța [a pro·nun'ʦa]
aussteigen	a coborî [a ko·bo'rɨ]
ausstehen	a îndura [a ɨn·du'ra]
aussterben	a muri [a mu'ri]
ausstrecken	a se întinde [a se ɨn'tin·de]
aussuchen	a alege [a a'le·ʤe]
austauschen	a schimba [a skim'ba]
austeilen	a distribui [a dis·tri·bu'i]
austoben	a se revolta [a se re·vol'ta]
austreten	a părăsi [a pə·rə'si]
austricksen	a păcăli [a pə·kə'li]
austrinken	a bea tot [a be̯a tot]
ausüben	a practica [a prak·ti'ka]
auswählen	a alege [a a'le·ʤe]
auswandern	a emigra [a e·mi'gra]
auswaschen	a spăla [a spə'la]
auswechseln	a înlocui [a ɨn·lo·ku'i]
ausweichen	a se da la o parte [a se da la o 'par·te]
auswerten	a analiza [a a·na·li'za]
auswirken	a se răsfrânge [a se rəs'frɨn·ʤe]
auszählen	a număra [a nu·mə'ra]
auszeichnen	a decora [a de·ko'ra]
ausziehen	a dezbrăca [a dez·brə'ka]

B

babysitten	a îngriji un copil [a ɨn·gri'ʒi un ko'pil]
backen	a coace [a 'ko̯a·tʃe]
baden	a face baie [a 'fa·tʃe 'ba·je]
baggern	a excava [a eks·ka'va]
basteln	a bricola [a bri·ko'la]
bauen	a construi [a kon·stru'i]
beabsichtigen	a intenţiona [a in·ten·tsjo'na]
beachten	a lua în considerare [a lua ɨn kon·si·de'ra·re]
beängstigen	a alarma [a a·lar'ma]
beanspruchen	a pretinde [a pre'tin·de]
beantragen	a cere [a 'tʃe·re]
beantworten	a răspunde [a rəs'pun·de]
bearbeiten	a trata [a tra'ta]
beatmen	a face respiraţie artificială [a 'fa·tʃe res·pi'ra·tsi·e ar·ti·fi·tʃi'a·lə]
beaufsichtigen	a supraveghea [a su·pra·ve'ge̯a]
beauftragen	a însărcina [a ɨn·sər·tʃi'na]
bedanken	a mulţumi [a mul·tsu'mi]
bedauern	a regreta [a re·gre'ta]
bedecken	a acoperi [a a·ko·pe'ri]
bedenken	a considera [a kon·si·de'ra]
bedeuten	a însemna [a ɨn·sem'na]
bedienen	a servi [a ser'vi]
bedrängen	a strâmtora [a strɨm·to'ra]
bedrohen	a ameninţa [a a·me·nin'tsa]
bedrücken	a asupri [a a·su'pri]
beeilen	a se grăbi [a se grə'bi]
beeindrucken	a impresiona [a im·pre·sjo'na]
beeinflussen	a influenţa [a in·flu·en'tsa]
beeinträchtigen	a prejudicia [a pre·ʒu·di·tʃi'a]
beenden	a sfârşi [a sfɨr'ʃi]
beerdigen	a înmormânta [a ɨ·mor·mɨn'ta]
befassen	a se ocupa de [a se o·ku'pa de]
befehlen	a ordona [a or·do'na]
befestigen	a fixa [a fi'ksa]
befeuchten	a umezi [a u·me'zi]
befinden	a găsi [a gə'si]
befolgen	a urma [a ur'ma]
befragen	a întreba [a ɨn·tre'ba]
befreien	a elibera [a e·li·be'ra]
befriedigen	a satisface [a sa·tis'fa·tʃe]
befruchten	a fertiliza [a fer·ti·li'za]
befürchten	a se teme [a se 'te·me]
befürworten	a aviza favorabil [a a·vi'za fa·vo'ra·bil]
begegnen	a întâlni [a ɨn·tɨl'ni]
begehen	a comite [a ko'mi·te]
begehren	a dori [a do'ri]
begeistern	a entuziasma [a en·tu·zi·as'ma]
beginnen	a începe [a ɨn'tʃe·pe]
begleiten	a însoţi [a ɨn·so'tsi]
beglückwünschen	a felicita [a fe·li·tʃi'ta]
begraben	a îngropa [a ɨn·gro'pa]
begreifen	a înţelege [a ɨn·tse'le·dʒe]
begrenzen	a delimita [a de·li·mi'ta]

begründen	a justifica [a ʒus·ti·fiˈka]
begrüßen	a saluta [a sa·luˈta]
begünstigen	a favoriza [a fa·vo·riˈza]
begutachten	a examina [a e·gza·miˈna]
behalten	a ține [a ˈtsi·ne]
behandeln	a trata [a traˈta]
beharren	a insista [a in·sisˈta]
behaupten	a afirma [a a·firˈma]
beheben	a îndepărta [a ɨn·de·pərˈta]
behelfen	a se descurca [a se des·kurˈka]
beherrschen	a controla [a kon·troˈla]
beherzigen	a pune la inimă [a ˈpu·ne la ˈi·ni·mə]
behindern	a împiedica [a ɨm·pje·diˈka]
behüten	a ocroti [a o·kroˈti]
beibehalten	a păstra [a pəsˈtra]
beibringen	a învăța [a ɨn·vəˈtsa]
beichten	a se confesa [a se kon·feˈsa]
beifügen	a anexa [a a·neˈksa]
beinhalten	a conține [a konˈtsi·ne]
beipflichten	a aproba [a a·proˈba]
beirren	a induce în eroare [a inˈdu·ʧe in eˈro̯a·re]
beißen	a mușca [a muʃˈka]
beistehen	a sprijini [a spri·ʒiˈni]
beitragen	a contribui [a kon·tri·buˈi]
beitreten	a adera la [a a·deˈra la]
bejahen	a confirma [a kon·firˈma]
bejubeln	a întâmpina cu urale [a ɨn·tɨm·piˈna ku uˈra·le]

bekämpfen	a combate [a komˈba·te]
bekehren	a converti [a kon·verˈti]
bekennen	a mărturisi [a mər·tu·riˈsi]
beklagen	a se plânge [a se ˈplɨn·ʤe]
bekleckern	a păta [a pəˈta]
bekommen	a primi [a priˈmi]
bekräftigen	a întări [a ɨn·təˈri]
beladen	a încărca [a ɨn·kərˈka]
belasten	a împovăra [a ɨm·po·vəˈra]
belästigen	a agasa [a a·gaˈsa]
belauschen	a asculta pe furiș [a as·kulˈta pe fuˈriʃ]
beleidigen	a insulta [a in·sulˈta]
bellen	a lătra [a ləˈtra]
belohnen	a răsplăti [a rəs·pləˈti]
belügen	a minți [a minˈtsi]
bemerken	a observa [a ob·serˈva]
bemitleiden	a compătimi [a kom·pə·tiˈmi]
bemühen	a osteni [a os·teˈni]
benachrich-tigen	a informa [a in·forˈma]
benehmen	a se comporta [a se kom·porˈta]
beneiden	a invidia [a in·vi·diˈa]
benennen	a denumi [a de·nuˈmi]
benoten	a nota [a noˈta]
benötigen	a necesita [a ne·ʧe·siˈta]
beobachten	a observa [a ob·serˈva]
beraten	a sfătui [a sfə·tuˈi]
berechnen	a calcula [a kal·kuˈla]
bereden	a discuta [a dis·kuˈta]

bereiten	a cauza [a ka·u'za]
bereithalten	a ține pregătit [a 'tsi·ne pre·gə'tit]
bereitmachen	a se pregăti de drum [a se pre·gə'ti de drum]
bereuen	a regreta [a re·gre'ta]
berichten	a raporta [a ra·por'ta]
berichtigen	a corecta [a ko·rek'ta]
berücksichtigen	a considera [a kon·si·de'ra]
beruhigen	a se calma [a se kal'ma]
berühren	a atinge [a a'tin·ʤe]
beschädigen	a deteriora [a de·te·ri·o'ra]
beschaffen	a procura [a pro·ku'ra]
beschäftigen	a ocupa [a o·ku'pa]
bescheinigen	a certifica [a ʧer·ti·fi'ka]
beschenken	a dărui [a də·ru'i]
beschimpfen	a insulta [a in·sul'ta]
beschleunigen	a accelera [a ak·ʧe·le'ra]
beschließen	a decide [a de'ʧi·de]
beschmutzen	a murdări [a mur·də'ri]
beschränken	a limita [a li·mi'ta]
beschreiben	a descrie [a des'kri·e]
beschuldigen	a acuza [a a·ku'za]
beschützen	a proteja [a pro·te'ʒa]
beschweren	a îngreuna [a ɨn·gre·u'na]
beseitigen	a înlătura [a ɨn·lə·tu'ra]
besetzen	a ocupa [a o·ku'pa]
besichtigen	a vizita [a vi·zi'ta]
besiegen	a învinge [a ɨn'vin·ʤe]
besitzen	a deține [a de'tsi·ne]
besorgen	a obține [a ob'tsi·ne]
besprechen	a discuta [a dis·ku'ta]
bestätigen	a confirma [a kon·fir'ma]
bestatten	a îngropa [a ɨn·gro'pa]
bestaunen	a admira [a ad·mi'ra]
bestehen	a trece [a 'tre·ʧe]
bestellen	a comanda [a ko·man'da]
bestimmen	a determina [a de·ter·mi'na]
bestrafen	a pedepsi [a pe·dep'si]
bestreiten	a nega [a ne'ga]
besuchen	a frecventa [a frek·ven'ta]
betätigen	a acționa [a ak·tsi·o'na]
betäuben	a anestezia [a a·nes·te·zi'a]
beteiligen	a participa [a par·ti·ʧi'pa]
beten	a se ruga [a se ru'ga]
beteuern	a susține [a sus'tsi·ne]
betonen	a accentua [a ak·ʧen·tu'a]
betören	a seduce [a se'du·ʧe]
betrachten	a privi [a pri'vi]
betreuen	a îngriji [a ɨn·gri'ʒi]
betrügen	a înșela [a ɨn·ʃe'la]
betteln	a cerși [a ʧer'ʃi]
beugen	a îndoi [a ɨn·do'i]
beunruhigen	a-și face griji [a-ʃʲ 'fa·ʧe 'gri·ʒi]
beurteilen	a judeca [a ʒu·de'ka]
bevorzugen	a favoriza [a fa·vo·ri'za]
bewachen	a păzi [a pə'zi]
bewaffnen	a înarma [a ɨn·ar'ma]
bewältigen	a învinge [a ɨn'vin·ʤe]
bewegen	a mișca [a miʃ'ka]

beweisen	a dovedi [a do·ve'di]
bewerben	a aplica [a a·pli'ka]
bewerten	a evalua [a e·va'lua]
bewirken	a cauza [a ka·u'za]
bewohnen	a locui în [a lo·ku'i ɨn]
bewundern	a admira [a ad·mi'ra]
bezahlen	a plăti [a plə'ti]
bezeichnen	a indica [a in·di'ka]
bezweifeln	a se îndoi [a se ɨn·do'i]
biegen	a îndoi [a ɨn·do'i]
bieten	a oferi [a o·fe'ri]
bilden	a alcătui [a al·kə·tu'i]
bitten	a ruga [a ru'ga]
blamieren	a blama [a bla'ma]
blasen	a sufla [a su'fla]
bleiben	a rămâne [a rə'mɨ·ne]
blenden	a orbi [a or'bi]
blinken	a semnaliza [a sem·na·li'za]
blinzeln	a clipi [a kli'pi]
blitzen	a fulgera [a ful·ʤe'ra]
blockieren	a bloca [a blo'ka]
blühen	a înflori [a ɨn·flo'ri]
bluten	a sângera [a sɨn·ʤe'ra]
bohren	a găuri [a gə·u'ri]
boxen	a boxa [a bo'ksa]
boykottieren	a boicota [a boj·ko'ta]
braten	a frige [a 'fri·ʤe]
brauchen	a avea nevoie de [a a'vea ne'vo·je de]
brechen	a rupe [a 'ru·pe]
bremsen	a frâna [a frɨ'na]
brennen	a arde [a 'ar·de]
bringen	a aduce [a a'du·ʧe]
bröckeln	a fărâmița [a fə·rɨ·mi'tsa]
brüllen	a urla [a ur'la]
brummen	a mormăi [a mor·mə'i]
brüten	a cloci [a klo'ʧi]
buchen	a face o rezervare a 'fa·ʧe o re·zer'va·re]
buchstabieren	a silabisi [a si·la·bi'si]
bücken	a se apleca [a se a·ple'ka]
bügeln	a călca [a kəl'ka]
bummeln	a hoinări [a hoj·nə'ri]
bürsten	a peria [a pe·ri'a]

C

campen	a campa [a kam'pa]
charakterisieren	a caracteriza [a ka·rak·te·ri'za]
chatten	a conversa [a kon·ver'sa]

D

dableiben	a rămâne pe loc [a rə'mɨ·ne pe lok]
danebenbenehmen	a se purta urât [a se pur'ta u'rɨt]
danken	a mulțumi [a mul·tsu'mi]
darstellen	a reprezenta [a re·pre·zen'ta]
dastehen	a rămâne acolo [a rə'mɨ·ne a'ko·lo]
dauern	a dura [a du'ra]
decken	a acoperi [a a·ko·pe'ri]
dehnen	a se întinde [a se ɨn'tin·de]
dementieren	a dezminți [a dez·min'tsʲ]
demonstrieren	a demonstra [a de·mon'stra]
demütigen	a umili [a u·mi'li]
denken	a gândi [a gɨn'di]
deprimieren	a deprima [a de·pri'ma]
desinfizieren	a dezinfecta [a de·zin·fek'ta]
deuten	a interpreta [a in·ter·pre'ta]
dienen	a servi [a ser'vi]
diskriminieren	a discrimina [a dis·kri·mi'na]
diskutieren	a discuta [a dis·ku'ta]
disqualifizieren	a descalifica [a des·ka·li·fi'ka]
distanzieren	a se distanța [a se dis·tan'tsa]
dividieren	a împărți [a ɨm·pər'tsi]
donnern	a tuna [a tu'na]
dosieren	a doza [a do'za]
downloaden	a descărca [a des·kər'ka]
dramatisieren	a dramatiza [a dra·ma·ti'za]
dranbleiben	a rămâne în așteptare [a rə'mɨ·ne ɨn aʃ·tep'ta·re]

drängeln	a îmbrânci [a ɨm·brɨn'tʃi]
drängen	a împinge [a ɨm'pin·ʤe]
drankommen	a-i veni rândul [a-i ve'ni 'rɨn·dul]
drehen	a învârti [a ɨn·vɨr'ti]
drohen	a amenința [a a·me·nin'tsa]
drucken	a printa [a prin'ta]
drücken	a apăsa [a a·pə'sa]
ducken	a se ghemui [a se ge·mu'i]
duften	a mirosi [a mi·ro'si]
dulden	a tolera [a to·le'ra]
durchdenken	a gândi în detaliu [a gɨn'di ɨn de'ta·lju]
durcheinander-bringen	a încurca ceva [a ɨn·cur'ka tʃe'va]
durchführen	a efectua [a e·fek·tu'a]
durchsagen	a anunța [a a·nun'tsa]
durchschauen	a privi prin [a pri'vi prin]
durchsetzen	a se impune [a se im'pu·ne]
durchsickern	a se scurge [a se 'skur·ʤe]
durchstöbern	a scotoci [a sko·to'tʃi]
durchstreichen	a bara [a ba'ra]
durchwühlen	a răvăși [a rə·və'ʃi]
durchziehen	a străbate [a strə'ba·te]
dürfen	a a avea voie [a a'vea 'vo·je]
duschen	a face duș [a 'fa·tʃe duʃ]
duzen	a tutui [a tu·tu'i]

E

ebnen	a netezi [a ne·te'zi]
ehren	a onora [a o·no'ra]
eignen	a fi adecvat [a fi a·dek'vat]
eilen	a grăbi [a grə'bi]
einatmen	a inspira [a in·spi'ra]
einbilden	a-și imagina [a-ʃʲ i·ma·ʤi'na]
einbrechen	a intra prin efracție [a in'tra prin e'frak·tsi·e]
einchecken	a face check-in [a 'fa·tʃe kekk-'in]
eincremen	a se da cu cremă [a se da ku 'kre·mə]
eindringen	a pătrunde [a pə'trun·de]
eindrücken	a turti [a tur'ti]
einengen	a restricționa [a res·trik·tsjo'na]
einfädeln *in eine Nadel*	a băga ața [a bə'ga 'a·tsa]
einfahren	a roda [a ro'da]
einfallen	a trece prin minte [a 'tre·tʃe prin 'min·te]
einfangen	a captura [a kap·tu'ra]
einfügen	a insera [a in·se'ra]
einfühlen	a empatiza [a em·pa·ti'za]
einführen	a introduce [a in·tro'du·tʃe]
eingeben	a introduce [a in·tro'du·tʃe]
eingestehen	a admite [a ad'mi·te]
eingreifen	a interveni [a in·ter·ve'ni]
eingrenzen	a limita [a li·mi'ta]
einholen	a egala performanțele [a e·ga'la per·for'man·tse·le]

einigen	a fi de acord [a fi de aˈkord]
einkaufen	a cumpăra [a kum·pəˈra]
einkleben	a lipi în [a liˈpi ɨn]
einklemmen	a prinde [a ˈprin·de]
einladen	a invita [a in·viˈta]
einleben	a se acomoda [a se ako·moˈda]
einlenken	a renunța [a re·nunˈtsa]
einleuchten	a avea sens [a aˈvea sens]
einliefern	a admite [a adˈmi·te]
einloggen	a se loga [a se loˈga]
einlösen	a onora [a o·noˈra]
einmischen	a interveni [a in·ter·veˈni]
einordnen	a clasifica [a kla·si·fiˈka]
einpacken	a împacheta [a ɨm·pa·keˈta]
einparken	a parca [a parˈka]
einpflanzen	a planta [a planˈta]
einplanen	a planifica [a pla·ni·fiˈka]
einprägen	a memora [a me·moˈra]
einräumen	a acorda [a a·korˈda]
einreden	a convinge [a konˈvin·ʤe]
einreiben	a freca [a freˈka]
einreisen	a intra [a inˈtra]
einrosten	a rugini [a ru·ʤiˈni]
einschalten	a porni [a porˈni]
einschätzen	a aprecia [a a·pre·ʧiˈa]
einschenken	a turna [a turˈna]
einschlafen	a adormi [a a·dorˈmi]
einschließen	a include [a inˈklu·de]
einschränken	a limita [a li·miˈta]

einschreiten	a interveni [a in·ter·veˈni]
einschüchtern	a intimida [a in·ti·miˈda]
einschulen	a înscrie [a ɨnˈskri·e]
einsehen	a realiza [a re·a·liˈza]
einsetzen	a lua apărarea [a lua a·pəˈra·rea]
einsperren	a încarcera [a ɨn·kar·ʧeˈra]
einspringen	a substitui [a sub·sti·tuˈi]
einstecken	a introduce [a in·troˈdu·ʧe]
einsteigen	a se urca [a se urˈka]
einstellen	a angaja [a an·gaˈʒa]
einstürzen	a se prăbuși [a se prə·buˈʃi]
eintauchen	a imersa [a i·merˈsa]
einteilen	a împărți [a ɨm·pərˈtsi]
eintragen	a înregistra [a ɨn·re·ʤisˈtra]
eintreffen	a sosi [a soˈsi]
eintreten	a intra [a inˈtra]
einwandern	a imigra [a i·miˈgra]
einwechseln	a atrage după sine [a aˈtra·ʤe ˈdu·pə ˈsi·ne]
einweichen	a înmuia [a ɨn·muˈja]
einweihen	a inaugura [a i·nau·guˈra]
einweisen	a instrui [a in·struˈi]
einwenden	a obiecta [a o·bjekˈta]
einwilligen	a consimți [a kon·simˈtsi]
einzahlen	a plăti [a pləˈti]
eitern	a supura [a su·puˈra]
ekeln	a dezgusta [a dez·gusˈta]
empfangen	a primi [a priˈmi]
empfehlen	a recomanda [a re·ko·manˈda]
empfinden	a simți [a simˈtsi]

enden	a termina [a ter·mi'na]
entdecken	a descoperi [a des·ko·pe'ri]
entfachen	a aprinde [a a'prin·de]
entfallen	a anula [a a·nu'la]
entfernen	a îndepărta [a ɨn·de·pər'ta]
entführen	a răpi [a rə'pi]
entgegen-bringen	a dovedi [a do·ve'di]
entgegnen	a replica [a re·pli'ka]
entgleisen	a deraia [a de·ra'ja]
enthalten	a conține [a kon'tsi·ne]
entkommen	a scăpa [a skə'pa]
entlanggehen	a merge de-a lungul [a 'mer·ʤe de-a 'lun·gul]
entlassen	a destitui [a des·ti·tu'i]
entlasten	a absolvi [a ab·sol'vi]
entlaufen	a scăpa [a skə'pa]
entscheiden	a decide [a de'ʧi·de]
entschließen	a se decide [a se de'ʧi·de]
entschuldigen	a scuza [a sku'za]
entsetzen	a îngrozi [a ɨn·gro'zi]
entsorgen	a elimina [a e·li·mi'na]
entspannen	a se destinde [a se des'tin·de]
entsprechen	a corespunde [a ko·res'pun·de]
entstehen	a rezulta [a re·zul'ta]
entstellen	a denatura [a de·na·tu'ra]
enttäuschen	a decepționa [a de·ʧep·tsjo'na]
entwaffnen	a dezarma [a de·zar'ma]
entweichen	a scăpa [a skə'pa]
entwerfen	a concepe [a kon'ʧe·pe]
entwickeln	a dezvolta [a dez·vol'ta]
erben	a moșteni [a moʃ·te'ni]
erbrechen	a vomita [a vo·mi'ta]
ereignen	a se întâmpla [a se ɨn·tɨm'pla]
erfahren	a afla [a a'fla]
erfinden	a inventa [a in·ven'ta]
erforschen	a cerceta [a ʧe·rʧe'ta]
erfrieren	a muri de frig [a mu'ri de frig]
erfrischen	a împrospăta [a ɨm·pros·pə'ta]
erfüllen	a îndeplini [a ɨn·de·pli'ni]
ergänzen	a completa [a kom·ple'ta]
ergeben	a se preda [a se pre'da]
erhalten	a primi [a pri'mi]
erhoffen	a spera [a spe'ra]
erhöhen	a majora [a ma·ʒo'ra]
erholen	a se însănătoși [a se ɨn·sə·nə·to'ʃi]
erinnern	a aminti [a a·min'ti]
erkälten	a răci [a rə'ʧi]
erkennen	a recunoaște [a re·ku'no̯aʃ·te]
erklären	a explica [a eks·pli'ka]
erkundigen	a se informa [a se in·for'ma]
erlauben	a permite [a per·mi'te]
erläutern	a explica [a eks·pli'ka]
erleben	a experimenta [a eks·pe·ri·men'ta]
erledigen	a rezolva [a re·zol'va]
erleichtern	a facilita [a fa·ʧi·li'ta]
erlösen	a izbăvi [a iz·bə'vi]

ermahnen	a soma	[a soˈma]
ermitteln	a determina	[a de·ter·miˈna]
ermöglichen	a permite	[a perˈmi·te]
ermorden	a ucide	[a uˈtʃi·de]
ermuntern	a încuraja	[a ɨn·ku·raˈʒa]
ermutigen	a încuraja	[a ɨn·ku·raˈʒa]
ernähren	a hrăni	[a hrəˈni]
ernennen	a numi	[a nuˈmi]
erneuern	a reînnoi	[a re·ɨn·noˈi]
ernten	a recolta	[a re·kolˈta]
eröffnen	a inaugura	[a i·nau·guˈra]
erpressen	a șantaja	[a ʃan·taˈʒa]
erregen	a excita	[a eks·tʃiˈta]
erreichen	a atinge	[a aˈtin·dʒe]
erscheinen	a apărea	[a a·pəˈre̯a]
erschrecken	a speria	[a spe·riˈa]
erschüttern	a scutura	[a sku·tuˈra]
erschweren	a îngreuna	[a ɨn·gre·uˈna]
ersetzen	a înlocui	[a ɨn·lo·kuˈi]
erstaunen	a uimi	[a ujˈmi]
ersticken	a se sufoca	[a se su·foˈka]
ertappen	a surprinde	[a surˈprin·de]
ertragen	a îndura	[a ɨn·duˈra]
ertrinken	a se îneca	[a se ɨn·eˈka]
erwähnen	a menționa	[a men·tsi·oˈna]
erwarten	a aștepta	[a aʃ·tepˈta]
erwidern	a riposta	[a ri·posˈta]
erwürgen	a strangula	[a stran·guˈla]
erzählen	a povesti	[a po·vesˈti]
erzeugen	a produce	[a proˈdu·tʃe]
erziehen	a educa	[a e·duˈka]
erzwingen	a forța	[a forˈtsa]
essen	a mânca	[a mɨnˈka]
existieren	a exista	[a e·ksisˈta]
explodieren	a exploda	[a eks·ploˈda]

F

fahren	a conduce [a kon'du·tʃe]
fallen	a cădea [a kə'dea]
fälschen	a falsifica [a fal·si·fi'ka]
falten	a plia [a pli'a]
fangen	a prinde [a 'prin·de]
färben	a vopsi [a vop'si]
fassen	a apuca [a a·pu'ka]
fasten	a posti [a pos'ti]
faszinieren	a fascina [a faʃ·tʃi'na]
faulen	a putrezi [a pu·tre'zi]
faulenzen	a lenevi [a le·ne'vi]
fechten	a face scrimă [a 'fa·tʃe 'skri·mə]
fegen	a mătura [a mə·tu'ra]
fehlen	a lipsi [a lip'si]
feiern	a serba [a ser'ba]
feilen	a pili [a pi'li]
fernsehen	a se uita la televizor [a se uj'ta la te·le·vi'zor]
fernsteuern	a comanda de la distanță [a ko·man'da de la dis'tan·tsə]
fertigmachen	a epuiza [a e·puj'za]
fesseln	a lega [a le'ga]
festhalten	a reține [a re'tsi·ne]
festnehmen	a aresta [a a·res'ta]
feststehen	a fi stabilit [a fi sta·bi'lit]
feststellen	a constata [a kon·sta'ta]
filmen	a filma [a fil'ma]
filtern	a filtra [a fil'tra]
finanzieren	a finanța [a fi·nan'tsa]
finden	a găsi [a gə'si]
flehen	a implora [a im·plo'ra]
flicken	a petici [a pe·ti'tʃi]
fliegen	a zbura [a zbu'ra]
fliehen	a evada [a e·va'da]
fließen	a curge [a 'kur·dʒe]
flimmern	a pâlpâi [a pɨl·pɨ'i]
flirten	a flirta [a flir'ta]
fluchen	a înjura [a ɨn·ʒu'ra]
flüchten	a evada [a e·va'da]
flüstern	a șopti [a ʃop'ti]
föhnen	a-și usca părul cu foehnul [a-ʃʲ us'ka 'pə·rul ku 'foeh·nul]
folgen	a urma [a ur'ma]
folgern	a conchide [a kon'ki·de]
foltern	a tortura [a tor·tu'ra]
fordern	a cere [a 'tʃe·re]
fördern	a promova [a pro·mo'va]
formulieren	a formula [a for·mu'la]
forschen	a cerceta [a tʃer·tʃe'ta]
fortbilden	a continua studiile [a kon·ti'nua 'stu·di·i·le]
fortfahren	a continua [a kon·ti'nua]
fortsetzen	a continua [a kon·ti'nua]
fotografieren	a fotografia [a fo·to·gra·fi'a]
fragen	a întreba [a ɨn·tre'ba]
frankieren	a timbra [a tim'bra]
freigeben	a elibera [a e·li·be'ra]
freihaben	a avea liber [a a'vea 'li·ber]
freilassen	a elibera [a e·li·be'ra]
freisprechen	a achita [a aki'ta]

fremdgehen	a înșela	[a ɨn·ʃeˈla]
fressen	a mânca	[a mɨnˈka]
freuen	a se bucura	[a se bu·kuˈra]
frieren	a îngheța	[a ɨn·geˈtsa]
frühstücken	a lua micul dejun	[a ˈlua ˈmi·kul deˈʒun]
frustrieren	a frustra	[a frusˈtra]
fühlen	a simți	[a simˈtsi]
führen	a conduce	[a konˈdu·ʧe]
füllen	a umple	[a ˈum·ple]
funktionieren	a funcționa	[a funk·tsjoˈna]
fürchten	a se teme	[a se ˈte·me]

G

gähnen	a căsca	[a kəsˈka]
garantieren	a garanta	[a ga·ranˈta]
geben	a da	[a ˈda]
gefährden	a periclita	[a pe·ri·kliˈta]
gefallen	a plăcea	[a pləˈʧe̯a]
gehen	a merge pe jos	[a ˈmer·ʤe pe ʒos]
gehorchen	a da ascultare	[a da as·kulˈta·re]
gehören	a aparține	[a a·parˈtsi·ne]
gelangen	a ajunge	[a aˈʒun·ʤe]
gelingen	a reuși	[a re·uˈʃi]
gelten	a fi valabil	[a fi vaˈla·bil]
genehmigen	a aproba	[a a·proˈba]
genesen	a se însănătoși	[a se ɨn·sə·nə·toˈʃi]
genieren	a se rușina	[a se ru·ʃiˈna]
genießen	a savura	[a sa·vuˈra]
genügen	a fi suficient	[a fi su·fi·ʧiˈent]
geschehen	a se întâmpla	[a se ɨn·tɨmˈpla]
gestatten	a permite	[a perˈmi·te]
gestehen	a mărturisi	[a mər·tu·riˈsi]
gestikulieren	a gesticula	[a ʤes·ti·kuˈla]
gewinnen	a câștiga	[a kɨʃ·tiˈga]
gewittern	a tuna	[a tuˈna]
gewöhnen	a deprinde	[a deˈprin·de]
gießen	a uda	[a uˈda]
glänzen	a străluci	[a strə·luˈʧi]
glätten	a netezi	[a ne·teˈzi]
glauben	a crede	[a ˈkre·de]

gleichen	a semăna [a se·mə'na]
gleiten	a aluneca [a a·lu·ne'ka]
gliedern	a structura [a struk·tu'ra]
glitzern	a scânteia [a skɨn·te'ja]
glühen	a străluci [a strə·lu'tʃi]
gönnen	a acorda [a a·kor'da]
graben	a săpa [a sə'pa]
gratulieren	a felicita [a fe·li·tʃi'ta]
greifen	a apuca [a a·pu'ka]
grenzen	a se învecina cu [a se ɨn·ve·tʃi'na ku]
grillen	a frige la grătar [a 'fri·dʒe la grə'tar]
grinsen	a rânji [a rɨn'ʒi]
grübeln	a medita [a me·di'ta]
gründen	a întemeia [a ɨn·te·me'ja]
grunzen	a grohăi [a gro·hə'i]
gruseln	a speria [a spe·ri'a]
grüßen	a saluta [a sa·lu'ta]
gucken	a privi [a pri'vi]
gurgeln	a face gargară [a 'fa·tʃe gar'ga·rə]
gutmachen	a repara [a re·pa'ra]

H

haaren	a năpârli [a nə·pɨr'li]
haben	a avea [a a'vea]
hacken	a toca [a to'ka]
hadern	a se certa [a se tʃer'ta]
hageln	a ploua cu grindină [a plo'wa ku 'grin·di·nə]
häkeln	a croșeta [a kro·ʃe'ta]
halbieren	a înjumătăți [a ɨn·ʒu·mə·tə'tsi]
halten	a ține [a 'tsi·ne]
hämmern	a ciocăni [a tʃjo·kə'ni]
handeln	a acționa [a ak·tsi·o'na]
handhaben	a manipula [a ma·ni·pu'la]
hängen	a atârna [a a·tɨr'na]
harmonieren	a armoniza [a ar·mo·ni'za]
hassen	a urî [a u'rɨ]
hauen	a lovi [a lo'vi]
heben	a ridica [a ri·di'ka]
hecheln	a gâfâi [a gə·fɨ'i]
heften	a capsa [a kap'sa]
hegen	a ocroti [a o·kro'ti]
heilen	a vindeca [a vin·de'ka]
heimfahren	a conduce spre casă [a kon'du·tʃe spre 'ka·sə]
heimzahlen	a se răzbuna [a se rəz·bu'na]
heiraten	a se căsători [a se kə·sə·to'ri]
heißen	a se numi [a se nu'mi]
heizen	a încălzi [a ɨn·kəl'zi]
helfen	a ajuta [a aʒu'ta]
herausfordern	a provoca [a pro·vo'ka]
herrschen	a domina [a do·mi'na]

hervorrufen	a evoca [a e·vo'ka]
hetzen	a asmuți [a as·mu'tsi]
heucheln	a se preface [a se pre'fa·tʃe]
heulen	a urla [a ur'la]
hinken	a șchiopăta [a ʃkjo·pə'ta]
hinrichten	a executa pe cineva [a e·kse·ku'ta pe tʃi·ne'va]
hinterfragen	a analiza [a a·na·li'za]
hinweisen	a indica [a in·di'ka]
hinzufügen	a adăuga [a a·də·u'ga]
hobeln	a brăzda apa [a brəz'da apa]
hocken	a se ghemui [a se ge·mu'i]
hoffen	a spera [a spe'ra]
holen	a lua [a 'lua]
hören	a auzi [a a·u'zi]
humpeln	a șchiopăta [a ʃkjo·pə'ta]
hungern	a-i fi foame [a-i fi 'fo̯a·me]
hupen	a claxona [a kla·kso'na]
hüpfen	a țopăi [a tso·pə'i]
husten	a tuși [a tu'ʃi]
hüten	a păzi [a pə'zi]
hypnotisieren	a hipnotiza [a hip·no·ti'za]

I

identifizieren	a identifica [a i·den·ti·fi'ka]
ignorieren	a ignora [a ig·no'ra]
impfen	a vaccina [a vak·tʃi'na]
infizieren	a infecta [a in·fek'ta]
informieren	a informa [a in·for'ma]
innehaben	a deține [a de'tsi·ne]
inspirieren	a inspira [a in·spi'ra]
installieren	a instala [a in·sta'la]
integrieren	a integra [a in·te'gra]
interessieren	a interesa [a in·te·re'sa]
interpretieren	a interpreta [a in·ter·pre'ta]
interviewen	a intervieva [a in·ter·vi·e'va]
investieren	a investi [a in·ves'ti]
irreführen	a induce în eroare [a in'du·tʃe ɨn e'ro̯a·re]
irren	a greși [a gre'ʃi]
irritieren	a irita [a i·ri'ta]
isolieren	a izola [a i·zo'la]

J

jagen	a vâna	[a vɨˈna]
jammern	a jeli	[a ʒeˈli]
joggen	a face jogging	[a ˈfa·tʃe ˈʒo·ging]
jubeln	a jubila	[a ʒu·biˈla]
jucken	a avea mâncărime	[a aˈve̯a mɨn·kəˈri·me]

K

kämmen	a pieptăna	[a pjep·təˈna]
kämpfen	a lupta	[a lupˈta]
kapitulieren	a capitula	[a ka·pi·tuˈla]
kaputtgehen	a se defecta	[a se de·fekˈta]
kassieren	a încasa	[a ɨn·kaˈsa]
kauen	a mesteca	[a mes·teˈka]
kauern	a se ghemui	[a se ge·muˈi]
kaufen	a cumpăra	[a kum·pəˈra]
kehren	a mătura	[a mə·tuˈra]
kehrtmachen	a se întoarce	[a se ɨnˈto̯ar·tʃe]
kennen	a cunoaște	[a kuˈno̯aʃ·te]
kennzeichnen	a marca	[a marˈka]
keuchen	a gâfâi	[a gɨ·fɨˈi]
kichern	a chicoti	[a ki·koˈti]
kidnappen	a răpi	[a rəˈpi]
kitzeln	a gâdila	[a gɨ·diˈla]
klaffen	a sta gură cască	[a sta ˈgu·rə ˈkas·kə]
klagen	a reclama	[a rek·laˈma]
klammern	a capsa	[a kapˈsa]
klappen	a merge	[a ˈmer·ʤe]
klappern	a trăcăni	[a trən·kəˈni]
klären	a clarifica	[a kla·ri·fiˈka]
klargehen	a merge fără probleme	[a ˈmer·ʤe ˈfə·rə proˈble·me]
klarkommen	a se descurca	[a se des·kurˈka]
klatschen	a aplauda	[a a·pla·uˈda]
kleben	a lipi ceva	[a liˈpi tʃeˈva]
kleckern	a stropi	[a stroˈpi]

klettern	a urca [a ur'ka]
klicken	a da clic [a da klik]
klingeln	a suna [a su'na]
klingen	a răsuna [a rə·su'na]
klopfen	a ciocăni [a tʃjo·kə'ni]
knabbern	a ronțăi [a ron·tsə'i]
knacken	a trosni [a tros'ni]
knallen	a plesni [a ples'ni]
kneifen	a ciupi [a tʃju'pi]
kneten	a frământa [a frə·mɨn'ta]
knicken	a împături [a ɨm·pə·tu'ri]
knien	a îngenunchea [a ɨn·ʤe·nun'kea]
knirschen	a scrâșni [a skrɨʃ'ni]
knistern	a pârâi [a pɨ·rɨ'i]
knittern	a încreți [a ɨn·kre'tsi]
knöpfen	a butona [a bu·to'na]
knurren	a mârâi [a mɨ·rɨ'i]
kochen	a găti [a gə'ti]
kombinieren	a combina [a kom·bi'na]
kommen	a veni [a ve'ni]
kommentieren	a comenta [a ko·men'ta]
können	a putea [a pu'tea]
konstruieren	a construi [a kon·stru'i]
konsumieren	a consuma [a kon·su'ma]
kontrollieren	a controla [a kon·tro'la]
konzentrieren	a concentra [a kon·tʃen'tra]
kooperieren	a coopera [a ko·o·pe'ra]
koordinieren	a coordona [a ko·or·do'na]
kopieren	a copia [a ko·pi'a]
korrigieren	a corecta [a ko·rek'ta]
kosten	a costa [a kos'ta]
krabbeln	a se târî [a se tɨ'rɨ]
krankmelden	a raporta boala [a ra·por'ta 'boa·la]
kratzen	a zgâria [a zgɨ·ri'a]
kraulen	a mângâia [a mɨn·gɨ'ja]
kräuseln	a bucla [a bu'kla]
kreisen	a se învârti [a se ɨn·vɨr'ti]
kreuzen	a încrucișa [a ɨn·kru·tʃi'ʃa]
kribbeln	a furnica [a fur·ni'ka]
kriechen	a se târî [a se tɨ'rɨ]
kriegen	a obține [a ob'tsi·ne]
kritisieren	a critica [a kri·ti'ka]
krümeln	a fărâmița [a fə·rɨ·mi'tsa]
krümmen	a îndoi [a ɨn·do'i]
kühlen	a răci [a rə'tʃi]
kümmern	a avea grijă de [a a'vea 'gri·ʒə de]
kündigen	a demisiona [a de·mi·sjo'na]
kürzen	a scurta [a skur'ta]
kuscheln	a îmbrățișa [a ɨm·brə·tsi'ʃa]
küssen	a săruta [a sə·ru'ta]

L

lächeln	a zâmbi [a zɨmˈbi]
lachen	a râde [a ˈrɨ·de]
laden	a încărca [a ɨn·kərˈka]
lagern	a depozita [a de·po·ziˈta]
lähmen	a paraliza [a pa·ra·liˈza]
lahmlegen	a paraliza [a pa·ra·liˈza]
landen	a ateriza [a a·te·riˈza]
langweilen	a plictisi [a plik·tiˈsi]
lassen	a lăsa [a ləˈsa]
lästern	a bârfi [a bɨrˈfi]
lauern	a pândi [a pɨnˈdi]
laufen	a alerga [a a·lerˈga]
läuten	a suna [a suˈna]
leben	a trăi [a trəˈi]
lecken	a linge [a ˈlin·ʤe]
leeren	a goli [a goˈli]
legen	a așeza [a a·ʃeˈza]
lehnen	a se sprijini [a se spri·ʒiˈni]
lehren	a preda [a preˈda]
leiden	a suferi [a su·feˈri]
leihen	a împrumuta [a ɨm·pru·muˈta]
leisten	a presta [a presˈta]
leiten	a conduce [a konˈdu·ʧe]
lenken	a conduce [a konˈdu·ʧe]
lernen	a învăța [a ɨn·vəˈtsa]
lesen	a citi [a ʧiˈti]
leugnen	a nega [a neˈga]
lieben	a iubi [a juˈbi]
liebkosen	a alinta [a a·linˈta]

liefern	a livra [a liˈvra]
liegen	a sta [a ˈsta]
lispeln	a sâsâi [a sɨ·sɨˈi]
loben	a lăuda [a lə·uˈda]
locken	a ispiti [a is·piˈti]
lockern	a destinde [a desˈtin·de]
löffeln	a lua cu lingura [a lua ku ˈlin·gu·ra]
lohnen	a merita [a me·riˈta]
löschen	a șterge [a ˈʃter·ʤe]
lösen	a rezolva [a re·zolˈva]
losfahren	a pleca [a pleˈka]
loswerden	a se debarasa [a se de·ba·raˈsa]
lüften	a aerisi [a a·e·riˈsi]
lügen	a minți [a minˈtsi]
lutschen	a suge [a ˈsu·ʤe]

M

machen	a face [a ˈfa·tʃe]
mahnen	a soma [a soˈma]
mailen	a trimite un e-mail [a triˈmi·te un i-ˈmejl]
malen	a picta [a pikˈta]
manipulieren	a manipula [a ma·ni·puˈla]
markieren	a marca [a marˈka]
massieren	a masa [a maˈsa]
meditieren	a medita [a me·diˈta]
meiden	a ocoli [a o·koˈli]
meinen	a crede [a ˈkre·de]
meistern	a stăpâni [a stə·pɨˈni]
melden	a raporta [a ra·porˈta]
merken	a observa [a ob·serˈva]
messen	a măsura [a mə·suˈra]
miauen	a mieuna [a mje·uˈna]
mieten	a închiria [a ɨn·ki·riˈa]
mindern	a reduce [a reˈdu·tʃe]
mischen	a amesteca [a a·mes·teˈka]
missachten	a desconsidera [a des·kon·si·deˈra]
missbilligen	a dezaproba [a de·za·proˈba]
missbrauchen	a abuza [a a·buˈza]
missen	a face fără cineva [a ˈfa·tʃe ˈfə·rə tʃi·neˈva]
missfallen	a displăcea [a dis·pləˈtʃe̯a]
missglücken	a eșua [a eˈʃua]
misshandeln	a maltrata [a mal·traˈta]
misslingen	a eșua [a eˈʃua]
misstrauen	a nu avea încredere [a nu aˈve̯a ɨnˈkre·de·re]
missverstehen	a înțelege greșit [a ɨn·tseˈle·dʒe greˈʃit]
mitbekommen	a lua la cunoștință [a lua la ku·noʃˈtin·tsə]
mitfahren	a pleca cu cineva [a pleˈka ku tʃi·neˈva]
mitfühlen	a empatiza [a em·pa·tiˈza]
mitmachen	a participa [a par·ti·tʃiˈpa]
mitteilen	a comunica [a ko·mu·niˈka]
mixen	a amesteca [a a·mes·teˈka]
mögen	a plăcea [a pləˈtʃe̯a]
morden	a omorî [a o·moˈrɨ]
motivieren	a motiva [a mo·tiˈva]
multiplizieren	a înmulți [a ɨn·mulˈtsi]
murmeln	a murmura [a mur·muˈra]
müssen	a trebui [a tre·buˈi]
mutmaßen	a presupune [a pre·suˈpu·ne]

N

nachahmen	a imita [a i·mi'ta]
nachdenken	a reflecta [a re·flek'ta]
nachgeben	a ceda [a ʧe'da]
nachholen	a recupera [a re·ku·pe'ra]
nachkommen	a veni după [a ve'ni 'du·pə]
nachtragen	a adăuga ulterior [a a·də·u'ga ul·te·ri'or]
nagen	a roade [a 'ro̯a·de]
nahekommen	a se apropia unul de altul [a se a·pro·pi'a 'u·nul de 'al·tul]
nahen	a coase [a 'ko̯a·se]
nähen	a sutura [a su·tu'ra]
nähern	a se apropia [a se a·pro·pi'a]
nahestehen	a sta aproape [a sta a'pro̯a·pe]
naschen	a ciuguli [a ʧju·gu'li]
necken	a tachina [a ta·ki'na]
nehmen	a lua [a lua]
neiden	a invidia [a in·vi·di'a]
neigen	a înclina [a ɨn·kli'na]
nennen	a numi [a nu'mi]
nerven	a enerva [a e·ner'va]
nicken	a aproba [a a·pro'ba]
niederknien	a îngenunchea [a ɨn·ʤe·nun'kea]
niederlassen	a se așeza [a se a·ʃe'za]
nieseln	a burnița [a bur·ni'ʦa]
niesen	a strănuta [a strə·nu'ta]
nörgeln	a sâcâi [a sɨ·kɨ'i]
nummerieren	a numerota [a nu·me·ro'ta]
nuscheln	a bâigui [a bɨj·gu'i]

O

öffnen	a deschide [a des'ki·de]
ölen	a unge [a 'un·ʤe]
operieren	a opera [a o·pe'ra]
opfern	a sacrifica [a sa·kri·fi'ka]
ordnen	a aranja [a a·ran'ʒa]
organisieren	a organiza [a or·ga·ni'za]
orientieren	a orienta [a o·ri·en'ta]

P

packen	a împacheta [a ɨm·pa·ke'ta]
paddeln	a vâsli [a vɨs'li]
parken	a parca [a par'ka]
passen	a se potrivi [a se po·tri'vi]
passieren	a se întâmpla [a se ɨn·tɨm'pla]
petzen	a pârî [a pɨ'rɨ]
pfeffern	a pipera [a pi·pe'ra]
pfeifen	a fluiera [a flu·je'ra]
pflanzen	a planta [a plan'ta]
pflegen	a îngriji [a ɨn·gri'ʒi]
pflücken	a culege [a ku'le·ʤe]
picknicken	a merge la picnic [a 'mer·ʤe la 'pik·nik]
piepen	a da bip [a da bip]
piepsen	a piui [a pi·u'i]
plagen	a chinui [a ki·nu'i]
planen	a planifica [a pla·ni·fi'ka]
planschen	a se bălăci [a se bə·lə'ʧi]
plappern	a gânguri [a gɨn·gu'ri]
platzen	a plesni [a ples'ni]
platzieren	a plasa [a pla'sa]
plaudern	a sta de vorbă [a sta de 'vor·bə]
pleitegehen	a fi falit [a fi fa'lit]
pokern	a juca poker [a ʒu'ka 'po·ker]
posieren	a poza [a po'za]
prägen	a ștanța [a ʃtan'ʦa]
prahlen	a se făli [a se fə'li]
prallen	a se izbi [a se iz'bi]
präsentieren	a prezenta [a pre·zen'ta]

pressen	a presa	[a preˈsa]
probieren	a încerca	[a ɨn·ʧerˈka]
protestieren	a protesta	[a pro·tesˈta]
provozieren	a provoca	[a pro·voˈka]
prüfen	a examina	[a e·gza·miˈna]
prügeln	a bate	[a ˈba·te]
pupsen	a da vânturi	[a da ˈvɨn·turi]
pusten	a sufla	[a suˈfla]
putzen	a curăța	[a ku·rəˈtsa]

Q

quaken	a orăcăi	[a o·rə·kəˈi]
quälen	a chinui	[a ki·nuˈi]
qualmen	a fumega	[a fu·meˈga]
quengeln	a se smiorcăi	[a se smjor·kəˈi]
quieken	a se plânge	[a se ˈplɨn·ʤe]
quietschen	a scârțâi	[a skɨr·tsɨˈi]

R

rächen	a răzbuna [a rəz·buˈna]
radeln	a merge cu bicicleta [a ˈmer·ʤe ku bi·ʧiˈkle·ta]
rascheln	a foșni [a foʃˈni]
rasen	a goni [a goˈni]
rasieren	a se rade [a se ˈra·de]
rasseln	a hurui [a hu·ruˈi]
raten	a ghici [a giˈʧi]
rätseln	a vorbi neclar [a vorˈbi neˈklar]
rattern	a zornăi [a zor·nəˈi]
rauben	a jefui [a ʒe·fuˈi]
rauchen	a fuma [a fuˈma]
rauschen	a foșni [a foʃˈni]
räuspern	a-și drege glasul [a-ʃʲ ˈdre·ʤe ˈgla·sul]
rausschmeißen	a exmatricula [a eks·ma·tri·kuˈla]
reagieren	a reacționa [a re·ak·tsjoˈna]
realisieren	a realiza [a re·a·liˈza]
rebellieren	a se răscula [a se rəs·kuˈla]
rechnen	a calcula [a kal·kuˈla]
rechtfertigen	a justifica [a ʒus·ti·fiˈka]
recyceln	a recicla [a re·ʧiˈkla]
reden	a vorbi [a vorˈbi]
regeln	a regla [a reˈgla]
regen	a se mișca puțin [a se miʃˈka puˈtsin]
regieren	a guverna [a gu·verˈna]
registrieren	a înregistra [a ɨn·re·ʤisˈtra]
regnen	a ploua [a ploˈwa]
reiben	a freca [a freˈka]
reichen	a ajunge [a aˈʒun·ʤe]
reimen	a rima [a riˈma]
reinigen	a curăța [a ku·rəˈtsa]
reinlegen	a duce de nas [a duˈʧe de nas]
reisen	a călători [a kə·lə·toˈri]
reißen	a rupe [a ruˈpe]
reiten	a călări [a kə·ləˈri]
reizen	a stimula [a sti·muˈla]
rekeln	a întinde [a ɨnˈtin·de]
rennen	a fugi [a fuˈʤi]
renovieren	a renova [a re·noˈva]
reparieren	a repara [a re·paˈra]
reservieren	a rezerva [a re·zerˈva]
respektieren	a respecta [a res·pekˈta]
retten	a salva [a salˈva]
revanchieren	a se revanșa [a se re·vanˈʃa]
richtigstellen	a corecta [a ko·rekˈta]
riechen	a mirosi [a mi·roˈsi]
riskieren	a risca [a risˈka]
rollen	a rula [a ruˈla]
röntgen	a face o radiografie [a ˈfa·ʧe o ra·di·o·graˈfi·e]
rosten	a prăji [a prəˈʒi]
rubbeln	a freca [a freˈka]
rückerstatten	a rambursa [a ram·burˈsa]
rudern	a vâsli [a vɨsˈli]
rufen	a chema [a keˈma]
ruhen	a se odihni [a se o·dihˈni]
rühren	a agita [a a·ʤiˈta]

ruinieren	a ruina	[a ru·iˈna]
rutschen	a aluneca	[a a·lu·neˈka]
rütteln	a scutura	[a sku·tuˈra]

S

sagen	a spune	[a ˈspu·ne]
sägen	a tăia	[a təˈja]
salzen	a săra	[a səˈra]
sammeln	a aduna	[a a·duˈna]
säubern	a curăța	[a ku·rəˈtsa]
saugen	a suge	[a ˈsu·ʤe]
schaden	a strica	[a striˈka]
schaffen	a crea	[a kreˈa]
schälen	a coji	[a koˈʒi]
schalten	a comuta	[a ko·muˈta]
schämen	a se rușina	[a se ru·ʃiˈna]
schätzen	a aprecia	[a a·pre·ʧiˈa]
schauen	a privi	[a priˈvi]
schaufeln	a săpa	[a səˈpa]
schaukeln	a legăna	[a le·gəˈna]
schäumen	a spumega	[a spu·meˈga]
scheinen	a părea	[a pəˈre̯a]
scheitern	a eșua	[a e·ʃuˈa]
schenken	a dărui	[a də·ruˈi]
scherzen	a glumi	[a gluˈmi]
scheuchen	a goni	[a goˈni]
scheuen	a se sfii	[a se sfiˈi]
schicken	a trimite	[a triˈmi·te]
schieben	a împinge	[a ɨmˈpin·ʤe]
schiefgehen	a merge prost	[a ˈmer·ʤe prost]
schielen	a privi cruciș	[a priˈvi kruˈʧiʃ]
schießen	a împușca	[a ɨm·puʃˈka]
schildern	a descrie	[a desˈkri·e]

schimmeln	a mucegăi	[a mu·tʃe·gə'i]
schimpfen	a ocărî pe cineva	[a o·kə'rɨ pe tʃi·ne'va]
schlafen	a dormi	[a dor'mi]
schlagen	a lovi	[a lo'vi]
schlecken	a linge	[a 'lin·dʒe]
schleichen	a se furișa	[a se fu·ri'ʃa]
schleppen	a remorca	[a re·mor'ka]
schließen	a închide	[a ɨn'ki·de]
schluchzen	a suspina	[a sus·pi'na]
schlucken	a înghiți	[a ɨn·gi'tsi]
schlüpfen	a se furișa	[a se fu·ri'ʃa]
schmarotzen	a parazita	[a pa·ra·zi'ta]
schmatzen	a plescăi	[a ples·kə'i]
schmecken	a gusta	[a gus'ta]
schmeißen	a arunca	[a a·run'ka]
schmelzen	a topi	[a to'pi]
schmerzen	a durea	[a du're̯a]
schminken	a se machia	[a se ma'kja]
schmollen	a se bosumfla	[a se bo·sum'fla]
schmücken	a decora	[a de·ko'ra]
schmunzeln	a zâmbi	[a zɨm'bi]
schnarchen	a sforăi	[a sfo·rə'i]
schnauben	a gâfâi	[a gɨ·fɨ'i]
schnaufen	a pufăi	[a pu·fə'i]
schneiden	a tăia	[a tə'ja]
schneien	a ninge	[a 'nin·dʒe]
schnurren	a toarce	[a 'to̯ar·tʃe]
schocken	a șoca	[a ʃo'ka]
schockieren	a șoca	[a ʃo'ka]
schonen	a cruța	[a kru'tsa]
schrauben	a înșuruba	[a ɨn·ʃu·ru'ba]
schreiben	a scrie	[a 'skri·e]
schreien	a striga	[a stri'ga]
schubsen	a împinge	[a ɨm'pin·dʒe]
schummeln	a trișa	[a tri'ʃa]
schütteln	a scutura	[a sku·tu'ra]
schütten	a turna	[a tur'na]
schützen	a proteja	[a pro·te'ʒa]
schwächen	a slăbi	[a slə'bi]
schwanken	a oscila	[a os·tʃi'la]
schwänzen	a chiuli	[a kju'li]
schwärmen	a visa	[a vi'sa]
schwarzfahren	a face blatul	[a 'fa·tʃe 'bla·tul]
schweben	a pluti	[a plu'ti]
schweigen	a tăcea	[a tə'tʃe̯a]
schwerfallen	a-i fi greu	[a-i fi greu]
schwimmen	a înota	[a ɨn·o'ta]
schwindeln	a trișa	[a tri'ʃa]
schwingen	a vibra	[a vi'bra]
schwirren	a bâzâi	[a bɨ·zɨ'i]
schwitzen	a transpira	[a trans·pi'ra]
schwören	a jura	[a ʒu'ra]
segeln	a naviga	[a na·vi'ga]
sehen	a privi	[a pri'vi]
sehnen	a-i fi dor de	[a-i fi dor de]
sein	a fi	[a fi]
senden	a trimite	[a tri'mi·te]
senken	a coborî	[a ko·bo'rɨ]
servieren	a servi	[a ser'vi]

setzen	a pune [a ˈpu·ne]
seufzen	a suspina [a sus·piˈna]
sichergehen	a se asigura [a se a·si·guˈra]
sichern	a asigura [a a·si·guˈra]
sicherstellen	a garanta [a ga·ranˈta]
siegen	a câștiga [a kɨʃ·tiˈga]
siezen	a adresa cu „dumneavoastră“ [a adreˈsa ku „dum·ne̯aˈvo̯as·trə“]
simsen	a trimite un SMS [a triˈmi·te un se·meˈse]
singen	a cânta [a kɨnˈta]
sinken	a scufunda [a sku·funˈda]
sitzen	a ședea [a ʃeˈde̯a]
skaten	a patina [a pa·tiˈna]
sollen	a trebui [a tre·buˈi]
sonnen	a face plajă [a ˈfa·tʃe ˈpla·ʒə]
sorgen	a își face griji [a ɨʃʲ ˈfa·tʃe griʒʲ]
sortieren	a sorta [a sorˈta]
sparen	a economisi [a eko·no·miˈsi]
spaßen	a glumi [a gluˈmi]
spazieren	a se plimba [a se plimˈba]
speichern	a salva [a salˈva]
speisen	a lua masa [a lua ˈma·sa]
spekulieren	a specula [a spe·kuˈla]
spenden	a dona [a doˈna]
sperren	a bloca [a bloˈka]
spiegeln	a reflecta [a ref·lekˈta]
spielen	a juca [a ʒuˈka]
spinnen	a aiura [a a·juˈra]

spitzen	a ascuți [a a·skuˈtsi]
spotten	a-și bate joc [a-ʃʲ ˈba·te ʒok]
sprechen	a vorbi [a vorˈbi]
spreizen	a desface [a desˈfa·tʃe]
sprengen	a detona [a de·toˈna]
sprießen	a răsări [a rə·səˈri]
springen	a sări [a səˈri]
spritzen	a stropi [a stroˈpi]
sprudeln	a face bule [a ˈfa·tʃe ˈbu·le]
sprühen	a pulveriza [a pul·ve·riˈza]
spucken	a scuipa [a skujˈpa]
spuken	a bântui [a bɨn·tuˈi]
spülen	a clăti [a kləˈti]
spüren	a simți [a simˈtsi]
stammen	a proveni [a pro·veˈni]
stapeln	a stivui [a sti·vuˈi]
stärken	a consolida [a kon·so·liˈda]
starren	a se holba [a se holˈba]
starten	a demara [a de·maˈra]
stattfinden	a avea loc [a aˈve̯a lok]
staunen	a fi uimit [a fi ujˈmit]
stechen	a împunge [a ɨmˈpun·dʒe]
stecken	a băga [a bəˈga]
stehen	a sta [a sta]
stehlen	a fura [a fuˈra]
steigen	a urca [a urˈka]
steigern	a crește [a ˈkreʃ·te]
stellen	a pune [a ˈpu·ne]
sterben	a muri [a muˈri]
steuern	a controla [a kon·troˈla]

stieren	a se uita fix [a se uj'ta fiks]
stillen	a alăpta [a a·ləp'ta]
stillhalten	a rămâne liniștit [a rə'mɨ·ne li·niʃ'tit]
stillliegen	a fi închis [a fi ɨn'kis]
stimmen	a fi corect [a fi ko'rekt]
stinken	a mirosi urât [a mi·ro'si u'rɨt]
stöbern	a scormoni [a skor·mo'ni]
stocken	a stagna [a stag'na]
stöhnen	a geme [a 'ʤe·me]
stolpern	a se împiedica [a se ɨm·pje·di'ka]
stoppen	a opri [a o'pri]
stören	a deranja [a de·ran'ʒa]
stoßen	a împinge [a ɨm'pin·ʤe]
stottern	a se bâlbâi [a se bɨl·bɨ'i]
strafen	a pedepsi [a pe·dep'si]
straffen	a încorda [a ɨn·kor'da]
strahlen	a străluci [a strə·lu'ʧi]
strampeln	a se zbate [a se 'zba·te]
strapazieren	a suprasolicita [a su·pra·so·li·ʧi'ta]
sträuben	a se împotrivi [a se ɨm·po·tri'vi]
streben	a aspira [a as·pi'ra]
strecken	a întinde [a ɨn'tin·de]
streicheln	a mângâia [a min·gɨ'ja]
streichen	a vopsi [a vop'si]
streifen	a atinge ușor pe [a a'tin·ʤe uʃ'or pe]
streiken	a face grevă [a 'fa·ʧe 'gre·və]
streiten	a argumenta [a ar·gu·men'ta]
streuen	a împrăștia [a ɨm·prəʃ·ti'a]
stricken	a tricota [a tri·ko'ta]
studieren	a studia [a stu·di'a]
stürmen	a fi furtună [a fi fur'tu·nə]
stürzen	a cădea [a kə'de̯a]
stutzen	a ezita [a e·zi'ta]
stützen	a sprijini [a spri·ʒi'ni]
subtrahieren	a scădea [a skə'de̯a]
suchen	a căuta [a kə·u'ta]
summen	a bâzâi [a bɨ·zɨ'i]
sündigen	a păcătui [a pə·kə·tu'i]
surfen	a naviga pe Internet [a na·vi'ga pe In·ter'net]
süßen	a îndulci [a ɨn·dul'ʧi]

T

tadeln	a dojeni	[a do·ʒe'ni]
tanken	a alimenta	[a a·li·men'ta]
tanzen	a dansa	[a dan'sa]
tapezieren	a tapeta	[a ta·pe'ta]
tappen	a începe să meargă	[a ɨn'ʧe·pe sə 'mea̯r·gə]
tarnen	a camufla	[a ka·mu'fla]
tasten	a pipăi	[a pi·pə'i]
tauchen	a se scufunda	[a se sku·fun'da]
tauen	a se dezgheța	[a se dez·ge'tsa]
taufen	a boteza	[a bo·te'za]
taugen	a se potrivi	[a se po·tri'vi]
taumeln	a ezita	[a e·zi'ta]
tauschen	a înșela	[a ɨn·ʃe'la]
täuschen	a decepționa	[a de·ʧep·tsjo'na]
teilen	a împărți	[a ɨm·pər'tsi]
teilnehmen	a lua parte	[a lua 'par·te]
telefonieren	a telefona	[a te·le·fo'na]
testen	a testa	[a tes'ta]
ticken	a ticăi	[a ti·kə'i]
tippen	a dactilografia	[a dak·ti·lo·gra·fi'a]
toben	a fi furios	[a fi fu·ri'os]
tolerieren	a tolera	[a to·le'ra]
töten	a ucide	[a u'ʧi·de]
totfahren	a omorî cu mașina	[a o·mo'rɨ ku ma'ʃi·na]
totschießen	a omorî prin împușcare	[a o·mo'rɨ prin ɨm·puʃ'ka·re]
totschlagen	a omorî în bătaie	[a o·mo'rɨ ɨn bə'ta·je]
tragen	a căra	[a kə'ra]
trainieren	a antrena	[a an·tre'na]
trampeln	a tropăi	[a tro·pə'i]
tränen	a lăcrima	[a lə·kri'ma]
transportieren	a transporta	[a trans·por'ta]
trauen	a avea încredere	[a a·vea̯ ɨn'kre·de·re]
trauern	a jeli	[a ʒe'li]
träumen	a visa	[a vi'sa]
treffen	a întâlni	[a ɨn·tɨl'ni]
trennen	a separa	[a se·pa'ra]
treten	a călca	[a kəl'ka]
trinken	a bea	[a bea̯]
trocknen	a usca	[a us'ka]
trödeln	a pierde vremea	[a 'pjer·de 'vre·mea̯]
trommeln	a bate toba	[a 'ba·te 'to·ba]
tröpfeln	a picura	[a pi·ku'ra]
tropfen	a picura	[a pi·ku'ra]
trösten	a consola	[a kon·so'la]
trotzen	a sfida	[a sfi'da]
trügen	a înșela	[a ɨn·ʃe'la]
tun	a face	[a 'fa·ʧe]
turnen	a face gimnastică	[a 'fa·ʧe ʤim'nas·ti·kə]
tyrannisieren	a tiraniza	[a ti·ra·ni'za]

U

üben	a exersa [a e·kser'sa]
überanstrengen	a se suprasolicita [a se su·pra·so·li·tʃi'ta]
überarbeiten	a prelucra [a pre·lu'kra]
überblicken	a avea o idee de [a avea o i'de·e de]
überbringen	a transmite [a trans'mi·te]
überbrücken	a construi un pod peste [a kon·stru'i un pod 'pes·te]
überdenken	a chibzui [a kib·zu'i]
übereinstimmen	a fi de acord [a fi de a'kord]
überfahren	a călca cu un vehicul [a kəl'ka ku un ve'hi·kul]
überfallen	a invada [a in·va'da]
überfordern	a cere prea mult [a 'tʃe·re prea mult]
übergeben	a vomita [a vo·mi'ta]
überholen	a devansa [a de·van'sa]
überhören	a nu auzi [a nu au'zi]
überlappen	a suprapune [a su·pra'pu·ne]
überlassen	a ceda [a tʃe'da]
überleben	a supraviețui [a su·pra·vje·tsu'i]
überlegen	a gândi [a gɨn'di]
überlisten	a păcăli [a pə·kə'li]
übernachten	a înnopta [a ɨn·nop'ta]
übernehmen	a prelua [a pre'lua]
überprüfen	a verifica [a ve·ri·fi'ka]
überqueren	a traversa [a tra·ver'sa]
überraschen	a surprinde [a sur'prin·de]
überreden	a convinge [a kon'vin·dʒe]
überreichen	a înmâna [a ɨn·mɨ'na]
überschatten	a umbri [a um'bri]
überschätzen	a supraestima [a su·pra·es·ti'ma]
überschlagen	a se răsturna [a se rəs·tur'na]
überschnappen	a-și pierde autocontrolul [a-ʃʲ 'pjer·de a·u·to·kon'tro·lul]
überschneiden	a se suprapune [a se su·pra'pu·ne]
überschütten	a copleși [a ko·ple'ʃi]
überschwemmen	a inunda [a i·nun'da]
übersehen	a ignora [a ig·no'ra]
übersetzen	a traduce [a tra'du·tʃe]
überspielen	a suprascrie [a su·pra'skri·e]
übersteigen	a depăși [a de·pə'ʃi]
überstrapazieren	a epuiza [a e·pu·i'za]
überstürzen	a face ceva în pripă [a 'fa·tʃe tʃe'va ɨn 'pri·pə]
übertragen	a transfera [a tran·sfe'ra]
übertreffen	a surclasa [a sur·kla'sa]
übertreiben	a exagera [a e·ksa·dʒe'ra]
überwachen	a supraveghea [a su·pra·ve'gea]
überwältigen	a copleși [a ko·ple'ʃi]
überweisen	a transfera [a trans·fe'ra]
überwiegen	a predomina [a pre·do·mi'na]
überwinden	a depăși [a de·pə'ʃi]
überzeugen	a convinge [a kon'vin·dʒe]
überziehen	a înveli [a ɨn·ve'li]

umarmen	a îmbrățișa	[a ɨm·brə·tsi'ʃa]
umbauen	a reconstrui	[a re·kon·stru'i]
umbenennen	a redenumi	[a re·de·nu'mi]
umblättern	a da pagina	[a da 'pa·ʤi·na]
umbringen	a ucide	[a u'ʧi·de]
umdrehen	a întoarce	[a ɨn'to̯ar·ʧe]
umfallen	a cădea peste	[a kə'de̯a 'pes·te]
umfassen	a cuprinde	[a ku'prin·de]
umgehen	a evita	[a e·vi'ta]
umhängen	a așeza pe	[a aʃe'za pe]
umkehren	a întoarce	[a ɨn'to̯ar·ʧe]
umkippen	a se răsturna	[a se rəs·tur'na]
umklammern	a ține strâns	[a 'tsi·ne strɨns]
umkommen	a muri	[a mu'ri]
umleiten	a redirecționa	[a re·di·rek·tsjo'na]
umräumen	a rearanja	[a re̯a·ran'ʒa]
umreißen	a face o schiță	[a 'fa·ʧe o 'ski·tsə]
umrühren	a amesteca	[a a·mes·te'ka]
umschalten	a comuta	[a ko·mu'ta]
umsehen	a se uita în jur	[a se uj'ta ɨn ʒur]
umsetzen	a implementa	[a im·ple·men'ta]
umsteigen	a schimba	[a skim'ba]
umstimmen	a clinti	[a klin'ti]
umstürzen	a răsturna	[a rəs·tur'na]
umtauschen	a preschimba	[a pres·kim'ba]
umwerfen	a răsturna ceva	[a rəs·tur'na ʧe'va]
umziehen	a se muta	[a se mu'ta]
unterbrechen	a întrerupe	[a ɨn·tre'ru·pe]
unterdrücken	a asupri	[a a·su'pri]
untergehen	a asfinți	[a as·fin'tsi]
unterhalten	a discuta	[a dis·ku'ta]
unterlassen	a se abține	[a se ab'tsi·ne]
unternehmen	a întreprinde	[a ɨn·tre'prin·de]
unterrichten	a preda	[a pre'da]
untersagen	a interzice	[a in·ter'zi·ʧe]
unterschätzen	a subestima	[a sub·es·ti'ma]
unterscheiden	a deosebi	[a de·o·se'bi]
unterschreiben	a semna	[a sem'na]
unterstellen	a insinua	[a in·si·nu'a]
unterstreichen	a sublinia	[a su·bli·ni'a]
unterstützen	a susține	[a sus·tsi'ne]
untersuchen	a cerceta	[a ʧer·ʧe'ta]
untertauchen	a dispărea	[a dis·pə're̯a]
unterteilen	a subdiviza	[a sub·di·vi'za]
urteilen	a judeca	[a ʒu·de'ka]

V

verabreden	a-și da întâlnire [a-ʃʲ da ɨn·til'ni·re]
verabschieden	a-și lua rămas bun [a-ʃʲ lua rə'mas bun]
verachten	a disprețui [a dis·pre·tsu'i]
verallgemeinern	a generaliza [a ʤe·ne·ra·li'za]
verändern	a schimba [a skim'ba]
verängstigen	a speria [a spe·ri'a]
verantworten	a răspunde pentru [a rəs'pun·de 'pen·tru]
verarbeiten	a procesa [a pro·ʧe'sa]
verärgern	a enerva [a e·ner'va]
verarzten	a trata [a tra'ta]
verbergen	a ascunde [a as'kun·de]
verbessern	a îmbunătăți [a ɨm·bu·nə·tə'tsi]
verbeugen	a se închina [a se ɨn·ki'na]
verbiegen	a deforma [a de·for'ma]
verbieten	a interzice [a in·ter'zi·ʧe]
verbinden	a conecta [a ko·nek'ta]
verbleiben	a rămâne [a rə'mɨ·ne]
verbluten	a sângera până la moarte [a sɨn·ʤe'ra 'pɨ·nə la 'mo̯ar·te]
verbrauchen	a consuma [a kon·su'ma]
verbreiten	a răspândi [a rəs·pɨn'di]
verbrennen	a arde [a 'ar·de]
verbringen	a petrece [a pe'tre·ʧe]
verdächtigen	a suspecta [a sus·pek'ta]
verdanken	a datora [a da·to'ra]
verdauen	a digera [a di·ʤe'ra]
verdecken	a acoperi [a a·ko·pe'ri]
verderben	a strica [a stri'ka]
verdeutlichen	a elucida [a e·lu·ʧi'da]
verdienen	a câștiga [a kɨʃ·ti'ga]
verdoppeln	a dubla [a du'bla]
verdrängen	a suprima [a sup·ri'ma]
verdursten	a muri de sete [a muri de 'se·te]
verehren	a adora [a a·do'ra]
vereinbaren	a conveni [a kon·ve'ni]
vereinen	a uni [a u'ni]
vereinfachen	a simplifica [a sim·pli·fi'ka]
vereinheitlichen	a armoniza [a ar·mo·ni'za]
vereinigen	a reuni [a re·u'ni]
verfallen	a se deteriora [a se de·te·ri·o'ra]
verfälschen	a distorsiona [a dis·tor·sjo'na]
verfassen	a redacta [a re·dak'ta]
verfaulen	a putrezi [a pu·tre'zi]
verfehlen	a neglija [a neg·li'ʒa]
verfeinern	a rafina [a ra·fi'na]
verfluchen	a blestema [a bles·te'ma]
verfolgen	a urmări [a ur·mə'ri]
verfügen	a dispune [a dis'pu·ne]
verführen	a seduce [a se'du·ʧe]
vergehen	a trece [a 'tre·ʧe]
vergelten	a răsplăti [a rəs·plə'ti]
vergessen	a uita [a uj'ta]
vergeuden	a irosi [a i·ro'si]
vergewaltigen	a viola [a vi·o'la]

vergewissern	a asigura	[a a·si·gu'ra]
vergiften	a otrăvi	[a o·trə'vi]
vergleichen	a compara	[a kom·pa'ra]
vergnügen	a se amuza	[a se a·mu'za]
vergraben	a se îngropa	[a se ɨn·gro'pa]
vergrößern	a crește	[a 'kreʃ·te]
verhaften	a aresta	[a a·res'ta]
verhalten	a se comporta	[a se kom·por'ta]
verhandeln	a negocia	[a ne·go·tʃi'a]
verhängen	a impune	[a im'pu·ne]
verharmlosen	a bagateliza	[a ba·ga·te·li'za]
verharren	a rămâne	[a rə'mɨ·ne]
verheilen	a se vindeca	[a se vin·de'ka]
verheimlichen	a ascunde	[a as'kun·de]
verherrlichen	a slăvi	[a slə'vi]
verhexen	a fermeca	[a fer·me'ka]
verhindern	a preveni	[a pre·ve'ni]
verhören	a interoga	[a in·te·ro'ga]
verhüllen	a deghiza	[a de·gi'za]
verhungern	a muri de foame	[a mu'ri de 'fo̯a·me]
verhüten	a preveni	[a pre·ve'ni]
verirren	a se rătăci	[a se rə·tə'tʃi]
verjagen	a alunga	[a a·lun'ga]
verkaufen	a vinde	[a 'vin·de]
verklagen	a da în judecată	[a da ɨn ʒu·de'ka·tə]
verkleiden	a se costuma	[a se kos·tu'ma]
verkleinern	a reduce	[a re'du·tʃe]
verknoten	a înnoda	[a ɨn·no'da]
verknüpfen	a înnoda	[a ɨn·no'da]
verkommen	a decădea	[a de·kə'de̯a]
verkörpern	a întruchipa	[a ɨn·tru·ki'pa]
verkraften	a suporta	[a su·por'ta]
verkrampfen	a deveni încordat	[a de·ve'ni ɨn·kor'dat]
verkümmern	a degenera	[a de·dʒe·ne'ra]
verkürzen	a scurta	[a skur'ta]
verlangen	a pretinde	[a pre'tin·de]
verlängern	a prelungi	[a pre·lun'dʒi]
verlangsamen	a încetini	[a ɨn·tʃe·ti'ni]
verlassen	a părăsi	[a pə·rə'si]
verlaufen	a se desfășura	[a se des·fə·ʃu'ra]
verleihen	a împrumuta	[a ɨm·pru·mu'ta]
verlernen	a uita	[a uj'ta]
verletzen	a răni	[a rə'ni]
verleugnen	a abnega	[a ab·ne'ga]
verleumden	a denigra	[a de·ni'gra]
verlieben	a se îndrăgosti	[a se ɨn·drə·gos'ti]
verlieren	a pierde	[a 'pjer·de]
verloben	a se logodi	[a se lo·go'di]
vermehren	a crește	[a 'kre·ʃte]
vermeiden	a evita	[a e·vi'ta]
vermieten	a închiria	[a ɨn·ki·ri'a]
vermischen	a amesteca	[a a·mes·te'ka]
vermissen	a-i lipsi cuiva	[a-ʲ lip'si kuj'va]
vermitteln	a media	[a me·di'a]
vermuten	a presupune	[a pre·su'pu·ne]

vernachlässigen	a neglija	[a ne·gli'ʒa]
vernehmen	a interoga	[a in·te·ro'ga]
verneigen	a se închina	[a se ɨn·ki'na]
verneinen	a nega	[a ne'ga]
vernichten	a distruge	[a dis'tru·ʤe]
veröffentlichen	a publica	[a pu·bli'ka]
verordnen	a prescrie	[a pres'kri·e]
verpacken	a ambala	[a am·ba'la]
verpassen	a pierde	[a 'pjer·de]
verpflichten	a obliga	[a o·bli'ga]
verprügeln	a bate	[a 'ba·te]
verraten	a destăinui	[a des·təj·nu'i]
verrechnen	a socoti greșit	[a so·ko'ti gre'ʃit]
verreisen	a pleca	[a ple'ka]
verrenken	a-și luxa piciorul	[a-ʃʲ lu'ksa pi'ʧjo·rul]
verriegeln	a zăvorî	[a zə·vo'rɨ]
verringern	a reduce	[a re'du·ʧe]
versagen	a da greș	[a da greʃ]
versammeln	a aduna	[a a·du'na]
versäumen	a pierde	[a 'pjer·de]
verschenken	a oferi	[a o·fe'ri]
verschicken	a distribui	[a dis·tri·bu'i]
verschieben	a amâna	[a a·mɨ'na]
verschimmeln	a mucegăi	[a mu·ʧe·gə'i]
verschlafen	a nu se trezi la timp	[a nu se tre'zi la timp]
verschlechtern	a deteriora	[a de·te·ri·o'ra]
verschließen	a închide	[a ɨn'ki·de]
verschlimmern	a agrava	[a a·gra'va]
verschlucken	a se îneca	[a se ɨn·e'ka]
verschmutzen	a polua	[a po'lua]
verschonen	a cruța	[a kru'tsa]
verschönern	a înfrumuseța	[a ɨn·fru·mu·se'tsa]
verschütten	a vărsa	[a vər'sa]
verschweigen	a ascunde	[a as'kun·de]
verschwenden	a irosi	[a i·ro'si]
verschwimmen	a se estompa	[a se es·tom'pa]
verschwinden	a dispărea	[a dis·pə'rea]
verschwören	a conspira	[a kon·spi'ra]
versenden	a trimite	[a tri'mi·te]
versetzen	a muta	[a mu'ta]
verseuchen	a contamina	[a kon·ta·mi'na]
versichern	a asigura	[a a·si·gu'ra]
versickern	a se infiltra	[a se in·fil'tra]
versinken	a se cufunda	[a se ku·fun'da]
versöhnen	a se împăca	[a se im·pə'ka]
versorgen	a avea grijă de	[a a'vea 'gri·ʒə de]
verspäten	a întârzia	[a ɨn·tɨr·zi'a]
versperren	a bloca	[a blo'ka]
verspotten	a batjocori	[a bat·ʒo·ko'ri]
versprechen	a promite	[a pro·mi'te]
verspüren	a simți	[a sim'tsi]
verständigen	a se înțelege	[a se ɨn·tse'le·ʤe]
verstärken	a întări	[a ɨn·tə'ri]
verstauben	a aduna praful	[a a·du'na 'pra·ful]

verstauchen	a luxa [a lu'ksa]
verstecken	a ascunde [a as'kun·de]
verstehen	a înțelege [a ɨn·tse'le·ʤe]
versteigern	a licita [a li·ʧi'ta]
verstellen	a ajusta [a a·ʒus'ta]
verstopfen	a bloca [a blo'ka]
verstoßen	a repudia [a re·pu·di'a]
verstreichen	a lăsa timpul să curgă [a lə'sa tim·pul sə 'kur·gə]
verstummen	a amuți [a a·mu'tsi]
versuchen	a încerca [a ɨn·ʧer'ka]
versüßen	a îndulci [a ɨn·dul'ʧi]
vertagen	a amâna ceva [a a·mɨ'na ʧe'va]
vertauschen	a interschimba [a in·ter·skim'ba]
verteidigen	a apăra [a a·pə'ra]
verteilen	a distribui [a dis·tri·bu'i]
vertiefen	a aprofunda [a a·pro·fun'da]
vertragen	a suporta [a su·por'ta]
vertrauen	a avea încredere [a a'vea ɨn'kre·de·re]
vertreiben	a distribui [a dis·tri·bu'i]
vertreten	a susține [a sus'tsi·ne]
vertrocknen	a se usca [a se us'ka]
vertrödeln	a trândăvi [a trɨn·də'vi]
vertrösten	a amâna [a a·mi'na]
vertuschen	a mușamaliza [a mu·ʃa·ma·li'za]
verübeln	a lua în nume de rău [a lua ɨn nu'me de rəu]
verüben	a comite [a ko'mi·te]
verunglücken	a avea un accident [a a'vea un ak·ʧi'dent]
verunsichern	a dezorienta [a dez·o·ri·en'ta]
verunstalten	a desfigura [a des·fi·gu'ra]
verursachen	a cauza [a ka·u'za]
verurteilen	a condamna [a kon·dam'na]
verwechseln	a confunda [a kon·fun'da]
verweigern	a refuza [a re·fu'za]
verwelken	a se ofili [a se o·fi'li]
verwenden	a folosi [a fo·lo'si]
verwirklichen	a realiza [a rea·li'za]
verwirren	a zăpăci [a zə·pə'ʧi]
verwischen	a șterge [a 'ʃter·ʤe]
verwöhnen	a răsfăța [a rəs·fə'tsa]
verwunden	a răni [a rə'ni]
verzaubern	a încânta [a ɨn·kɨn'ta]
verzehren	a consuma [a kon·su'ma]
verzeichnen	a înregistra [a ɨn·re·ʤis'tra]
verzeihen	a ierta [a jer'ta]
verzerren	a strâmba [a strɨm'ba]
verzichten	a abandona [a a·ban·do'na]
verzieren	a împodobi [a ɨm·po·do'bi]
verzögern	a întârzia [a ɨn·tɨr·zi'a]
verzweifeln	a dispera [a dis·pe'ra]
voraussagen	a prezice [a pre'zi·ʧe]
vorbeifahren	a trece pe lângă [a 'tre·ʧe pe 'lin·gə]
vorbereiten	a prepara [a pre·pa'ra]
vorbeugen	a preveni [a pre·ve'ni]
vordrängeln	a împinge spre față [a ɨm'pin·ʤe spre 'fa·tsə]

vorenthalten	a tăinui [a təj·nu'i]
vorfallen	a se întâmpla [a se ɨn·tɨm'pla]
vorfinden	a găsi [a gə'si]
vorgeben	a pretinde [a pre'tin·de]
vorhaben	a plănui [a plə·nu'i]
vorhersehen	a anticipa [a an·ti·tʃi'pa]
vorkommen	a apărea [a a·pə'rea]
vorlesen	a citi [a tʃi'ti]
vormachen	a arăta cum se face [a a·rə'ta kum se 'fa·tʃe]
vornehmen	a realiza [a re·a·li'za]
vorschlagen	a sugera [a su·dʒe'ra]
vorschreiben	a prescrie [a pres'kri·e]
vorsorgen	a asigura [a a·si·gu'ra]
vorstellen	a-și imagina ceva [a-ʃʲ i·ma·dʒi'na tʃe'va]
vortäuschen	a simula [a si·mu'la]
vortragen	a recita [a re·tʃi'ta]
vorübergehen	a trece pe lângă [a 'tre·tʃe pe 'lɨn·gə]
vorweisen	a arăta [a a·rə'ta]
vorwerfen	a reproșa [a re·pro'ʃa]
vorzeigen	a arăta [a a·rə'ta]
vorziehen	a prefera [a pre·fe'ra]

W

wachsen	a crește [a 'kreʃ·te]
wackeln	a se clătina [a se klə·ti'na]
wagen	a risca [a ris'ka]
wählen	a alege [a a'le·dʒe]
wahrnehmen	a percepe [a per'tʃe·pe]
wandern	a drumeți [a dru·me'tsi]
warnen	a avertiza [a a·ver·ti'za]
warten	a aștepta [a aʃ·tep'ta]
waschen	a spăla [a spə'la]
wechseln	a schimba [a skim'ba]
wecken	a trezi [a tre'zi]
wegfahren	a pleca [a ple'ka]
wegfallen	a nu se mai aplica [a nu se maj a·pli'ka]
weggehen	a pleca abătut [a ple'ka a·bə'tut]
weglassen	a omite [a o'mi·te]
wegnehmen	a înlătura [a ɨn·lə·tu'ra]
wegrennen	a pleca [a ple'ka]
wegschicken	a trimite [a tri'mi·te]
wegschmeißen	a arunca [a a·run'ka]
wehren	a se opune [a se o'pu·ne]
weigern	a refuza [a re·fu'za]
weinen	a plânge [a 'plɨn·dʒe]
welken	a se ofili [a se o·fi'li]
wellen	a face valuri [a 'fa·tʃe 'va·luri]
wenden	a întoarce [a ɨn'toar·tʃe]
werden	a deveni [a de·ve'ni]
werfen	a arunca [a a·run'ka]
wetten	a paria [a pa·ri'a]

wickeln	a înfășura [a ɨn·fə·ʃu'ra]
widerlegen	a dezminți [a dez·min'tsi]
widersetzen	a se împotrivi [a se ɨm·po·tri'vi]
widerspiegeln	a reflecta [a re·flek'ta]
widerstehen	a rezista [a re·zis'ta]
widmen	a dedica [a de·di'ka]
wiedergeben	a reda [a re'da]
wiederholen	a repeta [a re·pe'ta]
wiederkehren	a reveni [a re·ve'ni]
wiederkommen	a se întoarce [a se ɨn'to̯ar·tʃe]
wiedersehen	a revedea [a re·ve'de̯a]
wiegen	a cântări [a kɨn·tə'ri]
wiehern	a necheza [a ne·ke'za]
wimmeln	a furnica de [a fur·ni'ka de]
wimmern	a scânci [a skɨn'tʃi]
winden	a răsuci [a rə·su'tʃi]
winken	a face cu mâna [a 'fa·tʃe ku 'mɨ·na]
winseln	a scheuna [a ske·u'na]
wippen	a balansa [a ba·lan'sa]
wirken	a părea [a pə're̯a]
wischen	a șterge [a 'ʃter·dʒe]
wispern	a șopti [a 'ʃop·ti]
wissen	a cunoaște [a ku'no̯aʃ·te]
wohnen	a locui [a lo·ku'i]
wollen	a vrea [a 'vre̯a]
wundern	a surprinde [a sur'prin·de]
wünschen	a dori [a do'ri]
würdigen	a aprecia [a a·pre·tʃi'a]
würfeln	a arunca [a a·run'ka]
würgen	a sufoca [a su·fo'ka]
würzen	a condimenta [a kon·di·men'ta]

Z

zahlen	a plăti [a plə'ti]
zählen	a număra [a nu·mə'ra]
zähmen	a îmblânzi [a ɨm·blɨn'zi]
zanken	a se certa [a se ʧer'ta]
zappeln	a se agita [a se a·ʤi'ta]
zaubern	a face magie [a 'fa·ʧe ma·ʤi'e]
zeichnen	a desena [a de·se'na]
zeigen	a arăta [a a·rə'ta]
zelten	a campa [a kam'pa]
zerbrechen	a se sparge [a se 'spar·ʤe]
zerdrücken	a strivi [a stri'vi]
zerfallen	a se dezintegra [a se dez·in·te'gra]
zerkleinern	a mărunți [a mə·run'tsi]
zerknüllen	a face cocoloș [a 'fa·ʧe ko·ko'loʃ]
zerkratzen	a zgâria [a zgɨ·ri'a]
zerkrümeln	a se fărâma [a se fə·rɨ'ma]
zerreißen	a sfâșia [a sfɨ·ʃi'a]
zerren	a trage [a 'tra·ʤe]
zerschlagen	a distruge [a dis'tru·ʤe]
zerspringen	a crăpa [a krə'pa]
zerstören	a distruge [a dis'tru·ʤe]
zertreten	a strivi [a stri'vi]
zertrümmern	a nimici [a ni·mi'ʧi]
ziehen	a trage [a 'tra·ʤe]
zielen	a ținti [a 'tsin·ti]
zieren	a împodobi [a ɨm·po·do'bi]
zischen	a sfârâi [a sfɨ·rɨ'i]
zittern	a tremura [a tre·mu'ra]
zögern	a ezita [a e·zi'ta]
zoomen	a face efect de transfocator [a 'fa·ʧe e'fekt de trans·fo·ka'tor]
zubeißen	a mușca [a muʃ'ka]
zubereiten	a pregăti [a pre·gə'ti]
zubinden *Schnüre*	a strânge [a 'strɨn·ge]
zublinzeln	a face cu ochiul [a 'fa·ʧe ku 'o·kjul]
zucken	a tresări [a tre·sə'ri]
zücken	a scoate ceva la iveală [a 'skoa·te ʧe'va la i'vea·lə]
zudecken	a acoperi [a a·ko·pe'ri]
zudrehen	a închide [a ɨn'ki·de]
zufriedengeben	a fi satisfăcut [a fi sa·tis·fə'kut]
zufriedenlassen	a lăsa în pace [a lə'sa ɨn 'pa·ʧe]
zufügen	a cauza ceva [a ka·u'za ʧe'va]
zugeben	a admite [a ad'mi·te]
zugreifen	a se servi [a se ser'vi]
zugucken	a privi [a pri'vi]
zuhören	a asculta [a as·kul'ta]
zujubeln	a aclama [a a·kla'ma]
zuknöpfen	a încheia [a ɨn·ke'ja]
zulächeln	a zâmbi la [a zɨm'bi la]
zulassen	a admite [a ad'mi·te]
zumachen	a închide [a ɨn'ki·de]
zumuten	a cere cuiva ceva exagerat [a 'ʧe·re kuj'va ʧe'va e·ksa·ge'rat]

zünden	a da foc [a da fok]
zunehmen	a crește [a ˈkreʃ·te]
zunichtemachen	a dejuca [a de·ʒuˈka]
zunicken	a face semn [a ˈfa·tʃe semn]
zuordnen	a atribui [a a·tri·buˈi]
zupacken	a împacheta rapid [a ɨm·pa·keˈta raˈpid]
zupfen	a ciupi [a tʃjuˈpi]
zurechtfinden	a se descurca [a se des·kurˈka]
zurücknehmen	a retrage [a reˈtra·dʒe]
zurufen	a striga [a striˈga]
zusagen	a fi de acord cu cineva [a fi de aˈkord ku tʃi·neˈva]
zusammenhängen	a corela [a ko·reˈla]
zusammenprallen	a intra în coliziune [a inˈtra ɨn ko·li·ziˈu·ne]
zusammenschreiben	a scrie într-un cuvânt [a ˈskri·e ɨnˈtr-un kuˈvɨnt]
zuschicken	a trimite [a triˈmi·te]
zuschlagen	a trânti [a trɨnˈti]
zuschließen	a închide [a ɨnˈki·de]
zuschrauben	a înșuruba [a ɨn·ʃu·ruˈba]
zusehen	a privi [a priˈvi]
zusichern	a garanta [a ga·ranˈta]
zuspielen	a pasa [a paˈsa]
zuspitzen	a escalada [a es·ka·laˈda]
zustimmen	a agrea [a a·greˈa]
zustoßen	a se întâmpla cuiva [a se ɨn·tɨmˈpla kujˈva]
zutrauen	a cuteza [a ku·teˈza]
zutreffen	a fi corect [a fi koˈrekt]
zuvorkommen	a anticipa [a an·ti·tʃiˈpa]
zuwenden *Rücken*	a întoarce [a ɨnˈto̯ar·tʃe]
zuziehen	a închide [a ɨnˈki·de]
zwängen	a îndesa [a ɨn·deˈsa]
zweifeln	a avea dubii [a aˈve̯a ˈdu·biʲ]
zwicken	a ciupi [a tʃjuˈpi]
zwingen	a forța [a forˈtsa]
zwinkern	a clipi [a kliˈpi]

INDEX DEUTSCH – INDICE GERMANĂ

INDEX RUMÄNISCH – INDICE ROMÂNĂ

INDEX DEUTSCH – INDICE GERMANĂ

3D-Film, der 241
7-Meter-Linie, die 197

A

Aal, der 70, 331
Abblendlicht, das 110
Abdeckband, das 61
Abdeckcreme, die 35
Abdeckfolie, die 61
Abend, der 342
Abenddämmerung, die 342
Abfahrtslauf, der 218
Abfalleimer, der 135
Abflug, der 126
Abfluss, der 54
Abgang, der 207
abheben 184
Abitur, das 154
abkühlen, sich 223
Ablage, die 172
Ablage für Eingänge, die 172
Ablagetisch, der 41
abnehmende Mond, der 292
Abonnement, das 188
Absatz, der 33
Abschlag, der 204
abschleppen 107
Abschleppwagen, der 121
Abschlussball, der 157
abschmirgeln 59
abschuppen 71
Abseilen, das 220
Abseits, das 196
abseits der Piste 218
Absender, der 190
Absperrhahn, der 54
abspielen 185
abstrakte Malerei, die 236
Abteilung für Hals-Nasen-Ohrenheilkunde, die 273
Abtropfsieb, das 47
Abtropfständer, der 48
Abwehrspieler, der 197, 198
Abwesenheitsnotiz, die 182
abwischen 57
Accessoires, die 32
Achillessehne, die 256
Achselhöhle, die 252
acht 336
acht Uhr 340
achte(r, s) 337
Achtel, ein 338
Achtersteven, der 211
Achtung, Gefahr! 289
achtzehn 336
achtzehn Uhr 341
achtzehnte(r, s) 337
achtzig 336
achtzigste(r, s) 338
Ackerbohne, die 78
Acre, der 344
Acrylfarbe, die 235
Acryllack, der 61
Adapter, der 62
addieren 339
Adler, der 329
Adrenalin, das 283
Adresse, die 190
Aerobic, das 223
Afghanistan 307
Afrika 304
Afrikanische Union, die 311
Ägypten 304
Ahorn, der 319
Ahornsirup, der 89
Aids, das 267
Aikido, das 213
Airbag, der 112
Akademie für darstellende Künste, die 164
Akkordeon, das 230
Akku, der 59, 183
Akkubohrer, der 59
Akte, die 172
Aktenschrank, der 172
Aktentasche, die 33
Aktenvernichter, der 172
Aktiengesellschaft (AG), die 170
Aktionär, der 170
Aktionärin, die 170
Aktmalerei, die 236
Akupunktur, die 278
akustisch 233
akustische Gitarre, die 229
Albanien 299
Albtraum, der 51
Algerien 304
alkoholfreie Bier, das 92
Alkoholische Getränke 94
alle 339
Allergie, die 265
Alles Gute zum Geburtstag! 20
Alligator, der 330
Allwetterreifen, der 113
Alpen, die 297
Als Vorspeise/Hauptgericht/Nachtisch nehme ich ... 102
alt 24
Altbau, der 39
Alternativmedizin, die 278
Altglas, das 44
Altstadt, die 132
Alufolie, die 46
Alzheimer, der 267
Am Computer arbeiten 180
Amaretto, der 93
Amazonien 297
ambulante Patient, der 273
Ameise, die 333
Ameisenbär, der 327
American Football, der 200
Amethyst, der 318
Ampel, die 106, 135
Ampere, das 62
Amphibien, die 330
an Bord gehen 129
an der Ecke 135
Analogkamera, die 242
Ananas, die 80
Ananasguave, die 80
Anästhesist, der 274
Anbau, der 38
anbeißen 217
anbraten 95
Anden, die 297
Andorra 299
angeekelt 26
Angel, die 216
Angel auswerfen, die 217
Angelausrüstung, die 216
Angelhaken, der 216
Angeln, das 216
Angelrolle, die 216
Angelrute, die 216
Angelschein, der 217
Angelschnur, die 216
Angestellte, der 170
Angler, der 216
Anglerweste, die 216
Angola 304
angreifen 195
Angriffslinie, die 198
Angriffsspieler, der 197
Angriffszone, die 198
anhalten 107
Anhang, der 182
Anhänger, der 121
Anker, der 210
Anker werfen/lichten, den 129
Ankunft, die 126
Anlaufbahn, die 206
anlegen 129
anmachen 85
Anrichte, die 43
Anrufbeantworter, der 184
anrufen, jemanden 19, 184
anschnallen, sich 125
Anstoßpunkt, der 194
Antarktis, die 298
Antenne, die 110, 187
Antigua und Barbuda 301
Antiquitätenladen, der 141
Anus, der 261
Anzeige, die 188
Anzeigetafel, die 127, 200
Anzug, der 29
Aperitif, der 101
Apfel, der 79
Apfelsaft, der 92
Apfelschorle, die 92
Apfelstrudel, der 91
Apotheke, die 141, 276
Apothekerin, die 166, 276
App, die 183
Applaus, der 227
Après-Ski, das 219
Aprikose, die 79
April, der 343
Aquamarin, der 318
Aquarellmalerei, die 236
Aquarium, das 148, 331
Äquator, der 298
Äquatorialguinea 304
Arabische Liga, die 311
Arabische Meer, das 296
arbeiten 52
Arbeitgeber, der 175
Arbeitnehmer, der 175
Arbeitsbedingungen, die 165
Arbeitsplatte, die 44
Arbeitsplatz, der 172
Arbeitsspeicher, der 179
Arbeitswelt, die 165
Arbeitszimmer, das 52
Architekt, der 167
Architektur, die 149
Argentinien 303
Arktis, die 298
Arm, der 252, 253
Arm ausrenken, sich den 269
Armaturenbrett, das 112
Ärmel, der 30
Ärmelkanal, der 296
Armenien 307
armer Ritter 97
Armlehne, die 52, 122, 268
Armzug, der 208
arrogant 26
Art déco, der/das 149
Arterie, die 259
Artikel, der 188
Artischocke, die 74
Arzt, der 166
Arztbesuch, der 264
Ärztin, die 264
Aschenbahn, die 206
Aschenbecher, der 147
Aserbaidschan 307
Asien 307
Asphalt, der 317
Ass, das 202, 244
Assel, die 333
Assistentin, die 175
Ast, der 319
Asteroid, der 294
Asthma, das 267
Astronaut, der 294
Astronomie, die 294
Atemnot, die 267
Äthiopien 304
Atlantische Ozean, der 296
Atmosphäre, die 295
Atmungssystem, das 259
attraktiv 24
Aubergine, die 77
auf der rechten/linken Seite 135
Auf der Straße 135
auf die Toilette gehen 53
auf einen Kaffee treffen, sich 147
Auf Wiedersehen! 19
Aufführung, die 226
Aufgang, der 207
aufgenommen werden 273
aufgeregt 25
Aufguss, der 279
Aufgusskübel, der 279
Auflauf, der 100
Auflaufförmchen, das 48
auflegen 184
Auflieger, der 120
aufnehmen 185
Aufsatz, der 154
Aufschlag, der 198
Aufschlaglinie, die 202
Aufschlagmittellinie, die 202
Aufschnitt, der 68
Aufsteckblitz, der 242
aufstehen 51
auftrennen 240
aufwachen 51
Aufwachraum, der 274
aufwärmen, sich 223
Aufzug, der 39
Auge, das 22, 272
Augenbraue, die 22

Augenbrauen zupfen, sich die 34
Augenoptiker, der 272
Augentropfen, die 272
August, der 343
Aula, die 154
aus biologischem Anbau 74
aus Freilandhaltung 69
aus heimischer Produktion 74
aus Kunstfaser 27
Ausbildung, die 164
Ausfahrt, die 107
Ausfallschritt, der 223
Ausflug, der 148
Ausgehviertel, das 133
Auslandsflug, der 127
auslaufen 129
Ausleihe, die 163
ausleihen 163
ausloggen, sich 180
Auslöser, der 242
Auspuffrohr, das 111, 120
Auspufftopf, der 111
Ausritt, der 215
ausrollen 95
ausschlafen 51
ausschneiden 180
Ausschnitt, der 30
Außenangreifer, der 198
Außenansicht, die 110
Außendienst, der 171
Außenstürmer, der 195
Außentank, der 293
Außenverteidiger, der 195
Außenzelt, das 249
äußere Erdkern, der 295
äußere Erscheinung, die 24
Aussichtsplattform, die 148
ausstechen 95
Ausstechförmchen, das 46
aussteigen 123
Ausstellung, die 148
ausstemmen 59
Auster, die 71
Australian Football, der 221
Australien 310
Ausverkauf, der 142
Auswechselbank, die 197
Auswechsellinie, die 197
Auszeit, die 197
Auto, das 109
Autobahn, die 107
Autobahnkreuz, das 107
Automatikschaltung, die 109
Automatiktür, die 115
Autotransporter, der 120
Autotür, die 111
Autotypen, die 109
Avocado, die 77
Axt, die 286
Ayurveda, das 278

B

Baby, das 18
Babyartikel, die 145
Babydecke, die 27
Babyfäustling, der 27
Babyfläschchen, das 27
Babyfon®, das 50
Babysachen, die 27
Babyschlafsack, der 27
Babyschühchen, das 27
Babytragetasche, die 50
Bachelor, der 162
Backblech, das 46
Backbordseite, die 128
backen 87
Bäcker, der 168
Bäckerei, die 140
Backgammon, das 244
Backofen, der 44
Backofenschalter, der 44
Backpapier, das 46
Backpflaume, die 82
Backpinsel, der 48
Backpulver, das 87
Backutensilien, die 46
Backwaren, die 145
Badeanzug, der 30
Badehose, die 29
Badekappe, die 209
Bademantel, der 28
Badematte, die 55
Bademeister, der 209
Bademeisterin, die 209
baden 55
Badewanne, die 53
Badezimmer, das 53
Badminton, das 201
Badmintonplatz, der 201
Badmintonschläger, der 201
Bagel, der 88
Bagger, der 121
baggern 198
Baguette, das/die 88
Bahamas, die 301
Bahn, die 206, 208
Bahnhof, der 123
Bahnhofshalle, die 123
Bahnsteig, der 123
Bahrain 307
Baht, der 345
Baiser, das 90
Balkendiagramm, das 174
Balkon, der 40, 226
Ball, der 50
Ball halten, den 196
Ball vom Abschlag spielen, den 205
Ballaststoffe, die 103
Ballerina, der 33
Ballett, das 221, 226
Balljunge, der 202
Ballsportarten, die 194, 201
Banane, die 80
Band, die 232
Bandage, die 283
Bandscheibenvorfall, der 269
Bandschleifer, der 59
Bangladesch 307
Bank, die 138, 222, 279
Bankdrücken, das 222
Bankkauffrau, die 169
Bankschließfach, das 139
Bar, die 136
Bär, der 325
Barbados 301
Bärenklau, der 320
Barhocker, der 147
Barista, der 147
Barkeeper, der 147
barock 149
Barren, der 207
Bars, die 147
Bart, der 24
Baseball, der 161, 200
Baseballhandschuh, der 200
Baseballschläger, der 200
Basilikum, das 83
Basisstation, die 184
Basketball, der 161, 199
Basketballkorb, der 161
Basmatireis, der 86
Bassgitarre, die 229
Bassist, der 232
Bassschlüssel, der 231
Basteln, das 235
Batterie, die 111, 158
Bauarbeiter, der 167
Bauch, der 252
Bauchmuskel, der 256
Bauchnabel, der 252
Bauchspeicheldrüse, die 258
Bauer, der 245
Bauhaus, das 149
Bauklötzchen, das 50
Baum, der 210
Baumarkt, der 141
Baumblüte, die 323
Bäume, die 319
Baumwolle, die 240
Baustelle, die 108
Bauxit, der 317
Beachvolleyball, der 198
Beamer, der 174
Beat, der 233
Beatmung, die 275
Becher, der 93
Becken, das 230, 257
bedeckt 312
Beerdigung, die 21
Beeren, die 79
Beförderung, die 175
Befruchtung, die 262
begrenzte Zone, die 199
Begrenzungsleuchte, die 110
Begrüßen 19
begrüßen, jemanden 19
Behälter, der 54
Behandlung, die 264
Behandlungslampe, die 270
behindert 268
Behindertenparkplatz, der 106
Behinderungen, die 268
beide 339
Beifahrerseite, die 110
Beifahrersitz, der 112
Beilage, die 101, 188
Beilagensalat, der 100
Bein, das 252
Beipackzettel, der 277
Beistellschrank, der 42
Beiwagen, der 117
Bekannte, der/die 18
Belag, der 203
belästigen 285
belegte Brötchen, das 88
Belgien 299
Belize 301
Benin 304
Benutzerkonto, das 182
Benzin, das 113
Benzintank, der 111, 117
bequem 30
Berg, der 315
Berghang, der 315
Bergpark, der 150
Bergwacht, die 287
Bericht, der 174
Berichterstatter, der 187
Berichterstatterin, die 187
Berliner, der 90
Bernstein, der 318
Beruf, der 154
Berufe, die 166
Berufseinstieg, der 21
Berufserfahrung, die 165
Berufsfachschule, die 164
Berufsverkehr, der 107
Beruhigungsmittel, das 277
Beschneidung, die 260
Besen, der 60
Besetzung, die 227
Bespannung, die 201
Besprechung, die 174
Besprechungsraum, der 174
Besprechungstisch, der 174
Besteck, das 102
bestellen 99
Bestellung, die 101
bestürzt 26
Besuchszeiten, die 273
Betonmischer, der 121
Betrag, der 139
Betriebsrat, der 171
Betriebssystem, das 181
Betriebswirtschaftslehre, die 162
Bett machen, das 51
Bettbezug, der 49
Bettdecke, die 49
Bettgestell, das 49
Bettruhe, die 274
Beweisstück, das 285
Bewerberin, die 165
Bewerbung, die 165
Bewerbungsgespräch, das 165
Bewerbungsunterlagen, die 165
bewusstlos 275, 282
bezahlen 145
Bezahlfernsehen, das 185
Bezahlung, die 102
Beziehungen, die 18
BH, der 30
Bhutan 307
Biathlon, das 218
Biberratte, die 327
Bibliothek, die 133, 163
Bibliothekar, der 163, 169
Bibliothekarin, die 163
Bibliotheksausweis, der 163
Biene, die 332
Bier, das 94
Bikini, der 30
Bild, das 188
Bildband, der 189
Bildbearbeitung, die 243
Bilderrahmen, der 42, 52
Bildhauer, der 169
Bildhauerei, die 234
Bildschirm, der 178
Bildschirm für das Bordprogramm, der 125
Bildung, die 154
Billion, eine 337
Bindehautentzündung, die 265
Bindung, die 219

Binnenmeer, das 295
Biobaumwolle, die 27
Bioladen, der 140
Biologie, die 156
Bioprodukt, das 69
Bioprodukte, die 145
Birdie, das 205
Birke, die 319
Birne, die 79
Birnenmelone, die 80
Biskuit, das 90
Bitte ein Glas ... 147
Bitte eine Tasse ... 147
Bitte hinterlassen Sie eine Nachricht nach dem Signalton. 184
bitter 75
Bizeps, der 256
Bizepsübung, die 222
Blase, die 269
Blasenentzündung, die 265
blass 24
Blatt, das 74, 244, 319, 321
Blattgemüse, das 76
Blau, das 237
blauen Augen, die 24
Blazer, der 31
Bleichmittel, das 56
bleifrei 113
Bleistift, der 155, 173
Bleistiftspitzer, der 173
Bleistiftzeichnung, die 236
Blendenregler, der 242
blind 268
Blinddarm, der 258
Blindenhund, der 268
Blindenstock, der 268
Blinker, der 117
Blinkerhebel, der 112
Blinkleuchte, die 110
Blitz, der 313
(ausklappbare) Blitz, der 242
Blitzschuh, der 242
blocken 198
blond 23
Blues, der 231
Bluetooth®-Headset, das 183
blühen 321, 323
Blumenbeet, das 63
Blumenkelle, die 64
Blumenkohl, der 76
Blumenladen, der 140
Blumenvase, die 43
Blumenwiese, die 323
Bluse, die 31
Blut, das 269
Blut abnehmen, jemandem 264
Blutdruck messen, den 264
Blutdruckmessgerät, das 264
Blüte, die 321
bluten 269
Blütenblatt, das 321
Blutkreislauf, der 259
Blutorange, die 81
Blutrot, das 237
Blutspende, die 283
Blutung, die 269
Blutvergiftung, die 266
Blutwurst, die 97
BMX-Rad, das 119
Bobfrisur, die 23
Bobsport, der 219
Bodenturnen, das 207
Body, der 27
Bodyboarden, das 212
Bogen, der 149, 229
Bogenschießen, das 221
Bogey, das 205
bohren 59
Bohrer, der 59
Boje, die 129
Bolivien 303
Bombenalarm, der 289
Bonbon, der/das 98
Bongos, die 230
Booster, der 293
Bootsrumpf, der 211
Bordkarte, die 126
Bordstein, der 106
Borke, die 319
Börse, die 139
Börsenkurs, der 139
Bosnien und Herzegowina 299
botanische Garten, der 150
Botschaft, die 134
Botswana 304
Boule, die/das 221
Boulevard, der 132
Boulevardzeitung, die 188
Boutique, die 141
Bowling, das 221
Boxball, der 213
Boxen, das 213
Boxershorts, die 29
Boxhandschuh, der 213
Brandbekämpfung, die 286
Brandung, die 247
Brandungsangeln, das 217
Brandwunde, die 269
Brasilien 303
braten 69, 77, 95
Bratengabel, die 48
Brathähnchen, das 100
Bratkartoffeln, die 100
Bratpfanne, die 48
Braun, das 237
braunen Augen, die 24
Brausetablette, die 276
Braut, die 21
Bräutigam, der 21
Brautkleid, das 21
bremsen 118
Bremsflüssigkeitsbehälter, der 110
Bremshebel, der 118
Bremshebel für die Vorderradbremse, der 117
Bremsleuchte, die 111
Bremspedal, das 112
Brennnessel, die 320
Brettspiel, das 245
Brezel, die 88
Brie, der 72
Brief, der 190
Brief beantworten, einen 190
Brief einwerfen, einen 190
Brief erhalten, einen 190
Brief schicken, jemandem einen 190
Briefkasten, der 38, 190
Briefmarke, die 190
Briefmarken sammeln 234
Brieföffner, der 173
Brieftasche, die 33
Briefträgerin, die 167
Briefumschlag, der 173, 190
Brille, die 32, 272
Brillengestell, das 272
Brillenglas, das 272
Brillenputztuch, das 272
Brise, die 313
Brokkoli, der 76
Brombeere, die 79
Bronchitis, die 265
Bronze, die 207
Bronzer, der 35
Brot, das 88, 96
Brotaufstriche, die 98
Brötchen, das 88, 96
Brotteller, der 102
Browser, der 182
Bruchzahlen, die 338
Brücke, die 106, 132
Bruder, der 17
Brunei 307
brünett 23
Brunnen, der 150
Brunnenkresse, die 74
Brust, die 69, 252
Brustbein, das 257
Brustkorb, der 252, 257
Brustmuskel, der 256
Brustschwimmen, das 208
Brustwarze, die 252
Brutkasten, der 263
B-Säule, die 111
Bube, der 244
Buch, das 146
Buchdeckel, der 189
Buche, die 319
Bücherregal, das 42, 51, 163
Bücherschrank, der 52
Buchhaltung, die 170
Buchladen, der 141
Buchrücken, der 189
buchstabieren 157
Bucht, die 295, 316
Buchungsnummer, die 127
Buchweizen, der 86
Bug, der 124, 128, 210, 211
Bügelbrett, das 56
Bügeleisen, das 56
bügeln 56
Bügelsäge, die 58
Bugfahrwerk, das 124
Bugwulst, der 128
Bühne, die 226
Bühnenbild, das 227
Bulgarien 299
Bulgur, der 86
Bullauge, das 128
Bungalow, der 38
Bungeespringen, das 220
Bunker, der 204
Bunsenbrenner, der 159
Buntstift, der 235
Burg, die 134
Bürgersteig, der 106
Burkina Faso 304
Büro, das 172
Büroalltag, der 175
Bürobedarf, der 173
Bürogebäude, das 134
Bürokauffrau, die 168
Büroklammer, die 173
Büromöbel, die 172
Bürostuhl, der 172
Bürste, die 57
Burundi 304
Bus, der 115
Busbahnhof, der 115
Busfahrer, der 168
Bushaltestelle, die 115, 135
Businessklasse, die 124
Büstenhalter, der 30
Butter, die 73, 96
Butterblume, die 320
Butterbrotdose, die 160
Buttermilch, die 73
Butternusskürbis, der 77
Bytes, (die) 180

C

Cabrio, das 109
Caddie, der 205
Cafés, die 147
Camembert, der 73
Campingbus, der 248
Campingplatz, der 248
Campingstuhl, der 248
Campingtoilette, die 249
Campus, der 162
Capoeira, die 213
Cappuccino, der 93, 96
Carport, der 39
Cashewkern, der 82
CD/DVD auswerfen, eine 181
CD/DVD-Laufwerk, das 178
CD-ROM, die 179
CD-Spieler, der 233
Cello, das 229
Celsius 312
Chamäleon, das 330
Champagner, der 94
Champignon, der 74
Check-in-Automat, der 126
Check-in-Schalter, der 126
Cheddar, der 73
Chef, der 175
Chemie, die 156
Chemikalienhandschuh, der 158
Cherimoya, die 80
Chicorée, der/die 76
Chile 303
Chiliflocken, die 84
Chilischote, die 77, 84
China 307
chinesische Neujahr, das 20
Chipkartenterminal, das 138
chippen 205
Chips, die 98
Chirurg, der 166, 274
Chirurgie, die 274
Cholesterin, das 103
Chopper, der 116
Chor, der 228
Chrysantheme, die 322
Cidre, der 94
Citrin, der 318
Clementine, die 81
Cockpit, das 116, 124, 210
Cocktail, der 94
Cocktailshaker, der 147
Cola, die/das 92
Collage, die 236
Comic, der/das 146

Commonwealth, das 311
Compact-Flash-Karte, die 243
Computer, der 178
Computergehäuse, das 178
Computerraum, der 154
Computertomografie, die 275
Concierge, der/die 137
Containerhafen, der 129
Containerlager, das 129
Containerschiff, das 129
Controlling, das 170
Cornflakes, die 96
Costa Rica 302
Couchtisch, der 42
Countrymusik, die 231
Couscous, der/das 86
Cousine, die 17
Crème brûlée, die 91
Crêpe, die 91
Crew, die 210
Croissant, das 88, 96
Crosstrainer, der 222
Crowdsurfing, das 232
Curling, das 219
Curry, das 100
Currypulver, das 84
Cyan, das 237

D

Dach, das 40, 110
Dachboden, der 39
Dachdecker, der 167
Dachfenster, das 40
Dachgarten, der 63
Dachgaube, die 40
Dachrinne, die 40
Dachs, der 325
Dachziegel, der 40
Dame, die 244, 245
Damenabteilung, die 143
Damenkleidung, die 30
Damespiel, das 244
Dampfbad, das 279
Dampfgarer, der 45
Dampflok, die 122
Dänemark 299
Darlehen, das 138
Darmgrippe, die 265
Darts, das 221
Das Gleiche noch einmal. 147
Das passt gut, ich nehme es. 28
Datei, die 181
Datei ausdrucken, eine 180
Datei öffnen, eine 180
Datei verschieben, eine 180
Datenspeicher, der 183
Dattel, die 82
Datum, das 343
Daumen, der 254
Deck, das 128
Decke, die 42
Deckel, der 93
decken 199
Defibrillator, der 282
Dehnung, die 223
Delfin, der 327
Deltamuskel, der 256
Demenz, die 267
Demokratische Republik Kongo, die 304
Denkmal, das 135
Deo, das 34
Deodorant, das 277
Depression, die 267
der 9. September 2017 342
Der Motor springt nicht an. 114
Desinfektionsmittel, das 283
Desktop-Computer, der 178
Dessertlöffel, der 102
Desserts, die 91
Deutschland 299
Dezember, der 343
Dezimalpunkt, der 339
Diabetes, der 267
Diagnose, die 264
Diagnose stellen, eine 275
Dialyse, die 267
Diamant, der 318
Diaphragma, das 261
Diät, die 103
Dichtstoff, der 60
dick 24
Dickdarm, der 258
dickköpfig 26
Diebstahl, der 285
Diele, die 41
Dienstag, der 343
Dienstgürtel, der 284
Diesel, der 113
digitale Bilderrahmen, der 243
Digitalempfänger, der 185
Digitalkamera, die 242
Dill, der 83
Dinar, der 345
Dinkel, der 86
Diphtherie, die 266
Diplom, das 162
Dirigent, der 228
Dirigentenpult, das 228
Disko, die 231
Diskus- und Hammerwurf, der 206
Display, das 184
Disqualifikation, die 197
Dissertation, die 162
Distel, die 320
dividieren 339
Diwalifest, das 20
DJ, der 187, 232
Dokumentarfilm, der 186
Dollar, der 345
Dom, der 132
Dominica 302
Dominikanische Republik, die 302
Dominostein, der 244
Döner, der 99
Donner, der 313
Donnerstag, der 343
Doppel, das 202
Doppelbett, das 49
Doppeldecker, der 115
Doppeldribbling, das 199
Doppelhaus, das 38
Doppelpaddel, das 211
doppelt 339
Doppelzimmer, das 136
Dorn, der 321
Dosenfisch, der 71
Dosenöffner, der 47
Dosierung, die 276
Download, der 182
Dozentin, die 162
Drachenfliegen, das 220
Draht, der 60
Drahtnetz, das 159
Drama, das 156
Drehstuhl, der 52
Drehzahlmesser, der 114
drei 336
drei Uhr 340
drei Viertel 338
Drei-/Vier-Sterne-Hotel, das 137
dreifach 339
Dreifuß, der 159
dreihundertste(r, s) 338
dreimal 339
Drei-Punkte-Linie, die 199
Dreirad, das 119
dreißig 336
dreißigste(r, s) 338
dreitürig 109
dreiundzwanzig 336
dreiundzwanzig Uhr 341
dreizehn 336
dreizehn Uhr 340
dreizehnte(r, s) 337
Dreizimmerwohnung, die 40
Dressurreiten, das 215
dritte(r, s) 337
Drittel, ein 338
driven 205
Drogerie, die 141
Druckknopf, der 28
Druckluftflasche, die 211
Drüse, die 258
Dschibuti 304
Du bist dran. 245
Dudelsack, der 230
duften 321
düngen 65
Dünger, der 65
Dunk, der 199
dunkel 23
Dunkelblau, das 237
Dunkelkammer, die 243
dunkle Bier, das 94
Dünndarm, der 258
Dunstabzugshaube, die 44
Durchfall, der 265
Durchschwung, der 205
Dürre, die 314
Dusche, die 53
duschen 55
Duschen und Toiletten, die 248
Duschgel, das 34
Duschkabine, die 53
Duschkopf, der 55
Duschschwamm, der 55
Duschvorhang, der 55
Dutt, der 23
Duty-free-Laden, der 126
Dutzend, ein 339
DVD, die 185
DVD-Player, der 185
Dynamo, der 118

E

Ebbe, die 247
Ebene, die 316
E-Book-Reader, der 183
EC-Karte, die 138
Eckbogen, der 194
Eckstoß, der 195
Eckzahn, der 270
Eclair, das 90
Economyklasse, die 124
Ecuador 303
Edelsteine, die 318
Efeu, der/das 323
Ehefrau, die 16
ehemalige jugoslawische Republik Mazedonien 299
Ehemann, der 16
Ehepaar, das 17
Eiche, die 319
Eichel, die 260
Eichhörnchen, das 324
Eidechse, die 330
Eier, die 72
Eierkarton, der 73
Eierschale, die 72
Eierschneider, der 47
Eierstock, der 261
eifersüchtig 26
Eigelb, das 72
Eigenkapital, das 139
Eigentum, das 38
Eigentümer, der 40
Eigentümerin, die 40
Eigentumswohnung, die 38
Eilbrief, der 190
Eileiter, der 261
Eimer, der 57, 246
ein Uhr, ein 340
ein-/auschecken 137
Ein/Aus-Schalter, der 178
Einbahnstraße, die 106, 108
Einband, der 189
Einbauküche, die 44
Einbauleuchte, die 44
Einbiegen nach links verboten 108
Einbiegen nach rechts verboten 108
Einbruch, der 285
Eine einfache Fahrt nach ..., bitte. 123
Eine Portion Pommes rot-weiß, bitte. 99
eineiigen Zwillinge, die 263
einfach 339
Einfädler, der 239
Einfahrt, die 107
Einfahrt verboten 108
Einfamilienhaus, das 38
einfügen 180
Eingabetaste, die 178
Eingang, der 41
eingeben 180
einholen 217
einige 339
einjährig 323
Einkaufen, das 140
Einkaufskorb, der 144
Einkaufsliste, die 144
Einkaufstüte, die 143
Einkaufsviertel, das 133

Einkaufswagen, der 144
Einkaufszentrum, das 142
einlochen 204
einloggen, sich 180
einmal 339
Einrad, das 119
eins 336
Einsatzkraft, die 287
Einschienenbahn, die 122
einschlafen 51
Einschreiben, das 190
Einschulung, die 21
Einstand, der 202
einsteigen 123
einstellen, jemanden 165
Einstellrad, das 159
Einstellungen, die 181
Eintopf, der 100
eintopfen 65
Eintrittsgeld, das 148
Eintrittskarte, die 227
einundzwanzig 336
einundzwanzig Uhr 341
einundzwanzigste(r, s) 337
Einwegkamera, die 242
Einwurf, der 195
Einzel, das 202
Einzelbett, das 51
Einzelhaus, das 40
Einzelzimmer, das 136, 273
Eis, das 313
Eisbär, der 325
Eisbecher, der 91
Eisbergsalat, der 76
Eiscreme, die 91
Eisen, das 205
Eisenerz, das 317
Eishockey, das 200
Eiskaffee, der 92
Eiskugel, die 91
Eiskunstlauf, der 219
Eislutscher, der 98
Eisportionierer, der 47
Eisprung, der 261
Eisschnelllauf, der 219
Eisschokolade, die 92
Eistee, der 92
Eiswaffel, die 91
Eiweiß, das 72, 103
Eizelle, die 262
Ekzem, das 265
El Salvador 302
Elefant, der 326
Elektriker, der 167
elektrische Gitarre, die 229
elektrische Schlag, der 269
Elektrobohrer, der 59
Elektroboiler, der 54
Elektrofachmarkt, der 141
Elektrofahrrad, das 119
Elektrogrill, der 45
elf 336
elf Uhr 340
Elfenbeinküste, die 304
Elfmeter, der 196
Elfmeterpunkt, der 194
elfte(r, s) 337
Ellbogen, der 253
Elle, die 257
Eltern, die 17
Elternabend, der 157
Elternzeit, die 175
E-Mail-Adresse, die 182
Embryo, der/das 262
Emmentaler, der 73
empfangen 182
Empfänger, der 190
Empfängnis, die 262
Empfängnisverhütung, die 261
Empfangsbestätigung unterschreiben, die 190
Empfangsdame, die 136, 166
Endiviensalat, der 76
endokrine System, das 259
Energiesparlampe, die 62
eng 28
Enkel, der 16
Enkelin, die 16
Ente, die 69, 329
Entenfleisch, das 69
Entfernungstafel, die 107
Entführung, die 285
Entgiftung, die 278
Enthaarung, die 34
entlassen werden 175, 273
Entschuldigen Sie bitte, wie komme ich nach …? 135
Entschuldigung, ich habe mich verwählt. 184
Entsorgungsstation, die 249
Entspannung, die 278
Entziehungskur, die 278
Entzug machen, einen 278
Entzündung, die 266
Epidemie, die 289
Epilepsie, die 267
Erdbeben, das 314
Erdbeere, die 79
Erde, die 292, 295
Erdgeschoss, das 40, 142
Erdkruste, die 295
Erdkunde, die 156
Erdmännchen, das 325
Erdmantel, der 295
Erdnuss, die 82
Erdnussbutter, die 89
Erdrutsch, der 314
Erdspeer, der 217
Erdung, die 62
Ereignisse im Leben, die 21
Erektion, die 260
Erfrischungsgetränke, die 92
Ergebnisse, die 264
Ergometer, das 222
Eritrea 304
Erkältung, die 266
Erkennungsmelodie, die 187
Ermäßigung, die 148
Ermittlung, die 284
Ernährung, die 103
erneuerbare Energie, die 62
ernten 65
Ersatzreifen, der 114
Ersatzspieler, der 197
erste Etage, die 142
Erste Hilfe, die 282
erste Hilfe leisten 282
erste Klasse, die 122, 124
erste Liga, die 195
erste Rang, der 226
erste Stock, der 40
erste(r, s) 337
Erste-Hilfe-Kasten, der 283
Erste-Hilfe-Kurs, der 283
ertrinken 288
Erwachsene, der 18
Erzählliteratur, die 189
Es ist ein Unfall passiert! 289
Es ist schön/trüb/nass-kalt. 312
Es ist zwei Uhr. 340
Es regnet/schneit. 312
Escapetaste, die 178
Esche, die 319
Esel, der 326
Espresso, der 93
Essen 68
Essen auftauen, das 44
Essensausgabe, die 160
Essig, der 85
Esslöffel, der 344
Essstörung, die 267
Essteller, der 102
Esstisch, der 43
Esszimmer, das 43
Estland 299
Estragon, der 83
Etagenbett, das 51
Ethikunterricht, der 156
etliche 339
etwas auf Rechnung setzen 147
Eukalyptus, der 319
Eule, die 329
Euro, der 345
Europa 299
Europäische Union (EU), die 311
Evakuierung, die 289
Exotische Früchte 80
Explosion, die 289

F

Fabrik, die 134
Fachbereich, der 164
Fächerfisch, der 331
Fäden, die 274
Faden einfädeln, einen 239
Fadenführung, die 238
Fadenhebel, der 238
Fagott, das 229
Fahne, die 204
Fähre, die 129
Fahrenheit 312
Fahrerseite, die 110
Fahrersitz, der 112, 116
Fahrkarte, die 115
Fahrkartenautomat, der 115, 123
Fahrkartenschalter, der 123
Fahrplan, der 115
Fahrpreis, der 115
Fahrrad, das 118
Fahrradhelm, der 118
Fahrradkorb, der 118
Fahrradschlauch flicken, einen 118
Fahrradschloss, das 119
Fahrradständer, der 119
Fahrradweg, der 106
Fahrspur, die 106
Fahrsteig, der 127
Fahrtrage, die 275
Fahrwerk, das 124
Fahrzeuge, die 121
Fahrzeugkran, der 121
Fahrziel, das 115
Fairway, das 204
Fallschirmspringen, das 220
Falte, die 22
Familie, die 16, 18
Familie gründen, eine 21
Familienzimmer, das 137
Fang, der 217
fangen 199, 217
Fangnetz, das 287
Fans, die 232
Farbdose, die 61
Farbe, die 61, 237
Farbmuster, das 61
Farbpalette, die 35
Farbroller, der 61
Farbwanne, die 61
Fassade, die 149
fasten 103
Fastfood, das 99
faulig 81
Faultier, das 327
Faxgerät, das 184
Februar, der 343
Fechten, das 221
Feder, die 328
Federball, der 161, 201
Federkleid, das 328
Federmäppchen, das 155
fegen 57
Fehler, der 202
Fehlermeldung, die 181
Fehlgeburt, die 263
Fehlstart, der 208
Feier, die 20
Feiertag, der 20, 342
Feige, die 80
feilen 59
Feinkost, die 145
Feldsalat, der 76
Feldspieler, die 197
Felge, die 111, 118
Felgenbremse, die 118
Fell, das 324
Felsen, der 315
Fenchel, der 74, 83, 84
Fenster, das 40, 124, 181
Fenster minimieren, ein 181
Fensterbank, die 51
Fensterbrett, das 43
Ferien, die 157, 246
Fernbedienung, die 185
Fernlicht, das 110
Fernsehbank, die 42
Fernsehen, das 185
fernsehen 185
Fernseher, der 185
Fernsehserie, die 185
Fernsehturm, der 132
Ferse, die 253, 254
Fersenbein, das 257
Festanstellung, die 165
Feste, die 20
festkochend 75
Festnahme, die 285
(externe) Festplatte, die 179
Feststelltaste, die 178
Feta, der 72
Fett, das 103
fettarm 73
feucht 312
Feuchtgebiet, das 316

Feuchtigkeitscreme, die 34
Feuchttuch, das 277
Feueranzünder, der 248
Feuerlöscher, der 113, 286
Feuerwache, die 133, 286
Feuerwehr, die 286
Feuerwehrfahrzeug, das 121
Feuerwehrhelm, der 286
Feuerwehrmann, der 286
Feuerwehrschlauch, der 286
Feuerwehrschutzjacke, die 286
Feuerzeug, das 146
Fichte, die 319
Fidschi 310
Fieber, das 266
Fieberthermometer, das/der 277
Filet, das 68, 71
Film, der 243
Filme drehen 234
Filmplakat, das 241
Filter, der 242
Filzstift, der 235
Finanzberater, der 139
Fingerabdruck, der 284
Fingerhut, der 239, 320
Fingerknöchel, der 254
Fingerkuppe, die 254
Fingernagel, der 254
Finimeter, das 211
Fink, der 328
Finnland 299
Fisch, der 70
Fisch einholen, einen 217
Fisch entgräten, einen 71
Fisch fangen, einen 216
Fisch mit Pommes, der 99
Fische, die 331
Fischer, der 167
Fischgeschäft, das 140
Fischkorb, der 217
Fischrogen, der 70
Fischschwarm, der 331
Fischsteak, das 70
Fischtheke, die 145
Fitness, die 194, 222
Fitnessball, der 222
Fitnessraum, der 136
Fitnessstudio, das 222
FKK-Strand, der 247
Flachbettauflieger, der 120
Flachpinsel, der 61
Flachrennen, das 215
Fladenbrot, das 88
Flamingo, der 329
Fläschchen, das 263
Flaschenöffner, der 48
Flatrate, die 183
flattern 328
Flauschdecke, die 50
Flechte, die 320
Fleckenentferner, der 56
Fledermaus, die 324
Fleisch, das 68
Fleisch und Geflügel, das 145
Fleischklopfer, der 47
Fleischtheke, die 144
Flickzeug, das 119
Flieder, der 321
Fliege, die 29, 332
fliegen 125
Fliegende Fisch, der 331
Fliegenfischen, das 217
fliehen 285
Fließhecklimousine, die 109
Flip-Flop®, der 33, 246
Floh, der 333
Flosse, die 331
Flug buchen, einen 127
Flugbegleiterin, die 125, 168
Flügel, der 69, 149, 230, 328
Fluggastbrücke, die 126
Fluggasttreppe, die 126
Fluggesellschaft, die 124
Flughafen, der 126
Fluglotse, der 126
Flugsicherungsdienst, der 124
Flugsteig, der 126
Flugzeug, das 124
Flugzeugtür, die 124
Flur, der 39
Fluss, der 132, 315
Flussfahrt, die 148
flüssige Honig, der 89
Flusskrebs, der 71
Flussmündung, die 315
Flut, die 247
Fock, die 210
Föhn, der 55
Folge, die 185
Folie, die 174
Food Court, der 142
Football, der 161
Forelle, die 70
Formel 1®, die 220
Formschnitt, der 323
Forschung, die 162
Forschungsinstitut, das 162
Fortschrittsbalken, der 181
Foto, das 52
Foto machen, ein 243
Fotoalbum, das 243
Fotograf, der 169
Fotografieren, das 242
fotografieren lassen, sich 243
Fotostudio, das 243
Foul, das 195
Foyer, das 226
Fracht, die 129
Franc, der 345
Frankreich 299
Frau, die 18, 252, 253
Frau ... 18
Free-TV, das 185
freie Jahr, das 164
freie Rippe, die 257
freilassen 217
Freilufttheater, das 226
Freiraum, der 198
Freistil, der 219
Freistoß, der 195
Freitag, der 343
Freiwurflinie, die 197, 199
Freizeit, die 226
Fremdenführer, der 148
Fremdenführerin, die 148
Fremdsprachen, die 156
Frequenz, die 187
Frettchen, das 324
Freund, der 18
Freunde, die 18
Freundin, die 18
freundlich 25
Friedhof, der 135
Frikadelle, die 100
Frisbee®, das 221
frisch 71, 81
frisch gepresste Grapefruitsaft, der 92
frisch machen, sich 55
frische Obst, das 96
Frischhaltefolie, die 46
Frischkäse, der 73
Friseurin, die 168
Friseursalon, der 141
frittieren 95
Frontlader, der 56
Frontmann, der 232
Frosch, der 330
Frost, der 313
Frozen Yogurt, der 98
fruchtbar 261
Fruchtblase, die 262
Früchtejoghurt, der 96
Fruchtgemüse, das 77
Fruchtshake, der 97
Fruchtwasser, das 262
Frühchen, das 263
Frühgeburt, die 263
Frühling, der 342
Frühlingsblume, die 321
Frühlingszwiebel, die 75
Frühstück, das 96
Frühstücksbuffet, das 137
Frühstücksflocken, die 96, 145
Frühstückstheke, die 44
Fruktose, die 103
Fuchs, der 325
Führerstand, der 122
Füller, der 155
fünf 336
fünf nach zwölf 341
fünf Uhr 340
fünf und drei Achtel 338
fünffach 339
fünfte(r, s) 337
Fünftel, ein 338
fünfundfünfzigtausend 337
fünfzehn 336
fünfzehn Uhr 341
fünfzehnte(r, s) 337
fünfzig 336
fünfzigste(r, s) 338
fünfzigtausend 337
Funkantenne, die 128
Funkloch, das 183
Fürstentum, das 298
Fusilli, die 87
Fuß, der 159, 252, 254, 344
Fuß verstauchen/brechen, sich den 269
Fußabtreter, der 38
Fußball, der 161, 194, 196
Fußballschuh, der 196
Fußbodenheizung, die 62
Fußgängerampel, die 106, 135
Fußgängerzone, die 135
Fußgelenk, das 254
Fußgewölbe, das 254
Fußraste, die 116
Fußreflexzonenmassage, die 278
Fußrücken, der 254
Fußschalthebel, der 116
Fußsohle, die 254
Fußstütze, die 112, 268
Fußweg, der 150

G

Gabel, die 102, 118
Gabelstapler, der 121
Gabun 304
Galaxie, die 294
Gallenblase, die 258
Galopp, der 215
Gambia 304
Gang, der 125, 144
Gans, die 69, 329
Gänseblümchen, das 320
Gänseei, das 72
Gänsefleisch, das 69
Garage, die 39
Garam masala, das 84
Garderobenständer, der 41
Garnele, die 71
Garnrollenstift, der 238
Garten, der 63
Gartenanlage, die 150
Gartenarbeit, die 65
Gartenbank, die 63
Gartenerbse, die 78
Gartengeräte, die 64
Gartenhandschuh, der 64
Gartenhaus, das 63
Gartenmauer, die 63
Gartenmöbel, die 63
Gartenpflanzen, die 323
Gartenschlauch, der 64
Gartenteich, der 63
Gartenweg, der 63
Gartenzaun, der 63
Gärtner, der 168
gärtnern 234
Gasbrenner, der 248
Gasdrehgriff, der 117
Gasflasche, die 248
Gaspedal, das 112
Gasse, die 132
Gast, der 101
Gastroenterologie, die 273
Gas-Wandheizgerät, das 54
Gaumen, der 255
Gebäck, das 90
gebackenen Bohnen, die 97
Gebärdensprache, die 268
Gebärmutter, die 261
Gebärmutterhals, der 261
Gebäude in der Innenstadt 134
Gebäudereiniger, der 167
geben 244
Gebirge, das 315
Gebirgsbach, der 316
Gebirgskette, die 295
gebratenen Nudeln, die 99
gebundene Buch, das 189
Geburt, die 21, 262
Geburt einleiten, die 262
Geburtsgewicht, das 263
Geburtstag, der 20
Geburtstagskerze, die 90
Geburtstagskuchen, der 90
Gecko, der 330
gedämpfte Gemüse, das 74
Gedenkstätte, die 149
geduldig 25
Gefahr, die 289
Gefälle, das 108

Gefängnis, das 285
Geflügel, das 69
Gefrierbeutel, der 46
Gefrierschrank, der 44
Gefühle, die 25
gegart 77
Gegen Mittag. 341
(schräg) gegenüber 135
Gegenverkehr, der 108
gegrillte Tomate, die 97
Gehalt, das 175
Gehirn, das 255
Gehirnerschütterung, die 269
gehörlos 268
Gehweg, der 132
Geige, die 229
Geisteswissenschaften, die 162
gekocht 77
gekochte Ei, das 96
gelähmt 268
Geländemotorrad, das 116
Geländer, das 123
Geländewagen, der 109
gelangweilt 26
Gelb, das 237
gelbe Karte, die 195
Gelbgrün, das 237
Gelborange, das 237
Geld abheben 138
Geld einzahlen 138
Geldautomat, der 138
Geldschein, der 139
gemahlen 85
Gemälde, das 42
Gemeinschaftskunde, die 156
Gemüse, das 74
Gemüsegarten, der 63
Gemüseladen, der 140
Generalprobe, die 227
Genesung, die 274
geöffnet 148
geografische Breite, die 298
geografische Länge, die 298
Georgien 308
Gepäckablage, die 122, 137
Gepäckband, das 127
Gepäckfach, das 125
Gepäckkontrolle, die 127
Gepäckraum, der 115, 124
Gepäckträger, der 118
Gepard, der 325
geparkte Auto, das 106
gepökelt 69
gepolsterte Hocker, der 42
Geranie, die 322
geraspelt 85
geräuchert 69, 71
Gerbera, die 322
Gerichte, die 96
Gerichtsgebäude, das 133
geriebene Käse, der 73
geröstet 82
Gerste, die 86
Geruchssinn, der 259
gesalzen 82
Gesangstück, das 233
Gesäß, das 253
Gesäßbacke, die 253
Gesäßmuskel, der 256
Gesäßspalte, die 253
Geschäft, das 142
Geschäfte, die 140
Geschäftsfrau, die 174
Geschäftsführung, die 170
Geschäftsmann, der 174
Geschäftsreise, die 174
Geschäftsviertel, das 132
geschält 81
Geschenkeladen, der 141
Geschichte, die 156
geschieden 17
Geschirr, das 102
Geschirr abtropfen lassen, das 44
Geschirrtuch, das 44
Geschlechtskrankheit, die 260
Geschlechtsorgane, die 260
Geschlechtsverkehr, der 260
geschlossen 148
Geschmackssinn, der 259
Geschmacksverstärker, der 103
Geschwindigkeit, die 114
Geschwindigkeitsbegrenzung, die 108
Geschwindigkeitsüberschreitung, die 107
Geschwister, die 18
Geschwür, das 267
Gesellschaft mit beschränkter Haftung (GmbH), die 170
Gesellschafter, der 171
Gesicht, das 22
Gesichtsbehandlung, die 279
Gesichtscreme, die 34
Gesichtsmaske, die 279
gestern 342
gestresst 26
gesund 266
gesunde Ernährung, die 103
Gesundheit, die 252
Getränk, das 241
Getränke, die 92, 145
Getreide, das 86
Getriebe, das 111, 116
Gewächshaus, das 63
Gewalt, die 285
Gewebe, das 258
gewellt 23
Gewicht, das 191, 345
Gewichtsscheibe, die 222
gewinnen 245
Gewitter, das 313
Gewölbe, das 149
Gewürze, die 83
Geysir, der 316
Ghana 304
Gibbon, der 327
gießen 65
Gießkanne, die 64
Gift, das 330
Giftzahn, der 330
Gin Tonic, der 94
Gipfel, der 315
Giraffe, die 326
Girokonto, das 138
Gitarrist, der 232
Gitterbettchen, das 50
Gitterstab, der 50
glänzend 243
Glas, das 89
glasieren 95
glatt 23
Glätteisen, das 55
Glatze, die 23
Gleichgewichtssinn, der 259
Gleisnummer, die 123
Gleitsichtbrille, die 272
Gletscher, der 315
Glück, das 245
glücklich 25
Glühbirne, die 62
Glühfaden, der 62
Glühwein, der 93
Glukose, die 103
glutenfrei 103
glutenfreie Mehl, das 87
GmbH & Co. KG, die 170
Gold, das 207, 317
Goldfisch, der 331
Golf, das 204, 295
Golfball, der 204
Golfcart, das 205
Golfplatz, der 204
Golfschläger, die 205
Golfspieler, der 205
Golftasche, die 205
Golftrolley, der 205
Gong, der 228
Gorgonzola, der 72
Gorilla, der 327
gotisch 149
Gottesanbeterin, die 332
Gouache, die 235
Gouda, der 73
Grabmal, das 149
Grad, der 312
Graffiti, das 236
Grafikerin, die 169
Grafit, der 317
Gramm, das 345
Granat, der 318
Granatapfel, der 80
Granit, der 317
Grapefruit, die 81
Grasland, das 316
Gräte, die 71
Grau, das 237
grau meliert 23
Graubrot, das 88
graue Star, der 272
grauen Augen, die 24
gravieren 234
Great Barrier Reef, das 297
Greifreifen, der 268
Grenada 302
Griechenland 299
Griff, der 201, 203
Grille, die 332
grillen 69, 95
Grillpfanne, die 48
Grillplatz, der 151
Grillrost, der 248
Grimasse schneiden, eine 22
Grippe, die 266
Gros, ein 339
groß 24, 28
Größe, die 30
große Trommel, die 228
große Zeh, der 254
Großeltern, die 17
großformatige Zeitung, die 188
Großhirn, das 255
Großmutter, die 17
Großraumabteil, das 122
Großsegel, das 210
Großvater, der 17
Grübchen, das 22
Grün, das 204, 237
Grundgestein, das 295
Grundierung, die 35
Grundlinie, die 198, 199, 202, 203
Grundriss, der 39
Grundschule, die 154
Grundstück, das 38
grüne Bohne, die 78
grüne Linse, die 78
grüne Star, der 272
grünen Augen, die 24
Grußkarte, die 146
Guatemala 302
Guave, die 80
Gugelhupf, der 90
Guinea 305
Guinea-Bissau 305
Gummibärchen, das 98
Gummihandschuh, der 57
Gummistiefel, der 33
Gummiwischer, der 57
Gurke, die 77
Gürtel, der 33
Gürtelrose, die 266
Gürtelschlaufe, die 33
Guten Abend! 19
Guten Appetit! 102
Guten Morgen! 19
Guten Tag! 19
Güterzug, der 122
Guthaben, das 183
Guyana 303
Gymnasium, das 154
Gynäkologie, die 273

H

Haar, das 22, 23
Haarbürste, die 34
Haare föhnen, sich die 34
Haare glätten, sich die 34
Haargummi, der/das 34
Haarprodukt, das 34
Haarspange, die 34
Haben Sie das auch eine Nummer größer/kleiner? 28
Haben Sie ein Zimmer frei? 136
Habicht, der 328
Habilitation, die 162
Hacke, die 64
Hackfleisch, das 68
Hackmesser, das 47
Hafen, der 129
Hafer, der 86
Haferbrei, der 97
Haftnotiz, die 173
Haftstreifen, der 173
Hagel, der 313
Hahn, der 329
Hahn auf-/zudrehen, den 55
Hähnchen, das 69
Hähnchenkeule, die 69
Haiti 302
häkeln 240
halb elf 341
halbe Stunde, eine 340
Halbedelsteine, die 318
halber/halbes/eine halbe, ein 338

halbes Dutzend, ein 339
Halbfeld, das 202
Halbinsel, die 295
Halbmond, der 292
Halbpension, die 137
Halbzeit, die 196
Halfpipe, die 219
Hallo! 19
Halloween, das 20
Hals, der 252
Halskette, die 32
Halsschmerzen, die 265
Halswirbel, der 257
Halteknopf, der 115
Halteschlaufe, die 115
Halteverbot, das 108
Haltung, die 204
Hamburger, der 99
Hammer, der 58
hämmern 59
Hamster, der 324
Hand, die 253, 254
Hand geben, sich die 19
Handball, der 161, 197
Handbremse, die 112
Handfeger, der 57
Handfläche, die 254
Handfunkgerät, das 284
Handgelenk, das 253, 254
Handgepäck, das 125
Handicap, das 205
Handrad, das 238
Handrechen, der 64
Handrührgerät, das 45
Handsäge, die 58
Handschaltung, die 109
Handschellen, die 284
Handschuh, der 32
Handschuhfach, das 112
Handstand, der 207
Handtasche, die 33
Handtuch, das 53
Handtuchhalter, der 53
Handwerker, der 61
Handy, das 183
Handytasche, die 32, 183
Hängelampe, die 51
Hangelgerüst, das 151
Hängematte, die 248
Hängeregister, das 173
Hängeschrank, der 44
Hanukkah, die 20
Hardware 179
Harfe, die 229
Harnblase, die 259, 260, 261
Harnleiter, der 259
Harnröhre, die 260, 261
Harnsystem, das 259
Harpune, die 217
Haselnuss, die 82
Hasenglöckchen, das 320
hässlich 24
Hauptgericht, das 101
Hauptmahlzeit, die 100
Hauptstadt, die 298
Haus, das 40
Hausarbeit, die 164
Hausaufgabe, die 157
Hausbriefkasten, der 191
Hausmeister, der 39
Hausnummer, die 38
Hauspost, die 172
Hausschlüssel, der 38
Hausschuh, der 28
Haustür, die 40
Hauswirtschaft, die 157
Haut, die 22
Hautausschlag, der 265
Hautpflege, die 277
Havarie, die 288
Heavy Metal, das 231
Hebamme, die 262
Heberglocke, die 54
Hechtabwehr, die 198
Heck, das 124, 210, 211
Hecke, die 63
Heckenschere, die 64
Heckscheibe, die 111
Hefe, die 87
Hefeweizen, das 94
heften 240
Heide, die 316
Heidekraut, das 320
Heidelbeere, die 79
Heilbutt, der 70
Heimtextilienabteilung, die 143
Heimwerkstatt, die 58
heiraten 21
Heiratsantrag machen, jemandem einen 21
heiß 312
heiße Schokolade, die 97
Heißgetränke, die 93
Heizdecke, die 49
Heizkörper, der 62
Heizung, die 62
Heizung anschalten/ausschalten, die 62
Heizungsregler, der 112
Hektar, der/das 344
Hellbraun, das 237
Hellgelb, das 237
Helm, der 287
Hemd, das 29
Herbst, der 342
Herd, der 44
Hering, der 249
Herr ... 18
Herrenabteilung, die 143
Herrenkleidung, die 29
Herz, das 74, 244, 258, 259
Herzdruckmassage, die 282
Herzinfarkt, der 267
Herz-Kreislauf-System, das 259
Herzlich willkommen! 19
Herzlichen Glückwunsch! 20
Herzmonitor, der 275
Herzmuschel, die 71
Heuschnupfen, der 266
Heuschrecke, die 332
heute 342
Hi-Hat, die/das 230
Hilfe! 289
Himalaja, der 297
Himbeere, die 79
Himmel und Hölle spielen 160
hin und zurück 123
hinken 268
hintere Aufschlaglinie Doppel, die 201
hintere Aufschlaglinie Einzel, die 201
hintere Backenzahn, der 270
Hinterrad, das 118
Hinterzwiesel, der 214
Hip-Hop, der 231
Hirnhautentzündung, die 266
Hirnstamm, der 255
Hirse, die 86
Hitparade, die 187
Hitzewelle, die 314
HIV-positiv/negativ 267
Hobbys, die 234
hobeln 59
Hochformat, das 243
Hochgeschwindigkeitszug, der 122
Hochschulabschluss, der 164
Hochseeangeln, das 217
Hochsprung, der 206
Hochstuhl, der 43
Hochzeit, die 20
Hochzeitstag, der 20
Hocker, der 49
Hockey, das 200
Hockeyschläger, der 200
Hoden, der 260
Hodensack, der 260
Hof, der 38
hohe Blutdruck, der 266
hohe Stiefel, der 33
Höhenleitwerk, das 124
Höhle, die 315
Hole-in-one, das 205
Holunderbeere, die 79
Holz, das 205
Holzboden, der 43
Holzbrett, das 60
Holzhammer, der 58
Holzkohle, die 248
homogenisiert 73
homöopathische Heilmittel, das 278
Honduras 302
Honig, der 89
Honigmelone, die 81
Hörer, der 184
Hörgerät, das 268
Hormon, das 260
Horn, das 229, 324
Hornhaut, die 272
Hornhecht, der 331
Hornisse, die 332
Horrorfilm, der 241
Hörsaal, der 162
Hörsinn, der 259
Hörspiel, das 187
Hortensie, die 322
Hose, die 29, 196
Hosenträger, die 32
Hot Dog, der/das 99
Hotel, das 136
Hotelanlage, die 136
hübsch 24
Huf, der 214, 324
Hufeisen, das 215
Hüfte, die 252
Hügel, der 316
Huhn, das 329
Hühnerei, das 72
Hülse, die 78
Hülsenfrüchte, die 78
Hummel, die 332
Hummer, der 71
Hummerfalle, die 217
Hund, der 324
hundert 336
Hundertfüßer, der 333
hundertste(r, s) 338
hunderttausend 337
Hundeschlittenfahren, das 219
Hupe, die 112
Hürde, die 206
Hürdenlauf, der 206
Hurrikan, der 314
Husten, der 266
Hustenbonbon, das/der/277
Hustensaft, der 276
Hut, der 32
Hüttenkäse, der 72
Hyazinthe, die 322
Hydrant, der 135, 286
Hypnose, die 278
Hypothek, die 138
Hypothek aufnehmen, eine 40

I

Ich bin verärgert/froh/traurig. 25
Ich habe ein Zimmer unter dem Namen ... gebucht. 136
Ich habe eine Panne. 114
Ich habe empfindliche/trockene Haut. 279
Ich habe fettige/normale Haut. 279
Ich hätte gern ... 147
Ich hätte gerne die Rechnung, bitte. 102
Ich hätte gerne ein Doppelzimmer für eine Nacht. 136
Ich heiße ... 19
Ich möchte bitte ... sprechen. 184
Ich möchte gerne ein Konto eröffnen. 139
Ich stelle Sie durch. 184
Ich würde gerne etwas zum Mitnehmen bestellen. 99
Igel, der 324
Ihr Flug ist jetzt zum Einsteigen bereit. 124
im Aus sein 199
im Chor singen 234
im Internet surfen 182
Imbissbereich, der 143
immergrüne Baum, der 319
Immobilienmaklerin, die 168
Impfung, die 263
Implantat, das 271
impotent 260
In den Bergen 287
in der Nähe (von) 135
in die Pedale treten 118
in einem Buch blättern 189
in einen höheren/niedrigeren Gang schalten 118
in Ohnmacht fallen 269
in Rente gehen 21, 175
in Seenot geraten 288
Inbusschlüssel, der 60
Index, der 189
Indianerzelt, das 248
Indie-Musik, die 231
Indien 308
Indische Ozean, der 296

Indonesien 308
Industriegebiet, das 133
Infekt, der 265
Informatik, die 156
Informatiker, der 166
Infusionsständer, der 273
Ingenieurin, die 167
Ingenieurwesen, das 162
Ingwer, der 84
Inhalator, der 267
Inhaltsverzeichnis, das 189
Inlandsflug, der 127
Inlineskaten, das 220
Innenausstattung, die 112
Innendienst, der 171
Innenhof, der 149
Innenstadt, die 131
Innenverteidiger, der 195
Innenzelt, das 249
innere Erdkern, der 295
Innereien, die 69
inneren Organe, die 258
ins Bett gehen 51
Insekten, die 332
Insektenspray, der/das 248
Insektenstich, der 269
Insel, die 295, 316
Instrument stimmen, ein 228
Instrumentalstück, das 233
Intensivstation, die 275
Internat, das 154
Internationale Organisationen 311
Internet, das 182
Interview, das 186
Interviewpartner, der 186
intolerant 26
Irak, (der) 308
Iran, (der) 308
Iris, die 272, 322
Irland 299
Irrgarten, der 151
ischiocruralen Muskeln, die 256
Island 299
Isomatte, die 249
Israel 308
Ist dieser Platz noch frei? 123
ist gleich 339
Italien 299
IT-Leitung, die 170

J

Jachthafen, der 210
Jade, der 318
Jagd, die 221
Jagdrennen, das 215
Jaguar, der 325
Jahr, das 343
Jahresurlaub, der 175
Jamaika 302
Januar, der 343
Japan 308
Jazz, der 231
Jeans, die 31
jeder/jede/jedes 339
Jemen, (der) 308
Jenga®, das 245
Jetski®, der 212
Jiu-Jitsu, das 213
jobben 164
Jochbein, das 257
Jockey, der 215
joggen 151
Joghurt, der 72
Joker, der 244
Jordanien 308
Journalistin, die 169
Judo, das 213
jugendfrei 241
Jugendliche, die 18
Jugendstil, der 149
Jugendzimmer, das 51
Juli, der 343
jung 24
Junge, der 18
Jungtier, das 327
Juni, der 343
Jupiter, der 293
Juweliergeschäft, das 141

K

Kabel, das 184
Kabelfernsehen, das 185
Kabeljau, der 70
Kabine, die 128
kacheln 61
Kaffee, der 93, 101
Kaffee zum Mitnehmen, der 93
Kaffeebohnen, die 93
Kaffeemaschine, die 45, 147
Kai, der 129
Kaiserschnitt, der 263
Kajak, der/das 211
Kajalstift, der 35
Kakadu, der 329
Kalbfleisch, das 68
Kalender, der 343
Kalkstein, der 317
Kalorien, die 103
Kalorien verbrennen 223
kalt 312
Kaltwasserzulauf, der 54
Kambodscha 308
Kamel, das 326
Kameragehäuse, das 242
Kameratasche, die 243
Kamerun 305
Kamille, die 320
Kamillentee, der 93
Kamin, der 42
Kaminofen, der 62
Kaminsims, der 42
Kamm, der 34
Kammmuschel, die 71
Kampfsport, der 213
Kanada 302
Kanadier, der 211
Kanal, der 133
Kanaldeckel, der 135
Kanarienvogel, der 328
Kandare, die 214
Känguru, das 327
Kaninchen, das 68, 324
Kann ich das bitte umtauschen? 142
Kann ich hier mein Zelt aufschlagen? 249
Kante, die 218
Kanter, der 215
Kap Verde 305
Kapitel, das 189
Kapsel, die 276
Kapuzenmuskel, der 256
Kapuzenpullover, der 28
Karabiner, der 287
Karaffe, die 102
Karamellpudding, der 91
Karate, das 213
Kardamom, der/das 84
Kardinalzahlen, die 336
Kardiologie, die 273
Karibische Meer, das 296
Karies, die 271
Karneval, der 20
Karo, das 244
Karotte, die 75
Karottensaft, der 92
Karpfen, der 70
Karriere, die 165
Karten mischen, die 244
Kartoffel, die 75
Kartoffelspalten, die 100
Kartoffelstampfer, der 47
Karton, der 236
Kartuschenpistole, die 60
Kasachstan 308
Käse, der 96
Käsekuchen, der 90
Käsemesser, das 101
Käseteller, der 101
Käsetheke, die 144
Kaspische Meer, das 296
Kasse, die 144
Kassenzettel, der 145
Kassette, die 233
Kassierer, der 144
Kassiererin, die 138
Kastagnetten, die 230
Kastanie, die 82
Katakomben, die 149
Katamaran, der 128, 210
Katar 308
Katze, die 324
Kaufhaus, das 143
kaufmännische Bereich, der 170
kaufmännische Leitung, die 170
Kaugummi, der/das 98, 146
Kaulquappe, die 330
Kaution, die 39
Kehle, die 255
Kehlkopf, der 255
Kehrschaufel, die 57
Keilabsatz, der 33
Keilbeinhöhle, die 255
Keilriemen, der 113
keimen 321
Keks, der 98
Keller, der 39
Kellner, der 101, 168
Kendo, das 213
Kenia 305
kentern 210, 288
Kern, der 78
Kerngehäuse, das 81
kernlos 81
Kernspintomografie, die 275
Kerze, die 43
Kesselpauke, die 230
Ketchup, der/das 85
Kette, die 118
Kettenschutz, der 118
Keuchhusten, der 266
Keule, die 68
Key-Account-Management, das 171
Kfz-Mechanikerin, die 167
Kichererbse, die 78
Kickboxen, das 213
kicken 196
Kidneybohne, die 78
Kiemen, die 331
Kilogramm, das 345
Kilometer, der 344
Kilometerstand, der 114
Kind, das 18
Kinderabteilung, die 143
Kinderanhänger, der 119
Kinderbuch, das 189
Kindergarten, der 21, 154
Kinderkrankheit, die 266
Kinderlähmung, die 266
Kinderschaufel, die 246
Kindersitz, der 119
Kinderstation, die 273
Kinderwagen, der 50
Kinderzimmer, das 50
Kinn, das 22, 252
Kino, das 134, 241
Kinokasse, die 241
Kinoleinwand, die 241
Kinosaal, der 241
Kiosk, der 135, 146
Kipper, der 121
Kirche, die 134
Kirgisistan 308
Kiribati 310
Kirsche, die 79
Kirschtomate, die 77
Kissenbezug, der 49
Kitesurfen, das 212
Kittel, der 158
Kiwano, die 80
Kiwi, die 80
Klappe, die 186
Klapptisch, der 122
Klarinette, die 229
Klasse, die 154
Klassenarbeit, die 154
Klassenfahrt, die 157
Klassenzimmer, das 155
klassische Musik, die 231
klassizistisch 149
Klausur, die 163
Klebeband, das 191
Klebepistole, die 59
Klebstoff, der 235
Klee, der 320
Kleid, das 31
Kleiderbügel, der 41
Kleiderhaken, der 41
Kleiderschrank, der 49
Kleidung, die 27
klein 24, 28
klein/mittelgroß/groß 99
Kleinabteil, das 122
kleine Finger, der 254
kleine Geschenk, das 19
kleine Trommel, die 228
kleine Zeh, der 254
Kleingeld, das 145
Kleinhirn, das 255
Kleinstwagen, der 109
Kleintransporter, der 109
Kleinwagen, der 109

Klempner, der 167
Klettergerüst, das 151
Klettern, das 220
Kletterpflanze, die 323
Klettverschluss, der 32
klicken 180
Klimaanlage, die 109
Klimmzug, der 223
Klingel, die 136
klingeln 184
Klingelton, der 183
Klippe, die 315
Klitoris, die 261
Klobürste, die 53
klopfen 95
Kloschüssel, die 53
Klostein, der 53
Knabbereien, die 98
Knäckebrot, das 88
knackig 81
kneten 87
Knicks machen, einen 19
Knie, das 252
Kniebeuge, die 223
Kniekehle, die 253
Kniescheibe, die 257
Knirscherschiene, die 271
Knoblauch, der 75
Knoblauchknolle, die 75
Knoblauchpresse, die 47
Knoblauchzehe, die 75
Knöchel, der 253
Knochenbruch, der 269
Knock-out, der 213
Knopf, der 28, 239
Knopfloch, das 28
Knorpel, der 258
Knospe, die 321
Koala, der 325
Koch, der 168
köcheln lassen 95
Kochen, das 95
kochen 95, 234
Kochlöffel, der 48
Kochtopf, der 48
Kochutensilien, die 46
Köder, der 217
Koffer, der 32
Kofferkuli, der 123
Kofferraum, der 111
Kofferwagen, der 137
Kohle, die 317
Kohlenhydrat, das 103
Kohlrabi, der 74
Koi, der 331
Kokosnuss, die 80
Kolibri, der 328
Kollege, der 175
Kollegin, die 175
Kolonie, die 298
Kolumbien 303
Kolumne, die 188
Kombiwagen, der 109
Kombizange, die 58
Komet, der 294
Komiker, der 226
Kommanditgesellschaft (KG), die 170
Kommode, die 49
Kommunikation, die 178
Komödie, die 226, 241
Komoren, die 305
Komposition, die 233
Komposter, der 63
Kondensmilch, die 73
Konditorei, die 140
Kondom, das 261
Konfitüre, die 89
König, der 244, 245
Königreich, das 298
Können Sie mich bitte zurückrufen? 184
Könnte ich das mal anprobieren? 28
Könnten Sie bitte den Pannendienst anrufen? 114
Könnten Sie das bitte als Geschenk einpacken? 142
Könnten Sie mir beim Reifenwechseln helfen? 114
Könnten Sie mir bitte ... zeigen? 142
Könnten Sie mir bitte sagen, wo ... ist? 135
Könnten Sie mir das bitte auf der Karte zeigen? 135
Könnten Sie mir das bitte wechseln? 139
Könnten Sie mir Starthilfe geben? 114
Könnten Sie uns bitte die Weinkarte bringen? 102
Konserven, die 145
Kontaktlinse, die 272
Kontaktlinsenbehälter, der 272
Kontinent, der 295
Kontonummer, die 138
Kontoüberziehung, die 138
Kontrollturm, der 126
konzentrieren, sich 52
Konzern, der 170
Konzert, das 232
Konzerthalle, die 232
Kopf, der 238, 252, 255
köpfen 196
Kopfhörer, der 184, 233
Kopfkeil, der 279
Kopfkissen, das 49
Kopflehne, die 122
Kopfsalat, der 76
Kopfschmerzen, die 265
Kopfschutz, der 213
Kopfstütze, die 112
Kopfteil, das 49
kopieren 180
Koppel, die 215
Korallenriff, das 316
Korb, der 199
Korbbrett, das 161, 199
Korbleger, der 199
Korbring, der 199
Koriander, der 83, 84
Korkenzieher, der 48, 147
Körper, der 252
Körperpflege, die 34
Körpersysteme, die 259
Körperverletzung, die 285
Kosmetikabteilung, die 143
Kosmetikerin, die 168, 279
Kotelett, das 68
Kraftstofftank, der 120
Krafttraining, das 222
Kragen, der 29
Krähe, die 328
Krake, der 71
Kralle, die 324, 328
Krampf, der 265
Kran, der 129
krank 266
Krankenhaus, das 133, 273
Krankenhausbett, das 273, 275
Krankenkasse, die 264
Krankenpfleger, der 166
Krankentisch, der 273
Krankenzimmer, das 273
Krankheiten, die 265
kraulen 208
Kräuter, die 83
Kräuterheilkunde, die 278
Kräutertee, der 93
Krawatte, die 29
Krawattennadel, die 32
kreative Schreiben, das 234
Krebs, der 71, 267
Kreditkarte, die 139
Kreide, die 155, 235, 317
Kreissäge, die 59
Kreißsaal, der 263
Kreisverkehr, der 106, 108
Kresse, die 74
Kreuz, das 231, 244
kreuzen 210
Kreuzfahrtschiff, das 128
Kreuzstich, der 240
Kreuzung, die 107
Kreuzworträtsel, das 247
Kricket, das 200
kriechen 330
Kriminalbeamte, der 284
Kriminalbeamtin, die 284
Kroatien 299
Krocket, das 221
Krokodil, das 330
Krokus, der 321
Krone, die 271, 319, 345
Kronleuchter, der 43
Kröte, die 330
Krücke, die 268
Kuba 302
Kubikmeter, der/das 344
Küche, die 44
Kuchen, der 90
Kuchendekoration, die 90
Küchengeräte, die 45
Kuchengitter, das 46
Küchenhocker, der 44
Küchenkräuter, die 63
Küchenmaschine, die 45
Küchenmesser, das 47
Küchenpapier, das 46
Küchensieb, das 47
Küchenwaage, die 45
Küchenwecker, der 46
Küchenzange, die 48
Kugelfisch, der 331
Kugelschreiber, der 173
Kuh, die 326
Kühler, der 111
Kühlergrill, der 110, 120
Kühlerhaube, die 120
Kühlmitteltemperaturanzeige, die 114
Kühlregal, das 145
Kühlschrank, der 44
Kuhmilch, die 73
Küken, das 328
Kulisse, die 226
Kulturbeutel, der 34
Kumquat, die 81
Kundenakquise, die 171
Kundendienst, der 142, 171
kündigen, jemandem 175
Kundin, die 144
Kung-Fu, das 213
Kunst, die 156, 235
Kunstfliege, die 216
Kunstgeschichte, die 162
Kunsthalle, die 134
Kunsthochschule, die 164
Künstlergarderobe, die 227
Kunstmalerin, die 169
Kunstspringen, das 209
Kunststoff, der 60
Kupfer, das 317
Kuppel, die 149
Kupplungshebel, der 116
Kupplungspedal, das 112
Kur, die 278
Kurbel, die 216
Kürbis, der 77
Kürbiskerne, die 86
Kurierdienst, der 191
Kurkuma, die 84
Kurpark, der 150
Kurs, der 164
Kurve, die 107
kurz 28
kurze Hose, die 29
Kurzhaarschnitt, der 23
Kurzhantel, die 222
kurzsichtig 272
Kurzwaren, die 143
Kurzwelle, die 187
Kuscheltier, das 50
Kuss geben, jemandem einen 19
Küste, die 246, 315
Küstenwachboot, das 288
Küstenwache, die 129
Kuwait 308

L

Labor, das 158
Laborausrüstung, die 158
Laborwaage, die 158
lächeln 25
lachen 19
Lachs, der 70
Lack, der 60
Lackfarbe, die 235
Lacrosse, das 221
Läden, die 140
Lagerfeuerstelle, die 248
Laib, der 89
Laken, das 49
Lakritze, die 98
laktosefrei 103
laktosefreie Milch, die 73
Lama, das 326
Lammfleisch, das 68
Lampe, die 42, 159
Lampensockel, der 62
Land, das 295, 298
landen 125
Landschaft, die 315
Landschaftsgärtner, der 167

Landschaftsmalerei, die 236
Landschaftspark, der 150
Landungssteg, der 129
Landwirt, der 167
lang 28
Langhantel, die 222
Langlauf, der 218
Langlaufloipe, die 218
Langstreckenflug, der 127
Langwelle, die 187
LAN-Kabel, das 182
Laos 308
Lapislazuli, der 318
Laptop, der/das 52, 179
Laptoptasche, die 179
Lasagne, die 100
Laserdrucker, der 179
Lastkraftfahrzeug, das 120
Latte, die 206
Latte macchiato, der/die 93
Lätzchen, das 27
Latzhöschen, das 27
Latzhose, die 61
Laub, das 319
Laub rechen, das 65
Laubbaum, der 319
Laubrechen, der 64
Lauch, der 75
Laufband, das 222
Läufer, der 245
Laufstall, der 50
Lautsprecher, der 179
Lautsprecherbox, die 233
Lautstärke, die 185
Lautstärkeregler, der 181, 233
Lavendel, der 83, 321
Lawine, die 287, 314
Lawinenschutz, der 287
Lawinenwarnschild, das 287
Lebenslauf, der 165
Lebensmittelabteilung, die 143
Lebensmittelgeschäft, das 140
Lebensmittelintoleranz, die 103
Lebensphasen, die 18
Leber, die 68, 258
Lebkuchen, der 90
Lederhandschuh, der 117
Lederjacke, die 33, 117
Lederwaren, die 33
ledig 17
Leertaste, die 178
Leerungszeiten, die 191
leger 30
Leggings, die 30
Leguan, der 330
Lehrer, der 169
Lehrerin, die 154
Lehrerpult, das 155
Lehrplan, der 157
leicht ausgestellte Hose, die 31
Leichtathletik, die 206
Leihfahrrad, das 119
Leinen, das 240
Leinwand, die 236
Leiste, die 252
Leitartikel, der 188
Leiter, die 61
Leitung, die 62
Leitungswasser, das 92
Lende, die 253
Lendenwirbel, der 257
Lenker, der 117, 118
Lenkergriff, der 116
Lenkrad, das 112
Leopard, der 325
lernen 164
Lerngruppe, die 164
Lesebändchen, das 189
Lesebrille, die 272
Leselampe, die 125
lesen 157, 234
Lesesaal, der 163
Lesezeichen, das 182
Lesotho 305
Lettland 300
letzte(r, s) 338
Leuchtrakete, die 210
Leuchtturm, der 129
Leukoplast®, das 283
Libanon, (der) 308
Libelle, die 332
Liberia 305
Libero, der 195, 198
Libyen 305
Lichthof, der 142
Lichtjahr, das 294
Lichtleiste, die 285
Lichtmaschine, die 113
Lichttherapie, die 278
Lidschatten, der 35
Liebesfilm, der 241
Liebstöckel, das/der 83
Liechtenstein 300
Lied, das 232
Liedtext, der 232
liefern 99, 191
Lieferservice, der 99
Liegerad, das 119
Liegestuhl, der 246
Liegestütz, der 223
Liegewiese, die 150
Liga, die 195
Likör, der 94, 101
Lila, das 237
Lilie, die 322
Limabohne, die 78
Limette, die 81
Limonade, die 92
Limousine, die 109
Linde, die 319
Lineal, das 155
Linie, die 208
Linienbus, der 115
Liniennummer, die 115
Linienrichter, der 198, 202
Linienrichterin, die 202
linke Aufschlagfeld, das 201
linke Flügel, der 197
links abbiegen 135
Linse, die 272
Linzer Torte, die 90
Lipgloss, der/das 35
Lippe, die 22
Lippenpflegestift, der 277
Lippenstift, der 35
Lira, die 345
Litauen 300
Liter, der/das 344
Literanzeige, die 113
Litschi, die 80
Liveaufzeichnung, die 187
Livesendung, die 186
Lobby, die 136
Loch, das 204
Locher, der 173
Lockenstab, der 55
lockig 23
Loge, die 226
Lokalanästhesie, die 274
Longboardfahren, das 220
Lorbeerblatt, das 84
löschen 180
Löschfahrzeug, das 286
Lösungsmittel, das 61
löten 59
Lötkolben, der 60
Lottoschein, der 146
Lötzinn, das 60
Löwe, der 325
Löwenzahn, der 320
Luftdüse, die 125
Lufteinlass, der 117
Luftfilter, der 110
Lufthorn, das 120
Luftkanal, der 62
Luftmatratze, die 249
Luftpumpe, die 118, 249
Luftröhre, die 258
Lunchpaket, das 160
Lunge, die 258
Lungenautomat, der 211
Lupe, die 158
Lutscher, der 98
Luxemburg 300
LVS-Gerät, das 287
lymphatische System, das 259

M

Macadamianuss, die 82
Madagaskar 305
Mädchen, das 18
Magen, der 258
Magenschmerzen, die 265
Magnesia, die 207
Magnet, der 158
Mahlzeiten, die 96
Mähne, die 214
Mai, der 343
Maiglöckchen, das 320
Maikäfer, der 332
Mail weiterleiten, eine 182
Mais, der 77, 86
Maismehl, das 87
Majoran, der 83
Makrele, die 70
Makrone, die 90
Malawi 305
Malaysia 309
Malediven, die 309
Maler, der 167
Mali 305
Malta 300
Manager, der 170
Managerin, die 175
manche 339
manchmal 339
Mandel, die 82
Mangelerscheinung, die 266
Mango, die 80
Mangold, der 74
Mangostanfrucht, die 80
Maniküre, die 279
Mann, der 18, 252, 253
männliche Fortpflanzungssystem, das 259
männlichen Geschlechtsorgane, die 260
Mannschaft, die 200
Mannschaftsaufstellung, die 195
Manschette, die 264
Manschettenknopf, der 32
Marathon, der 206
Margarine, die 89
Marienkäfer, der 333
marinieren 85
mariniert 69
Markenemblem, das 110
Marker, der 155
Marketingabteilung, die 171
Marketingleitung, die 171
markieren 180
Markt, der 140
Marktstand, der 140
Marmelade, die 89, 96
Marmeladentörtchen, das 90
Marmor, der 317
Marokko 305
Mars, der 292
Marshallinseln, die 310
Martinshorn, das 285
März, der 343
Marzipan, das 90
Maschen, die 203
Masern, die 266
Massage, die 278
Maßband, das 58, 238
Maße 344
Mast, der 210, 212
Mastdarm, der 260
Master, der 162
Mathematik, die 156
Matratze, die 49
matt 243
Matte, die 206, 222
Maul, das 324
Maulwurf, der 324
Mauretanien 305
Mauritius 305
Maus, die 178, 324
Mauspad, das 179
Mauszeiger, der 181
Mautstelle, die 107
Mayonnaise, die 85
Medaille, die 207
Medien, die 185
Medikament, das 276
Meditation, die 278
Medizin, die 162
medizinische Nachversorgung, die 274
Meer, das 246, 288, 295
Meerenge, die 295
Meeresfrüchte, die 71
Meeresströmung, die 210
Meerschweinchen, das 324
Mehl, das 86
mehligkochend 75
mehrfach 339
Mehrfachsteckdose, die 62
Mehrfamilienhaus, das 38
mehrjährig 323
Mehrkornbrot, das 88
mehrmals 339
Meile, die 344
Meisterschaft, die 195
melden, sich 157

Melodie, die 233
Melone, die 96
Melonen, die 81
Mensa, die 163
Mensch ärgere dich nicht®, das 245
Menschen, die 15
Menschen beschreiben 22
Menstruation, die 261
Merkur, der 292
Messbecher, der 48, 276
messen 59
Messer, das 102
Messerblock, der 47
Messerschärfer, der 46
Messlöffel, der 48, 263
Metall, das 60
Meteor, der 294
Meter, der/das 344
Metzgerei, die 140
Metzgerin, die 168
Mexiko 302
Miesmuschel, die 71
Miete, die 39
mieten 39
Mieter, der 39
Mieterin, die 39
Mietvertrag, der 39
Mietwohnung, die 38
Migräne, die 265
Mikrofasertuch, das 60
Mikrofon, das 184, 186, 232
Mikronesien 310
Mikroskop, das 159
Mikrowelle, die 45
Milch, die 72, 96
Milchkaffee, der 93
Milchprodukte, die 72, 145
Milchpulver, das 263
Milchpumpe, die 263
Milchschaum, der 93
Milchschokolade, die 98
Milchshake, der 92
Milchstraße, die 294
Milliarde, eine 337
Milliliter, der/das 344
Millimeter, der/das 344
Million, eine 337
millionste(r, s) 338
Milz, die 258
Mineralbad, das 279
Mineralien, die 317
Mineralwasser mit Kohlensäure, das 92
Minibar, die 137
Minute, die 340
Minze, die 83
Minztee, der 93
Mischpult, das 232
Mistgabel, die 64
mit dem Netz fangen 217
mit der Flasche füttern 263
mit Eis 94
mit kurzen/langen Ärmeln 28
mit Stretchanteil 30
mit Zahnseide reinigen 271
mitsingen 232
Mittag, der 342
Mittagspause, die 160
Mittelamerika 302
Mittelangreifer, der 198
Mittelfeldspieler, der 195
Mittelfinger, der 254
Mittelkonsole, die 112
Mittelkreis, der 194, 199
Mittellinie, die 194, 199, 201, 203
Mittelmeer, das 296
Mittelohrentzündung, die 265
Mittelstreifen, der 107
Mittelstürmer, der 195
Mitternacht 341, 342
mittlere Schulabschluss, der 154
Mittwoch, der 343
Mixer, der 45
Möbel restaurieren 234
Möbelgeschäft, das 141
Mobile, das 50
Mobile Endgeräte 183
möbliert 40
Modellbau, der 234
Modelleisenbahn, die 234
modellieren 234
Moderator, der 186
Moderatorin, die 169, 186
modisch 30
mogeln 245
Mohnblume, die 323
Moldawien 300
Monaco 300
Monat, der 343
Monatskarte, die 115
Mondphasen, die 292
Mondsichel, die 292
Mongolei, die 309
Monopoly®, das 245
Monsun, der 314
Montag, der 343
Montenegro 300
Moos, das 320
Mord, der 285
Morgen, der 342, 344
morgen 342
Morgendämmerung, die 342
Mörser, der 47
Mosaik legen 234
Mosambik 305
Moschee, die 134
Moskitonetz, das 249
Motocross, das 220
Motor, der 111
Motorboot, das 128
Motorhaube, die 111
Motorjacht, die 128
Motorrad, das 116
Motorradgespann, das 117
Motorradhelm, der 117
Motorradkombi, die 117
Motorradrennen, das 220
Motorroller, der 116
Mountainbike, das 119
Mountainbiken, das 220
Mousse, die 91
Möwe, die 328
Mozzarella, der 73
MP3-Player, der 183, 233
Mückenspray, der/das 277
müde 26
Muffin, der 90
Muffinförmchen, das 46
Müllbeutel, der 60
Mullbinde, die 283
Mülleimer, der 44
Müllmann, der 167
Mülltrennung, die 44
Müllwagen, der 120
Multimedia-Abteilung, die 143
multiple Sklerose, die 267
multiplizieren 339
Mumps, der 266
Mund, der 22
Mundharmonika, die 230
Mundhygiene, die 271
mündliche Prüfung, die 163
Mundschutz, der 213, 270, 274
Mundspülbecken, das 270
Mundwasser, das 55, 271
Mund-zu-Mund-Beatmung, die 282
Mungobohne, die 78
Münze, die 139
Museum, das 134
Musik, die 156, 228
Musik hören, das 233
Musikerin, die 169
Musikfestival, das 232
Musikhochschule, die 164
Musikinstrumente, die 229
Muskatnuss, die 84
Muskelkater, der 223
Muskeln, die 256
muskulös 24
Müsli, das 96
Müsliriegel, der 96
Mutter, die 17, 58
Muttermal, das 22
Mutterschaftsurlaub, der 175
Muttertag, der 20
Mütze, die 27, 32
Myanmar 309

N

Nabelschnur, die 262
nach dem Äußeren beurteilen, jemanden 24
Nachbar, der 18
Nachbarin, die 18
nachdenklich 25
Nachhilfe, die 155
Nachmittag, der 342
Nachricht, die 182
Nachrichten, die 186
Nachrichtensprecherin, die 186
Nachtblüher, der 321
Nachtfalter, der 332
Nachtisch, der 101
Nachttisch, der 49, 273
Nachttischlampe, die 49
Nacken, der 253
Nacktschnecke, die 333
Nadel, die 238
Nadelbaum, der 319
Nadelkissen, das 239
Nagel, der 58
Nagelfeile, die 34, 277
Nagelhaut, die 254
Nagellack, der 35
Nagellackentferner, der 34
Nagelschere, die 34
Nähen, das 238
nähen 240
Nähfuß, der 238
Nähfußdruckregler, der 238
Nähgarn, das 238
Nähkästchen, das 239
Nähmaschine, die 238
Nähnadel, die 239
Nahrungsergänzungsmittel, das 277
Naht, die 30
Nahtauftrenner, der 239
Namibia 306
Narbe, die 24, 274
Narzisse, die 322
Nase, die 22
Nasenbein, das 255
Nasenbluten, das 265
Nasenhöhle, die 255
Nasenloch, das 22
Nasenriemen, der 214
Nashorn, das 326
Nation, die 298
Nationalpark, der 150
Natrium, das 103
Natur, die 292
Naturkatastrophen, die 314
Naturreis, der 86
Naturwissenschaften, die 162
Nauru 310
Navigationsgerät, das 112
Nebel, der 294
Nebelscheinwerfer, der 110
Nebenwirkung, die 277
neblig 312
Neffe, der 17
Negativ, das 243
neidisch 26
Nektarine, die 79
Nelke, die 322
Nelken, die 84
Nepal 309
Neptun, der 293
Nerv, der 271
Nervensystem, das 259
nervös 26
nett 25
Netz, das 198, 199, 202, 203
Netzhalter, der 203
Netzhaut, die 272
Netzkante, die 198
Netzoberkante, die 203
Neubau, der 40
Neugeborene, das 263
neugierig 25
neun 336
neun Uhr 340
neunte(r, s) 337
neunzehn 336
neunzehn Uhr 341
neunzehnte(r, s) 337
neunzig 336
neunzigste(r, s) 338
Neurologie, die 273
Neuseeland 310
Neustart, der 180
Nicaragua 302
Nicht knicken! 191
Nichte, die 17
Nichtraucherflug, der 125
Nichtschwimmerbecken, das 209
Niederflurbus, der 115
Niederlande, die 300
niedlich 25
niedrige Blutdruck, der 266
niemals 339
Niere, die 68, 258, 259

Niesen, das 266
nieten 59
Nietenzange, die 59
Niger, (der) 306
Nigeria 306
Nilpferd, das 326
Nordamerika 302
Nordhalbkugel, die 298
Nordkorea 309
nördliche Polarkreis, der 298
nördliche Wendekreis, der 298
Nordpol, der 295
Nordpolarmeer, das 296
Nordsee, die 296
Norwegen 300
Notarzt, der 282
Notärztin, die 282
Notation, die 231
Notaufnahme, die 275
Notausgang, der 125, 286
Note, die 154, 231
Noten, die 228
Notenlinie, die 231
Notenständer, der 228
Notfälle, die 282
Notizbuch, das 146, 173
Notlandung, die 125, 289
Notrufknopf, der 273
Notrufnummer, die 289
Notrufsäule, die 106
Notsituationen, die 289
November, der 343
Nudelholz, das 48
Nugget, das 99
nukleare Katastrophe, die 289
null 336
Nummernschild, das 110
Nuss knacken, eine 82
Nüsse, die 82
Nussknacker, der 82
Nussschale, die 82
Nylon®, das 240
oben 191

O

Oberarm, der 253
Oberärztin, die 275
Oberkiefer, der 255
Oberleitung, die 122
Oberschenkel, der 252
Oberschenkelknochen, der 257
Oberschenkelmuskel, der 256
Oberteil, das 31
Objektiv, das 159, 242
Objektivdeckel, der 242
Objektivrevolver, der 159
Objektklemme, die 159
Objekttisch, der 159
Objektträger, der 159
Oboe, die 229
Obst, das 79
Obst und Gemüse, das 145
Obstbaum, der 323
Obstsalat, der 91
Obsttorte, die 90
Ocker, das 237
(das) Öl wechseln 113
Ofen, der 279
Ofen vorheizen, den 44
offen 25
offene Handelsgesellschaft (OHG), die 170
Öffnungszeiten, die 148
Offroadfahren, das 220
ohne Eier 103
ohne Sattel reiten 215
Ohr, das 22
Ohrring, der 32
Ohrstöpsel, der 277
Okraschote, die 77
Oktober, der 343
Okular, das 159
Oldtimer, der 109
Ölfarbe, die 235
Olive, die 77
Olivenöl, das 85
Olivgrün, das 237
Ölkreide, die 235
Ölmalerei, die 236
Ölmessstab, der 110
Oman 309
Omelett, das 97
Onkel, der 17
Onkologie, die 273
Onlinebanking, das 138
Online-Check-in, der/das 127
Online-Einkauf, der 182
Onyx, der 318
Opal, der 318
Oper, die 228
Operation, die 274
Operationsbesteck, das 274
Operationsleuchte, die 274
Operationssaal, der 274
Operationstisch, der 274
Opernhaus, das 134
Opernsängerin, die 228
OP-Mantel, der 274
OP-Schwester, die 274
Optiker, der 141
Optikerin, die 166, 272
Orange, die 81, 237
Orangensaft, der 92, 96
Orang-Utan, der 327
Orbiter, der 293
Orchester, das 228
Orchestergraben, der 228
Orchidee, die 322
Ordinalzahlen, die 337
Ordner, der 173, 180
Oregano, der 83
Organigramm, das 170
Organisation des Nordatlantikvertrags (NATO), die 311
organisieren 174
Organspende, die 283
Origami, das 234
Orthopäde, der 166
Orthopädie, die 273
örtliche Betäubung, die 271
Öse, die 216
Osteopathie, die 278
Ostern, das 20
Österreich 300
östliche Hemisphäre, die 298
Ostsee, die 296
Osttimor 309
Otter, der 327
Ouvertüre, die 228
Overlock, die 238
Ozeanien 310
Ozon, der 313
Ozonschicht, die 313

P

Paar, ein 339
paar, ein 339
Paar, das 18
Päckchen, das 191
Pädagogik, die 162
Paddelbrett, das 212
Paket, das 190
Paketzusteller, der 168
Pakistan 309
Palau 310
Palette, die 235
Palliativmedizin, die 278
Palme, die 323
Panama 302
Pandabär, der 325
Pandemie, die 314
Panflöte, die 230
Paniermehl, das 89
panierte Schnitzel, das 100
Panna cotta, die 91
Panzer, der 330
Papagei, der 329
Papaya, die 80
Papierkorb, der 172, 180
Pappmaschee, das 234
Paprika, der/die 77, 84
Papua-Neuguinea 311
Par, das 205
Paraguay 303
Paranuss, die 82
Parfüm, das 34
Parfümerie, die 141
Park, der 133, 150
Parkbank, die 150
Parkett, das 226
Parkinsonkrankheit, die 267
Parkour, der/das 221
Parkplatz, der 142
Parkscheinautomat, der 106
Parkverbot, das 108
Parmesan, der 73
Passah, das 20
Passionsfrucht, die 80
Pastellkreide, die 235
Pastete, die 100
pasteurisiert 73
Pastinake, die 75
Patchwork, das 240
Patenonkel, der 18
Patentante, die 18
Patientenumhang, der 270
Patientin, die 264, 270
Pauke, die 228
Pauschenpferd, das 207
Pause, die 160, 227
Pause machen, eine 52
Pausenbrot, das 160
Pausetaste, die 185
Pavian, der 327
Pavillon, der 150
Pazifische Ozean, der 296
Pech, das 245
Pedal, das 118
Pediküre, die 279
Peeling, das 279
Pekannuss, die 82
Penholdergriff, der 203
Penis, der 260
Penne, die 87
per Luftpost 191
Periodikum, das 163
Perle, die 318
Personal, das 175
Personalabteilung, die 171
Personalleitung, die 171
Personalreferentin, die 165
persönliche Bestleistung, die 206
Persönlichkeit, die 25
Peru 303
Perücke, die 23
Peso, der 345
Pessar, das 261
Petersilie, die 83
Petrischale, die 159
Petroleumlampe, die 249
Petunie, die 321
Pfahlwurzel, die 319
Pfannenwender, der 48
Pfannkuchen, der 91, 97
Pfau, der 329
Pfeffer, der 84, 85
Pfefferminzbonbon, der/das 146
Pfeffermühle, die 85
Pfeife, die 146
pfeifen 232
Pferd, das 214, 326
Pferdepfleger, der 215
Pferderennen, das 215
Pferdeschwanz, der 23
Pfifferling, der 74
Pfirsich, der 79
pflanzen 65
Pflanzen, die 319
Pflaster, das 283
Pflaume, die 79
pflücken 65
Pfote, die 324
Pfund, das 345
Philippinen, die 309
Physalis, die 80
Physik, die 156
Physiotherapeut, der 166
Pickel, der 22
Picknick, das 151
Pick-up, der 109
Pik, das 244
Pikkoloflöte, die 229
Pilates, das 223
Pille, die 261
Pilot, der 124, 168
Pilotin, die 124
Pils, das 94
Pilz, der 320
Pilze, die 97
Pinguin, der 329
Pinienkern, der 82
Pink, das 237
Pinne, die 210
PIN-Nummer, die 138
Pinnwand, die 172
Pinsel, der 35, 235
Pint, das 344
Pinzette, die 34, 158, 277
Pipette, die 159
Piranha, der 331
Pistazie, die 82
Pistole, die 284
Pitahaya, die 80
Pizza, die 99
Planet, der 294
Planschbecken, das 151

plantschen 209
Plateau, das 316
Platte, die 295
Plattenspieler, der 233
Platz, der 133
Platzanweiser, der 227
Platzanweiserin, die 227
Platzverweis, der 194
Plazenta, die 262
pochieren 95
Pokal, der 195
Poker spielen 244
Polen 300
polieren 57
Politikwissenschaft, die 162
Polizei, die 284
Polizeiabsperrung, die 285
Polizeiabzeichen, das 284
Polizeiauto, das 285
Polizeiwache, die 133
Polizeiwagen, der 121
Polizist, der 284
Polizistin, die 284
Pollenflug, der 313
Poller, der 129
Polo, das 215
Polohemd, das 29
Polyester, der 240
Pommes frites, die 99
Pony, der 23
Pool, der 136
Poolbillard, das 221
Popcorn, das 98, 241
Popmusik, die 231
Pore, die 22
Portemonnaie, das 33
Porto, das 191
portofrei 190
Porträtmalerei, die 236
Portugal 300
Posaune, die 229
Pose, die 216
Post, die 133, 190
Postanweisung, die 191
Postausgang, der 182
Posteingang, der 182
Postfach, das 172, 190
Postkarte, die 190
Postleitzahl, die 190
Poststempel, der 190
potent 260
PR-Abteilung, die 171
Praktikum, das 164
Praline, die 98
Präsentation, die 174
Praxissemester, das 164
Preis, der 145
Preisanzeige, die 113
Preiselbeere, die 79
Preisschild, das 145
Premiere, die 227, 241
Prepaidkarte, die 183
pressen 262
primäre Geschäftsfeld, das 170
Primel, die 322
Printmedien, die 188
pritschen 198
Privatschule, die 154
Probe, die 227
Produktion, die 171
Produktionsleitung, die 171
Professor, der 162
Profisportler, der 169
Programm, das 181, 227
Programm deinstallieren, ein 181
Programm installieren, ein 181
Programmwählscheibe, die 242
Prokurist, der 171
Promotion, die 162
Prostata, die 260
Prothese, die 268
Protokoll, das 174
protokollieren 174
Provinz, die 298
Provision, die 139
Prozent, das 339
Prozessor, der 179
Prüfung, die 154
Psychologin, die 166
Publikum, das 186, 227
Puck, der 161, 200
Puderdose, die 35
Pullunder, der 29
Puls, der 282
Pulsmessung, die 282
Pulsuhr, die 223
Pulverschnee, der 218
Puma, der 325
Pumps, der 33
pünktlich 123
Pupille, die 272
Puppe, die 50, 332
Püree, das 77
Pürierstab, der 45
püriert 77
Pusteblume, die 320
Pute, die 69
Putenfleisch, das 69
Putter, der 205
putzen 57
Putzlappen, der 46
Puzzle, das 244

Q

Quad, das 116
Quadratfuß, der 344
Quadratmeter, der/das 344
Quadratwurzel, die 339
quaken 330
Qualifikation, die 165
Qualitätszeitung, die 188
Quarantäne, die 273
Quark, der 72
Quartett, das 228
Quarz, der 318
Quecksilber, das 317
Querflöte, die 229
Querformat, das 243
Querlatte, die 196
Querruder, das 124
Quiche, die 100
Quinoa, die 86
Quitte, die 79
Quizshow, die 186

R

Rabe, der 328
Rachen, der 255
Rachitis, die 266
Raclettegrill, der 45
Raclettekäse, der 73
Racquetball, der 201
Rad, das 110
Radarantenne, die 128
Radaufhängung, die 110, 116
Radfahren lernen 118
Radiergummi, der 173
Radieschen, das 75
Radio, das 187, 233
Radiosender, der 187
Radioteleskop, das 294
Radkappe, die 111
Radlader, der 121
Radmutternschlüssel, der 114
Radsport, der 220
Rafting, das 212
Rahmen, der 201
Rail, das 219
Rallyefahren, das 220
Ramadanfest, das 20
Rambutan, die 80
Rand, der 345
Rap, der 231
Rasen, der 323
Rasen mähen, den 65
Rasen sprengen, den 65
Rasenmäher, der 64
Rasensprenger, der 64
Rasentrimmer, der 64
Rasierapparat, der 55
rasieren, sich 55
Rasierer, der 55
Rasierschaum, der 55
Rasierwasser, das 55
Rassel, die 27, 230
Raststätte, die 107
Rathaus, das 133
Ratte, die 324
Raubüberfall, der 285
Räucherfisch, der 71
Rauchmelder, der 39, 286
Rauchverbot, das 113
Raumduft, der 53
Raumklang, der 185
Raumschiff, das 293
Raumstation, die 294
Raupe, die 332
Raureif, der 313
Rave, der/das 232
Ravioli, die 87
Reagenzglas, das 158
Real, der 345
Rebound, der 199
Rechen, der 64
rechnen 157
Rechner herunterfahren, den 181
Rechner hochfahren, den 181
Rechnung, die 139
Rechnung übernehmen, die 147
rechte Aufschlagfeld, das 201
rechte Flügel, der 197
rechts abbiegen 135
Rechtsabteilung, die 171
Rechtsanwalt, der 166
Rechtswissenschaft, die 162
Reck, das 207
Referat halten, ein 163
Reflektor, der 118
Reflektorstreifen, der 117
Reflexstreifen, der 286
Refrain, der 233
Regen, der 313
Regenbogen, der 313
Regenhaut®, die 249
Regenjacke, die 28
Regenschirm, der 32
Reggae, der 231
Region, die 298
Regisseur, der 227
Regler, der 54
regnerisch 312
Reh, das 326
Rehabilitation, die 274
Reibe, die 47
reiben 95
reif 81
Reifen, der 111, 118
Reifen wechseln, den 114
Reifendruck, der 113
Reifenfüllgerät, das 113
Reifenpanne, die 114
Reifenprofil, das 110
Reihenhaus, das 38
Reiki, das 278
reinigen 279
Reinigungsartikel, der 57
Reinigungsmittel, das 57, 145
Reis, der 86
Reisebus, der 115
Reiseführer, der 148
Reisende, der 123
Reisepass, der 126
Reisescheck, der 139
Reisetasche, die 32
Reiseziel, das 127
Reiskocher, der 45
Reisnudeln, die 87
Reißverschluss, der 32, 240, 249
Reißzwecke, die 173
Reiterin, die 214
Reitgerte, die 215
Reithelm, der 214
Reithose, die 214
Reitsport, der 214
Reitstiefel, der 214
Rekord brechen, einen 206
Religionsunterricht, der 156
Renaissance, die 149
Rennmaschine, die 116
Rennpferd, das 215
Rennrad, das 119
Rennrodeln, das 219
Renovieren, das 61
Rentier, das 326
Reportage, die 186
Reporterin, die 186
Reptilien, die 330
Republik, die 298
Republik Kongo, die 306
Reservebank, die 198
Reserverad, das 114
Restaurant, das 101, 136
retten 289
Rettungsboje, die 288
Rettungsboot, das 128, 210, 288
Rettungsdienst, der 282
Rettungseinsatz, der 287
Rettungshubschrauber, der 287
Rettungshund, der 287
Rettungsring, der 210, 288
Rettungsschlitten, der 287

Rettungsschwimmer, der 288
Rettungstau, das 288
Rettungswagen, der 282
Rezept, das 264
Rezeption, die 136
Rhabarber, der 74
Rheuma, das 267
Rhododendron, der/das 321
rhythmische Sportgymnastik, die 221
Richterin, die 166
Riemen, der 33
Rigatoni, die 87
Rindfleisch, das 68
Ring, der 32
Ringe, die 161, 207
Ringelblume, die 322
Ringen, das 213
Ringfinger, der 254
Rinnstein, der 106
Rippe, die 257
Rochen, der 331
Rock, der 31, 231
Rockkonzert, das 232
Rocky Mountains, die 297
Rodeo, der/das 215
Rogen, der 331
Roggenmehl, das 87
roh 75, 77
Röhrenglocken, die 228
Röhrenhose, die 31
Rohrzange, die 58
Rokoko, das 149
Rollator, der 268
Rollcontainer, der 52
Rollkoffer, der 127
Rollkragenpullover, der 29
Rollo, das 43
Rollrasen verlegen 65
Rollstuhl, der 268
Rolltreppe, die 123, 142
Roman, der 189
romanisch 149
Römersalat, der 76
Röntgenaufnahme, die 271
Röntgenbild, das 275
Röntgengerät, das 275
Rosa, das 237
Röschen, das 74
Rose, die 321
Rosenkohl, der 76
Rosenquarz, der 318
Rosenschere, die 64
Rosenstrauch, der 322
Roséwein, der 94
Rosine, die 82
Rosmarin, der 83
rösten 95
rostfreie Stahl, der 60
Rösti, die 97
Rot, das 237
Rote Bete, die 75
rote Karte, die 194
rote Linse, die 78
Rote Meer, das 296
rote Zwiebel, die 75
Rote-Augen-Effekt, der 243
Röteln, die 266
roten Johannisbeeren, die 79
rothaarig 23
Rotkehlchen, das 328
Rotkohl, der 76
Rotwein, der 94
Rotweinglas, das 101
Rouge, das 35
Rough, das 204
Router, der 182
Ruanda 306
Rübe, die 75
Rubel, der 345
Rubin, der 318
Rücken, der 253
Rückenlehne, die 52
Rückenmuskel, der 256
Rückenschwimmen, das 208
Rückfahrscheinwerfer, der 111
Rückgabedatum, das 163
rückgängig machen 181
Rückhand, die 202
Rückleuchte, die 111, 116
Rücklöschtaste, die 178
Rucksack, der 32, 127, 249
Rückspiegel, der 110, 116
rückwärtsfahren 107
Rückwärtsnähtaste, die 238
Rucola, der 76
Ruder, das 210
Rudergerät, das 222
Rudern, das 212
Rufen Sie die Feuerwehr! 289
Rufen Sie die Polizei! 289
Rufen Sie einen Rettungswagen! 289
Rufknopf, der 275
Rugby, das 200
Ruheraum, der 279
Rührei, das 97
Rührschüssel, die 46
Ruine, die 134
Rum, der 94
Rumänien 300
Rumpf, der 124, 128, 210
Rumpfbeuge, die 223
Rupie, die 345
Rüsche, die 30
Russland 300
Rutsche, die 151

S

Sachbuch, das 189
Sachliteratur, die 189
säen 65
Safe, der 172
saftig 81
Saftpresse, die 92
Sägeblatt, das 59
sägen 59
Sahara, die 297
Sahne, die 72
Sakko, der/das 29
Salamander, der 330
Salami, die 68
Salat, der 101
Salatsoße, die 85
Salbe, die 276
Salbei, der 83
Salomonen, die 311
Salsa, die 85
Salto, der 207
Salz, das 85
Salzbrezel, die 98
salzen 95
salzig 99
Salzstreuer, der 85
Sambia 306
Samen, der 78
Samenbläschen, das 260
Samenerguss, der 260
Samenleiter, der 260
Sämling, der 65
Sammelpunkt, der 288
Samoa 311
Samstag, der 343
sämtliche 339
San Marino 300
Sand, der 246
Sandale, die 33
Sandburg, die 247
Sandkasten, der 151
Sandsack, der 213
Sandstein, der 317
Sanduhr, die 46, 181
Sandwich, das 89
Sandwichgrill, der 45
Sängerin, die 169
Sangria, die 94
Sanitäre Anlagen, die 54
Sanitäter, der 168, 282
Sanitäterin, die 282
São Tomé und Príncipe 306
Saphir, der 318
Sardine, die 70
Satellit, der 294
Satellitenschüssel, die 185
Sattel, der 118, 214
Sattelgurt, der 214
Sattelschlepper, der 120
Sattelstütze, die 118
Satteltasche, die 119
Sattelzug, der 120
Saturn, der 293
Satz, der 202
Saudi-Arabien 309
sauer 26, 81
Sauerstoffmaske, die 125, 282
Sauerteigbrot, das 88
Säugetiere, die 324
Säugling, der 263
Säule, die 149
Saum, der 30
Sauna, die 279
Saxofon, das 229
Scanner, der 144, 179
Schabe, die 333
Schach, das 245
Schachbrett, das 245
Schädel, der 257
Schaf, das 326
Schaffnerin, die 123
Schaft, der 201
Schal, der 32
Schale, die 81
schälen 77, 95
Schäler, der 47
Schallplatte, die 233
Schalotte, die 75
Schalter, der 62, 138
Schalthebel, der 112, 118
Schamgegend, die 252
Schamlippe, die 261
scharf 75
Scharlach, der/das 266
Schaufenster, das 140
Schaufensterpuppe, die 143
Schaukel, die 151
Schauspieler, der 186, 227
Schauspielerin, die 169, 227
Scheck ausstellen, einen 138
Scheibe, die 89
Scheibenwischer, der 110
Scheide, die 261
scheiden lassen, sich 21
Scheidung, die 21
Scheinwerfer, der 111, 120, 232
Schellenrassel, die 230
Schenkel, der 69
Schere, die 58, 173, 239
Schichtarbeit, die 165
schick 30
Schiebegriff, der 268
Schiedsrichter, der 194, 202
Schiedsrichterin, die 202
Schiefer, der 317
Schienbein, das 252
Schienbeinschoner, der 196
Schiene, die 122
Schienennetz, das 123
schießen 196
Schiff, das 128
Schiffbruch, der 288
Schilddrüse, die 258
Schilddrüsenkrankheit, die 267
Schildkröte, die 330
Schimpanse, der 327
Schinken, der 68, 96
Schirmständer, der 38, 41
Schlafanzug, der 28
Schlafbrille, die 49
Schlafcouch, die 42
Schläfe, die 22
schlafen 51
Schlafkabine, die 120
Schlafsack, der 249
Schlafstörung, die 267
Schlaftablette, die 277
Schlafzimmer, das 49
Schlaganfall, der 267
schlagen 95
Schlagfläche, die 203
Schlagholz, das 200
Schlaghose, die 31
Schlagsahne, die 91
Schlagstock, der 284
Schlagwurf, der 197
Schlagzeile, die 188
Schlagzeug, das 230
Schlagzeuger, der 232
Schlagzeugstock, der 230
Schlange, die 330
schlank 24
Schleife, die 31
Schleifpapier, das 58
Schleudertrauma, das 269
Schlitten fahren 219
Schlittschuh laufen 219
Schloss, das 134
Schlosspark, der 150
Schlucht, die 316
Schlüsselbein, das 257
Schlüsselbrett, das 41
Schlüsselkarte, die 136
Schmerzmittel, das 277
Schmetterling, der 332
Schmetterlingsschwimmen, das 208
schmettern 198
schminken, sich 55

Schminksachen, die 35
schmoren 69
Schmortopf, der 48
Schmuck herstellen 234
Schmutzwäschekorb, der 56
Schnabel, der 328
Schnalle, die 33
Schnaps, der 94
schnarchen 51
Schnecke, die 333
Schneckenpost, die 190
Schnee, der 313
Schnee- oder Eisglätte, die 108
Schneeanzug, der 27
Schneebesen, der 47
Schneefräse, die 120
Schneeglöckchen, das 321
Schneehose, die 28
Schneekette, die 113
Schneemobil, das 287
Schneeschuhwandern, das 219
Schneesturm, der 314
Schneidebrett, das 47
schneiden 59, 77, 95, 240
Schneiderei, die 141
Schneiderin, die 169
Schneiderpuppe, die 239
Schneidezahn, der 270
Schnellkochtopf, der 45
Schnittlauch, der 83
Schnittmuster, das 239
Schnittwunde, die 269
Schnitz, der 81
schnitzen 234
Schnorchel, der 211
schnorcheln 247
Schnuller, der 27
Schnupfen, der 266
schnurlose Telefon, das 184
Schnurrbart, der 24
Schnurrhaar, das 324
Schnürschuh, der 33
Schnürsenkel, der 33
Schock, der 283
Schokoladenaufstrich, der 89
Schokoladentorte, die 90
Schokoriegel, der 98, 146
Scholle, die 70
schön 24
Schöpfkelle, die 47
Schornstein, der 40, 128
Schote, die 78
Schothorn, das 212
Schraube, die 58
schrauben 59
Schraubenschlüssel, der 58
Schraubenzieher, der 58
schreiben 157
Schreibtisch, der 51, 52, 172
Schreibtischlampe, die 51, 172
Schreibunterlage, die 172
Schreibwarenabteilung, die 143
Schreibwarengeschäft, das 140
Schreiner, der 167
Schriftart, die 181
Schritt, der 215
schrubben 57
Schubkarre, die 64
Schublade, die 44, 51, 172
schüchtern 25
Schuhabteilung, die 143
Schuhe, die 33
Schuhgeschäft, das 141
Schuhlöffel, der 41
Schulabschlussball, der 21
Schulbuch, das 155
Schulbus, der 115
Schuld, die 285
Schule, die 133, 154
Schüler, der 155
Schüleraustausch, der 157
Schülerin, die 155
Schulfach, das 157
Schulfächer, die 156
Schulglocke, die 160
Schulheft, das 155
Schulhof, der 160
Schulleiterin, die 154
Schulranzen, der 50
Schultasche, die 155
Schulter, die 252
Schulterblatt, das 253
Schulterpolster, das 31
Schuluniform, die 154
Schuppe, die 71
Schuppen, die 330
Schuppenflechte, die 266
Schürfwunde, die 269
Schürze, die 46
Schüssel, die 102
Schutzblech, das 116, 118
Schutzbrille, die 60, 158
Schutznetz, das 206
Schutzumschlag, der 189
Schwager, der 16
Schwägerin, die 16
Schwalbe, die 328
Schwamm, der 57
Schwammtuch, das 55
Schwan, der 329
schwanger 262
Schwangerschaft, die 21, 262
Schwangerschaftsabbruch, der 261
Schwangerschaftstest, der 262
Schwanz, der 324
Schwarz, das 237
Schwarzaugenbohne, die 78
Schwarzbraun, das 237
Schwarzbrot, das 88
schwarze Bohne, die 78
schwarze Brett, das 164
schwarze Feld, das 245
schwarze Gürtel, der 213
schwarze Loch, das 294
Schwarze Meer, das 296
schwarzen Johannisbeeren, die 79
Schwarztee, der 93
Schwarzwälder Kirschtorte, die 90
Schwebebalken, der 207
Schweden 301
Schwefel, der 317
Schwein, das 326
Schweinefleisch, das 68
Schweiz, die 301
Schweizer Franken, der 345
schwerbehindert 268
schwerhörig 268
Schwerkraft, die 294
Schwertwal, der 327
Schwester, die 17
Schwiegermutter, die 16
Schwiegersohn, der 16
Schwiegervater, der 16
Schwimmanzug, der 209
Schwimmbrett, das 209
Schwimmbrille, die 209
Schwimmen, das 208
schwimmen 209
Schwimmerbecken, das 209
Schwimmerin, die 209
Schwimmflosse, die 211
Schwimmflügel, der 209
Schwimmleine, die 208
Schwimmnudel, die 209
Schwimmring, der 209
Schwimmweste, die 209, 288
Schwindel, der 265
schwingen 205
Science-Fiction-Film, der 241
Scrapbooking, das 234
Scrollbalken, der 181
scrollen 180
Scrollrad, das 178
sechs 336
sechs Uhr 340
sechsfach 339
sechste(r, s) 337
sechzehn 336
sechzehn Uhr 341
sechzehnte(r, s) 337
sechzig 336
sechzigste(r, s) 338
See, der 150, 295, 315
Seebarsch, der 70
Seefisch, der 331
Seegang, der 210
Seehund, der 327
Seelöwe, der 327
Seepferdchen, das 331
Seerose, die 321
Seetang, der 247
Seeteufel, der 70
Seewetterbericht, der 288
Seezunge, die 70
Segel, das 212
Segelboot, das 128
Segeln, das 210
Segler, der 210
Sehenswürdigkeiten, die 148
Sehne, die 258
Sehnerv, der 272
Sehsinn, der 259
Sehtest, der 272
Seide, die 30, 240
Seife, die 34
Seifenspender, der 53
Seil, das 287
Seilbahn, die 218
sein Studium abschließen 163
seine Stelle kündigen 175
seinen/ihren Abschluss machen 154
Seit gestern. 341
Seit wann? 341
Seite, die 189
Seite überfliegen, eine 189
Seitenfenster, das 111
Seitenleitwerk, das 124
Seitenlinie, die 194, 198, 199, 203
Seitenlinie Doppel, die 201
Seitenlinie Einzel, die 201
Seitenlinie für das Doppelspiel, die 202
Seitenlinie für das Einzelspiel, die 202
Seitenschneider, der 59
Seitenschutzleiste, die 111
Seitenspiegel, der 111, 112
Seitenständer, der 116
Seitenstraße, die 132
Seitenwurzel, die 319
Seitenzahl, die 189
Sekretariat, das 170
Sekt, der 94
sekundäre Geschäftsfeld, das 170
Sekunde, die 340
Selbstauslöser-Lichtsignal, das 242
Selbstbedienungskasse, die 144
selbstbewusst 25
selbstständig sein 52
Selbstverteidigung, die 213
Semester, das 164
Semesterferien, die 164
Seminar, das 163
senden 182, 187
Sendung, die 187
Senegal, (der) 306
Senf, der 85
sensibel 26
September, der 343
Serbien 301
Servierlöffel, der 48
Serviette, die 102
Sessel, der 41, 42, 52
Set, das 186
Seychellen, die 306
Shakehandgriff, der 203
Shampoo, das 34
Sherry, der 94
Shorts, die 31
Sicherheitsanweisung, die 125
Sicherheitsdienst, der 142
Sicherheitsgurt, der 112, 125
Sicherheitskontrolle, die 126
Sicherheitsnadel, die 239
Sicherheitsventil, das 54
Sicherung, die 62
Sicherungskasten, der 62
Sicherungskopie erstellen, eine 180
Sichtverpackung, die 276
Siebdruck, der 236
sieben 87, 95, 336
sieben Uhr 340
siebeneinhalb 338
Siebenmeter, der 197
siebte(r, s) 337
siebzehn 336
siebzehn Uhr 341
siebzehnte(r, s) 337
siebzig 336
siebzigste(r, s) 338
Sieger, der 200
Sierra Leone 306
Silber, das 207, 317
Silvester, der/das 20
Simbabwe 306
SIM-Karte, die 183
Sinfonieorchester, das 228
Singapur 309

singen 232
Siphon, der 54
Sit-up, der 223
Sitz, der 122, 211
Sitzabstand, der 125
Sitzbein, das 257
Sitzheizung, die 109
Sitznummer, die 125
Sitzplatz, der 125, 226
Sitzplatzreservierung, die 122
Sitzreihe, die 125, 226, 241
Sitzung, die 174
Skalpell, das 158
Skateboardfahren, das 220
Skelett, das 257
Ski, der 218
Skianzug, der 218
Skibrille, die 219
Skifahren, das 219
Skihang, der 218
Skihütte, die 219
Skiläufer, der 218
Skipiste, die 218
Skispringen, das 218
Skistiefel, der 218
Skistock, der 218
Skizze, die 236
Skorpion, der 333
Slacklining, das 151
Slalom, der 218
Slip, der 30
Slipeinlage, die 277
Slowakei, die 301
Slowenien 301
Smaragd, der 318
Smaragdgrün, das 237
Smartphone, das 183
Smog, der 313
SMS, die 183
Snackbar, die 241
Snacks, die 98
Snooker, das 221
Snowboard, das 219
Snowboardfahrer, der 219
Snowboarding, das 219
Social Media, die 182
Söckchen, das 27
Socke, die 33
Sofa, das 42
Sofakissen, das 42
Sofortbildkamera, die 242
Softball, der 200
Software, die 183
Sohle, die 33
Sohn, der 16
Sojabohne, die 78
Sojamilch, die 73
Sojasoße, die 85
Sojasprossen, die 78
Solarheizung, die 62
Solarium, das 279
Soldatin, die 167
Solistin, die 228
Somalia 306
Sommer, der 342
Sommerreifen, der 113
Sommersprossen, die 22
Sonate, die 228
Sonderangebot, das 144
Sonne, die 292
sonnen, sich 247
Sonnenaufgang, der 342
Sonnenblume, die 322
Sonnenblumenkerne, die 86
Sonnenbrand, der 247, 269
Sonnenbrille, die 32
Sonnencreme, die 34, 247
Sonnenfinsternis, die 294
sonnengebräunt 24
Sonnenhut, der 27, 32
Sonnenschein, der 313
Sonnenschirm, der 247
Sonnenschutzmittel, das 277
Sonnensystem, das 292
Sonnenterrasse, die 147
Sonnenuntergang, der 246, 342
sonnig 312
Sonntag, der 343
Sorbet, der/das 101
Soßen, die 85
Soul, der 231
Souvenir, das 148
Soziussitz, der 116
Spachtel, der/die 61
Spachtelmasse, die 61
spachteln 61
Spagat, der/das 207
Spaghetti, die 87
Spaghetti Bolognese, die 100
Spammail, die 182
Spanien 301
Spannung, die 62
Spanplatte, die 60
Spargel, der 74
Sparkonto, das 138
Sparring, das 213
spastische Lähmung, die 268
Spaten, der 64
Spatz, der 328
spazieren gehen 151
Specht, der 328
Speck, der 97
Speerfischen, das 217
Speerwurf, der 206
Speiche, die 118, 257
Speicherkarte, die 243
speichern 180
Speisekarte, die 101
Speiseröhre, die 255
Speisesaal, der 160
Spermium, das 262
Sperrholz, das 60
Spezialitäten, die 102
Spiegel, der 35, 41, 42, 53
Spiegelei, das 97
Spiegelreflexkamera, die 242
Spiele, die 244
Spieler sperren, einen 195
Spielfeld, das 194
Spielkarte, die 244
Spielpatz, der 150
Spielplatz, der 151
Spielstand, der 200
Spielzeug, das 50
Spielzeugladen, der 141
Spieß, der 47
Spinat, der 76
Spind, der 160
Spinne, die 333
Spinnennetz, das 333
Spinnerkasten, der 217
Spinning®, das 223
Spirale, die 261
Spitze, die 30, 74, 218
Spitze klöppeln 240
Sport, der 156, 194
Sportabteilung, die 143
Sportarten, die 220
Sport-BH, der 30
Sportfest, das 157
Sporthalle, die 161
Sportplatz, der 154
Sportwagen, der 109
Spray, der/das 276
Sprechanlage, die 38
Sprechstunde, die 264
Sprechzimmer, das 264
springen 209
Springer, der 245
Springform, die 46
Springreiten, das 215
Springseil, das 161
Sprint, der 206
Spritzbeutel, der 46
Spritze, die 276
Spritze bekommen, eine 265
Spritze geben, jemandem eine 265
spritzen 65
Sprossenwand, die 161
Sprühflasche, die 57
Sprung, der 214
Sprungball, der 199
Sprungbrett, das 209
Sprunggrube, die 206
Sprungtisch, der 207
Sprungturm, der 209
Sprungwurf, der 197
Spülbecken, das 44
Spule, die 216, 238
Spuler, der 238
Spülkasten, der 53, 54
Spüllappen, der 47
Spülmaschine, die 44
Spülmaschine laufen lassen, die 44
Spülmittel, das 57
Spülung, die 34
Squash, das 201
Sri Lanka 309
St. Kitts und Nevis 302
St. Lucia 302
St. Vincent und die Grenadinen 303
Staat, der 298
Stab, der 206
Stäbchen, das 101
Stabhochsprung, der 206
stabile Seitenlage, die 282
Stachelbeere, die 79
Stadion, das 194
Stadt, die 132
Stadtbesichtigung, die 148
Stadtmauer, die 149
Stadtplan, der 148
Stadtrundfahrt, die 148
Staffellauf, der 206
Stall, der 215
Stamm, der 319
Stammbaum, der 16
stampfen 95
Standstreifen, der 107
Stängel, der 321
Stangensellerie, der/die 74
Start- und Landebahn, die 125
Startblock, der 206, 208
starten 125
Starthilfekabel, das 114
Startlinie, die 206
Startpistole, die 206
Startsprung, der 208
Station, die 273
stationäre Patient, der 273
Stativ, das 159, 242
Stau, der 107, 108
Staub saugen 57
Staubsauger, der 57
Staubwedel, der 57
Stauraum, der 120
Steak, das 68, 100
Steakmesser, das 102
Stechmücke, die 332
Stechpaddel, das 211
Steckdose, die 62
Stecker, der 62
Stecknadel, die 239
Steg, der 247
Steigbügel, der 214
Steine, die 317
Steingarten, der 63
Steinobst, das 79
Steinpilz, der 74
Steinstrand, der 247
Steißbein, das 257
Stellenanzeige, die 165
Stellenmarkt, der 188
stellvertretende Geschäftsführung, die 171
Stemmeisen, das 59
Steppbrett, das 223
sterben 21
Stereoanlage, die 112, 233
steril 283
Stern, der 294
Sternanis, der 84
Sternfrucht, die 80
Sternwarte, die 294
Stethoskop, das 264
Steuerbordseite, die 128
Steuererklärung, die 52
Steuerungstaste, die 178
Stich, der 240
Stichbreitenwähler, der 238
Stichplatte, die 238
Stichsäge, die 59
Stichwähler, der 238
sticken 240
Stiefbruder, der 18
Stiefelette, die 31
Stiefmutter, die 18
Stiefmütterchen, das 322
Stiefschwester, die 18
Stiefvater, der 18
Stiel, der 321
Stier, der 326
Stiftehalter, der 173
stille Mineralwasser, das 92
stillen 263
Stillleben, das 236
Stinktier, das 325
Stinkwanze, die 333
Stipendium, das 164
Stirn, die 22
Stirn runzeln, die 26
Stirnhöhle, die 255
Stirnlampe, die 248
Stirnmuskel, der 256

Stirnriemen, der 214
Stockteller, der 218
Stockwerk, das 40
Stoff, der 239
Stoffwindel, die 27
Stollen, der 196
stolz 25
Stone (= 6,35 kg), das 345
stopfen 240
Stopptaste, die 185
Stoppuhr, die 158, 206
Storch, der 329
Stößel, der 47
Stoßfänger, der 120
Stoßstange, die 110
Strafraum, der 194
Straftat, die 285
Strafzettel, der 107
Strahlung, die 275
Strähnchen, die 23
Strampler, der 27
Strand, der 246
Strandbar, die 247
Stranddüne, die 246
Strandgut, das 247
Strandhäuschen, das 247
Strandkorb, der 246
Strandmuschel, die 247
Strandpromenade, die 246
Strandresort, das 247
Strandtuch, das 246
Straße, die 106, 132
Straßenbahn, die 122
Straßenbeleuchtung, die 132
Straßencafé, das 147
Straßenkehrmaschine, die 120
Straßenkünstler, der 148
Straßenlaterne, die 106, 135
Straßenmarkierung, die 106
Straßenmusiker, der 148
Stratosphäre, die 313
Strauß, der 329
streichen 59
Stretchlimousine, die 109
streuen 95
Strichcode, der 144
Stricken, das 238
stricken 240
Strickjacke, die 31
Strickleiter, die 161
Stricknadel, die 239
Strom, der 62
Stromanschluss, der 248
Stromkabel, das 179
Stromnetz, das 62
Stromstärke, die 62
Strömung, die 247
Stromzähler, der 62
Strumpf, der 30
Strumpfhose, die 30
Strunk, der 74
Stück Pizza, das 99
Student, der 163
Studentenausweis, der 164
Studentenfutter, das 82
Studentenwohnheim, das 163
Studienabschluss, der 21
Stufenbarren, der 207
Stufenschnitt, der 23
Stuhl, der 43, 51
stumm schalten 185
Stunde, die 340
Stundenplan, der 157
Sturm, der 288, 314
stürmisch 312
Sturzhelm, der 218
stutzen 65
Stutzen, der 196
Styroporflocken, die 191
subtrahieren 339
Suche, die 288
suchen 180
Suchmannschaft, die 289
Sucht, die 267
Südafrika 306
Südamerika 303
Sudan, der 306
Südhalbkugel, die 298
Südkorea 309
südliche Polarkreis, der 298
südliche Wendekreis, der 298
Sudoku, das 247
Südpol, der 295
Südpolarmeer, das 296
Südsudan, der 306
Suite, die 137
Sultanine, die 82
Supermarkt, der 140, 144
Suppe, die 100, 101
Suppenlöffel, der 102
Surfbrett, das 212
Surfen, das 212
surfen 212
Surfer, der 212
Surfstick, der 183
Suriname 303
Sushi, das 99
süß 99
Süßigkeiten, die 145
Süßkartoffel, die 75
Süßspeisen, die 91
Süßwasserangeln, das 217
Süßwasserfisch, der 331
Swasiland 306
sympathisch 25
Symptom, das 277
Symptome, die 265
Synagoge, die 134
Synchronschwimmen, das 209
Syrien 309
Szene, die 186

T

Tabak, der 146
Tablet-Computer, der 183
Tablett, das 46, 147, 160
Tablette, die 276
Tabloidformat, das 188
Tabulatortaste, die 178
Tachometer, der/das 114, 117
Tacker, der 173
Taco, der 99
Tadschikistan 309
Taekwondo, das 213
Tafel, die 155
Tafelwasser, das 92
Tag, der 343
Tag und Nacht 342
Tagesdecke, die 49
Tageslicht, das 52
Tagesordnung, die 174
Tageszeitung, die 188
Tagliatelle, die 87
Tai-Chi, das 213, 278
Taille, die 253
tailliert 30
Takelage, die 210
Taktangabe, die 231
Taktstock, der 228
Taktstrich, der 231
Tal, das 315
Talkshow, die 186
Tamburin, das 230
Tampon, der 277
Tandem, das 119
Tankanzeige, die 114
Tankdeckel, der 113, 117
tanken 113
Tankleuchte, die 114
Tankstelle, die 113
Tankwagen, der 120
Tanne, die 319
Tansania 307
Tante, die 17
Tante-Emma-Laden, der 140
Tänzer, der 169
Tapete entfernen, die 61
Tapetenrolle, die 61
tapezieren 61
Tapeziertisch, der 61
Taschenabteilung, die 143
Taschenbuch, das 189
Taschendiebstahl, der 285
Taschenlampe, die 211, 249
Taschenmesser, das 60, 248
Taschenrechner, der 155, 339
Taschentuch, das 55
Taskleiste, die 181
Tasse, die 344
Tastatur, die 178
Tastenfeld, das 138, 184
Tastsinn, der 259
Tatort, der 284
Tatze, die 324
Taube, die 328
Tauchanzug, der 211
Tauchen, das 211
Tauchmaske, die 211
Tauchstiefel, der 211
Taufe, die 20
tausend 337
tausendste(r, s) 338
Taxi, das 121
Taxi herbeiwinken, ein 121
Taxifahrer, der 168
Taxistand, der 121
Team, das 170
Teamleiter, der 174
Teamleitung, die 170
technische Zeichnen, das 157
Techno, der/das 231
Teddy, der 50
Tee, das 204
Teebeutel, der 93
Teeblätter, die 93
Teekanne, die 93
Teeküche, die 172
Teelöffel, der 344
Teig, der 87
Teigrad, das 46
Teigschaber, der 48
Teilkreis am Strafraum, der 194
Teilnehmer, der 174, 186
Teilnehmerin, die 186
Teilzeit, die 165
Telefon, das 184
Telefonbuch, das 184
Telefonhörer, der 184
Teleprompter®, der 186
Tellerlinse, die 78
Tempel, der 134
Temperatur, die 312
Tennis, das 202
Tennisball, der 161, 202
Tennisschläger, der 202
Teppich, der 49
Teppich knüpfen, einen 240
Teppichboden, der 42, 51
Teppichmesser, das 58
Tequila, der 94
Termin, der 172, 264
Terminal, das 126
Terminkalender, der 172
Termite, die 333
Terrasse, die 40, 63
Territorium, das 298
Terrorangriff, der 289
Tesafilm®, der 173
Textmarker, der 173
Thailand 310
Thanksgiving, das 20
Theater, das 134, 226
Theaterkasse, die 227
Theaterkostüm, das 227
Theaterstück, das 227
Theke, die 147
Therapie, die 278
Thermalquelle, die 316
Thermometer, das 158
Thermoskanne®, die 47
Thermostat, das 54
Thermowäsche, die 249
Thriller, der 241
Thunfisch, der 70
Thymian, der 83
Ticketkontrolle, die 126
Tiebreak, der/das 202
tief schlafen 51
Tiefenmesser, der 211
Tiefgarage, die 135
tiefgefroren 71
Tiefkühlkost, die 145
Tiefseetier, das 331
Tierarzt, der 166
Tiere, die 324
Tierfutter, das 145
Tierhandlung, die 140
Tierische Produkte 68
Tiger, der 325
Tigerauge, das/der 318
Tigerhai, der 331
Tintenfisch, der 71
Tintenpatrone, die 155, 179
Tintenstrahldrucker, der 179
tippen 180
Tipp-Ex®, das 173
Tiramisu, das 91
Tisch für zwei Personen, der 101
Tischdecke, die 102
Tischdekoration, die 43
Tischläufer, der 43
Tischtennis, das 203
Tischtennisball, der 203
Tischtennisschläger, der 203
Tischtennistisch, der 203
Titelseite, die 188

Toastbrot, das 88, 97
Toaster, der 45
Tochter, die 16
Tod, der 274
Todesanzeige, die 188
Togo 307
Toilette, die 53
Toilettenartikel, die 137
Toilettenbrille, die 53
Toilettendeckel, der 53
Toilettenpapier, das 53
Toilettenspülung, die 53
tolerant 25
Tollwut, die 266
Tomate, die 77
Tomatensaft, der 92
Tonaufnahme, die 187
Tonerkartusche, die 179
Tonga 311
Tonhöhe, die 228
Tonicwater, das 92
Tonne, die 345
Topas, der 318
Töpfchen, das 50
töpfern 234
Topfhandschuh, der 46
Topfpflanze, die 64
Tor, das 195
Torlinie, die 194
Tornado, der 314
Tornetz, das 196
Torpfosten, der 196
Torraum, der 194, 197
Torraumlinie, die 197
Törtchenform, die 46
Tortellini, die 87
Tortendiagramm, das 174
Tortilla, die 88
Tortilla-Chips, die 99
Torwart, der 195
Torwartgrenzlinie, die 197
Torwarthandschuh, der 196
tot 274
Touchscreen, der 183
Tourenfahrrad, das 119
Tourer, der 117
Touristeninformation, die 148
Trabrennen, das 215
Trabrennsport, der 215
traditionelle chinesische Medizin, die 278
Trage, die 282
trägerlos 30
Trägertop, das 31
Tragfläche, die 124
Tragödie, die 226
Trainer, der 200
Trainerin, die 200
trainieren 222
Trainingsanzug, der 28
Traktor, der 121
Trampolin, das 161
Transplantation, die 267
traumatisiert 283
träumen 51
traurig 26
Trekkingsandale, die 33
Trekkingstock, der 249
Trennvorhang, der 273
Treppe, die 41, 132
Treppenabsatz, der 41
Treppengeländer, das 41
Treppenhaus, das 39
Treppenstufe, die 41
Tresor, der 137, 139
Triangel, die/der/das 230
Triathlon, das 221
Trichter, der 48
Trieb, der 323
Triebwagen, der 122
Triebwerk, das 124
Trikot, das 196
Trillerpfeife, die 200
Trinidad und Tobago 303
Trinken 68
Trinkgeld, das 102
Trittstufe, die 120
Trizeps, der 256
Trockenobst, das 82
Trompete, die 229
Tropen, die 298
Tropfen, die 276
Troposphäre, die 313
Trüffel, die/der 74
Truthahn, der 329
Tschad, der 307
Tschechien 301
Tschüss! 19
T-Shirt, das 29
Tsunami, der 288, 314
Tuba, die 229
Tuberkulose, die 266
Tubus, der 159
Tukan, der 328
Tulpe, die 322
Tunesien 307
Tunnel, der 106, 108
Türanhänger „Bitte nicht stören", der 137
Turbulenzen, die 125
Türgriff, der 111
Türkei, die 310
Türkis, der 318
Türklingel, die 38
Turkmenistan 310
Turm, der 132, 245
Turmalin, der 318
Turnanzug, der 207
Turnen, das 207
Turnerin, die 207
Turnhalle, die 207
Turnier, das 200
Turnschuh, der 28, 33, 223
Türöffner, der 112
Türschloss, das 38
Türschwelle, die 40
Tusche, die 235
Tuschezeichnung, die 236
Tuvalu 311

U

U-Bahn, die 122
Übelkeit, die 265
überbelichtet 243
Überfall, der 285
Überführung, die 107
Übergepäck, das 127
Überholspur, die 107
Überlauf, der 54
überleben 283
übermorgen 342
überrascht 25
Überschwemmung, die 314
Überstunde, die 52
Überwachungskamera, die 289
Überweisung, die 264
Überweisungsschein, der 139
U-Boot, das 129
Übung, die 157
Uganda 307
Uhr, die 32
Uhrzeit, die 340
Ukraine, die 301
Ulme, die 319
Ultraschallaufnahme, die 262
Ultraschalluntersuchung, die 262
um eine Stelle bewerben, sich 165
Um sieben Uhr. 340
Um wie viel Uhr? 340
umarmen, sich 19
Umbau, der 38
umgraben 65
Umkleidekabine, die 142, 223
Umlaufbahn, die 294
umschalten 185
Umschalttaste, die 178
Umstandsmode, die 30
umsteigen 123
umziehen 21
Unentschieden, das 196
UNESCO, die 311
Unfall, der 282
Unfallopfer, das 282
Unfallort, der 282
Unfallstation, die 275
unfruchtbar 261
Ungarn 301
ungeduldig 26
Uniform, die 284
Unisex-Kleidung, die 28
Universität, die 133, 162
Universum, das 294
Unkraut, das 323
Unkraut jäten 65
Unkrautvernichter, der 65
UN-Mitgliedsstaaten 299
unscharf 243
unsympathisch 26
unter Schock stehen 283
Unterarm, der 253
unterbelichtet 243
Unterfangkescher, der 216
Unterführung, die 107
Unterhose, die 29
Unterkiefer, der 22, 255
Unterlage, die 52
Unternehmensberaterin, die 166
Unterschenkel, der 252
Untersetzer, der 48
Untersuchungsliege, die 264
Unterwäsche, die 143
Unterwegs 105
Unze, die 344, 345
Uranus, der 293
Urknall, der 294
Uruguay 303
Usbekistan 310
USB-Schnittstelle, die 178, 233
USB-Stick, der 179
UV-Strahlen, die 313

V

Valentinstag, der 20
Vanuatu 311
Varieté, das 226
Vater, der 17
Vatertag, der 20
vegan 103
vegetarisch 103
Vene, die 259
Venezuela 303
Ventilator, der 42, 111
Venus, die 292
Venusmuschel, die 71
verabschieden, sich 19
verabschieden 19
Verandatür, die 52
verängstigt 26
verärgert 26
Verband, der 283
Verbandschere, die 283
Verbandszeug, das 283
verbeugen, sich 19
verbleit 113
Verbrecher, der 284
Verbrecherin, die 284
Verbrennung, die 269
Verdächtige, der/die 284
Verdauungssystem, das 259
verdienen 175
Verdünnungsmittel, das 61
Vereinigte Königreich, das 301
Vereinigten Arabischen Emirate, die 310
Vereinigten Staaten, die 303
Vereinten Nationen (UN), die 311
vereist 312
Verfallsdatum, das 277
Vergewaltigung, die 285
Vergiftung, die 269
Vergnügungspark, der 151
Vergrößerung, die 243
verheiratet 17
Verkäufer, der 168
Verkäuferin, die 142
Verkehr, der 106
Verkehrsflugzeug, das 124
Verkehrsnachrichten, die 187
Verkehrspolizist, der 107
Verkehrsschilder, die 108
Verkehrsunfall, der 114
verlängern 163
Verlängerung, die 196
Verlängerungskabel, das 62
verlegen 25
Verletzte, der 289
Verletzung, die 289
Verletzungen, die 269
verlieben, sich 21
verliebt 25
verlieren 245
Verlierer, der 200
verloben, sich 21
verlobt 17
vermehren 65
vermieten 39
Vermieter, der 39
Vermieterin, die 39
Vermisste, der/die 288, 289
Verpackung, die 44
verputzen 61
verrühren 87

versandkostenfrei 191
Verschlüsselung, die 182
verschneit 312
Versiegelungsmittel, das 61
Verspätung, die 123
Verstärker, der 232
Verstauchung, die 269
Versuch, der 158
Vertäuung, die 129
Verteidigung, die 195
Verteidigungszone, die 198
Vertrag, der 174
Vertretung, die 175
Vertrieb, der 171
Vertriebsleitung, die 171
verwandt 17
Verwandte, der/die 17
Verwarnung, die 197
verwelken 321, 323
verwirrt 25
verwitwet 17
verzweifelt 26
Videospiel, das 185
viele 339
vielfach 339
vier 336
vier Uhr 340
vierfach 339
viermal 339
vierte(r, s) 337
Viertel, ein 338
Viertel nach neun 341
Viertel vor zwölf 341
viertürig 109
vierzehn 336
vierzehn Uhr 341
vierzehnte(r, s) 337
vierzig 336
vierzigste(r, s) 338
Vietnam 310
Violett, das 237
Violinschlüssel, der 231
Virus, das 265
Visier, das 117, 286
Visitenkarte, die 175
Visum, das 127
Vitamintablette, die 276
Vitrine, die 42, 43
Vögel, die 328
Vögel beobachten 234
Volleyball, der 161, 198
volljährig werden 21
Vollkornbrot, das 88
Vollkornmehl, das 87
Vollmilch, die 73
Vollmond, der 292
Vollnarkose, die 274
Vollpension, die 137
Vollzeit, die 165
Volontariat, das 164
Volt, das 62
von Bord gehen 129
von zu Hause arbeiten 52
vor Nässe schützen 191
Vor/in zehn Minuten. 341
Voraufführung, die 241
vorbestellen 163
vordere Aufschlaglinie, die 201
vordere Backenzahn, der 270
vordere Schienbeinmuskel, der 256
Vorderrad, das 118
Vordersteven, der 211
Vorderzwiesel, der 214
Vorfahre, der 17
Vorfahrt, die 107
Vorfahrt gewähren! 108
vorgestern 342
Vorhand, die 202
Vorhang, der 42, 226
Vorhaut, die 260
Vorlesung, die 163
vorletzte(r, s) 338
Vorschule, die 154
Vorspann, der 188
Vorspeise, die 101
vorspulen 185
Vorstadt, die 132
Vorstand, der 171
vorstellen, jemanden 19
Vorzeichen, das 231
Vulkan, der 316
Vulkanausbruch, der 314

W

Waage, die 191
wach sein 51
Wachsenthaarung, die 279
Wachsmalstift, der 235
Wachtel, die 69, 329
Wachtelei, das 72
Wachtelfleisch, das 69
Wachturm, der 288
Wackelpudding, der 91
Wade, die 253
Wadenmuskel, der 256
Waffel, die 97
Waffeleisen, das 45
Wagenheber, der 113
Waggon, der 122
wählen 184
Währung, die 139, 345
Währungsumtausch, der 127
Wahrzeichen, das 149
Wakeboarden, das 212
Wald, der 315
Waldbrand, der 314
Waldhonig, der 89
Walnuss, die 82
Walross, das 327
Wandern, das 220
Wanderschuh, der 249
Wanderstiefel, der 33
Wandmalerei, die 236
Wanduhr, die 43
Wange, die 22
Wann? 341
Ware, die 144
Warenregal, das 144
Warentransportband, das 144
warm 312
Wärmflasche, die 49
Warmwasserablauf, der 54
Warnblinkschalter, der 112
Wartehäuschen, das 115
Warteraum, der 275
Warteschlange, die 148
Wartezimmer, das 264
Was kostet das Zimmer, bitte? 136
Waschbär, der 325
Waschbecken, das 53, 54
Waschbeckenunterschrank, der 53
Wäsche schleudern, die 56
Wäsche waschen, die 56
Wäsche zum Trocknen aufhängen, die 56
Wäscheklammer, die 56
Wäschekorb, der 56
Wäscheleine, die 56
waschen, sich 55
Wäscheständer, der 56
Wäschetrockner, der 56
Waschküche, die 56
Waschlappen, der 55
Waschmaschine, die 56
Waschmaschine füllen, die 56
Waschmittelkammer, die 56
Waschpulver, das 56
Wasser, das 92, 208
Wasserball, der 209, 246
Wasserfall, der 315
Wasserfarbe, die 235
Wasserglas, das 102
Wasserhahn, der 53
Wasserhindernis, das 204
Wasserkanister, der 249
Wasserkocher, der 45
Wasserläufer, der 333
Wassermelone, die 81
Wasserpark, der 209
Wasserschildkröte, die 330
Wasserski, das 212
Wasserspender, der 172
Wassersport, der 208
Wasserwaage, die 58
Watstiefel, der 216
Watt, das 62
Wattepad, das 55
Wattestäbchen, das 55
wattieren 240
WC-Reiniger, der 57
Webcam, die 179
weben 240
Wechselkurs, der 139
Wechselstube, die 139
wechselwarme Tier, das 330
Weckanruf, der 137
Wecker, der 49
Wecker stellen, den 49
Wedge, der 205
Wegweiser, der 123
Wegwerfwindel, die 27
Wehen, die 262
weibliche Fortpflanzungssystem, das 259
weiblichen Geschlechtsorgane, die 261
Weichspüler, der 56
Weide, die 319
Weihnachten, das 20
Weinbrand, der 94
weinen 19
Weinglas, das 102
Weinhandlung, die 140
Weinkühler, der 147
Weinschorle, die 94
Weintraube, die 79
Weisheitszahn, der 270
Weiß, das 237
Weißbrot, das 88
weiße Feld, das 245
Weiße Hai, der 331
weiße Schokolade, die 98
Weißkohl, der 76
Weißrussland 301
Weißwein, der 94
weit 28
Weit- und Dreisprung, der 206
weiterführende Schule, die 154
weitsichtig 272
Weizen, der 86
Weizenkeime, die 96
Weizenmehl, das 87
Welches Datum haben wir heute? 342
Welle, die 212
Wellness 279
Wels, der 331
Weltkarte, die 296
Weltmeister, der 200
Weltraum, der 292
Wende, die 208
Wendehinweis für Rückenschwimmer, der 208
Wendeltreppe, die 39
Wenden verboten 108
Wendepunkte, die 21
wenige 339
Wer ist dran? 245
Werbeprospekt, der 188
Werbespot, der 187
werfen 199
Werkbank, die 60
Werkunterricht, der 156
Werkzeugkasten, der 60
Wertpapier, das 139
Wesakfest, das 20
Wespe, die 332
Weste, die 29
Western, der 241
westliche Hemisphäre, die 298
Wetter, das 312
Wetterbedingungen, die 288
Wetterbericht, der 187
Wettervorhersage, die 312
Wettkampf, der 207
Wettkampfbecken, das 208
Whisky, der 94
Wickelauflage, die 50
Wickelraum, der 142
Wickeltasche, die 50
Wickeltisch, der 50
Widerhaken, der 216
Wie heißen Sie? 19
Wie heißt du? 19
Wie ist das Wetter? 312
Wie ist der aktuelle Wechselkurs? 139
Wie viel kostet es? 142
Wie viel Uhr ist es? 340
wieder gesund werden 275
wieder zu Bewusstsein kommen 275
Wiederbelebung, die 282
wiederherstellen 181
Wiese, die 316
Wildpark, der 150
Wildpflanzen, die 320
Wildreis, der 86
Wimper, die 22
Wimperntusche, die 35
Wimpernzange, die 35
Wind, der 210, 313
Windgeschwindigkeit, die 313
windig 312
Windpocken, die 266

Windsack, der 124
Windschutzscheibe, die 110, 120
Windsurfen, das 212
Windsurfer, der 212
Wing Chun, das 213
Winkelmesser, der 155
winken 19
Winter, der 342
Winter-Fünfkampf, der 219
Wintermantel, der 28
Winterreifen, der 113
Wintersport, der 218
Wippe, die 151
Wirbel ausrenken, sich einen 269
Wirbelsäule, die 257
(tropische) Wirbelsturm, der 314
Wirsing, der 76
Wirtschaftsprüfer, der 166
wischen 183
Wischmopp, der 57
Wissenschaftler, der 169
WLAN, das 182
Wo sind bitte die Toiletten? 147
Wobbler, der 217
Woche, die 343
Wochenende, das 343
Wochentag, der 343
Wochenzeitung, die 188
Wodka, der 94
Wohnblock, der 132
Wohngebiet, das 133
Wohnmobil, das 121, 248
Wohnung, die 38
Wohnungstür, die 41
Wohnwagen, der 121, 248
Wohnzimmer, das 42
Wok, der 48
Wolf, der 325
Wolkenkratzer, der 134
wolkig 312
Wolle, die 239
Wörterbuch, das 155
Wrap, der 99
Wunde, die 269
Wundstarrkrampf, der 266
Würfel, der 245
würfeln 245
Wurfkreis, der 206
Wurm, der 333
Wurmfortsatz, der 258
Wurst, die 68, 97
Wurzel, die 75, 319
Wurzelbehandlung, die 271
Wurzelbürste, die 57
Wurzelgemüse, das 75
würzen 85
Würzmittel, die 85
Wüste, die 316
wütend 26

X

Xylophon, das 228

Y

Yard, das 344
Yen, der 345
Yoga, das 278
Yuan, der 345

Z

Zahlen, die 336
zählen 157
Zahlwörter 339
Zahn, der 22, 271
Zahn ziehen, einen 271
Zahnarzt, der 166, 270
Zahnarztbesteck, das 270
Zahnarzthelferin, die 270
Zahnarztstuhl, der 270
Zahnbelag, der 271
Zahnbürste, die 55
Zähne putzen, sich die 55
Zahnfleisch, das 271
Zahnfüllung, die 271
Zahnpasta, die 34
Zahnprothese, die 271
Zahnrad, das 118
Zahnschmelz, der 271
Zahnschmerzen, die 265
Zahnseide, die 55
Zahnspange, die 24, 271
Zahnstocher, der 102
Zahnwurzel, die 271
Zander, der 70
Zäpfchen, das 276
Zapfhahn, der 147
Zapfpistole, die 113
Zapfsäule, die 113
Zapfschlauch, der 113
zappen 185
Zartbitterschokolade, die 98
Zauberkünstler, der 226
Zaumzeug, das 214
Zebra, das 326
Zebrastreifen, der 106
Zecke, die 333
Zehennagel, der 254
zehn 336
zehn Uhr 340
zehnmillionste(r, s) 338
zehntausend 337
zehntausendste(r, s) 338
zehnte(r, s) 337
Zeichendreieck, das 155
Zeichenkohle, die 235
Zeichentrickfilm, der 241
zeichnen 157
Zeigefinger, der 254
Zeit, die 340
Zeitarbeit, die 165
Zeitnehmer, der 197
Zeitschrift, die 146
Zeitschriftenregal, das 146
Zeitstrafe, die 197
Zeitung, die 146, 188
Zeitungsspalte, die 188
Zelt, das 248
Zelt aufschlagen, ein 249
Zeltboden, der 249
Zelteingang, der 249
Zelten, das 248
Zeltplatz, der 248
Zeltstange, die 249
Zentimeter, der/das 344
Zentralafrikanische Republik, die 307
Zentralheizung, die 62
zerbrechlich 191
zerstoßen 85, 95
Zeuge, der 284
Zeugin, die 284
Zeugnis, das 157
Ziege, die 326
Ziegenkäse, der 72
Ziegenmilch, die 73
Ziel, das 208
zielen 199
Ziellinie, die 206
Zierblumen, die 321
Ziffer, die 339
Zigarette, die 146
Zigarettenanzünder, der 112
Zigarre, die 146
Zikade, die 332
Zimmer aufräumen, das 51
Zimmer mit Bad, das 49
Zimmer mit Frühstück, das 137
Zimmermädchen, das 137
Zimmernummer, die 137
Zimmerpflanze, die 43, 52
Zimmerservice, der 137
Zimtrinde, die 84
Zinssatz, der 138
Zirkeltraining, das 223
zischen 330
Zitrone, die 81
Zitronenaufstrich, der 89
Zitronenmelisse, die 83
Zitrusfrüchte, die 81
Zoll, der 126, 344
Zone, die 298
Zoo, der 150
Zoom, der/das 242
Zopf, der 23
Zu Hause 37
zu verkaufen 38
Zubereitung, die 95
Zucchini, die 77
züchten 65
Zucker, der 103
Zuckererbse, die 78
zuckerfrei 103
Zuckerguss, der 90
Zuckermelone, die 81
Zug, der 122, 245
Zugabe, die 232
Zügel, der 214
Zuleitung, die 54
Zum Wohl! 102
Zündung, die 109
zunehmende Mond, der 292
Zunge, die 255
zurückschneiden 65
zurückspulen 185
zusammengelegte Wäsche, die 56
Zuschauer, die 194
Zuschauertribüne, die 194
Zustellbett, das 137
Zustellung, die 191
zwanzig 336
zwanzig Uhr 341
zwanzig vor sieben 341
zwanzigste(r, s) 337
zwanzigtausend 337
zwei 336
zwei Fünftel 338
zwei Siebzehntel 338
zwei Uhr 340
Zweibettzimmer, das 136
zweieiigen Zwillinge, die 263
zweifach 339
Zweigstelle, die 170
zweihunderterste(r, s) 338
zweihundertfünfundzwanzigste(r, s) 338
zweihundertzweiundzwanzig 337
zweijährig 323
zweimal 339
zweite Etage, die 142
zweite Klasse, die 122
zweite Rang, der 226
zweite(r, s) 337
zweitürig 109
zweiundzwanzig 336
zweiundzwanzig Uhr 341
zweiundzwanzigste(r, s) 337
Zwerchfell, das 258
Zwetschgenkuchen, der 90
Zwiebel, die 75
Zwillinge, die 18
Zwischenlandung, die 127
zwitschern 328
zwölf 336
zwölf Uhr mittags 340
Zwölffingerdarm, der 258
zwölfte(r, s) 337
Zypern 301

INDEX RUMÄNISCH – INDICE ROMÂNĂ

9 septembrie 2017 342

A

A avut loc un accident! 289
abilitare, f 162
abonament, n 188
abonament lunar, n 115
absolvi, (a) 154
absolvire a studiului, f 21
absolvire a şcolii medii, f 154
absorbant zilnic, n 277
ac, n 238
ac cu gămălie, n 239
ac de cravată, n 32
ac de cusut, n 239
ac de descusut, n 239
ac de siguranţă, n 239
Academia de Arte Frumoase, f 164
Academia de Teatru şi Film, f 164
acca sellowiana, f 80
accesul interzis 108
accident, n 282
accident de circulaţie, n 114
accident muzical, n 231
accident vascular cerebral, n 267
ace, n 202
achiziţie de noi clienţi, f 171
acoperiş, n 40
acoperit 312
acorda un instrument, (a) 228
acordeon, n 230
acru 81
acru, m 344
actor, m 186, 227
actriţă, f 169, 227
acţionar, m 170
acţionară, f 170
acuarelă, f 235
Acum zece minute. 341
acumulator, n 59, 183
acupunctură, f 278
acustic 233
acvamarin, n 318
acvariu, n 148, 331
adaptor, n 62
adaptor rotativ, n 159
aditiv alimentar, m 103
administrator, m 39
adolescentă, f 18
adormi, (a) 51
adrenalină, f 283
adresă, f 190
adresă de e-mail, f 182
adult, m 18
aduna, (a) 339
aerobic, n 223
Afganistan 307
afină, f 79
afiş, n 241
afişaj al litrilor, n 113
afişaj al preţului, n 113
afişaj al temperaturii lichidului din radiator, n 114
afişier, n 164
Africa de Sud 306
afumat 69, 71
agendă personală, f 172
agent de circulaţie, m 107
agentă imobiliară, f 168
agitat 25
agrafă, f 34, 173
agricultor, m 167
agrişă, f 79
aikido, n 213
airbag, n 112
Ajunul Anului Nou, n 20
Ajutor! 289
al doilea etaj, n 142
alac, n 86
alaltăieri 342
alarmă cu bombă, f 289
alăpta, (a) 263
alb, n 237
Albania 299
albastru, n 237
albastru închis, n 237
albină, f 332
album pentru fotografii, n 243
albuş de ou, n 72
alee, f 63, 150
alergare cu obstacole, f 206
alergie, f 265
algă, f 247
Algeria 304
alifie, f 276
aligator, m 330
alimenta cu combustibil, (a) 113
alimentaţie sănătoasă, f 103
alternator, n 113
aluat, n 87
alună, f 82
alunecare de teren, f 314
aluniţă, f 22
Alzheimer, n 267
Am pielea grasă/normală. 279
Am pielea sensibilă/uscată. 279
Am rezervat o cameră pe numele ... 136
amar 75
amarare, f 129
Amazonia 297
ambalaj, n 44
ambasadă, f 134
ambele, f 339
ambi, m 339
ambreiaj, n 116
ambulanţă, f 282
ambuteiaj, n 107, 108
amendă, f 107
amestec de nuci şi fructe uscate, n 82
amesteca, (a) 87
amesteca cărţile, (a) 244
ametist, n 318
ameţeală, f 265
amiază, f 342
ampenaj orizontal, n 124
ampenaj vertical, n 124
amper, m 62
amplificator, n 232
amprentă digitală, f 284
amurg, n 342
an, m 343
an sabatic, m 164
analgezic, n 277
ananas, m 80
anason, m 84
anchetă, f 284
ancora, (a) 129
ancoră, f 210
andivă, f 76
Andora 299
andrea, f 239
anestezie generală, f 274
anestezie locală, f 271, 274
anestezist, m 274
angaja pe cineva, (a) 165
angajare între doi, f 199
angajare permanentă, f 165
angajare temporară, f 165
angajat, m 170, 175
angajat/angajată al/a hotelului, m/f 137
angajator, m 175
anghilă, f 70, 331
anghinare, f 74
Angola 304
animal cu sânge rece, n 330
animal marin de adâncime, n 331
aniversarea căsătoriei, f 20
an-lumină, m 294
Antarctica, f 298
antebraţ, n 253
antenă, f 110, 187
antenă de satelit, f 185
antenă radar, f 128
antenă radio, f 128
Antigua şi Barbuda 301
antipatic 26
antrenament de forţă, n 222
antrenament în circuit, n 223
antrenoare, f 200
antrenor, m 200
antreu, n 41, 101
anuală 323
Anul Nou Chinezesc, m 20
anula, (a) 181
anunţ, n 188
anunţ pentru loc de muncă, n 165
anus, n 261
anvelopă de iarnă, f 113
anvelopă de vară, f 113
anvelopă universală, f 113
aparat auditiv, n 268
aparat de fotografiat analog, n 242
aparat de fotografiat de unică folosinţă, n 242
aparat de fotografiat digital, n 242
aparat de fotografiat polaroid, n 242
aparat de fotografiat SLR, n 242
aparat de gătit cu aburi, n 45
aparat de monitorizare cardiacă, n 275
aparat de navigaţie, n 112
aparat de ras, n 55
aparat de vâslit, n 222
aparat dentar, n 24, 271
aparat electric de ras, n 55
aparat pentru preparat gofre, n 45
aparat pentru sandvişuri calde, n 45
aparat radiologic, n 275
aparatură de laborator, f 158
apartament, n 137
apartament cu trei camere, n 40
apă, f 92, 208
apă de gură, f 55, 271
apă de la robinet, f 92
apă minerală, f 92
apă minerală carbogazoasă, f 92
apă plată, f 92
apă tonică, f 92
apărare, f 195
apărătoare de noroi, f 116, 118
apărătoare pentru lanţ, f 118
apărătoare pentru tibie, f 196
apărător, m 197, 198
apărător central, m 195
apărător lateral, m 195
apel de trezire, n 137
apendice, n 258
aperitiv, n 101
aplauze, pl 227
aplecare de trunchi, f 223
aplicaţie, f 183
après-ski, n 219
aprilie, m 343
aprindere, f 109
aprozar, n 140
apus de soare, n 246, 342
Arabia Saudită 309
arahidă, f 82
arătător, n 254
arbitră, f 202
arbitră de linie, f 202
arbitru, m 194, 202
arbitru de linie, m 202
arc, n 149
arc al suprafeţei de pedeapsă, n 194
arc de colţ, n 194
Arctica, f 298
arcuş, n 229
arde calorii, (a) 223
ardei, m 77
ardei iute, m 77, 84
ardei iute tocat, m 84
ardezie, f 317
arestare, f 285
Argentina 303
argint, n 207, 317
arhitect, m 167
arici, m 324
aripă, f 69, 124, 129, 328
aripă dreaptă, f 197
aripă stângă, f 197
aripioară, f 331
aripioară de înot, f 209
Armenia 307
arogant 26
aromatiza, (a) 85
arpagic, n 83
arsură, f 269
arsură solară, f 247, 269
art deco, f 149

art nouveau, f 149
arte, f 156
arteră, f 259
articol, n 188
articol de fond, n 188
articole de toaletă, n 137
articole pentru bebeluș, n 145
articulație a degetului, f 254
articulație a piciorului, f 254
artist ambulant, m 148
arțar, m 319
arunca, (a) 199
aruncare a discului și a ciocanului, f 206
aruncare a suliței, f 206
aruncare de la șapte metri, f 197
aruncare din săritură, f 197
aruncare din sprijin pe sol, f 197
as, m 244
ascensor, n 39
ascuțitoare, f 173
ascuțitor de cuțite, n 46
asfalt, n 317
asistent, m 166
asistent de linie, m 198
asistent sanitar, m 282
asistentă, f 175
asistentă de chirurgie, f 274
asistentă dentară, f 270
asistentă sanitară, f 282
asociat, m 171
aspira, (a) 57
aspirator, n 57
astăzi 342
asteroid, m 294
astm, n 267
astronaut, m 294
astronomie, f 294
astru, m 294
astupa, (a) 61
Aș dori nota de plată, vă rog. 102
Aș dori o cameră dublă pentru o noapte. 136
Aș dori să comand ceva la pachet. 99
Aș dori să deschid un cont. 139
Aș dori să vorbesc cu… 184
Aș dori… 147
Aș putea să probez asta? 28
așternut, n 49
atac, n 285
atac terorist, n 289
ataca, (a) 195
atacant, m 197
atacant central, m 195, 198
atacant lateral, m 195, 198
ataș, n 117
atașament, n 182
Atenție, pericol! 289
ateriza, (a) 125
aterizare de urgență, f 125, 289
atmosferă, f 295
atrăgător 24
atrium, n 142
ATV, n 116
ață de cusut, f 238
ață dentară, f 55
Ați putea să mă ajutați să schimb cauciucul? 114
Ați putea să sunați la asistența rutieră, vă rog? 114
Ați putea să-mi arătați…, vă rog? 142
Ați putea să-mi dați curent? 114
Ați putea, vă rog, să mă sunați înapoi? 184
august, m 343
aulă, f 154, 162
aur, n 207, 317
Australia 310
Austria 300
autoapărare, f 213
autobasculantă, f 121
autobetonieră, f 121
autobuz cu podeaua la nivelul trotuarului, n 115
autobuz supraetajat, n 115
autobuz școlar, n 115
autocar, n 115
autofreză de deszăpezire, f 120
autogară, f 115
automacara, f 121
automat de bilete, n 115, 123
automat pentru check-in, n 126
automotor, n 122
autorulotă, f 121, 248
autospecială de pompieri, f 286
autostradă, f 107
autotren articulat, n 120
avalanșă, f 287, 314
avanpremieră, f 241
avarie, f 288
avertisment, n 197
Aveți o cameră liberă? 136
Aveți o mărime mai mare/mică? 28
avion de pasageri, n 124
avocado, n 77
avocat, m 166
avort, n 261, 263
ax port-șa, n 118
axilă, f 252
ayurveda, f 278
Azerbaidjan 307

B

babord, n 128
babuin, m 327
bacalaureat, n 154
bachelor, n 162
bacon, n 97
bacșiș, n 102
bagaj de mână, n 125
baghetă, f 88, 228
baghetă de înot, f 209
Bahamas 301
Bahrain 307
baht, m 345
baie de aburi, f 279
baie termală, f 279
balans pe spate, n 205
balansoar, n 151
balanță de laborator, f 158
balcon, n 40, 226
balcon superior, n 226
balerin, m 33, 169
balet, n 221, 226
balsam de păr, n 34
balsam pentru rufe, n 56
balustradă, f 41, 123
bamă, f 77
banană, f 80
banc, n 211
banc de lucru, n 60
banc de pește, n 331
bancă, f 63, 150, 279
bancă de rezerve, f 197, 198
bancă orizontală, f 222
banchet de absolvire (a școlii), n 21, 157
bancnotă, f 139
bancomat, n 138
bandaj, n 283
bandă, f 106
bandă adezivă, f 191
bandă adezivă de hârtie, f 61
bandă corectoare, f 173
bandă de alergare, f 222
bandă de delimitare, f 285
bandă de depășire, f 107
bandă de urgență, f 107
bandă reflectorizantă, f 117, 286
bandă rulantă, f 144
bandă transportoare pentru bagaje, f 127
Bangladesh 307
bani mărunți, m 145
bar, n 44, 136, 147, 241
bar pe plajă, n 247
bară, f 50, 206
bară de activități, f 181
bară de derulare, f 181
bară de măsură, f 231
bară de progres, f 181
bară de protecție, f 110, 120
bară de protecție laterală, f 111
bară fixă, f 207
bară transversală, f 196
Barbados 301
barbă, f 24
barcă a pazei de coastă, f 288
barcă cu motor, f 128
barcă cu vele, f 128
barcă de salvare, f 128, 210, 288
barista, m 147
barman, m 147
baroc 149
barză, f 329
baseball, n 200
Basedow, n 267
basist, m 232
baston, n 206, 284
baston pentru nevăzători, n 268
bate, (a) 95
bate cu ciocanul, (a) 59
bate din aripi, (a) 328
bate un record, (a) 206
baterie, f 111, 158, 230
baterist, m 232
batistă, f 55
baton de ciocolată, n 98, 146
baton de müsli, n 96
Bauhaus, n 149
bauxită, f 317
bavetă pentru pacient, f 270
bavețică, f 27
bază, f 159
bazin, n 257
bazin de adâncime redusă, n 151
bazin de înotători, n 209
bazin de neînotători, n 209
bazin olimpic, n 208
băga ață în ac, (a) 239
băiat, m 18
bănuț, m 320
bărbat, m 18, 252, 253
bărbie, f 22, 252
bășică, f 269
bătrână 24
băț, n 218, 230
băț de drumeție, n 249
băutură, f 241
băuturi, f 145
bârnă, f 207
bâtă, f 200
bâtă de baseball, f 200
beat, n 233
bebeluș, m 18
bec, n 62
bec de gaz Bunsen, n 159
bec economic, n 62
Belarus 301
Belgia 299
Belize 301
belvedere, f 148
Benin 304
benzină, f 113
bere, f 94
bere brună, f 94
bere din grâu, f 94
bere fără alcool, f 92
berlină, f 109
berlină cu două volume, f 109
bețigașe chinezești, n 101
bețișor de urechi, n 55
bezea, f 90
Bhutan 307
biatlon, n 218
biberon, n 27
biblioraft, n 173
bibliotecar, m 163, 169
bibliotecară, f 163
bibliotecă, f 52, 133, 163
biceps, m 256
bicicletă de ciclism, f 119
bicicletă de cicloturism, f 119
bicicletă de închiriat, f 119
bicicletă de sărituri, f 119
bicicletă de teren, f 119
bicicletă electrică, f 119
bicicletă ergometrică, f 222
bicicletă orizontală, f 119
bienală 323
Big Bang, n 294
bijuterie, f 141
bikini, m 30
bilă de înghețată, f 91
bilet de călătorie, n 115
bilet de intrare, n 227
bilet de loterie, n 146
bilet de trimitere, n 264
biliard, n 221
Bine ai venit! 19
biologie, f 156
birdie, n 205
birou, n 51, 52, 172
birou de informații turistice, n 148
bis, n 232

biscuit, m 98
biscuit amaretto, m 93
biserică, f 134
bisturiu, n 158
blană, f 324
blat de lucru, n 44
blazer, n 31
blister, n 276
bliț (integrat), n 242
bliț extern, n 242
bloc, n 132
bloca, (a) 198
blocnotes, n 173
blocstart, n 206, 208
blond 23
blues, n 231
bluză, f 31
bluză cu bretele, f 31
bluză de trening cu glugă, f 28
boabe de cafea, f 93
boală a copilăriei, f 266
boală venerică, f 260
bob, n 219
bob de soia, n 78
bobinator, n 238
bobină, f 216
boboc, m 321
bocanc, m 33
bocanc pentru drumeție, m 249
bocce, n 221
body, n 27
bodyboarding, n 212
bogey, n 205
boiler electric, n 54
bol, n 46
bolard, m 129
Bolivia 303
bolnav 266
boltă, f 149
boltă plantară, f 254
bomboană, f 98
bomboană de mentă, f 146
bomboană de tuse, f 277
bomboană pe băț, f 98
bomfaier, n 58
bon fiscal, n 145
bondar, m 332
bongo, n 230
borcan, n 89
bord, n 116
bordură, f 106
Bosnia și Herțegovina 299
bot, n 124, 324
botez, n 20
botină, f 31
Botswana 304
bowling, n 221
box, n 213
boxă, f 179
boxeri, m 29
brad, m 319
branhie, f 331
braț, n 252, 253
Brazilia 303
brânca ursului, f 320
brândușă, f 321
brânză, f 96
brânză Brie, f 72
brânză Camembert, f 73
brânză Cheddar, f 73
brânză de capră, f 72
brânză de vaci, f 72
brânză dulce, f 72
brânză Emmental, f 73
brânză feta, f 72
brânză Gorgonzola, f 72
brânză Gouda, f 73
brânză Mozzarella, f 73
brânză Parmezan, f 73
brânză pentru raclette, f 73
brânză proaspătă, f 73
brânză rasă, f 73
bretele, f 32
breton, n 23
briceag, n 60, 248
brichetă, f 112, 146
brichetă de rumeguș, f 248
briză, f 313
broască, f 38, 330
broască râioasă, f 330
broască țestoasă, f 330
broască țestoasă de apă, f 330
broccoli, m 76
broda, (a) 240
bronșită, f 265
bronz, n 207
bronzată 24
Brunei 307
brunet 23
brutar, m 168
brutărie, f 140
buburuză, f 333
bucată de pizza, f 99
bucătar, m 168
bucătărie, f 172
bucătărie echipată, f 44
buchețel, n 74
budincă de caramel, f 91
bufniță, f 329
buletin meteorologic, n 187
buletin rutier, n 187
bulevard, n 132
Bulgaria 299
bulgur, n 86
bumbac, n 240
bumbac organic, n 27
Bună dimineața! 19
Bună seara! 19
Bună ziua! 19
bungalou, n 38
bungee jumping, n 220
bunic, m 17
bunică, f 17
bunici, m 17
burete, m 57
burete de duș, m 55
burghiu, n 59
buric, n 252
buric al degetului, n 254
Burkina Faso 304
bursă, f 139
bursă de studiu, f 164
bursuc, m 325
burtă, f 252
buruiană, f 323
Burundi 304
busuioc, m 83
butelie de aer comprimat, f 211
butelie de gaz, f 248
butic, n 141
buton, m 32
buton de avarii, n 112
buton de pauză, n 185
buton de pornire/oprire, n 178
buton de solicitare a opririi în stație, n 115
buton de stop, n 185
buton de urgență, n 273, 275
buton pentru coasere înapoi, n 238
buton pentru reglarea presiunii piciorului de coasere, n 238
butonieră, f 28
buză, f 22
byte, m 180

C

Ca aperitiv/fel principal/desert iau ... 102
cabană, f 219
cabină, f 128
cabină a mecanicului de locomotivă, f 122
cabină de dormit, f 120
cabină de duș, f 53
cabină de machiaj, f 227
cabină de pilotaj, f 124
cabină de probă, f 142
cabină de schimbat scutecul, f 142
cabinet, n 264
cabinet de informatică, n 154
cablu, n 62, 184
cablu de alimentare, n 114, 179
cablu de rețea, n 182
cacadu, m 329
caddie, m 205
cadru de mers, n 268
cafea, f 93, 101
cafea cu lapte, f 93
cafea frappe, f 92
cafea to go, f 93
cafenea în aer liber, f 147
caiac, n 211
caiet, n 155
caisă, f 79
cal, m 214, 245, 326
cal cu mânere, m 207
cal de cursă, m 215
cal de mare, m 331
calamar, m 71
cală de bagaje, f 124
calcaneu, n 257
calcar, n 317
calcula, (a) 157
calculator, n 155
calculator (de birou), n 178
calculator de buzunar, n 339
cald 312
Calea Lactee, f 294
calificare, f 165
calmant, n 277
calorie, f 103
calorifer, n 62
Cambodgia 308
cambrat pe talie 30
cambulă, f 70
cambulă uriașă, f 70
cameleon, m 330
cameră cu baie, f 49
cameră cu două paturi, f 136
cameră cu mic-dejun, f 137
cameră de familie, f 137
cameră de repaus, f 279
cameră dublă, f 136
cameră obscură, f 243
cameră simplă, f 136
cameră video de supraveghere, f 289
cameră web, f 179
cameristă, f 137
Camerun 305
campion mondial, m 200
campionat, n 195
campus, n 162
Canada 302
canal, n 133
canal de aerisire, n 62
canal deferent, n 260
Canalul Mânecii, n 296
canapea, f 42
canapea extensibilă, f 42
canar, m 328
cană gradată, f 48
cană termos, f 47
cancer, n 267
candelabru, n 43
candida pentru un loc de muncă, (a) 165
candidată, f 165
cangur, m 327
canin, m 270
canistră de apă, f 249
canoe, f 211
canotaj, n 212
cant, n 218
cantină, f 163
cap, n 238, 252
capac, n 93
capac de canal, n 135
capac de rezervor, n 117
capac de roată, n 111
capac de toaletă, n 53
capac pentru obiectiv, n 242
capac pentru rezervor, n 113
capcană pentru homari, f 217
capital propriu, n 139
capitală, f 298
capitol, n 189
capoeira, n 213
capotă, f 111, 120
cappuccino, n 93, 96
capră, f 326
capsator, n 173
capsă, f 28
capsulă, f 276
captură, f 217
carabină, f 287
caracatiță, f 71
carafă, f 102
carambolă, f 80
carantină, f 273
carapace, f 330
caras auriu, m 331
carcasă, f 178
card de credit, n 139
card de debit, n 138
card de memorie, n 243
card de memorie compact flash, n 243
cardamom, m 84
cardiologie, f 273
Care este cursul valutar actual? 139
careu de serviciu drept, n 201
careu de serviciu stâng, n 201
carie, f 271

carieră, f 165
cariocă, f 235
carnaval, n 20
carne de curcan, f 69
carne de miel, f 68
carne de porc, f 68
carne de vită, f 68
carne de vițel, f 68
carne și pasăre, f 145
carne tocată, f 68
carnețel, n 146
caro, n 244
carte, f 146
carte cartonată, f 189
carte de joc, f 244
carte de non-ficțiune, f 189
carte de telefon, f 184
carte de vizită, f 175
carte necartonată, f 189
carte pentru copii, f 189
cartelă de acces, f 136
cartelă preplătită, f 183
cartelă SIM, f 183
cartilaj, n 258
cartof, m 75
cartof dulce, m 75
cartofi la cuptor, m 100
cartofi prăjiți, m 99
carton, n 236
cartonaș galben, n 195
cartonaș roșu, n 194
cartuș de cerneală, n 179
cartuș de toner, n 179
casa scărilor, f 39
casă, f 144
casă bifamilială, f 38
casă de asigurări, f 264
casă de bilete, f 227, 241
casă de marcat cu autotaxare, f 144
casă de schimb valutar, f 139
casă izolată, f 40
casă multifamilială, f 38
casă semi-izolată, f 38
casă unifamilială, f 38
cascadă, f 315
cască, f 117, 184, 209, 213, 218, 287
cască (de echitație), f 214
cască Bluetooth®, f 183
cască de pompier, f 286
cască pentru bicicletă, f 118
casetă, f 233
casetă de valori, f 139
casier, m 144
casieră, f 138
castană, f 82
castaniete, f 230
castel, n 134
castel din nisip, n 247
castravete, m 77
castron, n 102
catacombe, f 149
catadioptru, n 118
catamaran, n 128, 201
cataractă, f 272
cataramă, f 33
catarg, n 210, 212
catastrofă nucleară, f 289
catedră, f 155
cauciuc, n 111, 118
cavitate nazală, f 255
cavitate toracică, f 257
cazma, f 64
căciulă, f 32
căciuliță, f 27
călăreață, f 214
călări fără șa, (a) 215
călător, m 123
călătorie de afaceri, f 174
călca, (a) 56
călcâi, n 253, 254
căli, (a) 95
călugăriță, f 332
cămașă, f 29
cămilă, f 326
cămin, n 42
cămin studențesc, n 163
căpăstru, n 214
căpățână de usturoi, f 75
căprioară, f 326
căpșună, f 79
căpușă, f 333
căpută, f 254
cărăbuș, m 332
cărbune, m 235, 248, 317
cărucior, n 50, 144
cărucior de bagaje, n 123
cărucior de golf, n 205
cărucior pentru bagaje, n 137
căsătorit 17
căsuță, f 247
căsuță de grădină, f 63
căsuță poștală, f 172, 190
căști, f 233
câștiga, (a) 175, 245
Către amiază. 341
cătușe, f 284
cățărare, f 220
cățel de usturoi, m 75
căuta, (a) 180
căutare, f 288
câine, m 324
câine de salvare, m 287
câine ghid pentru nevăzători, m 268
câmp alb, n 245
câmp negru, n 245
câmpie, f 316
Când? 341
cânta, (a) 232
cânta împreună cu cineva, (a) 232
cânta în cor, (a) 234
cântar, n 191
cântar de bucătărie, n 45
cântăreață, f 169
cântăreață de operă, f 228
cântec, n 232
cârjă, f 268
cârlig, n 41
cârlig de pescuit, n 216
cârlig de rufe, n 56
cârnat, m 68, 97
cârpă, f 46
cârpă de curățat ochelarii, f 272
cârpă de microfibră, f 60
cârpi, (a) 240
cârtiță, f 324
câștigător, m 200
Cât costă? 142
Cât este ceasul? 340
câteodată 339
câteva, f 339
câțiva, m 339
CD player, n 233
CD-ROM, n 179
ceafă, f 253
ceai cu gheață, n 92
ceai de mentă, n 93
ceai de mușețel, n 93
ceai de plante, n 93
ceai negru, n 93
ceainic, n 93
ceapă, f 75
ceapă roșie, f 75
ceapă verde, f 75
cearșaf, n 49
ceas, n 32
ceas cu cardiofrecvențiometru, n 223
ceas de perete, n 43
ceas deșteptător, n 49
ceașcă, f 344
cec, n 258
cec de călătorie, n 139
Cedează trecerea! 108
Celsius 312
centimetru, m 238, 344
centrală termică de perete pe gaz, f 54
centrifuga rufe, (a) 56
centură de siguranță, f 112, 125
centură neagră, f 213
centură tactică, f 284
cerc central, n 194, 199
cerc de aruncare, n 206
cercel, m 32
cercetare, f 162
Cercul Polar de Nord, n 298
Cercul Polar de Sud, n 298
cere pe cineva în căsătorie, (a) 21
cereale, f 96, 145
cerebel, n 255
cereri și oferte de angajare, pl 188
cerne, (a) 87, 95
cetate, f 134
cețos 312
cezariană, f 263
chebap, n 99
check-in online, n 127
chei, n 129
cheie de la casă, f 38
cheie fa, f 231
cheie fixă, f 58
cheie imbus, f 60
cheie mops, f 58
cheie sol, f 231
chelie, f 23
chelnăr, m 168
chelner, m 101
cherimoya, f 80
chiflă, f 88
chiflă, f 96
chiftea, f 100
chihlimbar, n 318
chilă, f 210
Chile 303
chilopod, m 333
chilot, m 29, 30
chimie, f 156
China 307
chingă, f 214
chingă de nas, f 214
chingă frontală, f 214
chioșc, n 135
chipsuri, n 98
chiriaș, m 39
chiriașă, f 39
chirie, f 39
chirurg, m 166, 274
chitară acustică, f 229
chitară bas, f 229
chitară electrică, f 229
chitarist, m 232
chiuvetă, f 44, 53, 54
Ciad 307
cicadă, f 332
cicatrice, f 24, 274
ciclism, n 220
ciclon (tropical), n 314
cicoare de grădină, f 76
cidru, n 94
cifră, f 339
cimbal, n 230
cimbrișor, m 83
cimitir, n 135
cimpanzeu, m 327
cimpoi, n 230
cincea, (a) 337
cinci 336
cinci și trei optimi 338
cincilea, (al) 337
cincisprezece 336
cincisprezecea, (a) 337
cincisprezecelea, (al) 337
cincizecea, (a) 338
cincizeci 336
cincizeci de mii 337
cincizecilea, (al) 338
Cine urmează? 245
cinel, n 230
cinematograf, n 134
cinteză, f 328
cinzeci și cinci de mii 337
cioară, f 328
cioc, n 328
ciocan, n 58
ciocan de lemn, n 58
ciocan electric de lipit, n 60
ciocan pentru carne, n 47
ciocănitoare, f 328
ciocolată albă, f 98
ciocolată amăruie, f 98
ciocolată caldă, f 97
ciocolată cu înghețată, f 92
ciocolată cu lapte, f 98
ciorap, m 30
ciorbă, f 100
Cipru 301
circuit sanguin, n 259
circulație în ambele sensuri, f 108
circumcizie, f 260
cireașă, f 79
ciripi, (a) 328
cisternă, f 120
cistită, f 265
citi, (a) 157, 234
citi pe diagonală o pagină, (a) 189
cititor de card cu chip, n 138
cititor de cărți electronice, n 183
citrin, n 318

ciubăr pentru saună, n 279
ciulin, m 320
ciupercă, f 320
ciuperci, f 97
cizmă de cauciuc, f 33
cizmă de echitație, f 214
cizmă de pescar, f 216
cizmă de scufundare, f 211
cizmă înaltă, f 33
clachetă, f 186
clamă de poziționare, f 159
clarinet, n 229
clasă, f 154
clasă a doua, f 122
clasă business, f 124
clasă economică, f 124
clasă întâi, f 122, 124
clasă pregătitoare, f 154
clasicistic 149
claviculă, f 257
claxon, n 112, 120
clădire a operei, f 134
clădire de birouri, f 134
clăpar, m 218
clătită, f 91
clătită americană, f 91
clătită americană, f 97
clementină, f 81
clepsidră, f 46, 181
cleşte de bucătărie, m 48
cleşte de tăiat sârmă, m 59
cleşte patent, m 58
cleşte pentru gene, m 35
cleşte pentru înghețată, m 47
cleşte pentru nituit, m 59
client, m 101
clientă, f 144
climatizare, f 109
clitoris, n 261
clopote tubulare, n 228
clopoțel, m 136, 160, 320
coacăze negre, f 79
coacăze roşii, f 79
coace, (a) 87
coadă, f 324
coadă a avionului, f 124
coadă de cal, f 23
coadă împletită, f 23
coafeză, f 168
coajă, f 81
coajă de nucă, f 82
coajă de ou, f 72
coamă, f 214
coapsă, f 252
coardă, f 161, 287
coase, (a) 240
Coasta de Fildeş 304
coastă, f 246, 257, 315
coastă flotantă, f 257
coborâ, (a) 123
coborâ ancora, (a) 129
coborâre, f 207, 218
coborâre în rapel, f 220
coborâre periculoasă, f 108
coc, n 23
cocă, f 128, 201, 211
coccis, n 257
cockpit, n 210
cocoş, m 329
cocteil, n 94
cocteil cu lapte, n 92
cod de bare, n 144
cod PIN, n 138
cod poştal, n 190
cofetărie, f 140
cofraj de ouă, n 73
cojit 81
col uterin, n 261
cola, f 92
colac, n 209
colac de salvare, n 210, 288
colac de toaletă, m 53
colaj, n 236
colanți, m 30
colăcel, m 88
colecționa timbre, (a) 234
coleg, m 175
colegă, f 175
colesterol, m 103
colet, n 190
colibri, m 328
coloană, f 149, 188
coloană vertebrală, f 257
colonie, f 298
colțul de scotă, n 212
Columbia 303
comanda, (a) 99
comandă, f 101
combatere a incendiului, f 286
combină muzicală, f 233
combinezon pentru zăpadă, n 27
comediant, m 226
comedie, f 226, 241
cometă, f 294
comision, n 139
comod 30
comodă, f 49
Comore 305
comoție cerebrală, f 269
companie aeriană, f 124
compartiment, n 122
compartiment de bagaje, n 115, 125
competiție, f 200, 207
competiție de sanie, f 219
complex de grădini, n 150
complex hotelier, n 136
complex turistic pe litoral, n 247
compostieră, f 63
compoziție, f 233
compresor, n 113
compunere, f 154
Comunitatea Națiunilor 311
concediu anual, n 175
concediu de maternitate, n 175
concediu parental, n 175
concepție, f 262
concern, n 170
concert rock, n 232
condimenta, (a) 85
condiții de muncă, f 165
condiții meteorologice, f 288
conducere, f 170
conductă de alimentare, f 54
conductă de alimentare cu apă rece, f 54
conductă de ieşire pentru apa caldă, f 54
conductă de scurgere, f 54
confuză 25
congelat 71
congelator, n 44
coniac, n 94
conifer, n 319
conjunctivită, f 265
conopidă, f 76
Conservator, n 164
conserve, f 145
consiliu al întreprinderii, n 171
consiliu de conducere, n 171
consolă centrală, f 112
consternat 26
constructor, m 167
construcție adițională, f 38
construcție nouă, f 40
construcție veche, f 39
consultant de afaceri, m 166
consultant financiar, m 139
cont curent, n 138
cont de economii, n 138
cont de utilizator, n 182
contabilitate, f 170
contact sexual, n 260
continent, n 295
contor de curent electric, n 62
contracepție, f 261
contract, n 174
contract de închiriere, n 39
contracții, f 262
control al traficului aerian, n 124
control de bagaj, n 127
control de bilet, n 126
control de securitate, n 126
controlling, n 170
controloare, f 123
controlor de trafic aerian, m 126
coordonator de echipă, m 170, 174
copac sempervirescent, m 319
copan de pui, n 69
copertă, f 189
copertă anterioară, f 189
copia, (a) 180
copil, m 18
copil de mingi, m 202
copil prematur, m 263
copită, f 214, 324
copt 81
cor, n 228
corb, m 328
cordaj, n 201
cordon ombilical, n 262
corector, n 35
Coreea de Nord 309
Coreea de Sud 309
corespondent, m 187
corespondentă, f 187
coriandru, m 83, 84
coridor, n 39
corn, n 88, 96, 229 324
cornee, f 272
corner, n 195
cornet de înghețată, n 91
cornet pentru ornat, n 46
coroană, f 271, 319, 345
corp al aparatului, n 242
cort, n 248
cort de plajă, n 247
cortină, f 226
cositor, n 60
cosmeticiană, f 168, 279
Costa Rica 302
costum, n 29, 227
costum de baie, n 29, 209
costum de baie (întreg), n 30
costum de gimnastică, n 207
costum de motociclist, n 117
costum de schi, n 218
costum de scufundare, n 211
coş, n 22, 118, 128, 144, 199
coş de baschet, n 161
coş de gunoi, n 44, 135, 172, 180
coş de pescuit, n 217
coş de rufe, n 56
coş de rufe murdare, n 56
coşmar, n 51
cot, n 253
cotidian, n 188
cotieră, f 52, 122, 268
cotlet, n 68
cotor, n 81, 189
covor, n 49
covor rulant, n 127
covoraş de baie, n 55
covoraş pentru maus, n 179
covrig, m 88
covrig cu sare, m 98
crab, m 71
crampă, f 265
crampon, n 196
craniu, n 257
crap, m 70
crap koi, m 331
cravaşă, f 215
cravată, f 29
Crăciun, n 20
crea bijuterii, (a) 234
crea un mozaic, (a) 234
creangă, f 319
credit, n 183
creier, n 255
creierul mare, n 255
creion, n 155, 173
creion colorat, n 235
creion dermatograf, n 35
cremă de ciocolată, f 89
cremă de față, f 34
cremă de protecție solară, f 247, 277
cremă de soare, f 34
cremă hidratantă, f 34
crème brûlée, f 91
crescut în aer liber 69
creson, n 74
cretă, f 155, 235, 317
creț 23
crevetă, f 71
cric, n 113
crichet, n 200
crimă, f 285
crin, m 322
criptare, f 182
crisalidă, f 332
cristalin, n 272
crizantemă, f 322
Croația 299
crocant 81
crochet, n 221
crocodil, m 330
croitoreasă, f 169
croitorie, f 141
cronometror, m 197
cronometru, n 158, 206

cronometru de bucătărie, n 46
crosă, f 200
crosă iron, f 205
crosă putter, f 205
crosă sand wedge, f 205
crosă wood, f 205
crose de golf, f 205
crosstrainer, n 222
croșeta, (a) 240
cruciuliță, f 240
crud 75, 77
cu deficiență de auz 268
cu două uși 109
cu expediere gratuită 191
cu gheață 94
cu mânecă scurtă/lungă 28
cu patru uși 109
cu plumb 113
cu trei uși 109
cu vânt 312
cuarț, n 318
cuarț roz, n 318
cub, n 50
Cuba 302
cubitus, n 257
cui, n 58
cui de ancorat cortul, n 249
cuier, n 41
cuișoare, n 84
culege, (a) 65
culisă, f 226
culoar, n 125, 144, 206, 208
culoare, f 237
culoare acrilică, f 235
culoare de ceară, f 235
culoare de ulei, f 235
cultiva, (a) 65
Cum e vremea? 312
Cum te numești? 19
Cum vă numiți? 19
cumnat, m 16
cumnată, f 16
cumpărare online, f 182
cunoscut/-ă, m/f 18
cupă, f 195, 244
cupă de înghețată, f 91
cupolă, f 149
cuprins, n 189
cupru, n 317
cuptor, n 44
cuptor cu microunde, n 45
cură, f 278
cură de dezintoxicare, f 278
curăța, (a) 57, 279
curăța cu ață dentară, (a) 271
curăța de solzi, (a) 71
curbă, f 107
curcan, m 69, 329
curcubeu, n 313
curcuma, f 84
curea, f 33
curea de transmisie trapezoidală, f 113
curelușă, f 33
curent, m 247
curent marin, m 210
curier, m 168, 191
curios 25
curling, n 219
curmală, f 82
curriculum vitae, n 165
curry, n 100
curs, n 163, 164
curs bursier, n 139
curs de gospodărie, n 157
curs de prim ajutor, n 283
curs valutar, n 139
cursă, f 115
cursă cu obstacole, f 215
cursă cu sărituri peste obstacole, f 215
cursă de cai, f 215
cursă de motociclete, f 220
cursă de raliu, f 220
cursă de trap (cu atelaj), f 215
cursă pe pistă netedă, f 215
cursă pe teren accidentat, f 220
cursor, n 181
curte, f 38
curte a școlii, f 160
curte interioară, f 149
cusătură, f 30
cușcuș, n 86
cuticulă, f 254
cutie cu accesorii pentru cusut, f 239
cutie de viteză, f 111, 116
cutie de vopsea, f 61
cutie pentru accesorii, f 217
cutie pentru sandviș, f 160
cutie poștală, f 38, 190, 191
cutiuță de pudră, f 35
cutremur, n 314
cutter, n 58
cuțit, n 102
cuțit de brânză, n 101
cuțit de bucătărie, n 47
cuțit de curățat legume, n 47
cuțit pentru grătar, n 102
cuvertură, f 49
cuvinte încrucișate, n 247
cvadruplu 339
cvartet, n 228
cvintuplu 339
cyan, n 237

D

da clic, (a) 180
da cu zarul, (a) 245
da drumul la mașina de spălat vase, (a) 44
da mâna, (a) 19
da primul ajutor, (a) 282
daltă, f 59
damă, f 244
dame, pl 244
Danemarca 299
dantelă, f 30
darts, n 221
dată, f 343
dată a expirării, f 277
dată de returnare, f 163
De când? 341
de culoare închisă 23
de cultură biologică 74
de două ori 339
De ieri. 341
de mai multe ori 339
de patru ori 339
de trei ori 339
de vânzare 38
deal, n 316
debarca, (a) 129
decedat 274
decembrie, m 343
deces, n 274
declanșator, n 242
declarație fiscală, f 52
decola, (a) 125
decolteu, n 30
decongela mâncarea, (a) 44
decor, n 227
decupa, (a) 180
decupa aluat, (a) 95
defibrilator, n 282
deficiență, f 266
defileu, n 316
defocalizat 243
deget mijlociu, n 254
degetar, n 239
degetul mare, n 254
degetul mare de la picior, n 254
degetul mic, n 254
degetul mic de la picior, n 254
degețel roșu, m 320
degresat 73
delfin, m 327
delicatesă, f 145
deltaplanism, n 220
demență, f 267
demipensiune, f 137
demisiona, (a) 175
demite pe cineva, (a) 175
dentist, m 166
deodorant, n 34, 277
departament, n/f 164
departament de marketing, n 171
departament de producție, n 171
departament de relații publice, n 171
departament de resurse umane, n 171
departament de vânzare, n 171
departament juridic, n 171
depășire de viteză, f 107
dependență, f 267
depilare, f 34
depilare cu ceară, f 279
depozit, n 39
depozit de containere, n 129
depresie, f 267
depune bani, (a) 138
derula, (a) 180
derula înainte, (a) 185
derula înapoi, (a) 185
descalificare, f 197
descărcare, f 182
deschide robinetul, (a) 55
deschide un fișier, (a) 180
deschis 25, 148
deschizător de conserve, n 47
deschizător de scrisori, n 173
deschizător de sticle, n 48
descoase, (a) 240
descoji, (a) 77, 95
descoperire de cont, f 138
desen animat, n 241
desen în creion, n 236
desen în tuș, n 236
desen tehnic, n 157
desena, (a) 157
desert, n 101
despicătură fesieră, f 253
destinatar, m 190
destinație, f 115, 127
deșert, n 316
Deșertul Sahara, n 297
detector de fum, n 39, 286
detector de victime în avalanșă, n 287
detergent, m 57
detergent de rufe, m 56
detergent de vase, m 57
detergent pentru W.C., m 57
deveni major, (a) 21
dezinfectant, n 283
dezinstala un program, (a) 181
dezintoxicare, f 278
dezlipi tapetul, (a) 61
dezosa un pește, (a) 71
diabet, n 267
diafragmă, f 258, 261
diagnoză, f 264
dializă, f 267
diamant, n 318
diaree, f 265
dicționar, n 155
dietă, f 103
diez, m 231
difterie, f 266
difuzor, n 233
dihor, m 324
diluant, m 61
dimineață, f 342
din fibre sintetice 27
din producție locală 74
dinam, n 118
dinar, m 345
dinte, m 22, 271
dinte veninos, m 330
directoare, f 154
director adjunct, m 171
director al departamentului de informatică, m 170
director al departamentului de marketing, m 171
director al departamentului de producție, m 171
director al departamentului de resurse umane, m 171
director al departamentului de vânzare, m 171
director comercial, m 170
dirijor, m 228
disc, n 233
dischetă cosmetică, f 55
disco, n 231
disertație, f 162
disloca brațul/o vertebră, a-și 269
dispărut/dispărută, m/f 288, 289
disperat 26
dispnee, f 267
dispozitiv de tăiat ouă, n 47
dispozitiv pentru a băga ața în ac, n 239
distribuire a mâncării, f 160
distribuție, f 227
distrugător de documente, n 172
divorț, n 21
divorța, (a) 21
divorțat 17

dizolvant, m 61
dizolvant pentru lac de unghii, n 34
DJ, m 187, 232
Djibouti 304
doamna 18
dobândă, f 138
docent, m 162
doctor de urgență, m 282
doctorat, n 162
doctoriță, f 264
doctoriță de urgență, f 282
document, n 52, 172
doi 336
doilea, (al) 337
doisprezece 336
dolar, m 345
dom, n 132
Dominica 302
domnul 18
donare de organe, f 283
donare de sânge, f 283
dop de urechi, n 277
dormi, (a) 51
dormi adânc, (a) 51
dormi pe săturate, (a) 51
dosar pentru concurs, n 165
dosar suspendat, n 173
doua, (a) 337
două cincimi 338
două suta, (a) 338
două sute douăzeci și cincea, (a) 338
două sute douăzeci și cincilea, (al) 338
două sute douăzeci și doi 337
două sutelea, (al) 338
două șaptesprezecimi 338
douăsprezece fără un sfert 341
douăsprezece și cinci minute 341
douăsprezecea, (a) 337
douăsprezecelea, (al) 337
douăzecea, (a) 337
douăzeci 336
douăzeci de mii 337
douăzeci și doi 336
douăzeci și doilea, (al) 337
douăzeci și doua, (a) 337
douăzeci și trei 336
douăzeci și una, (a) 337
douăzeci și unu 336
douăzeci și unulea, (al) 337
douăzecilea, (al) 337
dovleac, m 77
dovleac tămâios, m 77
dovlecel, m 77
dozare, f 276
dozator de apă, n 172
dozator de săpun, n 53
draperie, f 42
drăgălaș 25
drăguț 24
drăguț 25
drept, n 162
dres, n 30
dresaj, n 215
dressing, n 85
drogherie, f 141
drojdie, f 87
drum alunecos - polei, gheață, zăpadă, n 108
drum în lucru, n 108
drumeție, f 220
drumeție cu rachete de zăpadă, f 219
dublu 339
dublu dribling, n 199
dulap, n 160
dulap suspendat, n 44
dulăpior, n 42, 53
dulăpior pe role, n 52
dulce 99
dulceață, f 89
dulciuri, n 145
duminică, f 343
dună, f 246
dunk, n 199
duoden, n 258
după-amiază, f 342
durere de cap, f 265
durere de dinți, f 265
durere de gât, f 265
durere de stomac, f 265
dus-întors 123
duș, n 53
dușuri și toalete, n bzw. f 248
duză de ventilație, f 125
DVD, n 185
DVD-player, n 185

E

E frumos/posomorât/rece și umed. 312
E liber locul acesta? 123
E rândul tău. 245
eche, f 210
echer, n 155
echipaj, n 210
echipament de pescuit, n 216
echipă, f 170, 200
echipă de salvare, f 289
ecler, n 90
eclipsă de soare, f 294
ecografie, f 262
ecran, n 184, 241
ecran tactil, n 183
Ecuador 303
ecuator, n 298
eczemă, f 265
educație civică, f 156
educație fizică, f 156
efect de ochi roșii, n 243
efect secundar, n 277
efectua lovitura de start, (a) 205
efracție, f 285
egal 196, 339
egalitate, f 202
Egipt 304
ejaculare, f 260
ejecta un CD/DVD, (a) 181
El Salvador 302
elastic pentru păr, n 34
electrician, m 167
elefant, m 326
elev, m 155
elevă, f 155
elibera, (a) 217
elicopter de salvare, n 287
eliminare, f 194
eliminare definitivă, f 197
eliminare temporară, f 197
Elveția 301
emblemă a mărcii, f 110
embrion, m 262
Emiratele Arabe Unite 310
emisfera estică, f 298
emisfera nordică, f 298
emisfera sudică, f 298
emisfera vestică, f 298
emisiune în direct, f 186
emisiune-concurs cu întrebări din diverse domenii, f 186
emițător de supraveghere, n 50
energie din surse regenerabile, f 62
entorsă, f 269
epidemie, f 289
epilepsie, f 267
episod, n 185
eprubetă, f 158
erbicid, n 65
erecție, f 260
erica, f 320
Eritreea 304
erupție, f 265
erupție vulcanică, f 314
escală, f 127
esofag, n 255
espresso, n 93
Este ora două. 340
Estonia 299
etaj, n 40
etajul întâi, n 40
etambou, n 211
etică, f 156
etichetă de preț, f 145
Etiopia 304
etravă, f 211
etravă bulb, f 128
Eu am o pană. 114
eucalipt, m 319
euro, m 345
evacuare, f 289
examen, n 154, 163
examen ecografic, n 262
examen oftalmologic, n 272
examen oral, n 163
excavator, n 121
excedent de bagaj, n 127
excursie, f 148, 157
exercițiu, n 157
exercițiu pentru biceps, n 222
expeditor, m 190
experiență profesională, f 165
experiment, n 158
explozie, f 289
expoziție, f 148
extinctor, n 113, 286
extrage un dinte, (a) 271

F

fabrică, f 134
face baie, (a) 55
face check-in/out, (a) 137
face cu mâna, (a) 19
face cuiva o injecție, (a) 265
face duș, (a) 55
face efort moderat după antrenament, (a) 223
face jogging, (a) 151
face o copie de siguranță, (a) 180
face o cură de dezintoxicare, (a) 278
face o fotografie, (a) 243
face o pauză, (a) 52
face o plecăciune, (a) 19
face o reverență, (a) 19
face patul, (a) 51
face semn la un taxi, (a) 121
factură, f 139
fag, m 319
fagot, n 229
Fahrenheit 312
faianța, (a) 61
fandare, f 223
fani, pl 232
far, n 111, 120, 129
far de ceață, n 110
fard de obraz, n 35
fard de pleoape, n 35
farfurie, f 102
farfurie cu brânzeturi, f 101
farfurie pentru pâine, f 102
faringe, n 255
farmacie, f 141
farmacistă, f 166, 276
fasole albă, f 78
fasole Lima, f 78
fasole mung, f 78
fasole neagră, f 78
fasole ochi-negri, f 78
fasole roșie, f 78
fasole scăzută, f 97
fasole verde, f 78
fașă, f 283
fațadă, f 149
față, f 18, 203
față de masă, f 102
față de pernă, f 49
fault, n 195
fax, n 184
fază de drum, f 110
fază de întâlnire, f 110
faze ale lunii, f 292
făină de grâu, f 87
făină de porumb, f 87
făină de secară, f 87
făină fără gluten, f 87
făină integrală, f 87
făinos la fiert 75
făraș, n 57
fără bretele 30
fără gluten 103
fără lactoză 103
fără ouă 103
fără plumb 113
fără sâmburi 81
fără taxă de expediere 190
fără zahăr 103
fâneață, f 316
fântână, f 150
febră, f 266
febră a fânului, f 266
febră musculară, f 223
februarie, m 343
fecundație, f 262
fel principal, n 101
felicitare, f 146
Felicitări! 20
felie, f 81, 89
felie de pește, f 70
femeie, f 18, 252, 253
femeie de afaceri, f 174
femur, n 257
fenicul, m 74, 83, 84

fereastră, f 40, 181
fereastră în acoperiș, f 40
feribot, n 129
fericită 25
fermoar, n 32, 240, 249
fertil 261
fertiliza, (a) 65
fesă, f 253
festival de muzică, n 232
festivitate sportivă, f 157
fetică, f 76
fi demisionat, (a) 175
fi în afara terenului de joc, (a) 199
fi în pericol de naufragiu, (a) 288
fi în stare de șoc, (a) 283
fi liber profesionist, (a) 52
fi treaz, (a) 51
fibră, f 103
ficat, m 68, 258
ficțiune, f 189
fiecare 339
fier de călcat, n 56
fierăstrău circular, n 59
fierăstrău de mână, n 58
fierăstrău electric, n 59
fierbător de apă, n 45
fierbător de orez, n 45
fierbe, (a) 95
fierbe în apă cu sare, (a) 95
fierbe înăbușit, (a) 69
fierbe la foc mic, (a) 95
fiert 77
fiică, f 16
Fiji 310
filament, n 62
file, n 68, 71
fileu, n 198, 202, 203
filială, f 170
Filipine 309
film, n 243
film 3D, n 241
film de dragoste, n 241
film de groază, n 241
film documentar, n 186
film științifico-fantastic, n 241
filtru, n 242
filtru de aer, n 110
Finlanda 299
fir al mustății, n 324
fir de pescuit, n 216
fire pentru sutură, n 274
fistic, n 82
fișet, n 172
fișier, n 181
fiu, m 16
fixa alarma, (a) 49
fizică, f 156
fizioterapeut, m 166
flamingo, m 329
flaps, n 124
flaut, n 229
floare, f 321, 323
floare de primăvară, f 321
floare nocturnă, f 321
floarea-soarelui, f 322
florărie, f 140
floricele de porumb, pl 98, 241
flotare, f 223
flotor, n 54
fluier, n 200
fluiera, (a) 232
fluturaș, m 201
fluturaș de badminton, m 161
fluture, m 332
fluture de noapte, m 332
flux, n 247
foaier, n 226
foarfecă, f 58, 173, 239, 283
foarfecă de tuns gard viu, f 64
foarfecă pentru trandafiri, f 64
foarte cald 312
focă, f 327
foios, n 319
folder, n 180
folie alimentară, f 46
folie de aluminiu, f 46
folie de prezentare, f 174
folie de sol, f 249
folie exterioară, f 249
folie interioară, f 249
folie protectoare, f 61
fond de ten, n 35
font, n 181
food court, n 142
forfecuță de unghii, f 34
forma (un număr), (a) 184
formare profesională, f 164
format de tabloid, n 188
format înalt, n 243
format lat, n 243
formație, f 232
formă pentru brioșe, f 46
formă pentru decupat aluat, f 46
formă pentru muffin, f 46
formă pentru tort detașbilă, f 46
Formula 1®, f 220
forță de gravitație, f 294
fosă a orchestrei, f 228
fosta republică iugoslavă Macedonia 299
fotbal american, n 200
fotbal australian, n 221
fotograf, m 169
fotografie, f 52
fotoliu, n 41, 42, 52
fotoliu de plajă cu acoperiș și laturi închise, n 246
fototerapie, f 278
fractura piciorul, a-și 269
fractură, f 269
fragil 191
franc, m 345
franc elvețian, m 345
Franța 299
frapieră, f 147
frasin, m 319
frate, m 17
frate vitreg, m 18
frați, m 18
frământa, (a) 87
frâna, (a) 118
frână, f 118
frână de mână, f 112
frânghie de salvare, f 288
frâu, n 214
freca cu peria, (a) 57
frecvență, f 187
frig 312
frigănea, f 97
frige, (a) 69, 77, 95
frige la grătar, (a) 69, 95
frigider, n 44
frisbee®, n 221
frișcă, f 72, 91
frizură bob, f 23
frizură în scări, f 23
frizură scurtă, f 23
fruct de soc, n 79
fruct proaspăt, n 96
fructe și legume, n bzw. f 145
fructoză, f 103
fructul dragonului, n 80
fructul pasiunii, n 80
frumos 24
frunte, f 22
frunză, f 74, 319, 321
frunză de dafin, f 84
frunză de gulie, f 74
frunze de ceai, f 93
frunziș, n 319
fucsia, n 237
fugi, (a) 285
fular, n 32
fulger, n 313
fulgi de polistiren, m 191
fulgi de porumb, m 96
funcționară bancară, f 169
fundă, f 31
furcă, f 64, 118
furculiță, f 102
furculiță pentru friptură, f 48
furioasă 26
furnicar, m 327
furnică, f 333
furt, n 285
furt din buzunare, n 285
furtun, n 286
furtun de alimentare, n 113
furtun de stropit, n 64
furtună, f 288, 313, 314
furtună de zăpadă, f 314
furtunos 312
fustă, f 31
fuzelaj, n 124

G

Gabon 304
gaică, f 33
galantar cu brânzeturi, n 144
galantar cu pește, n 145
galantar cu produse din carne, n 144
galaxie, f 294
galben, n 237
galben deschis, n 237
galben-portocaliu, n 237
galerie de artă, f 134
galop, n 215
galop mic, n 215
gambă, f 252
Gambia 304
ganteră, f 222
garaj, n 39
garam masala, n 84
gard, n 63
gard viu, n 63
gardă de coastă, f 129
garnitură, f 101
garoafă, f 322
gastroenterită, f 265
gastroenterologie, f 273
gaură, f 204
gaură neagră, f 294
gazon, n 323
găină, f 329
gălbenea, f 322
gălbenuș de ou, n 72
gălbior, m 74
găleată, f 57
găletușă, f 246
gărgăun, m 332
găti, (a) 234
gătit 77
găuri, (a) 59
gândac de bucătărie, m 333
gânditor 25
gâscă, f 69, 329
gâscă crudă, f 69
gât, n 252, 255
geacă de piele, f 33, 117
geam lateral, n 111
geamandură, f 129
geamantan, n 32
geamantan cu roți, n 127
geană, f 22
geantă diplomat, f 33
geantă de scutece, f 50
geantă de voiaj, f 32
geantă dublă pentru bicicletă, f 119
gecko, m 330
gel de duș, n 34
geloasă 26
gem de lămâie, n 89
gemene, f 18
gemeni dizigoți, m 263
gemeni monozigoți, m 263
genuflexiune, f 223
genunchi, m 252
geografie, f 156
Georgia 308
ger, n 313
gerbera, f 322
Germania 299
germeni de grâu, m 96
germeni de soia, m 78
gestiunea afacerilor, f 162
Ghana 304
gheară, f 324, 328
gheată, f 196
gheață, f 313
gheizer, n 316
ghepard, m 325
gheretă pentru plata taxei de drum, f 107
ghețar, m 315
ghid turistic, m 148
ghidaj al firului, n 238
ghidon, n 116, 117, 118
ghimbir, m 84
ghinion, n 245
ghiocel, m 321
ghiozdan, n 50, 155
ghișeu, n 138
ghișeu de bilete, n 123
ghișeu de check-in, n 126
gibon, m 327
gimnastă, f 207
gimnastică ritmică, f 221
gin tonic, n 94
ginecologie, f 273
ginere, m 16
gingie, f 271
girafă, f 326

gland penian, n 260
glandă, f 258
glandă tiroidă, f 258
glaucom, n 272
glazura, (a) 95
glazură, f 90
gleznă, f 253
glisa cu degetul, (a) 183
glucidă, f 103
glucoză, f 103
gofră, f 97
gogoașă, f 90
gol, n 195
golf, n 295
golf cart, n 205
golf mic, n 316, 295
gong, n 228
gorilă, f 327
gotic 149
grad, n 312
graffiti, n 236
grafic cu structură radială, n 174
grafic tip coloană, n 174
graficiană, f 169
grafit, n 317
graifer, n 238
grajd, n 215
gram, n 345
granat, n 318
granit, n 317
gras 24
graten, n 100
grava, (a) 234
grădinar, m 168
grădină botanică, f 150
grădină cu pietriș, f 63
grădină de zarzavat, f 63
grădină pe acoperiș, f 63
grădină zoologică, f 150
grădinări, (a) 234
grădiniță, f 21, 154
grăsime, f 103
grătar, n 100, 248
grătar electric, n 45
grătar pentru prăjituri, n 46
grâu, m 86
greață, f 265
grebla frunze, (a) 65
greblă, f 64
greblă de mână, f 64
greblă pentru frunze, f 64
Grecia 299
greier, m 332
Grenada 302
grepfrut, n 81
gresie, f 317
greșeală, f 202
greutate, f 191, 222
greutate la naștere, f 263
gri, n 237
grindină, f 313
gripă, f 266
grizonant 23
groapă cu nisip, f 204, 206
groapă de nisip, f 151
gropiță, f 22
grup de studiu, n 164
guașă, f 235
Guatemala 302
guava, f 80
Guineea 305
Guineea Bissau 305
Guineea Ecuatorială 304
guler, n 29
gulie, f 74
gumă de mestecat, f 98, 146
gumă de șters, f 173
gunoier, m 167
gură, f 22
gură de vărsare, f 315
gutieră, f 213
gutieră împotriva bruxismului, f 271
gutuie, f 79
Guyana 303

H

Haiti 302
halat, n 158
halat chirurgical, n 274
halat de baie, n 28
halfpipe, n 219
Halloween, n 20
halteră, f 222
hamac, n 248
hamburger, m 99
handicap, n 205
handicapat 268
Hanuca, f 20
hard disk (extern), n 179
harpă, f 229
harpon, n 217
hartă a orașului, f 148
hașmă, f 75
hârciog, m 324
hârtie de bucătărie, f 46
hârtie de copt, f 46
hârtie de valoare, f 139
hârtie igienică, f 53
heavy metal, n 231
hectar, n 344
hemoragie, f 269
hernie de disc, f 269
hidrant, n 135, 286
hipermetrop 272
hipertensiune, f 266
hip-hop, n 231
hipnoză, f 278
hipopotam, m 326
hipotensiune, f 266
hochei, n 200
hochei pe gheață, n 200
hole-in-one, n 205
holul gării, n 123
homar, m 71
Honduras 302
hormon, m 260
horn, n 40
hortensie, f 322
hot dog, m 99
hotă, f 44
hotel de trei/patru stele, n 137
hrăni cu sticla, (a) 263
hrib, m 74
hrișcă, f 86
hublou, n 124, 128
husă pentru aparat foto, f 243
husă pentru laptop, f 179
husă pentru telefon celular, f 32
husă pentru telefon mobil, f 183

I

iahnie, f 100
iaht, n 128
ianuarie, m 343
iard, m 344
iarnă, f 342
iaurt, n 72
iaurt cu fructe, n 96
iaurt înghețat, n 98
iaz de gădină, n 63
icre, pl 70, 331
iederă, f 323
iepure de casă, m 68, 324
ierburi aromatice culinare, f 63
ieri 342
ieși în larg, (a) 129
ieșire (de pe autostradă), f 107
ieșire de urgență, f 125, 286
igienă bucală, f 271
iguană, f 330
iluminare stradală, f 132
iluminator, n 159
iluzionist, m 226
imagine, f 188
implant, n 271
impotent 260
imprimantă cu jet de cerneală, f 179
imprimantă laser, f 179
in, n 240
incendiu de pădure, n 314
incisiv, m 270
inconștient 275, 282
incubator, n 263
index, n 189
India 308
indicator, n 123
indicator al nivelului de carburant, n 114
indicator de distanță, n 107
Indonezia 308
induce nașterea, (a) 262
inel, n 32, 199
inel de antrenare, n 268
inelar, n 254
inele, n 161, 207
infarct, n 267
infecție, f 265
infirmier, m 168
inflamație, f 266
informatică, f 156
informatician, m 166
infractoare, f 284
infractor, n 284
infracțiune, f 285
ingineră, f 167
inginerie, f 162
inhalator, n 267
inimă, f 74, 258, 259
insignă de polițist, f 284
insomnie, f 267
instala un program, (a) 181
instalator, m 167
institut de cercetare, n 162
instrucțiune de siguranță, f 125
instrumentar chirurgical, n 274
instrumentar stomatologic, n 270
insulă, f 295, 316
Insulele Marshall 310
Insulele Solomon 311
intensitatea curentului, f 62
interdicție de fumat, f 113
interfon, n 38
internat, n 154
intersecție, f 107
intervievat, m 186
interviu, n 165, 186
interzis a vira la dreapta 108
interzis a vira la stânga 108
intestin gros, n 258
intestin subțire, n 258
intolerant 26
intoleranță alimentară, f 103
intoxicație, f 269
intrare (pe autostradă), f 107
intrare în cort, f 249
introduce, (a) 180
introduce în gaură, (a) 204
inundație, f 314
invalid 268
invazie de polen, f 313
invidios 26
Iordania 308
ipoteca, (a) 40
ipotecă, f 138
ir de buze, n 277
Irak 308
Iran 308
iriga gazonul, (a) 65
irigator pentru gazon, n 64
iris, n 272
iris, m 322
Irlanda 299
ischion, n 257
Islanda 299
Israel 308
istoria artei, f 162
istorie, f 156
Italia 299
iulie, m 343
iunie, m 343
izopod, m 333
izvor termal, n 316

Î

Îmi spuneți, vă rog, cât costă camera? 136
împământare, f 62
împărți, (a) 244, 339
împingere de la piept din poziția culcat, f 222
împleti dantelă, (a) 240
împrumut, n 138, 163
împrumuta, (a) 163
împunsătură, f 240
în afara pârtiei 218
în apropiere (de) 135
În ce dată suntem astăzi? 342
în sus 191
în zece minute. 341
înălbitor, m 56
înălțime a sunetului, f 228
încadrare în câmpul muncii, f 21
Încă o dată același lucru. 147
încălțător, n 41
încălzire centrală, f 62
încălzire pentru scaun auto, f 109
încălzire prin pardoseală, f 62
încălzire solară, f 62
încăpățânat 26

încărca maşina de spălat, (a) 56
încărcătură, f 129
încheia studiul, a-şi 163
încheietură a mâinii, f 253, 254
închide, (a) 184
închide calculatorul, (a) 181
închide robinetul, (a) 55
închidere cu scai, f 32
închiria, (a) 39
închis 148
închisoare, f 285
încolţi, (a) 321
încordată 26
încrucişare de autostrăzi, f 107
îndrăgostiţi 25
înflori, (a) 321, 323
înfuriat 26
îngheţat 312
îngheţată, f 91
îngheţată pe băţ, f 98
îngrăşământ, n 65
îngrijire a pielii, f 277
îngrijitor, m 167
îngrijitor de cai, m 215
înmormântare, f 21
înmulţi, (a) 65, 339
înot pe spate, n 208
înot sincron, n 209
înot stil bras, n 208
înot stil craul, n 208
înot stil fluture, n 208
înota, (a) 209
înotătoare, f 209
înregistra, (a) 185
înregistrare a unui eveniment în direct, f 187
înregistrare audio, f 187
înrudit 17
însăila, (a) 240
însănătoşire, f 274
însărcinată 262
însorit 312
însoţitoare de bord, f 125, 168
înşuruba, (a) 59
întâlnire, f 172
întârziere, f 123
întemeia o familie, (a) 21
întinde, (a) 95
întinde părul, a-şi 34
întinde rufele la uscat, (a) 56
întindere, f 223
întoarcere, f 208
întoarcerea interzisă 108
întrerupător, n 62
întrerupător pentru cuptor, n 44
înţepătură de insectă, f 269
învăţa, (a) 164
învăţa să mergi cu bicicleta, (a) 118
învăţătoare, f 154
învins, m 200
înzăpezit 312

J

jachetă (tricotată), f 31
jachetă de protecţie, f 286
jachetă impermeabilă, f 28
jad, n 318
jaguar, m 325
Jamaica 302
jambieră, f 196
jantă, f 111, 118
Japonia 308
jazz, n 231
jeans, m 31
jeleu, n 91
jeleu de lemn dulce, n 98
jenată 25
jet-ski, n 212
jiu-jitsu, n 213
joc de masă, n 245
joc dublu, n 202
joc Jenga®, n 245
joc simplu, n 202
joc video, n 185
jocheu, m 215
joi, f 343
jojă, f 110
joker, m 244
juca pară, (a) 160
juca pocher, (a) 244
jucatori de câmp, m 197
jucărie, f 50
jucărie de pluş, f 50
jucărie mobilă, f 50
jucărie zornăitoare, f 27
jucător de golf, m 205
jucător de rezervă, m 197
judeca pe cineva după aparenţă, (a) 24
judecătoare, f 166
judecătorie, f 133
judo, n 213
julitură, f 269
jumătate de teren, f 202
Jupiter, m 293
jurnalistă, f 169

K

karate, n 213
Kazahstan 308
Kârgâzstan 308
kendo, m 213
Kenya 305
ketchup, n 85
key-account-management, n 171
kickboxing, n 213
kilogram, n 345
kilometraj, n 114
kilometru, m 344
Kiribati 310
kiteboarding, n 212
kiwano, n 80
kiwi, n 80
knockout, n 213
koala, f 325
kumquat, n 81
kung-fu, n 213
Kuweit 308

L

La ce oră? 340
la colţ 135
la modă 30
La mulţi ani! 20
La ora şapte. 340
La revedere! 19
labă, f 324
labă a piciorului, f 252
labă de înot, f 211
labie, f 261
labirint, n 151
lac, n 60, 150, 295, 315
lac acrilic, n 61
lac de unghii, n 35
lacăt pentru bicicletă, n 119
lacrosse, n 221
lalea, f 322
lamă, f 326
lamă de fierăstrău, f 59
lamă port-obiect, f 159
lampă, f 42
lampă chirurgicală, f 274
lampă cu gaz pentru gătit, f 248
lampă de birou, f 51, 172
lampă de lectură, f 125
lampă de petrol, f 249
lampă de poziţie, f 110
lampă stomatologică, f 270
lansa, (a) 217
lansetă, f 216
lanternă, f 211, 249
lanternă de frunte, f 248
lanţ, n 118
lanţ antiderapant, n 113
lanţ muntos, n 295, 315
Laos 308
lapte, n 72, 96
lapte bătut, n 73
lapte condensat, n 73
lapte de capră, n 73
lapte de soia, n 73
lapte de vacă, n 73
lapte fără lactoză, n 73
lapte integral, n 73
lapte praf, n 263
laptop, n 52, 179
larg 28
laringe, n 255
lasagne, f 100
latitudine, f 298
latte macchiato, n 93
lavandă, f 83
lavetă, f 47
lavetă de burete, f 55
lazurit, n 318
lăcrimioară, f 320
lăcustă, f 332
lămâie, f 81
lămâie verde, f 81
lănţişor, n 32
lăptucă romană, f 76
lăsa vasele la scurs, (a) 44
lână, f 239
leagăn, n 151
lebădă, f 329
legătură, f 219
legitimaţie de bibliotecă, f 163
legitimaţie de student, f 164
legume la aburi, pl 74
lejer 30
leneş, m 327
lenjerie de corp termică, f 249
lenjerie intimă, f 143
lentilă, f 272
lentilă de contact, f 272
leopard, m 325
Lesotho 305
leşina, (a) 269
Letonia 300
leu, m 325
leu de mare, m 327
leucoplast, n 283
leuştean, m 83
levănţică, f 321
levier al frânei, n 118
levier al frânei din faţă, n 117
Liban 308
libelulă, f 332
Liberia 305
libero, m 195, 198
Libia 305
librărie, f 141
licenţă, f 162, 164
liceu, n 154
lichen, m 320
lichid amniotic, n 262
lichior, n 94, 101
Lichtenstein 300
liga întâi, f 195
Liga Statelor Arabe 311
ligă, f 195
liliac, m 321, 324
limax, m 333
limbaj al semnelor, n 268
limbă, f 255
limbă de mare, f 70
limbi străine, f 156
limitare de viteză, f 108
limonadă, f 92
limuzină, f 109
lingură (de supă), f 344
lingură de lemn, f 48
lingură de supă, f 102
lingură gradată, f 48
lingură pentru sos, f 48
linguriţă (de ceai), f 344
linguriţă pentru desert, f 102
linie, f 208
linie a coşului de trei puncte, f 199
linie a porţii, f 194
linie a spaţiului de poartă, f 197
linie centrală, f 194, 201
linie de aruncare liberă, f 197, 199
linie de atac, f 198
linie de centru, f 199, 203
linie de fund, f 198, 199, 202, 203
linie de plecare, f 206
linie de restricţie a portarului, f 197
linie de schimb, f 197
linie de serviciu, f 202
linie de serviciu lung pentru dublu, f 201
linie de serviciu lung pentru simplu, f 201
linie de serviciu scurt, f 201
linie de sosire, f 206
linie de şapte metri, f 197
linie electrică, f 122
linie laterală, f 194, 198, 199
linie laterală pentru dublu, f 201, 202
linie laterală pentru simplu, f 201, 202
linie mediană de serviciu, f 202
lins 23
linte maro, f 78
linte roşie, f 78
linte verde, f 78
lipi, (a) 180

lipi cu cositor, (a) 59
lipici, n 235
lipie, f 88
lipie mexicană, f 88
liră, f 345
liră sterlină, f 345
listă a mediilor, f 157
listă de cumpărături, f 144
litchi, n 80
litru, m 344
Lituania 300
livra, (a) 99, 191
livrare, f 191
livră, f 345
lobby, n 136
loc, n 122, 125, 226
loc al accidentului, n 282
loc amenajat pentru foc de tabără, n 248
loc de camping, n 248
loc de făcut grătar, n 151
loc de joacă, n 151
loc de popas, n 107
locomotivă cu aburi, f 122
locuință în chirie, f 38
locuință proprietate personală, f 38
locul faptei, n 284
logodit 17
lojă, f 226
longboard, n 220
longitudine, f 298
lopățică, f 246
loțiune după ras, f 55
lovi cu antebrațul, (a) 198
lovi cu capul, (a) 196
lovi cu putere, (a) 198
lovi la mare distanță, (a) 205
lovi la mică distanță, (a) 205
lovitură de apărare din plonjon, f 198
lovitură de dreapta, f 202
lovitură de la unsprezece metri, f 196
lovitură liberă, f 195
lucarnă, f 40
lucios 243
luciu de buze, n 35
lucra, (a) 52
lucra (ocazional), (a) 164
lucra de acasă, (a) 52
lucrare, f 164
lumânare, f 43
lumânare aniversară, f 90
lumina zilei, f 52
lumină de control pentru rezervor, f 114
lumină de frână, f 111
lumină de marșarier, f 111
lumină de semnalizare, f 110
lună, f 343
lună în creștere, f 292
lună în descreștere, f 292
lună plină, f 292
lunetă, f 111
lung 28
luni, f 343
lup, m 325
lup de mare, m 70
lupă, f 158
lupte, f 213
lustră, f 51
lustrui, (a) 57
Luxemburg 300

M

mac, m 323
macara, f 129
macrou, n 70
Madagascar 305
magazin, n 142
magazin alimentar, n 140
magazin de animale de companie, n 140
magazin de antichități, n 141
magazin de cadouri, n 141
magazin de cartier, n 140
magazin de electronice și electrocasnic, n 141
magazin de încălțăminte, n 141
magazin de jucării, n 141
magazin de materiale de construcție, n 141
magazin de mobilă, n 141
magazin de optică, n 141
magazin de papetărie, n 140
magazin de produse ecologice, n 140
magazin duty-free, n 126
maghiran, m 83
magnet, m 158
mai, m 343
mai mulți/mai multe, m/f 339
maioneză, f 85
Malawi 305
Malaysia 309
Maldive 309
Mali 305
Malta 300
mamă, f 17
mamă vitregă, f 18
manager, m 170, 175
mandat poștal, n 191
mandibulă, f 22, 255
manechin, n 143, 239
manetă pentru semnalizare, f 112
mango, n 80
mangustan, n 80
manichiură, f 279
manivelă, f 114, 216
manometru submersibil, n 211
manșetă, f 264
manșon de comandă pentru accelerație, n 117
manta, f 295
manual, n 155
mapă pentru birou, f 172
maracas, n 230
maraton, n 206
marca, (a) 199
marcaj rutier, n 106
mare 24, 28, 99, 246, 295
mare interioară, f 295
Marea Arabiei, f 296
Marea Baltică, f 296
Marea Barieră de Corali, f 297
Marea Caraibilor, f 296
Marea Caspică, f 296
Marea Mediterană, f 296
Marea Neagră, f 296
Marea Nordului, f 296
Marea Roșie, f 296
marfă, f 144
margarină, f 89
margine, f 203
margine a fileului, f 198
margine superioară a fileului, f 203
marina, (a) 85
marinat 69
marker, n 155, 173
marmeladă, f 89, 96
marmură, f 317
maro, n 237
maro deschis, n 237
maro închis, n 237
Maroc 305
Marte, m 292
martie, m 343
martor, m 284
martoră, f 284
marți, f 343
marțipan, n 90
masaj, n 278
masaj cardiac, n 282
masă, f 43
masă de călcat, f 56
masă de conferință, f 174
masă de încleiat, f 61
masă de înfășat, f 50
masă de operație, f 274
masă de sărituri, f 207
masă de spital, f 273
masă de tenis, f 203
masă pentru două persoane, f 101
mască, f 270, 274
mască de oxigen, f 125, 282
mască de radiator, f 110, 120
mască de scufundare, f 211
mască facială, f 279
masterat, n 162
mastic, n 61
mașină break, f 109
mașină de cafea, f 45, 147
mașină de cusut, f 238
mașină de epocă, f 109
mașină de găurit cu acumulator, f 59
mașină de gunoi, f 120
mașină de măturat strada, f 120
mașină de poliție, f 121, 285
mașină de pompieri, f 121
mașină de spălat, f 56
mașină de spălat cu încărcare frontală, f 56
mașină de spălat vase, f 44
mașină de surfilat, f 238
mașină de șlefuit, f 59
mașină de teren, f 109
mașină de tuns iarba, f 64
mașină de uscat rufe, f 56
mașină decapotabilă, f 109
mașină electrică de găurit, f 59
mașină mică, f 109
mașină parcată, f 106
mașină sport, f 109
mat 243
matematică, f 156
material de pansat, n 283
materie școlară, f 157
matlasa, (a) 240
Mauritania 305
Mauritius 305
maus, n 178
maxilar, n 255
mazăre, f 78
Mă numesc... 19
Mă scuzați, am greșit numărul. 184
Mă scuzați, cum ajung la...? 135
Mă scuzați, unde e toaleta? 147
măcăleandru, m 328
măcelar, m 168
măcelărie, f 140
măcinat 85
măgar, m 326
mănușă, f 27, 32
mănușă de baseball, f 200
mănușă de box, f 213
mănușă de cauciuc, f 57
mănușă de grădinărit, f 64
mănușă de piele, f 117
mănușă de portar, f 196
mănușă de protecție, f 158
mănușă termoprotectoare, f 46
măr, n 79
mărar, m 83
mărime, f 30
mărire, f 243
măruntaie, n 69
măsea de minte, f 270
măslină, f 77
măsura, (a) 59
măsura tensiunea, (a) 264
măsurare a pulsului, f 282
măsură, f 263
măsură dozatoare, f 276
măsuță, f 41, 42
măsuță rabatabilă, f 122
mătase, f 30, 240
mătura, (a) 57
mătură, f 60
mătușă, f 17
mâine 342
mână, f 244, 253
mâncare pentru animale, f 145
mândri 25
mânecă, f 30
mânecă de vânt, f 124
mâner, n 111, 115, 201, 203
mâner de deschidere a portierei, n 112
mâner de împingere, n 268
mecanic auto, m 167
medalie, f 207
medic, m 166
medic șef, m 275
medicament, n 276
medicină, f 162
medicină paliativă, f 278
medicină pe bază de plante, f 278
medicină tradițională chineză, f 278
meditație, f 155, 278
mediu 99
mediu de stocare a datelor, n 183
mei, m 86
melc, m 333
melodie, f 233
membru al echipei de salvare, m 287

memorie RAM, f 179
meningită, f 266
meniu, n 101
menstruație, f 261
mentă, f 83
mercerie, f 143
Mercur, m 292
mercur, n 317
merge cu sania, (a) 219
merge în marșarier, (a) 107
merge la toaletă, (a) 53
merișor, n 79
merluciu, m 70
mesaj, n 182
mesaj, n 183
mesaj de eroare, n 181
mesaj spam, n 182
mesaje primite, pl 182
mesaje trimise, pl 182
meseriaș, m 61
mesteacăn, m 319
metal, n 60
meteorit, m 294
metrou, n 122
metru, m 344
metru cub, m 344
metru muzical, m 231
metru pătrat, m 344
Mexic 302
mezanin, n 226
mezeluri, pl 68
mic 24, 28, 99
mic cadou, n 19
mic-dejun cu bufet suedez, n 137
microbuz, n 109
microbuz de camping, n 248
microfon, n 184, 186, 232
Micronezia 310
microscop, n 159
midie, f 71
miercuri, f 343
miere, f 89
miere de pădure, f 89
miere fluidă, f 89
miez al nopții 341, 342
migdală, f 82
migrenă, f 265
mijlocaș, m 195
milă, f 344
milieu, n 43
mililitru, m 344
milimetru, m 344
milioana, (a) 338
minciog, n 216
minereu de fier, n 317
minge, f 50
minge de baschet, f 161
minge de baseball, f 161
minge de fotbal, f 161, 196
minge de fotbal american, f 161
minge de gimnastică, f 222
minge de golf, f 204
minge de handbal, f 161
minge de plajă, f 246
minge de tenis, f 161, 202
minge de tenis de masă, f 203
minge de volei, f 161
minibar, n 137
minimașină, f 109
minut, n 340
miop 272
mire, m 21
mireasă, f 21
mirosi, (a) 321
mistrie de grădinărit, f 64
mișcare a brațului, f 208
mișcare a valurilor, f 210
mixa, (a) 95
mixer, n 45
mixer de legume și fructe, n 45
mixer vertical, n 45
moașă, f 262
mobilat 40
mobilier de birou, n 172
mobilier de grădină, n 63
mochetă, f 42, 51
modă pentru femei însărcinate, f 30
modela, (a) 234
modelarea creșterii arbuștilor, f 323
modelism, n 234
modem extern, n 183
moderatoare, f 169, 186
moderator, m 186
mojar, n 47
molar, m 270
molesta, (a) 285
molid, m 319
moluscă, f 71
momeală, f 217
Monaco 300
monedă, f 139
Mongolia 309
monitor, n 178
monitor pentru programul de bord, n 125
monociclu, n 119
Monopoly®, n 245
monta gazonul rulat, (a) 65
monta un cort, (a) 249
monument, n 135
monument comemorativ, n 149
mop, n 57
morb al lui Alzheimer, n 267
morb al lui Basedow, n 267
morb al lui Parkinson, n 267
morcov, m 75
mormânt, n 149
mormoloc, m 330
morsă, f 327
moschee, f 134
mosor, f 238
motocilcetă chopper, f 116
motocicletă cu ataș, f 117
motocicletă de cros, f 116
motocicletă de curse, f 116
motocicletă touring, f 117
motocositoare, f 64
motocros, n 220
motor, n 111
motor propulsor, n 124
motorină, f 113
motostivuitor, n 121
mountainbiking, n 220
mousse, n 91
mov, n 237
Mozambic 305
MP3 player, n 183, 233
muffin, n 90
mulinetă, f 216
multiplu 339
mulți/multe, m/f 339
muncă în schimburi, f 165
munte, m 315
Muntenegru 300
Munții Alpi, m 297
Munții Anzi, m 297
Munții Himalaya, m 297
Munții Stâncoși, m 297
mură, f 79
muri, (a) 21
muscă, f 332
muscă artificială, f 216
musculos 24
müsli, n 96
muson, m 314
mustață, f 24
mușca, (a) 217
mușcată, f 322
mușchi, m 68, 320
mușchi abdominal, m 256
mușchi cvadriceps femural, m 256
mușchi deltoid, m 256
mușchi fesier, m 256
mușchi frontal, m 256
mușchi gastrocnemian, m 256
mușchi ischiocrural, m 256
mușchi marele dorsal, m 256
mușchi pectoral, m 256
mușchi tibial anterior, m 256
mușchi trapez, m 256
mușețel, m 320
muștar, n 85
muta un fișier, (a) 180
mutare, f 245
muzeu, n 134
muzicant ambulant, m 148
muzică, f 156
muzică clasică, f 231
muzică country, f 231
muzică indie, f 231
muzică pop, f 231
muziciană, f 169
muzicuță, f 230
Myanmar 309

N

nai, n 230
nailon, n 240
Namibia 306
nară, f 22
narcisă, f 322
nas, n 22
nasture, m 28, 239
naș, m 18
nașă, f 18
naștere, f 21, 262
naștere prematură, f 263
natură moartă, f 236
națiune, f 298
naufragiu, n 288
Nauru 310
navă de croazieră, f 128
navă port-container, f 129
navetă spațială, f 293
naviga pe internet, (a) 182
nălucă, f 217
năsturel, m 74
năut, m 78
nebuloasă, f 294
nebun, m 245
necăsătorit 17
necrolog, n 188
nectarină, f 79
nefăinos la fiert 75
negativ, n 243
negru, n 237
Nepal 309
nepoată, f 16, 17
nepot, m 16, 17
Neptun, m 293
nerăbdător 26
nerv, m 271
nerv optic, m 272
neseser, n 34
neurologie, f 273
Nicaragua 302
niciodată 339
Niger 306
Nigeria 306
Ninge. 312
nisip, n 246
niște 339
nitui, (a) 59
nivelă, f 58
noiembrie, m 343
non-ficțiune, f 189
noptieră, f 49, 273
normă întreagă, f 165
noroc, n 245
noros 312
Norvegia 300
notație, f 231
notă, f 154, 231
notificare de absență, f 182
notiță autoadezivă, f 173
nou născut, m 263
noua, (a) 337
Noua Zeelandă 310
nouă 336
nouă și un sfert 341
nouălea, (al) 337
nouăsprezece 336
nouăsprezecea, (a) 337
nouăsprezecelea, (al) 337
nouăzecea, (a) 338
nouăzeci 336
nouăzecilea, (al) 338
Nu îndoiți! 191
Nu pornește motorul. 114
Nu te supăra frate 245
nucă, f 82
nucă de Brazilia, f 82
nucă de caju, f 82
nucă de cocos, f 80
nucă macadamia, f 82
nucă pecan, f 82
nucleu extern, n 295
nucleu intern, n 295
nucșoară, f 84
nud, n 236
nufăr, m 321
nugget, m 99
număr (al casei), n 38
număr al camerei, n 137
număr al paginii, n 189
număr de cont, n 138
număr de loc, n 125
număr de rezervare, n 127
număr de urgență, n 289

număra, (a) 157
numărul liniei, n 123
numărul rutei, n 115
nuntă, f 20
nutrie, f 327

O

O ceașcă de ..., vă rog. 147
o cincime 338
o dată 339
o duzină 339
o jumătate 338
o jumătate de duzină 339
o jumătate de oră 340
o lua la dreapta/stânga, (a) 135
o mia, (a) 338
o mie 337
o mielea, (al) 338
o optime 338
o pătrime 338
o pereche 339
O porție de cartofi prăjiți cu ketchup și maioneză, vă rog. 99
o suta, (a) 338
o sută 336
o sută de mii 337
o sutelea, (al) 338
o treime 338
oaie, f 326
oală, f 48
oală de lut, f 48
oală sub presiune, f 45
obiectiv, n 159, 242
oblânc anterior, n 214
oblânc posterior, n 214
oboi, n 229
obosit 26
obraz, m 22
observa păsări, (a) 234
observator astronomic, n 294
obstacol, n 206
obstacol cu apă, n 204
Oceanul Antarctic, n 296
Oceanul Arctic, n 296
Oceanul Atlantic, n 296
Oceanul Indian, n 296
Oceanul Pacific, n 296
ochelari, m 32, 272
ochelari bifocali, pl 272
ochelari de citit, pl 272
ochelari de înot, m 209
ochelari de protecție, m 60, 158
ochelari de schi, m 219
ochelari de soare, m 32
ochelari de somn, m 49
ochet, m 216
ochi, m 22, 199, 272
ochi albaștri, m 24
ochi căprui, m 24
ochi de tigru, m 318
ochi gri, m 24
ochi verzi, m 24
ochiuri, n 203
ocru, n 237
octombrie, m 343
ocular, n 159
odorizant pentru cameră, n 53
odorizant pentru W.C., n 53
ofertă promoțională, f 144
ofsaid, n 196
oglindă, f 35, 41, 42, 43
oglindă laterală, f 111, 112
oglindă retrovizoare, f 110, 116
Olanda 300
olări, (a) 234
oliță de noapte, f 50
om de afaceri, m 174
om de știință, m 169
Oman 309
omidă, f 332
omletă, f 97
omogenizat 73
omoplat, m 253
oncologie, f 273
ondulat 23
ondulator, n 55
onix, n 318
opal, n 318
operație, f 274
operațiune de salvare, f 287
operă, f 228
opri, (a) 107
opri încălzirea, (a) 62
opri sunetul, (a) 185
oprirea interzisă, f 108
opt 336
opta, (a) 337
opticiană, f 166
opticiană, f 272
optsprezece 336
optsprezecea, (a) 337
optsprezecelea, (al) 337
optulea, (al) 337
optzecea, (a) 338
optzeci 336
optzecilea, (al) 338
ora cinci 340
ora cincisprezece 341
ora două 340
ora douăsprezece la amiază 340
ora douăzeci 341
ora douăzeci și două 341
ora douăzeci și trei 341
ora douăzeci și unu 341
ora nouă 340
ora nouăsprezece 341
ora opt 340
ora optsprezece 341
ora paisprezece 341
ora patru 340
ora șaisprezece 341
ora șapte 340
ora șaptesprezece 341
ora șase 340
ora trei 340
ora treisprezece 340
ora unsprezece 340
ora unu 340
ora zece 340
orar, n 115, 157
orar de ridicare a corespondenței, n 191
orașul vechi, n 132
oră, f 340
oră de atelier, f 156
oră suplimentară, f 52
orăcăi, (a) 330
orb 268
orbită, f 294
orbiter, n 293
orcă, f 327
orchestră simfonică, f 228
ordin de plată, n 139
ordine de zi, f 174
ordona camera, (a) 51
ore de vizită, f 273
oregano, m 83
oreion, n 266
orez, m 86
orez basmati, m 86
orez brun, m 86
orez sălbatic, m 86
organ genital feminin, n 261
organ genital masculin, n 260
organiza, (a) 174
Organizația Națiunilor Unite (ONU) 311
Organizația Tratatului Atlanticului de Nord (NATO) 311
orhidee, f 322
orificiu de ventilare, n 117
origami, f 234
ornament, n 43
ornament pentru tort, n 90
ortoped, m 166
ortopedie, f 273
orz, m 86
os de pește, n 71
os nazal, n 255
os zigomatic, n 257
osteopatie, f 278
otită, f 265
otorinolaringologie, f 273
oțel inoxidabil, n 60
oțet, n 85
ou de găină, n 72
ou de gâscă, n 72
ou de prepeliță, n 72
ou fiert, n 96
ou ochi, n 97
ovar, n 261
ovăz, n 86
ovăz cu lapte, n 97
ovul, n 262
ovulație, f 261
ozon, n 313

P

Pa! 19
pachet, n 191
pacient ambulatoriu, m 273
pacient internat, m 273
pacientă, f 264, 270
paddleboard, n 212
padelă dublă, f 211
padoc, n 215
pagaie, f 211
pagină, f 189
pahar, n 93
pahar de apă, n 102
pahar de vin, n 102
pahar de vin roșu, n 101
pâine, f 96
paisprezece 336
paisprezecea, (a) 337
paisprezecelea, (al) 337
pajiște, f 316
Pakistan 309
palat, n 255
Palau 310
paletă, f 48, 235
paletă de culori, f 61
paletă de tenis de masă, f 203
palid 24
palier, n 41
palmă, f 254
palmier, m 323
palton, n 28
Panama 302
pană, f 328
pană de cauciuc, f 114
pancreas, n 258
panda, m 325
pandemie, f 314
panna cotta, f 91
panou, n 161, 199
panou de plută, n 172
panseluță, f 322
pantalon, m 29
pantalon aderent, m 31
pantalon de echitație, m 214
pantalon de schi, m 28
pantalon scurt, m 29, 31
pantalon trapez, m 31
pantalon ușor evazat, m 31
pantă, f 218
pantof cu șiret, m 33
pantof cu toc, m 33
pantof de sport, m 28, 33, 223
papagal, m 329
papaia, f 80
papier mâché, n 234
papion, n 29
paprică, f 84
Papua Noua Guinee 311
papuc de casă, m 28
papucel, m 27
par, n 205
par avion 191
Paraguay 303
paralele, f 207
paralele inegale, f 207
paralizat 268
paralizie spastică, f 268
parapet despărțitor, m 107
parașutism, n 220
pară, f 79
pară de box, f 213
pară de duș, f 55
parbriz, n 110, 120
parc, n 133, 150
parc acvatic, n 209
parc al unui castel, n 150
parc cu animale sălbatice, n 150
parc de distracție, n 151
parc montan, n 150
parc național, n 150
parc peisagistic, n 150
parcare, f 142
parcare acoperită, f 39
parcare pentru persoane cu handicap, f 106
parcare subterană, f 135
parcarea interzisă, f 108
parcometru, n 106
parfum, n 34
parfumerie, f 141
Parkinson, n 267
parkour, n 221

parte a copilotului, f 110
parte a şoferului, f 110
parter, n 40, 142
participant, m 174, 186
participantă, f 186
partitură, f 228
pas, m 215
pasaj subteran, n 107
pasat 77
pastă de dinţi, f 34
pastă de sigilat, f 60
pastel, n 235
pastel de ulei, n 235
pasteurizat 73
paşaport, n 126
Paşte, m 20
Paştele evreiesc, m 20
pat, n 49
pat adiţional, n 137
pat de examinare, n 264
pat de spital, n 273, 275
pat dublu, n 49
pat simplu, n 51
pat supraetajat, n 51
patchwork, f 240
pateu, n 100
patina pe gheaţă, (a) 219
patinaj artistic, n 219
patinaj pe role, n 220
patinaj viteză, n 219
patină pentru bliţ, f 242
patra, (a) 337
patron de cerneală, n 155
patru 336
patrulea, (al) 337
patruzecea, (a) 338
patruzeci 336
patruzecilea, (al) 338
pauză, f 160, 227
pauză de prânz, f 160
pavilion, n 150
pădure, f 315
păianjen, m 333
păianjen de apă, m 333
pălărie, f 32
pălărie de soare, f 32
pălărioară de soare, f 27
pămătuf de praf, n 57
Pământ, n 292
pământ, n 295
păpădie, f 320
păpădie cu puf, f 320
păpuşă, f 50
păr, m 22
părinţi, m 17
păstaie, f 78
păstaie de mazăre, f 78
păstârnac, m 75
păstrăv, m 70
pătrunjel, m 83
pătură, f 49
pătură electrică, f 49
păturică flauşată, f 50
păturică pentru bebeluş, f 27
pătuţ, n 50
păun, m 329
pâine albă, f 88
pâine crocantă, f 88
pâine de grâu şi secară, f 88
pâine dospită, f 88
pâine integrală, f 88
pâine întreagă, f 89
pâine multicereale, f 88
pâine neagră, f 88
pâine toast, f 88, 97
pâlnie, f 48
pânză, f 236
pânză de păianjen, f 333
pârâu de munte, n 316
pârtie de schi, f 218
pârtie pentru schi fond, f 218
pe partea dreaptă/stângă 135
pedagogie, f 162
pedala, (a) 118
pedală, f 118
pedală a schimbătorului de viteză, f 116
pedală de acceleraţie, f 112
pedală de ambreiaj, f 112
pedală de frână, f 112
pediatrie, f 273
pedichiură, f 279
peeling, n 279
peisagist, m 167
peisaj, n 236
pelerină de ploaie, f 249
peluză, f 150
penaj, n 328
penar, n 155
peninsulă, f 295
penis, n 260
penne, f 87
pensetă, f 34, 158, 277
pensiune completă, f 137
pensulă, f 35, 235
pensulă de patiserie, f 48
pensulă lată, f 61
pentatlon de iarnă, n 219
penultima/penultimul 338
pepene galben, m 81, 96
pepene galben cantalup, m 81
pepene roşu, m 81
pepino, m 80
perdea de duş, f 55
perdea separatoare, f 273
pereche, f 18
perenă 323
perete de sosire, m 208
perforator, n 173
pericol, n 289
perie, f 57
perie de păr, f 34
perie de rădăcini, f 57
perie de W.C., f 53, 57
periuţă de dinţi, f 55
perlă, f 318
permis de pescuit, n 217
permis minorilor 241
pernă, f 49
pernă de pe canapea, f 42
perniţă pentru ace, f 239
perniţă pentru umeri, f 31
peron, n 123
personal, n 175
Peru 303
perucă, f 23
pervaz, n 43, 51
pesar, n 261
pescar, m 167, 216
pescărie, f 140
pescăruş, m 328
pescui, (a) 216
pescui cu plasa, (a) 217
pescuit cu suliţa, n 217
pescuit în apă dulce, n 217
pescuit la malul mării, n 217
pescuit la muscă, n 217
pescuit maritim cu undiţa, n 217
pesmet, m 89
pesos, m 345
peste drum (în linie diagonală) 135
peşte afumat, m 71
peşte balon, m 331
peşte cu cartofi prăjiţi, m 99
peşte de apă dulce, m 331
peşte de mare, m 331
peşte evantai, m 331
peşte în conservă, m 71
peşte pescar, m 70
peşte zburător, m 331
peşteră, f 315
petală, f 321
petici o cameră de bicicletă, (a) 118
petunie, f 321
physalis, n 80
pian cu coadă, n 230
piatră de domino, f 244
piaţă, f 133, 140
picant 75
pică, f 244
picături, f 276
picături de ochi, f 272
picior, n 252, 344
picior de coasere, n 238
picior pătrat, n 344
piciorul cocoşului, n 320
Pick-up, n 109
pick-up, n 233
picnic, n 151
pictoriţă, f 169
pictură abstractă, f 236
pictură în acuarelă, f 236
pictură în ulei, f 236
pictură murală, f 236
piculină, f 229
piele, f 22
piept, n 69, 252
pieptăn, m 34
pierde, (a) 245
piersică, f 79
piesă de teatru, f 227
piesă instrumentală, f 233
piesă vocală, f 233
pijama, f 28
Pilates, n 223
pilă, f 277
pilă de unghii, f 34
pili, (a) 59
pilot, m 124, 168
pils, n 94
pilulă anticoncepţională, f 261
pinguin, m 329
pintă, f 344
pion, m 245
pipă, f 146
piper, m 84, 85
pipetă, f 159
piranha, m 331
pisa, (a) 85, 95
pisălog, n 47
piscină, f 136
pisică, f 324
pisică de mare, f 331
pistă cu zgură, f 206
pistă de decolare şi aterizare, f 125
pistă de elan, f 206
pistă pentru biciclete, f 106
pistol, n 284
pistol de alimentare, n 113
pistol de lipit, n 59
pistol pentru dat startul, n 206
pistol pentru tuburi, n 60
pistrui, m 22
pişcot, n 90
piuliţă, f 58
piuneze, f 173
piure, n 77
pivniţă, f 39
pix, n 173
pizza, f 99
placaj, n 60
placă, f 295
placă aglomerată, f 60
placă de coasere, f 238
placă de întins părul, f 55
placă de surf, f 212
placă Petri, f 159
placentă, f 262
plafon, n 110
plajă, f 246
plajă cu piatră, f 247
plajă de nudişti, f 247
planetă, f 294
planta, (a) 65
planta în ghiveci, (a) 65
plantă căţărătoare, f 323
plantă de interior, f 43
plantă de interior, f 52
plantă în ghiveci, f 64
planul terenului, n 39
plasatoare, f 227
plasator, m 227
plasă, f 199
plasă a porţii, f 196
plasă de protecţie, f 206, 287
plasă împotriva ţânţarilor, f 249
plastic, n 60
plasture, m 283
plată, f 102
platformă, f 159
platformă auto de depanare, f 121
platou, n 316
plăcintă cu prune, f 90
plăcuţă de înmatriculare, f 110
plămân, m 258
plăti, (a) 145
plânge, (a) 19
plecare, f 126
plic, n 173, 190
plictisită 26
pliculeţ cu ceai, n 93
plimbare călare, f 215
plimbare cu sania trasă de câini, f 219
plimbare pe râu, f 148
plită, f 44
plită electrică pentru raclette, f 45

ploaie, f 313
ploios 312
plombă, f 271
plonjare în public, f 232
ploșniță de câmp, f 333
Plouă. 312
plută, f 209, 216
plută de salvare, f 288
poartă, f 126
pod, n 39, 106, 132
podea din lemn, f 43
Poftă bună! 102
poiană cu flori, f 323
poimâine 342
poliester, n 240
poliomielită, f 266
poliță deasupra căminului, f 42
polițist, m 284
polițist criminalist, m 284
polițistă, f 284
polițistă criminalistă, f 284
polo, n 215
polo pe apă, n 209
Polonia 300
polonic, n 47
Polul Nord, m 295
Polul Sud, m 295
pom fructifer, m 323
pompă, f 113, 118
pompă de aer, f 249
pompă de sân, f 263
pompier, m 286
ponton, n 129
por, m 22
porc, m 326
porcușor de Guineea, m 324
porni calculatorul, (a) 181
porni încălzirea, (a) 62
port pentru iahturi, n 210
port USB, n 178, 233
portar, m 195
portativ, n 231
portbagaj, n 111, 118
portbebe, n 50
portchei, n 41
portieră, f 111
portmoneu, n 33
porto, n 191
portocală, f 81
portocală roșie, f 81
portocaliu, n 237
portofel, n 33
portret, n 236
Portugalia 300
porumb, m 77, 86
porumbel, m 328
post de radio, n 187
posti, (a) 103
poșetă, f 33
poștă, f 133
poștă internă, f 172
poștă lentă, f 190
poștăriță, f 167
Pot să îmi montez cortul aici? 249
Pot să schimb asta, vă rog? 142
potcoavă, f 215
potent 260
povârniș, n 315
poziție, f 204
poziție de recuperare, f 282
practica surfing, (a) 212
practică, f 164
praf de copt, n 87
praf de curry, n 84
prag, n 40
pralină, f 98
praz, m 75
prăji, (a) 95
prăjit 82
prăjitor de pâine, n 45
prăjitură gugelhupf, f 90
prânz la pachet, n 160
preambul, n 188
preîncălzi cuptorul, (a) 44
prelua costul consumației, (a) 147
prelucrare a fotografiei, f 243
prelungi, (a) 163
prelungire, f 196
prelungitor, n 62
premieră, f 227, 241
premolar, m 270
prepeliță, f 69, 329
prepeliță crudă, f 69
prepuț, n 260
presa, (a) 262
presă de usturoi, f 47
presăra, (a) 95
presiune a anvelopelor, f 113
preș, n 38
preț, n 145
preț al biletului, n 115
previziune meteorologică, f 312
prezenta pe cineva, (a) 19
prezentare, f 174
prezentatoare de știri, f 186
prezervativ, n 261
pricomigdală, f 90
prieten, m 18
prietenă, f 18
prieteni, m 18
prietenos 25
prima 337
prima pagină, f 188
prima zi de școală, f 21
primărie, f 133
primăvară, f 342
primi, (a) 182
primi o injecție, (a) 265
primi o scrisoare, (a) 190
primul 337
primul etaj, n 142
primulă, f 322
principat, n 298
prinde, (a) 199, 217
prinde mingea, (a) 196
prioritate, f 107
priză, f 62
priză asiatică, f 203
priză europeană, f 203
priză multiplă, f 62
proaspăt 71, 81
probă, f 285
procent, n 339
procesor, n 179
procurator, m 171
produs de patiserie, n 90
produs ecologic, n 69
produs pentru păr, n 34
produse congelate, n 145
produse de curățat, n 145
produse de panificație, n 145
produse ecologice, n 145
produse lactate, n 145
profesor, m 162, 169
profil al cauciucului, n 110
profundimetru, n 211
prognoză meteo marină, f 288
program, n 181, 227, 264
program de lucru, n 148
program de navigare pe internet, n 182
programare, f 172, 264
programă școlară, f 157
programe TV cu plată, pl 185
programe TV gratuite, pl 185
promenadă pe plajă, f 246
promoroacă, f 313
promovare, f 175
proprietar, m 39, 40
proprietară, f 39, 40
proprietate, f 38
proră, f 128, 210
prosop, n 53
prosop de plajă, n 246
prosopel pentru spălat, n 55
prospect, n 188, 277
prostată, f 260
protecție împotriva avalanșelor, f 287
proteină, f 103
proteja de umiditate, (a) 191
proteză, f 268
proteză dentară, f 271
protocol, n 174
provă, f 211
provincie, f 298
prună, f 79
prună uscată, f 82
psihologă, f 166
psoriazis, n 266
public, n 186, 227
publicație periodică, f 163
puc, n 161, 200
pudră bronzantă, f 35
pudră de talc, f 207
pui, m 69, 327, 328
pui la rotisor, m 100
pulover pe gât, n 29
pulpă, f 68, 69, 253
puls, n 282
pulverizator, n 57
pumă, f 325
punct de la unsprezece metri, n 194
punct din centrul terenului, n 194
punct zecimal, n 339
punctual 123
pune centura de siguranță, a-și 125
pune ceva pe factură, (a) 147
pune o scrisoare la poștă, (a) 190
pune un diagnostic, (a) 275
pungă de cumpărături, f 143
pungă pentru congelare, f 46
punte, f 128, 247
pupă, f 210, 211
pupilă, f 272
pupitru al dirijorului, n 228
pupitru de mixaj, n 232
purice, m 333
Puteți sa-mi schimbați asta, vă rog? 139
Puteți să îmi arătați, vă rog, asta pe hartă? 135
Puteți să îmi spuneți, vă rog, unde e...? 135
Puteți să ne aduceți lista de vinuri, vă rog? 102
Puteți să-mi ambalați asta sub formă de cadou, vă rog? 142
putred 81
puțini/puține, m/f 339
puzzle, n 244

Q

Qatar 308
quinoa, f 86

R

rabie, f 266
rac, m 71
rachetă acceleratoare, f 293
rachetă de badminton, f 201
rachetă de semnalizare, f 210
rachetă de tenis, f 202
racletă de cauciuc, f 57
racquetball, n 201
rade, (a) 95
radiator, n 111
radiație, f 275
radio, n 187, 233
radiografie, f 271, 275
radiotelescop, n 294
radius, n 257
raft, n 42, 51, 144
raft de cărți, n 163
rafting, n 212
rahitism, n 266
rail, n 219
raion de alimente, n 143
raion de aparatură multimedia, n 143
raion de cosmetice, n 143
raion de genți, n 143
raion de încălțăminte, n 143
raion de papetărie, n 143
raion de sport, n 143
raion de textile, n 143
raion pentru bărbați, n 143
raion pentru copii, n 143
raion pentru femei, n 143
ramă, f 42, 52, 201, 272
ramă de fotografie digitală, f 243
rambutan, n 80
rampă luminoasă cu girofar, f 285
rană, f 269, 289
rand, m 345
rap, n 231
raport, n 174
raportor, n 155
ras 85
rastel pentru biciclete, n 119
raton, m 325
rață, f 69, 329
rață crudă, f 69
rave, n 232
ravioli, m 87

raze ultraviolete, f 313
răbdător 25
răceală, f 266
rădăcină, f 75, 319
rădăcină a dintelui, f 271
rădăcină laterală, f 319
rădăcină pătrată, f 339
rădăcină pivotantă, f 319
rănit, m 289
răpire, f 285
răsad, n 65
răsărit de soare, n 342
răsfoi o carte, (a) 189
răspunde, (a) 184
răspunde la o scrisoare, (a) 190
răzătoare, f 47
râde, (a) 19
rând, n 125, 148, 226, 241
rândunică, f 328
râșniță, f 85
râu, n 132, 315
real, m 345
reanimare, f 282
receptor, n 184
receptor de telefon, n 184
receptor digital, n 185
recepție, f 136
recepționeră, f 136, 166
rechin alb, m 331
rechin tigru, m 331
recif de corali, n 316
recipient, n 54
recipient pentru lentile de contact, n 272
recolta, (a) 65
recolta cuiva sânge, (a) 264
record personal, n 206
rect, n 260
recuperare, f 274
redirecționa un e-mail, (a) 182
reduce o fereastră, (a) 181
reducere de preț, f 148
referentă la departamentul de resurse umane, f 165
reflector, n 232
reflexologie plantară, f 278
reflux, n 247
refren, n 233
refugiu, n 115
regat, n 298
Regatul Unit al Marii Britanii 301
rege, m 244, 245
reggae, n 231
regină, f 245
regiune, f 298
regizor, m 227
regulator, n 54, 211
regulator al diafragmei, n 242
regulator de volum, n 233
regulator de temperatură, n 112
regulator de volum, n 181
reiki, n 278
relaxare, f 278
relicve aduse de mare la țărm, pl 247
religie, f 156
remiză de pompieri, f 133
remorca, (a) 107
remorcă, f 121
remorcă de bicicletă pentru copii, f 119
ren, m 326
renaștere, f 149
repaus la pat, n 274
repetiție, f 227
repetiție generală, f 227
repornire, f 180
reportaj, n 186
reporteră, f 186
repriză, f 196
Republica Capul Verde 305
Republica Cehă 301
Republica Centrafricană 307
Republica Congo 306
Republica Democratică Congo 304
Republica Dominicană 302
Republica Moldova 300
republică, f 298
repunere în joc, f 195
respirație gură la gură, f 282
restaura, (a) 181
restaura mobilier, (a) 234
restaurant, n 136
restructurare, f 38
retină, f 272
rețea de socializare, f 182
rețea electrică, f 62
rețea feroviară, f 123
rețea wireless, f 182
rețetă, f 264
reumatism, n 267
reveni (din inconștiență), a-și 275
rever, n 202
revistă, f 146
revistă de benzi desenate, f 146
revizor contabil, m 166
rezerva, (a) 163
rezerva un zbor, (a) 127
rezervare de loc, f 122
rezervor, n 54
rezervor de apă, n 53
rezervor de benzină, n 111, 117
rezervor de combustibil, n 120
rezervor extern, n 293
rezervor pentru lichid de frână, n 110
rezultate, n 264
ricoșeu, n 199
rid, n 22
ridica, (a) 198
ridica ancora, (a) 129
ridica bani, (a) 138
ridica mâna, (a) 157
ridiche, f 75
rigatoni, m 87
riglă, f 155
rigolă, f 106
rimel, n 35
rindelui, (a) 59
rinichi, m 68, 258, 259
rinită, f 266
rinocer, m 326
roabă, f 64
roată, f 110
roată de focalizare, f 159
roată de rezervă, f 114
roată din față, f 118
roată din spate, f 118
roată dințată, f 118
roată volantă, f 238
robinet, n 53
robinet de bere, n 147
robinet de siguranță, n 54
robot de bucătărie, m 45
robot telefonic, m 184
rochie, f 31
rochie de mireasă, f 21
rock, n 231
rococo, n 149
rodeo, n 215
rodie, f 80
rododendron, m 321
roiniță, f 83
rolă de tapet, f 61
rolă pentru vopsit, f 61
rom, n 94
roman, n 189
romanic 149
România 300
room service, n 137
roșcat 23
roșie, f 77
roșie cherry, f 77
roșie la grătar, f 97
roșu, n 237
roșu-sângeriu, n 237
rotiță de derulare, f 178
rotulă, f 257
router, n 182
roz, n 237
rozetă, f 218
rozmarin, m 83
rubarbă, f 74
rubeolă, f 266
rubin, n 318
rublă, f 345
rubrică, f 188
rucolă, f 76
rucsac, n 32, 127, 249
rudă, f 17
rufe împăturate, f 56
rugby, n 200
ruină, f 134
ruj, n 35
rujeolă, f 266
rula, (a) 185
ruletă, f 58
rulotă, f 121, 248
rumeni, (a) 95
rupie, f 345
Rusia 300
Rwanda 306

S

sac amniotic, m 262
sac de box, m 213
sac de crose, m 205
sac de dormit, m 249
sac de gunoi, m 60
sacou, n 29
safir, n 318
salam, n 68
salamandră, f 330
salariu, n 175
salată, f 76, 100, 101
salată de fructe, f 91
salată iceberg, f 76
sală de așteptare, f 264, 275
sală de cinematograf, f 241
sală de concert, f 232
sală de fitness, f 136, 222
sală de lectură, f 163
sală de mese, f 160
sală de naștere, f 263
sală de operație, f 274
sală de recuperare, f 274
sală de sport, f 207
salcie, f 319
salon, n 273
salon cu un pat, n 273
salon de coafură, n 141
salopetă, f 27, 61
salopetă pentru bebeluș, f 27
salt, n 207
saltea, f 49, 206, 222
saltea de înfășat, f 50
saltea izopren, f 249
saltea pneumatică, f 249
Salut! 19
saluta, (a) 19
saluta pe cineva, (a) 19
salva, (a) 180, 289
salvamar, m 288
salvamont, n 287
salvie, f 83
Samoa 311
San Marino 300
sanda, f 33
sanda de drumeție, f 33
sandviș, n 89, 160
sângerete, m 97
sangria, f 94
sanie de salvare, f 287
Santa Lucia 302
São Tomé și Príncipe 306
sapă, f 64
sarcină, f 21
sardină, f 70
sare, f 85
satâr, n 47
satelit, m 294
Saturn, m 293
saună, f 279
saxofon, n 229
săculeț de dormit, m 27
sădi, (a) 65
sămânță, f 78
sămânță de pin, f 82
Sănătate! 102
sănătos 266
săpa, (a) 65
săptămânal, n 188
săptămână, f 343
săpun, n 34
săra, (a) 95
sărat 69, 82, 99
sărbătoare, f 20, 342
sărbătoare legală, f 20
sărbătoarea de încheiere a Ramadanului, f 20
sărbătoarea Diwali, f 20
sărbătoarea Vesak, f 20
sări, (a) 209
săritură, f 214
săritură cu prăjina, f 206
săritură de start, f 208
săritură în înălțime, f 206
săritură în lungime și triplu salt, f 206
sărituri cu schiurile, f 218
sărituri în apă, f 209
săruta pe cineva, (a) 19

sâmbătă, f 343
sâmbure, m 78
sânge, n 269
sângera, (a) 269
sângerare nazală, f 265
sârmă, f 60
sca părul cu uscătorul, a-și 34
scaner, n 179
scanner, n 144
scară, f 41, 61, 120
scară de frânghie, f 161
scară în spirală, f 39
scară pentru pasageri, f 126
scară rulantă, f 123, 142
scarlatină, f 266
scaun, n 43, 51
scaun al copilotului, n 112
scaun al șoferului, n 112
scaun cu rotile, n 268
scaun de bar, n 44, 147
scaun de birou, n 172
scaun înalt (pentru bebeluș), n 43
scaun pentru copil, n 119
scaun pliant, n 248
scaun rotativ, n 52
scaun stomatologic, n 270
scaun tapițat, n 42
scădea, (a) 339
scări, pl 132
scăriță, f 214
scândură, f 60
scârbit 26
scenă, f 186, 226
schemă de joc, f 195
schi, n 218, 219
schi fond, n 218
schi nautic, n 212
schimb de experiență, n 157
schimb valutar, n 127
schimba, (a) 123
schimba canalul, (a) 185
schimba într-o viteză mai mare/mică, (a) 118
schimba programele, (a) 185
schimba uleiul, (a) 113
schimba un cauciuc, (a) 114
schimbător de viteză, n 112, 118
schimbător de viteză automat, n 109
schimbător de viteză manual, n 109
schior, m 218
schiță, f 236
scleroză multiplă, f 267
scoarță, f 295, 319
scoate din apă, (a) 217
scoate peștele din apă, (a) 217
scobi, (a) 59
scobitoare, f 102
scoică veneridae, f 71
scoică-pieptene, f 71
sconcs, m 325
scor, n 200
scorpion, m 333
scorțișoară, f 84
scotch®, n 173
scrapbooking, n 234
scrânti piciorul, a-și 269
scrie, (a) 157
scrie un cec, (a) 138
scrie un protocol, (a) 174
scriere creativă, f 234
scrimă, f 221
scrisoare, f 190
scrisoare cu expediere rapidă, f 190
scrisoare recomandată, f 190
scrob, n 97
scrot, n 260
scrumieră, f 147
scuipătoare, f 270
sculpta, (a) 234
sculptor, m 169
sculptură, f 234
scurgător de vase, n 48
scurt 28
scutec de stofă, n 27
scutec de unică folosință, n 27
scuter, n 116
se antrena, (a) 222
se balansa, (a) 205
se bălăci, (a) 209
se căsători, (a) 21
se concentra, (a) 52
se culca, (a) 51
se deconecta, (a) 180
se externa, (a) 273
se interna, (a) 273
se îmbarca, (a) 129
se îmbrățișa, (a) 19
se împrospăta, (a) 55
se încălzi, (a) 223
se încrunta, (a) 26
se îndrăgosti, (a) 21
se îneca, (a) 288
se înregistra, (a) 180
se însănătoși, (a) 275
se întâlni la o cafea, (a) 147
se lăsa fotografiată, (a) 243
se logodi, (a) 21
se machia, (a) 55
se muta, (a) 21
se ofili, (a) 323
se pensa, (a) 34
se pensiona, (a) 21, 175
se plimba, (a) 151
Se potrivește. Îl/o cumpăr. 28
se rade, (a) 55
se răsturna, (a) 210, 288
se scula, (a) 51
se spăla, (a) 55
se spăla pe dinți, (a) 55
se strâmba, (a) 22
se târî, (a) 330
se trezi, (a) 51
se uita la televizor, (a) 185
se veșteji, (a) 321
seară, f 342
seceră a lunii, f 292
secetă, f 314
secretară, f 168
secretariat, n 170
sector comercial, n 170
secție, n/f 164, 273
secție de terapie intensivă, f 275
secție de urgențe, f 275
secundă, f 340
sediu al poliției, n 133
segment de afaceri primar, n 170
segment de afaceri secundar, n 170
segment pentru cort, n 249
seif, n 137, 139, 172
selecta, (a) 180
selector de program, n 242
selector pentru lățimea de coasere, n 238
selector pentru modul de coasere, n 238
semafor, n 106, 135
semafor pietonal, n 106, 135
semestru, n 164
semestru de practică obligatorie, n 164
semilună, f 292
seminar, n 163
semințe de dovleac, f 86
semințe de floarea-soarelui, f 86
semiremorcă, f 120
semn „Nu deranjați!", n 137
semn de avertizare în zonă de avalanșe, n 287
semn de carte, n 182, 189
semn de carte autoadeziv, n 173
semna confirmarea de primire, (a) 190
semnal luminos pentru declanșarea automată, n 242
semnalizator de direcție, n 117
Senegal 306
sens giratoriu, n 106, 108
sensibil 26
separator de culoar, n 208
septembrie, m 343
septicemie, f 266
seră, f 63
Serbia 301
serial, n 185
serigrafie, f 236
seringă, f 276
seronegativ 267
seropozitiv 267
sertar, n 44, 51, 172
sertar pentru detergent, n 56
servantă, f 43
serviciu, n 198
serviciu de asistență pentru clienți, n 142
serviciu de livrare, n 99
serviciu de pază, n 142
serviciu de relații cu clienții, n 171
serviciu extern, n 171
serviciu intern, n 171
serviciu medical de urgență, n 282
serviciu nelimitat, n 183
set, n 202
setări, f 181
sextuplu 339
Seychelles 306
Sf. Kitts și Nevis 302
Sf. Vincențiu și Grenadinele 303
sfârc, n 252
sfârșit de săptămână, n 343
sfeclă, f 75
sfeclă roșie, f 75
sferturi de cartofi, n 100
sfoară de întins rufe, f 56
sforăi, (a) 51
shake de fructe, n 97
shaker pentru cocteil, n 147
sherry, n 94
sida, f 267
Sierra Leone 306
sifon, n 54
sigur de sine 25
siguranță, f 62
simbol, n 149
simpatic 25
simplu 339
simptom, n 277
simț al auzului, n 259
simț al echilibrului, n 259
simț al gustului, n 259
simț al văzului, n 259
simț olfactiv, n 259
simț tactil, n 259
sinagogă, f 134
Singapore 309
sinus frontal, n 255
sinus sfenoidal, n 255
sirenă, f 285
Siria 309
sirop de arțar, n 89
sirop de tuse, n 276
sistem cardiovascular, n 259
sistem de operare, n 181
sistem de tragere a apei, n 53
sistem digestiv, n 259
sistem endocrin, n 259
sistem limfatic, n 259
sistem nervos, n 259
sistem reproductiv feminin, n 259
sistem reproductiv masculin, n 259
sistem respirator, n 259
sistem solar, n 292
sistem stereo, n 112
sistem urinar, n 259
sită, f 47
sită metalică, f 159
sit-up, n 223
skateboard, n 220
slab 24
slacklining, n 151
slalom, n 218
slam dunk, n 199
Slovacia 301
Slovenia 301
smalț dentar, n 271
smarald, n 318
smartphone, n 183
smochină, f 80
smog, n 313
SMS, n 183
smulge buruiană, (a) 65
snooker, n 221
snorkeling, n 247
snowboard, n 219
snowboarder, m 219
snowboarding, n 219
snowmobil, n 287
soacră, f 16
Soare, m 292
soare, m 313
sobă, f 279
societate comercială (S.C.), f 170
societate cu răspundere limitată (S.R.L.), f 170

societate în comandită, f 170
societate în comandită având o societate cu răspundere limitată drept comanditat, f 170
societate pe acţiuni (S.A.), f 170
soclul becului, n 62
socru, m 16
sodiu, n 103
softball, n 200
software, n 183
sol, n 207
solariu, n 279
soldat, m 167
solist, m 232
solistă, f 228
solniţă, f 85
soluţie de etanşare, f 61
soluţie de scos pete, f 56
solz, m 71
solzi, m 330
Somalia 306
somn, m 331
somnifer, n 277
somon, m 70
sonată, f 228
sonerie, f 38
soră, f 17
soră vitregă, f 18
sorbet, n 101
sortare a deşeurilor, f 44
sos, n 85
sos de soia, n 85
sosire, f 126, 208
soţ, m 16
soţi, pl 17
soţie, f 16
soul, n 231
spaghete, f 87
spaghete bolognese, f 100
spalier, n 161
spanac, n 76
Spania 301
sparanghel, m 74
sparge o nucă, (a) 82
sparring, n 213
spate, n 253
spatulă, f 48
spaţiu de adunare, n 288
spaţiu de dpozitare, n 120
spaţiu de lucru, n 172
spaţiu de poartă, n 197
spaţiu dintre scaune, n 125
spaţiu pentru bagaje, n 122
spăla rufe, (a) 56
spărgător de nuci, n 82
spătar, n 52
specialităţi, f 102
spectacol, n 226
spectacol de varietăţi, n 226
spectatori, m 194
speriată 26
spermatozoid, m 262
spin, m 216, 321
spinning®, n 223
spirale, f 87
spital, n 133
spiţă, f 118
splină, f 258
sportiv profesionist, m 169
spot incastrabil, n 44
spot publicitar, n 187
spray, n 276
spray anti-insecte, n 248, 277
sprânceană, f 22
sprint, n 206
spumă de lapte, f 93
spumă de ras, f 55
spune pe litere, (a) 157
squash, n 201
Sri Lanka 309
sta la plajă, (a) 247
stadion, n 194
stafidă, f 82
stafidă de Smirna, f 82
stal, n 226
stand de reviste, n 146
start greşit, n 208
stat, n 298
Statele Unite ale Americii 303
stativ, n 159
stativ pentru partitură, n 228
stativ pentru perfuzii, n 273
staţie, f 184
staţie de autobuz, f 115, 135
staţie de emisie-recepţie, f 284
staţie de pompieri, f 286
staţie de taxiuri, f 121
staţie spaţială, f 294
stâlp, m 203
stâlp al porţii, m 196
stâlp de iluminat, m 106, 135
stâlpul B, m 111
stâncă, f 315
stând în mâini, n 207
steag, n 204
stegulețe de avertizare pentru înot pe spate, n 208
stejar, m 319
stepper, n 223
steril 261, 283
sterilet, n 261
stern, n 257
stetoscop, n 264
stick de memorie USB, n 179
sticlă, f 263
sticlă veche, f 44
stil liber, n 219
stilou, n 155
stofă, f 239
stomac, n 258
stomatolog, m 270
stone, m 345
stop, n 111, 116
stor, n 43
storcător, n 92
stradă, f 132
stradă cu sens unic, f 106, 108
stradă laterală, f 132
strat bazaltic, n 295
strat de cauciuc, n 203
strat de flori, n 63
strat de ozon, n 313
stratosferă, f 313
străduţă, f 132
strămoş, m 17
strănut, n 266
strâmt 28
strâmtoare, f 295
streaşină, f 40
strecurătoare, f 47
stresat 26
stridie, f 71
stropi, (a) 65
stropire a pietrelor încinse (în saună), f 279
stropitoare, f 64
structură pentru căţărat, f 151
structură suspendată pentru căţărat, f 151
strugure, m 79
struţ, m 329
student, m 163
studio, n 186
studio foto, n 243
subexpus 243
submarin, n 129
suburbie, f 132
suc de grepfrut proaspăt stors, n 92
suc de mere, n 92
suc de mere cu apă, n 92
suc de morcovi, n 92
suc de portocale, n 92, 96
suc de roşii, n 92
sucitor, n 48
Sudan 306
Sudanul de Sud 306
sudoku, n 247
Suedia 301
sugar, m 263
sulf, n 317
sumă, f 139
suna, (a) 184
suna pe cineva, (a) 19, 184
Sunaţi la ambulanţă! 289
Sunaţi la poliţie! 289
Sunaţi la pompieri! 289
sunet ambiental, n 185
sunet de apel, n 183
Sunt supărat/bucuros/trist. 25
supapă de siguranţă, f 54
supă, f 101
supărat 26
supermagazin, n 140
supliment, n 188
supliment alimentar, n 277
suplinire, f 175
suport, n 48
suport articulat lateral, n 116
suport de creioane, n 173
suport de cuţite, n 47
suport de umbrele, n 38, 41
suport pentru bagaje, n 137
suport pentru picioare, n 112, 116, 268
suport pentru prosoape, n 53
suport pentru undiţă, n 217
suport TV, n 42
supozitor, n 276
supracopertă, f 189
supraelastic 30
supraexpus 243
suprafaţă de pedeapsă, f 194
suprafaţă de poartă, f 194
supraveghetoare, f 209
supraveghetor, m 209
supravieţui, (a) 283
surd 268
surfer, m 212
suricat, m 325
Surinam 303
surprins 25
sursă de curent electric, f 248
sushi, n 99
suspect/suspectă, m/f 284
suspenda un jucător, (a) 195
suspensie a roţii, f 110, 116
sutien, n 30
sutien pentru sport, n 30
suvenir, n 148
suzetă, f 27
Swaziland 306

Ş

şa, f 118, 214
şa anterioară, f 116
şa posterioară, f 116
şah, n 245
şaisprezece 336
şaisprezecea, (a) 337
şaisprezecelea, (al) 337
şaizecea, (a) 338
şaizeci 336
şaizecilea, (al) 338
şalău, m 70
şampanie, f 94
şampinion, m 74
şampon, n 34
şapte 336
şapte fără douăzeci 341
şapte şi jumătate 338
şaptea, (a) 337
şaptelea, (al) 337
şaptesprezece, (a) 336
şaptesprezecea, (a) 337
şaptesprezecelea, (al) 337
şaptezecea, (a) 338
şaptezeci 336
şaptezecilea, (al) 338
şarpe, m 330
şase 336
şasea, (a) 337
şaselea, (al) 337
şchiopăta, (a) 268
şcoală, f 133
şcoală medie, f 154
şcoală primară, f 154
şcoală privată, f 154
şcoală profesională, f 164
şedinţă, f 174
şedinţă cu părinţii, f 157
şef, m 175
şemineu, n 62
şervet, n 102
şervet de bucătărie, n 44
şerveţel umed, n 277
şes, n 316
şezlong, n 246
şezut, n 253
şic 30
şifonier, n 49
şină, f 122
şiret, n 33
şlap, m 33
şlap, m 246
şmirghel, n 58
şmirghelui, (a) 59
şniţel, n 100
şoarece, m 324
şobolan, m 324
şoc, n 283
şoc electric, n 269
şofer de autobuz, m 168
şold, n 252

șopârlă, f 330
șort, n 196
șorț, n 46
șosetă, f 33
șosetuță, f 27
șpaclu, n 61
șpagat, n 207
șpriț, n 94
ștafetă, f 206
ștampilă poștală, f 190
ștecăr, n 62
ștergător de parbriz, n 110
șterge, (a) 57, 180
științe naturale, f 162
științe politice, f 162
științe umaniste, f 162
știri, f 186
ștrudel cu mere, n 91
șuiera, (a) 330
șuncă, f 68, 96
șurub, n 58
șurubelniță, f 58
șuta, (a) 196
șuvițe, f 23

T
tabelă (electronică) de informație, f 127
tabelă de marcaj, f 200
tablă, f 155
tablă de șah, f 245
table, pl 244
tabletă, f 183, 276
tabletă efervescentă, f 276
tablou, n 42
tablou de bord, n 112
tablou de siguranțe, n 62
taburet, n 49
tachelaj, n 210
taco, m 99
Tadjkistan 309
taekwondo, n 213
tahometru, n 114, 117
tai chi, n 213
tai-chi, n 278
talie, f 253
talkshow, n 186
talpă, f 33, 254
talpă ortopedică, f 33
tamburină, f 230
tampon intern, n 277
tandem, n 119
Tanzania 307
tapeta, (a) 61
tap-in, n 199
tarabă, f 140
targă, f 282
targă mobilă, f 275
tarhon, m 83
tartă cu brânză de vaci, f 90
tartă cu fructe, f 90
tartă cu marmeladă, f 90
tartă Linzer, f 90
tartă lorenă, f 100
tartină, f 88
tartru, n 271
tasta, (a) 180
tastatură, f 178, 184
tastatură numerică, f 138
tastă backspace, f 178
tastă caps lock, f 178
tastă control, f 178
tastă enter, f 178
tastă escape, f 178
tastă shift, f 178
tastă spațiu, f 178
tastă tabulator, f 178
tată, m 17
tată vitreg, m 18
taur, m 326
tavan, n 42
tavă, f 46, 147, 160
tavă de copt, f 46
tavă pentru documente, f 172
tavă pentru vopsea, f 61
tavă port-corespondență, f 172
taxă de intrare, f 148
taxi, n 121
taximetrist, m 168
tăblie a patului, f 49
tăia, (a) 59, 65, 77, 95, 240
tăia cu fierăstrăul, (a) 59
tăietor pentru aluat, n 46
tăietură, f 269
tăiței de orez, m 87
tăiței lați, m 87
tăiței prăjiți, m 99
tâlhărie, f 285
tâmplar, m 167
tâmplă, f 22
tânăr 24
teacă, f 78
teatru, n 134, 156
teatru în aer liber, n 226
teatru radiofonic, n 187
tee, n 204
tehno, n 231
tei, m 319
tel, n 47
telecabină, f 218
telecomandă, f 185
telefon de urgență, n 106
telefon fără fir, n 184
telefon mobil, n 183
teleprompter®, n 186
televiziune prin cablu, f 185
televizor, n 185
temă muzicală, f 187
temă pentru acasă, f 157
temperatură, f 312
templu, n 134
tencui, (a) 61
tendon, n 258
tendon al lui Ahile, n 256
tensiometru, n 264
tensiune, f 62
tequila, f 94
terapie, f 278
terasă, f 40, 63
terasă la soare, f 147
teren, n 38
teren de badminton, n 201
teren de camping, n 248
teren de golf, n 204
teren de joc, n 194
teren de sport, n 154
teritoriu, n 298
terminal, n 126
terminal de containere, n 129
termită, f 333
termofor, n 49
termometru, n 158, 277
termostat, n 54
test de sarcină, n 262
testicul, n 260
tetanos, n 266
tetieră, f 112, 122, 279
text, n 232
teză, f 154
Thailanda 310
thriller, n 241
tibie, f 252
tichet de îmbarcare, n 126
tie-break, n 202
tifon, n 283
tigaie, f 48
tigaie pentru grătar, f 48
tigaie wok, f 48
tigru, m 325
tijă, f 201, 321
tijă pentru papiotă, f 238
timbru, n 190
timid 25
Timorul de Est 309
timp parțial, n 165
timpan, n 228, 230
tipar, n 239
tipări un fișier, (a) 180
tir cu arcul, n 221
tiramisu, n 91
tirbușon, n 48
tirbușon, n 147
titlu, n 188
tiv, n 30
toaletă, f 53
toaletă de camping, f 249
toamnă, f 342
toate, f 339
tobă de eșapament, f 111
tobă mare, f 228
tobă mică, f 228
tobe bongo, f 230
tobogan, n 151
toc, n 33
tocător, n 47
Togo 307
tolerant 25
tomografie computerizată, f 275
tomografie cu rezonanță magnetică, f 275
ton, m 70
tonă, f 345
Tonga 311
top muzical, n 187
topaz, n 318
topor, n 286
torace, n 252
tornadă, f 314
torpedou, n 112
tort aniversar, n 90
tort de ciocolată, n 90
tort Pădurea Neagră, n 90
tortellini, m 87
tortilla-chips, n 99
toți, m 339
trabuc, n 146
tractor, n 121
tractor cu încărcător frontal, n 121
tractor rutier, n 120
tracțiune la bară fixă, f 223
trafic la ore de vârf, n 107
trage un șut, (a) 196
tragedie, f 226
trahee, f 258
trailer, n 120
trambulină, f 161, 209
tramvai, n 122
trandafir, m 321
transmisiune, f 187
transmite, (a) 187
transplant, n 267
transportor auto cu platformă, n 120
tranzacție online, f 138
tratament, n 264
tratament de canal, n 271
tratament facial, n 279
tratament homeopatic, n 278
tratament postoperatoriu, n 274
traumatism cervical, n 269
traumatizat 283
treaptă, f 41
trecere de pietoni, f 106
treflă, f 244
trei 336
trei pătrimi 338
trei suta, (a) 338
trei sutelea, (al) 338
treia, (a) 337
treilea, (al) 337
treisprezece 336
treisprezecea, (a) 337
treisprezecelea, (al) 337
treizecea, (a) 338
treizeci 336
treizecilea, (al) 338
tren, n 122
tren automotor, n 122
tren de aterizare anterior, n 124
tren de aterizare principal, n 124
tren de mare viteză, n 122
tren de marfă, n 122
tren monoșină, n 122
trening, n 28
trenuleț electric, n 234
trepied, n 159, 242
trianglu, n 230
triatlon, n 221
tribord, n 128
tribună, f 194
triceps, m 256
tricicletă, f 119
tricota, (a) 240
tricou, n 29, 196
tricou cu guler, n 29
trifoi, m 320
trimite, (a) 182
trimite cuiva o scrisoare, (a) 190
Trinidad și Tobago 303
triplu 339
trist 26
trișa, (a) 245
triunghiuri de cartofi rași și prăjiți, n 97
trombon, n 229
trompă uterină, f 261
trompetă, f 229
tropice, n 298
Tropicul Capricornului, n 298
Tropicul Racului, n 298
troposferă, f 313
trotuar, n 106, 132

trufă, f 74
trunchi, n 319
trunchi cerebral, n 255
trusă de farduri, f 35
trusă de prim ajutor, f 283
trusă de scule, f 60
trusă pentru reparat pene de cauciuc, f 119
tsunami, n 288, 314
tub, n 159
tub de respirat, n 211
tubă, f 229
tuberculoză, f 266
tucan, m 328
tufă de trandafiri, f 322
tulburare alimentară, f 267
tulpină, f 74, 321
tulpină de țelină, f 74
tunde, (a) 65
tunde gazonul, (a) 65
tunel, n 106, 108
tunel de îmbarcare și debarcare, n 126
tunet, n 313
Tunisia 307
turbulență, f 125
Turcia 310
turcoaz, n 318
Turkmenistan 310
turmalină, f 318
turn, n 132, 245
turn de control, n 126, 288
turn de sărituri, n 209
turn de televiziune, n 132
turna filme, (a) 234
turometru, n 114
turtă dulce, f 90
tuse, f 266
tuse convulsivă, f 266
tuș, n 235
tutun, n 146
Tuvalu 311

Ț

țară, f 298
țarc, n 50
țânțar, m 332
țeavă de eșapament, f 111
țeavă de eșapament, f 120
țeavă de scurgere, f 54
țepușă, f 47
țese, (a) 240
țese un covor, (a) 240
țesut, n 258
țigară, f 146
țiglar, m 167
țiglă, f 40
ține un referat, (a) 163
țol, m 344
țuică, f 94

U

Ucraina 301
uda, (a) 65
Uganda 307
ulcer, n 267
ulei de măsline, n 85
uliu, m 328
ulm, m 319
ultima/ultimul 338
umăr, m 252
umbrelă, f 32
umbrelă de soare, f 247
umed 312
umeraș, n 41
Un bilet simplu spre ..., vă rog. 123
un bilion 337
un gros 339
un miliard 337
un milion 337
un milionulea, (al) 338
Un pahar de ..., vă rog. 147
unchi, m 17
uncie, f 344, 345
unde lungi, f 187
unde scurte, f 187
undiță, f 216
unele, f 339
UNESCO 311
Ungaria 301
unghie, f 254
uniformă, f 284
uniformă școlară, f 154
unii, m 339
unitate CD/DVD, f 178
Uniunea Africană 311
Uniunea Europeană (UE) 311
univers, n 294
universitate, f 133
unsprezece 336
unsprezecea, (a) 337
unsprezecelea, (al) 337
unt, n 73, 96
unt de arahide, n 89
unu 336
uragan, n 314
urangutan, m 327
Uranus, m 293
urât 24
urca, (a) 123
urcare, f 207
ureche, f 22
ureter, n 259
uretră, f 260, 261
urs, m 325
urs polar, m 325
ursuleț de jeleu, m 98
ursuleț de pluș, m 50
Uruguay 303
urzică, f 320
uscat, n 295
uscător de păr, n 55
uscător de rufe, n 56
usturoi, m 75
ușa de la verandă, f 52
ușă automată, f 115
ușă de acces, f 124
ușă de la intrare, f 40, 41
uter, n 261
uvertură, f 228
Uzbekistan 310

V

vacanță, f 157
vacanță intersemestrială, f 164
vacă, f 326
vaccin, n 263
vagin, n 261
vagon, n 122
vagon necompartimentat, n 122
val, n 212
val de căldură, n 314
val spart la țărm, n 247
vale, f 315
valet, m 244
valută, f 139
valvă de scurgere, f 54
vamă, f 126
vană, f 53
Vanuatu 311
vară, f 342
varicelă, f 266
varză albă, f 76
varză creață, f 76
varză de Bruxelles, f 76
varză roșie, f 76
vas de W.C., n 53
vase pentru copt, n 48
vază, f 43
Vă fac legătura. 184
Vă rugăm să lăsați un mesaj după semnalul sonor. 184
văduv 17
vătămare corporală, f 285
vânătă, f 77
vânătoare, f 221
vânt, n 210, 313
vânzare pentru lichidare de stoc, f 142
vânzătoare, f 142
vânzător, m 168
vârf, n 74, 218, 315
vâslă, f 210
vecin, m 18
vecină, f 18
vedere, f 190
vegan 103
vegetarian 103
veioză, f 49
velă, f 212
velă foc, f 210
velă randă, f 210
velist, m 210
venă, f 259
Venezuela 303
venin, n 330
ventilare (artificială), f 275
ventilator, n 42, 111
Venus, f 292
verde, n 237
verde gălbui, n 237
verde măsliniu, n 237
verde smarald, n 237
verișoară, f 17
vertebră cervicală, f 257
vertebră lombară, f 257
vestă, f 29
vestă de pescar, f 216
vestă de salvare, f 209, 288
vestă fără nasturi, f 29
vestiar, n 223
veterinar, m 166
veveriță, f 324
vezică biliară, f 258
vezică seminală, f 260
vezică urinară, f 259, 260, 261
viaduct, n 107
victimă a accidentului, f 282
videoproiector, n 174
vidră, f 327
vierme, m 333
viespe, f 332
Vietnam 310
vin alb, n 94
vin fiert, n 93
vin roșu, n 94
vin roze, n 94
vin spumant, n 94
vină, f 285
vinărie, f 140
vineri, f 343
vioară, f 229
viol, n 285
violență, f 285
violet, n 237
violoncel, n 229
virus, m 265
visa, (a) 51
vitamină tabletă, f 276
viteză, f 114
viteză a vântului, f 313
vitrină, f 42, 43, 140
vitrină frigorifică, f 145
viză, f 127
vizieră, f 117, 286
vizitare a orașului, f 148
vizitare a orașului din autocar, f 148
vlăstar, n 323
volan, n 30, 112
volei pe plajă, n 198
volt, m 62
volta, (a) 210
volum al sonorului, n 185
volum ilustrat, n 189
voluntariat, n 164
vopsea, f 61, 235
vopsi, (a) 59
votcă, f 94
vrabie, f 328
vulcan, m 316
vulpe, f 325
vultur, m 329

W

wakeboarding, n 212
watt, m 62
western, n 241
whisky, n 94
wigwam, n 248
windsurfer, m 212
windsurfing, n 212
wing chun, n 213
wrap, n 99

X

xilofon, n 228

Y

Yemen 308
yen, m 345
yoga, f 278
yuan, m 345

Z

zahăr, n 103
Zambia 306
zambilă, f 322
zar, n 245
zăbală, f 214
zăpadă, f 313
zăpadă afânată, f 218
zărgan, m 331
zâmbi, (a) 25
zbor extern, n 127
zbor intern, n 127

zbor lung-curier, n 127
zbor pentru nefumători, n 125
Zborul dumneavoastră e pregătit pentru îmbarcare. 124
zbura, (a) 125
zdrobi, (a) 95
zdrobitor de cartofi, n 47
zebră, f 326
zece 336
zece jumătate 341
zece mia, (a) 338
zece mii 337
zece miilea, (al) 338
zece milioana, (a) 338
zece milioanelea, (al) 338
zecea, (a) 337
zecelea, (al) 337
zemos 81
zero 336
zgârie-nori, m 134
zi, f 343
zi a săptămânii, f 343
ziar, n 146, 188
ziar de calitate, n 188
ziar de scandal, n 188
ziar în format mare, n 188
zid, n 63
zid al orașului, n 149
Zimbabwe 306
Ziua Îndrăgostiților, f 20
ziua mamei, f 20
Ziua Recunoștinței, f 20
ziua tatălui, f 20
ziuă de naștere, f 20
zmeură, f 79
zona zoster, f 266
zonă, f 298
zonă comercială, f 132, 133
zonă cu acces dificil, f 204
zonă de apărare, f 198
zonă de atac, f 198
zonă de joc, f 204
zonă de localuri și divertisment, f 133
zonă de restricție, f 199
zonă de sortare a deșeurilor, f 249
zonă de start, f 204
zonă fară semnal, f 183
zonă industrială, f 133
zonă inghinală, f 252
zonă liberă, f 198
zonă lombară, f 253
zonă mlăștinoasă, f 316
zonă pietonală, f 135
zonă poplitee, f 253
zonă pubiană, f 252
zonă restaurant, f 143
zonă rezidențială, f 133
zonă verde, f 204
zoom, n 242
zori ai zilei, m 342
zugrav, m 167
zurgălăi, pl 230

BILDNACHWEIS

* - © Fotolia.com

14 */Csaba Peterdi, **16** */Alexander Raths, **16** */Jeanette Dietl, **16** */Forgiss, **16** */paulmz, **16** */fotodesign-jegg.de, **16** */mimage-photos, **16** */Syda Productions, **16** */iko, **16** */Jeanette Dietl, **16** */drubig-photo, **16** */oocoskun, **17** */damato, **17** */vbaleha, **17** */Rido, **17** */Ljupco Smokovski, **17** */Jeanette Dietl, **17** */Janina Dierks, **17** */Valua Vitaly, **17** */Rido, **17** */Andres Rodriguez, **17** */Syda Productions, **17** */Valua Vitaly, **18** */Dmitry Lobanov, **18** */Samuel Borges, **18** */DenisNata, **18** */Pavel Losevsky, **18** */Gabriel Blaj, **18** */WONG SZE FEI, **18** */vgstudio, **18** */Picture-Factory, **18** */Ariwasabi, **19** */endostock, **19** */mma23, **19** */Jasmin Merdan, **19** */Tom Wang, **19** */Michael Gray, **19** */JanMika, **19** */BeTa-Artworks, **19** */michaeljung, **19** */Savannah1969, **19** */patpitchaya, **19** */Sabphoto, **19** */Cello Armstrong, **19** */eyetronic, **20** */Danilo Rizzuti, **20** */Ruth Black, **20** */Smileus, **20** */chesterF, **20** iStockphoto/Catherine Yeulet, **20** */DenisNata, **20** */Melinda Nagy, **20** */Kaarsten, **20** */MISHELA, **20** */Eray, **20** */Unclesam, **20** */satin_111, **20** */Michael Fritzen, **21** */yanlev, **21** */BeTa-Artworks, **21** */Margit Power, **21** */Brenda Carson, **21** */Africa Studio, **21** */Piotr Marcinski, **21** */Fotowerk, **21** */AVRORA, **21** */stockyimages, **21** */Tyler Olson, **21** */ExQuisine, **21** */Glenda Powers, **21** Thinkstock/iStockphoto, **22** */Valua Vitaly, **22** */codiarts, **23** */Jaimie Duplass, **23** */krimar, **23** */magann, **23** */Stefan Balk, **23** */Kaponia Aliaksei, **23** */koji6aca, **23** */yuriyzhuravov, **23** */yuriyzhuravov, **23** */Ermolaev Alexandr, **23** */V.R.Murralinath, **23** */badmanproduction, **23** */Anton Zabielskyi, **23** */auremar, **23** */koji6aca, **24** */mimagephotos, **24** */Tiler84, **24** */velazquez, **24** */giorgiomtb, **24** */apops, **24** */dusk, **24** */Knut Wiarda, **24** */stokkete, **24** */Taiga, **24** */Taiga, **24** */Taiga, **24** */Taiga, **25** */Karramba Production, **25** */Robert Kneschke, **25** */cantor pannatto, **25** */Garrincha, **25** */Picture-Factory, **25** */bevangoldswain, **25** */WavebreakMediaMicro, **25** */Rido, **25** */Minerva Studio, **25** */cantor pannatto, **25** */Fotowerk, **25** */Fotowerk, **26** */Gelpi, **26** */stockyimages, **26** */WavebreakmediaMicro, **26** */pathdoc, **26** */Ilike, **26** */pathdoc, **26** */Andres Rodriguez, **26** */Garrincha, **26** */cantor pannatto, **26** */pressmaster, **26** */vladimirfloyd, **26** */Elnur, **26** */Klaus Eppele, **27** */boumenjapet, **27** */Vera Anistratenko, **27** */carol_anne, **27** */Andrey Armyagov, **27** Thinkstock/NikolayK, **27** */srdjan111, **27** */Zbyszek Nowak, **27** */Pamela Uyttendaele, **27** */Michaela Pucher, **27** */Katrina Brown, **28** */ghoststone, **28** */nito, **28** */zhekos, **28** */chiyacat, **28** */Alexandra Karamyshev, **28** */BEAUTYofLIFE, **28** */Lucky Dragon, **29** */Karramba Production, **29** */BEAUTYofLIFE, **29** */Khvost, **29** */Khvost, **29** */Elnur, **29** */Popova Olga, **29** */Artem Gorohov, **29** */Elnur, **29** */Ruslan Kudrin, **29** */Gordana Sermek, **29** */Alexandra Karamyshev, **30** */alaterphotog, **30** */Elnur, **30** */Elnur, **30** */Ruslan Kudrin, **30** */Alexandra Karamyshev, **30** */Alexandra Karamyshev, **30** */Oliver Preißner, **30** */Robert Lehmann, **30** */Alexandra Karamyshev, **31** */mimagephotos, **31** */Alexandra Karamyshev, **31** */Alexandra Karamyshev, **31** */ludmilafoto, **31** */okinawakasawa, **31** Thinkstock/Alexandru Chiriac, **31** */cedrov, **31** */Khvost, **31** */hifashion, **31** */Alexandra Karamyshev, **31** */Alexandra Karamyshev, **32** */Little_wine_fly, **32** */Jiri Hera, **32** */rangizzz, **32** */Jiri Hera, **32** */Andrew Buckin, **32** Thinkstock/Danny Chan, **32** */Artem Merzlenko, **32** */Cobalt, **32** */fotomatrix, **32** */Rozaliya, **32** */adisa, **32** */Kira Nova, **32** */Shariff Che'Lah, **32** */venusangel, **32** */Unclesam, **32** */srki66, **33** */adisa, **33** */adisa, **33** */lalouetto, **33** */PRILL Mediendesign, **33** */Africa Studio, **33** */adisa, **33** */Andrey Bandurenko, **33** */Nadinelle, **33** */design56, **33** */Sergey Rusakov, **33** */Jiri Hera, **33** */gemenacom, **33** */Andre Plath, **33** */Alexander Raths, **33** */Liaurinko, **33** */thaikrit, **33** */humbak, **34** */wiedzma, **34** */kontur-vid, **34** */Tharakorn, **34** */picsfive, **34** */pattarastock, **34** */NilsZ, **34** */picsfive, **34** */picsfive, **34** */ksena32, **34** */cristi180884, **34** */bpstocks, **34** */nito, **34** */Tarzhanova, **34** */bpstocks, **34** */terex, **34** */ibphoto, **35** */Gennadiy Poznyakov, **36** */stockone, **38** */JSB, **38** */stocker1970, **38** */photo 5000, **38** */Tiberius Gracchus, **38** */Ralf Gosch, **38** */visivasnc, **38** */Lasse Kristensen, **38** */Speedfighter, **38** */Bokicbo, **38** */typomaniac, **38** */O.M., **38** */designsstock, **38** */Tatty, **39** */Kurhan, **39** */selensergen, **39** */Brilliant Eagle, **39** */Iriana Shiyan, **39** */terex, **39** */Sashkin, **39** */bcdesign, **39** */pyzata, **39** */Thomas Aumann, **39** */Tiberius Gracchus, **39** */Igor Kovalchuk, **39** */Maksym Yemelyanov, **39** */pabijan, **40** */Magda Fischer, **41** */Kasia Bialasiewicz, **41** */bennnn, **41** */Bert Folsom, **41** */Aleksandar Jocic, **41** */yevgenromanenko, **41** */Aleksandr Ugorenkov, **42** */Iriana Shiyan, **42** */luchshen, **42** */sokrub, **42** */sokrub, **42** */okinawakasawa, **43** */pics721, **43** */Delphimages, **43** */arteferretto, **43** */Kitch Bain, **43** */Chris Brignell, **44** */stock_for_free, **44** */kornienko, **45** */mrgarry, **45** */mariocigic, **45** Thinkstock/Hemera, **45** */Alexander Morozov, **45** */Denis Gladkiy, **45** */Sergii Moscaliuk, **45** */sutsaiy, **45** */sutsaiy, **45** */okinawakasawa, **45** */Alexander Morozov, **45** */venusangel, **45** */bergamont, **45** */Alexander Morozov, **45** */sutsaiy, **45** */manipulateur, **45** */kmiragaya, **46** */fotyma, **46** */Denisa V, **46** */jonnysek, **46** */Kitch Bain, **46** */pholien, **46** */Alona Dudaieva, **46** */M.R. Swadzba, **46** Thinkstock/iStockphoto, **46** */bennyartist, **46** */Nikola Bilic, **46** */cretolamna, **46** */Igor Syrbu, **46** */Piotr Pawinski, **47** */cretolamna, **47** */Harald Biebel, **47** */gavran333, **47** */M.R. Swadzba, **47** */IrisArt, **47** */Diana Taliun, **47** */cretolamna, **47** */M S, **47** */nito, **47** */Bombaert Patrick, **47** */scol22, **47** */cretolamna, **47** */picsfive, **48** */Sunshine Pics, **48** */VRD, **48** */petrsalinger, **48** */cretolamna, **48** */gavran333, **48** */Uwe Landgraf, **48** */nito, **48** */Schwoab, **48** */cretolamna, **48** */Stefan Balk, **48** */karandaev, **48** */Lucky Dragon, **48** */PhotoSG, **49** */2mmedia, **50** */Andres Rodriguez, **50** */simmittorok, **50** */Liliia Rudchenko, **50** */venusangel, **50** */Ljupco Smokovski, **50** */Maksim Kostenko, **50** Thinkstock/Stockbyte, **50** */Xuejun li, **50** */Ljupco Smokovski, **50** */Coprid, **50** */Yingko, **51** */poligonchik, **52** */arsdigital, **53** */adpePhoto, **53** */Africa Studio, **53** */Tiler84, **53** */NilsZ, **53** */Africa Studio, **53** */Coprid, **54** */magraphics.eu, **54** */sommersby, **54** */ermess, **54** */AndG, **55** */ILYA AKINSHIN, **55** */Lusoimages, **55** */HamsterMan, **55** */jlcst, **55** */Foto-Ruhrgebiet, **55** */Dmytro Akulov, **55** */picsfive, **55** */ibphoto, **55** */Jonathan Stutz, **55** */Jackin, **55** */ganko, **55** */artmim, **55** */Klaus Eppele, **56** */Sashkin, **56** */Creatix, **56** */Andreja Donko, **56** */Katrina Brown, **56** */Ljupco Smokovski, **57** */Okea, **58** */kmit, **58** */luckylight, **58** */tuja66, **58** */tuja66, **58** */corund, **58** */tuja66, **58** */Rynio Productions, **58** */mick20, **58** */Denis Dryashkin, **58** */tuja66, **58** */claudio, **58** */CE Photography, **58** */tuja66, **58** */Бурдюков Андрей, **58** */vav63, **59** */Rynio Productions, **59** */Rynio Productions, **59** */Rynio Productions, **59** */PRILL Mediendesign, **59** */fefufoto, **59** */antonsov85, **60** */andersphoto, **60** */scis65, **60** */venusangel, **60** */Coprid, **60** */f9photos, **60** */tuja66, **60** */Konovalov Pavel, **60** */Freer, **60** */Nik, **60** */chungking, **60** */mariusz szczygieł, **61** */auremar, **61** */Africa Studio, **61** */ankiro, **61** */Ionescu Bogdan, **61** */piai, **61** */Denys Rudyi, **62** */Nomad_Soul, **62** */gradt, **62** */twister025, **62** */egorovvasily, **62** */womue, **62** Thinkstock/

iStockphoto, **62** Thinkstock/iStockphoto, **62** */cherezoff, **62** */by-studio, **63** */coco, **63** */D. Ott, **63** */D. Ott, **63** */federicofoto, **63** */babsi_w, **63** */Stibat Studio, **63** */Kara, **63** */Jeanette Dietl, **63** */sonne fleckl, **63** */keller, **63** */miket, **63** */WoGi, **63** */M. Schuppich , **63** */Marco Becker , **63** */kobra78 , **63** */Kalle Kolodziej, **64** */mallivan, **64** */Zbyszek Nowak, **64** */opasstudio, **64** */hsagencia, **64** */photka , **64** */photka , **64** */photka , **64** */photka , **64** */Gerald Bernard , **64** */Jaimie Duplass , **64** */ steamroller , **64** */tompet80 , **64** */schankz, **64** */keerati, **65** */hopfi23, **65** */Alex Petelin, **65** */Patryssia, **65** */D. Ott, **65** */ Horticulture, **65** */Kasia Bialasiewicz, **65** */mopsgrafik, **65** */B. Wylezich, **65** */fotoschab, **65** */Miredi, **65** */udra11, **65** */NinaMalyna, **65** */rupbilder, **66** */mates, **68** */unpict, **68** */Teamarbeit, **68** */Christian Jung, **68** Dreamstime/Christianjung, **68** */HLPhoto, **68** */ExQuisine , **68** */rdnzl, **68** */uckyo, **68** */ExQuisine, **68** */lefebvre_jonathan, **68** */Cornerman, **68** */Mara Zemgaliete, **68** iStockphoto/Vasko, **68** */Diana Taliun, **68** Thinkstock/Alena Dvorakova, **68** Shutterstock/marco mayer, **69** */ExQuisine, **69** */ ExQuisine, **69** */fotomaster, **69** */Eric Isselée, **69** */boguslaw, **69** */Eric Isselée, **69** */nito, **69** */Irina Khomenko, **69** */Viktor, **69** */Oran Tantapakul, **69** */lightpoet, **70** */Rémy MASSEGLIA, **70** */Natalia Merzlyakova, **70** Dreamstime/Witoldkr1, **70** */Picture Partners, **70** */antonio scarpi, **70** */Gaetan Soupa, **70** */o.meerson, **70** */ExQuisine, **70** Dreamstime/Pipa 100, **70** */lunamarina, **70** */HelleM, **70** */Dalmatin.o , **70** */Witold Krasowski, **70** */Andrei Nekrassov, **70** */Dionisvera, **70** */Dionisvera, **71** */angorius, **71** */Dani Vincek, **71** */felinda, **71** */Andrey Starostin, **71** */pedrolieb, **71** */ExQuisine, **71** Dreamstime/Onepony, **71** */dulsita, **71** */ Giuseppe Lancia, **71** */margo555, **71** */BSANI , **71** */womue, **71** */Jiri Hera, **72** */ExQuisine, **72** Dreamstime/Sethislav, **72** */volff , **73** */dimakp, **73** Shutterstock/Multiart, **73** Shutterstock/Krzysztof Slusarczyk, **73** */Daddy Cool, **73** */Brad Pict, **73** Dreamstime/ Jack14, **73** */cynoclub, **73** */Picture Partners, **73** */Lsantilli , **73** */Coprid, **73** */Fotofermer, **73** */Brad Pict, **73** */Mara Zemgaliete, **74** */Dani Vincek , **74** */Natika, **74** */Luis Carlos Jiménez, **74** */angorius, **74** */marrfa, **74** */Natika, **74** */fotogal, **74** */Shawn Hempel, **74** */Jessmine, **74** */Daorson, **74** */Jérôme Rommé, **74** */gcpics, **74** */Picture Partners, **75** */valeriy555, **75** */valeriy555, **75** */Barbara Pheby, **75** */volga1971, **75** Dreamstime/Robynmac, **75** */Anna Kucherova, **76** */jerome signoret, **76** */boguslaw, **76** */fotomatrix, **76** */World travel images, **76** */margo555 , **76** */margo555 , **76** */margo555 , **76** */margo555 , **76** */Wolfgang Jargstorff, **77** */valeriy555, **77** */silencefoto, **77** */valeriy555, **77** */valeriy555, **77** */silencefoto, **77** */valeriy555, **77** */photocrew, **77** */valeriy555, **77** */Anna Kucherova, **77** */valeriy555, **77** */Malyshchyts Viktar, **77** */charlottelake, **77** */valeriy555, **78** */tycoon101, **78** */Zbyszek Nowak, **78** */M.R. Swadzba, **78** */Schlierner, **78** */Ekaterina Lin, **78** */Andrey Starostin, **79** */azureus70, **79** */ azureus70, **79** */valeriy555, **79** */Dionisvera, **79** Thinkstock/anna1311, **79** */valeriy555, **79** */Andrea Wilhelm, **79** */valeriy555, **79** */ valeriy555, **79** */valeriy555, **79** */valeriy555, **79** */valeriy555, **79** */Anna Kucherova, **80** */Malyshchyts Viktar, **80** */Malyshchyts Viktar, **80** */Malyshchyts Viktar, **80** */Malyshchyts Viktar, **80** */Malyshchyts Viktar, **80** */Malyshchyts Viktar, **80** */ Malyshchyts Viktar, **80** */Malyshchyts Viktar, **80** */Malyshchyts Viktar, **80** */Malyshchyts Viktar, **80** */Natika, **80** */Malyshchyts Viktar, **80** */Malyshchyts Viktar, f9photos, **80** */Malyshchyts Viktar, **80** */Oleksiy Ilyashenko, **80** */Tim UR, **80** */valeriy555, **80** */ valeriy555, **80** */Natika, **80** */valeriy555, **81** Dreamstime/Skyper1975, **81** */Werner Fellner, **81** */marilyn barbone, **81** */nblxer, **81** */ goodween123, **82** */Popova Olga, **82** */Popova Olga, **82** */mates, **82** */Popova Olga, **82** */Popova Olga, **82** */Popova Olga, **82** */ Popova Olga, **82** */Popova Olga, **82** */pimponaco, **82** */Schlierner, **82** */svl861, **82** */svl861, **82** Dreamstime/Margouillat, **83** */ Team 5, **83** MDB/seli8, **83** */unpict, **83** */Tomboy2290, **83** */nbriam, **83** */Vera Kuttelvaserova, **83** */Vesna Cvorovic, **83** */Maceo, **83** */scis65, **84** Thinkstock/iStockphoto, **84** Thinkstock/iStockphoto, **84** Thinkstock/iStockphoto, **84** Thinkstock/iStockphoto, **84** Thinkstock/iStockphoto, **84** Thinkstock/iStockphoto, **84** Thinkstock/iStockphoto, **84** Thinkstock/iStockphoto, **84** */Popova Olga, **84** Thinkstock/iStockphoto, **84** Thinkstock/iStockphoto, **84** Thinkstock/iStockphoto, **84** Thinkstock/iStockphoto, **84** Thinkstock/ iStockphoto, **84** Thinkstock/iStockphoto, **84** Thinkstock/iStockphoto, **85** Dreamstime/Sergioz, **85** */Africa Studio, **85** */Orlando Bellini, **85** */Inga Nielsen, **85** */Inga Nielsen, **85** */Boris Ryzhkov, **86** */Popova Olga, **86** */Popova Olga, **86** */ Popova Olga, **86** */Popova Olga, **86** */Popova Olga, **86** */Popova Olga, **86** */Popova Olga, **86** */Popova Olga, **86** */Popova Olga, **86** */Popova Olga, **86** */Popova Olga, **86** */Popova Olga, **86** */Elena Schweitzer, **86** */Picturefoods.com, **87** Dreamstime/Jirkaejc, **87** Dreamstime/Glasscuter, **87** */Andrzej Tokarski, **87** Dreamstime/Pryzmat, **87** */Stefano Neri , **87** */Roxana, **87** */enzo4, **87** */Stefano Neri, **87** */akulamatiau, **87** */zorandim75, **87** */marilyn barbone, **88** */pico, **88** */ Sergejs Rahunoks, **88** Dreamstime/Givaga, **88** */Piovanello, **88** */Piovanello, **88** */the_pixel, **88** */Liaurinko, **88** */nemez210769, **88** */midosemsem, **88** */Jiri Hera, **88** */juri semjonow, **88** */Brad Pict, **88** Dreamstime/Travelling-light, **88** Dreamstime/Synchronista, **88** */Julian Weber, **88** */IrisArt , **89** */BeTa-Artworks, **89** */Sergii Moscaliuk, **89** */Diana Taliun, **89** */Daniel Wiedemann, **89** Dreamstime/Nagme, **89** */lantapix, **89** */Olegich, **89** */scis65, **89** */Vidady, **89** */komar.maria, **90** */Petrov Vadim, **90** */unpict, **90** */Smart7, **90** */tycoon101, **90** */M. Schuppich, **90** */digifood, **90** */Schwoab, **90** */photocrew, **90** */chrisdorney, **90** */anakondasp, **90** */unpict, **90** */sorcerer11, **90** */Lucky Dragon, **91** */MarFot, **91** */ppi09, **91** */Kesu, **91** */Andrea Wilhelm, **91** */kehr design, **91** */gtranquillity, **91** */Corinna Gissemann, **91** */Lucky Dragon, **91** */Jiri Hera, **91** */sergojpg, **91** */Daryl Musser, **91** */ robysaba, **91** */unpict, **92** */Jiri Hera, **92** */Nitr, **92** */Nitr, **92** */ExQuisine, **92** */Natika , **92** */Inga Nielsen, **92** */Nitr, **92** */Nitr, **92** */Taffi, **92** */karandaev, **92** */unpict, **92** */baibaz, **92** */Africa Studio, **93** */pabijan, **93** */amenic181, **93** */Viktor, **93** */blende40, **93** */Fotofermer, **93** */Rob Stark, **93** */gtranquillity, **93** */gtranquillity, **93** */gtranquillity, **93** */gtranquillity, **93** */gtranquillity, **93** */ Inga Nielsen, **94** Thinkstock/puchkovo48, **94** */neirfy, **94** */Nitr, **94** */Nitr, **94** */Nitr, **94** */Taffi, **94** */Taffi, **94** */Taffi, **94** */Taffi, **94** */karandaev, **94** */karandaev, **94** */karandaev, **95** */Hemeroskopion, **95** */Hemeroskopion, **95** */Hemeroskopion, **95** */ Hemeroskopion, **95** */Hemeroskopion, **95** */Hemeroskopion, **95** */Hemeroskopion, **95** */Hemeroskopion, **95** */Hemeroskopion, **95** */Hemeroskopion, **95** */Hemeroskopion, **95** */Hemeroskopion, **95** */Hemeroskopion, **96** */kab-vision, **96** Shutterstock/ Multiart - Shutterstock.com, **96** */Volodymyr Shevchuk, **96** */Sergejs Rahunoks, **96** */sspice, **96** */Corinna Gisseman, **96** */ azureus70, **96** */Popova Olga, **96** */baibaz, **97** */Whitebox Media, **97** */angorius, **97** */Andrea Wilhelm, **97** Dreamstime/Margouillat, **97** */Viktor, **97** */Kesu, **97** */Peredniankina, **97** */margo555, **97** */Aleksandar Jocic, **98** */Jiri Hera, **98** */victoria p., **98** */djama, **98** */vagabondo, **98** */Jiri Hera, **98** */scis65, **98** */blende40, **98** */MUNCH!, **98** */Africa Studio, **98** */arinahabich, **98** */Marius Graf, **98** */Marius Graf, **98** */Marius Graf, **98** */Liaurinko, **98** */Brad Pict, **98** */juniart, **99** */Dmytro Sukharevskyy, **99** */Dmytro Sukharevskyy, **99** */Dmytro Sukharevskyy, **99** */Sergejs Rahunoks, **99** */canoncam, **99** */uckyo, **99** */torsakarin, **99** */Thibault Renard, **99** */eyewave, **99** */Orlando Bellini, **99** */Blue Wren, **99** */Dmytro Sukharevskyy, **99** */Dmytro Sukharevskyy, **100** */Jacek

Chabraszewski, **100** */Inga Nielsen, **100** */dusk, **100** */Road King, **100** */Jack Jelly, **100** Dreamstime/Tomislav Pinter, **100** */Jacek Chabraszewski, **100** */ExQuisine, **100** */aktifreklam, **100** */zhekos , **100** */Jess Yu, **100** */illustrez-vous, **100** */Andrea Wilhelm, **101** */Minerva Studio, **101** */Boris Ryzhkov, **101** */Nitr, **101** */unpict, **101** */Jacek Chabraszewski, **101** */photocrew, **101** */Viktor, **101** */eyewave, **101** Dreamstime/Lightzoom, **101** iStockphoto/Gordana Sermek, **102** */Africa Studio, **102** */Vitaly Korovin, **102** */Coprid, **102** */Schlierner, **102** */Fotofermer, **103** */ashka2000, **103** */womue, **103** */EM Art, **103** */ExQuisine, **103** */photocrew, **103** */jeehyun, **103** */reineg, **103** */reineg, **103** */reineg, **103** */reineg, **103** */Subbotina Anna, **103** */rangizzz, **103** */sjhuls, **104** */Fotofermer, **106** Thinkstock/Keith Levit Photography, **106** Thinkstock/iStockphoto, **106** Thinkstock/iStockphoto, **106** Thinkstock/iStockphoto, **106** Thinkstock/iStockphoto, **106** Thinkstock/iStockphoto, **106** Thinkstock/iStockphoto, **106** Thinkstock/iStockphoto, **106** Thinkstock/Fuse, **107** Thinkstock/Fuse, **107** Thinkstock/iStockphoto, **107** Thinkstock/iStockphoto, **107** Thinkstock/iStockphoto, **107** Thinkstock/Comstock, **107** */Alexandra Gl, **108** */leremy, **108** */leremy, **108** */leremy, **108** */leremy, **108** */leremy, **108** */leremy, **108** */mrtimmi, **108** */mrtimmi, **108** */mrtimmi, **108** */mrtimmi, **108** */mrtimmi, **108** */mrtimmi, **108** */Bobo, **108** */leremy, **108** */leremy, **108** */FelixCHH, **109** Thinkstock/iStockphoto, **109** */Eisenhans, **109** Thinkstock/iStockphoto, **109** Thinkstock/iStockphoto, **109** Thinkstock/Hemera, **109** Thinkstock/Hemera, **109** Thinkstock/Hemera, **109** */Bombaert Patrick, **109** */algre, **109** Thinkstock/Hemera, **109** Thinkstock/iStockphoto, **109** Thinkstock/Hemera, **110** */Vladimir Kramin, **110** */algre, **111** */algre, **111** */apttone, **112** Thinkstock/iStockphoto, **112** */Jenny Thompson, **112** */Aaron Amat, **112** */overthehill, **112** */eldadcarin, **112** */Michael Seidel, **113** Thinkstock/iStockphoto, **113** */gradt, **113** */Lasse Kristensen, **113** */Željko Radojko, **113** */golandr, **114** Thinkstock/iStockphoto, **114** Thinkstock/Stockbyte, **115** Thinkstock/iStockphoto, **115** Thinkstock/Hemera, **115** Thinkstock/iStockphoto, **115** Thinkstock/iStockphoto, **115** Thinkstock/iStockphoto, **115** */Bikeworldtravel, **116** */Idelfoto, **116** Thinkstock/iStockphoto, **116** Thinkstock/Hemera, **116** Thinkstock/Hemera, **116** Thinkstock/Hemera, **117** Thinkstock/iStockphoto, **117** Thinkstock/iStockphoto, **117** Thinkstock/iStockphoto, **118** Thinkstock/iStockphoto, **119** Thinkstock/Hemera, **119** Thinkstock/iStockphoto, **119** Thinkstock/iStockphoto, **119** Thinkstock/iStockphoto, **119** Thinkstock/iStockphoto, **119** Thinkstock/iStockphoto, **119** Thinkstock/iStockphoto, **119** Thinkstock/iStockphoto, **119** Thinkstock/iStockphoto, **119** Thinkstock/iStockphoto, **119** Thinkstock/iStockphoto, **119** Thinkstock/iStockphoto, **119** Thinkstock/iStockphoto, **119** Thinkstock/iStockphoto, **119** Thinkstock/Hemera, **119** Thinkstock/iStockphoto, **120** Thinkstock/iStockphoto, **120** Thinkstock/Hemera, **120** Thinkstock/Photos.com, **120** Thinkstock/iStockphoto, **120** */photo 5000, **120** Thinkstock/iStockphoto, **120** Thinkstock/iStockphoto, **120** Thinkstock/Hemera, **120** Thinkstock/Hemera, **121** */Eisenhans, **121** Thinkstock/iStockphoto, **121** Thinkstock/iStockphoto, **121** Thinkstock/Stockbyte, **121** Thinkstock/Hemera, **121** Thinkstock/iStockphoto, **121** Thinkstock/Julio de la Higuera Rodrigo, **121** */DeVIce, **121** */Artem Gorohov, **121** */Lukas Sembera, **121** Thinkstock/iStockphoto, **121** Thinkstock/iStockphoto, **121** */Eisenhans, **121** Thinkstock/iStockphoto, **121** Thinkstock/iStockphoto, **121** */auremar, **122** */laurenthuet, **122** */Nikolai Sorokin, **122** */Dmitry Vereshchagin, **122** */Ettore, **122** */tr3gi, **122** */12ee12, **122** Thinkstock/Vladimir Arndt, **123** */Fotito, **123** */mschick, **123** */BlueSkyImages, **123** */contrastwerkstatt, **123** Thinkstock/iStockphoto, **123** Thinkstock/Hemera Technologies, **124** */Okea, **124** */Marcus Lindström - iStockphoto.com, **125** */CandyBox Images, **125** */TMAX, **125** */michaeljung, **125** */Maygutyak, **125** */Steve Mann, **125** */nui7711, **125** */Jörg Hackemann, **126** */Sashkin, **126** */virtabo, **126** Thinkstock/iStockphoto, **126** */Ben Chams, **126** */Ben Chams, **126** */Ben Chams, **126** */mindscanner , **126** */swx, **126** */michaeljung, **126** */alexmillos, **126** Thinkstock/iStockphoto, **126** */Bergringfoto, **126** Thinkstock/iStockphoto, **126** */chalabala, **126** */Ben Burger, **127** */Tupungato, **127** */Pink Badger, **127** */HappyAlex, **127** */monticellllo, **127** */monticellllo, **127** */monticellllo, **128** */Masyanya, **128** */Dmitry Vereshchagin, **128** */Dmitry Vereshchagin, **128** */Dmitry Vereshchagin, **128** */Photobank kiev, **129** */vichie81, **129** */Uschi Hering, **129** */skampixelle, **129** */DOC RABE Media, **129** */Nadine Klabunde, **129** */AndreasJ. **130** */Farinoza, **132** */Marco2811, **132** */phant, **132** */Crobard, **132** */A.Karnholz, **132** */ermess, **133** */sborisov, **133** */XtravaganT, **133** */Mihai-Bogdan Lazar, **133** */jacek_kadaj, **133** */ArTo, **133** */hansenn, **133** */Marcel Schauer, **133** Thinkstock/iStockphoto, **133** */Jörg Lantelme, **133** */vaitekune, **133** */apops, **133** */motivation1965, **133** */steschum, **133** Thinkstock/iStockphoto, **133** Thinkstock/iStockphoto, **133** */HaywireMedia, **134** */Scanrail, **134** */anshar73, **134** */XtravaganT, **134** Thinkstock/iStockphoto, **134** Thinkstock/iStockphoto, **134** */A_Lein, **134** Thinkstock/iStockphoto, **134** */jovannig, **134** */Patryk Kosmider, **134** */Max, **134** Thinkstock/Getty Images, **134** */miket, **134** */Ciaobucarest, **134** */Paul Liu, **134** Thinkstock/iStockphoto, **134** */Adrian v. Allenstein, **135** */Pabkov, **135** Thinkstock/iStockphoto, **135** Thinkstock/iStockphoto, **135** Thinkstock/photodisc/David De Lossy, **135** */Anchels, **135** Thinkstock/Ingram Publishing, **135** */Ichbins11, **135** */MIMOHE, **135** */blas, **135** */Franz Pfluegl, **135** */Petra Beerhalter, **135** */davidundderriese, **136** */contrastwerkstatt, **136** */Berni, **136** */Berni, **136** */Berni, **136** */slava296, **136** */Berni, **136** */Berni, **136** */xy, **136** */lunamarina, **136** */Berni, **137** Thinkstock/Hemera, **137** */oranhall, **137** */Kzenon, **137** Thinkstock/iStockphoto, **137** */Margo Harrison, **137** Thinkstock/iStockphoto, **137** Thinkstock/iStockphoto, **137** */JackF, **137** */Africa Studio, **137** */Hirurg, **137** */stockyimages, **138** */qech, **138** */contrastwerkstatt, **138** Thinkstock/iStockphoto, **138** Thinkstock/iStockphoto, **138** Thinkstock/photodisc/Keith Brofsky, **138** */LVDESIGN, **138** */Santiago Cornejo, **139** */eyewave, **139** */jogyx, **139** */Joop Hoek, **139** */T. Michel, **139** Thinkstock/iStockphoto, **139** */dextroza, **139** Thinkstock/iStockphoto, **139** */lowtech24, **139** Thinkstock/iStockphoto, **139** Thinkstock/iStockphoto, **139** Thinkstock/Comstock, **139** */Picture-Factory, **139** Thinkstock/iStockphoto, **140** Thinkstock/iStockphoto, **140** Thinkstock/iStockphoto, **140** */zhu difeng, **140** */Gina Sanders, **140** */Bauer Alex, **140** */Andres Rodriguez, **140** */Kzenon, **140** */Alex Tihonov, **140** */Alex Tihonov, **140** */Christophe Fouquin, **140** */Sven Weber, **140** */mediagram, **140** */bradleyhebdon, **140** */Africa Studio, **140** */paul prescott, **140** */Tyler Olson, **141** */shotsstudio, **141** */luanateutzi, **141** */adisa, **141** */scaliger, **141** Thinkstock/Fuse, **141** Thinkstock/Andrey Burmakin, **141** Thinkstock/Digital Vision/RL Productions, **141** */Pumba, **141** */lightpoet, **141** Thinkstock/Fuse, **141** Thinkstock/iStockphoto, **141** */chamillew, **141** */gemenacom, **141** */mangostock, **141** */Tyler Olson, **141** */Kzenon, **142** */photocreo, **142** Thinkstock/photodisc/Siri Stafford, **142** */T. Michel, **142** */filtv, **142** */apops, **142** */Monkey Business, **143** */JJAVA, **143** */JJAVA, **143** */JackF, **143** */Pavel Losevsky, **143** */Pavel Losevsky, **143** */erwinova, **143** */JJAVA, **143** */Art Allianz, **143** */Sam Spiro, **143** */adisa, **143** */JackF, **143** */JackF, **143** */rufeh, **143** Thinkstock/Hemera, **143** */M. studio, **143** Thinkstock/iStockphoto, **144** */Minerva Studio, **144** */eyetronic, **144** */paul prescott, **144** */corepics, **144** */AlienCat, **144** */Thomas Francois, **144** */ag visuell, **144** */Minerva Studio, **144** */contrastwerkstatt, **145** */Art Allianz, **145** */adisa, **145** */Pumba, **145** */adisa, **145** */Vitaly Maksimchuk, **145** Thinkstock/iStockphoto, **145** */amlet, **145** Thinkstock/Brand X Pictures, **145** */

Joshhh, **145** */karandaev, **145** */808isgreat, **145** Thinkstock/iStockphoto, **145** */Andres Rodriguez, **146** */ruigsantos, **146** */Pixel & Création, **146** Thinkstock/iStockphoto, **146** */robert, **146** Thinkstock/Ingram Publishing, **146** */by-studio, **146** Thinkstock/Digital Vision, **146** */viperagp, **146** */OlegDoroshin, **146** */Pixelwolf2, **146** */VL@D, **146** */rekemp, **146** */Natalia Merzlyakova, **146** */spaxiax, **146** */Sunshine Pics, **146** */eyewave, **147** */nicknick_ko, **147** Thinkstock/iStockphoto, **147** Thinkstock/iStockphoto, **147** */Mingis, **147** */nyul, **147** Thinkstock/iStockphoto, **147** */Africa Studio, **147** */Minerva Studio, **147** Thinkstock/iStockphoto, **147** */fottoo, **147** */Africa Studio, **147** Thinkstock/iStockphoto, **147** */Digitalpress, **148** Thinkstock/Hemera, **148** Thinkstock/iStockphoto, **148** */cottonfioc, **148** */goodluz, **148** */Alen Ajan, **148** */Artur Bogacki, **148** */leungchopan, **148** */Paul Vinten, **148** Thinkstock/Jupiterimages, **148** */amarok17wolf, **148** */Scott Griessel, **148** */fxegs, **148** */terex, **149** */kameraauge, **149** */LianeM, **149** */XtravaganT, **149** */vom, **149** */dbvirago, **149** */Stuart Monk, **149** */legeartispics, **149** */phant, **149** */ArTo, **149** */Sorry, **149** */bbourdages, **149** */Furan, **149** */bluclementine, **150** Thinkstock/iStockphoto, **150** */AV, **150** Thinkstock/Mikhail Markovskiy, **150** */DragonImages, **150** */piccaya, **150** */Leonid Tit, **150** */ArtHdesign, **150** */womue, **150** */Maurizio Malangone, **151** */alex200464, **151** Thinkstock/iStockphoto, **151** */Arkady Chubykin, **151** Thinkstock/iStockphoto, **151** */djama, **151** */Schulz-Design, **151** */Martinan, **151** */Ammentorp, **151** */Gerhard Seybert, **151** Thinkstock/Digital Vision, **151** */travis manley, **152** */Nika Novak, **154** */Gennadiy Poznyakov, **154** */sdenness, **154** */contrastwerkstatt, **154** */Monkey Business, **154** */Robert Kneschke, **154** */shock, **154** */Monkey Business, **154** Thinkstock/iStockphoto, **154** */Cozyta, **154** Thinkstock/Comstock, **154** */tiero, **154** */contrastwerkstatt, **154** */hues, **155** */Gennadiy Poznyakov, **155** */kritchanut, **156** */luminastock, **156** */robert, **156** */yeyen, **156** */auremar, **156** */Javier Castro, **156** */peshkova, **156** */Gennadiy Poznyakov, **156** */Kzenon, **156** */sunabesyou, **156** */gemenacom, **156** */shock, **156** */Jürgen Fälchle, **156** */Nosvos, **156** */luminastock, **156** */kartos, **156** */peshkova, **157** */Olga Galushko, **157** */AVAVA, **157** */Tyler Olson, **157** */Sven Bähren, **157** */alco81, **157** */paylessimages, **157** */Robert Kneschke, **157** */auremar, **157** */ayutaroupapa, **157** */Aiwendyl, **157** */kmiragaya, **157** */contrastwerkstatt, **157** */Tomasz Trojanowski, **158** Thinkstock/iStockphoto, **158** */Africa Studio, **158** */Zerbor, **158** */dkimages, **158** */babimu, **158** */phloxii, **158** */Africa Studio, **158** */Vlad Ivantcov, **158** */Vladyslav Danilin, **159** */ThorstenSchmitt, **159** Thinkstock/PhotoObjects.net, **159** */lily, **160** Thinkstock/iStockphoto, **160** */leszekglasner, **160** */Mat Hayward, **160** */Konstantin L, **160** */josje71, **160** */xy, **160** */Creativa, **160** */Monkey Business, **160** */Monkey Business, **160** */aidaricci, **161** Thinkstock/iStockphoto, **161** */Marius Graf, **161** */muro, **161** */BEAUTYofLIFE, **161** */ia_64, **161** */lu-photo, **162** */Jörg Lantelme, **162** */Berni, **162** */Jeanette Dietl, **162** Thinkstock/Brand X Pictures, **162** */Randall Reed, **162** */Minerva Studio, **162** */trotzolga, **162** */johannesspreter, **162** */Africa Studio, **162** */Alexander Raths, **162** */contrastwerkstatt, **162** */agenturfotografin, **162** */lightpoet, **163** Thinkstock/James Woodson, **163** */CandyBox Images, **163** */Igor Mojzes, **163** */WavebreakmediaMicro, **163** */Africa Studio, **163** */Andres Rodriguez, **163** */xy, **163** */apops, **163** */pearl, **163** */Robert Kneschke, **163** */Markus Haack, **163** */lightpoet, **164** */Minerva Studio, **164** */WavebreakmediaMicro, **164** */goodluz, **164** */lightpoet, **164** */goodluz, **164** */Kzenon, **164** */CandyBox Images, **164** */Fuse, **164** */goodluz, **164** */pearl, **164** */mangostock, **164** Thinkstock/iStockphoto, **164** Thinkstock/Digital Vision, **165** */contrastwerkstatt, **165** */A_Bruno, **165** */WavebreakmediaMicro, **165** */Geo Martinez, **165** */Geo Martinez, **165** */endostock, **166** */Minerva Studio, **166** */apops, **166** */bevangoldswain, **166** */Adam Gregor, **166** */Kzenon, **166** */Kzenon, **166** */michaeljung, **166** */ontrastwerkstatt, **166** */Tyler Olson, **166** */Valentina R., **166** */contrastwerkstatt, **166** */Iurii Sokolov, **166** */Kzenon, **166** */Picture-Factory, **166** */Rido, **166** */nyul, **167** */goodluz, **167** */Kadmy, **167** */Peter Atkins, **167** */jörn buchheim, **167** */Kadmy, **167** */Kurhan, **167** */krizz7, **167** */Kadmy, **167** */ikonoklast_hh, **167** */Marén Wischnewski, **167** */apops, **167** */goodluz, **167** */Cyril Comtat, **167** Thinkstock/Andriy Fomenko, **167** */manu, **167** */petert2, **168** */Monika Wisniewska, **168** Thinkstock/iStockphoto, **168** */goodluz, **168** */Minerva Studio, **168** */Kzenon, **168** */Kzenon, **168** Thinkstock/Photodisc, **168** */Kzenon, **168** */Claudia Nagel, **168** */Minerva Studio, **168** */Kzenon, **168** */contrastwerkstatt, **168** */CandyBox Images, **168** */Kzenon, **168** */Kzenon, **168** */Kurhan, **169** */goodluz, **169** */contrastwerkstatt, **169** */Igor Mojzes, **169** */mezzotint, **169** */claudiaveja, **169** */Andrey Kiselev, **169** */WavebreakmediaMicro, **169** */Elnur, **169** */diego cervo, **169** */Africa Studio, **169** */Africa Studio, **169** */berc, **169** */Natali_ua, **169** Thinkstock/Fuse, **169** */lightpoet, **169** */contrastwerkstatt, **172** */terex, **172** Thinkstock/iStockphoto, **172** */nikkytok, **172** */marcoprati, **172** */eyewave, **172** */Africa Studio, **173** */Africa Studio, **173** */Diana Taliun, **173** */Rulan, **173** */interklicks, **173** Thinkstock/iStockphoto, **173** Thinkstock/iStockphoto, **173** */Corwin, **173** */rangizzz, **173** */monstersparrow, **174** */Picture-Factory, **174** */Carlos Caetano, **174** */vda_82, **174** */vetkit, **174** */Jacek Fulawka, **174** */masterzphotofo, **175** */Viorel Sima, **175** */Mi.Ti., **175** */Brian Jackson, **175** */juniart, **175** */Oksana Kuzmina, **175** */Marcin Sadlowski, **176** */Gelpi, **178** */TAlex, **178** */karandaev, **179** */Maksym Yemelyanov, **179** */Vitas, **179** */romantiche, **179** */rawcaptured, **179** */AVD, **179** */Sergey Dashkevich, **179** Thinkstock/iStockphoto, **179** */Artur Synenko, **179** */dimakp, **179** */heigri, **179** */Lusoimages, **179** */Apart Foto, **179** */sonne fleckl, **179** */Manuela Fiebig, **179** */Klaus Eppele, **179** */Artur Synenko, **180** */Gina Sanders, **180** */snyfer, **180** */snyfer, **180** */Iurii Timashov, **180** */Iurii Timashov, **180** */Iurii Timashov, **180** */Iurii Timashov, **180** */Iurii Timashov, **180** */Iurii Timashov, **180** */WonderfulPixel, **180** */Iurii Timashov, **180** */Iurii Timashov, **180** */Iurii Timashov, **181** */WonderfulPixel, **181** */WonderfulPixel, **181** */WonderfulPixel, **181** */WonderfulPixel, **181** */WonderfulPixel, **181** */vasabii, **181** */grgroup, **181** */Skipio, **181** */vector_master, **181** */Scanrail, **181** */Vectorhouses, **181** */Vectorhouses, **181** */Vectorhouses, **182** */Metin Tolun, **182** */inal09, **182** */electriceye, **182** */Do Ra, **182** */Do Ra, **182** */Do Ra, **182** */Do Ra, **182** */Do Ra, **182** */Do Ra, **182** */Do Ra, **182** */Palsur, **182** */marog-pixcells, **182** */Palsur, **183** */mtkang, **183** */Taffi, **183** */pizuttipics, **183** */by-studio, **183** */Scanrail, **183** */RTimages, **183** */Aleksandr Bryliaev, **183** */JcJg Photography, **183** */Coprid, **183** */tanatat, **183** */Palsur, **183** */Andrew Barker, **184** */ashumskiy, **184** */Gewoldi, **184** */Vitas, **184** */singkham, **185** */Sebalos, **185** */tomispin, **185** */manaemedia, **185** */Niceregionpics, **185** */thanomphong, **185** */Lusoimages, **186** Thinkstock/Alexander Podshivalov, **186** */wellphoto, **186** */Stefan Körber, **186** */Pavel Losevsky, **187** */TrudiDesign, **187** */WavebreakmediaMicro, **187** */ArtHdesign, **187** */valdis torms, **187** */cirquedesprit, **187** */Alexandra Gl, **187** */Sergey Nivens, **187** */imkenneth, **187** */WavebreakMediaMicro, **188** */jfv, **188** */pressmaster, **188** */jminso679, **188** */Marco2811, **188** */Johanna Mühlbauer, **188** */A_Bruno, **189** */pedrosala, **189** */fotomatrix, **189** */Uwe Bumann, **189** */robert, **189** */Milan Surkala, **189** */the_builder, **189** */reich, **190** */Scanrail, **190** */Dron, **190** */drubig-photo, **190** */mirabella, **190** */gradt, **191** */gradt, **191** Thinkstock/iStockphoto, **191** */JiSIGN, **191** */JiSIGN, **191** */JiSIGN, **191** */Rido, **191** */auremar, **192** */Elenathewise, **194** */mirpic, **194** */KB3, **194** Thinkstock/Stockbyte, **195** */lesniewski, **195** */Lario Tus, **195** */Melinda Nagy, **195** */kostasaletras, **195** */contrastwerkstatt, **195** */

beachboyx10, **196** Thinkstock/iStockphoto, **196** */Val Thoermer, **197** Thinkstock/Dorling Kindersley RF, **197** */snaptitude, **198** */Pavel Losevsky, **198** */.shock, **198** */Nicholas Piccillo, **198** Thinkstock/Photodisc, **198** Thinkstock/Photodisc, **198** Thinkstock/Photoobjects.net, **198** */.shock, **198** */micromonkey, **199** */kromkrathog, **199** Thinkstock/Fuse, **199** */Stian Iversen, **200** */Tan Kian Khoon, **200** */modestil, **200** */Igor Sokolov, **200** */piai, **200** */Will Hughes, **200** */Actionpics, **200** */Kelpfish, **200** */Africa Studio, **200** */Brocreative, **200** */karaboux, **200** */Lance Bellers, **200** */Sean Gladwell, **200** */by-studio, **201** */kanate, **201** */by-studio, **201** */Michael Pettigrew, **201** Thinkstock/Ingram Publishing, **202** */Katya Constantine, **202** */Nicholas Piccillo, **203** */Dmitry Vereshchagin, **203** */PinkBlue, **203** */PinkBlue, **203** */PinkBlue, **204** */Kris Strach, **204** */Kzenon, **204** */Kzenon, **205** */Quasarphoto, **205** */sumnersgraphicsinc, **205** */sumnersgraphicsinc, **205** */Veniamin Kraskov, **205** */Apart Foto, **205** */RTimages, **206** */zozulinskyi, **206** */Stefan Schurr, **206** */berc, **206** */mezzotint, **206** */ekarin, **206** Thinkstock/Digital Vision, **207** */Sportlibrary, **207** */lilufoto, **207** */roibu, **207** Thinkstock/TongRo Images, **207** */lilufoto, **207** Thinkstock/iStockphoto, **207** Thinkstock/iStockphoto, **207** */Michael Rosskothen, **207** */Oscar Brunet, **207** */Oscar Brunet, **207** Thinkstock/Comstock/JupiterImages, **208** */alessandro0770, **208** */Stefan Schurr, **208** */Maridav, **208** Thinkstock/moodboard, **208** */endostock, **208** */lightpoet, **208** */yanlev, **208** Thinkstock/Fuse, **208** */Wong Hock Weng, **209** */Andres Rodriguez, **209** */goldenangel, **209** */wellphoto, **209** Thinkstock/Digitial Vision, **209** */wellphoto, **209** */Cpro, **209** */Cpro, **209** */Birgit Reitz-Hofmann, **209** */Kitch Bain, **209** */Tony Taylor Stock, **209** */xy, **210** */marsyk, **210** */Sportlibrary, **210** */agentur2728.de, **210** Thinkstock/Hemera @ Getty Images, **211** Thinkstock/iStockphoto, **211** Thinkstock/iStockphoto, **211** Thinkstock/Comstock, **212** Thinkstock/iStockphoto, **212** */dima266f, **212** */Maridav, **212** */Anion, **212** */beatrice prève, **212** Thinkstock/Hemera, **212** */EpicStockMedia, **212** Thinkstock/iStockphoto, **212** Thinkstock/iStockphoto, **212** Thinkstock/Monkey Business, **213** Thinkstock/Fuse, **213** Thinkstock/iStockphoto, **213** Thinkstock/Pixland, **213** */attltibi, **213** */attltibi, **213** */belinka, **213** */Andrey Kiselev, **213** */auremar, **213** */tunedin, **213** Thinkstock/Hemera, **213** */Dmitry Vereshchagin, **213** */Elnur, **214** */Kseniya Abramova, **215** */Thierry RYO, **215** */Kseniya Abramova, **215** */Kseniya Abramova, **215** Thinkstock/Thomas Northcut @ Getty Images, **215** */Margo Harrison, **215** */fifranck, **215** */hosphotos, **215** */Heike und Hardy, **215** Thinkstock/iStockphoto, **215** */PackShot, **215** */auremar, **216** */Ljupco Smokovski, **216** */SS1001, **216** */Vadim Bukharin, **216** */Dmitry DG, **217** */ftlaudgirl, **217** */U. Woell, **217** */Anton Gvozdikov, **217** */project1photography, **217** */Volker Skibbe, **217** */Marcelo Dufflocq, **217** Thinkstock/iStockphoto, **217** */roblan, **217** */andreshka, **217** */stoonn, **217** */daseaford, **217** */sablin, **217** */garry_images, **218** */dell, **218** */Silvano Rebai, **218** */dell, **218** */victor zastol'skiy, **218** */mradlgruber, **218** Thinkstock/iStockphoto, **218** */© Olympixel, **218** */Val Thoermer, **218** */terranova_17, **219** Thinkstock/iStockphoto, **219** Thinkstock/moodboard, **219** */Galina Barskaya, **219** Thinkstock/Hemera, **219** */Dreef, **219** */Steeve ROCHE, **219** Thinkstock/iStockphoto, **219** Thinkstock/Photodisc/Ryan McVay, **219** */corepics, **219** */Lsantilli, **220** Thinkstock/iStockphoto, **220** */Netzer Johannes, **220** */Stefan Schurr, **220** */inigocia, **220** */Netzer Johannes, **220** */Jan Kranendonk, **220** */monster85, **220** */Avantgarde, **220** */photomag, **220** */storm, **220** */Fotoimpressionen, **220** */Marco2811, **220** */yanlev, **220** */lassedesignen, **220** */Stefan Schurr, **220** */Grigorenko, **221** */lilufoto, **221** */3dmentat, **221** */maxoidos, **221** */Bergringfoto, **221** */Marin Conic, **221** */Dimitar Marinov, **221** */just2shutter, **221** Thinkstock/iStockphoto, **221** */Shmel, **221** */olly, **221** Thinkstock/iStockphoto, **221** Thinkstock/Cameron Spencer @ Getty Images, **221** */ChantalS, **221** */Felix Mizioznikov, **221** Thinkstock/Digital Vision, **221** */artjazz, **222** Thinkstock/iStockphoto, **222** */okinawakasawa, **222** */VIPDesign, **222** */okinawakasawa, **222** */starush, **222** */Hetizia, **223** Thinkstock/Wavebreak Media, **223** */Lerche & Johnson, **223** */Lerche & Johnson, **223** */Lerche & Johnson, **223** */Lerche & Johnson, **223** Thinkstock/iStockphoto, **223** Thinkstock/iStockphoto, **223** */Lerche & Johnson, **223** */Wisky, **223** */nito, **223** */Kzenon, **224** */Africa Studio, **226** Thinkstock/iStockphoto, **226** Thinkstock/Digital Vision, **226** Thinkstock/iStockphoto, **226** Thinkstock/Purestock, **226** Thinkstock/iStockphoto, **226** */Andrey Burmakin, **226** */Andrey Burmakin, **226** */Nejron Photo, **226** Thinkstock/JupiterImages © Getty Images, **227** Thinkstock/Digital Vision, **227** Thinkstock/Digital Vision, **227** Thinkstock/Digital Vision, **228** Thinkstock/iStockphoto, **228** */Africa Studio, **228** */Kalim, **228** Thinkstock/iStockphoto, **228** */ysbrandcosijn, **229** */Klaus Eppele, **229** */scalaphotography, **229** */cynoclub, **229** */Brian Jackson, **229** */mekcar, **229** */by-studio, **229** */Henry Schmitt, **229** */Henry Schmitt, **229** */alephcomo1, **229** */Henry Schmitt, **229** */deusexlupus, **229** */apops, **229** */MUE, **229** */MUE, **229** */MUE, **229** thinkstock/Hemera (Cagri Oner), **230** */ReMuS, **230** */soerenkuhrt, **230** */Maruba, **230** */cjansuebsri, **230** Thinkstock/iStockphoto, **230** */Constantinos, **230** */ILYA AKINSHIN, **230** */dvs71, **230** */Jürgen Fälchle, **230** */Uros Petrovic, **230** */Distrikt3, **230** */Lucky Dragon USA, **230** */Denis Ivatin, **230** */photlook, **230** */Klaus Eppele, **230** */venusangel, **231** Thinkstock/iStockphoto, **231** */visivasnc, **231** */sumnersgraphicsinc, **231** */ArtFamily, **231** Thinkstock/iStockphoto, **231** */ysbrandcosijn, **231** */jehafo, **232** */Andrey Armyagov, **232** Thinkstock/iStockphoto, **232** */G.Light, **232** Thinkstock/Digital Vision/A J James, **232** Thinkstock/iStockphoto, **232** */bizoo_n, **233** */Bombaert Patrick, **233** */tuja66, **233** */Giuseppe Porzani, **233** */ILYA AKINSHIN, **233** */jiggo, **234** */starman963, **234** */Kirill Zdorov, **234** */tobago77, **234** */Steve Mann, **234** */Michael Flippo, **234** Thinkstock/iStockphoto, **234** */Martina Berg, **234** */st-fotograf, **234** */imagika, **234** Thinkstock/iStockphoto, **234** */WavebreakMediaMicro, **234** */jillchen, **234** */Alexander Raths, **235** */Warren Millar, **235** Thinkstock/Stockbyte, **235** Thinkstock/iStockphoto, **235** Thinkstock/iStockphoto, **235** Thinkstock/iStockphoto, **235** Thinkstock/iStockphoto, **235** */ksena32, **235** Thinkstock/iStockphoto, **235** */AllebaziB, **235** */Barbara Pheby, **235** Thinkstock/Hemera, **235** */womue, **235** */Liliia Rudchenko, **235** Thinkstock/iStockphoto, **235** */jogyx, **235** */Marius Graf, **236** */Regina Jersova, **236** */bittedankeschön, **236** Thinkstock/iStockphoto, **236** */franzgustincich, **236** */openlens, **236** */bruniewska, **236** */Amid, **236** Thinkstock/iStockphoto, **236** */Gino Santa Maria , **236** Thinkstock/iStockphoto, **236** */krimzoya46, **236** */sandis94, **236** */tsaplia, **236** */tigger11th, **236** */neirfy, **236** */bahrialtay, **237** */akekoksom, **238** Thinkstock/iStockphoto, **238** Thinkstock/iStockphoto, **238** */Sergiogen, **238** Thinkstock/iStockphoto, **238** */babimu, **239** */uckyo, **239** */RTimages, **239** */Africa Studio, **239** */Africa Studio, **239** */luiscarceller, **239** */Neyro, **239** */kornienko, **239** Thinkstock/thinstock Ablestock.com @ Getty Images, **239** */Mushy, **239** */maestria_diz, **239** Thinkstock/iStockphoto, **239** */U. Hardberck, **239** */Andreja Donko, **239** */koosen, **239** Thinkstock/iStockphoto, **239** Thinkstock/Hemera @ Getty Images, **240** */Printemps, **240** */Africa Studio, **240** Thinkstock/iStockphoto, **240** */shooarts, **240** */Vyacheslav Plyasenko, **240** */Artranq, **240** Thinkstock/JupiterImages © Getty Images, **240** */Firma V, **240** */ronstik, **240** */lunamarina, **240** */iampuay, **240** */Kuzmick, **240** */marysa03, **241** Thinkstock/Fuse, **241** Thinkstock/Creatas Images, **241** Thinkstock/Fuse, **241** */Kzenon, **241** */nyul, **241** */

Sergey Nivens, **241** */Nejron Photo, **242** */Robert Neumann, **242** */ratana_k, **242** */Marius Graf, **242** Thinkstock/iStockphoto, **242** */Unclesam, **242** */indigolotos, **242** */Birgit Reitz-Hofmann, **242** */fotomanu21, **242** */Hamik, **243** */Lichtmaler, **243** */Cmon, **243** Thinkstock/iStockphoto, **243** */DoraZett, **243** */NoName, **243** */RTimages, **243** */avtor_ep, **243** Thinkstock/Comstock, **243** */Dan Race, **243** Thinkstock/Digital Vision/Ryan McVay, **243** Thinkstock/Ingram Publishing, **243** Thinkstock/iStockphoto, **243** */seen, **244** Thinkstock/Zoonar, **244** */donfiore, **244** Thinkstock/iStockphoto, **244** */eldadcarin, **244** */eldadcarin, **244** */Anja Roesnick, **244** */Anja Roesnick, **244** */Anja Roesnick, **244** */Africa Studio, **244** */Foto-Ruhrgebiet, **244** Thinkstock/Zoonar, **244** */eldadcarin, **244** */STUDIO12, **245** Thinkstock/iStockphoto, **245** */sergign, **245** */schoki_01, **245** */aleciccotelli, **245** */Fyle, **245** */frank peters, **245** */Christer Tvedt, **246** */benjaminnolte, **246** Thinkstock/iStockphoto, **246** Thinkstock/Digital Vision/Alexander Hassenstein, **246** */Aleksandar Todorovic, **247** Thinkstock/iStockphoto, **247** */f9photos, **247** Thinkstock/iStockphoto, **247** */photocrew, **247** Thinkstock/iStockphoto, **247** */Aleksandar Todorovic, **247** */mikesch112, **247** */rangizzz, **247** */chulja, **247** Thinkstock/iStockphoto, **247** */pressmaster, **247** Thinkstock/iStockphoto, **247** */arnau2098, **248** */B. Wylezich, **248** */philipus, **248** */Angus , **248** */od - pictureworks, **248** */bergamont , **248** */risto0, **248** */full image, **248** */Coprid, **248** */f9photos, **248** */sss78, **248** */federicofoto, **249** */Africa Studio, **249** */Ljupco Smokovski, **249** */Danicek, **249** Thinkstock/iStockphoto, **249** */Alexey Potapov, **249** */scphoto48 , **249** */tolism, **250** */babimu, **252** */CLIPAREA.com, **252** */CLIPAREA.com, **253** */CLIPAREA.com, **253** */CLIPAREA.com, **254** Thinkstock/Zoonar, **254** Thinkstock/Hemera @ Getty Images, **254** Thinkstock/iStockphoto, **255** */mrgarry, **255** */turhanerbas, **256** */adimas, **257** */adimas, **258** */pixelcaos, **259** */3drenderings, **259** */3drenderings, **259** */3drenderings, **259** */3drenderings, **259** */3drenderings, **259** */3drenderings, **259** */arsdigital, **259** */pixelcaos, **260** */pixelcaos, **261** */pixelcaos, **261** */Diana Taliun, **262** */vectorus, **262** */Lsantilli, **262** */Sven Bähren, **262** */Tyler Olson, **262** */GordonGrand, **262** */iStockphoto, **263** */reflektastudios, **263** Thinkstock/oksun70, **263** */Robert Angermayr, **263** */silverrobert, **263** */Popova Olga, **263** */gradt, **264** */Alexander Raths, **264** */fhmedien_de, **264** */Creativa, **264** */ISO K° - photography, **264** */Sashkin, **264** */Africa Studio, **265** */Monkey Business, **265** */dalaprod, **265** */drubig-photo, **265** */drubig-photo, **265** */vladimirfloyd, **266** */Africa Studio, **266** */iko, **266** */DoraZett, **266** */Creativa, **266** */Gina Sanders, **266** */Subbotina Anna, **266** */drubig-photo, **266** */Ocskay Bence, **266** */detailblick, **266** */Kurhan, **267** */Creativa, **267** */underdogstudios, **267** */Dmitry Lobanov, **267** */rangizzz, **267** */Dan Race, **267** */Eisenhans, **267** */smikeymikey1, **268** Thinkstock/iStockphoto, **268** */Guido Grochowski, **268** */Dmitry Vereshchagin, **268** */HBK, **268** */treetstreet, **268** */Peter Atkins, **268** */Bandika, **268** */wckiw, **269** */ksena32, **269** */Igor Mojzes, **269** */st-fotograf, **269** */Vidady, **269** */Maridav, **269** Thinkstock/iStockphoto, **269** Thinkstock/iStockphoto, **269** */Kondor83, **269** */Gelpi, **269** */Volker Witt, **269** */apops, **269** */juefraphoto , **269** */Joss, **270** */CandyBox Images, **270** */alswart, **270** */hitdelight, **270** */unclepodger, **271** */Igor Zakowski, **271** */Rade Lukovic, **271** */draw05, **271** */blende40, **271** */Kurhan, **271** */Jessmine, **271** */contrastwerkstatt, **271** */apops, **272** */Alexandr Mitiuc, **272** Thinkstock/iStockphoto, **272** */Tyler Olson, **272** */Africa Studio, **273** */malajscy, **273** */Gerhard Brée, **273** */ep stock, **273** */ksl, **274** */Gennadiy Poznyakov, **274** */Tobilander, **274** */malajscy, **274** */starman963, **274** */Jim Vallee, **275** */danutelu, **275** */spotmatikphoto, **275** */Robert Kneschke, **275** */Dmitry Vereshchagin, **275** */itsmejust, **275** */Robert Kneschke, **275** */WONG SZE FEI, **276** */Africa Studio, **276** */Africa Studio, **276** */contrastwerkstatt, **276** */khuntapol, **276** */Coprid, **276** */Anatoly Repin, **276** */adisa, **276** */Borys Shevchuk, **276** */Manuel Schäfer, **276** */Nataraj, **277** */Gordon Saunders, **277** */seen, **277** */only4denn, **277** Thinkstock/Hemera, **277** */Coprid, **277** */blondina93, **277** */by-studio, **277** */Jiri Hera, **277** */Johanna Goodyear, **277** */Nazzu, **277** */Tharakorn, **277** */Tarzhanova, **277** */terex, **278** */Tatjana Balzer, **278** */Tyler Olson, **278** */Schlierner, **278** */Kzenon, **278** */modul_a, **278** */Nikki Zalewski, **278** */Khorzhevska, **278** */bertys30, **278** */Tran-Photography, **278** */Zdenka Darula, **278** */WONG SZE FEI, **278** */pearl, **278** */Taffi, **279** */Gennadiy Poznyakov, **279** */ecobo, **279** */pukall-fotografie, **279** */goodluz, **279** Thinkstock/Dorling Kindersley RF, **279** Thinkstock/iStockphoto, **279** */Artem Merzlenko, **280** */Han van Vonno, **282** */CandyBox Images, **282** */Roman Milert, **282** */Volker Witt, **282** */AK-DigiArt, **282** */Dario Lo Presti, **282** */benjaminnolte, **283** */Michael Schütze, **283** */brozova, **283** */Rodja, **283** Thinkstock/iStockphoto, **283** */cristi180884, **283** */Lisa F. Young, **284** Thinkstock/iStockphoto, **284** Thinkstock/Photodisc, **284** */VRD, **284** */Andre Bonn, **284** */shutswis, **285** */Lukas Sembera, **285** Thinkstock/liquidlibrary, **285** */marog-pixcells, **285** Thinkstock/iStockphoto, **285** */koszivu, **285** */Photographee.eu, **285** Thinkstock/iStockphoto, **285** */Monkey Business, **285** */Photographee.eu, **285** */Gerhard Seybert, **285** */Artem Furman, **286** */PictureArt, **286** */Pavel Losevsky, **286** */davis, **286** */Arcady, **286** */playstuff, **286** */beermedia, **286** */Lucky Dragon USA, **286** */Igor Kovalchuk, **287** */Christa Eder, **287** */Svetlana Gryankina, **287** */creAtive, **287** */Berry, **287** */Maygutyak, **287** */WoGi, **287** */Tobboo, **287** */jogyx, **287** */rouakcz, **287** */Silvano Rebai, **288** */Fiedels, **288** */nupsik284, **288** */Birgit Reitz-Hofmann, **288** */Claudio Divizia, **288** */GP, **288** */S.Kobold, **288** */amorfati.art, **288** */CPJ Photography, **288** */Zacarias da Mata, **288** */Hugh McKean, **288** */aquapix, **288** */Eric Gevaert, **289** */andrewburgess, **289** Thinkstock/iStockphoto, **289** */lassedesignen, **289** */Heinz Waldukat, **289** */Sergey Kamshylin, **289** */Nazzalbe, **289** */Kalle Kolodziej, **289** */Roy Pedersen, **289** */MacX, **289** */reeel, **289** */marqs, **289** */william87, **290** */Igor Kovalchuk, **292** Thinkstock/iStockphoto, **292** */Artenauta, **293** */fergregory, **294** */Jürgen Fälchle, **294** */peresanz, **294** */magann, **294** */vencav, **294** */virtua73, **294** */Kovalenko Inna, **294** */creatifixus, **294** */cbpix, **294** */Florent DIE, **294** */ping han, **294** */peresanz, **294** */kevron2001, **294** */peresanz, **295** */jeremyculpdesign, **297** */Arid Ocean, **298** */artalis, **299** */jokatoons, **299** */Thomas Röske, **299** */jokatoons, **299** */jokatoons, **299** */jokatoons, **299** */jokatoons, **299** */jokatoons, **299** */jokatoons, **299** */jokatoons, **299** */jokatoons, **299** */jokatoons, **299** */jokatoons, **299** */jokatoons, **299** */jokatoons, **299** */jokatoons, **299** */jokatoons, **300** */jokatoons, **300** */jokatoons, **300** */jokatoons, **300** */jokatoons, **300** */jokatoons, **300** */jokatoons, **300** */jokatoons, **300** */jokatoons, **300** */jokatoons, **300** */jokatoons, **300** */jokatoons, **300** */jokatoons, **300** */jokatoons, **300** */jokatoons, **300** */jokatoons, **300** */jokatoons, **301** */jokatoons, **301** */jokatoons, **301** */Thomas Röske, **301** */jokatoons, **301** */jokatoons, **301** */Pekchar, **301** */jokatoons, **301** */jokatoons, **301** */jokatoons, **301** */jokatoons, **301** */jokatoons, **301** */jokatoons, **301** */jokatoons, **302** Thinkstock/Hemera, **302** Thinkstock/Hemera, **302** Thinkstock/Hemera, **302** Thinkstock/Hemera, **302** Thinkstock/Hemera, **302** Thinkstock/Hemera, **302** Thinkstock/Hemera, **302** Thinkstock/Hemera, **302** Thinkstock/Hemera, **302** Thinkstock/Hemera, **302** Thinkstock/Hemera, **302** Thinkstock/Hemera, **302** Thinkstock/Hemera, **302** */Route66, **302** Thinkstock/Hemera, **302** Thinkstock/Hemera, **303** Thinkstock/Hemera, **303** Thinkstock/Hemera, **303** Thinkstock/Hemera, **303** Thinkstock/Hemera, **303**

Thinkstock/Hemera, **303** Thinkstock/Hemera, **303** Thinkstock/Hemera, **303** Thinkstock/iStockphoto, **303** Thinkstock/iStockphoto, **303** Thinkstock/iStockphoto, **303** Thinkstock/iStockphoto, **303** Thinkstock/iStockphoto, **303** Thinkstock/iStockphoto, **303** Thinkstock/iStockphoto, **303** Thinkstock/iStockphoto, **304** Thinkstock/iStockphoto, **304** Thinkstock/iStockphoto, **304** Thinkstock/iStockphoto, **304** Thinkstock/iStockphoto, **304** */romantiche, **304** */romantiche, **304** */romantiche, **304** */romantiche, **304** */romantiche, **304** */romantiche, **304** */romantiche, **304** */romantiche, **304** */romantiche, **304** */romantiche, **304** */romantiche, **304** */romantiche, **305** */romantiche, **305** */romantiche, **305** */romantiche, **305** */romantiche, **305** */romantiche, **305** */romantiche, **305** */romantiche, **305** */romantiche, **305** */romantiche, **305** */romantiche, **305** */romantiche, **305** */romantiche, **305** */romantiche, **305** */romantiche, **305** */romantiche, **305** */romantiche, **306** */romantiche, **306** */romantiche, **306** */romantiche, **306** */romantiche, **306** */romantiche, **306** */romantiche, **306** */romantiche, **306** */romantiche, **306** */romantiche, **306** */romantiche, **306** */romantiche, **306** */romantiche, **306** */romantiche, **306** */romantiche, **306** */romantiche, **307** */romantiche, **307** */romantiche, **307** */romantiche, **307** */romantiche, **307** */romantiche, **307** */romantiche, **307** */romantiche, **307** */romantiche, **307** */romantiche, **307** */romantiche, **307** */petra b., **307** */petra b., **307** */petra b., **307** */petra b., **308** */petra b., **308** */petra b., **308** */petra b., **308** */petra b., **308** */petra b., **308** */petra b., **308** */petra b., **308** */petra b., **308** */petra b., **308** */petra b., **308** */petra b., **308** */petra b., **308** */petra b., **308** */petra b., **308** */petra b., **308** */petra b., **309** */petra b., **309** */petra b., **309** */petra b., **309** */petra b., **309** */petra b., **309** */petra b., **309** */petra b., **309** */Yotama, **309** */petra b., **309** */petra b., **309** */petra b., **309** */petra b., **309** */petra b., **309** */petra b., **309** */petra b., **309** */petra b., **310** */petra b., **310** */petra b., **310** */petra b., **310** */petra b., **310** */petra b., **310** */petra b., **310** */petra b., **310** */petra b., **310** */Pekchar, **310** */megastocker, **310** Thinkstock/iStockphoto, **310** */Thomas Röske, **310** Thinkstock/iStockphoto, **310** Thinkstock/iStockphoto, **310** Thinkstock/iStockphoto, **310** Thinkstock/iStockphoto, **311** Thinkstock/iStockphoto, **311** */Thomas Röske, **311** Thinkstock/iStockphoto, **311** Thinkstock/iStockphoto, **311** Thinkstock/iStockphoto, **311** Thinkstock/iStockphoto, **311** Thinkstock/iStockphoto, **311** */jokatoons, **311** */yannik LABBE, **311** */Dream Cursor, **311** */sunt, **311** Thinkstock/iStockphoto, **311** */Andreas Meyer, **311** */DomLortha, **312** */Elena Petrova, **312** */Christian Pedant, **312** */Tomas Sereda, **312** Thinkstock/Fuse, **312** */Masson, **312** */Alliance, **312** */marog-pixcells, **312** */byheaven, **312** */joda, **312** */Miredi, **312** */momanuma, **312** */pictureguy32, **312** */bugphai, **313** */Nathan Jaskowiak, **313** */Vera Kuttelvaserova, **313** */rangizzz, **313** Thinkstock/Image Source, **313** */Leonid Tit, **313** */hjschneider, **313** */tiplyashina, **313** */Serg Zastavkin, **313** */Vera Kuttelvaserova, **313** */Vera Kuttelvaserova, **313** */RyszardStelmachowicz, **313** */Hamik, **313** */rangizzz, **314** */Sunny Forest, **314** Thinkstock/iStockphoto, **314** */Minerva Studio, **314** Thinkstock/iStockphoto, **314** */steffendia, **314** */FrankBirds, **314** */Sunshine Pics, **314** */Christophe Fouquin, **314** Thinkstock/iStockphoto, **314** */lassedesignen, **314** Thinkstock/iStockphoto, **314** Thinkstock/iStockphoto, **314** */Maygutyak, **314** */mario beauregard, **314** */victor zastol'skiy, **314** */macky_ch, **315** */scattomatto74, **315** */Sabine Kipus, **315** */Cmon, **315** */Dario Bajurin, **315** */jacare35, **315** */kohy, **316** */nni94, **316** Thinkstock/Ingram Publishing, **316** */ollirg, **316** */Martin M303, **316** */mrks_v, **316** */doris oberfrank-list, **316** Thinkstock/iStockphoto, **316** */steffus, **316** */smereka, **316** */Ben Burger, **316** */kentauros, **316** */Bernd S., **316** */Dario Bajurin, **316** */acceleratorhams, **316** */Fyle, **316** */Alena Stalmashonak, **317** */siimsepp, **317** */siimsepp, **317** */siimsepp, **317** */siimsepp, **317** */siimsepp, **317** */Tyler Boyes, **317** */siimsepp, **317** */Tyler Boyes, **317** */vvoe, **317** */wlad074, **317** */Tyler Boyes, **317** */iraries, **317** */Ekaterina Fribus, **317** */Ekaterina Fribus, **317** */marcel, **317** */siimsepp, **318** */boykung, **318** */Alexander Hoffmann, **318** */Alexander Hoffmann, **318** */Atiketta Sangasaeng, **318** */byjeng, **318** */Alexander Hoffmann, **318** */Alexander Hoffmann, **318** */apttone, **318** */Alexander Hoffmann, **318** */bigjo, **318** */Rozaliya, **318** */VL@D, **318** */Alexander Hoffmann, **318** */Alex Shadrin, **318** */Alexander Hoffmann, **318** */Alexander Hoffmann, **318** */Digipic, **318** */volff, **318** */Alexander Hoffmann, **318** */Alexander Hoffmann, **319** */Alexander Potapov, **319** */Tiler84, **319** */Tiler84, **319** */Tiler84, **319** */Tiler84, **319** */lamax, **320** */vladimirkim3722, **320** */k_kron, **320** Thinkstock/iStockphoto, **320** */iko, **320** */ürgen Fälchle, **320** */ondrej83, **320** */Heinz Waldukat, **320** */termis1983, **320** */Tom, **320** */mubus, **320** */veneratio, **320** */Roman Pyshchyk, **320** */Picture-Factory, **320** */Omika, **320** */funnycreature, **320** */Almgren, **321** */Nik, **321** */Tonanakan, **321** */motorlka, **321** */Pavlo Vakhrushev, **321** */Miroslawa Drozdowski, **321** */pia-pictures, **322** */Gang, **322** */Africa Studio, **322** */felinda, **322** */sergio37_120, **322** */eyetronic, **322** */sergio37_120, **322** */VICUSCHKA, **322** */tr3gi, **322** */Tim UR, **322** */alfastudiofoto, **322** */sergio37_120, **322** */lenkusa, **322** */sergio37_120, **322** */Friedberg, **322** */Africa Studio, **322** */Roxana, **323** */anankkml , **323** */Daniel Strauch, **323** */Stefan Körber, **323** */hans klein, **323** */juiceteam2013, **323** */audioscience, **323** */keller , **323** */flucas , **323** */ijacky , **323** */Tomashko , **323** */Serghei Velusceac , **323** */Andrea Wilhelm, **323** */tab62, **323** */Ichbins11, **323** */Studio Barcelona, **323** */volkerr, **324** */Farinoza, **324** */Eric Isselée, **324** */jagodka, **324** */Azaliya Elya Vatel, **324** */Eric Isselée, **324** */Uros Petrovic, **324** */Katrina Brown, **324** */eastmanphoto, **324** */nn-fotografie, **324** */cynoclub, **324** */biglama, **324** */Eric Isselée, **324** */grafikplusfoto, **325** Thinkstock/iStockphoto, **325** */Eric Isselée, **325** */JackF, **325** */Eric Isselée, **325** */Eric Isselée, **325** */Aaron Amat, **325** */Eric Isselée, **325** */Eric Isselée, **325** */anekoho, **325** */Christian Musat, **325** */Eric Isselée, **325** */Eric Isselée, **325** */Christian Musat, **325** */ILYA AKINSHIN, **325** */Eric Isselée, **325** */Eric Isselée, **326** */Eric Isselée, **326** */StarJumper, **326** */Eric Isselée, **326** */Anatolii, **326** */Vera Kuttelvaserova, **326** */Eric Isselée, **326** */Coprid, **326** */Eric Isselée, **326** */JackF, **326** */nexusseven, **326** */EwaStudio, **326** */cynoclub, **326** */anankkml, **326** */tiero, **326** */Taalvi, **326** */Eric Isselée, **327** */Alexander Potapov, **327** */Eric Isselée, **327** */Eric Isselée, **327** */Eric Isselée, **327** Thinkstock/iStockphoto, **327** Thinkstock/iStockphoto, **327** */Mike Price, **327** */Roman Samokhin, **327** */Eric Isselée, **327** */Eric Isselée, **327** Thinkstock/iStockphoto, **327** */maz12, **327** */Eric Isselée, **327** */Smileus, **327** */XK, **327** */anankkml, **328** */Eric Isselée, **328** */Steve Byland, **328** */Eric Isselée, **328** */Eric Isselée, **328** */Eric Isselée, **328** */Eric Isselée, **328** */Eric Isselée, **328** */fotomaster, **328** */jakgree, **328** */Farinoza, **328** */Farinoza, **328** Thinkstock/iStockphoto, **328** */Eric Isselée, **329** */Uryadnikov Sergey, **329** */phant, **329** */Eric Isselée, **329** */Eric Isselée, **329** */ILYA AKINSHIN, **329** */Janis Smits, **329** */Aaron Amat, **329** */ILYA AKINSHIN, **329** */Eric Isselée, **329** */fotomaster, **329** */Roman Samokhin, **329** */shishiga, **329** */Nicolette Wollentin, **329** */sval7, **329** */Eric Isselée, **329** */Eric Isselée, **330** */eastmanphoto, **330** */eastmanphoto, **330** */Smileus, **330** */Daniel Nimmervoll, **330** */kurapy, **330** */Eric Isselée, **330** */jagodka, **330** */Richard Carey, **330** */Anatolii, **330** */antpkr, **330** Thinkstock/iStockphoto, **330** */Eric Isselée, **330** */eastmanphoto, **331** */Irochka, **331** */Giuseppe Porzani, **331** */eyeblink, **331** */manuart, **331** */Eric Isselée, **331** */lunamarina, **331** */pistol7, **331** */Richard Carey, **331** */Witold Krasowski, **331** Thinkstock/Hemera, **331** Thinkstock/

iStockphoto, **331** */Coprid, **331** */tongdang, **332** */Oliver Klimek, **332** */Valeriy Kirsanov, **332** */defun, **332** */Alekss, **332** */JPS, **332** */Gewoldi, **332** */Henrik Larsson, **332** */vnlit, **332** */Klaus Eppele, **332** */xiaoliangge, **332** */VRD, **332** */Alekss, **332** */Marco Uliana, **332** */morelia1983, **332** */Zbyszek Nowak, **332** */npps48, **333** Thinkstock/iStockphoto, **333** */defun, **333** */Cosmin Manci, **333** Thinkstock/Hemear, **333** */fancyfocus, **333** */gertrudda, **333** */xjbxjhxm, **333** Thinkstock/iStockphoto, **333** */defun, **333** */emer, **333** */chungking, **333** */Coprid, **333** Thinkstock/iStockphoto, **333** */eastmanphoto, **333** */Carola Schubbel, **333** */natara, **334** */tescha555, **336** */DDRockstar, **336** */Denys Prykhodov, **336** */Denys Prykhodov, **336** */Denys Prykhodov, **336** */Denys Prykhodov, **336** */Denys Prykhodov, **336** */Denys Prykhodov, **336** */Africa Studio, **336** */Africa Studio, **336** */Africa Studio, **336** */DB, **339** */robert, **340** */magann, **340** */magann, **340** */magann, **340** */magann, **340** */magann, **340** */magann, **340** */magann, **340** */magann, **340** */magann, **340** */magann, **340** */magann, **340** */magann, **340** */magann, **341** */magann, **341** */magann, **341** */magann, **341** */magann, **341** */magann, **341** */magann, **341** */magann, **341** */magann, **341** */magann, **341** */magann, **341** */magann, **341** */vvoe, **341** */Lucky Dragon, **342** */tomreichner, **342** */Marco2811, **342** */merydolla, **342** */in-foto-backgrounds, **342** */Reicher, **342** */ARochau, **342** */Yahya Idiz, **342** */motorradcbr, **342** */Beboy, **342** */Dmytro Smaglov, **342** */Anton Gvozdikov, **342** */sborisov, **342** */Netzer Johannes, **343** */Maria Vazquez, **344** */Juulijs, **344** */m.u.ozmen, **344** */lucato, **344** */www.strubhamburg.de, **344** */guynamedjames, **344** */Jörg Hackemann, **344** */MaxWo, **345** */AI, **345** */hayo, **345** */ufotopixl10, **345** */vector icon, **345** */vector icon, **345** */vector icon, **345** */vector icon

PONS

Bildwörterbuch Rumänisch – Deutsch

Bearbeitet von: Anette Dralle, Corina Cristea

Entwickelt auf der Basis des PONS Bildwörterbuchs Rumänisch
ISBN: 978-3-12-517986-8

Bearbeitet von: Anette Dralle, Ioana Moldovan, Georgina Moore, Gregor Vetter, Dr. Christiane Wirth

1. Auflage 2017 (1,02 - 2018)

www.pons.de
E-Mail: info@pons.de

Projektleitung: Christiane Mackenzie, Helen Schmidt
Gestaltung: Petra Michel, Essen
Umschlaggestaltung: Ilham Widmann, Stuttgart
Satz: Satzkasten, Stuttgart
Umschlagfotos von links nach rechts: istock/izzzy71; shutterstock/Billion Photos; shutterstock/Igor Drondin
Logoentwurf: Erwin Poell, Heidelberg
Logoüberarbeitung: Sabine Redlin, Ludwigsburg
Druck und Bindung: Publikum d.o.o.

ISBN: 978-3-12-516099-6